本书受国家社会科学基金重大项目"新兴数字技术驱动下金融安全风险防控体系构建与能力建设研究"(21ZDA114)资助

国家社科基金丛书
GUOJIA SHEKE JIJIN CONGSHU

数智技术驱动的
金融安全风险防控研究

Research on Financial Security Risk Prevention and
Control Driven by Digital Intelligence Technologies

谢 赤　王纲金　祝 由　著

人 民 出 版 社

责任编辑：郑海燕
封面设计：石笑梦
版式设计：胡欣欣
责任校对：周晓东

图书在版编目（CIP）数据

数智技术驱动的金融安全风险防控研究 ／ 谢赤，王纲金，祝由著 ． -- 北京 ： 人民出版社，2025. 8. -- ISBN 978－7－01－027465－2

Ⅰ. F830.2-39

中国国家版本馆 CIP 数据核字第 2025XG7060 号

数智技术驱动的金融安全风险防控研究
SHUZHI JISHU QUDONG DE JINRONG ANQUAN FENGXIAN FANGKONG YANJIU

谢 赤　王纲金　祝 由　著

人 民 出 版 社 出版发行
（100706　北京市东城区隆福寺街 99 号）

中煤（北京）印务有限公司印刷　新华书店经销

2025 年 8 月第 1 版　2025 年 8 月北京第 1 次印刷
开本：710 毫米×1000 毫米 1/16　印张：40　插页：1
字数：606 千字

ISBN 978－7－01－027465－2　定价：200.00 元

邮购地址 100706　北京市东城区隆福寺街 99 号
人民东方图书销售中心　电话（010）65250042　65289539

作 者 简 介

谢　赤　管理学博士，湖南大学工商管理学院教授、博士生导师。湖南大学前副校长、湖南省社科联第八届委员会副主席、享受国务院政府特殊津贴专家、教育部高等学校"管理科学与工程类专业"教学指导委员会委员、国家社会科学基金重大项目首席专家、国家级教学团队负责人、首届新世纪百千万人才工程国家级人选、湖南省哲学社会科学百人工程人选。长期从事数智金融、金融工程与风险管理、复杂金融系统等方向的研究工作，任"产业数智金融"湖南省哲学社会科学重点实验室（首批）主任、湖南大学智慧经济与数字社会研究院主任、金融与投资管理研究中心主任、太和研究中心主任。主持国家社会科学基金重大项目 2 项、重点项目 1 项、一般项目 2 项、国家自然科学基金项目 3 项、国家软科学研究计划项目 1 项、教育部博士点专项基金项目 3 项、全国教育科学"十五"重点项目 1 项。以第一或通讯作者在《中国社会科学》《管理世界》等国内外权威期刊发表论文 100 余篇，出版专著教材 10 余部。作为第一完成人获得国家级教学成果奖一等奖、高等学校科学研究优秀成果奖（人文社会科学）三等奖 2 届、湖南省哲学社会科学优秀成果奖一等奖 2 届、湖南省哲学社会科学基金项目优秀成果奖一等奖、湖南省自然科学奖二等奖。

王纲金　　管理学博士，湖南大学工商管理学院教授、博士生导师。入选国家高层次青年人才计划、湖南省"优青"、湘江社科青年人才、"湖湘青年英才"支持计划、爱思唯尔"中国高被引学者"（管理科学与工程）、全球前 2% 顶尖科学家榜单。主要从事金融科技与金融工程、金融风险管理、复杂金融网络、系统性金融风险的教学与科研工作，任"产业数智金融"湖南省哲学社会科学重点实验室副主任，主持国家社会科学基金重大项目子课题 2 项、国家自然科学基金项目 3 项、省部级项目 3 项。以第一或通讯作者在 *Quantitative Finance* 和《管理科学学报》等国内外权威期刊发表论文 60 余篇，出版专著 1 部，获国家发明专利授权 2 项。荣获教育部第九届高等学校科学研究优秀成果奖（人文社会科学）三等奖、湖南省自然科学奖二等奖、全球风险管理专业人士协会（GARP）卓越研究奖等奖项。

祝　由　　管理学博士，湖南大学工商管理学院副教授、博士生导师。入选芙蓉计划湖湘青年英才、岳麓学者。主要从事数智金融、产业金融、生成式人工智能等方向的教学与科研工作，在 *International Journal of Production Economics* 和《系统工程理论与实践》等期刊上发表论文 20 余篇，在《成果要报》等刊发重要智库成果数篇，主持国家自然科学基金专项项目 1 项、国家社会科学基金重大项目子课题 1 项、教育部哲学社会科学研究后期资助项目 1 项、湖南省"十四五"农业农村现代化规划前期重大研究课题 1 项、博士后科学基金 1 项，参与国家自然科学基金、省部级项目若干项。荣获国家级教学成果奖二等奖、湖南省自然科学奖二等奖等奖励。

目　　录

第一篇

大数据环境下金融安全风险形成与评估

第一章 大数据环境下金融安全风险及其形成

第一节 金融安全风险内涵

一、金融安全与金融风险定义及关系

为准确界定金融安全风险的内涵,梳理金融安全风险的形成机理,本部分重点探讨金融安全与金融风险的概念以及它们之间的关联和区别。

金融安全和金融风险是两个紧密相关且同时存在的概念。金融风险指金融机构等金融活动参与者在进行金融实践过程中,发生损失的可能性和危险性。在金融实践中,金融行为可能会发生偏差,使产生的结果与预期相比存在较大偏差,这就是金融风险的来源(王元龙,2004)[①]。金融风险普遍存在于一切金融活动之中,具有各式各样的表现形式,面临或承受金融风险是金融经济运行的常态。

金融安全一般指货币资金融通安全。从另一个角度来看,指国家具有维持金融行业稳定发展、维护金融体系稳健运行的能力(王元龙,1998)[②]。金

[①] 王元龙:《关于金融安全的若干理论问题》,《国际金融研究》2004年第5期。
[②] 王元龙:《我国对外开放中的金融安全问题研究》,《国际金融研究》1998年第5期。

融安全与金融风险息息相关,发生金融风险会直接威胁到金融安全,金融风险在时间和空间上的传染和累积会形成系统性金融风险,严重损害金融安全,故需要通过金融风险防范来维护金融安全。

但是,金融风险和金融安全两个概念之间也存在重大差别。金融风险重点关注金融实践产生的结果及其不确定性,金融风险管理的目的是防范风险的产生与传染,而金融安全则更侧重于金融体系的正常运转与健康发展,维护金融安全的目的是消除各类对金融安全产生威胁的隐患(李翀,2000)①。

与金融安全相对的是金融不安全,但是金融风险的存在并不一定导致金融不安全,并且金融安全也不等同于不存在金融风险。当金融风险处于有效可控范围内时,即便是在金融风险广泛存在的情况下,国家也可能处在金融安全的状态之中,并不会影响和危害经济社会的运行和发展。

虽然金融安全对应金融不安全,但是金融不安全仅仅是一种中间状态,程度有轻有重。金融不安全是由金融风险产生的结果,只有当风险累积到一定程度,传染范围持续扩大,才可能影响到国家金融安全。因此,金融安全并不是一个静止不变的状态,而是处在不断发展之中。安全与风险是一种相对状态,并不存在绝对意义上的安全。其背后的原因是,国民经济运行存在周期性特点,金融是动态发展的。金融安全的状态可以随时调整,在市场信息完全的前提下,它会依赖稳健反馈机制达到动态均衡。

二、金融安全风险概念界定

保证金融安全是国家安全战略的内在要求。《中华人民共和国国家安全法》第二十条规定,"国家健全金融宏观审慎管理和金融风险防范、处置机制,加强金融基础设施和基础能力建设,防范和化解系统性、区域性金融风险,防范和抵御外部金融风险的冲击"。在金融全球化背景下,实现金融安全指能

---

① 李翀:《国家金融风险论——对国际资本投机性冲击的分析和思考》,商务印书馆2000年版,第10—20页。

够抵御来自内部和外部的各种威胁,为金融行业良好发展提供充分保障,以维持国家金融体系稳定运转状态。金融安全风险则指存在影响金融安全的风险因素,使金融安全朝着不安全的态势发展,对国家金融经济发展产生威胁甚至造成危害。金融安全风险的概念是阶段性变动的,随着历史的前进与发展而呈现出不同的内涵。

(一)传统意义上的金融安全风险

现有文献并没有对金融安全风险的概念和内涵形成完整、统一的认识。金融安全和金融安全风险具有丰富和广泛的内涵,难以给出具体和明确的界定。众所周知,金融是指以货币为基础,基于信用的交易行为与经济关系。在传统金融理论框架下,为了揭示金融安全风险的概念和内涵,学者们主要尝试从金融实质(王元龙,1998)和国际关系(梁勇,1999[①];王元龙,2004)两个角度进行讨论。

一方面,从金融实质的角度来说,金融安全的内涵体现为能够安全地进行货币资金融通。更广泛地来看,一旦经济活动涉及信用和货币资金流通,则都属于金融安全的范畴(王元龙,1998)。金融体系的 5 个基本要素包括货币制度所规范的货币流通、金融中介、金融市场、金融工具、金融制度和调控机制。从金融实质出发的金融安全包含整个金融体系和金融运行的安全。在此定义下,金融安全风险指金融主体或参与者在金融活动中遭受不可预见损失的风险。

另一方面,从国际关系角度来说,可以结合经济学思想,从"安全"一词的基本概念出发定义金融安全,即其是对国家"核心金融价值"的有效维护,既要具有维护价值的能力,还要具备相关的信心(王元龙,2004)。"核心金融价值"是国家金融的自身价值,体现在对国家金融财富安全的保障、对国家金

---

① 梁勇:《开放的难题:发展中国家的金融安全》,高等教育出版社 1999 年版,第 8—11 页。

融制度的遵守和对国家金融体系的维护。同时,国家安全包括经济安全、政治安全等多个方面,这些很大程度上与金融安全有关。因此,"核心金融价值"体现了受金融因素影响的国家"核心价值",表明金融安全是金融领域(市场、行业、主体)对国家安全的支撑。此外,"核心金融价值"也指国际金融运行中本国的金融价值,主要表现为一国的"金融主权",反映国家对自身金融体系的控制程度以及对金融发展和运行的控制程度。梁勇(1999)从整体国家安全战略的宏观视角界定金融安全,指出金融安全是国家金融制度体系抵御内在和外在冲击的能力,以及在冲击下保障金融体系正常运转并持续发展的一种状态。一国所面临金融风险的大小和其金融安全的程度在很大范围与该国对外依存度的高低相关联,国家金融安全的程度与其抗拒风险、抵御侵害的能力是正相关的。

结合金融实质角度和国际关系角度,刘沛和卢文刚(2001)[1]提出金融安全的概念,认为金融安全是国家金融经济发展过程中所达到的一种动态均衡,在该均衡状态下,金融体系能够稳定和平稳运行。综上所述,金融安全涉及领域多、范围广、内涵和外延复杂,深刻影响着国家宏观经济、中观行业和微观个体的运行和发展。

可以认为,传统金融安全风险具有以下特点:

(1)客观性。金融安全风险是客观存在,不以人的主观意志为转移,在所有金融活动以及金融活动的全过程中,都客观存在金融安全风险。

(2)普遍性。金融安全风险在整个金融领域无处不在、时刻都有。

(3)扩张性。金融安全风险在时间和空间上都具有较强的传播能力。

(4)多样性。金融安全风险在不同的时间或空间中,其具体内容和程度会表现出一定的差异。

(5)可变性。同种金融安全风险也并不是一成不变的,其内涵随着国内

---

① 刘沛、卢文刚:《金融安全的概念及金融安全网的建立》,《国际金融研究》2001年第11期。

国际环境发生变化。

金融安全风险的内涵十分丰富,在新兴技术不断发展的背景下必然进一步地扩大化、复杂化。

（二）大数据背景下的金融安全风险

当今社会,人类生产、生活与大数据、人工智能、云计算、区块链等数智技术正以前所未有的广度和深度交汇融合,推动社会迈向数据化管理和网络化连接融合发展的新时代。随着全球大数据产业的迅猛发展,数据的充分挖掘和合理利用在经济发展、社会生活和国家治理中的地位和作用越来越重要。党的十九届五中全会审议通过的《中共中央关于制定国民经济和社会发展第十四个五年规划和二〇三五年远景目标的建议》提出,要建立现代财税金融体制,提升金融科技水平,完善现代金融监管体系,提高金融监管透明度和法治化水平,健全金融风险预防、预警、处置、问责制度体系。2022 年《政府工作报告》明确指出,要促进数字经济发展,加强数字中国建设整体布局,完善数字经济治理。

金融行业属于信息、知识和价值密集型行业,金融机构在日常运营中产生并沉淀海量各行各业的业务数据。这些数据的应用价值随着数字化、信息化社会的发展日益凸显,意味着以财务和宏观经济数据为主导的传统金融安全风险分析和评估存在严重的信息滞后问题。因此,大力推动数字经济,特别是将大数据与金融密切结合发展数字金融,实现金融市场多元化以及金融业务去中心化分布,能为金融发展提供全新的视角。首先,数字金融通过其技术化、数字化的特点降低金融服务成本,促进金融行业结构优化,提高金融市场资源配置效率。其次,数字金融的出现对商业银行产生巨大冲击,它抢占市场份额,增加运营成本,激化价格竞争,加剧银行风险。同时,数字金融的发展也为客户提供更多的金融产品和更便捷的金融服务渠道,促进银行转型升级。最后,数字金融通过促进消费结构变化、缓解企业融资约束等方式推动企业创新,进一步对宏观经济产生影响。

总而言之,一方面,数字金融从增加金融违约风险、网络安全风险以及风险管控难度等方面加大金融安全风险;另一方面,数字金融从降低交易成本、缓解信用风险、增强风险抵御能力等方面对金融安全风险防控起到积极作用。在数智技术飞速发展的今天,金融安全的定义和金融安全风险的内涵有了新的拓展。

数智技术拓宽了金融业务的渠道,使金融服务行业的混业程度更高、服务范围更广,但也增加了发生系统性金融风险的可能性。大数据环境下金融安全风险不仅保留了传统金融安全风险所有的特征,而且增加了操作性风险、技术性风险等新型风险。同时,金融、网络和数智技术共同作用,大数据环境下金融安全风险与传统金融安全风险充分聚合和共振,将加速和扩大金融安全风险的传播和影响范围(高惺惟,2022)[①]。何德旭和史晓琳(2018)[②]指出,金融行业已经与数智技术深度交互融合,在此情况下网络空间的安全性也会对金融安全风险产生重要影响。张晓朴(2010)[③]指出,大数据环境下互联网金融会对系统性金融风险产生放大效应。马理等(2019)[④]发现,当互联网金融行业面临极端风险时,其对银行业、证券业、保险业等传统金融行业具有明显的风险溢出效应。

大数据环境下金融安全风险有其特有的内涵,但其与传统金融安全风险并不是相互割裂,而是同根同源、交互出现的。学术界普遍认为,大数据环境下新型金融风险的出现及其与传统金融安全风险之间产生的交互作用,会加

---

① 高惺惟:《传统金融风险与互联网金融风险的共振机理及应对》,《现代经济探讨》2022年第4期。

② 何德旭、史晓琳:《互联网时代的金融风险及其防范措施研究》,《中国社会科学院研究生院学报》2018年第2期。

③ 张晓朴:《系统性金融风险研究:演进、成因与监管》,《国际金融研究》2010年第7期。

④ 马理、彭承亮、何启志等:《互联网金融业对传统金融业风险溢出效应研究》,《证券市场导报》2019年第5期。

大系统性金融风险,严重影响金融安全。

总体而言,大数据背景下金融安全风险主要具有以下特点:

(1)风险交叉传染性增强。数智技术的融入打破了传统金融的分业经营模式,金融活动中多个主体与多种业务紧密联系,使风险的交叉性明显增强。

(2)风险可控性降低。无论是大数据、区块链还是云计算,数智技术的飞速发展使金融风险传播速度更快、传播范围更广,风险发生后需要的控制时间更长、纠错成本更高。

(3)风险隐蔽性增强。针对大数据环境下金融行业混业经营、多元主体等特征的监管政策和监管措施不够完善,目前相关政策的执行力度还较弱,使参与主体有更大的空间隐藏风险。

(4)风险负外部性增大。在大数据技术的作用下,金融行业之间以及金融行业对实体行业都有很强的负外部性,特别是在互联网金融规模越来越大的条件下,金融安全风险对社会经济发展的影响也越来越严重。

第二节　金融安全风险形成机理

一、金融安全风险形成理论解释

从理论上看,金融行业具有一些自身的特性,它们使金融安全风险普遍存在。随着金融市场全球化和自由化的推进,适应各类金融需求的金融工具也层出不穷。大数据、复杂网络、云计算和区块链等数智技术的更新和应用在加速金融行业发展的同时,也导致金融安全风险的诱导因素呈现出逐渐增多且日益复杂的趋势。

(一)基于金融脆弱性理论看金融安全风险的形成

金融系统本身具有极高的不稳定性和脆弱性,其相对于其他行业更容易产生不安全状态。当金融安全风险累积到一定程度,金融系统由安全转向不安全,极易爆发金融危机。

首先,金融行业的高负债经营,决定了其与生俱来的脆弱性。金融机构的一个重要特征是"硬负债、软资产"。"硬负债"指金融机构的负债是实实在在存在的,并且随时可能会被强制要求履约,而"软资产"则指金融机构的资产存在发生损失,甚至无法收回的可能性。其次,金融创新增加了金融脆弱性。大数据、复杂网络、云计算和区块链等数智技术的飞速发展及其在金融行业的广泛应用,导致产品和服务的种类不断增多,创新性金融工具层出不穷,一方面为金融的发展带来新的动力,另一方面增加金融系统的脆弱性。再次,信贷固有的不稳定性加剧了脆弱性。银行信贷具有显著的顺周期性特征,当经济处于繁荣期,信贷投放增加,而发生经济衰退时,信贷供应也随之减少。这种强顺周期性将加深金融行业与经济发展周期的共振,放大经济衰退的影响。最后,金融市场的一个重要显著特征是个体理性和群体恐慌并存。在金融市场参与者个体都是理性的情况下,仍然可能发生群体的恐慌,这种并存状况可能进一步加重金融的脆弱性。

(二)基于金融风险传染理论看金融安全风险的形成

金融行业、金融机构的相互关联使金融风险具有传染性,即单个金融机构或金融子市场遭受冲击可能会由于风险传染而使整个金融市场波动。

金融系统的脆弱性是金融风险传染的来源,而金融机构的关联性则是金融风险传染的载体和媒介。这种关联性不仅通过实际资产负债的相关性而产生,还通过市场信心的关联性而产生,即单个机构产生的风险将打击投资者信心,降低投资者心理预期,进而导致市场整体信心崩塌,影响市场流动性。

(三)基于复杂网络理论看金融安全风险的形成

早期对金融市场以及金融市场风险的研究,基本上是在经典资本市场理论的线性分析范式下展开的。然而,传统分析方法存在无法解释现实金融市场复杂性的局限。李红权(2006)①认为,传统金融理论忽视了金融市场的"非线性、不连续"特征,没有考虑金融市场作为一个复杂系统,市场中产生的波动并不能完全归咎于外部随机扰动因素,复杂系统自身的非线性特征以及由此产生的内部不稳定性对金融风险将产生重要影响。

从复杂网络理论来看,金融系统并不是一个简单的线性系统,其本质是一个复杂系统,其可以被看作一个由金融机构作为节点所构成的复杂网络。因此,系统性金融风险可以被认为是由金融系统中节点的脆弱性以及关联性引发的复杂网络风险。大数据背景下的金融复杂网络表现出结构复杂性、融合性和网络进化性等特征,这时的风险更为复杂多元。

二、传统意义上金融安全风险形成机理

(一)非系统性金融安全风险

在传统金融框架下,根据风险来源,金融安全风险的形成机理可以分为非系统性风险和系统性风险。其中,非系统性风险主要有以下形式:

1. 信用风险

其多发生在银行业贷款或证券行业债券发行等业务中。借款人或债券发行人通过向银行借款或发行债券来筹集资金,但由于借款人或债券发行人后期偿债能力不足,使借款无法按期偿还,最终导致他们信用破产。当多个借款人或债券发行人同时发生信用危机时,将给整个银行业带来冲击,影响金融安全,进而冲击整个国家金融稳定和经济发展。

2. 产品风险

随着金融创新的不断深化,金融产品及其衍生产品的种类不断增加,其中

---

① 李红权:《金融市场的复杂性与金融风险管理——一个基于非线性动力学视角的分析原理》,《财经科学》2006年第10期。

某些金融产品的设计可能存在一定的不合理性。当这些产品进入市场被交易时,就可能对金融机构和金融行业造成负面影响,进而冲击到整体金融安全。

3.道德风险

金融从业人员素质参差不齐,在开展金融业务时,一些人可能会出于自身利益考虑,利用信息不对称或内部权限进行违规操作,导致客户或者金融机构利益受损,这也是影响金融安全的因素之一。

(二)系统性金融安全风险

以上非系统性风险是个别机构或资产所特有的风险,而系统性风险是由影响整个金融体系的风险因素所导致的,它一直存在,无法通过资产组合策略来分散和消除。系统性风险的形式包括:

1.政策风险

金融安全受到多维度变量的影响,金融经济政策的变化会对市场环境以及金融经济活动参与者的行为产生作用,进而影响整体的金融安全。一方面,宏观经济政策的变化,以及相关法律法规和管理制度的调整会带来金融系统的巨大震荡。另一方面,在危机发生时,对相关风险的防控应对政策也会很大程度上决定风险的传染和传播,对金融安全产生重要影响。

2.利率和汇率风险

在全球经济一体化背景下,一国的通货膨胀或紧缩影响该国货币的汇率,而一国的利率又与通货膨胀紧密关联。因此,利率与汇率通常互相联系、互相影响。在银行业,利率的变动和调整会导致银行的实际收益及其预期产生偏差,而汇率的变化则直接影响外汇储备的增值或贬值。不仅如此,利率与汇率之间的互相影响将使风险更加复杂和不可控。

3.周期性风险

金融活动在内外部冲击下,通常会呈现规律性、周期性的波动,金融周期与经济周期之间的联动,又会影响国家金融稳定与安全。例如,中国人民银行在 2017 年第三季度货币执行报告中多次提到"金融周期",并强调需要将金融周期问题纳入微观审慎政策中,以有效防范和化解金融风险。

三、大数据环境下金融安全风险形成机理

(一)大数据环境下金融安全风险形成原因

数智技术进步为金融行业带来新发展的同时,也使金融安全风险的来源更加多元化和复杂化。相较于传统金融安全风险,大数据环境下金融安全风险的形成机理被进一步扩展。数智技术造成金融服务主体更多元、服务对象更下沉,也导致风险传导范围更广泛。

1. 数智技术的广泛应用加深了金融市场的脆弱性

首先,金融活动参与主体双方之间存在严重的信息不对称现象,经营者可以通过各类数据信息全面了解服务对象,而服务对象则难以掌握经营主体和金融平台的相关信息,相应的平台风险难以防范。其次,数智技术本身尚不完善,支付安全、黑客攻击等使技术不确定性风险加大。最后,服务对象往往不够成熟,导致尽管数智技术为小微企业和原有一些难以获得金融服务的对象提供了机会,拓展了金融服务对象的范围,但这部分群体并不成熟,极易出现"羊群效应",使风险传播更加迅速,系统性风险发生概率被提升。

2. 数智技术的迅速进步造成了监管不足和缺失

技术的日新月异带动金融行业的快速转型,然而相应的监管模式和监管机制未能及时更新。一方面,与传统金融行业的分业经营模式不同,数智技术促进了金融混业经营,而现有分业监管模式在应对相关风险时存在巨大的漏洞,使压制的风险问题产生积聚,给系统性风险发生提供了更大的可能性和发展空间。另一方面,传统金融中分段式监管模式是在金融服务的不同环节对应不同的监管模式,而在数智技术实践下的金融模式中,在一个平台上就可以实现银行、基金、证券、信托等的全环节串联,同时风险也在全环节中完成流动

和传递,即现有分段式监管机制在应对混业经营风险上能力明显不足,使风险更容易被隐藏,积聚的风险更容易演化成系统性金融风险。

3. 数智技术的过度渗透带来了一定风险

金融的新模式对数智技术的依赖是天然的,但过度渗透的信息技术也会形成新的风险,并扩大系统性风险的来源。实际上,对新兴技术的过分依赖,本身就存在技术上的风险和隐患。另外,数字化也使风险传递得更快、更广,个体的风险容易在更短时间内演化成系统性金融风险。

4. 数智技术的应用加强了金融主体规避监管的能力

具有新兴技术背景的金融主体往往有更强的信息技术开发以及新兴技术创新能力,这些急速更新的创新技术使监管部门对相应的风险认识不足,也无法及时应对,在给监管及时性、有效性带来挑战的同时,也倍增了系统性金融风险发生的可能性。

(二)大数据环境下金融安全风险表现形式

在对大数据环境下金融安全风险的形成机理进行梳理与分析后,可以列举出以下具体的风险形式:

1. 网络安全风险

自第三次工业革命以来,计算机以及信息技术的发展日新月异,而相应的行业管理和技术更新未能完全匹配飞速发展的新兴技术,存在许多漏洞。较之前期网络病毒层出不穷,近年来网络环境已大有改善,但随着大数据、人工智能和区块链等数智技术的快速兴起和广泛应用,网络安全问题再次受到人们的关注。新技术给金融行业发展带来新机遇的同时,也对网络环境和安全系数提出了更高的要求。

2. 安全意识与专业素养风险

在金融行业中,小微客户等群体在金融服务对象中占据了数量上的大多数,但由于服务成本、信息成本和信用安全等影响,他们获取金融服务的渠道并不多。数智技术的发展拓展了金融服务的范围,为小微客户群体提供了新的融资渠道。正因为如此,互联网金融产品吸引了众多潜在客户,而这部分客户往往对网络安全、金融知识等了解有限,容易被其"低门槛、高回报"所吸引,互联网金融参与者安全意识和专业素养的缺乏也给金融安全带来潜在风险。

3. 客户信用风险

与传统金融行业相比,在新兴互联网金融行业中"不良客户"更为多样化。互联网金融业务服务范围更广,对债务人的要求更低。虽然对大多数客户来说,金融机构提供的信用额度有限,但互联网金融的客户基数巨大,且信用风险相对较高,因而其信用风险也是互联网金融安全十分重要的影响因素。

4. 法律体系风险

数智技术的飞速发展带来传统金融行业的大范围转型,国家已针对新兴技术背景下金融实践出台相关法律法规以及相应政策,对其进行监督和管理,以保障金融的平稳健康运行。然而,相关法律体系尚未满足日新月异的行业发展要求,难免出现盲点以及更新不及时的情况。基于此,大数据环境下金融实践中出现无法可依的案例并不少见,并且执法过程中也可能面临新的道德风险的挑战。

第二章　金融安全风险大数据及其管理

第一节　金融安全风险大数据产生及特性

一、金融安全风险大数据产生

当前,全球进入数字经济发展新阶段,"数据要素"的概念逐渐深入人心。作为数字经济深化的核心引擎,"数据"已成为最具时代特征的新的生产要素。2021年年底,《"十四五"数字经济发展规划》和《"十四五"大数据产业发展规划》相继发布,规范并推动了数据要素市场的培育、数据产业链的形成,以及整个数据产业生态的构建。党中央、国务院高度重视大数据产业的发展,决定实施国家大数据战略。习近平总书记就大数据和数字经济相关战略、大数据产业发展多次作出重要部署和指示。工业和信息化部会同相关部委建立大数据促进发展部际联席会议制度,旨在完善政策体系,打造大数据产品和服务体系,推进各领域大数据融合应用,促进大数据应用不断泛化,培育大数据产业集聚高地。

在数字经济飞速发展的背景下,金融风险监控和管理、金融产品研发和设计、金融模型度量和评估、金融供应链管理和优化、金融精准营销、金融运营优化、金融市场舆情等业务均涉及海量结构和非结构化数据的获取、整合和系统性分析,对金融大数据处理系统的存储管理、高性能计算、高业务并发等方面提出挑战。然而,现有互联网企业的大数据平台无法完全适用这些应用场景需求,构建面向金融产业的大数据综合处理系统是金融数字化转型的必然要求。大数据、人工智能、云计算、区块链等数智技术为未来特别是"十四五"时期金融安全风险防范和能力建设提供关键的技术保障,为金融科技助力防范化解金融风险、维护经济金融安全开启新思路和新空间。

随着现代信息处理技术的快步发展和广泛应用,人类社会已进入大数据时代。大数据又被称为巨量资料,是数量巨大、结构复杂且在有限时间内无法通过传统方式进行有效抓取、管理和处理的数据集合(Yaqoob 等,2016)[1]。万巴等(Wamba 等,2015)[2]指出,大数据具有所谓"5V 特征",即规模性(Volume)、流动性(Velocity)、多样性(Variety)、真实性(Veracity)和价值性(Value)。大数据的发展推动相关数据处理技术的迭代更新,形成了横跨信息科学、社会科学、网络科学、系统科学等多个领域的交叉研究领域。尽管大数据涵盖巨量信息,但在数量、类型、动态特征等方面新的特点远远超出人们的认知,如何从海量数据中高效地挖掘动态信息已经成为一个公认的难题。近年来,研究者们以搭建快捷、高效的大数据处理系统为目标,提出许多创新型数字化处理方法,进一步推动了大数据技术的发展。例如,谷歌(Google)公司针对大数据问题,提出了著名的 MapReduce 处理模型(Dean 和 Ghemawat,2008)[3],并在此基础上研发出 Hadoop 和其分布式文件系统(Hadoop

① Yaqoob I., Hashem I., Gani A., et al., "Big Data: From Beginning to Future", *International Journal of Information Management*, Vol. 36, No. 6B, 2016, pp. 1231-1247.

② Wamba S., Akter S., Edwards A., et al., "How 'Big Data' Can MakeBig Impact: Findings from a Systematic Review and a Longitudinal Case Study", *International Journal of Production Economics*, Vol. 165, 2015, pp. 234-246.

③ Dean J., Ghemawat S., "MapReduce: Simplified Data Processing on Large Clusters", *Communications of the ACM*, Vol. 51, No. 1, 2008, pp. 107-113.

Distributed File System，HDFS)，目前已经发展成为大数据平台中最为成熟和使用最为广泛的基础架构。

新金融模式(如第三方支付、金融产品销售、互联网借贷等)的出现和发展使互联网和金融不断交织融合，图像、文本、语音等多种模态的金融数据呈爆炸式增长。作为数据的重要生产者和消费者，金融业已走在大数据浪潮的最前沿，每时每刻都在运行的现代金融体系源源不断地生产并积累海量的金融数据。同时，金融大数据之间的关系也日渐紧密，呈现出数据与数据之间相互关联和交叉的局面，通过大数据处理技术从数据中挖掘其蕴含的信息和知识，能为相关金融决策提供有力支撑。在大数据时代，金融大数据的出现突破了单一同质化信息的缺陷，是全面提升金融安全风险度量、预警与控制的有效途径。苏哈内克和维库姆(Suchanek 和 Weikum，2013)[1]指出，由于大数据的复杂特性，大数据融合和整合面临的问题也变得越来越复杂：

(1)多源性。根据金融业务的不同性质，数据被分别存储在各种数据库、知识库或信息系统中。

(2)异构性。由于跨媒体和跨语言的关联行为，数据已经由单一的结构化数据发展为包含结构化、半结构化和非结构化数据的复合形式，数据之间难以直接建立联系。

(3)低密性。数据规模与数据价值之间的矛盾逐渐显现，数据种类和数据规模日渐庞大，而单位数据量中所包含的有效信息则可能在逐步降低。

(4)动态性。数据随着时间的推移而在概念上发生本质的变化，如数据属性在不同时间代表的价值和意义也各不相同。

尽管金融大数据面临数据来源广泛、结构形式多样、类型复杂、动态变化等诸多挑战，但通过科学合理的大数据技术将有助于挖掘金融决策的有效信

---

① Suchanek F., Weikum G., "Knowledge Harvesting in the Big-Data Era", In: *Proceedings of the 2013 ACM SIGMOD International Conference on Management of Data*, New York, USA, 2013, pp. 933-938.

息,构建面向金融决策支持的数据知识,使其有序地服务于投资决策、风险管理和金融监管等金融决策支持过程。此外,高效的多源异构金融大数据融合和整合可以为金融安全风险识别和度量提供强大的数据支撑,也为控制金融安全风险传染和演化建立起重要屏障。

二、数据异构性

金融安全风险的来源主体不仅是金融体系中那些所谓的重要性金融机构,而且包括金融市场环境、国家政策干预、公共网络舆情等,由此产生的风险信息在语义特征、表达结构、时空特性等方面千差万别,形成多渠道和多形式的数据:

（1）关系型结构化数据。即传统模式化数据,它们来自专业数据库,其处理主要涉及数据预处理、数据清洗、统计分析、关联分析等。

（2）非关系型半结构化数据。它们以树或者图的数据结构存储,其处理主要涉及数据分级分类、字段检索、关键字段提取等。

（3）非结构化数据。它们由文本信息、音频、视频等组成,其处理主要涉及语音识别、自然语言处理、语义理解和情感分析、文本挖掘和分析等。

随着数据结构的多样化和数据规模的增加,数据处理方法的复杂度和困难度也随之呈现指数式增长,如何对数据及其信息进行有效融合是一个巨大的挑战。异构数据的融合方法主要包括三种类型:

（1）基于阶段的数据融合方法。即在数据挖掘的过程中,不同阶段利用不同的数据进行分析。但这里值得注意的是,通过该方法很难真正实现异构数据的交互融合。

（2）基于特征的数据融合方法。即通过提取每个异构数据的特征,对特征进行分析和处理。被提取的特征质量及融合方法都将对融合效果产生决定性影响。

（3）基于语义的数据融合方法。旨在了解每个数据集以及跨数据集的特征间关系。这里的假设前提是,提取到的异构数据特征具有可解释性。

异构数据融合的关键在于将众多分散、异构的数据源、知识源以同样的数据格式来实现互相沟通,挖掘出隐含的、有价值的、尚未被发掘的信息和知识。

三、数据多源性

在全球经济和市场一体化背景下,各个金融市场之间相互影响,市场内、跨市场和跨区域的金融安全风险相互交织。金融数据的来源呈现出多样性发展趋势,主要表现在其来源的不同:

(1)国家和区域。例如,欧洲区域、亚洲区域、美洲区域等。

(2)市场。例如,股票市场、货币市场、期货市场、债券市场、商品市场、外汇市场等。

(3)类别。例如,财务类、运营类、资产类等。

多源数据整合至关重要,是数据处理流程中极其关键的一个环节,同时也是数据分析、挖掘和应用的前提和基础,借此可以实现从更高维度、更多视角对金融安全风险进行考察。数据整合的目标是形成对数据资源的统一管理和标准建设,通过集中对数据进行抽取、清洗、转换,严格把握数据质量和标准,形成统一数据存储交换的模式、接口和访问方法,最终提供完整、准确、权威的数据,并用于应用和管理模块。目前,数据整合技术主要有三种方式:

(1)样本级整合。即直接将原始数据整合在一起。这种方式要求各数据样本的属性尽可能保持一致,当属性存在差异时,可能造成属性值缺失,且属性之间的重合度越小时越容易引发"维度灾难"问题。

(2)特征级整合。即从各类数据样本分别提取出相同的特征向量,将这些向量放置于同一个特征空间后再将其进行拼接整合。需要指出的是,这种方式在进行特征提取时会出现信息损失,且不利于模型的可解释性分析。

(3)模型级整合。即针对每类数据样本都构建一个模型,逐一得到结论后再进行整合。这种方式能有效挖掘出各个数据样本所包含的内在信息和特征,并通过在更高层面进行信息整合,来扩大金融安全风险分析的视角和视野。

第二节　大数据技术与金融安全
风险大数据系统架构

一、大数据技术内涵

随着信息化社会的发展,"大数据"的内涵已经超出数据规模的定义,其代表着信息技术发展到了一个新的时代,反映了海量数据处理所需要的新技术和新方法以及大数据应用所带来的新服务和新价值。在全球大数据发展的时代背景下,高效率地采集、处理、存储、分析、挖掘和应用多源异构数据的大数据技术应运而生。大数据技术通过利用相关处理手段快速完成收集数据、动态存储数据、充分挖掘数据内部的隐藏信息以及深入分析数据之间的联系,主要涉及以下具体技术:

（一）大数据采集技术

数据采集是大数据处理流程的关键步骤,不同类别的数据来源多种多样,数据规模、数据特征、数据结构以及采集方式存在不同程度的差异。金融安全风险相关数据的采集方式主要包括专业数据库购买和公开数据抓取（如从政府部门、券商、保险、银行等相关机构以及学者的网页搜集）。对于互联网公开可访问数据,可采用网络爬虫技术从路透社、大智慧数据、万得信息、微博等渠道获取。例如,基于深度优先策略的网络爬虫,将侧重点放在爬行尝试,获得网页中更多的信息,网页之间通过数量不等的超链接相互连接,形成一个彼此关联、庞大复杂的有向图形。在数据采集过程中,往往面对大量并发操作的挑战,因此需要采用集成技术来支撑大数据采集,以提高数据获取效率。

（二）大数据存储技术

大数据存储技术指根据不同类型的数据建立特定的数据库，分门别类地存储多源异构数据，以免在数据处理、数据分析与挖掘以及数据应用的过程中造成"访问性"问题。在搭建好大数据处理基础设施和数据平台后，需要建立大数据存储机制，根据大数据的结构特征和应用价值，采用关系型数据库与非关系型数据库相结合的方式进行存储。其中，结构化数据通常存储于关系型数据库中，其能够在大规模集群环境下，提供巨大的数据存储和并发访问能力；而半结构化和非结构化数据难以用普通结构化数据库来存储，且一般需占用较大的空间，因此通常采用面向非关系型的、分布式的大数据存储和查询管理技术和系统。

（三）大数据分析与挖掘技术

大数据分析与挖掘是大数据处理流程中极其重要的关键技术。处理多源异构大数据的主要目的是通过数据分析与挖掘，寻找大数据中具有潜在价值的信息，为金融决策提供数据支撑。数据分析主要通过相关工具和专业理论方法来进行，结合一定实际应用场景解决问题。它更多情况下偏重业务层面，而数据挖掘偏重技术层面，其在数据分析基础上，利用数据挖掘算法进一步揭示具有潜在价值的信息。为解决实际大数据分析应用问题，还需要基于大数据并行计算框架设计开发一系列基础性机器学习与数据挖掘并行化算法，以及各种综合性分析模型和复杂分析并行化算法。

（四）大数据可视化技术

大数据可视化是大数据系统的必要组成之一。经过数据采集、存储、分析以及挖掘等步骤获得的结果还不能直接反映大数据蕴含的规律、知识和信息，需要通过可视化技术将抽象的"数据"以可见的形式表现出来，以辅助理解数据,其主要通过有效处理大规模、多类型和快速变化数据的图形化交互式探索与显示技术实现。图形化交互式探索是通过图形化的手段交互式分析数据;显示技术是对数据的直观展示。通过一系列可视化技术按需求展示定制化界面,以可视化图形组件形式将多源异构大数据背后隐藏的数据规律或者特征信息以最直观的方式展现,如曲线图、圆环图、仪表盘、矩阵、日期表等各类图表,以提高金融决策的效率和准确性。

二、大数据技术基本理论

近年来,互联网和信息处理技术进步推动着大数据快速发展,为充分挖掘数据中隐含的价值信息,开源社区出现了许多面向大数据的处理引擎,其中最著名的是 Hadoop 以及基于内存计算的 Spark 和 Flink。作为第一代开源的大数据计算引擎,Hadoop 通过 MapReduce 实现分布式计算,将总任务拆分为若干个小任务,这些小任务又可以划分为 Map 和 Reduce 两类。上层应用需要对算法进行分解,甚至通过多任务串联来完成算法运算。同时,每一次 MapReduce 计算过程都必须将中间结果写入磁盘,并在下一个 MapReduce 计算过程中将中间结果从磁盘中重新读取。由于磁盘的读写操作需要耗费大量的时间,研究者进一步开发出支持有向无环图(Directed Acyclic Graph,DAG)和内存计算的框架 Spark 和 Flink。与 Flink 相比,Spark 的优势在于运行一个集群即可以处理不同类型的任务,并且以更高的内存占用来提升吞吐率。

(一)基于 MapReduce 的海量网络数据处理技术

MapReduce 最早由谷歌公司提出并实际用于其网络搜索服务的编程模型中,它采用分布式并行计算的方式来处理太字节(Terabyte,TB)级甚至拍字节(Petabytes,PB)级的海量数据。Hadoop 正是基于 MapReduce 分布式计算框架,实现对海量数据的处理和分析。可以说,MapReduce 是 Hadoop 架构中最为核心的技术之一,在处理大规模数据集时具有很大的优势,其通过分割数据到每个节点,并且周期性地返回各个节点的结果来更新全局状态,实现分布式并行计算和提高数据处理能力。

MapReduce 的本质是计算任务的并行化,其核心思想是通过分布式计算来减少数据移动所增加的计算成本,提高任务的运算效率。MapReduce 计算过程包括 Map 和 Reduce 两个阶段,每个阶段都以键值对作为输入与输出。具体过程如下:

$$\begin{aligned} &\text{Map:} (key1, value1) \rightarrow list(key2, value2) \\ &\text{Reduce:} (key2, list(value2)) \rightarrow list(key3, value3) \end{aligned} \qquad (2.1)$$

具体来说,MapReduce 包含以下 5 个步骤:

(1) 数据读取。从文件、内存或者数据库中读取数据,并转换成键值对。

(2) 生成键值对。从输入读取器中获取数据键值对,运用 Map 函数对其进行计算处理,并以键值对的形式生成结果,并输出到主内存缓冲区,当缓冲区发生完全溢出时则存入磁盘。

(3) 组合相同键值对。调用 Shuffle 函数将具有相同键的数据组合在一起,实现数据部分缩减。

(4) 键值对处理。对每个不同的键调用一次用户定义的 Reduce 函数,并应用于该键的相关值集,将具有相同密钥的对纳入同一个组别进行处理。

(5) 输出保存。将输出的结果写入内存或者存储器中。

(二)基于 Hadoop 的大数据存储机制

Hadoop 是由阿帕奇软件基金会(Apache Software Foundation, ASF)在 MapReduce 计算模型基础上开发的分布式大数据处理系统,自 2008 年对外正式发布以来,受到研究者们的广泛关注,并普遍应用于实际操作中(Shvachko 等, 2010)[①]。当前,基于 Hadocp 平台的大数据处理产品层出不穷,开发者在

---

① Shvachko K., Kuang H., Radia S., et al., "The Hadoop Distributed File System", In: *2010 IEEE 26th Symposium on Mass Storage Systems and Technologies*, Incline Village, NV, USA, 2010, pp. 1-10.

不需要关注底层实现细节的情况下,可能直接通过高级语言进行简单编程来实现基础业务逻辑,完成跨计算机集群分布式数据处理。不仅如此,这些计算机集群可以由单个扩展到成千上万个服务器,以充分利用高速运算和存储来达到高效的算力。这些机器集合起来组成 HDFS,其具有以下优点:

(1)高可扩展性。Hadoop 是一种分布式大数据处理框架,它将数据和任务分配给可用的计算机集群进行计算,而且这些计算机集群能扩展至成千上万个计算节点。

(2)高有效性。通过数据分发的方式,让其在所在的计算节点上进行并行化处理,同时不同节点之间也可以实时传输数据,保证每个节点间的动态平衡,实现高效的处理。

(3)高可靠性。不但可以将数据自动保存为几个数据副本,还具有合理的容错机制,能将失败的任务和数据重新自动分配并启动。

(4)低成本。可以利用普通机器组成计算集群来分发和处理数据,其规模可以扩展至数千个计算节点。

Hadoop 由多个组件组成,其中核心组件有 HDFS、MapReduce 和另一种资源协调者(Yet Another Resource Negotiator,YARN)。HDFS 作为一种分布式文件管理系统,可以协调计算节点之间的数据存储和复制,确保当节点发生故障后数据依旧可用,也能将其作为数据来源,用于存储中间态和最终态的处理结果。MapReduce 是 Hadoop 进行批处理的引擎。YARN 充当 Hadoop 堆栈协调组件,负责协调和管理底层资源和调度任务,通过充当集群资源的接口,能让 Hadoop 集群运行比以往迭代方式更多类型的工作负载。

HDFS 支持大型集群处理系统,能为集群提供高可靠性和高吞吐量的数据读取。其核心设计思想是"一次写入,多次读取",对文件进行分割后分别存放,将需要存储的大文件进行分割,形成数据块,从而完成大数据的存储。同时,HDFS 采用分布式架构,使用块结构对所有节点进行读取,减少了异构数据仓库自身性能瓶颈导致的大数据系统性能下降问题,已被广泛应用于企业的大数据文件存储。

基于 Hadoop 生态下的 Hive 和 HBase 是面向结构化和半结构化数据的存储和查询管理技术和系统,能够很好地支持基于关系模型结构化查询语言(Structured Query Language,SQL)和非关系模型非(或半)结构化查询语言(Not Only SQL,NoSQL)的大数据存储管理和查询分析。其中,HBase 是分布式的基于列存储的非关系型数据仓库,是一种在 Hadoop 之上的 NoSQL 数据库,它的查询效率很高,主要用于查询和展示结果,也用于分布式、可扩展、大数据的存储;Hive 是分布式的关系型数据仓库,是一种类 SQL 的引擎,主要用来并行处理大量数据。具体来说,可以通过类 SQL 语句在 Hive 上快速实现统计分析,同时使用 HBase 存储海量数据。将 Hive 与 HBase 进行整合,共同应用于大数据处理,可以方便高效地实现大数据的存储和分析,减少开发过程,提高开发效率。

(三)基于流式计算的实时大数据处理技术

Hadoop 是批处理大数据系统的典型代表,即先将数据汇聚成批,经批量预处理后加载至数据仓库中。然而,这类系统无法查询到最新的实时数据,存在数据迟滞高等不足。

为了解决这一问题,以 Kafka(Kreps 等,2011)[1]、Spark Streaming(Zaharia 等,2012)[2]、Flume(Hoffman,2013)[3]、Storm(Toshniwal 等,

① Kreps J., Narkhede N., Rao J., "Kafka: A Distributed Messaging System for Log Processing", In: *Proceedings of the NetDB*, Athens,Greece,2011,pp. 1-7.

② Zaharia M., Das T., Li H., et al., "Discretized Streams: An Efficient and Fault-Tolerant Model for Stream Processing on Large Clusters", In: *Proceedings of the 4th USENIX Conference on Hot Topics in Cloud Ccomputing*, Boston,USA,2012,pp. 1-6.

③ Hoffman S., *Apache Flume: Distributed Log Collection for Hadoop*, Birmingham: Packt Publishing Ltd.,2013.

2014）①、Flink（Carbone 等，2015）②为代表的流处理大数据系统，将实时数据通过流处理逐条加载至高性能内存数据库中进行查询，实现实时数据的高性能查询，降低了数据迟滞。其中，Kafka 是领英（Linkedin）所支持的一款开源、分布式、高吞吐量的发布订阅消息系统；Spark Streaming 是构建在 Spark 基础之上的流式大数据处理框架；Flume 是典型的日志数据流处理系统；Storm 是推特（Twitter）支持开发的一款分布式、开源、实时、主从式的容错实时大数据流式计算系统；Flink 能提供高吞吐量、低延迟的流数据引擎，以数据并行和管道方式执行任意流数据程序，同时支持批处理和流处理程序，其运行时本身也支持迭代算法。

流式计算是一种需要对一定时间窗口内的数据完成计算处理的高实时性计算模式，具有数据流动、运算固定的显著特点。因此，可以将批量计算和流式计算相结合，通过发挥流式计算的实时性优势和批量计算的精确度优势，用于不同阶段的大数据应用场景：一方面，将批量计算应用于先存储后计算、实时性要求不高、准确性和全面性要求较高的数据；另一方面，将流式计算应用于无须先存储、可以直接进行数据计算、实时性要求严格、准确性要求较为宽松的数据。

Spark 是一款典型的流式大数据处理开源框架，2009 年于加州伯克利算法、机器和人类实验室（Algorithms，Machines，and People Lab）诞生，2010 年首次开源后即受到开发人员的广泛关注，2013 年 6 月开始在 ASF 孵化，2014年 2 月正式成为 ASF 顶级项目。相较于 Hadoop 的 MapReduce 采用磁盘迭代计算方式，Spark 可以使用内存对数据进行计算，并且计算的中间结果能缓存于内存当中，为后续的迭代计算节省时间，大幅度提升针对海量数据处理的效

① Toshniwal A., Taneja S., Shukla A., et al.,"Storm@ Twitter", In：*Proceedings of the 2014 ACM SIGMOD International Conference on Management of Data*, 2014,pp.147-156.

② Carbone P., Katsifodimos A., Ewen S., et al.,"Apache Flink：Stream and Batch Processing in a Single Engine",*Bulletin of the IEEE Computer Society Technical Committee on Data Engineering*, Vol.36,No.4,2015,pp.28-38.

率。Spark 生态圈由多种组件构成,基于它们可以将各种处理流程整合起来,大大减轻原先需要对各种平台分类管理的依赖负担。Spark 的生态系统见图 2.1。

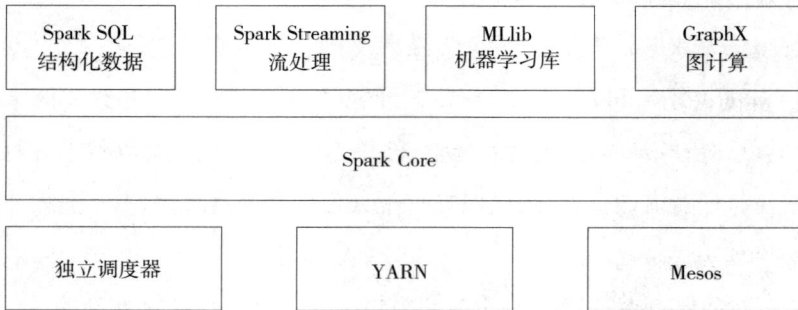

| Spark SQL 结构化数据 | Spark Streaming 流处理 | MLlib 机器学习库 | GraphX 图计算 |

Spark Core

| 独立调度器 | YARN | Mesos |

图 2.1 大数据处理框架 Spark 的生态系统
资料来源:笔者根据相关知识积累自绘。

由此可知,Spark 生态系统主要包含以下部件:

1. Spark Core

属于 Spark 的核心组件,包含任务调度、内存管理、错误恢复、与存储系统交互等基本功能模块,同时还定义了弹性分布式数据集(Resilient Distributed Datasets, RDD)函数,弹性分布式数据集是只读的分区记录的集合,是基于稳定物理存储中的数据集和其他已有的弹性分布式数据集上执行确定性操作而创建的。

2. Spark SQL

主要用于操作结构化数据,能直接查询 Hive 和 HBase 等多种外部数据。开发人员无须编写 MapReduce 程序即可直接处理复杂的数据查询、关系表和弹性分布式数据集。

3. Spark Streaming

它支持高吞吐量、可容错处理的实时流式数据处理计算框架,其原理是将数据分解成一系列短小的批处理作业,使用 Spark Core 进行快速处理。

4. MLlib

它提供分类、回归、聚类、协同过滤算法等机器学习功能的算法程序库,并且能进行模型评估、数据导入等额外处理。

5. GraphX

它提供分布式图处理框架,支持图计算和图挖掘算法,能在海量数据中运行复杂的图算法,满足对分布式图处理的需求。

6. 独立调度器、YARN 和 Mesos

它们是 Hadoop 的集群管理器,主要负责各个计算节点的资源管理工作,从而可以高效地在一个到数千个节点之间进行伸缩计算。

Spark 生态系统的各个组件可以相互调用,不需要运行多套独立软件系统,能够减少运行整个系统的资源代价。Spark 集群分为主节点与工作节点,见图 2.2。

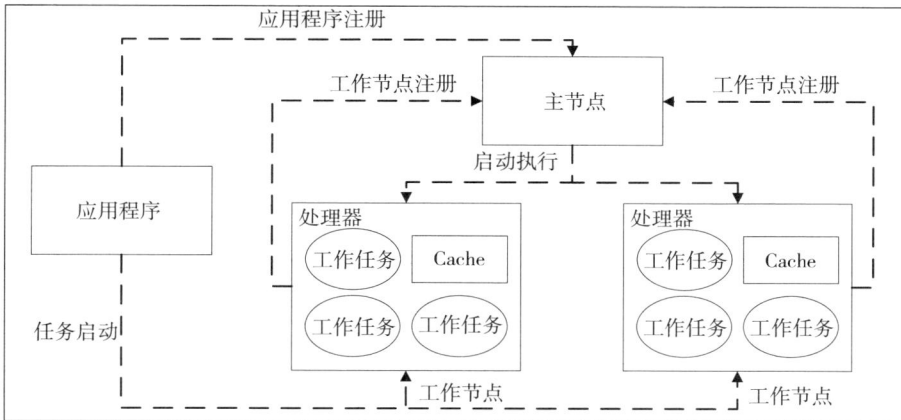

图 2.2　大数据处理框架 Spark 的基本结构

资料来源:笔者根据相关知识积累自绘。

其中,主节点常驻主要的守护进程和驱动进程,主要负责管理全部工作节点,将串行任务变成可并行执行的任务集,同时还负责容错处理等。工作节点常驻工作守护进程,每个节点上存在一个或多个执行进程,该对象拥有一个线程池,每个线程负责一个任务的执行,可根据执行节点上中央处理器(Central Processing Unit,CPU)核的数量并行相应数量的任务。

三、金融安全风险大数据系统架构

为实现多源异构大数据采集、存储、处理、交互分析和可视化,基于上述大数据技术,设计出大数据处理系统的整体框架(见图2.3)。

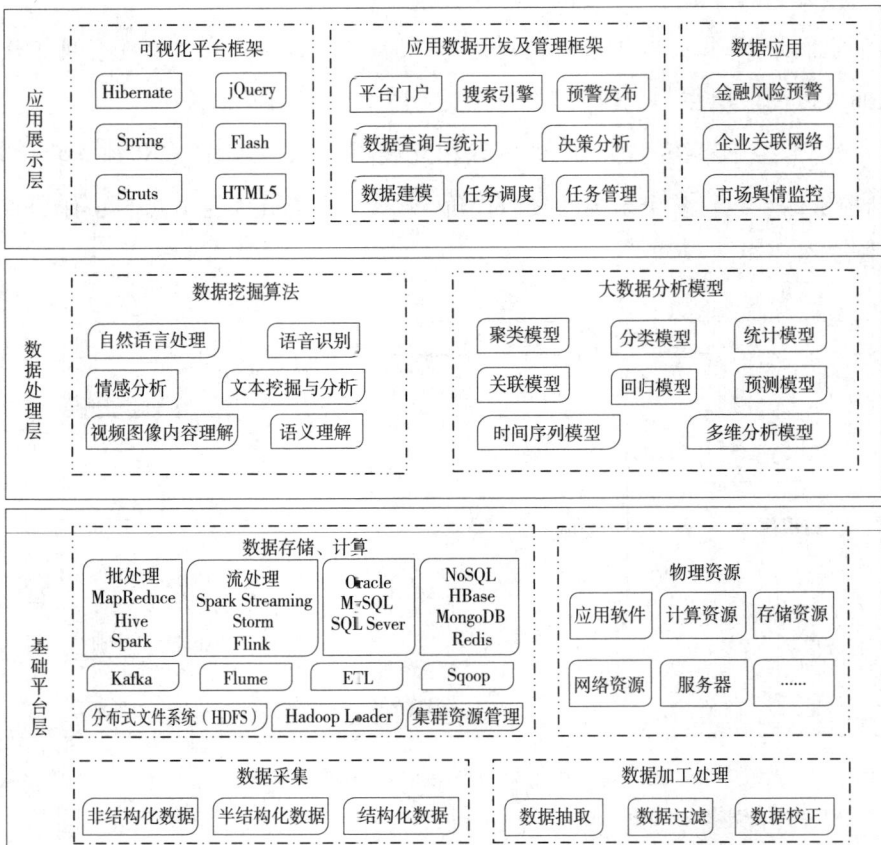

图 2.3 金融安全风险大数据系统架构

资料来源:笔者根据相关知识积累自绘。

（一）基础平台层

由 Hadoop 生态系统组件以及其他数据处理工具构成,旨在实现高度稳定的网络、高效多态的计算处理和大规模的动态可扩展存储。该层除了提供支撑大数据的采集、流动、处理、备份等网络、计算、存储和灾备物理设施外,还提供分布式流计算、异构高性能计算、离线批处理、内存计算以及图计算等多态计算引擎。

（二）数据处理层

由多个数据处理单元组成,构建数据标准体系,完成数据整合和一体化处理,获取数据资源之间的关联,实现面向特定应用的大数据分析。该层与人工智能联系紧密,除了提供侧重于结构化数据的数据抽取与统计分析算法外,还有半结构化和非结构化数据转化处理算法、数据内容深度理解算法等,涉及自然语言处理、语音识别、视频图像内容理解、文本挖掘与分析、语义理解与情感分析等。该层数据处理效果的好坏直接决定业务应用层数据统计分析的准确性和效率。

（三）应用展示层

由 Struts+Spring+Hibernate（SSH）框架及多类前端可视化工具组成。该层主要对数据处理层结果进行进一步归纳和总结,通过动态、智能的可视化引擎和图形组件构建全可视化操作界面,主要包括数据解析、查询、统计、挖掘与预测等流程的可视化。通过各类需求模块,将数据进行灵活自动的分析处理,实现特定数据的分析处理需求。

良好的存储机制应能支持多样化资源分析,并且考虑使用开源生态系统及其组件,大数据处理系统的系统存储使用 Hadoop 架构的 HDFS,采用 Hive 或 HBase 存储,并支持 Oracle、MySQL、SQL Sever 等结构化数据存储系统,兼容 Neo4j 等图数据库存储系统。计算框架涵盖 MapReduce、Storm、Spark 以及定制分布式流数据处理引擎。可视化系统依托 SSH 框架设计,可根据实际需求进行配置调整。此外,系统同时需要运维管理体系、安全防护体系、标准体系以及容灾备份系统做支撑。

金融安全风险大数据处理系统架构的设计目标为:

1. 打破数据壁垒

以金融安全风险防控为目标的大数据处理系统需要具有完备的数据接入能力,通过灵活的大数据处理结构设计,能主动或被动地从各个业务系统实时采集相关数据,完成风险评估,并执行金融风险防控任务。

2. 平衡计算资源

大数据处理系统的功能模决繁多、应用复杂,在投入硬件资源的同时,实时决策已逐渐成为金融风险防空系统的防火墙。要最大化地借助大数据平台处理海量数据,需构建形成一套上下级联合、横向贯通、逻辑一体化的数据服务体系。

3. 积累迭代能力

风险防控是人工智能技术应用的热点领域,各类软件包、建模工具日趋完善,基于海量样本和数学统计学的风险防控模型也正在逐渐取代基于小样本和专家经验的风险防控规则,但风险防控模型同样面临迭代周期长、迭代难度大的困难(章明和刘培,2020)[①]。因此,在大数据处理系统的应用展示层中应尽可能地保证建模环境与运行环境的数据一致性,避免因数据延迟而产生的模型迭代失效。

在金融安全风险大数据系统架构中,数据资源是基础、处理平台是支撑、分析算法是核心、应用效益是根本。

[①] 章明、刘培:《基于大数据的智能风险防控平台设计与实现》,《中国工程科学》2020 年第 22 卷第 6 期。

第三节 超级计算与金融安全风险
大数据高性能计算

一、超级计算机及计算中心发展

(一)超级计算机及其在中国的发展

超级计算机是一类具有运算速度快、存储空间大等优点的高性能计算机，其硬件构成与个人计算机（Personal Computer，PC）一样，由运算器、控制器、存储器、输入设备和输出设备组成（Gao 等，2021）[①]。但不同的是，超级计算机由大量的计算节点组成，每个节点配有中央处理器（Central Processing Unit，CPU）、图形处理器（Graphics Processing Unit，GPU）以及专用处理器（Application-specific Processing Unit，ASPU），节点间由高速网络互联（廖湘科等，2016）[②]。在超级计算机运行过程中，操作系统的调度器根据工作任务的实际计算需求对这些计算节点进行分配和管理，将闲置的计算资源分配给用户，而当这些计算资源被部分或者全部占用时，调试器根据排序规则让用户排队等候（Lin 和 Phoa，2019）[③]。

显然，超级计算机的性能越强，每个用户能够获得的计算资源就会越多，排队等待时间就越短。同时，优化运行程序使每个工作任务的运算时间更短，从而提升数据计算和处理能力。因此，超级计算机常被应用于数据量大、计算

[①] Gao J., Zheng F., Qi F., et al., "Sunway Supercomputer Architecture towards Exascale Computing: Analysis and Practice", *Science China-Information Sciences*, Vol. 64, No. 4, 2021, pp. 1-21.

[②] 廖湘科、谭郁松、卢宇彤等：《面向大数据应用挑战的超级计算机设计》，《上海大学学报（自然科学版）》2016 年第 22 卷第 1 期。

[③] Lin F., Phoa F., "Runtime Estimation and Scheduling on Parallel Processing Super Computers via Instance-Based Learning and Swarm Intelligence", *International Journal of Machine Learning Computing*, Vol. 9, No. 5, 2019, pp. 592-598.

复杂度高、响应要求快的实际场景,如气象、军事、金融、能源等。然而,研制和使用超级计算机的技术难度高,并且要消耗大量的硬件资源和能源,其发展依赖于一个国家的科学技术和工业发展整体水平,需要强大的经济实力支撑。

改革开放之前,由于自身经济水平和科学技术落后,以及发达国家实行技术封锁,中国的计算机研制工作进展缓慢。尽管在 20 世纪 80 年代以前国内具备电子管计算机和晶体管计算机的自主研发能力,但运算能力达到每秒千万级的超级计算机研究工作依旧处于空白,限制了国民经济、国防国安、社会生态等领域发展。当时,中国发射运载火箭时所用的计算机仅为每秒百万次;防汛部门无法对复杂气候进行快速、准确的中长期预报,使人们的生命财产面临巨大灾害风险;石油部门需要将矿藏数据和资料发送到国外进行三维建模分析,容易造成国家机密信息泄露。

为了填补在超级计算机领域的差距,提升大型科学计算能力,国家于 1979 年决定自主研制亿次超级计算机,研发团队于 1983 年成功研制出第一台符合国情且兼容国际主流的亿级超级计算机——"银河 I 号"。1992 年,"银河 II 号"超级计算机的算力达到每秒 10 亿次,提升了大规模数据处理的并行计算能力。1997 年,采用分布式共享存储结构的"银河 III 号"超级计算机峰值性能达每秒 130 亿次,进一步缩短中国超级计算技术与国际先进水平间的差距。经过近 30 年的自主发展,中国逐步摆脱了发达国家对超级计算机研制的技术垄断,极大地推动了石油勘探、气象预报和工程物理研究领域的快速发展。

近年来,为进一步提升超级计算机的运算能力,力求达到世界一流水平,国家实施 863 计划"高效能计算机及网格服务环境"重大研究项目,先后成功研制多台每秒运行达百万亿次和千万亿次的超级计算机。2008 年,采用新型"超并行"体系结构(Hyper Parallel Processing,HPP)、浮点运算速度峰值达每秒 230 兆次(1 兆＝1 万亿)的超级计算机"曙光 5000A",位列当时全球超级计算机排行榜 TOP500 第十,亚洲第一(曾宇等,2009)①。2009 年,利用 6144 个英特尔(Intel)通用多核处理器和 5120 个 GPU 的"天河一号"超级计算机的峰值性能达到每秒 1.21 千兆次,使中国成为继美国之后世界上第二个能自主研发千兆次超级计算机的国家。2010 年,"曙光星云"超级计算机运算速度达每秒 1.27 千兆次,跻身全球 TOP500 第二。同年,升级后的"天河一号 A"超级计算机运算能力由每秒 563.10 兆次倍增至 2.51 千兆次,首次登顶 TOP500 榜首。2013 年,"天河二号"超级计算机的运算性能达到每秒 33.86 千兆,再次位列世界 TOP 榜单第一位。2016 年,"神威·太湖之光"超级计算机连续斩获 TOP500 第一名,其搭载 40960 个自主研发的申威 26010 众核处理器,运算峰值达每秒 12.54 万兆,持续计算能力为每秒 9.30 万兆。

(二)中国超级计算中心建设历程

经过四十多年的不懈努力,中国超级计算机实现从无到有、由弱到强的飞跃式发展,是世界上为数不多具有自主研发能力的国家之一。为服务经济建设和产业发展,除加强超级计算机的研制工作、提升运算性能外,还逐步推进超级计算机基础设施建设,先后于天津、深圳、长沙、广州、济南、无锡、郑州等城市建设国家超级计算机中心,丰富的高性能计算资源使中国成为仅次于美国的超级计算大国。

2009 年 5 月,国家超级计算天津中心成立,为国内首家数据计算机构,其拥有"天河一号"超级计算机和"天河三号"原型机系统,为能源、材料、医疗、工业设计、建筑与城市建设等领域提供专业化平台服务。同年,国家超级计算深圳中心(深圳云计算中心)成立,其部署了"曙光星云"超级计算机,主要立足于深圳、面向全球,服务粤港澳大湾区及东南亚地区,为相关企业和科研机构提供工程计算、地球物理学、生物、气象、医药、运筹优化等方面的计算以及

---

① 　曾宇、王洁、孙凝晖:《曙光 5000A 高效能计算节点的设计与实现》,《计算机工程》2009 年第 6 期。

云计算服务。2011 年 10 月,国家超级计算济南中心建成,其配备"神威·蓝光"超级计算机,旨在满足国家在信息、海洋、安全、新能源新材料、生命健康等领域的战略需求。2014 年 11 月,以"天河一号"为计算设备的国家超级计算长沙中心投入运营,其为中部地区气象、生物医药、基因工程、金融、智慧城市等需求提供计算服务。同年,国家超级计算广州中心成立,它拥有"天河二号"超级计算机,将把高性能计算应用于大数据、人工智能作为目标,为高新产业、现代服务、数据化城市建设等领域提供服务。

2017 年,以"神威·太湖之光"超级计算机为主机的国家超级计算无锡中心投入建设,主要为长三角地区提供生物医药、海洋科学、油气勘探、动漫渲染等领域的计算和技术支持服务。2019 年,国家超级计算郑州中心成立,部署"嵩山"超级计算机,主要围绕数据经济、社会管理、生物育种、国土资源管理、高端装备等重点特色领域,为中西部地区提供科技支撑。2020 年,国家超级计算昆山中心通过验收,为长三角地区提供人工智能、生物医药、大气海洋环境等前沿学科应用计算服务。2021 年,成都计算中心被纳入国家超算中心序列,重点对应西部地区对航空航天、人工智能、先进材料、量子计算、区块链等应用领域的计算需求。

2013 年,德国在汉诺威工业博览会上首次提出"工业 4.0"的概念,即通过信息化技术实现快速、有效的产品供应、制造和销售,提升工业竞争力。2015 年,国务院为全面加快建设制造强国,全面推进实施《中国制造 2025》,旨在深度融合信息技术与制造技术,全面提升制造业数字化、网络化、智能化能力。可见,超级计算机作为海量信息数据化处理的重要平台,已经成为产业、经济、社会转型的必备基础设施,也是国家间竞争和创新转型的战略高地。

(三)超级计算机体系结构

超级计算机的构成组件与普通计算机基本相同,其区别于普通计算机的一个重要特点是其由大量计算资源通过高速网络连接而成,具有极大的数据存储容量和极快的数据处理速度。因此,超级计算机可以执行普通计算机无法处理的密集计算、海量数据处理等特殊任务。这里以"神威·太湖之光"为例,讨论超级计算机的组成架构及其编程模型。

1.超级计算机组成架构

"神威·太湖之光"超级计算机的运算峰值速度为每秒 12.54 万兆,持续运行计算能力为每秒 9.30 万兆,是世界上首台峰值运算能力超过每秒 10 万兆的超级计算机,并在 2016—2017 年连续 4 次位居 TOP500 第一位。它由 40 个运算机柜和 8 个网络机柜组成,每个运算机柜有 4 块超节点,每个超节点有 32 块运算插件,每个运算插件有 4 个运算节点板,一个运算节点板又包含 2 块"SW26010"处理器。

"SW26010"处理器是国内自主设计的芯片,采用片上异构和两级并行设计,每个处理器包含 4 个主核,每个主核由 1 个管理处理单元和 64 个排列为 8×8 的计算处理单元阵列组成。管理处理单元提供主核的第一级并行化处理,其对并行任务进行管理并完成部分非并行化计算任务;计算处理单元则提供第二级并行化处理,实现任务的并行化计算。为充分挖掘该级的并行能力,神威系统提供轻量级的并行线程库 Athread。具体而言,每个主核运行一个消息传递接口(Message Passing Interface, MPI)进程,而主核上的每个计算处理单元相当于线程。"SW26010"处理器的双精度和单精度的峰值速度分别为 3.168TFlops 和 3.522GFlops。管理处理单元和计算处理单元的频率均为 1.5Hz,双精度的峰值速度分别为 24GFlops 和 12GFlops,单精度的峰值速度分别为 16.5GFlops 和 13.5GFlops。

2.超级计算机编程模型

由于主核能进行跨核通信,但计算处理单元不能进行跨核通信,"神威·太湖之光"超级计算机采用消息传递接口+单节点或设备级并行化技术(X)的并行编程模式,即主核通过调用消息传递接口库来执行跨节点或跨核通信,而对于计算处理单元间的通信则采用 X 线程级并行工具来完成。"神威·太湖之光"超级计算机提供 Athread 并行库和基于"SW26010"处理器定制的开放式并行编程标准(Open Accelerators, OpenACC)两种线程级并行工具。其中,开放式并行编程标准采用源码到源码的翻译方式,通过制导语句来实现并行,即将输入的源码中的主核和计算处理单元的处理代码进行分离,在输出的主核源码中添加线程启动代码,在输出的计算处理单元源码中添加数据传输代码,这些添加的代码主要调用开放式并行编程标准线程级管理接口和数据传输接口,它们都是由 Athread 库中底层函数封装而来。由于采用源码到源码的翻译,开放式并行编程标准无法调用前端不支持的函数。

Athread 库包括主核上用于管理计算处理单元线程的库和计算处理单元上用于数据传输和同步的库,它用于计算处理单元的控制函数主要有 athread_init、athread_halt、athread_spawn、athread_join、athread_create 和 athread_wait。其中,athread_init 用于初始化计算处理单元并将相关变量记录到内存中,使其进入准备接收任务的处理状态;athread_halt 用于在完成任务处理前关闭计算处理单元;athread_spawn 和 athread_create 分别用于启动加载器申请的所有计算处理单元和单一计算处理单元,它们在完成初始化后不再通过系统进行调用,而是通过顺序计算接口(Compute In-Order, CIO)将任务写入本地数据存储器(Local Data Memory, LDM),计算处理单元再从本地数据存储器读取相关数据进行执行;athread_join 和 athread_wait 分别用于等待所有和单一计算处理单元结束任务。

在通过计算处理单元处理数据时,一般采用单函数多启动的方式。首先,所有计算处理单元启动相同的函数;其次,通过 athread_get_id 获取自己的身份标识(Identifier)号,并从任务集中挑选出各自需要执行的任务;最后,通过 athread_get 和 athread_put 传输相应的数据。当主核调用 athread_spawn 启动计算处理单元任务后,其可以处理其他任务,或者直接调用 athread_join 等待任务结束。

二、异构计算相关理论

(一)图形处理器 GPU 体系结构

GPU 通常被用于处理图形,或被作为协处理器,其具有一系列流式多处理器(Streaming Multiprocessor, SM),每个流式多处理器包含一组流式处理器(Streaming Processor, SP),能够支持数千个并发线程,为数据处理提供强大的计算能力支持,如图 2.4 所示。

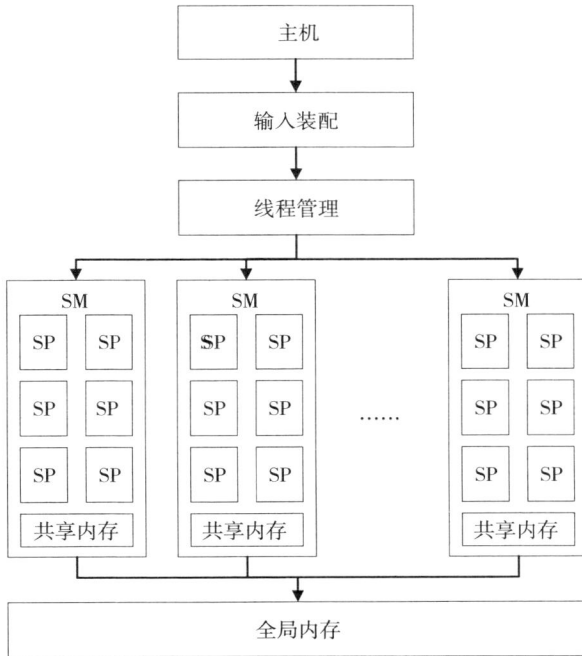

图 2.4　图形处理器 GPU 的体系结构

资料来源:笔者根据相关知识积累自绘。

因此,一个 GPU 所拥有处理核的数量为流式多处理器数量乘以每个流式多处理器所包含的流式处理器数量。例如,英伟达(NVIDIA)公司设计和生产的 RTX 3090 具有 82 个流式多处理器,每个流式多处理器具有 128 个流式处理器,故它总共有 10496 个处理核心。Warp 是 GPU 上的线程调度单元,在运算过程中会产生大量的 Warp 并驻留于 GPU 的全局内存中。当具有足够多的流式多处理器可用于计算时,以 Warp 为调度单元的线程块会被调试到这些处理核心上。如果流式多处理器的计算资源不足,则需要等待正在执行的线程束释放流式多处理器后才能运算。

对于数据存储,英伟达公司的 GPU 提供寄存器、本地存储器、共享存储器、常量存储器、纹理存储器和全局存储器 6 种不同的存储单元,见图 2.5。

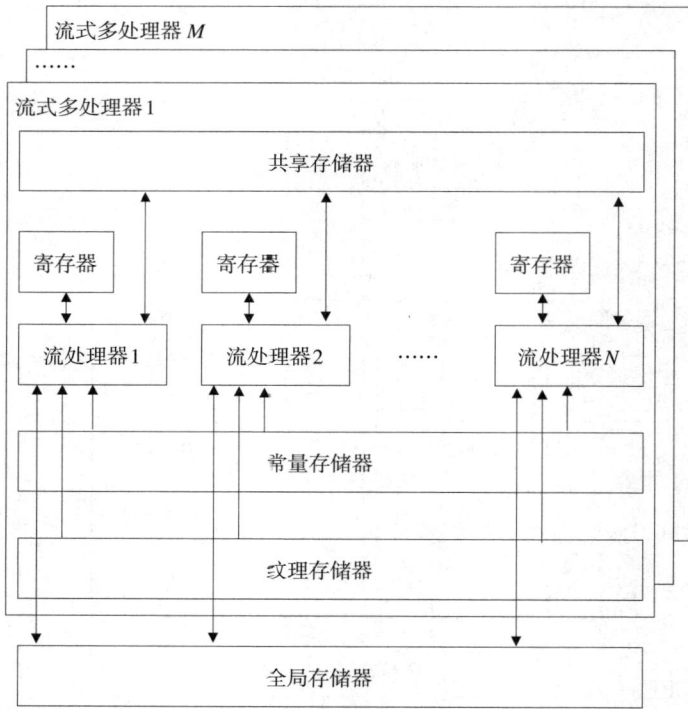

图 2.5 图形处理器 GPU 的存储结构

资料来源:笔者根据相关知识积累自绘。

其中,寄存器是专门为线程提供的线上存储单元,访问速度快但数据有限。本地存储器也是线程专用的存储单元,具有较低的访问延时,常被用于存储本地的数组数据,并在线程执行完成后释放存储空间。值得注意的是,当寄存器无法满足数据存储时,溢出数据会保存在本地存储器上。共享存储器可以被分配给线程块,同一个块中的所有线程都可以访问该存储器中的变量。这是一种高效的线程协作方式。

常量存储器主要用于读取存储单元,在完成一次读取时,该数据会在线程块中进行广播,从而提高线程块中共享数据的读取效率。纹理存储器也是一种只读存储器,属于显存的一部分,可以按照纹理缓存模式进行数据读取,提高数据访问效率,主要适用于规则数据读取,支持一维、二维或三维数据。全局存储器是 GPU 的主存,可以供任意线程进行数据读写操作。

(二)CPU+GPU 异构计算

CPU 和 GPU 是两款重要的可用于数据计算的处理器,但它们的设计理念有所不同。具体而言,CPU 主要关注降低数据处理的延时,GPU 则通过更多数量的处理核来实现高性能计算。随着大数据的不断发展,如何提升处理器的计算性能,提高数据处理的响应速度成为普遍关注的重点。

当前,大多数超级计算将 GPU 作为 CPU 的协处理器,通过构建异构系统架构充分利用两者的优势来达到高性能计算的目的。例如,"天河一号 A"超级计算机的每个计算节点由 2 块 Intel(R)Xeon X5670 CPU 和一块 Nvidia(R)Tesla M2050 GPU 组成。顶点超级计算机的每个计算节点由 2 块 IBM Power 9 CPU 和 6 块 Nvidia Tesla V100 GPU 组成。

异构计算指使用不同的处理器核心和计算资源共同协作来完成一项计算任务。在 CPU+GPU 异构系统中,任务分配的基本原则是:部分需要低延迟且逻辑复杂的计算任务分配给 CPU,而具有高吞吐量且计算量较大的任务则分配给 GPU。然而,在实际运算过程中,如果 CPU 和 GPU 之间存在工作任务负载不均衡,会导致其中一个处理器需要等待另一个处理器完成当前任务,造成大量时间和资源的浪费。因而,研究者充分利用 CPU 的多核结构,利用其中一个线程来执行 GPU 的任务,其他的线程则参与计算任务。对于规模较大的数据集,则应根据 CPU 和 GPU 的特点将其分割成不同的数据子集。

(三)CUDA 编程框架

统一计算设备架构(Compute Unified Device Architecture, CUDA)是由英伟达公司提供的进行 GPU 计算编程的环境和框架,其封装了大量的应用程序编程接口(Application Programming Interface, API),包括:

1. 开发库

为应用程序的开发提供方便快捷的子程序调用。在此基础上,开发者可以快速构建起自己的并行计算应用程序,也可以开发出更多的开发库。

2. 运行期环境

主要提供程序运行时所需要的基本数据类型、类型转换、内存管理、设备访问等各类应用开发接口。根据程序运行设备的不同,基于 CUDA 开发的程序代码又可分为运行于 CPU 设备的宿主代码和运行在 GPU 上的设备代码,各类型代码所能调用的硬件资源会有所不同。

3. 驱动

提供各类硬件设备的访问接口,屏蔽硬件设备之间的差异性,使用户能轻松调用各类设备。

在程序运算过程中,计算任务由主机 CPU 来组织,它们被分发到相应的 GPU 计算设备上以进行并行处理。GPU 上的计算任务主要通过核函数来启动,该核函数除了需要有传递的数据参数外,还包括网格所包含的线程块数量和每一个线程块所包含的线程数量。

三、金融安全风险大数据高性能计算平台

(一)GSpark 体系结构介绍

1. Spark 面临的问题

基于 Spark 开发的应用程序具有较高的数据并行性,适用于 GPU 的高并

行执行模式。此外,由于 Spark 平台与 CUDA 的编程方式和执行模式不同,将 Spark 通过 GPU 进行运算将极大地提升数据计算能力和数据吞吐能力。但必须要强调的是,将它们进行整合会面临通信、编程模式和执行模式等方面的挑战。

(1)数据通信。CUDA 驱动程序只支持 C/C++,但基于 Spark 的应用程序则运行于 Java 虚拟机(Java Virtual Machine,JVM)。因此,需要解决 Java 虚拟机与 GPU 之间的通信策略问题。然而,Java 虚拟机的动态内存管理机制使 Java 对象的物理地址不固定,且对开发者不可见,这意味着无法将 Java 虚拟机中的对象直接传到 GPU 的显存中。此外,连接主存和 GPU 设备内存的高速外设互联接口(Peripheral Component Interconnect Express,PCIe)链路的带宽是有限的,通过后者通信会显著影响应用程序的性能。

(2)编程模式。Spark 的编程模式与 CUDA 的编程模式之间存在较大的差异。开发者在使用 Spark 编程时只需要调用一些高级接口(如 Map 和 Reduce 等),但使用 CUDA 编程时则需要考虑通信、容错、数据同步等底层细节问题。

(3)执行模式。Spark 是基于内存的迭代计算框架,其中的每个弹性分布式数据集都实现了一个迭代器接口,并在每次进行 Mapper 计算时都会被调用,这增加了程序执行的灵活性。然而,如果 GPU 每次都只对一个数据进行处理,会使 GPU 大量的处理核心没有被充分利用。因此,让 Spark 具备块处理模式能充分利用 GPU 的处理核和计算资源。

2.GSpark 体系结构

为充分利用 Spark 和 GPU 对数据高性能计算的优势,可以设计一个 GSpark 平台,其主要通过以下手段整合 Spark 和 GPU。一方面,建立高效的通信策略。GSpark 系统允许用户自定义 GStructs 数据结构,并以原始字节存储于 Java 虚拟机的堆外内存,避免数据在 Java 虚拟机堆存储器和本机存储器之间传输。同时,缓存中的字节布局需要匹配 CUDA 中定义的数据结构,使 Java

虚拟机和 GPU 设备内存间的数据不需要序列化和反序列化,提升了数据处理性能。另一方面,建立高效的任务执行模式。在"生产者—消费者"模式下,设计 GStream 管理器(GStreamManager)管理 GPU 上的任务执行。Spark 中的任务调度程序(TaskScheduler)负责生产任务,而 GStream 管理器则负责消费任务。

与 Spark 的基本架构一致,GSpark 由客户端、控制节点和工作节点构成。由于 GSpark 是基于 Spark 运行的,其与 Spark 的其他子模块保持兼容性。当 GSpark 系统启动后,会在控制节点中启动一个工作管理器(JobManager),并且在每个工作节点启动一个任务管理器(Task Manager)和 GPU 管理器(GPUManager)。工作管理器管理集群中的工作节点,任务管理器负责工作节点的任务分配,GPU 管理器则管理 GPU 的计算任务。

GSpark 的核心功能在 GPU 管理器中。在运行 GSpark 时,开发者需要使用 GSpark 提供的以 Java 编程语言开发的接口来编写程序,也需要提供 CUDA 内核程序(或 C/C++接口),并使用 GSpark 提供的接口将它们注册为 GWork。在客户端提交应用程序后,开发者定义的工作任务会通过控制节点分配到各个工作节点进行处理。如果任务需要在 GPU 环境下执行,GPU 管理器就首先调用已注册的 GWork,然后再调用 CUDA 内核。GPU 管理器通过驻留于集群中的每个工作节点,管理 GPU 计算资源,与任务管理器合作完成分配给 GPU 的计算任务。

系统 GPU 管理器中的组件包括 CUDAWrapper、CUDAStub、GMemory 管理器(GMemoryManager)和 GStream 管理器。其中,CUDAWrapper 和 CUDAStub 负责 Java 虚拟机和 GPU 之间的通信接口,并且 CUDA 中的许多 API 也在 CUDAWrapper 中虚拟化成 Java 接口。GMemory 管理器负责管理 GPU 设备内存的分配与释放,并提供 GPU 设备内存中的数据缓存管理,以减少不必要的数据传输。GStream 管理器用于管理 GPU 的 CUDA 流,通过自适应方案调度 GPU 的执行任务,并采用三段式流水线执行来实现数据传输和内核执行并行化,降低了高速外设互联接口总线传输数据所引起的带宽开销。

(二)GSpark 体系结构搭建

1. 基于 GSpark 体系结构的编程框架

GSpark 主要是利用 GPU 来改善基于 Spark 应用程序进行大数据处理的计算性能,同时通过 API 快速地实现程序开发。在通过 GSpark 实现基于 GPU 的大数据处理时,通常需要完成以下几个步骤:一是定义基于 GSpark 风格的数据结构体弹性分布式数据集;二是使用 CUDA 编程规范和 C 语言构建 CUDA 内核;三是实现基于 GPU 的自定义 Mapper 和 Reduce,提交并分配 GPU 处理核来执行工作任务。

(1) 基于 GPU 的弹性分布式数据集(GRDD)。Spark 程序通常基于 Java 开发,并运行于 Java 虚拟机。然而,在 CUDA 程序运行于 GPU 过程中,主存与 GPU 设备内存之间数据主要通过缓冲区进行传递。为了解决 Spark 与 GPU 间的数据通信问题,最直接的方案是将 Java 虚拟机对象转换为缓冲区,但这样既会增加编程难度,也会降低程序的运行性能。因此,应该构建基于 GPU 的弹性分布式数据集的数据接口 GStruct,并在此基础上定义出 CUDA 所使用的数据类型。对于 Spark,其不能直接使用 Java 对象类型,而是通过智能化手段对其进行调用。为了获得成员变量的位置和详细信息,可以通过 Java 注释和反射技术来获得 GStruct 的细节和布局。因而,GStruct 可以自动映射到缓冲区,不需要 Java 虚拟机对象引用,开发者可以直接访问 GStruct 的缓冲区,减少缓冲区数据转换的工作量。在编写 CUDA 内核的过程中,开发者可以通过 GStruct 来定义 CUDA 的数据结构体,建立 GStruct 缓冲区数据与 CUDA 的结构体之间的映射,减少 Java 虚拟机对象和 CUDA 缓冲区之间进行编解码的操作需要,提升系统的可编程性和性能。

(2) 基于 GPU 的 Mapper 和 Reducer(GMapper 和 GReducer)。Spark 提

供了大量转换函数(如 Map、Reduce、FlatMap、Join 等)和动作函数(如 Count、Save 等)。然而,在实际使用时,计算任务和运算逻辑都封装于 Mapper 和 Reduce 这两个函数中。因此,应该结合 CUDA 编程来构建基于 GPU 的 Mapper 和 Reduce 接口(如 gpuMap、gpuReduce、gpuFlatMap、gpuJoin、gpuCount、gpuSave 等)。开发者可以在 GMapper 和 GReducer 中定义相关的逻辑,以及调用 CUDA 内核进行数据处理。另外,可以构建 gpuMapBlock 来支持 GPU 处理块数据,充分利用 GPU 所具有的多个计算核,通过并行化数据处理来提升系统性能。

(3) GWork。Work 用于向处理器提交计算任务,为使 Spark 能向 GPU 提交数据运算任务,建立 Java 的扣象模型 GWork 用于 GPU 计算。开发者设置输入缓冲区、输出缓冲区、并行线程执行文件路径及其他参数来形成并提交 GWork。在提交工作任务后,输入缓冲区和输出缓冲区自动传输到 GPU 中,GSpark 通过 GStream 管理器和 CUDA 函数来执行任务,在 GPU 上执行完任务后,结果自动从 GPU 传输到输出缓冲区。通过 GWork,开发者不需要关注 GPU 上下文和 GPU 内存。

2. 通信策略管理

对于 CUDA 编程,主机应用程序只能应用 C/C++或者 Python 编程,因此运行于 Java 虚拟机上的 Spark 和运行于 GPU 上的 CUDA 程序之间的通信需要完成以下两个步骤:Java 虚拟机和本地进程/库之间的通信和本地进程/库与 GPU 之间的通信。其中,第一步常采用的方法有远程过程调用协议(Remote Procedure Call, RPC)和 Hadoop Streaming 等;第二步一般通过高速外设互联接口总线上的直接内存访问(Direct Memory Access)引擎来实现主存与 GPU 设备内存之间的数据传输。然而,远程过程调用协议方法传输数据需要通过 TCP/IP 协议栈,并且序列化与反序列化的时间成本很高,降低了系统的性能。同样地,Hadoop Streaming 也需要跨进程进行通信,与远程过程调用协议一样具有较大的时间开销。基于此,可以利用 Java 本地接口(Java

Native Interface，JNI)构建一个高效的通信方案，即将 Java 虚拟机和 GPU 之间的通信划分为数据传输通道和控制通道。数据传输通道主要用于主存与 GPU 设备内存之间的大数据量传输，而控制通道则用于传输小数据和控制命令。

（1）控制通道。控制通道传输数据通常需经历三个阶段：首先，GSpark 应用程序调用 CUDAWrapper，将所有 API 包封装到 Java；然后，CUDAWrapper 重定向 API 通过 Java 本地接口调用 CUDAStub，将 CUDA 运行时所有 API 导出为本机接口，调用 CUDA API 或内核来进行具体操作；最后，将执行结果以逆向方式传回应用程序。

（2）数据传输通道。首先，GSpark 将虚拟地址和数据大小作为参数，调用 CUDAWrapper 提供的数据传输接口 cudaMemcpyH2D 和 cudaMemcpyH2DAsyc。然后，CUDAWrapper 调用 CUDAStub 导出相应的接口，将数据通过高速外设互联接口总线从主存传输到 GPU 设备存储器。最后，通过 cudaMemcpyD2H 和 cudaMemcpyD2HAsyc 将结果从 GPU 设备存储器传输到主存中。

（3）批量传输方案。GPU 是一个大规模的并行协作处理器，在运行时，每个 GPU 内核会启动大量线程，隐藏通过高速外设互联接口的传输时间，支持数据批量化处理。然而，Spark 采用迭代器计算模式且每次只能计算一个元素行格式，换句话说，其无法充分利用 GPU 的计算资源。因此，可以运用批量传输方案将一个数据块一次性传输到 GPU 设备存储器中，再调用 GPU 内核程序进行批处理。

（4）异步传输方案。Stream 是一系列按顺序在 GPU 上执行的命令，不同的 Stream 可以彼此无序地执行命令。当存在多个流时，某一个流在传输数据时，另一个流依旧能进行计算，这样可以将数据传输进行流水线计算，提升系统运算性能。因而，异步传输方案能通过 CUDA Streams 将计算分成多个可以并行计算的流，即使用 cudaHostRegister 函数 Direct Buffer 将缓冲区设置为页面锁定，通过 cudaMemcpyD2HAsync 和 cudaMemcpyH2DAsync 进行数据异步通信。

3. GPU 设备内存管理机制

在 CUDA 编程框架中,开发者首先可以通过 cudaMalloc 函数在 GPU 设备上分配输入空间和输出空间,然后控制缓冲区与 GPU 间的数据互传,最后释放已分配的缓冲区。然而,这种显式的内存管理非常复杂,增加了程序开发的难度,并且数据在高速外设互联接口链路上传输会显著影响系统的运行性能。因此,可以采用自动内存管理和 GPU 缓存方案来提升内存管理效率。

GSpark 通常利用 GMemory 管理器来实现内存自动化管理。首先,GMemory 管理器调用 CUDAWrapper 的接口分配内存。然后,将输入缓冲区从堆外传输到 GPU 设备内存中,并在 GPU 处理完成后将结果传输到主存中。最后,如果不需要缓存数据,则 GPU 中被占用的空间将自动释放。由于 GPU 设备内存容量有限,故可以采用两种不同的垃圾收集机制来加强对内存空间的应用。一种是先进先出(First Input First Output,FIFO)机制,当新的数据需要缓存在 GPU 设备内存中时,如果可用内存空间小于所需要的空间,则先进先出列表中的第一个对象被选中且被释放。这个操作持续执行到可以用来分配的空间大于数据缓存所需要的空间;另一种是当缓存区被充分利用时,不允许其他任务数据缓存。这种方案在应用程序每次迭代所需缓存空间都大于 GPU 设备中可用空间时非常有效。

4. GPU 任务执行流程

在 GPU 节点上的任务通常可以分为任务生成过程和任务执行过程。与 Spark 将任务管理器当作生产者以生产独立的工作任务不同,GSpark 中的任务管理器 GStream 管理器被当成消费者以消费生产任务,将 GPU 的 CUDA 流当作类似于 CPU 线程的虚拟计算资源进行管理。GStream 管理器包含 GWork 调度器、GWork 池和 GStream 池等三个重要组件。其中,GWork 调度器用于对工作任务进行调度和执行;GWork 池是缓存还没有执行完的 GWork,每个 GPU 会有一个先进先出的 GWork 队列,假设某个工作节点中有两个 GPU,

GWork 池就会有两个先进先出工作队列和两个流组；GStream 池是 CUDA 的工作任务流池，每个工作任务流由一个线程控制，属于同一个 GPU 的工作任务流将会被分到一起。

为提高系统处理效率，GSpark 采用三段式流水线执行模式，即主机将数据传输至 GPU 设备内存中、GPU 执行工作任务和将 GPU 设备内存中的计算结果传输至主机中。这个过程重叠多个流的数据传输和计算，需要调用异步数据拷贝接口，以及设置页锁定内存。

（三）GSparkAI 体系结构构建

大多数超级计算机以异构体系结构为主，能充分结合不同处理器对数据处理的优势，如 CPU 能实现数据处理快速响应，GPU 具有较高的数据处理吞吐量等。然而，面对异构体系结构通常采用 MPI+OpenMP+CUDA 等多层次混合编程模式，这种复杂的方式既增加了开发难度，也不利于功能拓展。同时，面向金融安全的大数据涉及大量的非结构数据处理、大规模机器学习子程序计算等。上述计算过程耗时长、对稳定性和专业性的要求高，且会产生大量的中间数据，从而进一步提高了数据处理和管理的难度。

基于此，从实用性、稳定性、易拓展性等视角出发，以异构并行系统为物理平台，GSpark 将 Spark 从 CPU 集群扩展到异构 CPU/GPU 集群的基础上，并进一步融合深度学习平台 Tensorflow 形成新的大数据智能处理平台 GSparkAI。该平台既能利用基于 GPU 增强的内存计算大数据平台 Spark，又能借助 Tensorflow 来支持大规模机器学习和深度学习计算，提升数据处理的智能化水平，满足金融安全风险大数据的计算需求。

1. 基础体系结构

为缓解多层次混合编程框架引发的编程难度大的问题，这里提出具有实用性、易用性以及可拓展性的金融安全风险大数据异构并行处理平台体系结构，该平台可对底层数据处理进行封装，并隐藏数据划分、数据通信、资源管理、调试与容错等,将简单的编程函数接口暴露出来用以构建上层金融安全风险大数据处理的编程框架。这个平台又可进一步分为物理层、硬件接口层、软件基础服务层、应用接口层和应用层,具体如图 2.6 所示。

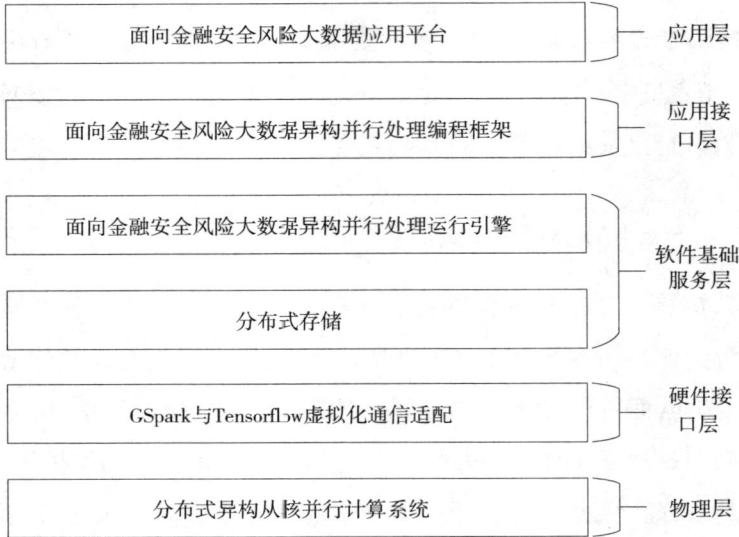

面向金融安全风险大数据应用平台 —— 应用层

面向金融安全风险大数据异构并行处理编程框架 —— 应用接口层

面向金融安全风险大数据异构并行处理运行引擎

分布式存储 —— 软件基础服务层

GSpark与Tensorflow虚拟化通信适配 —— 硬件接口层

分布式异构从核并行计算系统 —— 物理层

图 2.6　金融安全风险大数据高性能计算体系框架

资料来源:笔者根据相关知识积累自绘。

（1）物理层。为满足金融安全风险大规模数据的计算需求,采用 CPU+GPU 模式的超级计算机作为硬件计算资源,即每个计算阵列里包含多个计算节点,每个节点采用 CPU+GPU 的异构体系结构,计算节点之间通过高速网络进行互联互通,支撑起大数据处理所需要的硬件资源。

（2）硬件接口层。为适配不同的异构并行系统和机器学习平台,在物理层的基础上构建硬件接口层,通过将 Tensorflow 虚拟成 GSpark 可以直接调用的设备（如采用 Java 语言编写的 Spark 程序 HPcak.jar）,建立 GSpark 与 Tensorflow 之间的命令和数据通信通道。对 GSpark 而言,只有此 jar 包提供的接口是可见的,而其他内部的通信细节被封装隐藏,因此其可以保证数据安全。然而,Tensorflow 是基于 C/C++语言编写的,难以直接被 Java 程序调用。

因此,可以采用 C++编写动态链接库 HInv.so,其导出接口通过 Java 本地接口来供 HPack.jar 调用,以实现 GSpark 与 Tensorflow 进行命令和数据通信。

（3）软件基础服务层。软件基础服务层包括了面向金融安全风险的大数据异构并行处理引擎和数据分布式存储。前者针对金融安全风险实时数据的流处理需求,采用结构化流处理引擎进行优化,以实现数据处理低延时;后者则通过分布式非关系型数据库 HBase 实现,以保证大数据存储的稳定性。

（4）应用接口层。应用接口层封装了流处理、深度学习等常用方法。开发者可以直接调用相关接口函数来开发面向金融安全风险大数据的并行处理程序。

（5）应用层。应用层指金融安全风险大数据应用系统,开发者运用应用接口层提供的接口协议和编程框架构建应用程序。

2. GSpark 与 Tensorflow 通信适配通道

GSpark 将 Spark 对大数据的快速响应能力与 GPU 所具有的高吞吐量优点整合起来,从而提升系统运算效率。然而,金融安全风险数据中存在大量的非结构化数据,因此提高数据处理的智能化水平将有助于深度挖掘数据中蕴含的丰富信息。为达到这一目的,需要将 GSpark 与深度学习框架 Tensorflow 进一步融合,但由于 Tensorflow 采用 C/C++开发,无法运行于 Java 虚拟机。

因此,为使 GSpark 可调用 Tensorflow 中的功能函数,Tensorflow 可被虚拟成 Java 可调用设备。具体而言,采用基于 C/C++的开发接口工具 HInv.so,其封装 Tensorflow 常用的 importGraphDef、toGraphDef 等方法。而对于 GSpark,则采用 Java 编写 HPack.jar,通过 Java 本地接口调用 HInv,实现 GSpark 与 Tensorflow 之间的数据传输与通信。

不过,在系统实际运行过程中,通过 Java 本地接口实现 GSpark 与 Tensorflow 之间的通信每次都要调用 System.load（"HInv.so"）来动态加载 HInv 动态链接库,而每次加载都需要花费大量的调用时间。因此,为了提升数据处理能力,可以将 System.load 函数封装在静态代码中,使每次动态链接库启动时不需要进行类实例化以及加载,从而减少加载所需要消耗的时间。

第四节　金融安全风险大数据管理

一、多源异构大数据处理

(一)异构数据融合

大数据融合是对不同来源的数据和信息进行联合、相关、聚类,寻找数据真值,旨在利用不同模态数据之间的信息互补机制提升数据分析的准确性。不同模态数据可以从多个方面描述目标对象,通过消除冗余数据和融合各种数据源进行关联补充分析,从数据可以涌现出更多有价值的新信息,从而实现"1+1≥2"的效果。除了结构化数据外,大数据处理系统需要获取的半结构化和非结构化数据的来源,包括互联网(交易所、央行、证监会、财经网站等公告及新闻)、社交媒体(微博、股吧)、金融信息中心(个股行情、大盘指数、行业新闻、研究报告、公司信息、市场数据)等。

"标准先行"已成为当前各行业数据应用领域的共识,有了标准数据才能共享,并支撑大数据处理系统应用的开展。首先,在异构大数据融合处理前,需建立大数据标准体系,即构建数据编码规范、元数据规范、非结构化数据统一描述规范、数据集统一描述规范等。同时,这些规范又需要与金融领域的行业标准相匹配,故数据表示标准既要满足底层统一的数据规范,又要满足上层行业的个性需求。其次,建立数据存储标准,即关系型与非关系型数据库规范、数据管理系统规范等,重点是在实现数据一致性的基础上考虑数据放置、故障检测、可扩展性等。在数据融合过程中,涉及的内容包含但不只限于数据预处理、数据分级分类、统计分析、关联分析等数据分析技术,以及机器学习相关的人工智能技术,如数据转化、语音识别、自然语言处理、语义理解与情感分析、文本挖掘与分析、知识图谱、知识抽取、知识融合和推理等。

异构数据信息的融合可以通过结合知识抽取与长短时记忆（Long Short Term Memory，LSTM），以及结合知识融合与图神经网络（Graph Neural Network，GNN）来实现。

1.知识抽取

通过知识抽取可以初步将异构数据转化为形式化知识。具体来说，就是将文本信息输入到长短时记忆模型中，在嵌入层中将每个词映射到低维空间，并从嵌入层获取词汇的高级特征，通过反复迭代将词汇级的特征合并输出为句子级的特征，实现从句子级的特征向量中抽取实体、关系和属性。通过实体抽取可以识别文本中具有特定意义的实体，例如金融机构名、金融市场名等垂直领域的实体名词；通过关系抽取，发现两个实体之间的语义关系；通过属性抽取可以理解语义信息，将文本信息提炼为结构化信息。长短时记忆的门控机制能够控制每条路径到其他路径的信息流，对输入字符序列和所有匹配词典的潜在词汇进行编码，明确利用词汇信息减少实体分割错误带来的影响。

2.知识融合

借助知识融合可以协助理解知识信息之间的拓扑结构和特征属性，它是实现异构数据融合的关键。其本质上是要挖掘出知识之间的语义关系，且主要是非显性的关系，开展隐性关系分析及深层次关系探索，以此捕捉金融体系中各行业金融市场之间、金融机构与金融机构之间、金融机构与金融市场之间的隐藏关系。具体来说，利用图神经网络对知识信息之间的关联进行嵌入学习，通过邻居节点改进实体嵌入来构建整个图的特征，在此基础上推进结构性知识转移，补全图中实体之间缺少的关系、剔除多余的实体以及补齐实体和关系的属性标签，为完善金融安全风险数据库提供支撑。

图2.7展示了异构大数据融合框架。金融安全风险异构大数据融合是所有数据进入金融安全风险大数据库的入口，也是各类数据更新的入口。由于结构化、非结构化和半结构化数据等不同来源和格式的数据对底层存储系统、数据处理的时效性、应用处理与底层存储系统的要求均有差异，计算和存储引

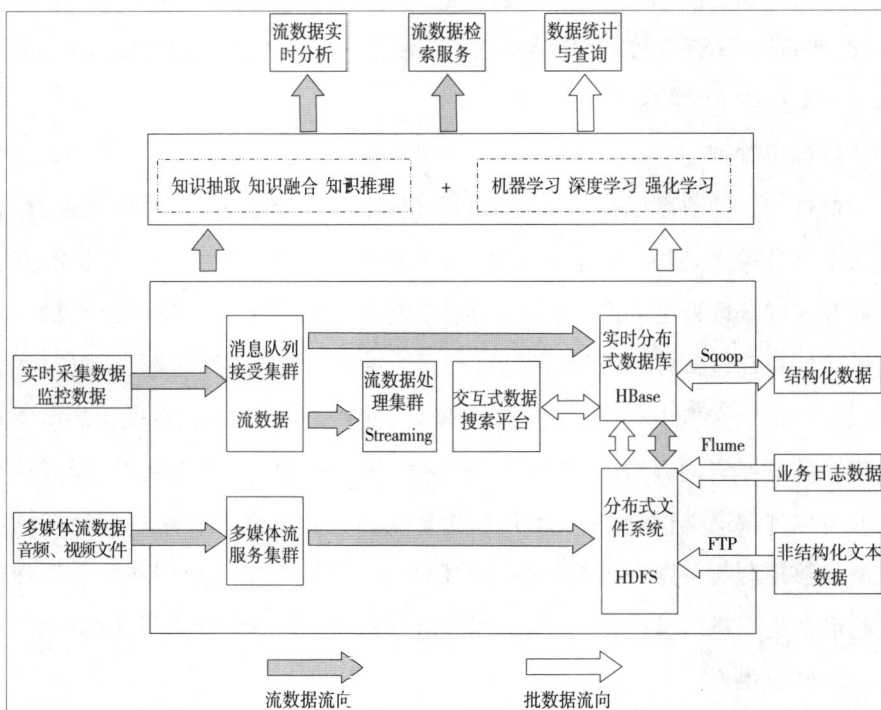

图 2.7　异构大数据融合框架

资料来源:笔者根据相关知识积累自绘。

擎应依据数据类型进行选择。

　　针对那些实时性需求较高的数据计算,选择 Spark 或 Storm 计算框架(孙大为等,2014)①;对于非实时性数据计算,选择 MapReduce 计算引擎;对于信息异动较少的数据,如金融机构信息、金融行业信息等,考虑采用离线拷贝的方式,每半年更新一次;针对同结构的数据,采用 Hive 或者 HBase 存储结构化或者键值对数据,以兼容 Oracle、MySQL 和 SQL Sever 等结构化关系型数据库。同时,结构化数据文件被映射为数据库表,提供简单的 SQL 查询功能,并将

---

　　①　孙大为、张广艳、郑纬民:《大数据流式计算:关键技术及系统实例》,《软件学报》2014 年第 25 卷第 4 期。

SQL 语句转换为 MapReduce 任务进行运行。此外,采用 HDFS、MongoDB、Redis 存储日志、多媒体等半结构化和非结构化数据库。值得注意的是,非关系型数据库不以固定的列来约束结构,可以跳出框架来设定每个检测数据的维度,普遍采用键值对形式存储,读写无须采用 SQL 解析。

通过按需存储,形成可支撑大量异构数据应用存储和处理的解决方案,以回答大数据分级存储构建、分级存储性能优化、数据共享、数据质检、数据迁移和去重等关键问题。所有 Hive 的数据都存储在 Hadoop 兼容的文件系统中,其在加载数据的过程中不会对数据进行任何的修改,只是将数据移动到 HDFS 在 Hive 设定的目录下,并不支持对数据的改写和添加,所有的数据都是在加载的时候确定的。分布式列式数据库 HBase 的列存储不同于传统的关系型数据库,其数据在表中是按列存储的。其重要好处是,由于查询中的选择规则是通过列来定义的,能让整个数据库实现自动索引化,大大减少数据查询时需要读取的数据量。

异构数据融合的关键是以统一的数据格式描述各个异构数据源,解决平台、系统、环境、表现形式等带来的异构问题。为了避免繁多的融合算法参数、数据类型、数据类别等因素影响,可以采用 Spark、Hadoop 等工具,构建大数据处理集成工具集,并提供简单、直观的用户通用接口。通过统一的数据模式,将不同格式、来源、性质的数据有机地集中起来,消除底层数据源之间的异构问题,降低数据处理使用门槛,为高效的大数据应用数据分析平台提供支持。

（二）多源数据整合

金融安全风险的多源数据可以按照宏观审慎指标、中观市场指标、微观审慎指标进行汇总与整合。这三大类数据存储库可以再作进一步的细分,建立原始数据资源池。宏观数据用于度量总体经济形势的变化,如国民收入水平、就业、物价水平及其变动、政府收支、货币、投资消费、外资和贸易、信贷、不确定性指标等;中观数据用于反映金融市场各个具体的细分市场,如股票市场、

数智技术驱动的金融安全风险防控研究

货币市场、期货市场、债券市场、商品市场、外汇市场等;微观数据集中于企业
层级的财务指标,如营运能力、偿债能力、盈利能力、成长能力、信用历史等。
然而,这些数据的来源渠道存在差异,具体可分为可访问数据(如专业数据
库、政府及相关机构的网站等),以及不可访问数据(如金融机构自有数据库
等)。

1. 多源可访问大数据处理

对可访问数据而言,根据数据存储介质、存储类型和传输方式的区别,需
要借助不同的工具完成多源数据的导入,如图 2.8 所示。

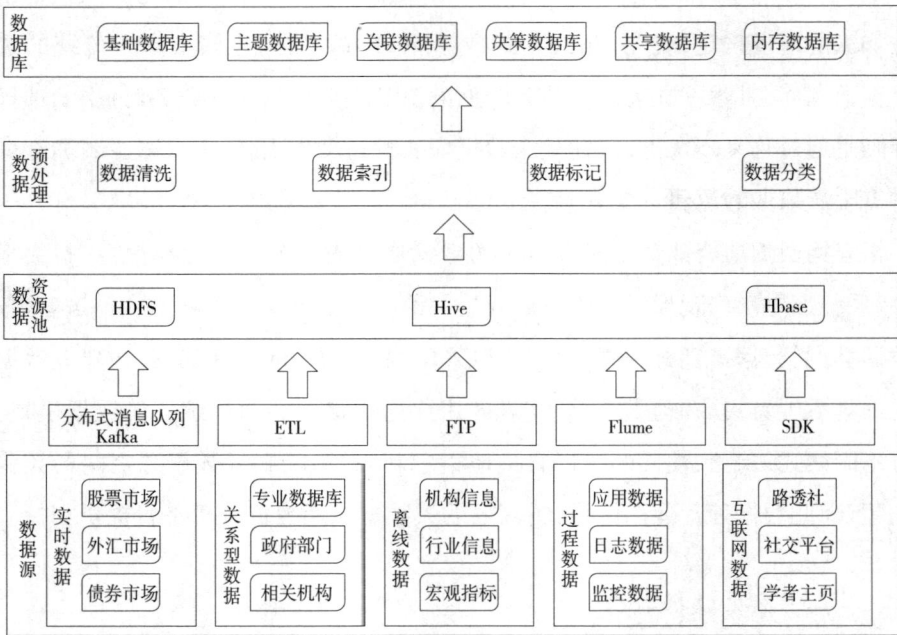

图 2.8 多源可访问大数据整合框架

资料来源:笔者根据相关知识积累自绘。

具体而言,可采用以下做法:

(1)对于实时性要求较高的数据,主要以分布式消息队列的形式由 Kafka
分发。

（2）对于关系型数据库使用 Extract-Transform-Load（ETL）等工具，直接将数据导入 HDFS，其中每个数据源对应一个 ETL 封装件，封装件对特定数据源进行了封装，将其数据模型转换为系统采用的通用模型，并提供一致的访问机制。

（3）对于安全等级较高的数据和其他一些更新频率较低的离线数据，使用硬件复制或文件传输协议（File Transfer Protocol，FTP）传输的方式导入。

（4）对于日志等文本数据，使用 Flume 工具导入。

（5）对于互联网数据，使用爬虫软件开发工具包（Software Development Kit，SDK）抓取并导入。

接下来，对数据进行标记、分类、清洗等预处理工作。通过数据的有效分类便于在数据预处理中清洗低价值、高错误以及低关注度的数据，以此保障数据的质量以及可靠性，减少用户查询数据的时间，有效提高他们提取庞大数据库中所需数据的速度，满足海量数据存储的需求。最后，将不同类别数据保存于相应类型的功能数据库中，实现多个数据源的统一访问，以用于金融安全风险的度量和分析。

2. 多源不可访问大数据处理

对不可访问数据而言，由于这些数据存储在非公开平台，无法被采集和传送，且部分数据涉及客户隐私和法律风险，各数据库之间逐渐形成"数据壁垒"。因此，只有解决数据碎片化和数据隔离等关键技术问题，才能有效提升对多源异构大数据处理能力。采用联邦学习进行分布式模型训练，可以减少原始数据直接交互的限制，使不同来源的孤立数据作为训练参与方独立训练，并在模型层面进行数据信息的整合，将训练得到的模型参数信息上传到可靠的第三方进行整合，并指导各参与方的模型进行优化更新。

整合模型通常包括样本维度、属性维度以及样本和属性维度三个方面，最终形成一个整合金融安全风险分析模型，并且整合后的模型又可以指导各子模型的优化，使模型无论在局部或者全局上都能达到最优的效果。值得注意的是,根据数据的属性空间和样本空间之间存在的差异,可以分别采用横向联邦学习、纵向联邦学习和联邦迁移学习训练模型。

（1）多源不可访问的属性共享型数据整合。当数据集共享属性空间和样本空间存在差异时,可采用横向联邦学习进行模型训练(见图2.9)。

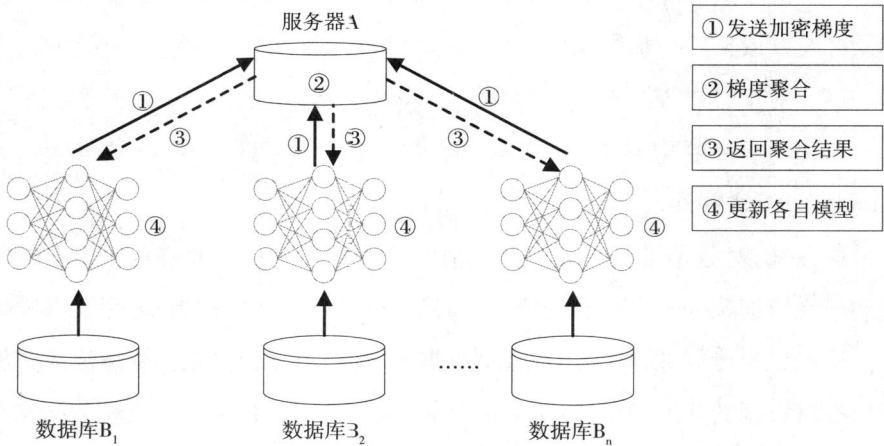

图2.9 基于横向联邦学习的多源数据整合

资料来源:笔者根据相关知识积累自绘。

假设存在多个包含 n 个属性结构的数据库,并且可能由于数据安全的原因无法直接获取或者访问,在进行机器学习训练时,需要通过云服务器来实现数据及其信息交互。各参与方是诚实的,而服务器是诚实而好奇的,不允许服务器向各参与方泄露信息。

训练过程包括以下几个步骤:

① 参与者本地计算模型梯度,通过相关技术来加密梯度,并将加密后的梯度发送给第三方服务器。

② 服务器进行梯度聚合,不需要学习任何参与者的信息。

③ 服务器返回汇总结果给各参与者。

④ 参与者使用解密后的梯度更新各自模型。

（2）多源不可访问的样本共享型数据整合。当样本重叠而属性空间不同时，可采用纵向联邦学习进行模型训练，见图 2.10。

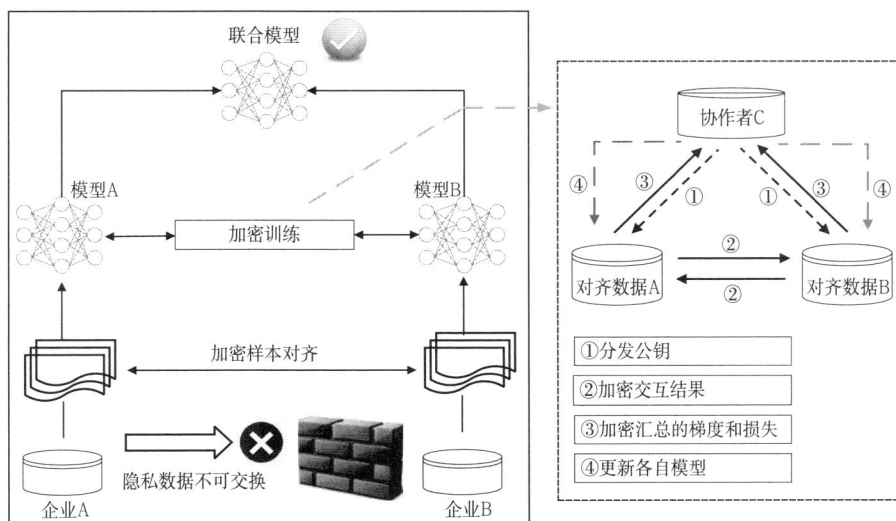

图 2.10　基于纵向联邦学习的多源数据整合

资料来源：笔者根据相关知识积累自绘。

假设存在提供不同信息的参与者，且其对相同的样本存储不同的属性值，此时就需要采用纵向联邦学习将这些属性以隐私保护的形式进行信息整合。

纵向联邦学习包含加密样本对齐和加密训练两个部分。加密样本对齐指使用加密的样本在保证信息不泄露情况下对齐样本数据，即公共样本数据。这些公共样本数据被用来进行模型训练，假设有参与者 A 和 B 以及第三方合作者 C，其训练过程如下：

① 合作者 C 创建加密对并将公钥发送给参与者 A 和 B。

② 参与者 A 和 B 加密并交换中间结果用于梯度和损耗计算。

③ 参与者 A 和 B 分别计算加密的梯度并添加额外的掩码，参与者 B 还计算加密损失，参与者 A 和 B 将加密值发送给 C。

④ 合作者 C 将加密的梯度和损失解密并发送回参与者 A 和 B，参与者 A

和 B 取消梯度的屏蔽并更新模型参数。

（3）多源不可访问的属性与样本非共享型数据整合。当属性和样本空间都存在较大差异时，可采用联邦迁移学习。联邦迁移学习与纵向联邦学习的架构相似，但在处理参与者 A 和 B 交换中间结果时存在差异。具体而言，联邦迁移学习运用迁移学习来挖掘参与双方的共同特征表示，最终通过将宏观、中观和微观的多源数据信息进行有效整合，为金融安全风险控制及其相关措施的实施提供科学高效的数据基础。

二、多功能大数据应用

大数据处理具有很强的行业应用需求驱动特性，为了更好地利用大数据处理系统来支撑基于大数据的领域应用，就需要紧密结合行业应用的实际场景和需求，全面体现"数据即服务"的宗旨。以金融安全风险防控为依托的多源异构大数据处理系统应该以应用为驱动，其目标是最大化地满足大数据应用对信息技术的需求，从而实现大数据业务流程的系统性覆盖和对临时需求业务的广泛响应。因此，大数据应用模块应从行业实际应用需求出发，解决大数据处理中的技术难题，有效地利用大数据技术提升行业的信息处理与服务水平、发掘行业的深层价值，提供在线实时模式和离线模式，支持数据报表、数据预警、数据可视化、数据建模等功能模块。

（一）数据报表

对于接入大数据处理系统的多源异构大数据资源，可以按需进行数据查询、数据汇集、数据清洗等工作，以进一步挖掘数据的价值。

数据报表功能通过提供类 Office 体验的报表设计器，可以方便用户通过拖、拉、拽等操作实现类 Excel 的排序、过滤、筛选、求和、求均值、求方差、分组统计等典型报表需求。同一张报表可以连接到多个数据库进行查询，如连接到 Oracle 和 SQL Server 数据库。

同时,报表支持添加多数据集、跨数据集运算功能,这便极大地提升了复杂数据查询报表的设计效率。不仅如此,设计器中还提供日期、文本、数学、逻辑运算、数据聚合、数据转换等函数,便于在报表内进行数据的二次运算。

除了非固定的用户需求外,许多用户都有制作日报、周报、月报的重复性报表需求。因此,数据报表功能还应提供实时更新和定期定向推送,无须重复开发,这样可以极大地节省人力。同时,还应具备跨平台的客户端模块,即报表系统可以采用多种终端访问,包括 PC 端和客户端。随着移动互联网的快速发展,移动设备得到了大量的普及,各种品牌使用不同的屏幕和操作系统。跨平台的客户端模块可以解决屏幕自适应问题,使用户在不同平台都能查阅实时报表数据,且显示效果一致。

（二）数据预警

数据预警功能应提供实时风险预警,用户可以简单地设置单一金融风险防控指标,如舆情指数、市场情绪指数、企业违约情况等,同时也支持跨数据库的运算来合成指标。

在此基础上,该模块还提供机器学习、深度学习等算法以及文本挖掘、网络分析等数据分析模块,通过构建复杂指标进行风险预警。当指标大于预设的风险预警临界值时,可通过邮件、短信等形式实时提醒。同时,对预警系统是否与实际分析相符进行实证跟踪,分析预警结果偏离的原因,并改进上述相关算法,以提高预警系统的准确性和科学性。

数据预警功能还应提供系统监控预警,并实时监控大数据平台运行情况,以便于运维管理人员进行决策。其主要包括 4 个方面:

（1）物理硬件运行状态,如 CPU、存储器等。

（2）监控接入的应用软件数量和访问用户数量。

（3）监控系统的运行负载能力、运行可靠性等。

（4）数据传输状态、数据接入状态等。

其中,最为关键的是物理硬件的监控,因为这些设备涉及数据信息的后续加工和保存,一旦发生错误就会产生不可估量的损失。

(三)数据可视化

为了让数据更为直观地得以展现,将分散的数据集中起来,这时大数据处理系统便应提供数据可视化功能,其内容主要包含了三个方面:

1. 数据处理流程可视化

指数据解析、查询、统计、挖掘、预警等流程的可视化处理,由具备动态、智能的可视化引擎和图形组件进行构建,从而通过全可视化操作界面构建整个流程,支持应用若干数据进行灵活自动的分析处理。该技术通过给用户端提供一个全可视化操作的仪表盘界面,支持智能可视化图形组件、通用化系统API、系统化人工智能算法,从而使用户可根据需求自由组合、灵活切换各类模块。

2. 高维数据结果展示可视化

即针对高维的多源异构数据结果进行多层次可视化展示,在保证数据有效性的基础上进行降维并行处理,从高维数据中更直观地挖掘有价值的信息,可选择若干个视图,在多个角度下生成不同的可视化结果,识别多源异构数据之间的隐藏模式、关联性。

3. 流数据可视化

针对以"连续数据流"形式动态出现的时变数据进行可视化,按功能可以分为两种类型:监控型和叠加型。监控型可视化使用滑动窗口固定某个时间区间,转化流数据为静态数据,并以刷新方式更新数据,属于局部分析。叠加型可视化将新生数据可视映射到原历史数据的可视化结果上,并以渐进方式更新。

为了让该应用具有更强的可拓展性,可视化交互系统还可被构建成多个可以被调用的控件,将各种用户交互功能打包成控件的 API,使其易于与外部各种信息平台、网络、系统进行集成和交互工作,从而可以利用接口对分析结果信息进行多维可视化与各种交互操作以及进行其他功能的扩展。

(四)数据建模

对历史或实时多源异构大数据进行建模的目的是通过分析挖掘庞大数据集内部隐藏的价值信息,为决策提供数据支持。因此,数据建模是凸显数据价值实现的重要应用。许多数据分析应用模型最终可以归结为基于机器学习、深度学习和强化学习的数据挖掘算法。

现存的数据挖掘算法主要包括分类、聚类、关联分析、预测、时序模式和偏差分析等。然而,在处理大规模多源异构数据集时,很多现有的串行化机器学习和数据挖掘算法难以在可接受的时间范围内完成对数据的处理和对模型的训练。

所以,数据建模模块采用主流的大数据并行计算框架进行并行化算法设计,从而改善现有算法,并考虑更多贴近金融安全风险领域的综合分析模型和分析算法,如计量经济学模型、复杂网络分析、统计学习、文本挖掘、自然语言处理、语义分析等。该模块主要提供三类功能:

1. 模型开发和训练

包括资源动态分配和隔离、训练任务管理、机器学习库/框架、深度学习库/框架、算法管理、建模数据管理、自动化建模等。

2. 模型管理和监控

涉及模型集中化管理、模型仓库、生命周期工作流管理、模型评估和监控、模型持续评估、模型优化和更新等。

3. 模型部署和运行

聚焦模型部署、模型运行、服务管理、模型调试、A/B test、运行监控等。其支持从模型产出到上线应用的全流程管控,建模功能丰富,部署方式灵活。

三、全方位大数据运维

如果简单地将数据进行整合、融合、保存,却不加以维护,硬盘最终将成为数据的坟墓。当用户数量增多,有限的数据存储资源不能满足用户对该类资源的需求时,用户与数据资源的矛盾就会凸显出来。解决这一矛盾的最有效办法就是采取有效的运营维护机制。

全方位运营维护体系是建设大数据处理系统的重要环节,涵盖诸多策略的完善解决方案决定了大数据处理系统能否高效地运行:

(1)平台的数据存储管理。涉及对计算集群、数据存储、文件系统及数据库的有效管理、任务调度、服务监控。

(2)平台的数据质量管理。贯穿数据采集、整合、融合和综合应用全过程,目标是构建一体化的数据质量监控体系,实现业务逻辑校验、数据质量监控和问题数据纠错等应用功能。

(3)平台的数据资源监控。包括资源调度情况、数据汇聚的规模、数据传输情况、数据资源分配、硬件设备资源情况等。

(4)平台的数据安全管理。涉及制度、人员、过程、操作规范等,如字段权限控制、账户权限变更、权限申请、权限分配等。

借助全方位运营维护体系,对平台安装节点的底层硬件设施(包括 CPU、内存、硬盘资源、网络等)进行监控,并对节点所在机架进行规划,通过运维管理平台主节点,可实现大数据平台的自动部署和安装。同时,为实现大数据处理系统高效运行,支持大量并发用户查询,应构建实时监控分析模块,实时反映正在运行的各服务的资源使用情况和任务进度情况,可视化地展示给运维管理人员,并能够及时告警。其中,为各服务提供资源隔离或资源抢占式两种选择方案,灵活配置服务运行节点,将大大减少运维人员的工作量。

第三章 大数据环境下金融安全风险评估

第一节 金融安全风险识别

一、风险识别代表性模型

大数据、云计算、人工智能等技术的出现,丰富和深化了数据处理、存储和计算,为金融安全风险识别提供了新的途径。系统、全面、客观地评估金融安全的整体风险水平,有助于防范系统性风险,保持金融体制健全,维护经济社会稳定。尤其在大数据背景下,金融科技、数字货币、互联网金融等新兴产业形态大量涌现,信息爆炸、数据海量、分析高效等逐渐成为大数据的代名词,它们使经济分析更加需要以海量数据为基础。数据分析方法的智能化给经济预测和风险识别带来了诸多优势,其可以克服传统方法的缺点,提高分析的准确性和及时性。与传统业态时期相比,大数据时代使社会发展的触角伸向更广、更深的领域,为学术界、产业界和教育界带来更多的机遇和可能。

与此同时,未知的挑战和风险也接踵而至,传统的监管手段和风险管理措施难以适应大数据时代的要求。随着国内市场与国际市场的接轨逐渐密切,构建金融安全风险识别指标体系的任务迫在眉睫,这是维护金融安全、防范化解重大风险挑战、实现各行各业稳定发展的一项重中之重的工作。

大数据环境下,研究金融安全风险的识别和度量是有效防范风险的前提。在金融学界早期的研究中,产生了以下几种代表性的模型:

(一)FR 模型

弗兰克尔和露丝(Frankel 和 Rose,1996)[1]提出 FR 模型,选取发展中国家的年度数据,综合考虑宏观因素、内外部因素、债务结构等指标探讨金融危机问题,结果发现,国外利率水平高、国内信贷增长率高、产出增长率低等局面更易引发危机。

(二)STV 模型

萨克斯、托内尔和维拉斯科(Sachs、Tornell 和 Velasco,1996)[2]选取 20 个新兴经济体来探讨各国遭受金融危机的差异,通过 STV 模型发现,实际汇率高、贷款增长率高和国际储备低的国家更容易受到金融危机的打击等。

(三)KLR 模型

卡敏斯基、利宗多和赖因哈特(Kaminsky、Lizondo 和 Reinhart,1998)[3]提出 KLR 模型,选取 16 个宏观经济和金融变量考察银行业和货币危机之间的联系,结果发现货币危机加剧了银行危机,两者之间存在严重的恶性循环关系。

除上述三种最有代表性的指标体系以外,目前实际中还有国际货币基金

---

[1]　Frankel J., Rose A., "Currency Crashes in Emerging Markets: An Empirical Treatment", *Journal of International Economics*, Vol. 98, No. 4, 1996, pp. 463-484.

[2]　Sachs J., Tornell A., Velasco A., *Financial Crises in Emerging Markets the Lessons from 1995*, Washington D. C.: Brookings Institution Press, 1996, pp. 147-215.

[3]　Kaminsky G., Lizondo S., Reinhart C., "Leading Indicators of Currency Crises", *IMF Economic Review*, Vol. 45, 1998, pp. 1-48.

组织(International Monetary Fund，IMF)使用的基于银行、资本市场的相关变量、有效汇率波动率构成的金融压力指数(Financial Soundness Indicators，FSI)，以及欧洲央行和亚洲开发银行提出的宏观审慎指标体系(Macro Prudential Indicators，MPI)。

二、金融安全风险指标体系

近年来，一些国际金融危机相继发生，使人们逐渐认识到开展金融安全风险度量研究的重要意义。在几种早期代表性模型的基础上，许多学者先后针对国际、国内市场开展相关风险度量的研究，为有效识别金融安全风险提出了具有建设性意义的指标体系。

(一)国际市场视角下金融安全风险指标体系

其中，克里斯提迪斯和格雷戈里(Christidis 和 Gregory，2010)[1]基于宏观、市场和会计指标建立体系，从流动性层面，选取流动比率、营运资金/总资产、速动比率；从收益性层面，选取净收入、息税前利润、留存收益；从杠杆作用层面，选取总负债/总资产、长期债务/净资本；从公司特征层面，选取公司规模、成立期限；从市场层面，选取市盈率、杠杆率、价格；从宏观经济层面，选取利率、富时全股指数回报率、三个月国库券利率、利率期限结构溢价等变量，构建英国股票市场预警指标体系。

蒂诺科和威尔逊(Tinoco 和 Wilson，2013)[2]将财务指标、市场指标和宏观经济指标相结合，检验其在上市公司财务困境预测模型中的作用。其中，财务指标包括来自运营的总资金与总负债、总负债与总资产、无信贷间隔和利息覆

---

①　Christidis A.，Gregory A.，*Some New Models for Financial Distress Prediction in the UK*，Dordrecht：Springer，2010.

②　Tinoco M.，Wilson H.，"Financial Distress and Bankruptcy Prediction among Listed Companies Using Accounting，Market and Macroeconomic Variables"，*International Review of Financial Analysis*，Vol. 30，2013，pp. 394-419.

盖率;宏观经济指标包括零售价格指数(Retail Price Index, RPI)和英国短期(3个月)国库券利率;市场指标包括公司的股票价格、滞后累积证券剩余回报率、公司规模、公司市值与总债务的比率。

王吉千等(Wang等,2020)①从收益率、已实现波动率、10年期政府债券指数、房地产价格指数、人民币兑美元汇率、外汇储备、外汇负债、消费者价格指数(Consumer Price Index, CFI)、狭义货币供应量(M_1)、广义货币供应量(M_2)、固定资产投资利率、中国投资者信心指数、标准普尔500指数、芝加哥期权交易所波动率指数(Chicago Board Options Exchange Volatility Index, VIX)、黄金价格和石油价格等方面出发,构建股市动荡综合识别指标体系。

(二)国内市场视角下金融安全风险指标体系

其中,何建雄(2001)②从微观审慎指标、宏观审慎指标和市场指标三个维度建立金融安全风险识别指标体系。微观审慎指标主要包括资本充足率、资产质量、管理质量、盈利情况、流动性情况和对市场风险的敏感度;宏观审慎指标主要包括经济增长率及波动幅度、国际收支(经常账户逆差、国际储备、外债指标、贸易条件、流出入资本的构成和期限结构)、通货膨胀、利率与汇率、贷款总规模和资产价格变化、股市变化、外部冲击;市场指标包括证券价格的变化、信用评级的变化等。

沈悦等(2007)③根据敏感性、权威性和可行性筛选出反映中国金融风险安全状况的指标,主要以宏观基本面指标、财政状况指标、外汇市场指标、证券市场指标、信贷市场指标和金融机构指标来构建指标体系。宏观基本面指标包括国内生产总值(Gross Domestic Product, GDP)增长率、M_2增长率、CPI、固

① Wang J.Q., Lu X.J., He F., et al.,"Which Popular Predictor Is More Useful to Forecast International Stock Markets during the Coronavirus Pandemic:VIX Vs EPU?",*International Review of Financial Analysis*, Vol. 72,2020,p. 101596.

② 何建雄:《建立金融安全预警系统:指标框架与运作机制》,《金融研究》2001年第1期。

③ 沈悦、谢勇、田媛:《基于FSI的中国金融安全实证分析》,《金融论坛》2007年第10期。

定资产投资增长率、经常项目差额/GDP；财政状况指标包括赤字率、国债负担率、国债依存度；外汇市场指标包括外汇储备/外债总额、短期外债/外汇储备、实际升值幅度、债务率；证券市场指标包括市盈率和证券化率；信贷市场指标包括实际利率、短期贷款/贷款总额、金融机构贷款增长率；金融机构指标包括国有银行不良贷款率、国有银行实收资本/总资产、金融机构存贷比率。

刘松林等（2018）[1]参照"骆驼"评级体系、中国银监会颁布的《商业银行风险监管评级内部指引》构建金融安全风险识别指标体系，主要包括宏观经济、银行系统和中观行业冲击层面。宏观经济层面主要包括 GDP 增长率、通货膨胀率、M_2 增长率；银行系统层面主要包括资本充足率、核心资本充足率、不良贷款率、拨备覆盖率、存贷比、单一最大客户贷款比率、最大 10 家客户贷款比率、净资产收益率、资产负债率；中观行业冲击层面主要包括固定资产投资额增长率、房地产投资增长率。

黄安中等（Huang 等，2021a）[2]根据中国国情、新常态经济特点和数据可得性选取系统性金融安全风险识别指标体系，以 GDP 增长率、消费者价格指数、M_2/GDP、财政赤字/GDP、固定资产投资增长率和工业增加值（Industrial Added Value，ID）增长率等指标构建了宏观经济体系，以国内信贷/GDP、贷款/存款、实际利率、M_2/外汇储备、股价指数、消费者信心指数等指标构建微观经济体系。在中国资本项目开放逐渐进入最后冲刺阶段的趋势下，对国外金融危机保持警惕变得越来越重要。因此，结合上述传染效应的预选指标，在对外经济体系中选取的指标有：经常账户余额/GDP、短期外债/外汇储备、外商直接投资/GDP、出口增长率、进口增长率、票据采用外资增长率、实际汇率、伦敦银行同业拆借利率（London Interbank Offered Rate，LIBOR）、道琼斯工业

---

①　刘松林、王晓娟、王赛：《经济新常态下商业银行风险预警指标体系构建》，《统计与决策》2018 年第 34 卷第 23 期。

②　Huang A. Z., Qiu L., Li Z., "Applying Deep Learning Method in TVP-VAR Model under Systematic Financial Risk Monitoring and Early Warning", *Journal of Computational and Applied Mathematics*, Vol. 382, 2021a, p.113065.

平均指数、美国制造业采购经理人指数、标准普尔 500 指数等。

结合以上相关金融安全风险度量的研究,下面从宏观、中观、微观三个层面构建金融安全风险识别指标体系。同时,需坚持以下原则:第一,科学性,整个风险识别指标体系的选取需要科学严谨;第二,可用性,根据所在国的实际情况,选择具有较高可用性的指标;第三,可靠性,选定的指标应来自官方机构,保证数据真实合理,并对经济体系的变化高度敏感。

三、宏观层面风险识别

(一)宏观层面风险识别指标体系

当前,国内外政治形势复杂多变,经济态势变幻莫测,建立和完善宏观金融安全风险指标体系对于实现经济稳定发展至关重要。宏观经济体系反映国民经济的整体运行情况,如总供求关系、经济增长率、物价水平、就业情况和货币供应量等。宏观金融安全风险与经济状态息息相关:经济过热,人们对未来存在过度乐观的心理预期,容易产生泡沫,使金融风险增大;经济过冷,人们对未来经济发展则过分悲观,减少消费,从而导致通货紧缩,容易进一步造成经济萧条,同样会使金融风险加剧。在经济全球化和世界多极化格局加剧的背景下,国内国际双循环理念和政策的提出,意味着中国将继续走出国门,迈上经济发展的新台阶,但与此同时也将面临国际金融风险的传染和冲击。因此,在分析宏观经济风险时,既要考虑国家出台的相关经济政策以及国内市场经济状况,同时也要顾及国际金融环境和外部冲击。故此,遵循系统性和科学性的原则,结合当下国内外经济形势与政策环境,并参考李艳丽(2019)[①]和郭娜等(2018)[②]的研究成果,选取以下宏观金融安全风险指标:

---

① 李艳丽:《宏观经济金融风险预警指标体系构建》,《金融经济》2019 年第 10 期。
② 郭娜、祁帆、张宁:《我国系统性金融风险指数的度量与监测》,《财经科学》2018 年第 2 期。

1. 宏观经济状况

选取的指标有 GDP 增长率、通货膨胀率、固定资产投资增速和工业增加值增速。GDP 增长率是最常用的度量经济增长的指标,指标低表示经济冷,容易出现经济衰退,而指标高则易出现过热;通货膨胀率,一般通过消费者价格指数来间接表示;固定资产投资增速反映经济发展对投资的依赖程度,增速过快可能会引发可持续发展问题,增速过缓则预兆未来经济发展不景气,保持适度的增速不仅可以保持经济平稳运行,避免经济大幅度波动,还能调整投资结构、优化投资效率;工业增加值增速反映工业生产水平的质量和效益,以及工业生产对经济发展的贡献。

2. 货币和信贷环境

选取的指标有 M_2 增速、GDP/国内贷款、M_2/GDP 和贷款利率/存款利率。M_2 是相对于 M_1 而言的,它反映货币供应规模,其增速过快,未来物价可能会上升;GDP/国内贷款反映银行部门的信贷规模;贷款利率/存款利率比值过高,可能会引发银行的支付危机,比值过低则会影响银行的盈利水平。在危机期间,银行往往会提高贷款利率。

3. 资产泡沫

选取的指标有股票市盈率、证券化率、房地产投资增速和房价增长率。股票市盈率反映的是股票市场的泡沫情况,一般来说,股价上升时,市盈率也应上升,但如果盈利能力没跟上,市盈率则会过高,容易引发泡沫;证券化率反映的是证券市场的发展程度,其比值过低,则股市被低估,比值过高股票市场易产生泡沫;房地产投资增速反映房地产行业的投资环境;房价增长率可以衡量房价增长的合理性,增长率越大就越容易形成房地产泡沫。

4. 国际冲击

选取的指标有国际收支、进口和出口额增长率、实际有效汇率指数、外汇储备增长率和外商直接投资增速。国际收支反映某一经济体与其他经济体的交易往来情况,可以表示国际贸易的资金流动状况;进口和出口额增长率反映对外贸易的活跃程度;根据外汇储备增长率可以调节国际收支,实现国内外平衡,对冲国际货币的风险;实际有效汇率指数能够度量国家的国际竞争力;外商直接投资增速能反映外商投资对东道国经济增长的贡献,也可反映资本国际化的程度。

经济新常态下,中国的资本项目开放已进入加速阶段,这时对外国金融危机保持警惕就变得越来越重要。结合上述传染效应的预选指标可知,在对外经济体系中选取的指标还可以参考以下几种:芝加哥期权交易所波动率指数,通常称为"恐慌指数",可以用来衡量全球金融不确定性;美林期权波动率估计(Merrill Lynch Option Volatility Estimate, MOVE)指数,衡量全球债券市场的不确定性;芝加哥期权交易所黄金交易型开放式指数基金波动率指数,可以衡量黄金市场的不确定性;经济政策不确定性(Economic Policy Uncertainty, EPU)指数,可以衡量全球经济政策的不确定性。此外,还有富时环球指数、美元价格指数、TED 利差(Treasury & EuroDollar Spread, TED Spread)、标准普尔高盛商品指数(S&P Goldman Sachs Commodity Index, SPGSCI)、伦敦黄金现货价格、标准普尔 400 大宗商品化学品指数、标准普尔 500 综合指数、外商直接投资/GDP、短期外债/外汇储备、标准普尔 500 指数、美国制造业采购经理人指数等。

综上所述,这里分别从宏观经济状况、货币和信贷环境、资产泡沫和国际冲击等方面选取指标,构建宏观层面的金融安全风险识别指标体系,具体指标及其经济意义如表 3.1 所示。

表 3.1 宏观层面的金融安全风险识别指标体系

指标类型	指标名称	经济意义
宏观经济状况	GDP 增长率	经济运行态势
	工业增加值增速	工业生产水平的质量和效益
	通货膨胀率	国家货币政策实施的有效程度
	固定资产投资增速	经济对投资的依赖关系

续表

指标类型	指标名称	经济意义
货币和信贷环境	M_2 增速	货币供应量
	M_2/GDP	金融深化的程度
	GDP/国内贷款	信贷规模
	贷款利率/存款利率	盈利能力
资产泡沫	证券化率	股票市场被高估,易形成股市泡沫
	股票市盈率	股票市场的收益情况
	房地产投资增速	房地产行业的泡沫化趋势
	房价增长率	从房价反映房地产泡沫
国际冲击	国际收支	国际贸易的资金流动情况
	进口和出口额增长率	对外贸易的活跃程度
	外汇储备增长率	对冲国际货币的风险
	外商直接投资增速	资本国际化的程度
	实际有效汇率指数	本土货币的国际竞争力

资料来源:Qian B. Y. , Wang G. J. , Feng Y. S. , et al. , " Partial Cross-Quantilogram Networks:Measuring Quantile Connectedness of Financial Institutions", *North American Journal of Economics and Finance*,Vol. 60,2022,p. 101645.

(二)实证结果与分析

本部分以 2011 年至 2019 年中国 30 家上市金融机构(包括 16 家银行、11 家证券和 3 家保险公司)为例,实证探究银行网络关联性是否有助于预测宏观状态变量。从万得(Wind)数据库中获取每家银行的日收盘价。样本中金融机构的股票连续 10 天以上没有被停牌,选择 2011 年作为开市日期,是因为中国农业银行和一些股份制商业银行(如中国光大银行)到 2010 年才在中国A 股市场上市。

另外,从三个层面建立金融风险监测指标体系:

1.宏观经济

选取超过指定规模的 ID 和 GDP,以反映宏观经济环境的稳定性。

2.货币和信贷环境

选取 GDP/国内贷款和 M_2/储备货币,GDP/国内贷款衡量银行体系的规模,M_2/储备货币衡量金融体系的脆弱性,以反映金融市场的稳定性。

3.资产泡沫

选取房地产开发综合经济指数(Real Estate Development Composite Economic Index,RE)和市盈率(Price Earnings Ratio,P/E),以反映资产价格变化所带来的风险。

用 2011 年 1 月至 2016 年 12 月的数据估计模型,包括看涨、看跌和平静期,再用估计后的模型对 2017 年 1 月至 2018 年 1 月的宏观变量进行进一步预测:

$$Z_t = \gamma_0 + \gamma_1 \, IS_{\tau,t-1} + \gamma_2 \, BC_{\tau,t-1} + \gamma_3 \, CC_{\tau,t-1} + u_{\tau,t} \qquad (3.1)$$

其中,Z_t 表示宏观变量;IS 代表影响强度,反映给定节点对其他节点的影响程度;CC 表示接近中心性,衡量风险溢出效应可以直接和间接转移到其他节点的程度;BC 表示中间性中心性,反映节点作为中介点连接两个其他节点之间的最短路径。

表 3.2 显示了可决系数(Ccefficient of Determination,R^2)从 2011 年 1 月到 2016 年 12 月的回归结果和从 2017 年 1 月到 2017 年 12 月预测的均方根误差(Root Mean Square Error,RMSE)。

表 3.2　经济变量的面板回归结果

预测变量	R^2			RMSE		
	$\tau=0.05$	$\tau=0.5$	$\tau=0.95$	$\tau=0.05$	$\tau=0.5$	$\tau=0.95$
面板 A:宏观经济变量						
ID	0.25	0.24	0.11	0.15	0.17	0.13
GDP	0.30	0.23	0.21	16.52	18.01	17.70

续表

预测变量	R^2			RMSE		
	$\tau=0.05$	$\tau=0.5$	$\tau=0.95$	$\tau=0.05$	$\tau=0.5$	$\tau=0.95$
面板 B:货币和信贷环境变量						
GDP/国内贷款	0.36	0.26	0.22	0.38	0.56	0.54
M_2/储备货币	0.29	0.24	0.20	0.75	0.95	0.99
面板 C:资产泡沫变量						
RE	0.44	0.49	0.07	2.64	2.17	4.24
P/E	0.26	0.15	0.21	6.97	10.41	10.09

注:R^2 指 2011 年 1 月至 2016 年 12 月宏观变量对网络连接性变量(即影响强度、接近度和介于性)回归的系数。RMSE 指从 2017 年 1 月至 2018 年 1 月预测的均方根误差。ID 为规模以上的工业增加值。RE 代表房地产开发综合经济指数。

资料来源:Qian B. Y., Wang G. J., Feng Y. S., et al., "Partial Cross-Quantilogram Networks: Measuring Quantile Connectedness of Financial Institutions", *North American Journal of Economics and Finance*, Vol. 60, 2022, p. 101645.

可以发现,大多数情况下,0.05 分位数的网络连接度变量对宏观经济变量具有更好的预测能力,这可能是由于该分位数的网络对冲击更加敏感,并且在危机期间相关联系表现出更为剧烈的变化。另外,在预测房地产市场时,尾部分位数网络的表现比中位数网络更差,这可能与国内严格的房地产监管有关。为了冷却房地产市场,让房地产价格更实惠,政府提出了一系列限制措施,包括第二套房的大额首付、更高的抵押贷款利率,以及自 2010 年以来的购买配额。此外,回归的均方根误差值相对较小,表明网络连接性变量对宏观经济的预测能力较好。

总体而言,样本外结果强烈支持样本内结果,证实 Partial Cross-quantilogram (PCQ)网络连接性指标可以作为一个有效的预警信号。

四、中观层面风险识别

（一）中观层面主要风险因素

识别金融安全风险仅基于宏观审慎视角构建金融安全风险识别指标体系仍难以奏效，尤其是现今各金融子市场的风险状况不容忽视。所以，通过不同金融子市场的特征构建中观层面的金融安全风险识别指标体系同样具有重要意义。中观层面的金融安全风险识别指标主要针对各个金融子市场的特征及其价格或行情的变化来构建，通常存在以下三类风险：

1. 信用风险

借款人通常期望使用未来现金流来偿还当前债务，但事实上很难确保借款人未来一定有资金偿还债务。

2. 市场风险

市场风险与信用风险相同，都是金融投资固有的重要风险，它通常是收入驱动的。这意味着，控制而不一定是消除这些风险是投资的主要关注点。

3. 操作风险

它是由员工错误、系统故障、欺诈或其他犯罪活动以及任何破坏业务流程的事件引起的，与前面两种风险相反，操作风险通常不是故意产生的，也不是收入驱动的。此外，这类风险不具有可分散特点，裁员并不能缓和该风险，只要人员、系统和流程还不完善，操作风险就无法完全消除。

大数据在金融领域的应用进一步推动了金融服务模式创新、发展模式转型、管理创新和产品创新，但与此同时，未知的挑战和风险也接踵而至，传统监管手段和风险管理措施难以适应大数据时代的要求，并且根据风险的传染性，不仅宏观经济对风险有着较强的影响，金融市场的风险状况也不容忽视。因此，应该针对金融市场中三类主要的风险因素，在不同的金融子市场中选取相应指标构建中观层面的金融安全风险识别指标体系。

（二）中观层面风险识别指标体系

1.银行业

银行危机的早期识别是金融风险管理中一个紧迫和持久的主题。自商业银行诞生以来,学术界已经创建了各种风险管理理论和模型。然而,一些重要因素的时代特征如运营环境、服务类型和结构等都在不断变化中。因此,许多危机识别模型的有效性和适用性受到了限制。尽管商业银行风险管理的一些突出成果如《巴塞尔协议》长期以来一直被应用于实际,但是商业银行中仍然发生了大量的危机事件,如 2008 年美国商业银行的破产潮。由此看来,有关银行危机识别方面的理论和方法仍需要完善。

系统风险和外生因素是考察银行危机的主要方面。这些不确定因素往往导致数据关系模糊,而诸如危机识别的参数化或非参数化方法等常规方法都需要严格的限制条件,如果所选取的指标不能满足这些要求,则可能会出现更多的结论错误。银行体系金融不稳定造成的系统性问题,一个主要潜在原因是各个参与者之间潜在的溢出作用。实际中,不同市场的经济行为者之间由于不稳定而产生系统性风险。

欧洲中央银行(European Central Bank , ECB)提出系统性风险的广义定义为金融不稳定的结果,不稳定的迅速蔓延又进一步导致金融中介过程受到干扰,从而使经济增长受到重大不利影响。导致不稳定溢出效应蔓延的因素可分为两大基本类别:一是对银行业具有内生性的因素,如资产质量、信贷和流动性风险、盈利能力和资本比率;二是对银行业具有外生性的因素,如反映由于资产价格和抵押品失衡而导致的银行体系的脆弱性,或者由国内或国际宏观经济动荡引起的债务偿还能力下降。

银行业金融安全风险识别指标的选取应遵循三个原则:第一个原则是共识性,即所选指标得到了全球系统重要银行(Global Systemically Important Banks , G-SIB)管理研究机构的认可;第二个原则是可靠性,即所选指标源于银行官方机构或监管系统的监管;第三个原则是可用性,即所选指标可以直接从商业银行的财务报表或其他出版物中获取。

对于银行金融安全风险识别,比较常用的几个测度指标是:资本充足率(Capital Adequacy Ratio, CAR)、最大 10 个客户贷款率(Maximum Ten Customers' Loan Ratio, MTCLR)、贷款准备金率(Loan Loss Provision Ratio, LLPR)、单一最大客户贷款率(Single Largest Customer Loan Ratio, SLCLR)、存贷比(Loan-to-Deposit Ratio, LDR)、资产流动性比率(Asset Liquidity Ratio, ALR)和不良贷款率(Non-Performing Loan Ratio, NPLR)。其中,不良贷款率越高,意味着未来可能无法收回的贷款额度占总资产额度的比例就越大;贷款准备金率是银行用来防范风险的工具;单一最大客户贷款率一般不得高于10%;最大 10 个客户贷款率为最大的 10 个客户贷款占资本净额的比例,一般不得高于 50%;资产流动性比率反映是否有足够的流动资金储备来防范市场风险;资产充足率反映的是银行能以自有资产承担损失的能力,通常各国均会对该指标进行严格管制;存贷比越大,则说明银行的盈利能力越强。

2. 股票市场

金融安全识别指标体系旨在通过考察动荡前的模式来识别危机,从而使市场参与者能提前采取行动对冲重大风险。

实际中,识别风险的目标范围从银行部门、货币和股票市场等个别金融市场到整个经济体系。对股票市场而言,通常选取的指标有股票价格波动率、平均市盈率、平均换手率、股票价格。其中,股票价格波动率反映股票价格波动的程度;平均市盈率表示的是市盈率的平均值,通常有简单平均法、加权平均法和根据流通市值来进行计算的方法;平均换手率反映在一定时期内股票转手的频率。一般而言,新兴市场发展较快,投资者素质不够专业,因此换手率比成熟市场更高一些。

3. 外汇市场

外汇市场选取的指标有外汇储备增长率、国内外实际存款利率差、汇率波动率和美元指数。如果一国外汇储备持续增加,表明市场上流通的该国货币也在增加,可能会引发物价上涨,产生通货膨胀;如果一国外汇储备持续下跌,表明该国货币及资产不受国际市场青睐,股市等金融市场也将会受到利率及汇率波动的影响。因此,保有长期稳定的外汇储备,是国家经济实力稳步增长的要素之一;国内外实际存款利率差反映的是一国与其他国家存款利率的差值;汇率波动率反映某一货币对外价值的升值或贬值。

4.衍生品市场

衍生市场的流动性对衍生产品合约的价格有着较大的影响,当市场中某一产品的流动性较强时,其价格能够根据市场行情和供需情况维持在一个比较合理的水平上。合理的价格水平反映了该产品的投资风险较低,这将会吸引更多的投资者。但当市场中的成交情况过于活跃,便可能刺激投机情绪,这时市场中的风险会增大。

因此,合理地选取衍生市场流动性指标,对能否正确识别和及时控制衍生市场风险具有重要作用。衍生市场选取的指标包含成交量变动率、成交额变动率、月末持仓量变动率和现期价偏离率。其中,成交量变动率反映某一资产的成交量较上一期成交量的变动情况,它的增加表明该项资产的成交量与上一期相比更加活跃;成交额变动率反映某一资产的成交额较上一期成交额的变动情况,它的减少表明该项资产的成交额与上一期相比更加平缓;月末持仓量变动率即尚未平仓的资产的变化情况,它越大意味着市场上存在较多的买卖行为;现期价偏离率反映相关价格偏离的程度,它越大表明偏离越大,意味着非理性的投机性大于理性的套利性,市场中存在的风险较大。

5.房地产市场

除上述几个重要的金融市场以外,房地产市场也是研究者关注的重点,对金融安全至关重要。房地产市场风险识别系统中的因素包括识别条件、识别来源、识别要素、识别标志、识别限值和识别程度。其中,识别条件是在风险识别工作中需要检查或识别的内容,对房地产而言,它指因市场供过于求或供不应求而造成房地产市场失衡的因素。识别来源指产生识别因子的来源。它包括内部识别源和外部识别源两个方面:前者是房地产行业投资规模、结构、成本、需求规模等内在因素的变化,后者是宏观经济状况、政策、性质、环境等影响房地产行业的外部因素的影响。识别要素是影响识别源中包含的识别条件变化的一个或多个因素。识别标志是根据因子分析方法选择的一组最重要的识别元素。识别限值可以通过两种方式定义:一种是识别标志值的范围,另一种是几个识别标志的组合值的范围。识别程度是识别因素的范围,它根据识别标志的值来计算。以上内容便构成了房地产市场风险识别系统的基础。

因此,房地产市场风险识别系统的流程为:搜索产生识别条件的来源,选择识别标志,确定识别标志的识别限度,计算识别指数,划分识别等级,确定风险识别程度。在它们当中,选择识别因子是建立识别系统最关键的一步,搜索识别来源、分析识别信号、确定识别限值是确定识别因子值的必要步骤,识别度预测是识别系统的目标。

值得注意的是,房地产风险识别系统的识别指标应直接反映房地产市场当前的发展现状和供求关系。在房地产识别系统中,以房产销售率或空置率作为基准指标。然而,在目前的业务过程中,空置率本身很难衡量。随着房地产市场的逐步发展,楼价已经成为一个可靠的指标。

以深圳为例,考虑到楼价的变化可以反映市场供求状况,该市建立了一个反映市场波动的楼价指数体系,可以以此作为识别因素。由于商品房项目是深圳整体房地产开发投资的大部分,商品房价格指数基本可以反映整个市场的供求状况。深圳不同地区的商品房价格指数波动形状大致相似,由于福田区是深圳市最活跃、最发达的地区,因此其房价指数可以作为识别因素。除房地产市场价格指数之外,结合其他传统指标,识别和分析房地产市场可以选取的经济变量为:商品房总竣工面积、商品房总销售面积、商品住宅项目投资额、开发土地面积、新增商品住房项目面积、消费者价格指数、开发用地面积、商品房总建筑面积、商品房空置面积、开发商利润、一年内完成物业投资额、住宅总售面积、商品房竣工面积、开发商收入。

对模型有效性进行度量时,可以选取以下 8 种因素作为风险识别因素:物业发展增长率/GDP 增长率、产地/整体建设用地比例、预售商品房比例、新增商品住宅项目/整体住房项目比例、已竣工物业/新物业比例、空置房/售出商品房比例、出租面积/售区比例、商品房供给结构与需求结构之比。

综上所述,这里分别从银行业、股票市场、外汇市场、衍生市场和房地产市场选取指标,构建中观层面的金融安全风险识别指标体系,具体指标及其经济意义如表 3.3 所示。

表 3.3 中观层面的金融安全风险识别指标体系

指标类型	指标名称	经济意义
银行业	不良贷款率	银行贷款质量
	贷款准备金率	银行用以防范风险的工具
	单一最大客户贷款率	单一客户最大贷款比例
	资产流动性比率	流动性资产状况
	最大 10 个客户贷款率	最大 10 个客户贷款比例
	资本充足率	抵御风险的能力
	存贷比	银行的盈利能力
股票市场	股票价格波动率	股票价格波动的程度
	平均换手率	股票的流通性
	平均市盈率	股票市场的泡沫情况
外汇市场	外汇储备增长率	外汇储备的情况
	国内外实际存款利率差	一国与其他国家存款利率的差值
	汇率波动率	货币对外价值的升值或贬值
	美元指数	美元的强弱程度

续表

指标类型	指标名称	经济意义
衍生市场	成交量变动率	成交量的变动情况
	成交额变动率	成交额的变动情况
	月末持仓量变动率	尚未平仓的资产变动情况
	现期价偏离率	与市场指数的偏离程度
房地产市场	房地产市场价格指数	房地产价格变动趋势和变动程度
	商品房总竣工面积	房地产市场状况
	商品房总销售面积	房地产市场需求

资料来源:笔者根据相关知识积累自制。

(三)实证结果与分析

本部分以 2009 年至 2016 年 14 家上市商业银行(包括 4 家国有商业银行、7 家股份制商业银行和 3 家城市商业银行)为例,实证分析银行业的系统关联性演化。从万得数据库中获取银行的每日最高价、最低价、开盘价和收盘价,计算股票价格波动率。设定滚动窗口宽度为 240 天(相当于 1 年),步长为 10 天,以此来考察中国银行体系的动态波动关联性。

图 3.1 显示了 14 家商业银行的动态总关联性。总关联性曲线显示出存在较大的波动,从 72% 到 92% 不等。具体来看,样本周期跨越 8 年,包含 4 个样本子区间。

1. 第一个子区间从 2009 年年初至 2010 年年中

该期间具有高水平的动态关联性,与 2008—2009 年国际金融危机和欧债危机的发生相吻合。

2. 第二个子区间从 2010 年第三季度至 2012 年年中

总关联性水平下降。国际金融危机后,各国政府都力图挽救大型金融机构和重振市场。2008 年 11 月 9 日,中国政府宣布一项为期两年的 4 万亿元

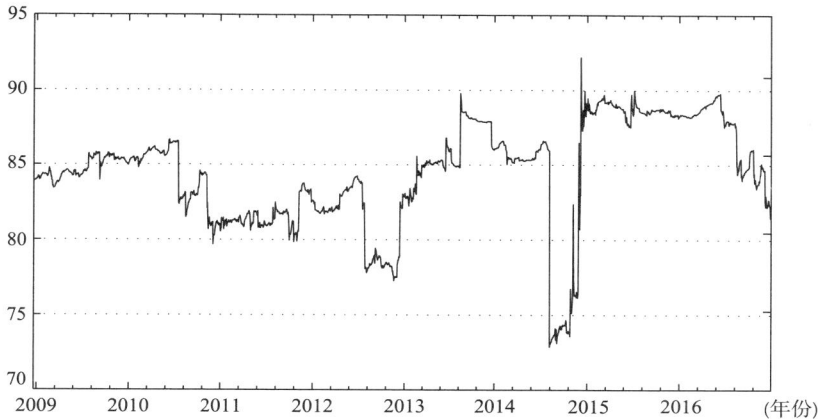

图 3.1　2009—2016 年中国 14 家上市商业银行的动态总关联性

资料来源：Wang G. J., Xie C., Zhao L., et al., "Volatility Connectedness in the Chinese Banking System: Do State - owned Commercial Banks Contribute More?", *Journal of International Financial Markets*, *Institutions and Money*, Vol. 57, 2018, pp. 205–230.

人民币（5860 亿美元）刺激计划，以促进内需和维持经济增长。4 万亿元的投资历时 27 个月，用于民生改善（包括低收入住房、电力、交通、水利、农村基础设施）、技术创新和环境保护等十大领域项目和方案，主要通过商业银行的贷款支持。这一计划在短时间内对促进中国和世界经济复苏、发展产生了积极作用，一定程度上缓解了商业银行的波动关联性和系统性风险。

3. 第三个子区间从 2012 年第三季度至 2014 年年中

总关联性曲线从 2012 年年底的 77% 上升到 2013 年中期的 90%，到 2014 年年中基本上保持在 85% 左右。2013 年第一季度，GDP 增长 7.7%，低于市场此前的预期。与此同时，4 万亿元刺激计划的副作用开始显现，如钢铁、煤炭、电力、水泥、化工、新能源等行业产能严重过剩等。因此，商业银行不良贷款率急剧上升，利润增长速度减缓。

4. 第四个子区间从 2014 年年中至 2016 年年末

总关联性曲线从 2014 年年中的最低值 72% 跃升至 2014 年年底的最高值 92%，到 2016 年 8 月，这一比例保持在 87% 以上，并在 2016 年年底缓慢下降到82%。在该子区间内,股市发生了两个具有里程碑意义的事件,即2014年年中至2015年6月的牛市,以及从2015年6月到2016年第一季度的"2015—2016年股市动荡"。其间,股市经历"过山车"之旅。例如,沪深300银行指数上涨104%,从2014年7月23日的3262点上涨至2015年6月12日的6647点,并在2016年2月25日大幅下跌至4720点。在这两年中,银行体系的总关联性日益增强,导致金融体系负面冲击增加,进一步增加了风险传染的范围、深度和可能性。2015—2016年股市崩盘的原因之一是2014年年底的高波动关联性和系统性风险。市场泡沫破灭后,总波动关联性2016年开始逐渐下降。这归因于监管机构自2016年第四季度以来对金融机构的监管收紧,旨在降低系统性风险,去杠杆化并加强金融机构的治理。

五、微观层面风险识别

(一)微观层面风险识别指标体系

当今世界,组织管理模式的集体化、国际化、平台化增加了金融机构管理的复杂性。传统的金融风险早期识别指标选择不仅主观性强,而且难以有效整合与金融风险相关的多源数据,因而金融机构的金融风险水平无法全面、系统地描述。此外,企业财务状况的恶化是一个动态过程,传统的财务风险识别模型无法捕捉这一过程中风险因素的动态变化。在新一代信息技术环境中,结合大数据技术的金融风险识别模型不断创新,提高了金融风险识别的准确性。金融机构迫切需要打破传统数据、算法和组织在金融风险识别方面的局限性。

大数据技术可以为金融机构风险识别提供全面高效的技术解决方案和工具支持。神经网络等智能分析方法能描述金融机构风险特征,并深入捕捉和刻画金融机构风险的关键影响因素及其相互关系。证据理论等不确定性理论能提高复杂不确定决策问题的融合分析能力,更全面地识别企业或金融机构的财务风险。

微观经济体系反映的是社会中单一经济实体的行为。大数据在金融领域的应用,进一步推动了金融服务模式创新、发展模式转型、管理创新和产品创新。但与此同时,未知的挑战和风险也接踵而至,传统的监管手段和风险管理措施难以适应大数据时代的要求,并且根据风险的传染性,不仅宏观经济和金融市场,而且单独经济个体风险状况也不容忽视,也很有可能导致系统性金融安全风险的发生。基于此,可以构建微观层面的金融安全风险识别指标体系。

财务指标的设计和选择是金融安全风险识别系统的重要前提,能够反映企业在大数据背景下的综合状况。只有从不同的角度,通过对各种指标的观察,才能清楚地描述具体、真实的财务状况。

1. 资产质量

资产质量状况充分反映了企业经营资产的效率和效益。根据大数据背景下金融风险的成因,反映资产质量状况的指标有:库存周转率、流动资产周转率、不良资产比率、总资产周转率、应收账款周转率、销售现金实现率、资产回收率等。

2. 债务风险

反映债务风险的指标有:速动比率、资产负债率、利息获取次数、现金流量负债率、盈余现金覆盖率、三年资本平均增长率。

3. 经营增长

从经营增长状况来看,应充分反映一个企业未来的发展能力,相关指标有:销售增长率、固定资产总额、销售利润增长率、总资产增长率、主营业务收入增长率、平均股东权益、平均资产、资本积累比率、留存收益、留存收益总资产比、净资产增长率、平均负债总额。

4. 盈利能力

反映企业获得利润的能力的指标有:净资产收益率、资产回报率(Return on Assets,ROA)、成本费用占主营业务收入的比例、销售利润率、安全盈余现金倍数、营运资本总资产比、成本和费用比率、资本回报率。

5. 投资风险

反映投资风险的指标有：成本利润率、净资产回报率、利息倍数、销售利润率、总资产回报率、销售增长率、资本积累率和利息覆盖率。

除了会计报表显示的财务信息外，还有许多非财务信息，它们也可能会对金融安全风险产生影响，因此确定选取非财务指标同样是至关重要的。

结合企业在大数据背景下的特殊性，这里选取以下非财务指标来判断核心业务的财务风险：信用评级、购销集中度、敏感度、管理质量、内控体系完整性、技术装备更新水平、银企关系、审计意见类型等。

（二）实证结果与分析

从深圳证券交易所中小企业板选出 46 家上市中小企业，包括 6 家风险型企业、40 家无风险企业。原始的财务指标 V_o 包括：中小企业速动比率、中小企业与核心企业之间现金比率、营运资金周转率、股本回报率、销售利润率、总资产回报率、总资产增长率、应收账款周转率、核心企业信用评级、流动比率、销售利润率等；非财务指标包括：流动比率、应收账款催收期、信用评级等。

接下来，需要从上述原始变量中选择最重要的自变量。一方面，为机器学习模型选择适当的自变量，这对于提高预测的准确性、减少计算时间和过度拟合非常重要；另一方面，通过选择的自变量可以告知金融机构经理，哪些因素对预测中小企业在供应链中的信用风险是重要的，哪些因素对提高融资能力是重要的，哪些因素对降低连带责任信用风险是重要的。

根据决策树（Decision Tree，DT）的相对重要性分数对原始变量 V_o 进行选择，如表 3.4 所示，得到最终变量 V_s。其中，中小企业流动比率、中小企业与核心企业之间贸易商品特征和核心企业信用评级的相对重要性得分最高。V_s 中有 6 个变量是与中小企业相关的因素，表明与传统融资相比，中小企业的状况仍然是评估中小企业信用风险的主要影响因素,其他 6 个变量与核心企业状况和供应链相关,是评估中小企业在供应链金融中的信用风险时新引入的变量。

表 3.4　基于决策树选取最终变量的预测模型

因素	自变量	分数	排名
传统融资要素	中小企业流动比率	0.0985	1
	中小企业销售利润率	0.0825	5
	中小企业速动比率	0.0825	5
	中小企业总资产回报率	0.0816	7
	中小企业总资产增长率	0.0816	7
	中小企业现金比率	0.0800	10
供应链融资要素	中小企业与核心企业之间贸易商品特征	0.0867	2
	核心企业信用评级	0.0850	3
	核心企业销售利润率	0.0833	4
	行业趋势	0.0808	9
	核心企业速动比率	0.0800	10
	中小企业应收账款催收期	0.0774	12

资料来源:Zhu Y., Xie C., Wang G. J., et al., "Forecasting SMEs' Credit Risk in Supply Chain Finance with an Enhanced Hybrid Ensemble Machine Learning Approach", *International Journal of Production Economics*, Vol. 211, 2019, pp. 22-33.

为了便于讨论,将 V_s 分为两类:传统融资要素和供应链融资要素。由模型预测结果表 3.5 可知,基于 V_s 的决策树和多重提升(Multiple Boosting, Multi Boosting)的预测性能比基于 V_o 的模型差,但基于 V_s 的随机子空间(Random Subspace, RS)和随机子空间—多重提升(Random Subspace-MultiBoosting, RS-MultiBoosting)的预测性能与基于 V_o 的模型相比有所改进。特别是,基于 V_s 的随机子空间和随机子空间—多重提升的 Ⅱ 型错误有所降低,这对金融机构区分高风险中小企业和适合未来融资的中小企业而言非常重要。

表 3.5　原始及最终变量基于机器学习的数值预测结果　（单位:%）

评价标准	决策树	随机子空间	多重提升	随机子空间—多重提升
面板 A:基于 V_o 的预测结果				
平均精度	82.19	82.37	67.67	84.11
Ⅰ 型错误	17.80	18.60	32.30	15.90
Ⅱ 型错误	22.70	28.40	38.50	20.90
F 评分	82.20	80.90	68.10	84.10
面板 B:基于 V_s 的预测结果				
平均精度	82.19	82.37	64.93	84.66
Ⅰ 型错误	17.80	18.60	35.10	15.30
Ⅱ 型错误	23.10	27.50	49.10	20.60
F 评分	82.20	82.00	64.10	84.60

资料来源:Zhu Y., Xie C., Wang G. J., et al., "Forecasting SMEs' Credit Risk in Supply Chain Finance with an Enhanced Hybrid Ensemble Machine Learning Approach", *International Journal of Production Economics*, Vol. 211, 2019, pp. 22-33.

比较每一种机器学习方法,发现决策树与随机子空间、多重提升相比,基于 V_o 和 V_s 均能获得更好的预测结果。另外,单个机器学习方法并不总是比集成的机器学习方法弱,但混合集成的机器学习方法,即随机子空间—多重提升在 4 种预测方法中具有最佳的预测性能。

第二节　金融安全风险度量

一、风险规模度量

金融安全风险规模是从宏观上对各个金融市场的自身风险进行度量,对应于金融安全风险的形成阶段,主要是某个金融市场的单独风险,不涉及金融市场之间的风险关系。一般而言,传统的金融风险度量模型主要是在险价值

（Value at Risk，VaR）模型，但它在刻画极端风险方面存在不足，不能准确地反映尾部信息。近年来，学者们使用条件自回归在险价值（Conditional Autoregressive Value at Risk，CAViaR）模型来考察金融市场的风险问题（Engle和 Manganelli，2004）[①]。在此基础上与极值理论相结合，通过对金融市场序列尾部分布的刻画，侧重描述金融市场的极端风险状况（张晨等，2015）[②]。后来发展至多元多分位数条件自回归在险价值（Multivariate Multi-quantile CAViaR，MVMQ-CAViaR）模型，以探讨多个金融市场的风险问题，变量从二维拓展至多维，同时对多个变量进行相关的脉冲响应分析（刘场等，2020）[③]。

（一）模型构建

CAViaR 模型常常适用于描述金融主体的动态风险特征，它直接对分位数序列建模，不对收益分布做任何假设，能有效处理金融时间序列的典型特征，克服 VaR 模型中时间序列存在自相关性的缺陷。

从基本思路来看，CAViaR 模型将分位数作为自回归的形式。根据恩格尔和曼甘内利（Engle 和 Manganelli，2004）的研究，其一般形式为：

$$\mathrm{VaR}_t = \beta_0 + \sum_{i=1}^{p} \beta_i \mathrm{VaR}_{t-i} + \sum_{j=1}^{q} r_j \varphi(x_{t-j}) \tag{3.2}$$

其中，β_0 为常数项，该模型主要由滞后变量 VaR_{t-i} 和收益率变量 $\varphi(x_{t-j})$ 两部分构成。CAViaR 模型有以下三种常用形式：

1. SAV-CAViaR 模型

对称绝对值型 CAViaR（Symmetric Absolute Value CAViaR，SAV-CAViaR）

①　Engle R., Manganelli S., "CAViaR: Conditional Autoregressive Value at Risk by Regression Quantiles", *Journal of Business & Economic Statistics*, Vol. 22, No. 4, 2004, pp. 367-381.
②　张晨、丁洋、汪文隽：《国际碳市场风险价值度量的新方法——基于 EVT-CAViaR 模型》，《中国管理科学》2015 年第 23 卷第 11 期。
③　刘场、李政、刘浩杰：《中国金融市场间极端风险溢出的监测预警研究——基于 MVMQ-CAViaR 方法的实现》，《经济与管理研究》2020 年第 41 卷第 2 期。

模型认为,市场对利好消息和利空消息的反应是相同的,其表达式为:

$$VaR_t = \beta_0 + \beta_1 VaR_{t-1} + \beta_2 |x_{t-1}| \tag{3.3}$$

2. AS–CAViaR 模型

非对称斜率型 CAViaR(Asymmetric Slope CAViaR, AS-CAViaR)模型认为,市场对利好消息和利空消息的反应是不同的,其表达式为:

$$VaR_t = \beta_0 + \beta_1 VaR_{t-1} + \beta_2 (x_{t-1})^+ + \beta_3 (x_{t-1})^- \tag{3.4}$$

3. IGARCH–CAViaR 模型

间接广义自回归条件异方差型 CAViaR(Indirect Generalized Autoregressive Conditional Heteroskedasticity CAViaR, IGARCH–CAViaR)模型通过广义自回归条件异方差(Generalized Autoregressive Conditional Heteroskedasticity, GARCH)(1,1)模型描述分位数的演化过程,其表达式为:

$$VaR_t = (\beta_0 + \beta_1 VaR_{t-1}^2 + \beta_2 x_{t-1}^2)^{1/2} \tag{3.5}$$

CAViaR 模型的估计需要使用分位数回归的思想,其中分位数回归是最小绝对离差(Least Absolute Deviation, LAD)模型的特殊情况。参考恩格尔和曼甘内利(2004),这里具体使用 Nelder–Mead Simplex 和拟牛顿算法(quasi–Newton)来估计 CAViaR 模型的参数,需要优化的目标函数为:

$$\min_\beta \frac{1}{T} \sum_{t=1}^{T} [\theta - I(x_t < f_t(\beta))][x_t - f_t(\beta)], \ 0 < \theta < 1 \tag{3.6}$$

其中,θ 代表样本分位数。相较于最小二乘回归法,分位数回归能够详细刻画自变量对因变量的位置、刻度和形状方面的不同影响。一般而言,各个金融市场的残差序列分布不服从正态分布,分位数回归能够较为准确地刻画尾部风险特征,其估计具有更强的稳健性。

(二)实证分析

参考中央银行发布的《中国金融稳定报告2021》,将金融市场拆分为股票

市场、债券市场、外汇市场和货币市场等。根据谢赤等（2021a）[①]，对股票市场
而言，选择沪深 300 指数作为研究对象，因为它较为全面地包括了上海和深圳
两个证券交易市场的代表性股票，较为准确地反映股票价格的变化趋势；对于
债券市场而言，选取中债综合净价指数作为代理变量，主要在于它的编制较为
科学和严谨，能够准确地反映债券价格的波动趋势；对外汇市场而言，选取人
民币兑美元汇率来加以衡量，其原因在于美元作为世界性货币，目前中美贸易
额巨大，同时中国外汇储备的主要货币为美元；对于货币市场而言，选取银行
间质押式回购的利率作为该市场的代理变量，其原因在于银行间质押式回购
交易量较大，在货币市场中占据重要的地位。

　　选取的样本区间为 2005 年 7 月 21 日至 2022 年 4 月 29 日，样本量共计
4078 个，数据来源于万得数据库。其中，起始时间 2005 年 7 月 21 日为"721
汇改"之日，主张紧盯一篮子货币，而不再紧盯美元，并实施浮动汇率，金融市
场的波动更为频繁。实证主要是基于各个金融子市场的对数收益率进行模型
构建和数据分析，具体计算公式为：

$$R_{i,t} = \ln P_{i,t} - \ln P_{i,t-1} \tag{3.7}$$

　　其中，$P_{i,t}$ 和 $P_{i,t-1}$ 分别为金融子市场 i 第 t 和 $t-1$ 天收盘价，$R_{i,t}$ 为第 t 天对
数收益率。图 3.2 为各金融子市场收盘价时间序列，可以看到，股票市场、债
券市场和货币市场的波动性较强，而外汇市场的波动幅度较为平缓。

　　具体来说，股票市场受到次贷危机、股灾、中美贸易摩擦、新冠疫情和乌克
兰危机等极端事件的影响较大，此时的股价波动较为剧烈，其中次贷危机对股
价的冲击最大。

　　相反地，债券市场与股票市场之间具有一定的替代性，当股票市场的价格
上涨时，资本纷纷从债券市场进入股票市场，带来股票市场的繁荣，导致债券
市场的价格相对下跌；对外汇市场而言，2005 年的"721 汇改"之后，由于国际

---

　　① 　谢赤、贺慧敏、王纲金等：《基于复杂网络的泛金融市场极端风险溢出效应及其演变研
究》，《系统工程理论与实践》2021 年（a）第 41 卷第 8 期。

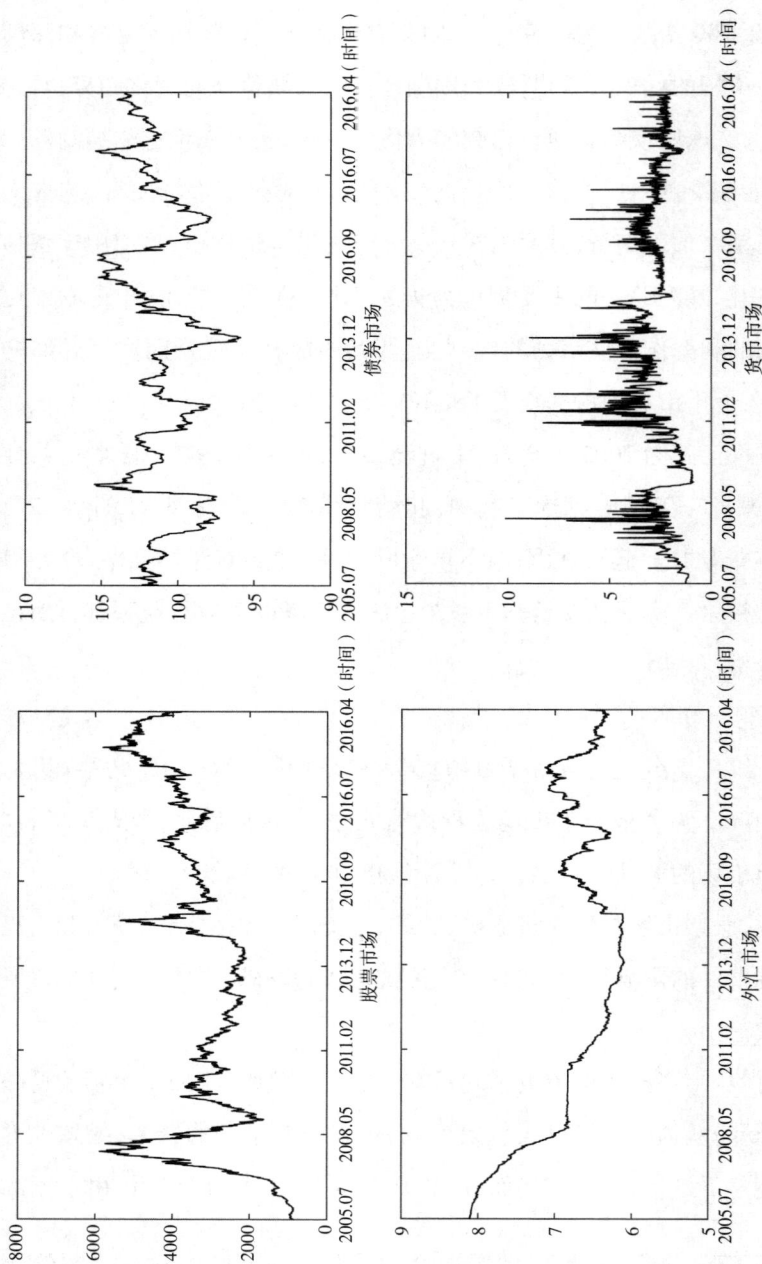

图 3.2 金融子市场收盘价时间序列

资料来源：Mo T., Xie C., Li K., et al., "Transmission Effect of Extreme Risks in China's Financial Sectors at Major Emergencies: Empirical Study Based on the GPD–CAViaR and TVP–SV–VAR Approach", *Electronic Research Archive*, Vol. 30, No. 12, 2022, pp. 4657–4673.

收支顺差的影响,人民币逐渐升值。在 2007 年次贷危机之后,美元出现大幅度贬值的现象,为防止人民币相应地升值而开始紧盯美元,维持 6.7 的标准不变。2010 年开始继续实施盯住一篮子货币的浮动汇率制度,人民币继续升值。2015 年的"811 汇改"后,受到美联储加息和国际收支逆差等影响,人民币出现贬值。2017 年的"529 汇改"考虑了逆周期因子,人民币开始升值。2018 年以后,受到中美贸易摩擦的影响,人民币逐渐贬值;对货币市场来说,利率的变动主要受到重大事件和利率市场化改革的影响。具体而言,2007 年的次贷危机和 2013 年的"钱荒"对货币市场的波动具有重要的影响,同时 2015 年下半年以后的货币市场波动较小,其原因在于 2015 年 10 月 24 日央行不再设定存款利率浮动上限,利率市场化的进程加快。

下面,设定分位数点为 5%,使用 CAViaR 模型度量各个金融子市场的整体风险,主要包括模型选取和风险分析两个部分。

相较于 VaR 模型,CAViaR 模型能够反映金融时间序列的极端风险特征。首先,分别构建 SAV-CAViaR 和 AS-CAViaR 模型,通过秩分位数(Rank-based Quantile,RQ)检验、命中率(Hit Rate,Hits)检验和动态分位数(Dynamic Quantile,DQ)检验等方法来确定最优模型。随后,对最优模型进行参数估计,计算 CAViaR 值,主要结果如表 3.6 所示。

表 3.6　金融子市场收益率序列的 CAViaR 模型估计结果

参数	SAV-CAViaR				AS-CAViaR			
	股票	债券	外汇	货币	股票	债券	外汇	货币
β_0	-0.0011	0.0062 ***	0.0001 *	0.2450 **	-0.0001	0.0052 ***	0.0001	0.1894
β_1	0.9636 ***	0.7546 ***	0.9541 ***	0.6977 ***	0.9627 ***	0.7723 ***	0.9532 ***	0.8113 ***
β_2	0.0816 ***	0.4143 ***	0.0979 ***	0.6701 ***	0.0781 ***	0.1515 ***	0.0702 **	0.7811 ***
β_3					0.0874 ***	0.5962 ***	0.1293 ***	0.0311
RQ	774.14	35.11	63.55	3780.44	773.98	32.74	63.17	3524.82

参数	SAV-CAViaR				AS-CAViaR			
	股票	债券	外汇	货币	股票	债券	外汇	货币
Hits(in)	5.0236	5.0282	5.0361	5.0361	4.9792	5.0037	5.0037	5.0037
DQ(in)	0.5921	0.1551	0.0797	0.5354	0.7468	0.7306	0.1921	0.6523

注：***、**和*分别表示在1%、5%和10%的水平下显著。RQ表示取得局部最优参数时最小分位数回归函数值，Hits(in)表示样本内击穿事件发生的概率，DQ(in)用于检验样本内模型的整体显著性。下同。

资料来源：Mo T., Xie C., Li K., et al., "Transmission Effect of Extreme Risks in China's Financial Sectors at Major Emergencies: Empirical Study Based on the GPD-CAViaR and TVP-SV-VAR Approach", *Electronic Research Archive*, Vol. 30, No. 12, 2022, pp. 4657-4673.

AS-CAViaR模型的Hits值更接近于5%的概率，且动态分位数检验值均大于0.05，因此AS-CAViaR模型的效果优于SAV-CAViaR模型，这里使用AS-CAViaR模型来刻画各个金融子市场的极端风险。在确定最优模型之后，可以通过参数估计来继续挖掘各个金融子市场的风险特征。从β_1可知，债券市场的分位数存在自回归特征，当期分位数受到前期分位数的影响。另外，各个金融子市场的负向冲击系数β_3均大于正向冲击系数β_2，表明负向冲击和正向冲击对各个子市场风险的影响是不对称的，存在杠杆效应。相较于利好消息，利空消息对各个金融子市场风险的冲击更大。因此，基于AS-CAViaR模型及其参数估计结果，可以得到各个金融子市场的极端风险，以此来反映金融安全的整体风险状况。

在确定模型和参数估计的基础上，可以计算各个金融子市场面临的风险值。图3.3为各个金融子市场的CAViaR序列，具有以下特征。

（1）整体上来看，货币市场的风险最大，其均值为11.7126，其次为股票市场，其均值为2.5749，而外汇市场和债券市场的风险较小，它们的均值分别为0.2176和0.1076。从风险的波动程度来看，货币市场最大，其次为股票市场，再次为外汇市场，最小为债券市场。因此，相关金融子市场的风险越大，其波动性也越高。

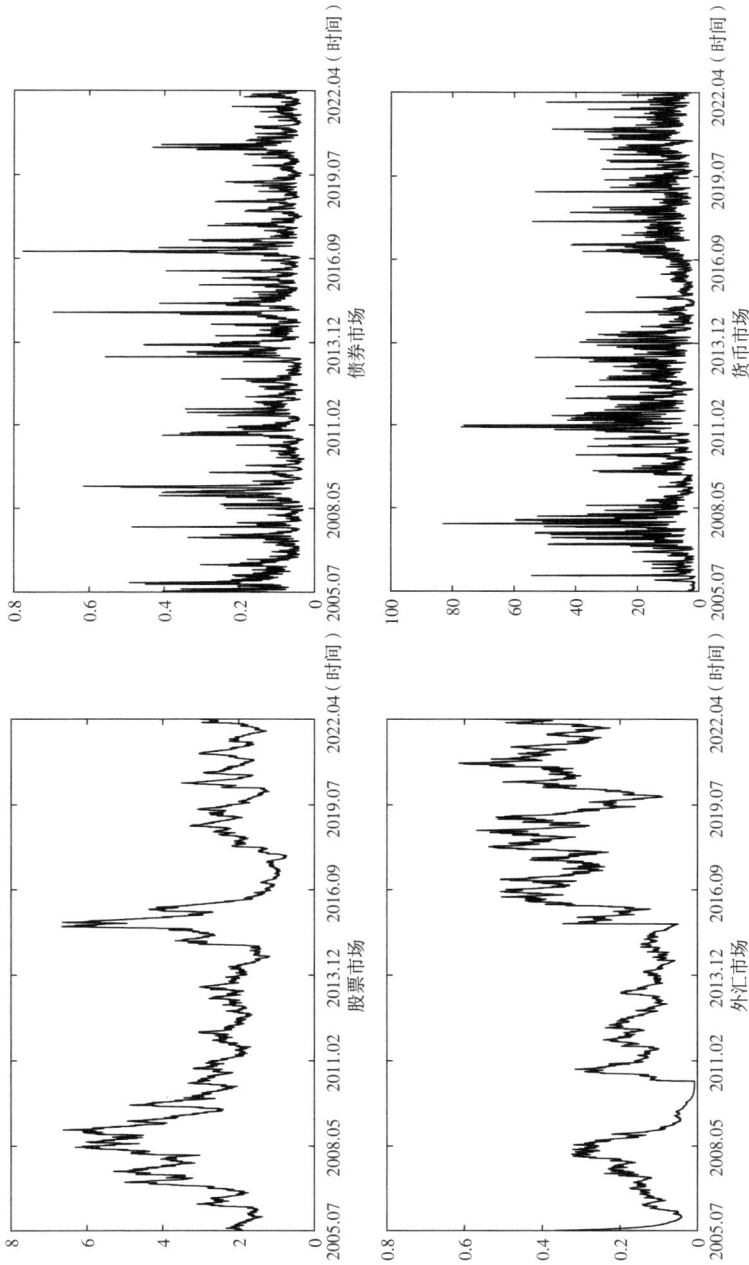

图 3.3　金融子市场的整体风险时间序列

资料来源：Mo T., Xie C., Li K., et al., "Transmission Effect of Extreme Risks in China's Financial Sectors at Major Emergencies: Empirical Study Based on the GPD-CAViaR and TVP-SV-VAR Approach", *Electronic Research Archive*, Vol. 30, No. 12, 2022, pp. 4657-4673.

（2）股票市场和外汇市场受到重大突发事件和汇改政策的影响较大,如次贷危机和股灾爆发后,股票市场的风险剧增,其波动性也较大。而外汇市场在 2008 年下半年出现极小值,其原因在于次贷危机后,人民币与美元紧密挂钩,而当次贷危机的负面影响逐渐减少之后,2010 年继续实行汇率浮动政策,导致外汇市场风险和波动均有一定的增加。

（3）货币市场和债券市场风险的极端值较多,而且其风险和极端值之间的差距也较大。例如,2007 年 10 月货币市场风险出现极大值 83.0628,其原因在于 2007 年 10 月下旬银行间质押式回购的利率调整幅度较大,如 10 月 22 日至 29 日的利率分别为 2.9517、5.8847、7.9983、8.8992、10.1213 和 2.9816。

（4）大数据技术减缓了各个金融子市场的风险波动,有利于风险控制。近年来,随着大数据技术的发展,通过科学的风险识别与预警机制,各个金融子市场的风险及其损失得到了有效控制,其风险波动较小。相较于次贷危机期间的风险及其波动,将大数据技术应用于风险防范与控制,风险监管成效显著,近年来的金融市场整体风险较小,其波动相对平缓。

二、相依结构度量

风险相依主要是刻画各个金融子市场之间的相依性,包括非线性、厚尾性和时变性等风险特征。其度量方法主要包括 Pearson 相关系数、格兰杰因果检验、动态条件相关(Dynamic Conditional Correlation, DCC)、复杂网络和 Copula 等模型。相较而言,Copula 模型能够描述金融主体之间非线性和厚尾性等相依结构特征,特别适用于分析两个金融主体之间的静态相依结构。近年来,Copula 模型的研究热点主要包括 Vine Copula 和时变 Copula 模型,分别从高维和动态的视角来考察金融主体之间更为复杂的风险特征。其中,时变 Copula 模型侧重描述变量之间的非线性和厚尾性特征,故这里使用时变 Copula 模型来刻画各个金融子市场之间的极端相依结构。

(一)模型构建

1.边缘分布模型

在度量各个金融子市场的极端相依结构和风险溢出效应前,需要准确地拟合各个子市场的收益率序列。

一般而言,金融时间序列具有尖峰厚尾的特征,并不服从正态分布的假设条件。而门槛 GARCH(Threshold GARCH, TGARCH)模型能够较好地解决非对称性、波动聚集性和有偏性等问题,故这里使用该模型来刻画各个金融子市场收益率序列。TGARCH 模型包括均值方程模型、方差方程模型和残差分布模型。

下面以股票市场收益率序列为例进行相关说明。参考雷博雷多和乌戈利尼(Reboredo 和 Ugolini,2016)[①],相关均值方程模型的定义如下:

$$X_t = \mu_t + \varepsilon_t \tag{3.8}$$

$$\mu_t = \phi_0 + \sum_{j=1}^{p} \phi_j X_{t-j} + \sum_{h=1}^{q} \phi_h \varepsilon_{t-h} \tag{3.9}$$

其中,X_t 为股票市场收益率序列,μ_t 为时变均值。另外,ε_t 为随机变量,存在 $\varepsilon_t = \sigma_t z_t$,$\sigma_t$ 为条件标准差,z_t 为标准残差序列。方差方程模型为:

$$\sigma_t^2 = c + \sum_{h=1}^{m} \alpha_h \varepsilon_{t-h}^2 + \sum_{k=1}^{r} \beta_k \sigma_{t-k}^2 + \sum_{h=1}^{m} \lambda_h I_{t-h} \varepsilon_{t-h}^2 \tag{3.10}$$

其中,β 和 α 分别为 GARCH 项和自回归条件异方差(Autoregressive Conditional Heteroskedasticity, ARCH)项的参数,当 $\lambda > 0$ 时,表明股票市场收益率序列的波动更容易受到来自利空消息的冲击和影响;反之亦然。相较于普通的 GARCH 模型来说,TGARCH 模型主要考虑了非对称性的影响。

---

① Reboredo J., Ugolini A.,"Quantile Dependence of Oil Price Movements and Stock Returns", *Energy Economics*, Vol. 54,2016,pp. 33-49.

对于残差分布模型,考虑非对称性和有偏性特征,这里使用偏态 t 分布对其分布进行刻画,标准残差序列的密度分布函数如下:

$$g(z_t \mid \xi, \upsilon) = \begin{cases} \dfrac{2}{\xi + 1/\xi} \eta f\left[\xi(\eta_{z_t} + \widetilde{\omega}) \mid \upsilon\right], & z_t < -\widetilde{\omega}/\eta \\[2ex] \dfrac{2}{\xi + 1/\xi} \eta f\left[(\eta_{z_t} + \widetilde{\omega})/\xi \mid \upsilon\right], & z_t \geq -\widetilde{\omega}/\eta \end{cases} \tag{3.11}$$

其中,ξ 为偏度参数,υ 为自由度,$f(\cdot)$ 为标准化 t 分布的概率密度函数,η 和 $\widetilde{\omega}$ 均为常数。

2. 时变 Copula 模型

接下来,使用时变 Copula 模型刻画各个金融子市场之间的风险相依结构。相较于 Pearson 相关系数和格兰杰因果检验等相依机构模型,时变 Copula 模型能够准确刻画变量之间的非线性和厚尾性等复杂风险特征,故采用时变 Copula 模型来刻画各个金融子市场收益率序列之间的动态极端相依结构。

Copula 模型可以为一个连接形式。假设 $F_1(x)$ 和 $F_2(y)$ 为边际分布函数,$F(x,y)$ 为 $F_1(x)$ 和 $F_2(y)$ 的联合分布函数。那么,存在且仅存在一个 Copula 模型 C 满足:

$$F(x,y) = C(F_1(x), F_2(y)) \tag{3.12}$$

Copula 模型将联合分布 $F(x,y)$ 和边际分布 $F_1(x)$ 和 $F_2(y)$ 连接起来,联合分布的实现问题可以通过分别确定 Copula 模型和边际分布模型来加以解决。时变 Copula 模型主要包括最优 Copula 模型和参数估计两个方面,在确定边际分布的基础上,分别构建 Gaussian、Student-t、Clayton、Gumbel 和 Symmetrized Joe Clayton（SJC）Copula 等时变 Copula 模型,根据赤池信息准则（Akaike Information Criterion，AIC）和贝叶斯信息准则（Bayesian Information Criterion，BIC）确定最优 Copula 模型,得到相关的参数估计结果。限于篇幅,

这里以时变 SJC Copula 模型为例,参考朱慧明等(2016)[①]研究,将其定义如下:

$$C(u,v \mid \tau^U,\tau^L) = 1 - (1 - \{[1 - (1 - u)^\kappa]^{-\gamma} + [1 - (1 - v)^\kappa]^{-\gamma} - 1\}^{-1/\gamma})^{1/\kappa} \qquad (3.13)$$

其中,$\kappa = 1/\log_2(2-\tau^U)$,$\gamma = -1/\log_2(\tau^L)$,且 $\tau^U \in (0,1)$,$\tau^L \in (0,1)$。

3. 相依系数

Pearson 相关系数要求两个金融主体之间的关系是线性的,而金融主体的数据序列通常为尖峰厚尾分布,不能根据 Pearson 相关系数来刻画非线性相关关系。

因此,这里使用边际推断函数估计方法来确定时变 Copula 模型的各个参数,并以此来计算尾部相依系数。值得注意的是,各个时变 Copula 模型的尾部相依系数的计算公式不尽相同。以时变 SJC Copula 模型为例,其时变下尾和上尾相依系数的计算公式如下:

$$\tau_t^L = K\Big(\omega_L + \beta_L\tau_{t-1}^L + \alpha_L \cdot \frac{1}{n}\sum_{i=1}^n |u_{t-i} - v_{t-i}|\Big) \qquad (3.14)$$

$$\tau_t^U = K\Big(\omega_U + \beta_U\tau_{t-1}^U + \alpha_U \cdot \frac{1}{n}\sum_{i=1}^n |u_{t-i} - v_{t-i}|\Big) \qquad (3.15)$$

其中,ω_L,β_L 和 α_L 为时变 SJC Copula 模型的下尾估计参数,ω_U,β_U 和 α_U 为上尾估计参数。

(二)实证分析

下面,运用时变 Copula 模型的相依系数对各个金融子市场之间的风险相依结构进行实证研究。与一般的时间序列相比较,金融市场时间序列的频率更高,受各种市场信息和政策的影响更大,其波动不仅更为频繁,还具有自相

---

① 朱慧明、董丹、郭鹏:《基于 Copula 函数的国际原油价格与股票市场收益的相关性研究》,《财经理论与实践》2016 年第 37 卷第 2 期。

关性和聚集性等特征。因而,在风险相依度量前,需对各个金融市场收益率序列进行基本的描述性统计分析。

表 3.7 显示了各金融市场收益率序列的描述性统计结果。就平均值来看,股票市场的平均收益率最高,债券市场、货币市场和外汇市场的平均收益率相对较低,外汇市场的平均收益率甚至为负。同时,相较于债券市场和外汇市场,货币市场和股票市场收益率序列的标准差较大,表明其波动程度较为剧烈。此外,根据偏度、峰度和 Jarque-Bera(JB)统计值可知,各个金融子市场收益率序列呈现出非正态分布,具有尖峰厚尾的特征。

表 3.7　金融市场收益率序列描述性统计

统计量	股票市场	债券市场	外汇市场	货币市场
平均值	0.0382	0.0004	−0.0054	0.0125
标准差	1.6862	0.0853	0.1616	8.9971
偏度	−0.5688	0.7339	0.2821	−1.0815
峰度	6.9543	19.6858	20.5331	24.3419
JB	2881.0050***	47717.0121***	52335.5514***	78256.6721***
ARCH-LM	28.1800***	33.3021***	45.4664***	16.8043***
LB	7.9365**	690.7933***	35.9211***	112.9463***
ADF	−12.1680***	−10.9530***	−10.1651***	−17.9367***

注:***、**和*分别表示在 1%、5%和 10%的水平下显著。JB 为 Jarque-Bera 检验,ARCH-LM 为 ARCH-LM 检验,LB 为 Ljung-Box 检验,ADF 为单位根检验。下同。
资料来源:Mo T., Xie C., Li K., et al.,"Transmission Effect of Extreme Risks in China's Financial Sectors at Major Emergencies:Empirical Study Based on the GPD-CAViaR and TVP-SV-VAR Approach", *Electronic Research Archive*, Vol.30, No.12,2022, pp.4657-4673.

从 ARCH 效应的拉格朗日乘数(ARCH Lagrange Multiplier,ARCH-LM)检验来看,各个金融子市场收益率序列均存在显著的 ARCH 效应,波动聚集特征较为明显;对于 Ljung-Box(LB)检验来说,各个子市场收益率序列均具有自相关现象;根据单位根(Augmented Dickey-Fuller,ADF)检验值对应的 p

值可知,各个子市场收益率序列均为平稳时间序列。综上所述,各个金融子市场收益率序列不能使用基于正态分布的模型进行拟合。考虑到自相关和厚尾性等问题,这里决定使用 TGARCH 模型来刻画各个金融子市场收益率序列的边际分布。

根据表 3.8,ARCH 项参数 α 均显著,且债券市场的波动性更为显著,对市场波动的反应较为敏感。根据 GARCH 项参数 β 值,股票市场和外汇市场的波动具有更强的聚集性特征,而债券市场和货币市场的聚集性相对较弱。对于非对称效应项参数 λ 来说,各个金融子市场对不同市场消息反应具有非对称性,股票市场、债券市场和外汇市场的波动受到来自利空消息的冲击和影响较大,而货币市场的波动对于利好消息更为敏感和有效。就偏度参数 γ 和形状参数 ξ 而言,各个金融子市场的标准残差序列均具有显著的非对称性和厚尾性特征。从拟合效果来看,由 LB 和 LB2 统计量对应的 p 值可知,各个金融子市场的标准残差序列不存在自相关现象。根据 ARCH 项可知,各个金融市场的标准残差序列不存在 ARCH 效应。因此,TGARCH 模型对各个金融市场的拟合效果较好,能够较为系统地、准确地刻画各个金融子市场的实际状况。

表 3.8 金融子市场收益率序列的 TGARCH 模型估计结果

方程/检验	参数/统计量	股票市场	债券市场	外汇市场	货币市场
均值方程	ϕ_0	0.0450^{**}	-0.0002	-0.0002	0.2148^{**}
	ϕ_1	-0.0006	0.3942^{***}	0.0312^{*}	0.1448^{***}
方差方程	ω	0.0092^{***}	0.0029^{***}	0.0000	1.1003^{***}
	α	0.0712^{***}	0.2234^{***}	0.1183^{***}	0.1314^{***}
	β	0.9220^{***}	0.8006^{***}	0.9130^{***}	0.7642^{***}
	λ	0.0263^{**}	0.0156^{*}	0.0949^{*}	-0.6144^{***}
残差分布	γ	0.9332^{***}	0.9985^{***}	0.9414^{***}	1.0735^{***}
	ξ	5.4255^{***}	2.9083^{***}	4.6095^{***}	2.0491^{***}

方程/检验	参数/统计量	股票市场	债券市场	外汇市场	货币市场
拟合效果检验	*LogLike*	−7175.7418***	6038.0427***	3855.4801***	−12627.1906***
	LB	5.6120	8.4742	0.0034	0.0820
	LB2	2.9521*	0.3509	0.0009	0.0623
	ARCH	2.1952	0.1635	0.0004	0.2077

注:***、**和*分别表示在1%、5%和10%的水平下显著。γ 和 ξ 分别为残差分布模型的偏度参数和
形状参数,LogLike 为对数似然值,LB 和 LB2 分别为标准残差序列和标准残差平方序列的
Ljung-Box 统计量,ARCH 为标准残差序列的 ARCH 效应。
资料来源:笔者基于本章节的样本数据开展实证分析,并据此整理生成表格,属笔者自制。

基于 TGARCH 模型的标准残差序列数据,这里使用时变 Copula 模型的尾部相依系数来刻画各个金融子市场之间的动态极端相依结构。其中,风险相依结构包括最优时变 Copula 模型的选取和相依系数计算,估计结果如表 3.9 所示。

表 3.9　金融子市场收益率序列的时变 Copula 模型估计结果

模型	参数	SM−BM	SM−EM	SM−MM	BM−EM	BM−MM	EM−MM
Gaussian	ω_1	−0.0045	−0.3202	−0.0803	0.0139	−0.0192	−0.0011
	α_1	0.0511	0.2109	−0.0526	−0.0051	0.0278	0.0441
	β_1	1.8911	−1.8831	−0.0094	0.0636	1.8301	0.4148
	AIC	−46.3336	−34.4562	−6.4128	−3.8294	−66.8416	−11.0757
Student−t	ω_1	−0.1283	−0.3046	−0.1213	0.0623	−0.0140	0.0022
	α_1	0.1591	0.1159	−0.0624	0.0067	0.0129	0.0449
	β_1	−0.3396	−1.9989	−1.8620	−1.8943	1.8719	−0.3574
	υ	4.9999	4.9999	4.9999	4.9999	4.9999	4.9999
Student−t	AIC	−6.3889	70.4024	65.9137	94.8900	3.1344	133.6712
Gumbel	ω_1	2.7831	0.0369	−1.1420	2.4794	2.7748	2.5494
	α_1	−2.7721	−0.0369	1.4433	−2.7397	−2.7742	−2.4463
	β_1	−0.0229	−0.0001	−0.8716	1.0883	−0.0005	−0.2544
	AIC	−0.6559	1.1621	−4.7927	−3.4020	−0.3934	0.4018

续表

模型	参数	SM-BM	SM-EM	SM-MM	BM-EM	BM-MM	EM-MM
Clayton	ω_1	0.1916	0.0001	0.0001	-0.1522	0.0001	0.3931
	α_1	2.0457	-1.9959	-1.9179	-0.1544	-2.0041	-1.3190
	β_1	-0.4538	0.0001	0.0001	0.6435	0.0001	-1.0573
	AIC	-0.4870	0.0671	0.0349	-0.3533	0.0712	-1.6708
SJC	ω_1	-18.9618	-21.1366	-19.4490	-20.9370	-19.6493	-18.8125
	α_1	-0.8681	-4.2807	-3.8629	-4.2376	-1.0359	-0.8873
	β_1	-0.0022	-0.0122	-0.0125	-0.0154	-0.0029	-0.0026
	ω_2	-19.2886	-19.6777	-18.9718	-18.8549	-21.3927	-21.0329
	α_2	-4.1238	-1.1053	-0.7943	-0.7696	-4.4545	-4.0865
	β_2	-0.0122	-0.0003	-0.0024	-0.0024	-0.0127	-0.0123
	AIC	52.0782	80.5032	47.0384	20.1982	97.3656	30.0049

注:SM 为股票市场,BM 为债券市场,EM 为外汇市场,MM 为货币市场。
资料来源:笔者基于本章节的样本数据开展实证分析,并据此整理生成表格,属笔者自制。

据表 3.9 可知,各个金融子市场之间时变 Gaussian Copula 模型的 AIC 值均最小,表明时变 Gaussian Copula 模型为最优时变 Copula 模型,该模型的拟合效果最好,能够准确地刻画各个金融子市场之间的极端相依结构。

本部分基于时变 Gaussian Copula 模型的参数估计结果来计算该模型的相依系数,具体结果如图 3.4 所示。

由此可见,4 个金融子市场之间的动态极端相依结构具有以下特征:

(1)各个金融子市场之间的极端相依系数较低,表明它们之间相依性不是很强,市场的风险相依具有一定的稳定性特征,某个金融子市场的变动对另外一个金融子市场的影响是有限的。同时,各个金融子市场之间的极端相依结构受到极端事件的影响较小,当极端事件爆发后,两个金融子市场间相依性没有显著的变化趋势。

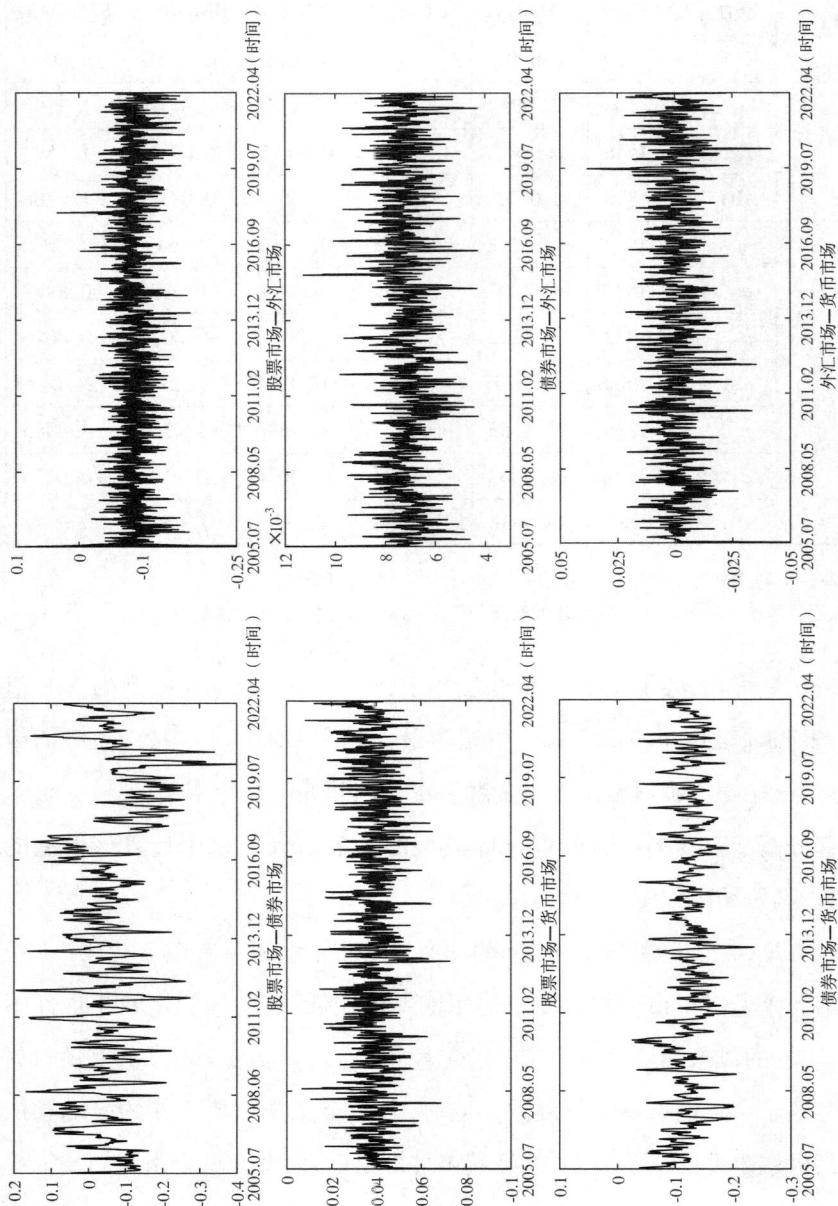

图 3.4 各个金融子市场之间的动态极端相依结构

资料来源：笔者基于本章节的样本数据开展实证分析，并据此整理生成图片，属笔者自绘。

（2）从相依性的正负来看，股票市场与外汇市场、股票市场与货币市场、债券市场与货币市场之间的相依系数均为负值，表明这些金融子市场之间存在一定的负向相依性。债券市场与外汇市场之间具有一定的正向相依性，而股票市场与债券市场、外汇市场与货币市场之间的极端相依结构围绕零值上下波动。

（3）从相依性的大小来看，债券市场与外汇市场之间的极端相依结构最大，其次为外汇市场与货币市场之间的极端相依结构，最小为债券市场与货币市场之间的极端相依结构。

（4）从相依性的波动来看，股票市场与债券市场间相依性的波动幅度最大，其次为债券市场与货币市场之间的相依性，最小为债券市场与外汇市场之间的相依性。

三、溢出效应度量

（一）度量方法

风险溢出主要是描述某个金融市场在发生风险和危机的条件下，对其他市场的风险溢出效应，为防控系统性金融风险提供基本思路。其度量方法主要包括条件风险价值（Conditional Value at Risk，CoVaR）、边际预期损失（Marginal Expected Shortfall，MES）、未定权益分析（Contingent Claims Analysis，CCA）和系统性风险指标（Systemic Risk Indicator，SRISK）等模型。

其中，CoVaR 模型是进行系统性风险度量的常用方法，它侧重描述单个金融机构处于危机条件下金融体系的风险水平，刻画金融机构对金融体系的风险影响。边际预期损失模型和 CoVaR 模型的条件和方向相反，主要考察金融体系处于危机条件下金融机构的风险水平。未定权益分析模型基于包含市场前瞻信息的未定权益资产负债表，构建包含杠杆率、违约损失率和隐含资本波动率等系统性风险指标体系。系统性风险指标模型主要探讨在系统性危机事件条件下金融主体(包含金融机构、金融市场和金融体系等)面临的预期资本缺口。

总体而言,边际预期损失模型偏重金融机构的风险贡献,未定权益分析模型的风险假设条件过于严苛,系统性风险指标模型对系统性危机事件的界定较为模糊,而 CoVaR 模型在度量金融机构对金融体系的极端风险溢出效应方面具有较大优势,能刻画某个金融主体处于危机条件下其他金融主体的风险水平,综合考虑金融主体之间的风险溢出作用,有效度量其对系统性金融风险的贡献程度,故这里使用 CoVaR 模型来研究各个金融市场间的风险溢出效应。

CoVaR 模型主要是通过分位数回归、GARCH 和 Copula 等方法进行估计(王周伟等,2014)[①]。其中,分位数回归、CoVaR 模型侧重刻画风险溢出的线性特征,不能准确描述金融风险的非线性。近年来,部分学者考虑非对称性、相依性和厚尾性等风险特征,将分位数回归发展至多元分位数回归、网络分位数回归和套索(Least Absolute Shrinkage and Selection Operator, LASSO)分位数回归。GARCH-CoVaR 模型适用于描述金融机构之间风险波动的集聚性,不能准确地刻画极端事件的影响,具体主要包括 DCC-GARCH 和 GJR-GARCH 模型,后来一些学者考虑非对称性,提出非对称 DCC-GARCH(Asymmetric DCC-GARCH,ADCC-GARCH)模型。Copula-CoVaR 模型适用于描述金融风险的非线性和厚尾性特征,学者们考虑时变性和高维性等风险特征,将其拓展至 Vine Copula、时变 Copula 和 MRS Copula 模型。

本部分选用时变 Copula 模型的相依系数和 CoVaR 模型来描述金融主体之间的风险溢出效应,其原因主要是时变 Copula 模型具有以下优势:

(1)相较于 Pearson 相关系数,时变 Copula-CoVaR 模型能够准确刻画风险溢出的非线性和厚尾性等特征,特别是重大突发事件下的尾部相依性。

---

① 王周伟、吕思聪、茆训诚:《基于风险溢出关联特征的 CoVaR 计算方法有效性比较及应用》,《经济评论》2014 年第 4 期。

（2）时变 Copula 模型的限制条件较少，无须考虑联合分布的具体形式，可以将联合分布问题简化为边际分布的确定和最优 Copula 模型的选取。

（3）相较于分位数回归和DCC-GARCH等，时变 Copula 模型在估计 CoVaR 时能够更为准确地反映非线性和非对称性等特征。

（二）模型构建

参考阿德里安和布鲁纳迈尔（Adrian 和 Brunnermeier，2016）[①]的研究，将 CoVaR 模型定义为：

$$\Pr(X^j \leqslant \mathrm{CoVaR}_p^{j \,|\, i} \,|\, X^i = \mathrm{VaR}_q^i) = p \qquad (3.16)$$

以股票市场收益率序列对债券市场收益率序列的极端风险溢出为例：设 X^i 和 X^j 分别为股票市场和债券市场的收益率序列，q 和 p 分别为 VaR 模型和 CoVaR 模型的分位数。VaR_q^i 为股票市场在置信水平 $1-q$ 下的风险价值，存在 $\Pr(X^i \leqslant \mathrm{VaR}_q^i) = q$。$\mathrm{CoVaR}_p^{j \,|\, i}$ 为债券市场条件风险价值，其条件具体为股票市场处于金融风险和损失的状态。

考虑到股票市场收益率序列的极值影响，这里参照吉拉迪和埃尔昆（Girardi 和 Ergün，2013）[②]，将 CoVaR 模型的条件由 $X^i = \mathrm{VaR}_q^i$ 推广至 $X^i \leqslant \mathrm{VaR}_q^i$，以捕捉股票市场在分位数 q 以下的尾部风险，刻画极端事件的影响。改进的 CoVaR 模型定义如下：

$$\Pr(X^j \leqslant \mathrm{CoVaR}_p^{j \,|\, i} \,|\, X^i \leqslant \mathrm{VaR}_q^i) = p \qquad (3.17)$$

根据谢赤等（2021a），将其转换为：

$$\frac{\Pr(X^j \leqslant \mathrm{CoVaR}_p^{j \,|\, i}, X^i \leqslant \mathrm{VaR}_q^i)}{\Pr(X^i \leqslant \mathrm{VaR}_q^i)} = p \qquad (3.18)$$

---

① Adrian T., Brunnermeier M.K., "CoVaR", *American Economic Review*, Vol. 106, No. 7, 2016, pp. 1705-1741.

② Girardi G., Ergün A., "Systemic Risk Measurement: Multivariate GARCH Estimation of CoVaR", *Journal of Banking & Finance*, Vol. 37, No. 8, 2013, pp. 3169-3180.

根据前述定义 $\Pr(X^i \leqslant \mathrm{VaR}_q^i) = q$,有:

$$\Pr(X^j \leqslant \mathrm{CoVaR}_p^{j\,|\,i}, X^i \leqslant \mathrm{VaR}_q^i) = pq \tag{3.19}$$

假设 F_{X^i} 和 F_{X^j} 分别为 X^i 和 X^j 的边际分布函数,则上式可以转化为:

$$\Pr(X^j \leqslant \mathrm{CoVaR}_p^{j\,|\,i}, X^i \leqslant \mathrm{VaR}_q^i) = F_{X^j, X^i}(X^j \leqslant \mathrm{CoVaR}_p^{j\,|\,i}, X^i \leqslant \mathrm{VaR}_q^i) = pq$$
$$\tag{3.20}$$

再假设 $u = F_{X^i}(\mathrm{CoVaR}_p^{j\,|\,i})$, $v = F_{X^j}(\mathrm{VaR}_q^i)$,则进一步可以整理为:

$$C(u,v) = pq \tag{3.21}$$

其中,C 为 Copula 函数。根据分布函数的定义,有 $F_{X^i}(\mathrm{VaR}_q^i) = \Pr(X^i \leqslant \mathrm{VaR}_q^i)$ 。于是,可以得到 $v = q$ 。另外,参考雷博雷多和乌戈利尼(2016),设定 q 和 p 的分位数均为 5%,以此反映金融市场间极端风险溢出效应。

综上所述,将时变 Copula-CoVaR 模型估计的基本步骤总结如下:首先,在给定 C、v、p 和 q 条件下,计算得到 u 值;然后,根据 $u = F_{X^i}(\mathrm{CoVaR}_p^{j\,|\,i})$ 求解出 $\mathrm{CoVaR}_p^{j\,|\,i}$;最后,依据 $\mathrm{CoVaR}_p^{j\,|\,i}$ 和 VaR_p^j 计算出 $\Delta\mathrm{CoVaR}_p^{j\,|\,i}$,表示股票市场 i 对债券市场 j 的风险溢出效应。具体计算公式为:

$$\Delta\mathrm{CoVaR}_p^{j\,|\,i} = \mathrm{CoVaR}_p^{j\,|\,X^i = \mathrm{VaR}_q^i} - \mathrm{CoVaR}_p^{j\,|\,X^i = \mathrm{VaR}_{0.5}^i} \tag{3.22}$$

其中,VaR_p^i 代表股票市场在 p 分位数点的风险价值,$\mathrm{VaR}_{0.5}^i$ 代表股票市场在中位数点的风险价值。

(三)实证分析

这里,将金融市场划分为股票市场、债券市场、外汇市场和货币市场,使用时用 Gaussian Copula-CoVaR 模型来度量各个金融市场的极端风险溢出效应。在分析金融市场之间极端相依结构的基础上,本部分深入考察金融市场之间的极端风险溢出效应。相较于相依结构而言,风险溢出不仅能描述风险的强度,还具有风险的方向。根据图 3.5 可知,各个金融子市场之间的极端风险溢出效应具有以下三个主要特征。

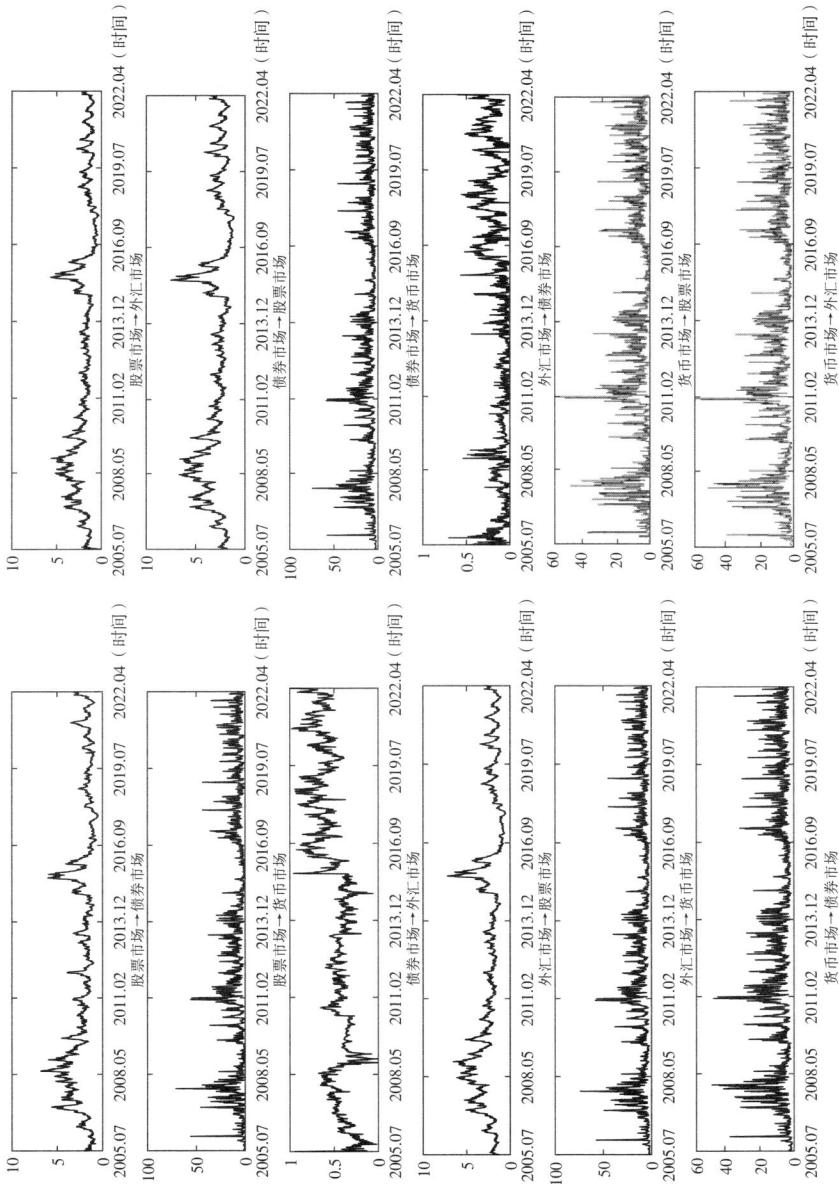

图 3.5　各个金融子市场之间的动态极端风险溢出效应

资料来源：笔者基于本章节的样本数据开展实证分析，并据此整理生成图片，属笔者自绘。

（1）两个金融子市场之间的极端风险溢出效应具有显著的非对称性。例如，股票市场对货币市场的极端风险溢出效应，大于货币市场对股票市场的极端风险溢出效应，两个子市场之间的风险溢出具有方向性和差异性，这主要是因各个金融子市场的风险差异所致。

（2）从系统层面来看，货币市场对其他三个金融子市场的风险溢出效应最大，其均值为 7.2867。其次为债券市场对其他三个金融子市场的风险溢出效应，其均值为 4.6676，而外汇市场和股票市场相对较小，其均值分别为 4.2179 和 4.0446。这表明货币市场和债券市场的风险溢出影响力更强，而外汇市场和股票市场更容易受到来自其他金融子市场的风险溢出影响，是风险的主要接受方，吸收来自其他金融子市场的风险传导。

（3）从时间序列看，次贷危机、股市灾难和新冠疫情等极端事件对金融子市场之间极端风险溢出效应影响较大，次贷危机和股灾期间风险溢出效应明显提升。当这些极端事件爆发后，金融子市场之间的极端风险溢出效应急剧增加，其原因在于极端事件使各子市场的价格迅速下跌，发生极端风险和重大损失的可能性攀升。根据金融脆弱性理论和复杂网络理论，各个金融子市场风险集聚到一定规模之后会产生风险溢出和传导，而在极端事件的影响减弱时，其风险溢出效应也趋于平稳。

四、传导强度度量

风险传导主要是分析在不同提前期和时点下市场风险之间的传导效应及其动态演化过程，为分析风险传导的机制和路径提供参考依据。与向量自回归（Vector Auto Regression，VAR）模型相比，时变参数和随机波动的向量自回归（Time Varying Parameter Stochastic Volatility Vector Auto Regression，TVP-SV-VAR）模型能够准确刻画金融主体风险之间的非线性、非对称性和时变性等复杂特征，故本部分运用该模型来分析金融主体之间风险的传导效应。

（一）模型构建

TVP-SV-VAR 模型是在结构向量自回归（Structural Vector Auto Regression，SVAR）模型的基础上，使各参数均具有时变性且服从随机游走过程。SVAR 模型的基本定义式为：

$$A_t Y_t = F_1 Y_{t-1} + \cdots + F_s Y_{t-s} + u_t,\ t = s + 1, \cdots, n \tag{3.23}$$

其中，Y_t 为内生变量构成的 $k \times 1$ 维向量，F_1 和 F_s 为 $k \times k$ 阶滞后的系数矩阵，u_t 为 $k \times 1$ 阶结构冲击扰动项矩阵。

假设 $u_t \sim N(0, \sum)$，其中 $\sum$ 为对角矩阵，其对角线上的元素 $[\sigma_1, \sigma_2, \cdots, \sigma_k]$。$A$ 为 $k \times k$ 阶的下三角矩阵，其对角线上的元素均为 1，下三角的元素为 α_{ij}，满足：

$$A = \begin{pmatrix} 1 & 0 & \cdots & 0 \\ \alpha_{21} & 1 & \cdots & 0 \\ \vdots & \vdots & \ddots & \vdots \\ \alpha_{k1} & \alpha_{k2} & \cdots & 1 \end{pmatrix} \tag{3.24}$$

这里，引入时变参数 $\beta_t = A^{-1} F_s$，$X_t = I_k \otimes (Y'_{t-1}, Y'_{t-2}, \cdots, Y'_{t-s})$。其中，$\otimes$ 为 Kronecker 积。因而，TVP-SV-VAR 模型的基本定义如下：

$$Y_t = X_t \beta_t + A_t^{-1} \sum\nolimits_t \varepsilon_t,\ t = s + 1, \cdots, n \tag{3.25}$$

其中，系数矩阵 β_t、参数矩阵 A_t 和误差协方差矩阵 $\sum_t$ 均具有时变性，X_t 为随时间变动的动态变量。另外，$\varepsilon_t \sim N(0, I_k)$。

假设 α_t 为下三角矩阵 A_t 的堆积向量，存在 $\alpha_t = (\alpha_{2,1}, \alpha_{3,1}, \alpha_{3,2}, \alpha_{4,1}, \cdots, \alpha_{k,k-1})'$。同时，定义 $h_t = (h_{1,t}, h_{2,t}, \cdots, h_{k,t})'$，其中，$h_{j,t} = \ln\sigma_{j,t}^2, j = 1, 2, \cdots, k$。上述时变参数均满足以下一阶随机游走过程：

$$\beta_{t+1} = \beta_t + \mu_{\beta t},\ \alpha_{t+1} = \alpha_t + \mu_{\alpha t},\ h_{t+1} = h_t + \mu_{ht} \tag{3.26}$$

$$
\begin{pmatrix} \varepsilon_t \\ \mu_{\beta t} \\ \mu_{\alpha t} \\ \mu_{h t} \end{pmatrix} \sim N \left(0, \begin{pmatrix} I_n & 0 & 0 & 0 \\ 0 & \sum_\beta & 0 & 0 \\ 0 & 0 & \sum_\alpha & 0 \\ 0 & 0 & 0 & \sum_h \end{pmatrix} \right) \tag{3.27}
$$

根据中岛（Nakajima，2011）[1]的研究，这里使用马尔可夫链蒙特卡洛（Markov Chain Monte Carlo，MCMC）方法对 TVP-SV-VAR 模型的时变参数进行估计。其中，参数初始值设定为 $\mu_{\beta 0} = \mu_{\alpha 0} = \mu_{h 0}$，$(\Omega_{\beta 0}) = (\Omega_{\alpha 0}) = (\Omega_{h 0}) = 10 \times I$。另外，MCMC 方法是在贝叶斯推断的框架下进行的，其先验分布的设定如下：

$$(\Omega_\beta)_i^{-2} \sim \text{Gamma}(20, 10^{-4}) \tag{3.28}$$

$$(\Omega_\alpha)_i^{-2} \sim \text{Gamma}(4, 10^{-4}) \tag{3.29}$$

$$(\Omega_h)_i^{-2} \sim \text{Gamma}(4, 10^{-4}) \tag{3.30}$$

其中，$(\Omega_\beta)_i$、$(\Omega_\alpha)_i$ 和 $(\Omega_h)_i$ 分别为方差对角矩阵的第 i 个元素。

（二）实证分析

本部分选择银行业、证券业、保险业和其他金融业作为研究对象，主要考察这些金融行业的极端风险及其传导效应。由于申万二级行业指数遵循证监会的行业分类标准，较为充分地反映了各个行业的基本特点、实际情况和市场状态，具有一定的专业性、准确性和权威性，故采用该指数来代表上述 4 个金融行业的发展状况。其中，银行业、证券业和保险业是整个金融系统的主要组成部分，其他金融业是指除此以外的其他所有金融业态，包括信托、互联网金融和消费金融等。受限于保险业交易数据的可获得性，研究的时间区间设置

① Nakajima J., "Time-Varying Parameter VAR Model with Stochastic Volatility: An Overview of Methodology and Empirical Applications", *Monetary and Economic Studies*, Vol. 29, No. 5, 2011, pp. 107-142.

为 2007 年 1 月 17 日至 2021 年 6 月 30 日,样本量为 3514 个,数据均来源于万得数据库。表 3.10 给出了金融行业收益率序列的基本描述性统计结果。

表 3.10　金融行业收益率序列的描述性统计

统计量	银行业	证券业	保险业	其他金融业
平均值	0.0377	0.0484	0.0338	0.0351
标准差	1.8521	2.6551	2.2807	2.3420
偏度	0.1925	0.1495	0.1319	−0.3293
峰度	7.7751	5.6991	5.8362	5.9544
JB	3260.3999***	1079.8080***	1188.0560***	1341.5540***
ARCH−LM	27.5136***	26.9621***	22.9163***	40.3212***
LB	1.9659	6.0655	0.4902	0.3893
ADF	−59.7186***	−57.5354***	−59.3231***	−54.6292***

注:***、**和*分别表示在 1%、5% 和 10% 的水平下显著。

资料来源:Mo T., Xie C., Li K., et al., "Transmission Effect of Extreme Risks in China's Financial Sectors at Major Emergencies: Empirical Study Based on the GPD−CAViaR and TVP−SV−VAR Approach", *Electronic Research Archive*, Vol. 30, No. 12, 2022, pp. 4657−4673.

从平均值和标准差可知,各金融行业的收益率均值都为正数,表明收益状况较好,其中证券业的收益最佳,但波动程度最大。从偏度、峰度和 JB 统计量来看,金融行业收益率序列存在尖峰厚尾现象,不服从正态分布。根据 ARCH−LM 检验,金融行业收益率序列具有 ARCH 效应,波动聚集特征较为显著;由 LB 检验对应的 p 值可知,金融行业收益率序列不存在自相关性。ADF 检验的结果表明,金融行业收益率序列存在尖峰厚尾现象,不服从正态分布。综上所述,传统的计量模型不能准确刻画金融行业收益率的分布特征,可以通过极值理论的相关模型来解决上述问题。

基于上述时间序列特征,为了反映各个金融行业的尾部风险,这里使用广义帕累托分布(Generalized Pareto Distribution,GPD)模型来刻画其收益率序列的分布,并通过极大似然估计(Maximum Likelihood Estimate,MLE)方法估计 GPD 模型的参数。通过计算得出,银行业收益率序列服从参数为$(\mu, \sigma, \xi)=(0.0177, 0.0136, 0.0910)$的 GPD 分布,证券业服从参数为$(\mu, \sigma, \xi)=(0.0274, 0.0226, -0.0982)$的 GPD 分布,保险业服从参数为$(\mu, \sigma, \xi)=(0.0248, 0.0145, 0.0825)$的 GPD 分布,其他金融业服从参数为$(\mu, \sigma, \xi)=(0.0235, 0.0259, -0.1923)$的 GPD 分布。

在拟合上述分布后,再使用 CAViaR 模型来测算各个金融行业在 5%分位数下的极端风险,并通过拟牛顿法估计模型的参数。具体而言,参考恩格尔和曼甘内利(2004),将样本数据划分为样本内和样本外两个子样本,其中前3014 个数据作为训练样本,用于模型的估计,后 500 个数据作为样本外观测值,用于模型的外推检验,其参数估计和模型检验结果如表 3.11 所示。

表 3.11 金融行业收益率序列的 GPD-CAViaR 模型估计结果

参数	SAV				AS			
	BI	SI	II	OI	BI	SI	II	OI
α_0	0.0006 *	0.0027 **	0.0096 ***	0.0022 **	0.0006 ***	0.0042 ***	0.0120 **	0.0095 **
α_1	0.9563 **	0.9636 ***	0.9601 ***	0.9497 **	0.9578 ***	0.9600 ***	0.9600 **	0.9506 ***
α_2	0.0957 *	0.0790 **	0.0789 ***	0.1181 **	0.0713 **	0.0718 ***	0.0646 **	0.0658 *
α_3					0.1159 **	0.1003 **	0.0899 **	0.1536 **
RQ	569.0386	834.8265	708.7396	787.2598	567.7372	833.2742	707.7827	782.7466
Hits(in)	5.0138	5.0484	5.0138	4.9847	5.0138	5.0138	5.0138	5.0138
Hits(out)	4.8232	3.2154	2.8939	3.6977	4.9839	3.2154	2.8939	3.8762
DQ(in)	0.7846	0.4774	0.8661	0.1439	0.8699	0.7102	0.9966	0.2057
DQ(out)	0.6773	0.5496	0.1943	0.2720	0.5392	0.5368	0.1587	0.1762

注:***、**和 * 分别表示在 1%、5%和10%的水平下显著。BI,SI,II 和 OI 分别代表银行业、证券业、保险业和其他金融业。

资料来源:Mo T., Xie C., Li K., et al., "Transmission Effect of Extreme Risks in China's Financial Sectors at Major Emergencies: Empirical Study Based on the GPD-CAViaR and TVP-SV-VAR Approach", *Electronic Research Archive*, Vol. 30, No. 12, 2022, pp. 4657-4673.

由估计结果可知,相比其他模型而言,AS-CAViaR 模型的 Hits 检验值最接近于 5% 的概率,表明它对样本内外数据的拟合效果较好,且动态分位数检验结果均大于 5%,模型参数估计的稳定性较好,能够有效地反映风险的实际状况,故本部分使用 AS-CAViaR 模型来考察金融行业的极端风险。从 α_1 来看,各个金融行业的分位数存在自回归特征,当期分位数受到前期分位数的影响,且取值全部在 0.75 以上,表明尾部分位数的波动聚集效应较为显著。另外,负向冲击系数 α_3 大于正向冲击系数 α_2,表明相较于利好消息,利空消息对金融行业风险的冲击更大。

确定最优 CAViaR 模型和完成参数估计后,下面分析金融行业极端风险的动态演化过程,具体如图 3.6 所示。

(1) 根据各风险序列的平均值,4 个金融行业极端风险按照从大到小的次序为:证券业>其他金融业>保险业>银行业。总体上证券业极端风险最大,这主要是由于其最容易受到外部消息特别是利空消息的负面影响,对金融危机事件的反应较为敏感,其价格波动最为频繁和激烈。相反,银行业的资产规模较大,贷款期限以中长期为主,其受外部信息的影响相对较小,波动较为平缓,故极端风险较低。

(2) 从各个风险序列的变化趋势来看,金融行业极端风险在较大程度上受重大突发事件影响。2007 年次贷危机、2015 年股灾、2018 年中美贸易摩擦和 2020 年新冠疫情等极端危机事件影响下,各个金融行业极端风险均呈现显著的剧烈波动。4 次重大突发事件的影响程度按照从大到小的次序为:2007 年次贷危机>2015 年股灾>2020 年新冠疫情>2018 年中美贸易摩擦。可见,重大突发事件爆发后,金融行业受到经济下行和行情下跌的巨大冲击,对市场前景持悲观的期望,业务发展受阻,盈利能力减弱,潜在风险急剧增加,系统性金融风险持续积累,诱发和增加了各个金融行业的风险。

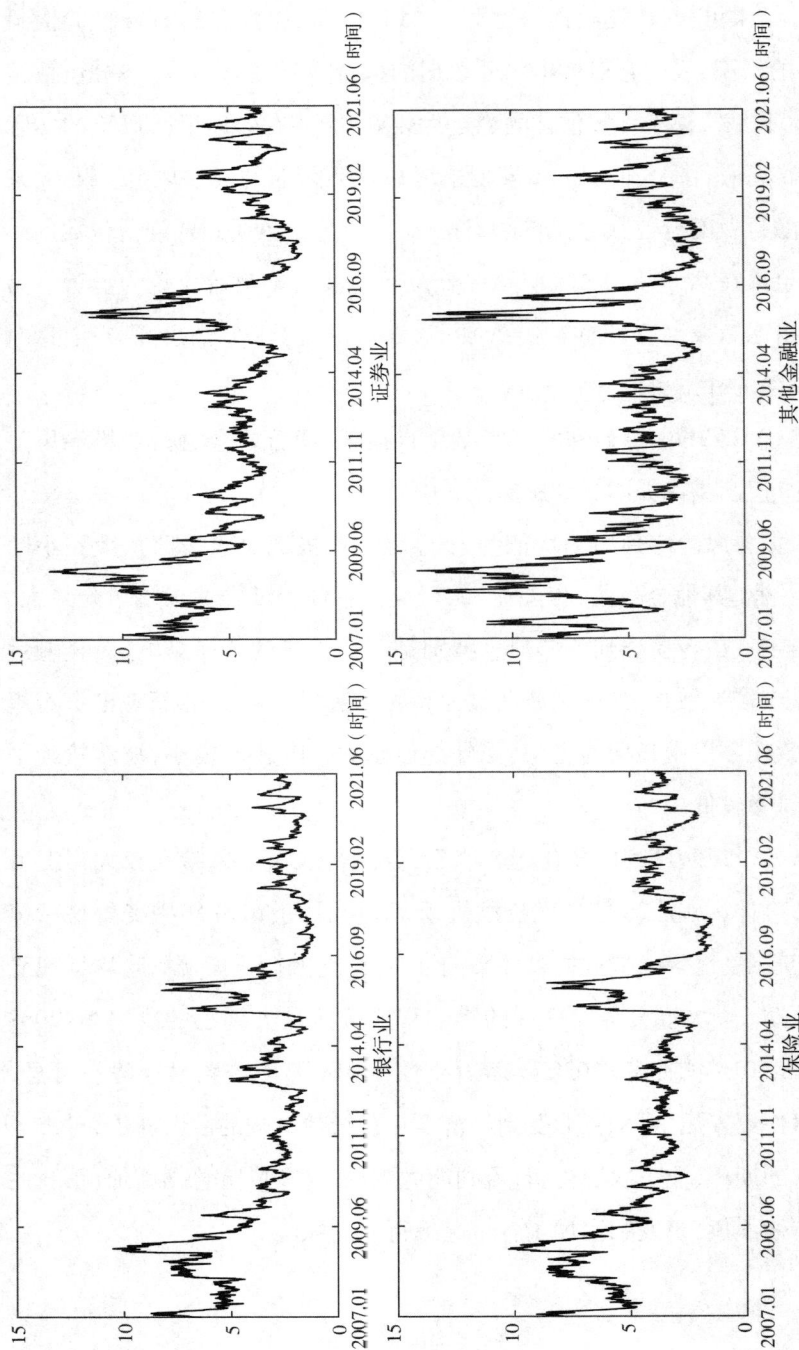

图 3.6　金融行业极端风险的时间序列图

资料来源:Mo T., Xie C., Li K., et al., "Transmission Effect of Extreme Risks in China's Financial Sectors at Major Emergencies: Empirical Study Based on the GPD‐CAViaR and TVP‐SV‐VAR Approach", *Electronic Research Archive*, Vol. 30, No. 12, 2022, pp. 4657‐4673.

TVP-SV-VAR 模型有效的前提是时间序列数据具有平稳性,而非平稳时间序列往往会导致伪回归问题。这里使用 ADF 方法对金融行业极端风险序列数据进行平稳性检验,通过施瓦兹准则(Schwarz Criterion, SC)确定检验的滞后阶数,计算结果如表 3.12 所示。

表 3.12　金融行业收益率序列的平稳性检验

变量	检验形式	ADF 统计值	5%临界值	结论
BI	$(C, T, 0)$	−3.0934	−3.4110	非平稳
ΔBI	$(C, T, 0)$	−59.5612	−3.4110	平稳
SI	$(C, T, 0)$	−3.1116	−3.4110	非平稳
ΔSI	$(C, T, 0)$	−58.7796	−3.4110	平稳
II	$(C, T, 0)$	−3.3881	−3.4110	非平稳
ΔII	$(C, T, 0)$	−60.2746	−3.4110	平稳
OI	$(C, T, 0)$	−3.3258	−3.4110	非平稳
ΔOI	$(C, T, 0)$	−39.1837	−3.4110	平稳

注:检验形式(C, T, K)为截距项、趋势项和滞后阶数,Δ表示一阶差分。
资料来源:Mo T., Xie C., Li K., et al., "Transmission Effect of Extreme Risks in China's Financial Sectors at Major Emergencies: Empirical Study Based on the GPD-CAViaR and TVP-SV-VAR Approach", *Electronic Research Archive*, Vol. 30, No. 12, 2022, pp. 4657-4673.

结果显示,金融行业极端风险序列的 ADF 统计值均大于显著性水平为 5%的临界值,故不能拒绝金融行业极端风险序列存在单位根的原假设,表明金融行业极端风险序列均为非平稳序列,不能直接进行建模分析。在金融行业极端风险序列经过一阶差分处理之后,均为平稳时间序列,即金融行业极端风险序列均存在一阶单整。一阶差分相当于对变量的增量分析,主要表现为金融行业极端风险的变动率。因此,基于金融行业极端风险序列的一阶差分数据,本部分构建 TVP-SV-VAR 模型来分析各个金融行业极端风险的传导效应。

为了处理过度参数化和残差自相关问题,同时参考 VAR 模型的滞后准则,这里确定 TVP-SV-VAR 模型的滞后阶数为 2,并运用 MCMC 方法对模型的参数进行估计,模拟次数设置为 10000,但舍弃前 1000 次初始非平稳样本来消除初始值对模型估计的干扰,具体计算结果如表 3.13 所示。

表 3.13　金融行业极端风险序列的 TVP-SV-VAR 模型估计结果

参数	均值	标准差	95%上界	95%下界	Geweke 诊断值	无效因子
$(\sum_\beta)_1$	0.0022	0.0003	0.0018	0.0029	0.110	19.19
$(\sum_\beta)_2$	0.0023	0.0003	0.0018	0.0030	0.127	18.19
$(\sum_\alpha)_1$	0.0336	0.0085	0.0163	0.0531	0.326	22.90
$(\sum_\alpha)_2$	0.0070	0.0020	0.0046	0.0126	0.000	35.97
$(\sum_h)_1$	0.2813	0.0166	0.2500	0.3166	0.803	75.81
$(\sum_h)_2$	0.3002	0.0197	0.2628	0.3386	0.002	81.46

资料来源:Mo T., Xie C., Li K., et al., "Transmission Effect of Extreme Risks in China's Financial Sectors at Major Emergencies: Empirical Study Based on the GPD-CAViaR and TVP-SV-VAR Approach", *Electronic Research Archive*, Vol. 30, No. 12, 2022, pp. 4657-4673.

Geweke 诊断值和无效因子是检验 MCMC 方法下 TVP-SV-VAR 模型估计效果的重要指标。其中,Geweke 诊断值主要用于检验模型的收敛性,6 个参数对应的 Geweke 诊断值均小于显著性水平为 5% 的临界值 1.96,表明在该显著性水平下不能拒绝收敛于后验分布的原假设。无效因子主要用于检验模拟所得样本的有效性,其数值越小表示不相关样本数越多,抽样效果越好。表中无效因子值均较小,其中最大的为 81.46,至少产生 9000/81.46 ≈ 110 次不相关样本,足以准确推断后验分布。综上所述,MCMC 模拟的模型估计效果较好,可以进行脉冲响应分析。

相较于 VAR 模型,TVP-SV-VAR 模型具有时变参数,可以得到不同提前期和不同时点的传导响应。对于不同提前期的传导响应,本部分将提前 1 期、提前 6 期和提前 12 期分别理解为短期、中期和长期,图 3.7 展现了 4 个金融

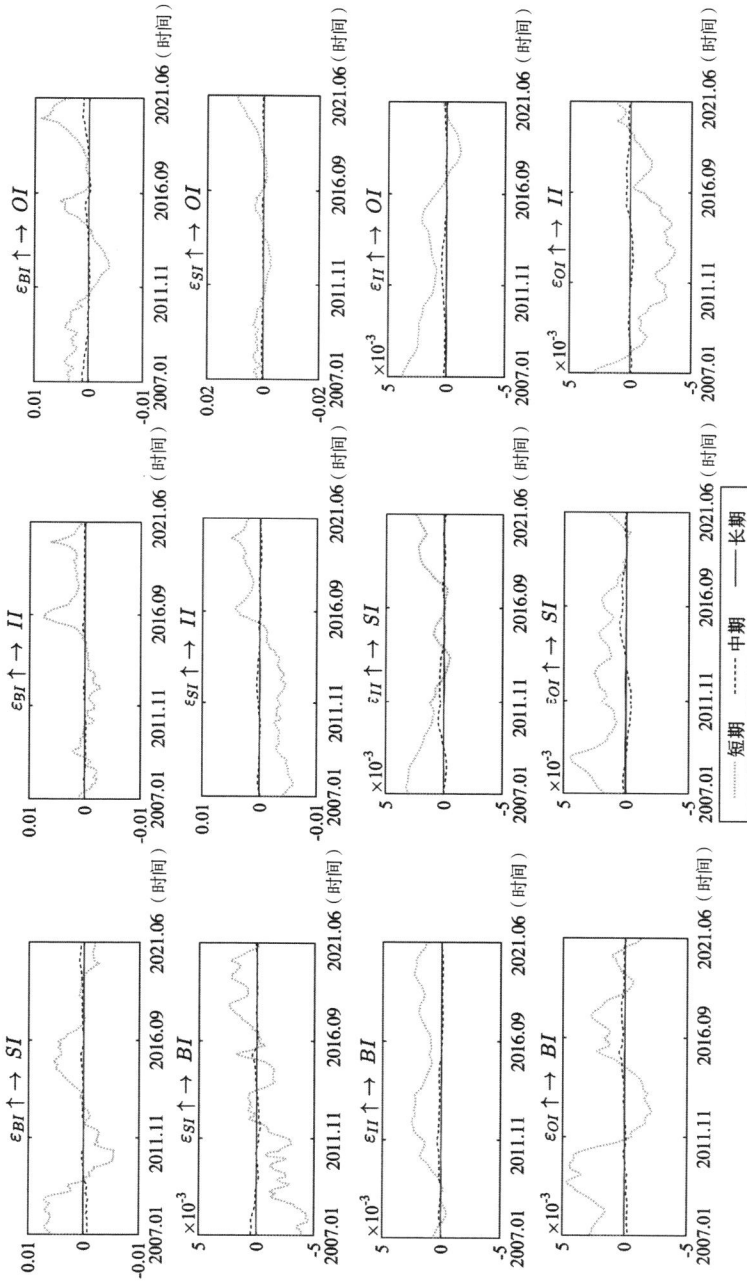

图 3.7　三种提前期下金融行业极端风险之间的传导效应图

资料来源：Mo T., Xie C., Li K., et al., "Transmission Effect of Extreme Risks in China's Financial Sectors at Major Emergencies: Empirical Study Based on the GPD–CAViaR and TVP–SV–VAR Approach", *Electronic Research Archive*, Vol. 30, No. 12, 2022, pp. 4657–4673.

行业极端风险在不同提前期下的传导效应。

从整体上看,不同于前期金融行业极端风险间的传导效应存在显著差异,短期的传导效应大于中期和长期,表明某个金融行业风险对其他三个金融行业风险的影响主要聚集于短期,而中期和长期的传导效应趋同且较弱。这符合金融风险演化的基本规律,即当某个金融行业风险爆发时,短期内容易对其他三个金融行业风险产生重要的影响,但随着时间的推移,由于金融风险的内在减弱和风险监管的外在干预,使金融行业风险间的传导效应在中期和长期逐渐减弱甚至消亡。从短期来看,金融行业极端风险的传导效应具有差异性。就传导效应大小而言,银行业和其他金融业极端风险对其他三个金融行业极端风险的传导效应较大,反映银行业和其他金融业极端风险的输出能力较强,其原因在于银行业的资产规模较大,其他金融业风险来源广泛,导致这两个金融行业对其他三个金融行业的风险影响力度较大。

值得注意的是,部分金融行业极端风险的传导效应为负向,如证券业极端风险面临冲击时,对保险业极端风险的影响在 2016 年之前表现为负向效应,而 2016 年之后转变为正向效应。原因在于 2016 年之前特别是次贷危机时期的证券业规模较小,发展不成熟,其风险冲击对保险业风险的影响较小,在此阶段的保险业风险主要来自内部,受外界因素的影响较小。相反,2016 年之后证券业发展迅速,价格波动更为异常和频繁,加剧金融风险的传染性以及系统脆弱性,对保险业风险具有显著的正向传导效应。

重大突发事件对金融行业极端风险的传导效应具有一定的影响,但这种影响是有条件和差别的。以银行业为例,银行业极端风险对证券业极端风险的传导效应受到次贷危机、欧债危机和股市震荡的影响较大,而银行业极端风险对保险业极端风险的传导效应受到股市震荡、中美贸易摩擦和新冠疫情的影响较为显著,银行业极端风险对其他金融业极端风险的传导效应受到次贷危机、股市震荡、中美贸易摩擦和新冠疫情的影响较大,这反映出重大突发事件下银行业极端风险与证券业、保险业、其他金融业极端风险之间具有较强的关联性,这主要是由于重大突发事件的出现提高了银行业极端风险,使银行业极端风险对其他三个金融行业极端风险的传导能力和效果进一步增强。

下面对不同时点的传导效应进行分析。选取 2008 年 9 月 17 日、2015 年 8 月 25 日和 2020 年 2 月 4 日三个时点来考察金融行业风险之间的动态冲击效应,它们分别对应金融行业风险中波动变化最大的时刻,即次贷危机、股灾和新冠疫情发生的时间。图 3.8 为三个时点的金融行业极端风险间动态传导效应。

一方面,各个时间点下金融行业极端风险的传导效应趋势基本一致,表明在不同时点下金融行业极端风险的传导机制和传导效应具有相似性。以银行业为例,当银行业极端风险面临冲击时,对其他三个金融行业极端风险的影响均为正向效应,三个时间点下的传导效应较为接近。具体来说,2020 年 2 月 4 日的传导效应略大于 2015 年 8 月 25 日和 2008 年 9 月 17 日,这表明不同时间点银行业极端风险对其他 3 个金融行业极端风险的影响程度均较为相似,不同时间点的传导效应差异性较小。

另一方面,不同时间点金融行业极端风险的传导效应具有时效性,在滞后 3 期后逐渐趋于平稳甚至消失。以保险业为例,保险业极端风险对其他三个金融行业极端风险的传导效应在滞后 2 期时达到最大值,之后其效应迅速减弱,最终在滞后 3 期之后收敛于 0,表明银行业极端风险对其他三个金融行业极端风险的滞后影响时间较短,随着滞后时间的推移,金融行业极端风险防控已初具效果,其传导效应逐渐变弱。

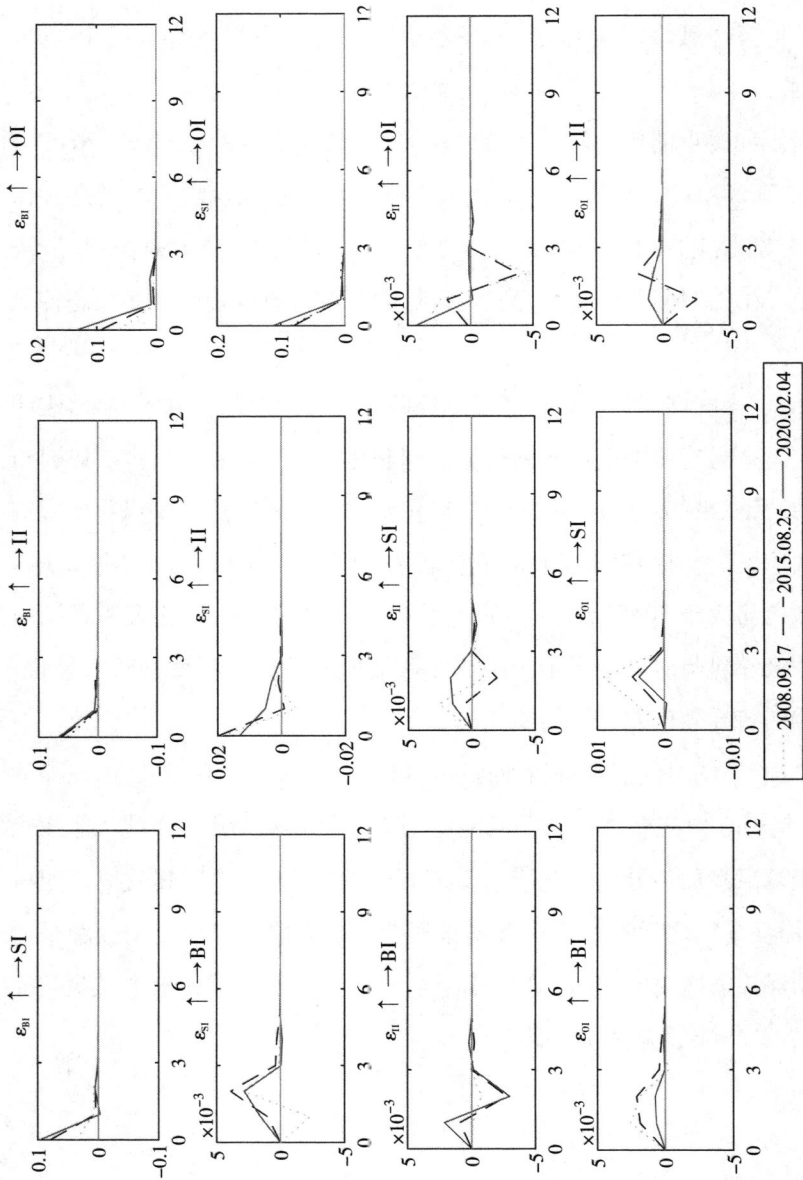

资料来源：Mo T., Xie C., Li K., et al. , "Transmission Effect of Extreme Risks in China's Financial Sectors at Major Emergencies: Empirical Study Based on the GPD-CAViaR and TVP-SV-VAR Approach", *Electronic Research Archive*, Vol. 30, No. 12, 2022, pp. 4657-4673.

图3.8 三个时点下金融行业极端风险之间的传导效应图

2008.09.17 —— 2015.08.25 —— 2020.02.04

第四章　金融安全风险评估
有效性检验

第一节　金融安全风险评估有效性检验方法

一、基于失效比例检验

（一）无条件似然比检验

考察失效（失败）率是一类最简单、方便的模型准确性检查、验证方法。以最常见的风险度量模型 VaR 为例，检验它的有效性实际就是检验其风险度量结果与实际中的失败率是否一致。假设 VaR 模型的置信水平为 1%，则可以得到 1% 置信水平下的置信区间，将 VaR 值落在置信区间以外的情况定义为"失效"，即样本的实际损失值大于预测的 VaR 值，进而可以计算出样本的失效率。具体来说，假设样本数为 T，实际损失值超过 VaR 值的数目为 N，则失效率为 N/T。只有当失效率与置信水平之间没有显著差异时，才认为 VaR 模型可以有效度量风险。

在回测检验中，将实际损失值大于 VaR 值的情况记为例外情况，假设在回测检验中有 N 个例外情况，则 N 服从经典的 $B(T,p)$ 分布。但是，在实际中由于样本通常都是有限的，失效率可能不是给定置信水平 p 的无偏估计量，其

相对于 p 可能会有所偏离,这种偏离可能是因为偶然因素所致,也可能是因为模型不适合度量该风险。因此,在实际应用中需要判断由模型失效造成偏离是否合理。

目前,检验风险度量有效性最经典和常用的统计方法是由库皮克(Kupiec,1995)①提出的似然率(Likelihood Ratio, LR)检验方法。给定函数 $I_t = 1$,表示发生例外情形,其满足独立的二项分布;$I_t = 0$,表示没有发生例外情形。LR 检验方法将实际损失与预测的 VaR 值进行比较。在样本数为 T 的样本中,将 $I_t = 1$ 的样本数记为 N,则失效率为 N/T,假设失败率为 p,则失效的次数服从二项分布 $B(T, p)$。库皮克检验的原假设为 $p = N/T$,检验的目的是判断失效率 N/T 是否显著不同于 p。于是,库皮克构造似然统计量:

$$\text{LR}_{uc} = -2\ln\left[(1-p)^{T-N}p^N\right] + 2\ln\left[(1-N/T)^{T-N}(N/T)^N\right] \sim \chi^2(1)$$

$$(4.1)$$

如果原假设成立,那么 LR_{uc} 统计量近似地满足 $\text{LR}_{uc} \sim \chi^2(1)$。给定置信水平后,就可以确定置信区间。如果 LR_{uc} 的值没有落在拒绝域中,不拒绝原假设,表示风险度量方法有效;否则无效。库皮克构造的 LR_{uc} 统计量检验方法是只基于某一固定分位数的点预测方法,由于其简单、可靠,被广泛使用。

然而,克里斯托弗森(Christoffersen,1998)②认为,基于密度预测函数 f_{t+1} 的左尾 p 分位数上的区间预测更优良。在样本期间,一个优良的度量模型应该确保例外情况的出现是相互独立的,不具有异波动性。因此,他建立了一个新的区间预测框架,它能捕捉数据的时间变化,可以更好地评估 VaR 模型的准确性。

克里斯托弗森检验的似然比检验统计量为:

---

① Kupiec P.,"Techniques for Verifying the Accuracy of Risk Measurement Models", *Finance & Economics Discussion*, Vol. 3, No. 2, 1995, pp. 73-84.

② Christoffersen P.,"Evaluating Interval Forecasts", *International Economic Review*, Vol. 39, No. 4, 1998, pp. 841-862.

$$LR_{ind} = -2\ln\left[(1-\pi)^{(T_{00}+T_{10})}\pi^{(T_{01}+T_{11})}\right] +$$

$$2\ln\left[(1-\pi_0)^{T_{00}}\pi_0^{T_{01}}(1-\pi_1)^{T_{10}}\pi_1^{T_{11}}\right] \sim \chi^2(1) \qquad (4.2)$$

其中,π为给定的 VaR 置信水平;如果在一天中实际损失小于 VaR 值,则记为状态 0,否则记为状态 1。π_i 为前一天发生状态 i 的条件下观察到例外情况的概率。T_{ij} 是前一天为状态 i、第二天为状态 j 的天数,如前一天为状态 0、第二天为状态 1 的天数记为 T_{01}。如果例外情况满足独立性假设,则原假设应满足:$\pi = \pi_0 = \pi_1$。

(二)有条件似然比检验

库皮克检验属于无条件覆盖检验,在给定的显著性水平下,库皮克检验的精度与失败次数在理论上成正比。库皮克检验隐含一个假设:在样本期内例外情况是均匀分布的,因为库皮克检验统计量只与样本期内例外情况出现的次数有关,与例外情况出现的次序无关。但实际上,金融时间序列往往具有异方差性,例外情况的分布并非如上所述,它们通常表现出集聚性特征。

克里斯托弗森(1998)构建一个有条件覆盖的区间检验,即依概率服从自由度为 2 的 χ^2 分布的 LR_{cc} 统计量。条件覆盖率 LR_{cc} 检验可以对金融安全风险度量的结果进行回测,以检验模型的效果。LR_{cc} 检验在库皮克法的无条件覆盖率 LR_{uc} 检验基础上增加独立性 LR_{ind} 检验。LR_{uc} 检验考虑了模型度量与假设的失败率是否一致,LR_{ind} 考虑了例外情况是否为独立,LR_{cc} 检验则兼具了这两个检验的优点,考虑了风险度量模型例外发生的时间变化,能够保证例外情况在每一时刻均是独立同分布,进而检验模型的失败率和例外情况的独立性。LR_{cc} 统计量的表达式为:

$$LR_{cc} = LR_{uc} + LR_{ind} \sim \chi^2(2) \qquad (4.3)$$

LR_{cc} 检验可以针对 CAViaR、VaR、CoVaR 等多种风险度量模型,具体步骤如下:首先,计算各个模型估计的失效天数和失效率。然后,分别构造无条件覆盖率 LR_{uc} 统计量、独立性 LR_{ind} 统计量、条件覆盖率 LR_{cc} 统计量,其中 LR_{uc} 统计量的原假设为每个试验的失败率等于指定的概率,独立性 LR_{ind} 统计量的原假设为风险值例外是独立分布的,LR_{cc} 统计量为 LR_{uc} 和 LR_{ind} 的加总,并服从 $\chi^2(2)$ 分布。最后,计算各个模型下的 LR_{uc}、LR_{ind} 和 LR_{cc} 统计量,比较分析各个模型在拟合相关风险损失的准确性和有效性。如果检验统计量显著,则拒绝原假设,表示模型不能准确度量风险;否则,表明可以有效度量风险。

哈斯(Haas,2005)[①]提出另一种改进的库皮克检验。对于每个超出的失效值建立的 LR_{ind} 统计量都服从 $\chi^2(1)$,所以对 N 个超出的失效值,可以建立 N 个相互独立的检验统计量,并且这些统计量都服从 $\chi^2(1)$ 分布。相应的原假设是:例外情况相互独立。如果原假设成立,则所有例外情况的联合检验可以由以下统计量实现:

$$LR_{ind} = \sum_{i=2}^{N}\left[-2\ln\left(\frac{p\,(1-p)^{v_i-1}}{\hat{p}_i\,(1-\hat{p}_i)^{v_i-1}}\right)\right] - 2\ln\left[\frac{p\,(1-p)^{v-1}}{\hat{p}\,(1-\hat{p})^{v-1}}\right] \sim \chi^2(N)$$

$$(4.4)$$

其中,v_i 为例外值 r_i 与例外值 r_{i-1} 之间的天数,$\hat{p}_i$ 为第 i 天的失效率,v 表示第一个例外值出现前所经历的天数。在给定的置信水平下,每个 v_i 应显著等于 $1/p$(如果 VaR 模型有效),将联合检验的统计量与 LR_{uc} 检验统计量联立,得到新的统计量,其服从自由度为 $N+1$ 的 χ^2 分布:

$$LR_{mix} = LR_{ind} + LR_{uc} \sim \chi^2(N+1) \tag{4.5}$$

哈斯(2005)的 LR_{mix} 检验与克里斯托弗森(1998)的 LR_{ind} 检验均服从 χ^2 分布,检验的目的是一致的,只是统计量的自由度不一样。

(三)平均相对误差

模型的有效性一般会从稳健性和准确性两个方面来评价。平均相对误差(Average Relative Error,ARE)可以考察度量方法的稳健性。检验准确性的方

---

① Haas M.,"Improved Duration-Based Backtesting of Value-at-Risk",*The Journal of Risk*, Vol. 8,No. 2,2005,pp. 17-38.

法较多,如 LR 检验方法。似然比检验可以较好地衡量实际失败率与理论失败率之间的偏差,而平均相对误差可以进一步反映实际失败率与理论失败率之间的偏差程度:

$$\text{ARE} = \frac{1}{K} \sum_{k=1}^{K} \left| \frac{\phi_k - \tau}{\tau} \right| \qquad (4.6)$$

其中,ϕ_k 表示实际的多期失败率,τ 为理论失败率。由上式可知,平均相对误差的值越小,表明实际失败率与理论失败率之间的偏差程度越小,结果就越稳健。

(四)样本外预测 R^2

风险度量有效性的评价可以从样本内和样本外两个方面来开展。以 VaR 举例,在样本内整个样本数据同时作为估计样本和评价样本,在样本之外可以进行滚动回归,以评价 VaR 风险度量的平均效果。如果使用因子分析来衡量风险,则可以使用多元回归分析来验证指标体系的有效性。

样本外分位数回归的拟合优度 R^2 可以度量基于信息 x_t 情况下的条件分位数回归相对于无条件分位数回归在预测准确性上的差别,所以可以用来比较条件分位数回归与无条件分位数回归预测的准确性:

$$R^2 = 1 - \frac{\sum_t \left[\rho_\tau (y_{t+1} - \hat{\alpha} - \hat{\beta} X_t) \right]}{\sum_t \left[\rho_\tau (y_{t+1} - \hat{q}_\tau) \right]} \qquad (4.7)$$

其中,$\hat{q}_\tau$ 是被解释变量 y_{t+1} 的 τ 分位数,ρ_τ 为 τ 分位数回归的损失函数。

由所述表达式可知,当基于信息 x_t 的条件分位数回归预测效果好于无条件分位数回归的效果时,R^2 为大于 0;否则,R^2 小于 0。所以,R^2 的数值越大,意味着基于 x_t 信息下的条件分位数回归的预测准确率越高。

(五)损失超过(Loss Exceedance, LE)检验

预期损失(Expected Shortfall, ES)的含义是实际损失超过 VaR 的期望值,

而 VaR 是一定置信水平下损失的最小值,所以预期损失的值大于 VaR 的值。如果使用 LR 方法检验预期损失,那么得到的失败次数一定会比计算 VaR 时得到的失败次数少,并且获得的结果几乎没有用处。所以,检验预期损失模型的有效性时,应考虑其他更好的统计量。

损失超过统计量能较好地检验预期损失模型有效性,其定义为:在预测的 VaR 值不能覆盖实际损失的情况下,损失超过统计量能表示为实际损失与预期损失的期望值之差的绝对值:

$$\text{LE} = \left| \frac{1}{N} \sum_{t=1}^{N} R_t - \frac{1}{N} \sum_{t=1}^{N} \text{ES}_t \right| \qquad (4.8)$$

其中,N 代表实际损失超过 VaR 的天数,R_t 代表例外情况下的实际损失,$1/N \sum_{t=1}^{N} R_t$ 表示实际损失超过 VaR 值的例外情况下的期望均值。预期损失与实际损失的期望值之间的差距越小,损失超过统计量就会越小,此时预期损失风险度量的有效性也就越强。

与 VaR 相比,条件风险价值(Conditional Value at Risk,CVaR)可以更好地度量尾部风险。对于 CVaR 模型有效性的回测检验,从其理论意义看,应该关注的是 VaR 的失效值与 CVaR 的失效值之间差值的大小。定义一个损失超过统计量,该统计量等于资产组合发生损失的期望值与 CVaR 的期望值之差的绝对值,衡量了实际损失均值与条件风险值之间的差距。损失超过统计量也可以用来检验 CVaR 模型的有效性,统计量如下:

$$\text{LE} = \left| \frac{1}{N} \sum_{t=1}^{N} R_t - \frac{1}{N} \sum_{t=1}^{N} \text{CVaR}_t \right| \qquad (4.9)$$

其中,R_t 代表超过 VaR 值的实际损失,CVaR_t 为该天对应的条件风险值,N 代表实际损失超过 VaR 的天数。损失超过统计量越小,说明实际计算的 CVaR 越有效。

(六)三区域法

三区域法是《巴塞尔协议 Ⅱ》的验证标准。该协议根据 VaR 检验的结果,将 VaR 失效或失败的数量分为三个不同区域,分别用不同的颜色表示。其中,绿色表示可以接受,说明风险度量模型是可行的;黄色表示不确定,表明无法判断风险度量模型的可行性;红色则表示不可接受,表示风险度量模型不合适。

每个区域的临界值由二项分布的累积概率确定。绿色和黄色区域的临界值是二项分布累积概率的 95%,黄色和红色区域的临界值是二项分布累积概率的 99.99%。这意味着绿色区域包括二项累积概率小于 95% 的 VaR 失败数,黄色区域包括二项累积概率大于 95% 至 99.99% 的 VaR 失败数,红色区域包括二项累积概率大于 99.99% 的 VaR 失败数。

(七)正态近似法

正态近似检验法是一种较为简单的检验 VaR 等风险度量模型估计值与实际情况是否相符的方法,也是一种失败检验法。不过,该方法的准确性比库皮克检验的要低。

正态近似检验法假定样本失败率为 p,观察周期为 T 天。正态近似检验法中 T 天内的失败天数 N 服从二项分布 $B(T,p)$。根据中心极限定理,当 T 足够大时,T 天内的失败天数 N 近似服从正态分布 $N(Tp, Tp(1-p))$。检验统计量如下:

$$W = \frac{N - Tp}{\sqrt{Tp(1-p)}} \tag{4.10}$$

给定原假设为 $p=\alpha$,当其成立时,式(4.10)服从标准正态分布。进而可以得到 N 的接受域:

$$\left[T\alpha - \mu_{\beta/2}\sqrt{T\alpha(1-\alpha)}, \ T\alpha + \mu_{\beta/2}\sqrt{T\alpha(1-\alpha)} \right] \tag{4.11}$$

其中,β 为假设检验的显著性水平,$\mu_{\beta/2}$ 是标准正态分布的 $\beta/2$ 分位数。当给定 T、β 等参数的取值时,就可以计算出相应的接受域。与其他检验统计量一样,如果 N 落在接受域范围内,则不拒绝原假设,表明相应的风险度量模型有效;否则,表示风险度量方法失效。

(八)贝叶斯方法

贝叶斯方法是另一种检验 VaR 稳健性方法,其可以对大样本数据和小样本数据进行高精度的评估,但分析和计算过程都比较烦琐。在正态检验方法的假设条件下,失败天数 N 服从二项分布 $B(T, p)$,其概率分布为:

$$P(N = k \mid p) = C_T^k p^k (1 - p)^{T-k}, \quad k = 1, 2, \cdots, T \tag{4.12}$$

根据贝叶斯方法,在区间估计中,所有未知参数都可以看作一个随机变量。根据同等无知原则,没有先验信息的待估参数都可以假设服从参数空间的均匀分布。因此,假设二项分布参数 p 的无信息先验分布为 $U(0,1)$ 均匀分布,其先验分布密度为:

$$f(p) = \begin{cases} 1, & 0 < p < 1 \\ 0, & \text{其他} \end{cases} \tag{4.13}$$

而 p 的后验分布可以根据贝叶斯方法得到:

$$f(p \mid k) = \frac{1}{B(k + 1, T - k + 1)} p^{(k+1)-1} (1 - p)^{(T-k+1)-1} \tag{4.14}$$

其中,$B(k+1, T-k+1)$ 为 Beta 函数,k 是样本期内失败的天数,p 的后验分布服从 $B(k+1, T-k+1)$。

若给定 p 的置信水平为 $1-\beta$,那么根据 Beta 分布的密度函数可以得到相应的置信区间为 $[p_l, p_u]$;p 有 $\beta/2$ 的概率落在区间 $[0, p_l]$ 上,$1-\beta/2$ 的概率落在区间 $[0, p_u]$ 上。对 p 的密度函数其取值区间上积分可以得到相应的取值概率,满足:

$$\frac{1}{B(k + 1, T - k + 1)} \int_0^{p_l} p^{(k+1)-1} (1 - p)^{(T-k+1)-1} \mathrm{d}p = \beta/2 \tag{4.15}$$

$$\frac{1}{B(k + 1, T - k + 1)} \int_0^{p_u} p^{(k+1)-1} (1 - p)^{(T-k+1)-1} \mathrm{d}p = 1 - \beta/2 \tag{4.16}$$

得到以下公式:

$$p_l = \frac{k + 1}{k + 1 + (T - k + 1)F_{\beta/2}(2(T - k + 1), 2(k + 1))} \tag{4.17}$$

$$p_u = \frac{k + 1}{k + 1 + (T - k + 1)F_{1-\beta/2}(2(T - k + 1), 2(k + 1))} \tag{4.18}$$

其中，$F_{\beta/2}(2(T-k+1), 2(k+1))$ 为 F 分布上的 $\beta/2$ 分位数。

由贝叶斯方法同理可知，假设未知参数 p 服从参数空间上的均匀分布，则它的后验分布也是 Beta 分布。给定置信水平，就可以根据 Beta 分布密度函数的性质，得到相应的置信区间：

$$[p_l, p_u] \tag{4.19}$$

当原假设 $p=\alpha$ 成立时，在显著性水平 β 下，取值不同的 α 和样本容量 T 时，可以得到失败次数 N 的接受域。与其他有效性检验的一样，当实际的样本取值 N 就在接受域当中时，判断风险度量模型可以有效度量风险；当样本取值 N 属于拒绝域时，需要进一步评估风险度量模型的有效性。

虽然正态近似法和贝叶斯方法可以检验风险度量模型有效性，但是基于实用性与准确性，库皮克检验无疑要比这两种方法更方便使用，而且准确性也很高。

（九）自助抽样（Bootstrap）检验

麦克尼尔和弗雷（McNeil 和 Frey，2000）[1]提出用于评估样本外的预期损失模型假设检验，主要考虑观察值中超过 VaR 的部分。原假设指，这个地方的观察值必须和其对应的预期损失的标准偏差满足零均值分布，而且要满足独立同分布假设。该方法对已经作出分布假设的模型是有效的，只是对Conditional Autoregressive Expectile（CARE）、Conditional Autoregressive Expectile with Smoothing（CARES）等没有给出分布假设的模型无效。所以，对于后者，

---

① McNeil A., Frey R., "Estimation of Tail-Related Risk Measures for Heteroscedastic Financial Time Series: An Extreme Value Approach", *Journal of Empirical Finance*, Vol. 7, No. 3, 2000, pp. 271-300.

要想构建检验统计量,唯一的办法就是采用自助抽样方法。

自助抽样方法,即所谓自助法或自举法,主要用于考察数据的统计量的分布特征。该方法需要对原始样本进行有放回的再抽样,抽取与原始样本相同数目的样本。在有放回的再抽样中,每个样本被抽到的概率相同,一般将根据抽样得到的样本叫作自举法样本。从这个样本出发,可以求得检验统计量,然后利用检验统计量来检验原假设。考虑以下检验统计量:

$$T(z_\alpha) = \frac{\hat{\mu}_z - \mu_z}{\hat{\sigma}_z / \sqrt{n_z}} = \frac{\hat{\mu}_z}{\hat{\sigma}_z / \sqrt{n_z}} \tag{4.20}$$

其中,$\hat{\mu}_z$ 和 $\hat{\sigma}_z$ 表示用自举法检验的 $z_{\alpha,t}$ 的均值和方差,n_z 表示损失超过 VaR 的数量。原假设待检验的变量均值为 0,即 $z_{\alpha,t} - \hat{\mu}_z = 0$,为简化起见,令 $\tilde{z}_{\alpha,t} = z_{\alpha,t} - \hat{\mu}_z$,那么变换后的统计量为:

$$T(\tilde{z}_{\alpha,t}) = \frac{\hat{\mu}_{\tilde{z}}}{\hat{\sigma}_{\tilde{z}} / \sqrt{n_{\tilde{z}}}} \tag{4.21}$$

对于双侧检验来说,相较于 $T(z_\alpha)$ 统计量,$T(\tilde{z}_{\alpha,t})$ 统计量达到临界值的样本比例更高。对于单侧检验来说,$T(\tilde{z}_{\alpha,t})$ 统计量比 $T(z_\alpha)$ 统计量的样本均值更高。

麦克尼尔和弗雷(2000)提出了一个依赖于 VaR 的预期损失检验——DV (Dependent VaR)检验,其自助抽样统计量主要检验预期损失预测是否正确,检验统计量如下:

$$z_{\alpha,t} = \left\{ \frac{x_t - \widehat{ES}_{\alpha,t}}{\widehat{VaR}_{\alpha,t}} \mid x_t > \widehat{VaR}_{\alpha,t} \right\} \tag{4.22}$$

进而,恩布雷赫茨等(Embrechts 等,2005)[①]提出 Indenpent VaR (IV)检验,是预期损失的另一个检验方法。IV检验的自助抽样统计量为:

---

① Embrechts P., Kaufmann R., Patie P.,"Strategic Long-Term Financial Risks:Single Risk Factors",*Computational Optimization and Applications*,Vol.32,No.1,2005,pp.61-90.

$$z_{\alpha,t} = \{ x_t - \widehat{ES}_{\alpha,t} \mid x_t - \widehat{ES}_{\alpha,t} > D_\alpha \} \tag{4.23}$$

其中，D_α 为 $x_t - \widehat{ES}_{\alpha,t}$ 的第 α 个分位数。在单侧检验和双侧检验中，通过自举法计算得到的统计量表现是不同的。

二、基于密度预测检验

在总体分布中，点预测和区间预测均只考虑一个百分点。但茨尔科维奇和德拉赫曼（Crnkovic 和 Drachman，1997）[1]认为，应当依据总体概率分布函数来评估预测效果。因而，评估 VaR 模型准确性的目的是消除对一些异常值的关注，并通过变换将预测序列转换为满足独立同分布的随机变量序列。具体地，罗森布拉特（Rosenblatt，1952）[2]曾进行了变形：

$$x_t = \int_{-\infty}^{y_t} \hat{f}(u)\,du = \hat{F}(y_t) \tag{4.24}$$

其中，y_t 是真实损益；$\hat{f}(\cdot)$ 是预测损失分布函数，基于估计样本计算得到。如果预测序列和实际的分布函数一致，则经过上式变换后得到的新序列 x_t 服从独立同分布的 $U(0，1)$ 分布。基于罗森布拉特变形公式，茨尔科维奇和德拉赫曼（1997）、迪博德等（Diebold 等，1998）[3]等分别给出不同的评价 VaR 模型的检验方法。其中，前者用库皮克统计量来检验序列是否服从均匀分布、用布洛克—德切特—谢因克曼（Brock、Dechert 和 Scheinkman）统计量来检验序列的独立性：

$$K = \max_i[\hat{F}(p_i) - p_i] + \max_i[p_i - \hat{F}(p_i)] \tag{4.25}$$

与此不同的是，后者则结合使用定性的图表和定量的计算累积和（Cumulative Sum，CUSUM）及其平方统计量来检验序列是否服从独立同分布

①　Crnkovic C., Drachman J.,"Quality Control",*Risk*，Vol. 9，No. 9，1997，pp. 138–143.

②　Rosenblatt M.，"Remarks on a Multivariate Transformation"，*The Annals of Mathematical Statistics*，Vol. 23，No. 3，1952，pp. 470–472.

③　Diebold F.，Gunther T.，Tay A.，"Evaluating Density Forecasts with Applications to Financial Risk Management"，*International Economic Review*，Vol. 39，No. 4，1998，pp. 863–883.

$U(0,1)$。

从理论上来说,茨尔科维奇和德拉赫曼(1997)、迪博德等(1998)提出的方法比基于例外值的回测方法更加优良。因为构造所有似然函数时序列应满足正态分布,所以运用 LR 检验要求在无限样本下伯努利试验趋近于正态分布。但是,在实际中基于例外值的回测方法总是在小样本下进行,并不能满足最基本的假设前提。因为 VaR 模型的置信水平比较小(1%或5%),所以超出 VaR 的例外情况的个数就会比较少。不仅基于例外值回测技术的库皮克检验和克里斯托弗森检验等参数检验存在样本依赖的问题,上述两篇文献提出的非参数检验方法也存在这类问题,对小样本表现出较差的检验能力。茨尔科维奇和德拉赫曼(1997)就发现,小于1000 的样本可能会导致检验失效。

之后,伯克维茨(Berkowitz,2001)[①]试图改进基于密度预测的回测技术,认为构造一种针对均匀分布的参数检验方法比较困难,在实际运用中不太可行。他在前面学者工作的基础上增加了一个简单的变换 $z_t = \phi^{-1}(x_t)$,经过变换,就能将序列 x_t 从独立同分布的 $U(0,1)$ 分布转换成独立同分布的 $N(0,1)$ 分布,得到新的序列 $z_t \sim \text{i.i.d } N(0,1)$,然后便可以计算正态似然值并构建 LR 统计量。其中,$\phi^{-1}(\cdot)$ 为标准正态分布函数的反函数。

伯克维茨(2001)在此基础上构建出一个基于似然比的完整测试框架。模拟测试表明,该测试框架能较好地应用于小样本,其主要由两部分组成:第一部分是检验整个分布可预测性的似然比检验,它构造的检验目标为:

$$z_t - \mu = \rho(z_{t-1} - \mu) + \varepsilon_t \tag{4.26}$$

其原假设为:$\mu = 0, \rho = 0, \text{VaR}(\varepsilon_t) = 1$。若原假设成立,则得到以下对数似然函数:

$$L(\mu, \sigma^2, \rho) = -\frac{1}{2}\ln(2\pi) - \frac{1}{2}\ln\left(\frac{\sigma^2}{1-\rho^2}\right) - \frac{[z_1 - \mu/(1-\rho)]^2}{2\sigma^2(1-\rho^2)}$$

---

① Berkowitz J., "Testing Density Forecasts, with Applications to Risk Management", *Journal of Business & Economic Statistics*, Vol. 19, No. 4, 2001, pp. 465–474.

$$-\frac{T-1}{2}\ln(2\pi) - \frac{T-1}{2}\ln(\sigma^2) - \sum_{t=2}^{T}\left[\frac{(z_t - \mu - \rho z_{t-1})^2}{2\sigma^2}\right]$$

$$(4.27)$$

其中，σ^2 为 ε_t 的方差。

第二部分侧重于最大损失的预测能力检验。首先，进行独立性检验：

$$\mathrm{LR}_{\mathrm{ind}} = -2[L(\hat{\mu},\hat{\sigma}^2,0) - L(\hat{\mu},\hat{\sigma}^2,\hat{\rho})] \sim \chi^2(1) \qquad (4.28)$$

其次，进行 i.i.d $N(0,1)$ 的检验：

$$\mathrm{LR} = -2[L(0,1,0) - L(\hat{\mu},\hat{\sigma}^2,\hat{\rho})] \sim \chi^2(3) \qquad (4.29)$$

这些测试为风险管理者提供了更详细的信息，以评估其建立的 VaR 模型。

伯克维茨（2001）通过对那些没有落在尾部的观察值进行人为的截平来实现模型对尾部损失的度量。假设 VaR 的置信水平为 α，将其设定为截断点，可以得到 $\mathrm{VaR} = \varphi^{-1}(\alpha)$。定义一个新变量：

$$z_t^* = \begin{cases} \mathrm{VaR}, & z_t \geqslant \mathrm{VaR} \\ z_t, & z_t < \mathrm{VaR} \end{cases} \qquad (4.30)$$

那么，新的似然函数为：

$$L(\mu,\sigma \mid z^*) = \sum_{z_t^* < \mathrm{VaR}}\left[-\frac{1}{2}\ln(2\pi\sigma^2) - \frac{1}{2\sigma}(z_t^* - \mu)^2\right] +$$

$$\sum_{z_t^* = \mathrm{VaR}}\ln\left[1 - \varphi\left(\frac{\mathrm{VaR} - \mu}{\sigma}\right)\right] \qquad (4.31)$$

该式只包括了分布在尾部的观察值，可以作为连续变量来处理。由此可见，新的似然函数将重点放在所要研究的特定尾部上，是一种鉴于传统区间预测与全面分布预测之间的折中方案。检验的表达式如下：

$$\mathrm{LR}_{\mathrm{tail}} = -2[L(0,1) - L(\hat{\mu},\hat{\sigma})] \sim \chi^2(2) \qquad (4.32)$$

三、基于损失函数检验

基于损失函数的回测方法与基于密度预测的回测方法有所不同。前者需要根据实际情况构建一个损失函数,并根据损失函数的值来判别模型的好坏;而后者是从统计上客观地反映模型的准确性。

传统的假设检验是基于统计学角度检验 VaR 估计值的某些特定属性,但是仅通过某个特定的属性评估 VaR 估计值的准确性并不全面。因而,洛佩兹(Lopez,1999)①提出用最小的损失函数值作为损失函数的评价标准。损失函数的一般表达式为:

$$C_{mt+1} = \begin{cases} f(\varepsilon_{t+1}, \mathrm{VaR}_{mt}), & \varepsilon_{t+1} < \mathrm{VaR}_{mt} \\ g(\varepsilon_{t+1}, \mathrm{VaR}_{mt}), & \varepsilon_{t+1} \geq \mathrm{VaR}_{mt} \end{cases} \tag{4.33}$$

故整个检验样本的损失函数为:

$$C_m = \sum_{i=1}^{T} C_{mt+1} \tag{4.34}$$

其中,$f(x,y)$ 和 $g(x,y)$ 为自定义的函数,并满足 $f(x,y) \geq g(x,y)$,可以根据不同的偏好来构建具体的函数形式。

四、基于回归分析检验

(一)格兰杰因果关系风险检验

与传统的基于参数估计的检验不同,格兰杰因果检验具有非参数估计的特征,能有效避免变量被忽略、波动聚集性、内生变量等问题。例如,通过分析金融危机前后两个金融市场波动性之间的格兰杰关系的演变,能够评判两个金融市场之间是否具有相互传染关系。

假设在经济危机以前或者期间,其价格波动无因果关系,则这两个市场之间就不会产生传染效果。如果危机之前的平稳期两个市场的波动性之间不存在因果关系,而在危机期出现了因果关系,则存在传染。如果危机之前的平稳

---

① Lopez J.,"Methods for Evaluating Value at Risk Estimates",*Economic Policy Review*,Vol. 4,No. 3,1998,pp. 119–124.

期和危机期两个市场的波动性之间都存在格兰杰因果关系,则判断是否存在传染效应还需要进行脉冲响应等分析。系统对某个变量的冲击所作出的响应被定义为脉冲响应,其可以动态地描述某个市场发生的危机(冲击)对其他市场产生影响(冲击)的强度和持续时间。判断法则是将危机时期的脉冲响应与稳定时期的脉冲响应进行比较,如果前者增加迅速,则证明传染效应存在于两个市场之间;否则,没有传染效应。

　　格兰杰(Granger,1969)[①]指出,有 $\{X_t\}$ 和 $\{Y_t\}$ 两个时间序列,在预测 Y_t 的值的过程中,同时使用 X_t 和 Y_t 的过去值的效果比仅使用 Y_t 的过去值的效果要好,表明在统计上 X_t 的过去值可以有效改进对 Y_t 的预测,所以称 X_t 因果于 Y_t。格兰杰因果检验的前提是不存在单位根,即要求检验的两个时间序列都是平稳的。在此前提下,格兰杰因果检验可以检测变量之间的短期和长期关系,其通常定义为一个回归方程:

$$Y_t = \alpha_0 + \sum_{i=1}^{k} \alpha_i Y_{t-i} + \sum_{i=1}^{k} \beta_i X_{t-i} \tag{4.35}$$

　　检验 X_t 是不是 Y_t 的格兰杰因果关系,实际就是检验上式中 X_{t-i} 前的 β_i 系数是否为 0,相应的假设为:

　　原假设 H_0: $\beta_j = 0$, $j = 1, 2, \cdots, m$

　　备择假设 H_1: $\beta_j \neq 0$, $\forall j, 1 \leqslant j \leqslant m$

　　如果拒绝原假设,则 X_{t-i} 前的 β_i 系数不为 0,表示 X_t 可以改进对 Y_t 的预测,故 X_t 是 Y_t 的格兰杰因果关系;否则,不存在因果关系。

　　进一步,格兰杰(1980)[②]提出一般格兰杰因果检验,即如果某机构或某市场的历史风险信息能提高另一个机构或市场未来风险信息的预测能力,则说

　　① Granger C. W., "Investigating Causal Relations by Econometric Models and Cross-Spectral Methods", *Econometrica*, Vol. 37, No. 3, 1969, pp. 424–438.

　　② Granger C. W., "Testing for Causality: A Personal Viewpoint", *Journal of Economic Dynamics and Control*, Vol. 2, 1980, pp. 329–352.

明前者造成对后者的格兰杰因果风险。洪永淼等（Hong 等，2009）①在此基础上扩展了一般格兰杰因果关系风险检验。本部分遵循洪永淼等（2009）的研究，并引入风险指标：

$$Z_{m,t} = I(r_{m,t} < -V_{m,t}), \ m = 1,2 \qquad (4.36)$$

其中，$r_{m,t}$ 和 $V_{m,t}$ 分别表示金融机构 m 的收益和 VaR，$I(\cdot)$ 是示性函数。当实际损失值超过 VaR 时，Z_m 取值为 1；否则，取 0 值。

设 $r_{1,t}$ 和 $r_{2,t}$ 分别表示金融机构 1 和 2 的回报。考虑信息集 $\Omega_{t-1} = \{\Omega_{1,t-1}, \Omega_{2,t-1}\}$，其中，$\Omega_{1,t-1} = \{r_{1,t-1}, r_{1,t-2}, \cdots, r_{1,1}\}$，$\Omega_{2,t-1} = \{r_{2,t-1}, r_{2,t-2}, \cdots, r_{2,1}\}$ 分别是在时刻 $t-1$ 能够获得的两个金融机构可用的信息集。于是，有格兰杰因果关系风险检验比较原假设：

$$H_0 : E(Z_{1,t} \mid \Omega_{1,t-1}) = E(Z_{,t} \mid \Omega_{t-1}) \qquad (4.37)$$

以及备择假设：

$$H_1 : E(Z_{1,t} \mid \Omega_{1,t-1}) \neq E(Z_{1,t} \mid \Omega_{t-1}) \qquad (4.38)$$

洪永淼等（2009）使用互相关函数（Cross-Correlation Function，CCF）检验原假设。定义交叉协方差函数，假设有两个风险指标的估计值 $\hat{Z}_{1,t}$ 和 $\hat{Z}_{2,t}$，它们的正滞后 j 阶的样本交叉协方差函数为：

$$\hat{C}(j) = T^{-1} \sum_{t=1+j}^{T} (\hat{Z}_{1,t} - \hat{\alpha}_1)(\hat{Z}_{2,t} - \hat{\alpha}_2), \ 1 \leqslant j \leqslant T-1 \qquad (4.39)$$

其中，$\hat{\alpha}_m = T^{-1} \sum_{t=1}^{T} \hat{Z}_{m,t}$，$m = 1,2$。

故将样本互相关函数定义如下：

$$\hat{\rho}(j) = \frac{\hat{C}(j)}{\hat{S}_1 \hat{S}_2} \qquad (4.40)$$

其中，有：

---

① Hong Y. M., Liu Y., Wang S.. "Granger Causality in Risk and Detection of Extreme Risk Spillover Between Financial Markets", *Journal of Econometrics*, Vol. 150, No. 2, 2009, pp. 271-287.

138

$$\hat{S}_m^2 = \hat{\alpha}_m(1 - \hat{\alpha}_m) \tag{4.41}$$

使用样本互相关函数,检验从金融机构 2 到金融机构 1 的风险的单向格兰杰因果关系统计量定义如下:

$$Q(M) = \frac{\left[T\sum_{j=1}^{T-1} k^2\left(\frac{j}{M}\right)\hat{\rho}^2(j) - C_T(M) \right]}{\left[D_T(M) \right]^{1/2}} \tag{4.42}$$

其中,中心值和标准化常数的定义为:

$$C_T(M) = \sum_{j=1}^{T-1} \left(1 - \frac{j}{T}\right) k^2\left(\frac{j}{M}\right) \tag{4.43}$$

$$D_T(M) = 2\sum_{j=1}^{T-1} \left(1 - \frac{j}{T}\right)(1 - (j+1)) k^4\left(\frac{j}{M}\right) \tag{4.44}$$

在以上三个方程中,核函数 $k(\cdot)$ 给不同滞后时间赋值。核函数有很多不同的选择。例如,王纲金等(Wang 等,2017)[①]使用 Daniel 核 $k(x) = \sin(\pi x)/(\pi x)$。滞后顺序 M 表示用来检查从金融机构 2 到金融机构 1 的极端风险溢出的滞后次数。根据洪永森等(2009),由于 Daniel 核函数的结构域是无界的,因此 M 也是有效的滞后截断阶。例如,当 $M = 10$ 时,其满足巴塞尔银行监管委员会要求的 10 天(即 10 天 VaR)。

洪永森等(2009)表明,如果零假设成立,则 $Q(M)$ 遵循一个渐进的标准正态分布 $N(0,1)$。所以,当 $Q(M)$ 在显著性水平 β 下大于 $N(0,1)$ 的右尾临界值时,将拒绝原假设,金融机构 2 的风险对金融机构 1 的风险存在单向格兰杰因果关系。

(二)动态分位数检验

对于一个 VaR 模型,如果度量是准确的,那么收益率超过 VaR 的比例应该等于 α(特定的显著性水平),定义为:

---

① Wang G.J., Xie C., He K.J., et al., "Extreme Risk Spillover Network: Application to Financial Institutions", *Quantitative Finance*, Vol. 17, No. 9, 2017, pp. 1417–1433.

$$H_{\alpha,t} = I(r_t > \text{VaR}_{\alpha,t}) \tag{4.45}$$

当实际损失值 r_t 超过 VaR_{α} 时，$H_{\alpha,t}=1$。恩格尔和曼甘内利（2004）指出，一个良好的 VaR 模型需要与所估计时期的 VaR 本身和所定义的 $H_{\alpha,t}$ 均不相关。

基于不相关的要求，恩格尔和曼甘内利（2004）构建了动态分位数检验。该检验构建的变量 $\text{Hit}_{\alpha,t}$ 与之前所定义的 $\text{Hit}_{\alpha,t}$ 非常相似：

$$\text{Hit}_{\alpha,t} = I(x_t > \text{VaR}_t) - \alpha \tag{4.46}$$

即有 $\text{Hit}_{\alpha,t} = H_{\alpha,t} - \alpha$。将 $\text{Hit}_{\alpha,t}$ 与该变量自己的滞后项、所估计的 VaR 序列和其他应考虑的变量进行回归，一般的形式如下：

$$\text{Hit}_t = \beta_0 + \beta_1 \text{Hit}_{t-1} + \beta_2 \text{Hit}_{t-2} + \beta_3 \text{Hit}_{t-3} + \beta_4 \text{Hit}_{t-4} + \beta_5 \widehat{VaR}_t + u_t \tag{4.47}$$

该式的矩阵形式为：$\text{Hit}_t = X\beta - u_t$。式中的 u_t 表示残差，其以 $1-\alpha$ 的概率取值为 $-\alpha$，以 α 的概率取值为 $1-\alpha$。β 系数可以根据最小二乘法得到：

$$\beta = (X'X)^{-1}X'\text{Hit} \sim N(0, \alpha(1-\alpha)(X'X)^{-1}) \tag{4.48}$$

动态分位数检验的原假设 $H_0: \beta = 0$。当原假设成立时，可以得到动态分位数检验的统计量，它渐进服从一个自由度为 6 的 χ^2 分布：

$$\text{DQ} = \frac{\hat{\beta}'X'X\hat{\beta}}{\alpha(1-\alpha)} \sim \chi^2(6) \tag{4.49}$$

理论上而言，在正态分布条件下，VaR 和预期损失都满足凸性和次可加性。但在非正态分布条件下，预期损失仍满足这两项性质，而 VaR 不满足。由此可见，在正态分布和非正态分布条件下，预期损失模型的有效性都高于 VaR 模型的有效性。

五、基于对比分析检验

杜在超和斯坎蒂安（杜在超和 Escanciano，2017）[①]提出基于累积碰撞序

[①] 杜在超、Escanciano J. C.：《期望损失的后验分析》，《财经研究》2017 年第 12 期。

列的后验分析法,对预期损失和 VaR 进行对比有效性检验。后验分析法分为无条件后验分析法和条件后验分析法,前者是一个标准的 t 检验,后者则是一个 BoxPierce 检验,统计量分别记为 U 和 $C(m)$,其中,m 为自相关阶数。

　　杜在超还提出基于估计效应的修正后的后验分析方法,它的统计量分别记为 MU 和 $MC(m)$。VaR 模型和预期损失模型的一般无条件和条件后验分析、修正后的无条件和条件后验分析的统计量分别可以表示为:

$$U_{\mathrm{VaR}} = \frac{\sqrt{n}(\bar{h}(\alpha) - \alpha)}{\sqrt{\alpha(1-\alpha)}} \tag{4.50}$$

$$C_{\mathrm{VaR}}(m) = n\sum_{j=1}^{m}\bar{\rho}_{nj}^{2} \tag{4.51}$$

$$\mathrm{MU}_{\mathrm{VaR}} = \frac{\sqrt{n}(\bar{h}(\alpha) - \alpha)}{\sqrt{\alpha(1-\alpha) + \frac{n}{T}\bar{R}'_{\mathrm{VaR}}W_{T}\bar{R}_{\mathrm{VaR}}}} \tag{4.52}$$

$$\mathrm{MC}_{\mathrm{VaR}}(m) = n\bar{\rho}_{n}^{(m)}\sum{}^{-1}\bar{\rho}_{n}^{(m)} \tag{4.53}$$

其中,α 是置信水平;$\bar{h}(\alpha)$ 是 $\{\hat{h}(\alpha) = I(\hat{u}_{t} \leq \alpha)\}_{t=1}^{n}$ 的样本均值,其中:

$$h_{t}(\alpha) = I(Y_{t} \leq \mathrm{VaR}(\alpha)) \tag{4.54}$$

定义时刻 t,置信水平为 α 时的碰撞序列,则有:

$$\tilde{\rho}_{nj} = \tilde{\gamma}_{nj} / \tilde{\gamma}_{n0} \tag{4.55}$$

$$\tilde{\rho}_{n}^{(m)} = (\tilde{\rho}_{n1}, \tilde{\rho}_{n2}, \cdots, \tilde{\rho}_{nm}) \tag{4.56}$$

$$\tilde{\gamma}_{nj} = \frac{1}{(n-j)(\hat{h}_{t}(\alpha) - \alpha)(\hat{h}_{t-j}(\alpha) - \alpha)} \tag{4.57}$$

$$\sum_{ij} = \delta_{ij} + \frac{n}{T}\tilde{R}_{i}\tilde{W}_{T}\tilde{R}_{j} \tag{4.58}$$

$$U_{\mathrm{ES}} = \frac{\sqrt{n}(\bar{H}(\alpha) - \frac{\alpha}{2})}{\sqrt{\alpha(\frac{1}{3} - \frac{\alpha}{4})}} \tag{4.59}$$

$$C_{\mathrm{ES}}(m) = n \sum_{j=1}^{m} \hat{\rho}_{nj}^2 \qquad (4.60)$$

$$\mathrm{MU}_{\mathrm{ES}} = \frac{\sqrt{n}\,(\bar{H}(\alpha) - \frac{\alpha}{2})}{\sqrt{\alpha(\frac{1}{3} - \frac{\alpha}{4}) + \frac{n}{T}R'_{\mathrm{ES}}W_T R_{\mathrm{ES}}}} \qquad (4.61)$$

$$\mathrm{MC}_{\mathrm{ES}}(m) = n\hat{\rho}_n^{(m)} \sum {}^{-1} \hat{\rho}_n^{(m)} \qquad (4.62)$$

其中，$\bar{H}(\alpha)$ 是 $\{\hat{H}_t(\alpha)\}_{t=}^{\infty}$ 的样本均值，$h_t(\alpha)$ 的累积积分为：

$$H_t(\alpha) = \frac{1}{\alpha} \int_0^\alpha h_t(u)\,\mathrm{d}u \qquad (4.63)$$

$$R_{\mathrm{ES}} = \frac{1}{\alpha n} \sum_{t=1}^n \int_0^\alpha \frac{\partial \hat{F}_t(\hat{\theta}_T, x)}{\partial \theta}\,\mathrm{d}x \qquad (4.64)$$

这里的 $\hat{F}_t(\theta, x)$ 是 $F_t(\theta, x)$ 的一致估计量，因此可以得到：

$$\hat{r}_{\mathrm{ES}} = R_{\mathrm{ES}} + \mathrm{op}(1) \qquad (4.65)$$

其中，op(1)表示依概率收敛于0。

第二节　金融安全风险有效性检验实证

一、检验方案设计

本部分采用尾部事件驱动网络(Tail-Event Driven Network,TENET)框架，基于377家上市银行的每周收益率探讨共建"一带一路"国家银行业的连通性和系统性风险，从系统和机构两个层面进行连通性分析，并确定银行的系统性风险贡献(Wang 等,2022)[1]。

---

[1] Wang G.J.,Feng Y.S.,Xiao Y.F.,et al.,"Connectedness and Systemic Risk of the Banking Industry along the Belt and Road", *Journal of Management Science and Engineering*, Vol.7, No.2, 2022,pp.303-329.

　　根据国家发展和改革委员会、外交部、商务部发布的"推动共建丝绸之路经济带和 21 世纪海上丝绸之路的愿景与行动"可知,共建"一带一路"倡议涵盖了来自亚洲、欧洲和非洲的 65 个主要成员。该倡议首次提出时,这 65 个成员是最初的参与者,它们在地理上连贯丝绸之路经济带和 21 世纪海上丝绸之路。

　　与共建"一带一路"倡议的主流研究一致,本部分的样本国家包括中国和 65 个成员,见表 4.1。

表 4.1 2014—2019 年共建"一带一路"国家及相应上市银行数量汇总

区域	共建"一带一路"国家及相应银行机构数量			
东亚和中亚	中国*(27)	蒙古国(0)	俄罗斯*(5)	哈萨克斯坦*(2)
	吉尔吉斯斯坦(0)	塔吉克斯坦(0)	土库曼斯坦(0)	乌兹别克斯坦(0)
东南亚	文莱(0)	柬埔寨(0)	印度尼西亚*(27)	老挝(0)
	马来西亚*(10)	缅甸(0)	菲律宾*(15)	新加坡*(3)
	泰国*(11)	越南*(8)		
南亚	孟加拉国*(35)	不丹(0)	印度*(35)	马尔代夫(0)
	尼泊尔(0)	巴基斯坦*(21)	斯里兰卡*(15)	
西亚和北非	阿富汗(0)	亚美尼亚(0)	阿塞拜疆(0)	巴林*(7)
	埃及*(10)	佐治亚州(0)	伊朗(0)	伊拉克*(14)
	以色列*(8)	乔丹*(11)	科威特*(10)	黎巴嫩*(3)
	卡塔尔*(8)	阿曼*(4)	巴勒斯坦*(5)	沙特阿拉伯*(10)
	叙利亚*(4)	土耳其*(13)	阿联酋*(16)	也门(0)
中欧和东欧	阿尔巴尼亚(0)	白俄罗斯(0)	波和黑(0)	保加利亚*(3)
	塞浦路斯*(1)	克罗地亚*(4)	捷克共和国*(1)	爱沙尼亚(0)
	希腊*(6)	匈牙利*(1)	拉脱维亚(0)	立陶宛*(1)
	摩尔多瓦(0)	黑山(0)	塞尔维亚*(1)	马其顿*(6)
	波兰*(12)	罗马尼亚*(3)	斯洛伐克*(1)	斯洛文尼亚(0)
	乌克兰(0)			

注:括号内的数字为相应国家上市银行的数量,是对银行股收盘价和市值的时间序列进行数据清理后的结果。用星号(＊)标记的表示在这个国家的上市银行也包括在样本中。

资料来源:Wang G.J., Feng Y.S., Xiao Y.F., et al., "Connectedness and Systemic Risk of the Banking Industry along the Belt and Road", *Journal of Management Science and Engineering*, Vol.7, No.2, 2022, pp.303-329.

由于节假日、股票停牌等因素,一些时间序列存在数据缺失。如果一个序列的缺失数据不超过连续4周,则采用插值方法补充缺失数据;否则,删除相应的银行。在此基础上,从样本国家收集公开上市银行的股票价格。在对银行股收盘价和市值时间序列进行数据清理后,最后的样本包括来自39个共建"一带一路"国家的377家上市银行,选取的样本区间为2014年1月2日至2019年3月31日。

基于滚动窗口分析的时变网络是采用共建"一带一路"国家的377家银行的周收盘价和市值进行构建的。所有数据均从Datastream数据库中收集,将共建"一带一路"国家分为5个地区:东亚和中亚、东南亚、南亚、西亚和北非、中欧和东欧。

本部分尽可能地包括更多的银行,以提供更稳健的实证结果。然而,由于政治不稳定、经济和金融体系欠发达、武装冲突不断爆发等原因,一些共建"一带一路"国家没有公开上市银行的数据。此外,从一些共建"一带一路"国家公开的上市银行收集相关数据也很难,尤其是银行资产负债表上的信息。另外,从Datastream、全球银行与金融机构分析库、银行官方网站等公共渠道收集的数据相当不完整,因此其中没有考虑企业的特征变量。

考虑到共建"一带一路"相关国家的地缘政治状况,遵循相关文献(Adrian和Brunnermeier,2016;Hautsch等,2015[1];Wang等,2018[2])的做法,本部分引入6个国际性指数作为宏观变量,分别从股票、投资者恐慌、外汇、银行借贷成本、大宗商品和避险资产等角度来反映全球宏观经济形势。它们分别是:富时全球指数的每周回报率(FTSE)、芝加哥期权交易所波动率指数(VIX)、美元价格指数的变化(USDX)、TED利差、标准普尔高盛商品3个月全收益率指数

---

① Hautsch N., Schaumburg J., Schienle M., "Financial Network Systemic Risk Contributions", *Review of Finance*, Vol. 19, No. 2, 2015, pp. 685-738.

② Wang G. J., Xie C., Stanley E. E., "Correlation Structure and Evolution of World Stock Markets: Evidence from Pearson and Partial Correlation-Based Networks", *Computational Economics*, Vol. 51, No. 3, 2018, pp. 607-635.

(S&P GSCI)和伦敦黄金现货价格的每周回报(GOLD)。其中,USDX 是一个全面反映美元在国际外汇市场上汇率状况的指标,用于衡量美元对一篮子货币的汇率变化。TED 利差定义为三个月伦敦银行同业拆借利率和三个月国库券利率之间的差值,是衡量银行间市场流动性和衡量短期流动性风险的重要指标。S&P GSCI TR—3 个月收益率由标准普尔高盛大宗商品指数计算,该指数是全球被跟踪最多的大宗商品指数,也是全球资本参与量最多的指数,可以很好地反映全球大宗商品交易情况。

宏观状态变量的原始数据从汤姆森路透社 Eikon 下载,所有解释变量和宏观状态变量的数据频率均被转换为每周数据。在数据转换后的采样期间,每周有 312 次观测数据。表 4.2 提供了上述 6 个宏观状态变量的汇总统计,可以发现:第一,每个宏观状态变量的分布不服从正态分布,因为其偏度和峰度分别偏离 0 和 3;第二,反映投资者信念的芝加哥期权交易所波动率指数处于中低水平,表明市场上不存在很大的下行风险和上行可能性;第三,对于美元指数的变化,其均值大于零,其绝对最小值小于其最大值,反映美元指数的

表 4.2 宏观状态变量的描述性统计

指数	最小值	5%分位	均值	最大值	标准差	偏度	峰度
FTSE	−0.0560	−0.0218	0.0011	0.0351	0.0139	−0.8020	1.7899
VIX	9.4380	10.2900	14.9857	31.2420	3.8809	1.3234	1.8781
USDX	−2.2294	−1.9065	0.0528	2.5160	0.7070	0.0707	0.6495
TED	0.1300	0.1900	0.3110	0.6360	0.1090	0.8408	−0.0893
S&P GSCI	−0.3198	−0.2256	−0.0230	0.2266	0.1077	−0.5170	−0.1253
GOLD	−0.0430	−0.0233	0.0007	0.0446	0.0146	−0.0560	0.3500

注:FTSE、VIX、USDX、TED、S&P GSCI 和 GOLD 分别代表富时全球指数的每周回报率、芝加哥期权交易所波动率指数、美元价格指数的变化、TED 利差、标准普尔高盛商品 3 个月全收益率指数、伦敦黄金现货价格的每周回报。

资料来源:Wang G. J., Feng Y. S., Xiao Y. F., et al., " Connectedness and Systemic Risk of the Banking Industry along the Belt and Road", *Journal of Management Science and Engineering*, Vol. 7, No. 2, 2022, pp. 303−329.

稳定上升。其中可能的原因是,美国的量化宽松政策对全球主权货币有持续的影响;第四,关于标准普尔高盛商品 3 个月全收益率指数,其均值小于零,其绝对最低值大于最高值,这意味着该指数在大宗商品暴跌后持续下滑。

由于银行系统的高维场景和空间约束,本部分在银行业遇到极端金融事件时进行静态案例分析,而不是动态分析。在 2015 年 6 月 15 日,即股灾爆发、大宗商品价格暴跌之日,进行机构层面的连通性和对"一带一路"银行业的系统重要性排名的案例研究。

本部分构建了一个在 2015 年 6 月 15 日连接 377 家共建"一带一路"国家银行机构的 TENET 网络,以确定这些国家中的系统重要性银行。表 4.3 显示 5% 风险水平下,2015 年 6 月 15 日按 TENET 尾部风险溢出强度排序的前 10 条方向连边。

表 4.3 共建"一带一路"国家银行业尾部风险网络溢出强度排名前 10 的网络连边

排名	起点	终点	尾部风险溢出强度
1	俄罗斯:莫斯科地区银行	巴基斯坦:旁遮普银行	0.9581
2	孟加拉国:普莱姆银行	孟加拉国:普巴利银行	0.9154
3	印度:印度联合银行	印度:东方商业银行	0.8222
4	印度:印度银行	印度:东方商业银行	0.7290
5	孟加拉国:人民租赁与金融服务	孟加拉国:全国住房金融与投资	0.6850
6	伊拉克:伊拉克信贷银行	伊拉克:海湾商业银行	0.6641
7	印度:普莱姆证券	巴基斯坦:JS 银行有限公司	0.6506
8	中国:光大银行	中国:交通银行	0.6110
9	希腊:阿尔法银行	希腊:比雷埃夫斯银行	0.5907
10	中国:中信银行	中国:光大银行	0.5625

注:排名结果对应于 2015 年 6 月 15 日的时间窗口期。

资料来源:Wang G. J., Feng Y. S., Xiao Y. F., et al., "Connectedness and Systemic Risk of the Banking Industry along the Belt and Road", *Journal of Management Science and Engineering*, Vol. 7, No. 2, 2022, pp. 303-329.

结果表明,前 10 条网络边中有 8 条是同一国家银行内部的尾部连接,只有 2 条网络边连接不同国家银行之间,包括:(1) 从"俄罗斯:莫斯科地区银行"指向"巴基斯坦:旁遮普银行"的网络关联;(2) 从"印度:普莱姆证券"指向"巴基斯坦:JS 银行有限公司"的网络关联。对 2015 年经济放缓的共建"一带一路"国家(如中国、印度、孟加拉国、希腊),尾部风险溢出网络联系紧密,与图 4.2 的结果一致。例如,在第一个样本子期(即 2015 年 1 月 5 日至 2016 年 11 月 17 日),共建"一带一路"国家银行系统尾部连通性的变化主要是由国内连通性所引起,2015 年中国股市崩盘时,国内连通性明显高于跨国连通性。

在 2013 年 7 月金融稳定委员会(Financial Stability Board,FSB)发布的最新 G-SIB 评估方法中,金融机构之间的连通性被用作识别 G-SIB 的一项重要指标。因此,本部分特别重视连通性指标,并在表 4.4 中给出 2015 年 6 月 15 日,在 5% 的风险水平下,按机构内强度(In-strength of Institution,ISI)和机构外强度(Out-strength of Institution,OSI)排名前 15 位的银行,它们具有高的连通性。表中的面板 A 和面板 B 列出了来自中国、印度和孟加拉国的银行。可以推断,股市崩盘爆发时中国银行的高连通性应该归因于 2013—2014 年政策红利和大量信贷资金流入引发的股票牛市泡沫积累。除了上述国家,针对来自俄罗斯、阿拉伯联合酋长国和巴基斯坦的银行也发现,OSI 面板 B 中 2015 年国际商品价格的暴跌对其他共建"一带一路"国家有重大影响,特别是上面提到的石油出口国,反映出这些银行的强大实力,像"俄罗斯:莫斯科地区银行"和苏丹"阿联酋:苏丹和平银行"。这些强连通性银行往往因其规模较小而被忽视,但实际上监管机构应加强对它们的监管。

表 4.4　基于 ISI 和 OSI 排名的前 15 家共建"一带一路"国家银行机构

排名	面板 A:基于 ISI 的银行排名			面板 B:基于 OSI 的银行排名		
	银行	ISI	排名(市值)	银行	OSI	排名(市值)
1	孟加拉国:普莱姆银行	1.7087	269(2.14E+08)	印度:东方商业银行	5.0503	193(8.47E+08)
2	印度:普莱姆证券	1.1431	377(1.81E+06)	孟加拉国:人民租赁与金融服务	4.5888	347(5.46E+07)
3	孟加拉国:凤凰金融与投资	1.0759	360(3.02E+07)	中国:光大银行	3.1988	17(3.55E+10)
4	伊拉克:伊拉克信贷银行	1.0535	274(2.02E+08)	中国:交通银行	3.0584	8(5.08E+10)
5	印度:安得拉邦银行	0.9896	209(6.74E+08)	印度:阿拉哈巴德银行	2.0555	195(8.28E+08)
6	孟加拉国:达卡银行	0.9692	300(1.49E+08)	印度:安得拉邦银行	1.9729	209(6.74E+08)
7	中国:交通银行	0.9287	8(5.08E+10)	俄罗斯:莫斯科地区银行	1.9698	225(5.24E+08)
8	印度:东方商业银行	0.9211	193(8.47E+08)	印度:印度工业开发银行	1.7952	151(1.58E+09)
9	印度:阿拉哈巴德银行	0.8512	195(8.28E+08)	阿联酋:苏丹和平银行	1.7695	349(5.42E+07)
10	中国:华夏银行	0.8348	6(5.47E+10)	孟加拉国:普莱姆银行	1.6620	269(2.14E+08)
11	中国:兴业银行	0.8471	28(2.19E+10)	印度:印度联合银行	1.7541	153(1.49E+09)
12	印度:印度联合银行	0.8222	153(1.49E+09)	中国:华夏银行	1.4627	28(2.19E+10)
13	中国:光大银行	0.8168	17(3.55E+10)	孟加拉国:全国住房金融与投资	1.3951	359(3.06E+07)
14	印度:印侨银行	0.7919	204(7.35E+08)	孟加拉国:乌塔拉银行	1.2166	318(1.01E+08)
15	中国:建设银行	0.7544	51(1.02E+10)	巴基斯坦:旁遮普银行	1.1569	303(1.36E+08)

注:表中为 2015 年 6 月 15 日中国股灾窗口期下的排名结果,也呈现了 15 家银行的市值及其排名。银行市值的单位为百万美元。

资料来源:Wang G. J., Feng Y. S., Xiao Y. F., et al., "Connectedness and Systemic Risk of the Banking Industry along the Belt and Road", *Journal of Management Science and Engineering*, Vol. 7, No. 2, 2022, pp. 303-329.

表 4.5 中列出了 2015 年 6 月 15 日在 5% 风险水平下系统风险接收指数(Systemic Risk Receiver Index, SRR)和系统风险发送指数(Systemic Risk

Emitter Index，SRE）排名前 15 家银行，以考察其系统重要性。

表 4.5　基于 SRR 和 SRE 排名的前 15 家共建"一带一路"国家银行机构

排名	面板 A：基于 SRR 的银行排名			面板 B：基于 SRE 的银行排名		
	银行	SRR	排名（市值）	银行	SRE	排名（市值）
1	中国：工商银行	1.59E+22	1(2.22E+11)	中国：中国银行	2.05E+22	4(1.59E+11)
2	中国：农业银行	9.70E+21	3(1.75E+11)	中国：交通银行	1.07E+22	8(5.08E+10)
3	中国：中国银行	4.96E+21	4(1.59E+11)	中国：光大银行	7.17E+21	17(3.55E+10)
4	中国：兴业银行	1.79E+21	6(5.47E+10)	中国：华夏银行	1.47E+21	28(2.19E+10)
5	中国：上海浦东发展银行	1.45E+21	7(5.23E+10)	中国：平安银行	9.93E+20	18(3.47E+10)
6	中国：交通银行	1.41E+21	8(5.08E+10)	中国：民生银行	6.45E+20	10(4.18E+10)
7	中国：光大银行	1.40E+21	17(3.55E+10)	中国：兴业银行	4.20E+20	6(5.47E+10)
8	中国：招商银行	1.25E+21	5(6.19E+10)	中国：中信银行	2.75E+20	13(4.02E+10)
9	中国：平安银行	9.23E+20	18(3.47E+10)	中国：宁波银行	2.28E+20	50(1.04E+10)
10	中国：中信银行	9.18E+20	13(4.02E+10)	印度：ICICI 银行	1.50E+20	23(2.81E+10)
11	中国：华夏银行	8.17E+20	28(2.19E+10)	沙特：桑巴金融集团	8.97E+19	36(1.45E+10)
12	中国：民生银行	8.10E+20	10(4.18E+10)	阿联酋：迪科伊斯兰银行	6.83E+19	67(7.32E+09)
13	中国：北京银行	5.22E+20	27(2.36E+10)	土耳其：加兰帝银行	5.71E+19	42(1.33E+10)
14	中国：宁波银行	2.35E+20	50(1.04E+10)	土耳其：伊什银行	4.10E+19	55(9.52E+09)
15	中国：建设银行	2.13E+20	51(1.02E+10)	巴基斯坦：联合银行	2.75E+19	84(4.89E+09)

资料来源：Wang G. J., Feng Y. S., Xiao Y. F., et al., "Connectedness and Systemic Risk of the Banking Industry along the Belt and Road"，*Journal of Management Science and Engineering*，Vol. 7，No. 2，2022，pp. 303-329.

　　就市值及流入（流出）的连通性而言，中国的银行表现相当突出。SRR 排名前 15 位的银行都来自中国，这与股市崩盘的时间窗有直接关联。与 2015年金融稳定委员会发布的 G-SIBs 相比，工商银行、农业银行、中国银行和建设银行均出现在表的面板 A 上。此外,工商银行、农业银行和中国银行是 SRR 排名前三名的银行,建设银行是 SRR 排名第 15 大银行。

在表 4.5 的面板 B 中,中匡的银行也占据了 SRE 排名前 9 位,包括中国银行。此外,还应注意到,来自中东的 5 家中等市值的银行,即"沙特:桑巴金融集团"、"阿联酋:迪拜伊斯兰银行"、"土耳其:加兰提银行"和"土耳其:阿尔比拉德银行"在 SRE 排名前 15 位,仅落后于中国和印度的银行。中东地区格局的巨大变化和国内发展所面临的矛盾,导致沙特阿拉伯、土耳其和阿拉伯联合酋长国的银行产生了强烈的尾部风险溢出效应。根据表 4.4 和表 4.5 的排名结果,可以发现,市值较大的银行往往具有更大的系统重要性,但仍然不能忽视连通性较强的中小型银行。

二、实证结果讨论

为了评估上述风险度量模型的有效性,下面进行金融安全风险有效性检验。在统计学中,一般存在两种不同的错误,一种叫"弃真",即原假设是正确的,但没有接受原假设,其概率通常用 α 表示,称作显著性水平;另一种叫作"存伪",即原假设是不正确的,但是接受原假设,其概率通常用 β 表示。在所有风险度量模型的检验方法中,"回测"是一种比较常用的有效性检验方法,其在一定置信水平下,将实际损失和预期损失进行比较,通过判断它们是否一致来检验度量模型的准确性。回测方法不仅可以检验风险度量模型的准确性,还可以找出建模中的问题以及问题背后的原因,为风险度量模型的改进提供思路和方法。

首先,测试共建"一带一路"国家银行机构的估计 VaR 的总体失效(即银行股票回报率低于估计的 VaR)情况。377 家共建"一带一路"国家银行机构的平均失效率为 $\hat{\tau} = 0.0041$,低于 0.05 的分位数水平。图 4.1 显示了 4 种中国 G-SIB 的股票回报和风险指标。

具体而言,中国银行预计风险价值系列失效 1 次,工商银行失效 3 次,建

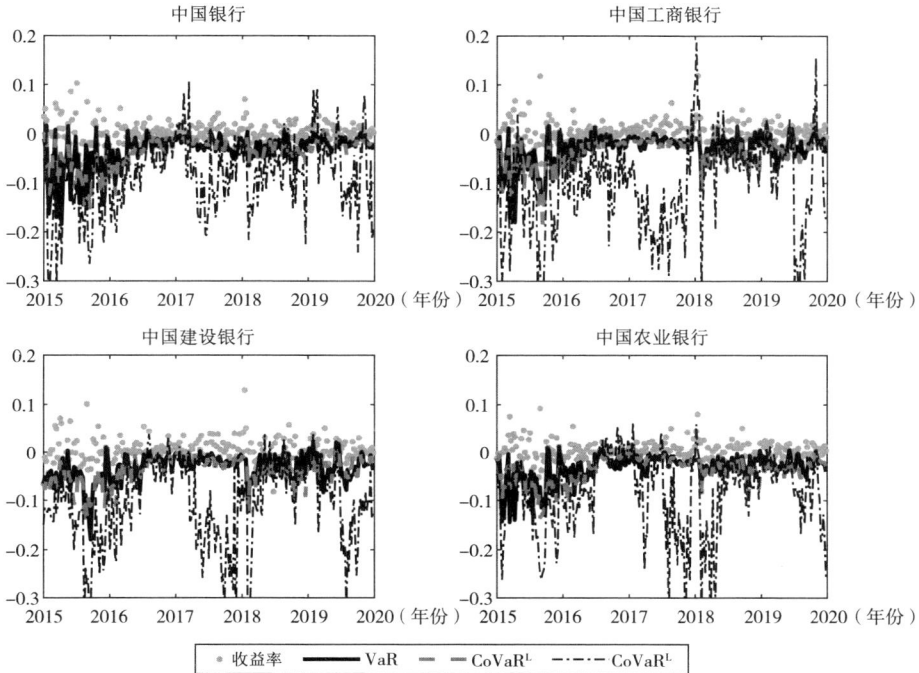

图 4.1　4 家中国系统重要性银行的风险度量

注:子图分别是 4 家中国 G-SIBs 的对数收益率、VaR、$\widehat{\mathrm{CoVaR}}^{\mathrm{TENET}}$、$\widehat{\mathrm{CoVaR}}^{L}$。其中,风险水平 $\tau=0.05$,
　　窗口大小 $S=52$, $T=260$。

资料来源:Wang G.J.,Feng Y.S.,Xiao Y.F.,et al.,"Connectedness and Systemic Risk of the Banking Industry
　　　　along the Belt and Road", *Journal of Management Science and Engineering*, Vol.7, No.2, 2022,
　　　　pp.303-329.

设银行和农业银行都失效 1 次。由于大多数银行估计的 VaR 没有或只有一
些失效项,如哈德尔等(Härdle等,2016)①所述,无法进行验证 VaR 准确性的
回溯测试。

　　因此,下面将注意力集中在第二步上。使用回溯测试技术检查
$\widehat{\mathrm{CoVaR}}^{\mathrm{TENET}}$ 的准确性,并将该非线性框架与通过线性分位数回归计算的
CoVaR 进行比较,以评估非线性模型的鲁棒性和必要性。为简单起见,将线

---

　　① Härdle W.K.,Wang W.,Yu L.,"TENET:Tail-Event Driven Network Risk", *Journal of*
Econometrics, Vol.192, No.2, 2016, pp.499-513.

性分位数回归计算的 CoVaR 表达为 $\overline{\text{CoVaR}^L}$。

图 4.1 显示，$\overline{\text{CoVaR}^L}$ 的失效率高于 $\overline{\text{CoVaR}^{\text{TENET}}}$。然后，对 $\overline{\text{CoVaR}^L}$ 和 $\overline{\text{CoVaR}^{\text{TENET}}}$ 进行回测测试，并计算在这两种不同风险度量下通过测试的共建"一带一路"国家银行机构的比例。

表 4.6 列出了 5 种回溯测试技术和相应的结果。可以发现，$\overline{\text{CoVaR}^{\text{TENET}}}$ 在所有的回溯测试技术中都具有较高的准确率，表明非线性模型的性能远远优于线性模型。随后，进一步比较在危机期的链接函数（即 $\overline{\text{CoVaR}^{\text{TENET}}}$）与其在相对稳定期的表现。可以发现一个与哈德尔等（2016）一致的现象。

表 4.6　不同风险指标度量下银行机构的回测检验比例

参考文献	回测技术	CoVaR^L	CoVaR^{TENET}
库皮克（1995）	库皮克失败率检验	0.2599	0.5756
乔瑞（1997）①	二项式失败率检验	0.2944	0.6048
克里斯托弗森和佩尔蒂埃（2004）②	克里斯托弗森和佩尔蒂埃连续 Weibull 检验	0.2546	0.8117
哈斯（2005）	哈斯离散 Weibull 检验	0.7454	0.8912
克拉默和维德（2015）③	基于基尼（Gini）系数的克拉默和维德检验	0.5358	0.8780

注：表中是通过回测技术检验获得的共建"一带一路"国家银行机构的 $\overline{\text{CoVaR}^L}$ 和 $\overline{\text{CoVaR}^{\text{TENET}}}$ 的比例。
资料来源：Wang G. J., Feng Y. S., Xiao Y. F., et al., "Connectedness and Systemic Risk of the Banking Industry along the Belt and Road", *Journal of Management Science and Engineering*, Vol. 7, No. 2, 2022, pp. 303-329.

对于大部分共建"一带一路"国家银行机构的大多数窗口，链接函数在危

---

① Jorion P., *Value at Risk: The New Benchmark for Controlling Market Risk*, New York: The McGrawHill Companies, 1997.

② Christoffersen P., Pelletier D., "Backtesting Value-at-risk: A Duration-Based Approach", *Journal of Financial Econometrics*, Vol. 2, No. 1, 2004, pp. 84-108.

③ Krämer W., Wied D., "A Simple and Focused Backtest of Value at Risk", *Economics Letters*, Vol. 137, 2015, pp. 29-31.

机期趋于非线性,而在稳定期更为线性。例如,图 4.2 显示了中国银行的链接
函数的形状及其在危机期间的一个窗口图 4.2(a)和稳定期图 4.2(b)中的
95%置信水平。这一结果为非线性模型优于线性模型的观点提供了有力的佐
证(特别是在危机时期)。

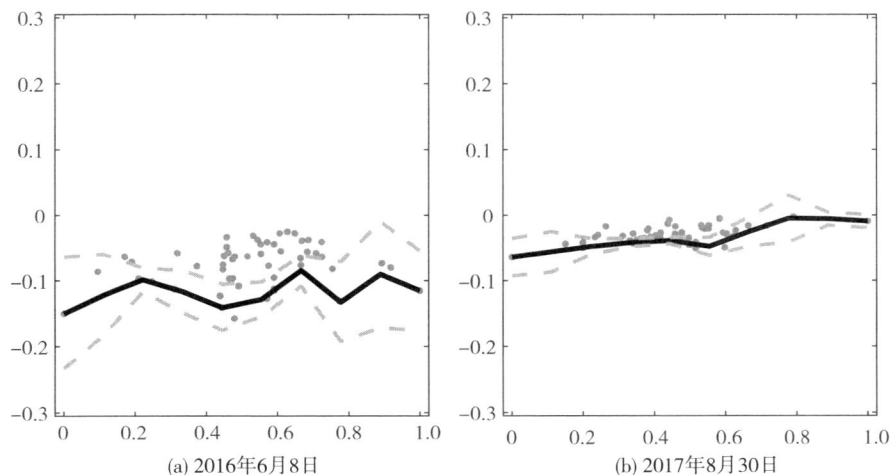

(a) 2016年6月8日　　　　　　　　(b) 2017年8月30日

图 4.2　中国银行的链接函数和估计指数

注:实线和灰点分别为中国银行的链接函数 $\widehat{\text{CoVaR}}^{\text{TENET}}$ 和估计指数。其中,图(a)周期为 2015 年 6 月
　　15 日—2016 年 6 月 8 日,对应危机期;图(b)周期为 2016 年 9 月 7 日—2017 年 8 月 30 日,对应稳
　　定期。风险水平 $\tau = 0.05$,窗口大小 $S = 52$,置信区间 95%(虚线)。
资料来源:Wang G.J., Feng Y.S., Xiao Y.F., et al.,"Connectedness and Systemic Risk of the Banking
　　Industry along the Belt and Road",*Journal of Management Science and Engineering*,Vol. 7,No. 2,
　　2022,pp. 303-329.

　　通过与线性模型的比较,可以发现,非线性原则框架具有较高的准确性和
鲁棒性,是衡量金融机构连通性和系统性风险的一个有效工具。

第二篇

复杂网络视角下金融安全风险传染及演化

第五章 金融安全风险传染机理

第一节 金融安全风险传染相关
概念与理论基础

一、金融安全风险传染内涵

根据第一章第一节关于金融安全风险概念的界定可知,金融安全与金融风险之间具有紧密的联系。

在金融全球化的背景下,金融安全风险可以理解为:任意风险因素所产生的负面冲击对国家经济金融发展产生威胁,破坏国家金融系统的稳定运转,并使国家金融安全朝着不稳定态势发展的风险。金融风险的持续积累和爆发是导致金融安全风险的核心因素,它直接危及国家金融安全,精准防控金融安全风险的重要前提是准确理解金融安全风险传染的内涵界定。

金融安全风险传染是金融安全风险产生后通过积累、超过某一阈值后,并经由特定传导载体或渠道所形成的一种现象。金融安全风险一旦发生传染便可能在金融系统(如金融市场内部、金融市场之间、金融市场与金融机构之间等)扩散蔓延,严重时甚至波及实体经济,危害国家经济金融的平稳发展。

一般认为,可以从狭义和两个广义视角上理解金融安全风险传染。其狭义的定义指金融风险在金融系统内部产生并扩散蔓延,损害国家金融稳定。例如,商业银行之间存在的同业拆借关系构成复杂的银行债权债务网络,一旦某一银行陷入财务困境并出现流动性风险,其经由银行债权债务关系网络导致金融系统内部发生风险传导,银行业的风险冲击进一步向实体经济各领域扩散,冲击国家的金融稳定。

从广义上金融安全风险传染可以理解为,金融系统外部或者内部因素形成的风险冲击传递至金融系统为部各个金融实体,并使国家金融安全丧失。例如,商业银行向某一行业的企业提供信贷服务,由于外部事件冲击使该行业的大批企业处于财务困境和信贷违约等困境,相关企业违约使商业银行陷入流动性危机,此时企业经营风险传导至银行机构,动摇金融秩序并危害国家经济金融安全。

二、金融安全风险传染特征

金融安全风险的传染现象伴随金融安全风险的产生而广泛存在于现实经济社会当中。简言之,金融安全风险传染具有以下特征:

(一)临界性

金融风险向外扩散传染之前需要经过一定时间的积累。金融系统信息的非对称性、隐秘性等因素助长了金融风险的积累和潜伏。如果在积累过程中施加有效的金融监管措施以遏制和化解风险,金融风险便可能逐渐消除,不会发生传染效应。但是,一旦缺乏有效的防范措施或者出现监管失效,当风险积累到某一临界或者阈值时,便会发生金融风险的传递和扩散。

(二)方向性

金融风险传染通常起始于某个风险源。在传导的最初阶段,一般表现为从风险源至被传染对象的单向传导。但随着金融风险愈演愈烈,其传导过程容易出现"多米诺骨牌效应",从最初的单向传导可能会演化为多向传染或者交叉传染。

（三）扩散性

金融风险一旦发生传染,其过程便具有扩散性,即发生所谓涟漪效应或者放大效应。金融业是社会信用的创造者和提供者,当金融系统产生风险,它可能经由各种潜在的传染路径蔓延至系统内各个部分,甚至会波及实体经济,即在传染过程中就呈现显著的扩散性。以商业银行为例,其吸纳公众存款并在储户取款时支付本金和利息（信用提供）,同时银行将公众存款提供给具有资金需求的企业和个人（信用创造）。当面临财务困境或者流动性风险时,银行由于这种信用创造机制将使其自身的风险迅速传染扩散至金融系统内部甚至实体经济。

（四）差异性

在金融风险传染过程中,被传导对象的风险抵御条件各不相同,它们受到风险冲击的程度也会有所差异。对经济不发达、金融体系不完善、监管制度不健全的金融实体而言,由于经济金融基础条件薄弱、风险承受和缓释能力不强而更容易遭遇金融风险的传染和冲击。相反,对经济相对发达、金融体系及其监管制度较为健全的金融实体而言,它们具有强的风险承受能力,可以采用合适的宏观政策工具（如财政政策、货币政策或宏观审慎监管政策）对金融风险进行规避或者防范化解。需要指出的是,不同金融实体之间基础条件的差异性将引起国际资本、金融资源流向的不同,也是导致金融风险冲击影响存在差异性的关键原因。

（五）两面性

金融风险发生传染后最终结果都会是风险的化解和消散,但是在达成这个结果前都可能经历两个过程。一是通过采取有效的宏观政策及监管措施，遏制金融风险的传播和扩散，以较少的经济代价阻断风险传染，进而维护国家的金融稳定性；二是由于缺乏有效的监管政策及工具手段，金融风险传染进一步演化为金融危机，并波及实体经济遭受重创，这时即通过被动地发生极端金融事件甚至是金融灾难来释放并调整金融风险。前者通过采取积极的手段来防范化解金融风险，所造成的损失相对较小；后者则是被动式任由金融风险自由释放，显然会对国民经济造成严重冲击。

三、金融安全风险传染要素

(一) 风险和风险传染来源

金融风险源泛指一切导致金融风险产生的源头。换句话说，诱发金融系统产生风险的人、物、事件等实体都被视为金融风险源。准确识别金融风险的产生来源，有助于理解金融风险的出现条件和潜在诱因，进而可以从源头上制定和实施防范化解金融风险的方案。金融风险的来源广泛存在于金融系统外部和内部。系统外部的风险源可以通过某一媒介引发系统产生金融风险，而系统内部的风险源也可以透过金融系统中错综复杂的关联导致风险发生。

控制风险源首先需要识别和衡量风险，然后将其限定在一定的范围内。对风险源进行分析，有助于认识金融风险的性质、类型以及可能带来的潜在后果。每一类型的金融风险都具有自身特定的风险驱动因素，只有精确识别金融风险源，才能从源头上尽早进行风险防控。例如，某一金融风险的源头是汇率风险，则应意识到一国货币之所以存在汇率风险，最根本的原因是该货币在金融市场上的供求关系存在不确定的变动，而这种供求关系又取决于本国的货币购买力、经济发展水平、经济政策变化、市场预期，以及他国甚至是全球的经济、贸易、金融、政治形势的变化等。

此外，某一极端金融事件的产生可能存在多种风险来源，而且一些金融风险的形成过程具有高度复杂性。这使对风险源进行调查分析时,需要结合金融风险的具体种类以及风险形成的根本原因。对历史上发生的各次重大金融危机进行分析后发现,风险源大多是那些经济结构存在问题、金融监管相对薄弱、资本市场不甚发达和金融体制不够健全的国家和地区。正是由于它们本身存在诸多的薄弱环节,才使外部投机性成为危机爆发的起因。因此,对风险源的仔细研究有助于发现危机爆发的根源,进而采取相应措施开展救治。

需要指出,金融风险的风险源和风险传染源是两个容易混淆的概念。风险源指的是风险产生的根源,而风险传染源则是风险在系统中扩散的起点。以 2023 年美国硅谷银行(Silicon Valley Bank,SVB)挤兑事件为例,图 5.1 展示了该事件的金融风险源与金融风险传染源。2023 年美国硅谷银行挤兑事件的风险源在于美国长期国债市场的利率上升导致银行资产负债表中的长期债券资产出现大幅贬值,形成了潜在的损失。风险传染源是硅谷银行在应对存款人提现需求时流动性问题暴露,引发了银行业及金融市场的恐慌情绪。当存款人对银行资产状况失去信心,集中大规模提现时,硅谷银行的流动性不足引发危机。由于流动性问题未能及时缓解,银行资产被迫低价出售,进而引发了市场恐慌和其他银行股票的下跌,风险逐渐从硅谷银行向美国乃至国际银行业传染。这一事件展示了风险源和风险传染源的区别:风险源是银行资产负债管理中的问题,而风险传染源是市场对流动性问题的担忧所引发的连锁反应。

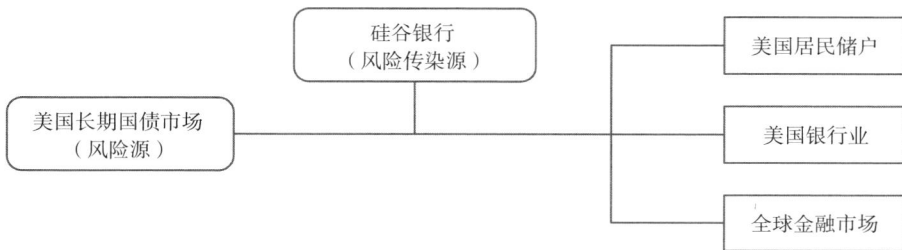

图 5.1 2023 年美国硅谷银行挤兑事件的金融风险源与金融风险传染源

资料来源:笔者根据相关知识积累自绘。

总的来说,风险源和风险传染源之间的关系是相互联系又密不可分的,没有风险源就不会产生金融的传染,就不会爆发金融危机。风险源和风险传染源可能是相同的主体,也可能是不同的主体。风险传染识别首要解决的问题是正确判断风险及风险传染源,其次是分析风险传染带来的损失。

(二)风险传染对象

金融风险一旦形成,便会有从源头向外扩散的属性和趋势。与金融风险源具有相似风险状况和紧密关联关系的其他金融实体往往更容易受到侵袭和传染,这些被某一金融风险源传染到的金融实体则成为被传染对象。例如,资本市场上股票价格大幅度下跌,投资者为减少投资损失,开始抛售持有的股票,由此造成资产降价出售的损失。在这里,风险源在资本市场,而被传染对象则是投资者。由此可见,作为金融风险产生主体的风险源向外释放着风险冲击,被传染对象是承担风险的客体。

金融风险的被传染对象可以是国家、地区、市场、行业、机构等金融实体。以金融风险在国家之间发生传染为例,某一国家爆发金融危机,金融风险溢出效应向外扩散蔓延,被传染对象往往是那些与该国存在紧密经济关联或者业务往来的国家。倘若这些受到传染国家的金融监管不健全,自身的金融脆弱性与外部风险冲击相互叠加则更容易引发被传染国发生危机。被传染对象与风险源之间发生风险传染的纽带往往是经济合作、国际贸易、投资往来等实体关联。

被传染对象与风险源之间通常具有相似的宏观经济基础、政治环境、社会发展、产业结构和文化背景,这是产生风险传染的重要原因。总的来说,被传染对象自身的金融脆弱性及其与风险源之间存在紧密的实体关联和相似宏观基本面,是导致金融风险传染的关键。例如,2008 年国际金融危机大面积传染,进而全球性爆发既有自身的金融脆弱性的原因,同时也有与风险源(美国)存在实体关联或者相似宏观基本面的原因。

（三）风险传染载体

金融风险传染载体通常指承载或传导不确定性的有形物质与无形效应，其主要特征包括：

（1）客观性。体现在金融风险从风险源传染至被传导对象所途经的载体是真实存在的。当金融活动发生时，风险便广泛并且客观地存在于其中的各个环节，而参与活动的实体之间形成的业务关联和交易关系客观地充当着风险传染的载体。

（2）复杂多样性。指在金融风险传染中发挥着媒介功能的传染载体，它的存在形式和具体内容趋向复杂多元。随着经济全球化和金融创新进程不断深化，金融实体之间的业务关联日益复杂。新的金融衍生工具和业态模式不断涌现，使系统内部金融实体之间的债权债务、交易头寸、金融合作和博弈等关系呈现出高度繁杂多样性。金融实体之间不同类型的关联相互叠加、相互影响，又进一步加深了金融风险传染载体的这一特性。金融系统充斥着资产价格的剧烈波动和金融参与者的非理性行为，一旦金融资产发生价格暴跌或者金融机构遭遇财务困境，资产抛售、资本外逃、投机攻击、银行挤兑、"羊群效应"等载体活动会以单独或者叠加的形式使风险传染到整个金融体系，甚至是波及实体经济领域，伤害国民经济。

（3）承载传导性。金融风险传染载体的承载与传导特性是统一的，其中承载性指传染载体在充当金融风险传染媒介的时候也承载着诸多金融风险驱动因素，它们相互叠加且共同作用，最后使被传导对象受到金融风险的传染；而传导性则指金融风险传染载体的媒介或者桥梁作用。

（4）扩散传染性。不同于其他领域的风险传染载体，金融风险的传染载体不仅具有承载与传导的属性，其自身还处于一个动态发展的过程中，而且具有扩散和传染的特征。例如，对于银行挤兑、"羊群效应"、多米诺骨牌现象等诸多风险传染载体，其自身便具有一种传染和扩散作用。

根据形态的不同,金融风险传染载体可以分为显性载体和隐性载体。显性载体主要包括:

(1)银行挤兑。挤兑是银行机构的内在脆弱性以及信贷过度扩张的后果。大量储户同一时间向银行提款时,一旦取款需求超过银行的流动性资产便发生挤兑行为。其中,风险源是银行的内在脆弱性、过度信贷等,它们通过风险传染载体,即挤兑来扩散金融风险,被传导对象是被挤兑的银行。

(2)资产抛售。当一个国家的经济增长速度放慢或者实体经济和产业结构出现失衡时,人们对金融资产价格、经济发展前景信心丧失,进而在短期内采取相应行动,如抛售各种资产尤其是有价证券。其后果是,金融资产的价格大幅下降,严重时导致股市和债市崩盘,此即通过抛售资产这种载体传染的资本市场风险。

(3)资本流动。世界各国的金融开放程度日益提升,当国际资本市场发生极端金融风险事件时,资本流动将成为不同金融市场参与者之间最直接的金融联系,并充当着金融风险跨市场传染的载体。

(4)投机攻击。如果一个国家的货币发生大幅度贬值,投机性的攻击会造成其外汇储备枯竭、资本外逃,从而迅速加剧其国际收支的失衡。

隐性载体主要包括投资者信心的相互影响、从众行为、"羊群效应"等。当某类资产的价格过度波动而产生资本市场风险时,或某家银行破产导致公众对金融机构丧失信心时,或某个国家出现严重的货币汇率高估造成严重的货币供求失衡时,投资者信心损失、从众行为、"羊群效应"就会将这些风险向外传递和扩散。

按照产生风险源的层次划分,风险传染载体可以分为微观载体和宏观载体。微观载体主要承载金融体系内部产生的风险。例如,银行信贷部门遭遇客户的信贷违约,贷款无法回收,这时产生的金融风险又可能传染给与其关系密切的其他金融机构。宏观载体则指金融系统外部环境(如宏观经济的运行情况、金融机构与企业的社会信用关系以及消费者的观念、习惯、风险偏好等），通过它金融风险可能传染遍整个体系，从而带来范围更大、程度更深的不确定性。

传染载体在金融风险传染的过程中起着媒介、桥梁、工具、链条的作用。如果没有传染载体，金融风险当然就无法传播。应正确认识和评价载体的作用，以有效发挥载体的积极功能。例如，某家银行倒闭并未引起储户对所有银行的信任危机，这时没有出现挤兑风潮，该银行倒闭的风险就不会通过挤兑这一载体传染给整个银行业。要做到这一点，就要求必须具备充分的保障，如设立银行存款保险制度，银行资本达到相关的充足率要求等，即采取完善的监管干预措施来维护社会储户对银行业的信心，便可能防止出现大规模的挤兑潮。虽然风险产生于倒闭的银行（风险源），但未扩散至整个银行业，风险传染的链条被切断。

由此可见，金融风险传染载体对金融风险传染的影响一般是负面的（如市场恐慌心理的传播会加剧金融风险），金融监管的实施可以根据金融风险传染载体的作用来建立稳健的避险机制，从而维护宏观经济基本面的平稳运行。此外，有些传染载体具有两面性，即一方面加速金融风险的传染，另一方面又可能起到分散、转移和规避风险的作用，如金融衍生工具，它本来是为转移、规避和分散风险的目的而产生的，但它反过来又可能造成新的风险。为此，防范金融风险传染需要正确认识和评价风险传染载体的积极作用和消极影响。

（四）风险传染强度

风险传染强度可以用来衡量金融风险传染的冲击深度、影响范围和扩散速度。传染强度越高，意味着风险在系统中的冲击力度越大、波及范围越广、传播速度越快。传染强度的大小受到金融系统内部结构和各金融实体之间关联度的影响。通常情况下，系统中金融网络的紧密性越高，风险的传染强度也越强。

虽然传统观点认为传染强度与传染距离成反比,即距离风险源较远的金融实体一般受影响的程度较低,但在全球经济一体化的背景下,这种关系有所弱化。全球金融市场的高度关联性,使金融风险在跨越地理空间限制后仍然能够迅速传播。然而,传染距离仍是一个不容忽视的因素,尤其是当涉及不同的监管环境、市场开放度和经济结构时,地理距离可能会影响风险传染的实际强度。

此外,金融风险传染的强度还与被传染对象的经济韧性、金融监管水平、资本市场开放程度,以及与风险源之间的关联程度密切相关。传染强度的评估有助于识别金融系统的薄弱环节,从而更好地进行风险防控。

(五)风险传染效应

风险传染效应描述了金融风险自风险源向外扩散的过程以及可能产生的结果。在风险扩散的初期,传染通常呈现为"点对点"的单向传播,风险在有限的路径中扩散。随着时间的推移,"涟漪效应"逐渐显现,传染的广度和深度进一步扩大,风险逐层传递,引发更广泛的冲击。若传染效应达到一定程度,可能会引发"多米诺骨牌效应",导致大范围的金融系统崩溃。

如果在风险传染的初期未能及时采取有效的干预措施,单向传染可能演变为多向传播,甚至形成交叉传染。此时,风险传染的复杂性和不确定性大大增加,不同金融市场和实体之间的风险相互影响,产生多层次、多维度的传染效应。因此,控制风险传染效应的扩散过程至关重要,以防范系统性风险的进一步升级和扩散。

四、金融安全风险传染基础性理论

当前,研究金融安全风险传染所依据的理论基础主要是比较金融风险传染体系,其内容主要涵盖三个方面。

（一）季风效应

所谓季风,指大范围地区的盛行风随季节而显著变化的现象。具体而言,夏季风由海洋吹向陆地,而冬季风则由陆地吹向海洋,风向随季节的变化而变化。季风原本是一种自然现象,后被应用于经济学、金融学领域,尤其被用来形容金融危机传导,称为季风效应(Monsoonal Effect)。

金融安全风险传染中的季风效应指某一外部事件产生负面溢出效应,导致某一范畴(如地理区域、经济区域、货币联盟等)内的国家,在金融稳定性和货币体系等方面遭受整体性冲击。

美国货币政策的变化对发展中国家的影响便是一个突出的例子:当美国通过调整货币政策来改善其宏观经济状况时,采用盯住美元固定汇率的许多发展中国家便普遍受到该政策效应的冲击,即随着美国经济状况和货币政策的变化,盯住国普遍需要动用巨额的外汇储备来维持固定汇率的均衡,否则将引起国际游资对本国主权货币的投机性打击,像季风随着季节的变化而改变一样。此外,国际利率的调整、资本流动的异常也都会使许多国家的经济发展和社会福利受到影响。

（二）溢出效应

溢出效应指某一国家受到的危害国家金融安全的负面冲击(如宏观基本面恶化、资本市场震荡、货币危机爆发等)传导至与其具有潜在实体关联,或者相似经济结构的国家。金融安全风险传染的溢出效应相对集中发生在具有紧密宏观经济基本面联系的国家之间,特别是在国际贸易和金融投资领域。

贸易和投资是金融安全风险溢出效应的关键渠道。贸易渠道传染指某一国家遭遇风险事件的负面影响溢出传导至与其具有紧密贸易关系的国家,导致后者的宏观基本面恶化,发生金融危机甚至陷入经济衰退。投资传染渠道是指某一国家遭遇风险事件(如金融机构普遍面临流动性枯竭),该负面冲击溢出传导至与其具有紧密投资联系(如对外直接投资、跨国并购、银行间国际同业拆借)的国家,导致后者出现大规模的流动性不足、资产价格暴跌、资本外逃等(鞠颂,2013)①。

金融安全风险的贸易传染溢出又可以分为贸易伙伴型溢出和贸易竞争型溢出。贸易伙伴型溢出一般指其一国家遭遇上述极端事件,引发本国主权货币贬值,进而削弱其贸易伙伴国的商品价格竞争力,后者由此面临贸易逆差和外汇储备减少等负面影响。此时,如果贸易伙伴国的主权货币进一步遭遇国际游资的投机性攻击,便极易发生货币危机。

具体看图 5.2 的金融安全风险的贸易溢出流程。A 国与 B 国具有贸易合作关系,如果 A 国的主权货币贬值,将抑制 A 国从 B 国的商品进口,B 国出口

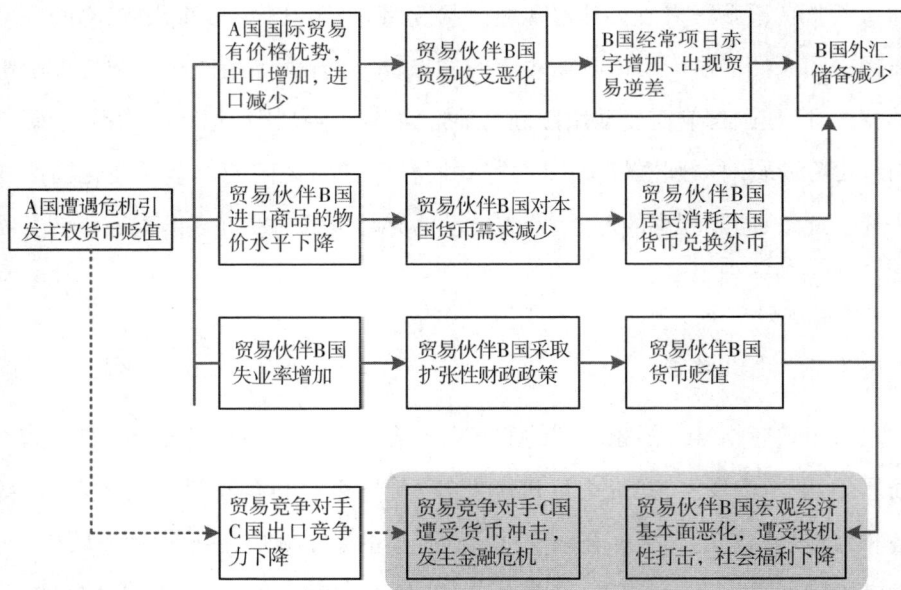

图 5.2　金融安全风险的贸易传染溢出

注:A 国为发生货币危机的危机国,B 国为 A 国的贸易伙伴,C 国为 A 国的贸易竞争对手。图中实线代表贸易伙伴型溢出渠道,虚线代表贸易竞争型溢出渠道。
资料来源:张志英:《金融风险传导机理研究》,中国市场出版社 2009 年版,第 75—89 页。

———————
① 鞠颂:《美国金融危机国际传导研究》,南京大学 2013 年博士学位论文。

商品数量减少会影响其获取外汇收入,导致 B 国经常项目赤字发生、失业率增加、社会福利减少等。由此,A 国的货币危机通过贸易渠道传染到了 B 国。贸易竞争型溢出是指由于某一国家遭遇风险引发货币贬值,将降低与其具有相同市场的贸易竞争对手国家的出口竞争力,而后者不得不采取"竞争型贬值"来维持其自身的出口市场份额,由此便产生金融安全风险的传染。

　　金融安全风险的投资渠道传染刻画一国在遭遇金融危机或其他冲击时,这种风险通过其投资联系传导至其他国家,导致这些国家的金融系统和经济环境遭受影响。投资渠道传染的发生通常依赖于跨境资本流动、金融市场的联动性,以及国家间的金融投资关系。投资渠道传染可进一步分为直接投资型溢出和间接投资型溢出,金融安全风险投资溢出流程如图 5.3 所示。

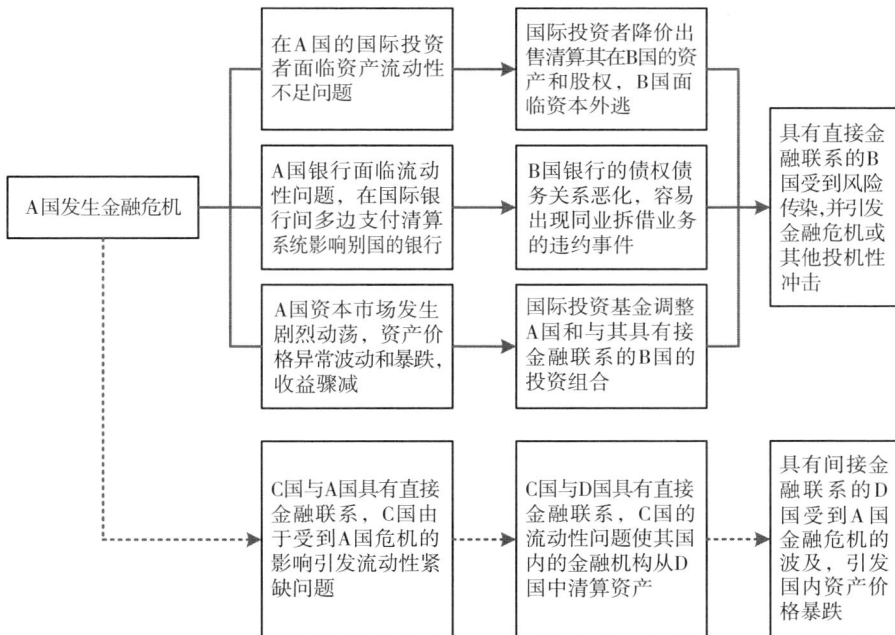

图 5.3　金融安全风险的投资传染溢出

注:A 国为发生金融危机的危机国,B 国和 C 国与 A 国有直接金融联系,D 国与 C 国有直接金融联系,由此 D 国与 A 国具有间接金融联系。图中实线代表直接投资型溢出渠道,虚线代表间接投资型溢出渠道。

资料来源:张志英《金融风险传导机理研究》,中国市场出版社 2009 年版,第 75—89 页。

直接投资型溢出指在具有直接投资联系的国家或地区之间发生金融危机时,危机通过直接投资途径引发其他国家的经济动荡。这种溢出效应通常出现在两个或多个国家之间,彼此之间具有对外直接投资、跨国并购、项目融资等实质性经济联系。假设一国发生金融安全风险(如货币危机或资本市场崩溃),该国的金融机构,如商业银行和非银行金融中介,为应对本国流动性需求而被迫抛售国外资产,从而影响与其存在直接投资关系的国家。这可能导致受影响国家发生资本外逃、投资项目中断、资产价格下跌等一系列负面连锁反应,甚至可能进一步加剧其金融体系的不稳定性。

例如,在某一地区,如果 A 国由于国内经济危机而遭遇货币贬值和流动性紧缺,A 国的金融机构可能会提前清算其在 B 国的投资,以满足其国内的流动性需求。这种行为将对 B 国产生直接冲击,可能引发 B 国的资产价格大幅下跌,甚至导致 B 国面临国际游资的投机攻击,加速其资本外逃并增加货币贬值压力。直接投资型溢出往往发生在经济结构相似且金融市场高度互联的国家之间,且其冲击效应通常较为剧烈。

间接投资型溢出指在没有直接投资联系的国家之间,由于存在与第三方国家的共同金融联系,从而形成间接投资关联。当第三方国家(即金融联系的"中介"国家)发生金融危机或流动性紧张时,这种危机可能通过资本撤出的方式影响与该中介国存在间接投资关系的其他国家,造成风险在整个区域的扩散(鞠颂,2013)。

间接投资型溢出通常涉及更为复杂的金融网络结构。例如,A 国与 C 国存在金融联系,受 A 国危机影响,C 国的流动性问题开始加剧。然而,C 国同时也与 D 国存在直接金融联系。为了应对 A 国危机带来的流动性问题,C 国的投资者可能被迫撤回其在 D 国的投资,从而导致 D 国的资本市场波动和资产价格下跌,触发金融动荡。这种传染路径显示,即使 D 国与 A 国之间没有直接的金融关联,A 国的危机依然可以通过 C 国作为"桥梁"传导至 D 国,造成风险的进一步扩散。

（三）净传染效应

上述季风效应和溢出效应相关理论解释了由宏观基本面接触所导致的金融安全风险传染现象,对非宏观经济基本面接触的金融风险传染则可以通过净传染效应作进一步解释。

净传染效应是在投资者心理预期变化的基础上诱导出来的金融风险传染,这种金融活动参与者的心理预期与宏观经济基础的变化可能有关也可能无关。净传染效应指某一国家的金融安全风险通过投资者心理预期的"自我实现"机制传染至其他国家。在信息不对称的金融系统中,信息劣势的投资者参考借鉴具有信息优势投资者的心理预期,即投资者往往不是根据自己所掌握的信息而更多的是跟随其他投资者的决策行为。个体的微小"理性决策"行为可以引发众多投资者群体的跟随行为,当群体采取个体的"理性行为"时,可能导致群体的"非理性决策",从而对金融系统产生巨大冲击。现有理论一般假定投资者的决策是有先后顺序的,后序投资者在采取行动之前会观察前序投资者所采取的行动。当投资者产生"自我实现"的心理预期后,他们在制定决策时往往容易出现"羊群行为"。

常见的净传染效应有经济净传染、政治净传染和文化净传染之分。其中,经济净传染指当某一国家发生金融风险,投资者的心理预期会对与这个国家宏观经济基础相似的其他国家产生作用,如抛售后者的金融资产,由此发生金融风险的净传染;政治净传染指某一国家发生金融危机,其负面影响向投资者释放出与这个国家具有相似政治环境国家更容易出现政治制度与经济发展失衡的信息,从而让投资者形成"在与风险国具有相似政治环境的国家不利于开展金融活动"的心理预期;文化净传染指在宏观经济和政治环境方面没有相似性但在文化背景、文化历史、传统习俗和宗教信仰上类似的国家,也容易发生投资者心理预期变化引起的金融风险传染。

第二节　金融安全风险传染渠道与动因

一、金融安全风险传染渠道

金融安全风险由于金融系统脆弱性、金融系统外部冲击和金融参与者非理性行为等原因而广泛存在于经济社会中,具有高度的隐蔽性和复杂性。金融安全风险持续积累并达到向外扩散的临界点后,将经由特定传染渠道对国家金融安全稳定造成冲击。根据产生金融安全风险的源头存在于金融系统内部或是外部,金融安全风险的传染渠道可分为两种(张志英,2009)①。

(一)金融系统内部传染渠道

金融系统内部的风险传染渠道是指由于系统自身固有的脆弱性,以及其他系统内潜在驱动因素所产生的风险在金融系统中扩散的渠道,一般包括以下4种具体形式:

1.金融机构内部各部门之间的风险传染

金融机构内部各部门之间的风险传染是金融系统内部传染渠道的重要组成部分。在商业银行等金融机构内部,多个部门的业务活动和风险管理存在密切的关联性,因此一个部门的风险可能迅速传导至其他部门,导致机构内部风险扩散。

例如,在商业银行中,信贷管理部、资产管理部、国际业务部和金融市场部等部门往往承担较高的风险。信贷管理部主要负责贷款发放和债务风险管理,但由于信息不对称,银行难以全面掌握贷款客户的信用状况和财务能力,一旦出现债务违约,信贷管理部将面临不良资产的增加。这种信贷风险可能

---

①　张志英:《金融风险传导机理研究》,中国市场出版社 2009 年版,第 75—89 页。

进一步传导至资产管理部,影响银行的整体资产质量和财务稳健性,甚至迫使资产管理部重新调整资产配置。

国际业务部则可能受到国际汇率波动和跨境资金流动的影响。当汇率出现剧烈波动时,国际业务部可能面临外汇损失和流动性风险,这种压力会扩散至金融市场部,使其在市场操作中面临更大的波动风险。此外,金融市场部在资产价格波动较大时可能会出现重大亏损,进一步影响银行的整体流动性和营收稳定性。

图 5.4 显示了这些部门之间的相互关联和传染路径。通过该示意图可以看出,银行内部各部门之间的风险并非孤立存在,而是相互交织,形成一个潜在的传染网络。因此,当一个部门出现风险时,其他部门往往会受到连带影响,加剧了机构内部的风险传播。

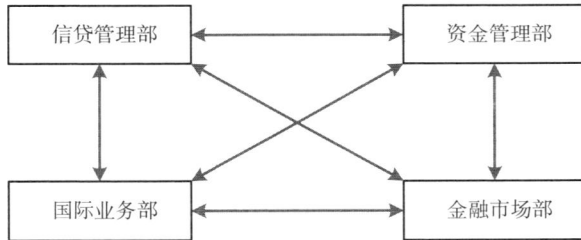

图 5.4　银行机构各部门之间的风险传染

注:图中仅绘出了银行的 4 个部门,其他部门也可能涉及各种金融风险传染。

资料来源:张志英:《金融风险传导机理研究》,中国市场出版社 2009 年版,第 75—89 页。

2. 金融机构之间的风险传染

金融机构是现代金融活动的微观参与主体,它们通过紧密的业务往来、交易关系和资本流动建立起错综复杂的机构关联网络。以银行业为例,银行在提供信贷、调节市场流动性、承销证券发行、分散投资者风险等方面都发挥着重要作用,因此它们自身之间以及与其他金融机构之间的网络性关联十分紧密,通过开展银行间同业业务(同业拆借、同业存款和同业资产买卖回购等),持有共同资产或者债权,应对相似的经营监管环境,采取一致的风险管理模式,相互影响、相互关联(方意,2016a)①。银行具有复杂的债权债务关联,某一银行遭遇财务困境或挤兑情况所引起的流动性问题会导致与该银行具有同业关系的其他银行出现违约风险,流动性的负面冲击将通过同业拆借网络向其他银行扩散,并蔓延至整个同业拆借网络。

此外,随着金融机构业态模式不断更迭和创新,混业经营在现代金融业中逐渐流行,银行与其他金融机构(证券、保险、基金、房地产等)存在多业务、多品种和多方式的交叉经营。某一金融机构发生危机,其负面影响将扩散至具有业务往来的其他金融机构。图5.5展示了金融机构之间风险传染。

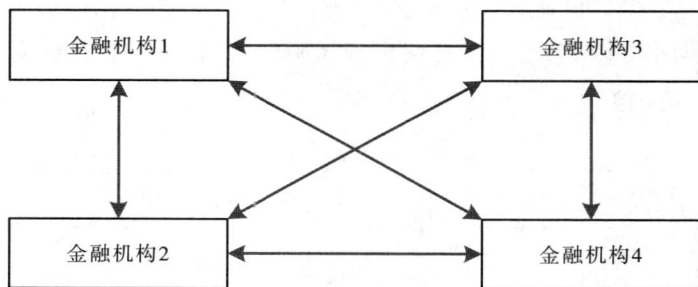

图 5.5　金融机构之间的风险传染

注:图中金融机构代表不同行业的机构,如银行、证券、保险、房地产等。
资料来源:张志英:《金融风险传导机理研究》,中国市场出版社2009年版,第75—89页。

3. 金融市场之间的风险传染

金融市场之间的风险传染者风险在不同金融子市场间的传播,形成跨市场的连锁反应。在现代金融体系中,货币市场、外汇市场、债券市场、股票市场和期货市场等各类市场相互关联,通过资金流动和资产价格波动相互影响。图5.6展示了这些市场之间的风险传染路径,揭示了不同市场之间的复杂联动性。

比如,货币市场的利率变化对其他市场的影响直接而广泛。利率决定了

---

① 方意:《宏观审慎政策有效性研究》,《世界经济》2016年(a)第8期。

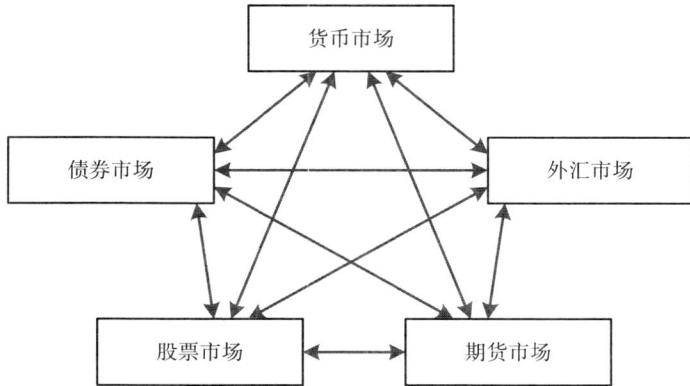

图 5.6　金融市场之间的风险传染

资料来源:张志英:《金融风险传导机理研究》,中国市场出版社 2009 年版,第 75—89 页。

资金成本和流动性,当货币市场的利率上升时,债券市场的债券价格通常下跌,因为更高的利率降低了现有债券的吸引力,这会导致投资者抛售债券,加剧债券市场波动。同时,利率上升也增加了企业融资成本,使股票的吸引力下降,从而引发股票市场的波动。此外,利率的变化可能影响期货市场中的相关衍生品价格,扩大风险传染范围。

外汇市场也是风险传染的重要渠道。汇率波动直接影响跨国投资者的回报,例如,当一国货币贬值时,外国投资者的收益减少,可能导致资本外流,进一步打压该国的股票和债券市场,并加剧货币汇率的下行压力。汇率波动也会影响以外币计价的债券和股票价格,从而影响其他市场的表现。

债券市场和股票市场之间的关系则表现为资产替代效应。当股票市场大幅波动时,投资者往往转向债券市场寻求安全收益。然而,如果债券市场本身出现波动(例如,收益率大幅变动),这种风险会在股票和债券市场之间相互传递,使两个市场的波动交织在一起,形成连锁效应。

总体而言,金融市场之间的风险传染具有高度复杂性。随着全球化和金融自由化的深入,各市场之间的关联性日益增强,使一个市场的波动或危机可以迅速扩散至其他市场。因此,加强对不同市场间风险传染的监控和管理,识别关键传染渠道,是防范系统性金融风险的重要手段。

4. 金融市场与金融机构之间的风险传染

在现代金融体系中,金融机构在不同的市场中活跃,往往具有系统重要性。一旦系统重要性金融机构发生财务危机,负面影响可能会通过其参与的市场扩散至整个金融系统,形成跨市场的连锁反应。图 5.7 展示了金融市场与金融机构之间的双向风险传染路径。

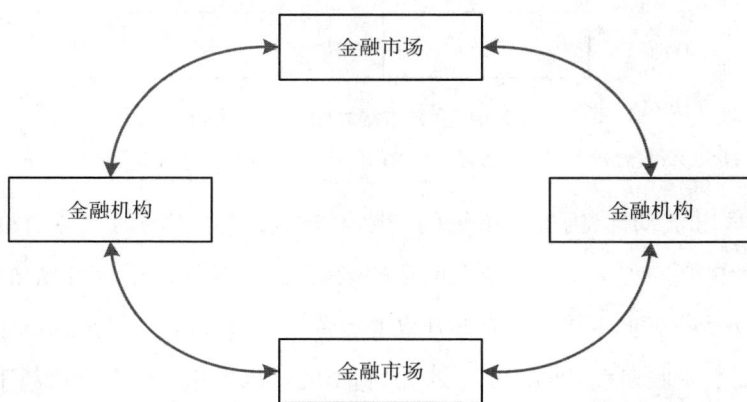

图 5.7　金融市场与金融机构之间的风险传染

资料来源:张志英:《金融风险传导机理研究》,中国市场出版社 2009 年版,第 75—89 页。

首先,金融机构通过各种业务活动深入参与不同的金融市场,包括货币市场、外汇市场、债券市场、股票市场和衍生品市场等。作为这些市场的核心参与者,金融机构不仅提供资金和流动性,还扮演着风险管理和价格发现的重要角色。当一家系统重要性金融机构出现财务困境,特别是在面临破产或重组的情况下,其负面冲击会迅速传播至其参与的各个市场。例如,一家大型商业银行的流动性危机可能导致其在债券市场和股票市场中的资产被迫抛售,引发价格大幅波动,并可能进一步导致相关市场的流动性紧张。此外,金融机构的财务问题还可能通过与其他机构的交易关系,扩大至其他市场,甚至引发连锁反应,造成整个金融市场的剧烈波动。

另一方面,金融市场对金融机构的风险传染也较为常见,尤其在市场出现大规模波动时。例如,当股票市场或债券市场发生危机时,参与其中的金融机构将面临资产价格下跌带来的账面损失,进而引发流动性压力。特别是当金融市场的价格波动剧烈时,金融机构的资本充足率可能会下降,从而削弱其对风险的抵御能力。若金融机构持有大量受危机影响的资产,如不良贷款或高风险证券,市场的负面波动将直接影响其财务状况,可能引发机构内部的流动性短缺或偿付压力。由于金融机构之间的相互关联性较高,某一机构面临的困境还可能传染至其他机构,形成系统性风险。

在金融市场与金融机构之间的风险传染过程中,市场的波动性和机构的杠杆水平是关键因素。较高的市场波动性和杠杆水平会加速风险的传递,并放大其影响。当金融市场遭遇极端事件时,高杠杆的金融机构更容易受到冲击,迫使其削减资产,进一步加剧市场的波动。这种传染机制可能在金融市场和机构之间来回反复,形成恶性循环,尤其在市场信心不足或流动性紧缺的情况下。

总的来说,金融市场与金融机构之间的风险传染具有双向性和复杂性。在实际风险管理中,加强对系统重要性金融机构的监管和市场流动性的监控至关重要。有效的风险管理措施可以减少金融机构之间的风险联动效应,降低市场对单一金融机构财务问题的敏感性,进而维护金融系统稳定。

(二)金融系统外部传染渠道

金融系统外部的风险传染渠道指外部因素的负面冲击通过传导路径渗透到金融系统内部,从而引发金融系统内部风险的扩散。尽管风险是金融系统的内在特性,但由于金融系统在经济中扮演着资源配置和引导的角色,其风险的形成与外部经济环境息息相关。图5.8展示了金融系统外部风险源通过不同路径对金融系统产生传染的过程。

宏观经济基本面的下行是金融系统外部传染的重要因素之一。当宏观经

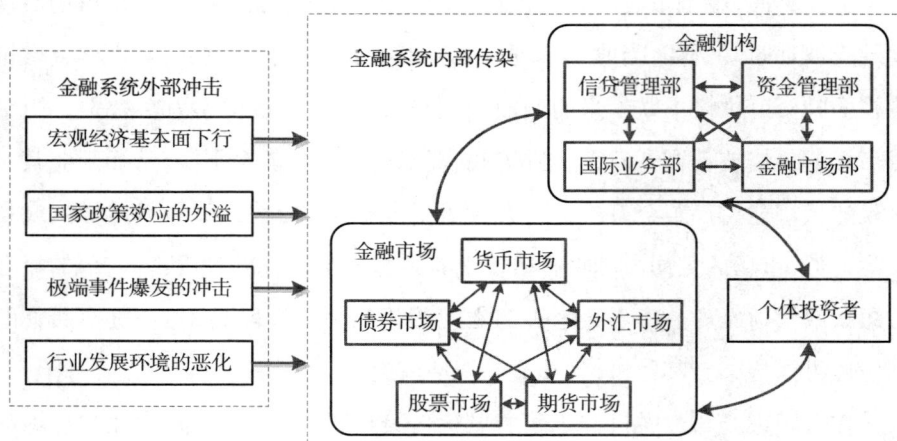

图 5.8　金融系统外部风险传染

资料来源:张志英:《金融风险传导机理研究》,中国市场出版社 2009 年版,第75—89 页。

济增长放缓或陷入衰退,企业和个人的收入下降,债务负担加重,违约风险增加。这直接影响到银行的信贷质量和资产价值,导致银行坏账增加,从而引发金融机构内部的流动性问题,并进一步扩散至整个金融系统。此类风险在经济周期性波动时尤为明显。

国家政策的外溢效应也是外部传染的重要途径。财政政策、货币政策和金融监管政策的变动会影响资本流动和市场预期。例如,当国家收紧货币政策时,利率上升将增加企业和个人的融资成本,可能导致股市和债市出现波动,给金融市场带来压力。若金融机构面临流动性问题或资产价值波动,金融系统内部的风险传染效应可能会因此加剧。

极端事件的爆发,如战争、自然灾害、极端气候、突发公共卫生事件或重大金融事件等,也可能通过外部冲击引发金融系统的风险传染。例如,一场自然灾害可能导致大量资产损失和保险赔付压力,进而影响保险公司的财务状况,并可能通过投资市场的传导路径影响金融机构的资产价值。此外,突发公共卫生事件可能导致经济活动停滞、企业和个人收入下降,增加违约风险,最终影响金融系统的稳定。

行业发展环境的恶化是另一个关键的外部传染渠道。当某一行业面临经营困难或竞争加剧时,企业的盈利能力下降,这将影响到为其提供融资的银行和投资机构。例如,当房地产市场下行,房地产相关贷款的违约风险上升,金融机构的资产负债表将受到影响,可能引发一系列的内部风险传染,影响其他市场和金融机构。

金融系统外部传染渠道反映了金融系统对外部经济环境的依赖性和敏感性。外部环境的变化会通过传染路径影响金融机构和市场的稳定性。因此,密切关注宏观经济、政策变化、行业状况及极端事件的动向,对识别和防范金融系统外部传染风险具有重要意义。

二、金融安全风险传染动因

(一)金融实体的关联性和相依性

国际化和全球化已成为不可逆转的趋势,推动了金融市场、金融机构和金融投资者之间在全球范围内的密切联系。当某一实体遭遇财务困境或极端风险事件时,金融实体之间的关联性和相依性使负面冲击迅速扩散,形成金融安全风险传染的基础。金融市场是这种传染的重要场所,其已涵盖货币市场、债券市场、外汇市场、资本市场、期货市场等多个子市场。尽管这些市场在职能、产品、服务特征上各有不同,但由于资本的逐利性和投资组合的多样化,各市场之间相互关联,从而使一个市场的金融风险可能通过关联性在其他市场引发连锁反应。

投机资本是跨市场风险传染的关键推动力。投机资本通常在多个市场上进行组合投资,利用价格波动和市场不稳定性牟取暴利。当投机者发现某一产品存在套利机会时,往往会凭借雄厚的资金实力大举进场,引发市场价格的剧烈波动。这种行为不仅加剧目标市场的风险,也可能将冲击传导至其他相关市场。例如,当投机资本大量抛售股票以实现套利时,这一行为可能导致股票市场的大幅波动,进而影响到债券市场和外汇市场的稳定。国际游资的投机行为尤其容易引发跨国、跨市场的金融风险,威胁地区金融稳定。

此外,地区经济一体化和金融自由化的深化进一步增加了各国金融系统的关联度。一个明显的表现是,各国资产价格之间的波动性和相关性显著增强,市场走势趋于同步化,从而为金融风险的国际传播提供了媒介。例如,美国在调整其财政或货币政策时,其政策效应往往会波及其他国家,尤其是新兴经济体。这些国家可能因资本外流和货币贬值而承受经济压力,最终导致资产价格下跌和系统性风险增加。同样地,在欧洲货币一体化的框架下,金融市场相互依存性较强,一国的金融危机可能迅速波及整个地区,形成区域性的风险传染。

(二)投资者的"羊群效应"和非理性行为

金融市场中信息不对称性现象普遍存在,投资者在面对不确定性和信息不完备的情况下,往往会选择模仿那些被认为掌握更多信息的市场参与者的行为,进而形成所谓的"羊群效应"。在这种效应的影响下,个体投资者更倾向于跟随大多数人的决策,以减轻自身的决策负担并降低个人风险。这种"如果大家都这么做,我也应该这样做"的心态使投资者的行为趋同,从而形成群体性的"羊群效应"。

当某一资产价格出现技术性下跌时,部分投资者会出于风险控制的目的选择抛售资产。这种个体的理性行为在信息不对称的环境下,往往会被其他投资者误解为市场整体的信号,进而引发大规模的模仿和跟风抛售。结果是,这种个体的理性行为被放大为群体的非理性行为,导致市场出现技术性价格下跌恶化,引发不可逆的暴跌。在这个过程中,"羊群效应"加剧了金融风险的传染和扩散,使原本局部的风险冲击迅速波及整个金融系统,形成系统性风险的传递。

非理性行为的传染不仅加速了市场动荡,也削弱了投资者的独立判断力,使整个金融系统更易受到市场情绪的影响。例如,在市场恐慌情绪蔓延时,投资者可能会因为他人的抛售行为而跟随卖出,即使这些行为并不基于合理的市场信息。这种非理性的从众行为会进一步加剧资产价格的下跌,形成自我强化的恶性循环,导致金融风险在更大范围内扩散。此外,随着信息的快速传播,"羊群效应"在数字化和全球化的金融市场中更加显著,投资者的恐慌情绪和非理性决策更容易在短时间内扩散,提高了系统性金融风险的发生概率。可见,金融实体的关联性和相依性为金融风险的传染提供了路径,而投资者的"羊群效应"和非理性行为则是风险传染的助推力。在这种复杂的传染机制下,金融市场中的风险往往通过多层次、多渠道的传导,迅速蔓延至更广泛的区域,进而对整个金融体系的安全性和稳定性构成威胁。

第六章　新发展格局下金融安全风险传染网络搭构

第一节　国内大循环金融安全风险网络

一、金融安全风险网络分类

当前,各类金融活动的不确定性增加,金融风险频发,金融安全时刻面临严峻挑战,这背后与金融主体之间的关系日趋复杂多变有关联。金融市场是一个典型的复杂系统,其中存在大量错综的交互关系。宏观经济政策调整、地缘政治局势变化和投资者恐慌情绪加重均不同程度地影响着金融市场的稳定性。

与此同时,由于现今错综复杂的合同关系链条和风险传染机制的存在,某种资产的价格波动必然会影响到其他资产,造成后者的价格也发生波动。这意味着,金融个体对金融系统产生的影响可能比预期的要更大。早期的经济模型将金融系统描述为一个整体或体系,体现为各类行为的集合,但其却不能充分理解金融行为的内在属性和外在表现,始终面临无法把握整体风险或金融系统中结构演变的困境,故而研究金融系统的结构将有助于预测风险的进一步走向。针对这一问题,逐渐有学者结合复杂网络理论来深入考察金融风险传染现象。采用复杂网络的优势在于,可以清晰刻画金融个体的行为及其关联性,并有助于探讨金融系统中存在的固有属性和结构特征。

复杂网络结合图论的相关知识,对金融个体的行为和性质进行刻画。一个复杂网络由若干个节点(Node)和节点之间的连边(Linkage)组成。在金融系统网络中,节点对应金融个体,连边对应金融个体之间的相互作用或联系。金融个体通常为银行等金融机构、股票市场或债券市场等金融市场、股票所有权或贷款等合约和金融监管机构等部门。金融个体之间的连边常常代表合约关系或其他类型的关联,如银行间借贷关系、市场间风险溢出关系等。近些年来,金融复杂网络为金融风险传染研究提供了一个有效的方法论,同时也为金融实际从业者和政策制定者提供了一个有力的决策咨询工具。

目前,复杂金融网络可大致分为实体网络、相关性网络和信息溢出网络等三类。本部分首先针对常见的单层网络展开论述,即重点考察单一金融市场的风险传染问题。研究的内容具体包括:在国内大循环这一特殊前提下,提出金融市场实体网络的构想;描述金融市场相关网络的构建;探讨在不同的相关性(Pearson 相关系数、Copula 函数、偏相关性等方法)测度体系下,网络的构建及其特征的比较;梳理信息溢出网络模型方法,并构建格兰杰因果关系、VAR 方差分解、尾部风险模型信息溢出网络。

二、单一市场金融实体网络

金融市场的实体网络主要描述金融个体之间的借贷关系和金融产品的归属关系。已有研究表明,部分实体网络呈现出所谓"小世界"的特性,形成地理聚集的社团结构,关于所有权网络的文献揭示了经济和金融实体的行为演变。银行之间的信贷网络也是实体网络研究的一个重点,由于各个国家银行之间的相关数据是非公开的,实际中银行间信贷网络实证研究开展起来较为困难。在现有文献中,不同的银行借贷网络之间呈现出类似的统计性质,如网络结构稀疏并表现出厚尾分布等特征。银行间实体网络的形态深刻影响金融系统的稳定性,同业信贷业务的存在意味着银行间会产生相应的风险冲击,若某家银行破产,随之而来的其他银行的风险冲击将影响银行间系统的流动性,最终危及整个银行业甚至引发系统性风险。因此,银行间信贷网络的构建也是本部分关注的主要内容之一。这里,首先讨论有关银行间实体网络理论,随后描述其构建方法。

(一)金融实体网络理论

博斯等(Boss 等,2004)[1]最早提出利用奥地利央行数据构建的银行间实体网络,他们选取奥地利银行资产负债表和主要贷款登记册等数据,建立银行间借贷网络,测算网络的度分布、最短路径长度和聚集系数等指标,讨论网络结构变动是否会影响银行系统的稳定。梅梅尔和萨克斯(Memmel 和 Sachs,2013)[2]模拟德国银行业的银行间风险传染效应,发现银行资本比率、银行间资产在系统中的份额以及银行间风险分布的平等程度是影响金融稳定最重要的决定因素。黄聪和贾彦东(2010)[3]基于 2007 年至 2009 年中国人民银行支付系统中银行间的数据,考察银行间网络的结构和稳定性,指出网络的稳定性在 2008 年 9 月开始增强,这意味着金融危机属于外生性问题,而且宏观调控政策起到了明显的效果。

如前所述,实际上大部分银行间的交易数据难以获取,它们一般为监管机构所有,属于不公开数据。对比,乌珀(Upper,2011)[4]首先假设在银行系统中可能存在两类风险传染渠道:资产渠道(共同流动池等)和负债渠道(银行间

---

[1] Boss M., Elsinger H., Summer M., et al., "Network Topology of the Interbank Market", *Quantitative Finance*, Vol. 4, No. 6, 2004, pp. 677-684.

[2] Memmel C., Sachs A., "Contagion in the Interbank Market and its Determinants", *Journal of Financial Stability*, Vol. 9, No. 1, 2013, pp. 46-54.

[3] 黄聪、贾彦东:《金融网络视角下的宏观审慎管理——基于银行间支付结算数据的实证分析》,《金融研究》2010 年第 4 期。

[4] Upper C., "Simulation Methods to Assess the Danger of Contagion in Interbank Markets", *Journal of Financial Stability*, Vol. 7, No. 3, 2011, pp. 111-125.

借贷和支付系统等），尝试根据最大熵方法模拟银行间的风险传染。其结论表明，共同的风险冲击可能会削弱银行的风险能力，并因此增加传染风险的可能性。与此同时，米斯特鲁利（Mistrulli，2011）[1]假设每家银行与其他所有银行都存在借贷关系，研究发现，最大熵方法可能会导致高估风险传染的区域。其他关于银行间的实体网络的相关文献涉及多个国家和地区：美国（Capponi 等，2017[2]；Xu 等，2016[3]）、欧洲（Aldasoro 和 Alves，2018）[4]、俄罗斯（Téllez-León 等，2021）[5]、英国（Ferrara 等，2019）[6]、德国（Craig 和 Ma，2022）[7]、中国（方意，2016a；黄聪和贾彦东，2010）。

（二）金融实体网络方法

银行间实体网络的构建主要是基于银行间双边敞口及其交易数据，对可能发生的风险传染进行模拟并加以分析。通常，对银行间网络模型的债务关系可作以下描述：

存在 n 家银行，将其视为网络模型的节点集 $N = \{N_1, N_2, \cdots, N_n\}$。银行 i 目前可接收到投资项目现金流为 t_i，现金为 c_i，收到来自银行 j 的贷款为 x_{ij}，即

① Mistrulli P.E., "Assessing Financial Contagion in the Interbank Market: Maximum Entropy Versus Observed Interbank Lending Patterns", *Journal of Banking & Finance*, Vol. 35, No. 5, 2011, pp. 1114-1127.

② Capponi A., Dooley J. M., Oet M. V., et al., "Capital and Resolution Policies: The US Interbank Market", *Journal of Financial Stability*, Vol. 30, 2017, pp. 229-239.

③ Xu T., He J., Li S., "A Dynamic Network Model for Interbank Market", *Physica A*, Vol. 463, 2016, pp. 131-138.

④ Aldasoro I., Alves I., "Multiplex Interbank Networks and Systemic Importance: An Application to European Data", *Journal of Financial Stability*, Vol. 35, 2018, pp. 17-37.

⑤ Téllez-León I.E., Martínez-Jaramillo S., Escobar-Farfán L.O.L., et al., "How Are Network Centrality Metrics Related to Interest Rates in the Mexican Secured and Unsecured Interbank Markets?", *Journal of Financial Stability*, Vol. 55, 2021, p. 100893.

⑥ Ferrara G., Langfield S., Liu Z., et al., "Systemic Illiquidity in the Interbank Network", *Quantitative Finance*, Vol. 19, No. 11, 2019, pp. 1779-1795.

⑦ Craig B., Ma Y., "Intermediation in the Interbank Lending Market", *Journal of Financial Economics*, Vol. 145, No. 2, 2022, pp. 179-207.

可收到的来自银行贷款的总额为 $\sum_{j=1}^{N} x_{ij}$。因此,银行 i 可收到的总额为 $a_i =$
$t_i + c_i + x_{ij}$,银行 i 对银行 j 的负债为 y_{ji},对其他所有银行的债务总额为 $y_i =$
$\sum_{j=1}^{N} y_{ji}$。当银行 i 出现无法偿还债务的情况时,将投资项目 V_i 的部分进行
折现处理,即获得的现金为 $\alpha V_i, 0 \leq \alpha \leq 1$。故银行 i 可偿还债务的资
金为:

$$W_i = c_i + t_i + \sum_{j=1}^{N} x_{ij} + \alpha V_i \tag{6.1}$$

通常,银行之间的债务分为优先级债务 r 和普通债务 y_i,当 $W_i \leq y_i + r$,银
行 i 将出现面临破产的危机。银行间的实体网络主要反映银行间的债务关
系,相关债务矩阵 Y 如下:

$$Y = \begin{pmatrix} 0 & y_{12} & \cdots & y_{1N} \\ y_{21} & y_{22} & \cdots & y_{2N} \\ \vdots & \vdots & \ddots & \vdots \\ y_{N1} & y_{N2} & \cdots & 0 \end{pmatrix} \tag{6.2}$$

其中,y_{ij} 表示银行 j 对银行 i 的负债。上述矩阵中,行和为 $y_i = \sum_{j=1}^{N} y_{ji}$,列

和为 $\sum_{j=1}^{N} x_{ji}$。

三、单一市场金融相关网络

(一)金融相关网络方法

对金融市场相关性的研究可以基于多种相关性测量指标(Pearson 相关系
数、秩相关系数、尾部相关系数和偏相关系数等),它们衡量了金融个体间的
关联性。为保留相关性中最重要的信息,去除冗余信息甚至噪声信息,通常采
用网络过滤技术来构建相关性网络。具体方法主要包括最小生成树(Mantegna,

1999）①、平面最大滤波图法（Tumminello 等，2005）②、阈值法（Boginski 等，2005）③和偏相关法（Kenett 等，2010）④。

下面，首先讨论两个常用的相关性测量方法，并构建相关性网络。

1. 基于最小二乘法的 Pearson 相关系数模型

显而易见，Pearson 相关系数计算相对简单，一般有：

$$\rho_{ij} = \frac{(x_i x_j) - (x_i)(x_j)}{\sqrt{((x_i^2) - (x_i)^2)((x_j^2) - (x_j)^2)}} \tag{6.3}$$

其中，x_i 和 x_j 分别代表金融时间序列，$(\cdot)$ 代表收益率序列的平均值。ρ_{ij} 表示金融时间序列 i 和 j 的相关系数，$-1 \leqslant \rho_{ij} \leqslant 1$。若 $\rho_{ij} = 0$，表示序列 i 和 j 完全不相关；若 $\rho_{ij} = -1$，表示序列 i 和 j 完全负相关；若 $\rho_{ij} = 1$，表示序列 i 和 j 完全正相关。

早期文献大多采用 Pearson 系数来度量相关性，但其存在一定的局限性。例如，Pearson 系数只考虑两两时间序列的线性相关，而有研究表明，金融资产价格往往显示出非线性的特征（Benoit 等，2017）⑤，这意味着使用 Pearson 系数测量金融变量的相关性可能存在不准确性。同时，在计算 Pearson 系数时，各金融时间序列需要保持序列长度相同并且处于同步，但现实中大量金融数据并不符合这一点。

得到金融时间序列两两相关系数后，为构建相关性网络，还需要将 ρ_{ij} 转

① Mantegna R. N., "Hierarchical Structure in Financial Markets", *The European Physical Journal B-Condensed Matter and Complex Systems*, Vol. 11, No. 1, 1999, pp. 193−197.

② Tumminello M., Aste T., Di M. T., et al., "A Tool for Filtering Information in Complex Systems", *Proceedings of the National Academy of Sciences*, Vol. 102, No. 30, 2005, pp. 10421−10426.

③ Boginski V., Butenko S., Pardalos P. M., "Statistical Analysis of Financial Networks", *Computational Statistics & Data Analysis*, Vol. 48, No. 2, 2005, pp. 431−443.

④ Kenett D. Y., Tumminello M., Madi A., et al., "Dominating Clasp of the Financial Sector Revealed by Partial Correlation Analysis of the Stock Market", *PLoS ONE*, Vol. 5, No. 12, 2010, pp. 1−14.

⑤ Benoit S., Colliard J. E., Hurlin C., et al., "Where the Risks Lie: A Survey on Systemic Risk", *Review of Finance*, Vol. 21, No. 1, 2017, pp. 109−152.

化为欧式距离：

$$d_{ij} = \sqrt{2(1 - \rho_{ij})}, 0 \leqslant d_{ij} \leqslant 2 \tag{6.4}$$

所得到的欧式距离矩阵反映了不同金融主体之间的风险传染相关性。因此，d_{ij} 可以作为如前所述的相关性网络的连边。

2. 时变 t-Copula 模型

针对金融市场的非线性和不对称性特征，时变 t-Copula 模型能捕捉金融时间序列间的动态相依关系。对所有 $u_t, v_t \in [0,1]$，时变 t-Copula 模型的条件概率密度函数一般被定义为：

$$
c_t(u_t, v_t \mid \theta_t, n) = \frac{1}{\sqrt{1 - \theta_t^2}} \frac{\Gamma\left(\dfrac{n+2}{2}\right) \Gamma\left(\dfrac{n}{2}\right)}{\left[\Gamma\left(\dfrac{n+2}{2}\right)\right]^2} \times
$$

$$
\left[1 + \frac{T_r^{-1}(u_t)^2 + T_n^{-1}(v_t)^2 - 2\theta_t T_n^{-1}(u_t) T_n^{-1}(v_t)}{n(1 - \theta_t^2)} \right]^{-\frac{n+2}{2}}
$$

$$
\times \left[\left(1 + \frac{T_n^{-1}(u_t)^2}{n}\right)\left(1 + \frac{T_n^{-1}(v_t)^2}{n}\right) \right]^{\frac{n+1}{2}} \tag{6.5}
$$

其中，$T_n^{-1}(\cdot)$ 为自由度为 n 的 t 分布的累积分布函数（Cumulative Distribution Function, CDF）的逆函数，$\theta_t \in (0,1)$ 为线性相关系数，$\Gamma(\cdot)$ 为 Gamma 函数。

t-Copula 模型的时变相依系数为：

$$
\rho_t = \tilde{\Lambda}\left(\gamma_0 + \gamma_1 \rho_{t-1} + \gamma_2 \frac{1}{10} \sum_{j=1}^{10} T_n^{-1}(u_{t-j}) T_n^{-1}(v_{t-j}) \right) \tag{6.6}
$$

其中，$\tilde{\Lambda}(x) = (1 - e^{-x})/(1 + e^x)$ 是修正的逻辑（Logistic）函数，以保证 ρ_t 总是在区间 $(-1,1)$ 内，$\gamma_k(k = 0,1,2)$ 为未知参数。根据时变相关性系数 ρ_t 可以构建相关矩阵 C_t。

通过上述两个方法，可以得到相关系数矩阵和时变相关性矩阵。常用的相关性网络构建方法为最小生成树法（Minimum Spanning Tree, MST）和平面最大滤波图法(Planar Maximally Filtered Graph,PMFG),根据以下构造过程,不难得到单一金融市场相关网络。

最小生成树的构建步骤为:

(1)创建一个森林,其中包含与原图同样多个数的节点,每一个节点是一棵独立的树。

(2)创建一个包含原图中所有连边的集合 G。

(3)从集合 G 中移除一条权重最小的连边,如这条连边可连接两棵独立树,那么用该连边将它们连接起来。

(4)重复步骤(3)直至森林中只有一棵树并且集合 G 为空集。

通过以上算法,可以从原始的 $\frac{n(n-1)}{2}$ 条连边中滤波出 $n-1$ 条连边,通过这 $n-1$ 条边连接可以得到一个距离总和最小的连通图。

最大平面滤波图的构造过程:

(1)创建一个集合 P,包含与原图同样数目的节点,每一个节点都是独立的。

(2)将节点间的距离按非递减顺序排列。

(3)如果集合 P 中的连边数小于 $3\times(n-2)$,新的连边插入后满足平面图,即可插入这条新的连边,若不满足,则丢弃该连边。

(4)重复步骤(3)直至程序结束运行。

通过以上 4 步运算,即滤波出 $3\times(n-2)$ 条连通所有节点的连边,这些连边与所有节点共同构成金融市场的平面最大滤波图。

(二)金融相关网络构建

本部分构建基于偏分位数相关性网络,以分析中国 30 家金融机构的关联性。

1. 研究背景

金融机构之间的联系日渐紧密,金融风险越来越容易在机构之间迅速传染,一个或多个金融机构的损失可能迅速蔓延到其他机构,最终导致整个金融系统的动荡。衡量金融机构间复杂的相互联系并识别具有系统重要性的金融机构,已成为系统性风险防范和宏观审慎监管的重要和热门话题。基于此背景,下面利用偏分位数方法,考察金融机构的网络关联性,识别系统性重要机构,为监管者和投资者提供科学合理的参考依据。

2. 数据样本

选取沪深股市公开上市的一共 30 家金融机构(16 家银行、11 家证券机构和 3 家保险机构),在 2011 年 1 月 4 日至 2019 年 12 月 31 日的股票每日收盘价。同时要求,样本中的股票停牌时间没有连续超过 10 天以上。考虑到一家大型国有商业银行(农业银行)和一些股份制商业银行(如光大银行)直到 2010 年才在 A 股市场上市,因此选择 2011 年作为开始年份。

3. 实证结果

分别从静态层面和动态层面分析不同分位数下的偏相关网络。在静态分析的结果中,首先构建 4 个网络,分别是均值网络、中位数网络(0.50 分位数网络)和两个尾部分位数网络(0.05 和 0.95 分位数网络),并且计算总连通性(Total Connectedness,TC)和全局效率(Global Efficiency,GE)。

表 6.1 展示了不同分位数网络的总连通性和全局效率值。

表 6.1　静态系统层面网络连通性

指标	均值	0.50 分位数	0.05 分位数	0.95 分位数
总连通性(TC)	9.53	9.84	10.61	11.41
全局效率(GE)	0.37	0.36	0.39	0.38

资料来源:Qian B. Y., Wang G. J., Feng Y. S., et al.,"Partial Cross-Quantilogram Networks:Measuring Quantile Connectedness of Financial Institutions", *North American Journal of Economics and Finance*, Vol. 60,2022,p. 101645.

结果表明,两个尾部分位数网络的总连通性和全局效率值都更大。这意味着,上尾和下尾的冲击对网络连通性的影响比平均数和中位数评估的冲击更大。这一发现进一步证实,传统的最小二乘回归和中位数回归不能完全反映极端风险冲击。

以 0.05 分位数下的偏相关性网络为例,图 6.1 展示了使用上述样本期间的每日股票收益率绘制的、由平面最大滤波图法过滤的连接 30 家金融机构的偏分位数相关性网络。每个节点的大小由其度中心性(即与之相连的连边的数量)决定。来自同一部门的金融机构用相同的形状来标记,即分别采用三角形、正方形、菱形表示银行、证券、保险公司。

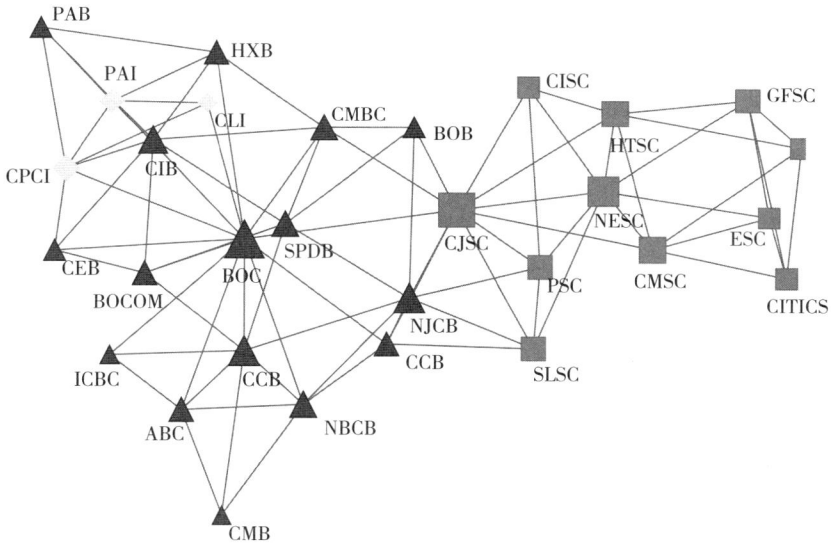

图 6.1　0.05 分位数下的偏相关性网络

注:由于网络布局限制,图中的网络节点标签仅展示银行机构缩写,具体对应的中文名称如下,ABC:中国农业银行,BOB:北京银行,BOC:中国银行,BOCOM:中国交通银行,CIB:兴业银行,CCB:中国建设银行,CEB:中国光大银行,CISC:兴业证券,CITICS:中信证券,CJSC:长江证券,CLI:中国人寿保险,CMBC:中国民生银行,CMB:中国招商银行,CMSC:中国招商证券,CPCI:中国太平洋保险,ESC:光大证券,GFSC:广发证券,HTSC:华泰证券,HXB:华夏银行,ICBC:中国工商银行,NBCB:宁波银行,NESC:东北证券,NJCB:南京银行,PAB:平安银行,PAI:中国平安保险,PSC:太平洋证券,SLSC:国金证券,SPDB:浦发银行。

资料来源:Qian B. Y., Wang G. J., Feng Y. S., et al., "Partial Cross-Quantilogram Networks:Measuring Quantile Connectedness of Financial Institutions", *North American Journal of Economics and Finance*, Vol. 60, 2022, p. 101645.

从网络中能明显观察到部门聚集效应。例如,在 0.05 分位数下的 PCQ 网络中看到,南京银行(NJCB)和长江证券(CJSC)是连接银行业和证券业的两个重要机构。同时,中国银行(BOC)位于所有银行的中心位置,并且拥有最大的影响力。作为五大国有商业银行之一,中国银行拥有广泛的业务和充足的资本。另外,三家保险公司,即平安保险(PAI)、人寿保险(CLI)和太平洋保险(CPCI),位于银行板块和证券板块之间的中心位置。这一发现表明,尽管保险业的总资产少于银行业,但其在金融风险传染中仍起着非常重要的作用。因此,确保保险市场的稳定运行对金融系统的稳定至关重要。

从动态的视角来看,处于 C. 05 和 0. 95 分位数的动态网络总是比处于 0. 50 分位数的网络关联性更强,如图 6. 2 所示。

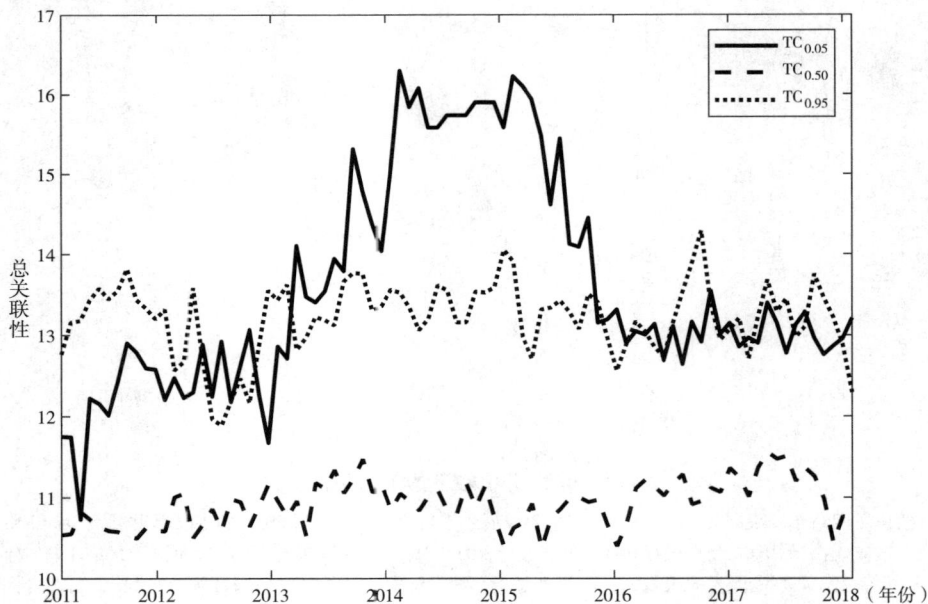

图 6.2 不同分位数网络总关联性动态演化图

资料来源:Qian B. Y., Wang G. J., Feng Y. S., et al., "Partial Cross-Quantilogram Networks:Measuring Quantile Connectedness of Financial Institutions", *North American Journal of Economics and Finance*, Vol. 60,2022, p. 101645.

由图可知,2013 年至 2016 年,0.05 分位数的总连通性呈现出周期性,存在急剧上升和下降的趋势。总连通性在 2014 年中期达到顶峰,并持续到 2015 年年中。紧接着,总连通性进入急剧下降的通道,股市泡沫破灭,金融机构遭受剧烈的股市动荡。上述发现意味着,网络的总关联性能反映中国股市的两个标志性事件。

4. 研究总结

本部分采用平面最大滤波图法过滤的 PCQ 网络来分析中国 30 家金融机构的关联性,具体考察 0.05、0.50 和 0.95 分位数(即看跌、平静和看涨的情况)下的静态和动态网络的系统层面、机构层面的网络拓扑特征。结果表明,极端情况下的网络比正常情况下的网络呈现出连接更加紧密的特性,并且风险更倾向于在属于同一行业的金融机构之间扩散,具有相同业务模式的金融机构之间的联系更为密切。另外,网络特征对宏观经济变量具有良好的预测作用,意味着它们可以作为一个有效的预警信号。

四、单一市场金融溢出网络

(一)金融溢出网络方法

金融市场的信息溢出效应表现为,处于信息优势的投资者相较于处于信息劣势的投资者能制定更有利的投资决策,而处于信息劣势的一方会参照信息优势的一方作出理性的决策。这一现象将导致金融资产价格的变化,即金融产品或金融工具之间复杂的关系与投资者的信息获取能力相关联。

近些年,大量学者探讨股票市场、外汇市场以及商品市场之间的信息溢出现象。通常,可将信息溢出效应大致分为三类:一是均值溢出效应,研究金融个体收益率一阶矩的关联性,常用方法有 VAR 模型、格兰杰因果检验和 GARCH 模型等;二是波动溢出效应,研究金融个体收益率二阶矩(即方差)的关联性;三是风险溢出效应,研究金融个体收益率高阶矩(如峰度或偏度)的关联性。近 20 年以来频繁发生极端风险事件和金融危机,学者们开始着重关注风险溢出效应。

已经有许多学者构建信息溢出复杂网络来考察金融风险传染问题,如均值溢出网络、波动溢出网络和极端风险溢出网络。例如,比利奥(Billio 等,2012)①构建格兰杰因果网络,探讨 100 家美国金融机构的关联性,揭示不同机构错综复杂的关系,反映风险溢出的方向。他们发现,样本中的金融机构之间存在超前滞后现象。迪博尔德和伊尔马兹(Diebold 和 Yilmaz,2014)②构建信息溢出网络展开研究,证实网络的连边能反映风险溢出强度和方向,能更细致而清晰地刻画金融实体之间的波动溢出效应。此外,需要说明的是,信息溢出网络还可进一步划分为尾部相依网络(Hautsch 等,2015)、极端风险溢出网络(Hong 等,2009;Wang 等,2017)、尾部风险溢出网络(Härdle 等,2016;Wang等,2018③;Zhang 等,2020a④)等。

金融市场信息溢出网络基于市场数据(如证券交易数据、基金交易数据、债券交易数据等)可以有效刻画市场之间的信息溢出效应,揭示其收益、波动和极端风险溢出关系。这里首先讨论构建单一金融市场信息溢出网络的模型方法,再进行相关的实证研究。

(二)单一市场均值溢出网络构建

在构建格兰杰因果网络时,将每个金融主体的货币时间序列的自回归模

① Billio M., Getmansky M., Lo A. W., et al., "Econometric Measures of Connectedness and Systemic Risk in the Finance and Insurance Sectors", *Journal of Financial Economics*, Vol. 104, No. 3, 2012, pp. 535-559.

② Diebold F.X., Yilmaz K., "On the Network Topology of Variance Decompositions: Measuring the Connectedness of Financial Firms", *Journal of Econometrics*, Vol. 182, No. 1, 2014, pp. 119-134.

③ Wang G.J., Jiang Z.Q., Lin M., et al., "Interconnectedness and Systemic Risk of China's Financial Institutions", *Emerging Markets Review*, Vol. 35, 2018, pp. 1-18.

④ Zhang W., Zhuang X., Wang J., et al., "Connectedness and Systemic Risk Spillovers Analysis of Chinese Sectors Based on Tail Risk Network", *North American Journal of Economics and Finance*, Vol. 54, 2020a, p.101248.

型(Autoregressive Model, AR)表示为:

$$x(t) = \sum_{k=1}^{p} a_{1k}x(t-k) + \varepsilon_1(t), \ \text{var}(\varepsilon_1(t)) = \sum\nolimits_1$$

$$y(t) = \sum_{k=1}^{p} d_{1k}y(t-k) + \eta_1(t), \ \text{var}(\eta_1(t)) = \Gamma_1$$

$$(6.7)$$

其中,a_{1k} 和 d_{1k} 是自回归系数,$\varepsilon_1(t)$ 和 $\eta_1(t)$ 是噪声项,且 $k = 1, 2, \cdots, p$。对于两个变量 $x(t)$ 和 $y(t)$ 的描述,可以采用 p 阶 AR 模型,即:

$$x(t) = \sum_{k=1}^{p} a_{2k}x(t-k) + b_{2k}y(t-k) + \varepsilon_2(t)$$

$$y(t) = \sum_{k=1}^{p} c_{2k}y(t-k) + d_{2k}y(t-k) + \eta_2(t)$$

$$(6.8)$$

同样地,$\varepsilon_2(t)$ 和 $\eta_2(t)$ 是噪声项,如果 $x(t)$ 和 $y(t)$ 相互独立,则其协方差矩阵可以表示为:

$$\sum = \begin{bmatrix} \sum_2 & \gamma_2 \\ \gamma_2 & \Gamma_2 \end{bmatrix} \tag{6.9}$$

其中,$\sum_2 = \text{var}[\varepsilon_2(t)]$,$\Gamma_2 = \text{var}[\eta_2(t)]$,$\gamma_2 = \text{cov}[\varepsilon_2(t), \eta_2(t)]$。

可以发现,Σ_1 表示 $x(t)$ 的过去值对 $x(t)$ 本身的预测精度,Σ_2 表示 $x(t)$ 和 $y(t)$ 的过去值对 $x(t)$ 本身的预测精度。格兰杰因果关系可以被定义为:

$$\text{GC}_{y \to x} = w_{yx} = \ln\left(\frac{\sum_1}{\sum_2}\right) \tag{6.10}$$

对于每一个格兰杰因果关系的计算,都会得出一个 p 值和 F 检验统计量。当格兰杰因果检验足够显著,即 $p<0.05$ 时,认为变量 y 是变量 x 的格兰杰原因,保留 F 检验统计中对应值。反之,y 不是 x 的格兰杰原因,则 F 检验统计中对应值为 0。基于所得到的 p 值和 F 值矩阵,可以构建一个加权有向的格兰杰因果网络。

由于以往的金融网络研究主要聚焦在时域上,而金融实体之间的关联性也存在随频域的变化其强度和方向也发生变化的情况。由此,下面构建基于时频域的格兰杰因果网络以分析中国 30 家金融机构的关联性。

1. 研究背景

随着跨领域金融业务的不断增加以及互联网金融的迅速发展,金融机构的关联性和系统性风险也持续发生改变。考察系统性风险时需要重点关注不同金融机构间的关联性,但以往的信息溢出网络研究较少考虑金融时间序列频域上的变化。故此,这里基于时频域的格兰杰因果网络探讨相关金融机构的关联和风险问题(Wang 等,2021b)①。

2. 数据样本

选取沪深股市 30 家金融机构(其中 16 家银行、11 家证券机构和 3 家保险机构)从 2011 年 1 月 4 日至 2018 年 12 月 28 日的每日收盘价,一共收集到 1945 条观测值。

3. 实证结果

本部分分别从系统层面和个体层面分析时频域下的格兰杰因果网络。在系统层面,动态时频域网络的全局效率和网络密度(Network Density,ND)呈现出一致的趋势。在 2015 年至 2016 年,全局效率和网络密度都达到最大值。互联网金融快速发展,众筹、Peer-to-Peer(P2P)借贷、第三方借贷等业务影响着传统金融机构的现金流,而互联网金融平台大量的偿债失败现象加大了金融市场的不稳定性。同时,2015 年的中国股市经历剧烈震荡。随着 2017 年初期有关部门加大监管力度,全局效率和网络密度开始逐步下降。当然,受 2018 年中美贸易摩擦的影响,中国金融系统也经历了一段动荡时期(见图 6.3)。

在金融机构层面,本部分分析不同时频域下网络的出度(Out-degree)、入

---

① Wang G. J., Si H. B., Chen Y. Y., et al., "Time Domain and Frequency Domain Granger Causality Networks: Application to China's Financial Institutions", *Finance Research Letters*, Vol. 39, 2021b, p. 101662.

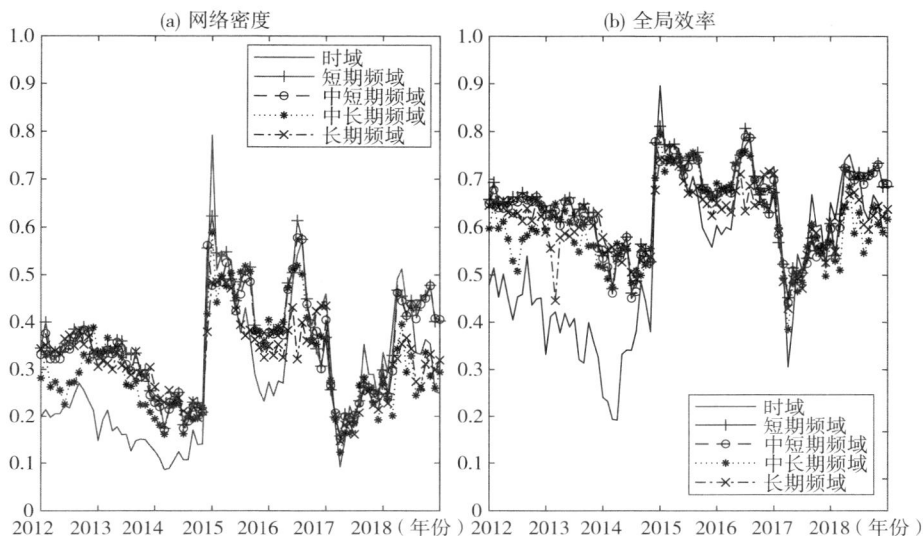

图 6.3　时频域角度的网络密度（ND）和全局效率（GE）的格兰杰因果网络动态演化

资料来源：Wang G. J. , Si H. B. , Chen Y. Y. , et al. , "Time Domain and Frequency Domain Granger Causality Networks：Application to China's Financial Institutions", *Finance Research Letters*, Vol. 39, 2021b,p. 101662.

度（In-degree）和相对影响力（Relative Influence,RI）。在 2015 年中国股灾期间,几乎所有金融机构的入度值都相当高,其中证券机构的高入度值甚至维持了一整年。而在 2016 年,30 家金融机构再次达到高峰值,但主要集中在银行业和保险业。这一阶段是互联网金融快速发展的后期,证券机构受其他机构影响较小。

　　2015 年,各机构的出度值也同样相对较高,尤其是三家最大的国有商业银行,即农业银行（ABC）、工商银行（ICBC）和建设银行（CCB）。此外,随着互联网金融的迅速发展,相对于发展后期的机构,处于早期发展阶段的机构向外发送出更多的冲击。2016—2018 年,银行和保险机构的出度值高于证券机构。在相对稳定的年份（2011—2014 年和 2017 年）,出度值随着频率的增加而增加,同时相对影响力值接近 1 或者-1,但在相对动荡的年份（2015 年、

2016 年和 2018 年),出度值随着频率的增加而降低,相对影响力值接近 0。这些发现表明,在金融动荡期间证券机构一般向外发出长期冲击,在稳定时期发出短期冲击。在金融系统不稳定时,金融机构同时外溢风险或者接收来自其他金融机构的风险冲击。

上述金融机构风险研究不再局限于时间范围,而是全新地构建基于时频域的格兰杰因果网络,从而更加丰富而细致地分析金融机构之间的关联性。在系统层面上,金融机构的互联性主要体现为中短期(4 天至 5 天)的冲击,而动态互联性指标在时域和 4 个频域上是一致的。动荡时期金融系统的互联性明显增加,这意味着该方法可以很好地检测金融系统的不稳定性。在个体层面上,在时域中大多数银行和保险机构是风险的净接收者,而大多数证券机构是净发送者。从动态角度看,金融系统的状况(稳定或动荡)影响着风险的周期性。

这里的时频域角度下的格兰杰因果网络研究将为投资者进行风险管理、投资组合或商业周期分析等活动提供一个新的视角。同时,也将为金融监管者提供一些重要的信息,如可以根据不同频率的金融机构之间的关联性和风险传递,对应调整短期或长期政策。

(三)单一市场波动溢出网络构建

迪博尔德和伊尔马兹(2014)在 VaR 框架下,将方差分解和网络拓扑理论相结合,构建波动溢出网络来研究金融机构的关联性。

对于 N 个变量、滞后阶数为 p 的 VaR 模型,在不考虑外生变量的情况下,其模型估计可简单表示为:

$$X_t = \sum_{i=1}^{p} \beta_i X_{t-i} + \varepsilon_t, \ \varepsilon_t \sim N(0, \sum) \tag{6.11}$$

其中,X_t 代表时刻 t 下的 $N \times 1$ 维的内向变量向量,β_i 为 $N \times 1$ 维的系数向量,ε_t 是服从均值为 0、方差为 $\sum$ 的 $N \times 1$ 维随机扰动项。

如果该 VaR(p) 平稳,则可转换成相应的向量移动平均(Vector Moving Average Model,VMA)模型:

$$X_t = \sum_{i=0}^{\infty} A_i \, \varepsilon_{t-i} \tag{6.12}$$

其中,系数矩阵 A_i 的递归形式为: $A_i = \beta_1 A_{i-1} + \beta_2 A_{i-2} + \cdots + \beta_p A_{i-p}$, A_0 为单位矩阵。

于是,向前 H 期的广义预测误差方差分解值可表示为:

$$\theta_{ij}^g(H) = \frac{\sigma_{jj}^{-1} \sum_{h=0}^{H-1} (e_i' A_h \sum e_j)^2}{\sum_{h=0}^{H-1} (e_i' A_h \sum A_h' e_j)}, H = 1, 2, \cdots \tag{6.13}$$

其中, $\sum$ 是随机扰动项的协方差矩阵; σ_{jj} 是回归方程 j 的扰动项标准差; A_h 是提前 h 期的移动平均系数矩阵; e_i 是选择向量,分量 i 取值为 1,其余分量取值为 0。

接着,进行归一化处理,可得到标准的向前 H 期广义预测误差方差分解值:

$$d_{ij}^H = \tilde{\theta}_{ij}^g(H) = \frac{\theta_{ij}^g(H)}{\sum_{j=1}^{N} \theta_{ij}^g(H)} \tag{6.14}$$

其中, $\tilde{\theta}_{ij}^g(H)$ 代表溢出强度的方差分解值,其含义是个体 i 的变动有多少(权重/百分比)是由个体 j 的变动所导致的。波动溢出矩阵(方差分解矩阵)是构建相应波动溢出网络的基础,如以下矩阵所示:

$$\begin{bmatrix} d_{11}^H & d_{12}^H & \cdots & d_{1N}^H \\ d_{21}^H & d_{22}^H & \cdots & d_{2N}^H \\ \vdots & \vdots & \ddots & \vdots \\ d_{N1}^H & d_{N2}^H & \cdots & d_{NN}^H \end{bmatrix} \tag{6.15}$$

上述波动溢出矩阵反映的是个体间的溢出关系。更进一步地,为度量个

体对整体的溢出关系,可以采用三种总方向关联性:

一是入度关联性,定义为所有其他的金融市场对金融市场 i 的波动溢出,即:

$$C_{i\leftarrow\cdot}^{g}(H) = \frac{\sum_{j=1,j\neq i}^{N} \tilde{\theta}_{ij}^{g}(H)}{\sum_{j=1}^{N} \tilde{\theta}_{ij}^{g}(H)} = \sum_{j=\cdot,j\neq i}^{N} \tilde{\theta}_{ij}^{g}(H) \tag{6.16}$$

二是出度关联性,定义为金融市场 i 对所有其他的金融市场的波动溢出,即:

$$C_{i\leftarrow\cdot}^{g}(H) = \sum_{j=1,j\neq i}^{N} \tilde{\theta}_{ji}^{g}(H) \tag{6.17}$$

三是净度关联性,定义为金融市场 i 的出度关联性和入度关联性的差值,即:

$$C_{i}^{g}(H) = C_{i\rightarrow\cdot}^{g}(H) - C_{i\leftarrow\cdot}^{g}(H) \tag{6.18}$$

如 $C_{i}^{g}(H) > 0$,货币 i 是波动关联性的净传递者;否则,就是波动关联性的净接收者。

最后,定义一个系统范围内的关联性测度,即总波动关联性(Total Volatility Connectedness,TVC):

$$C_{\text{total}}^{g}(H) = \frac{\sum_{i,j=1,i\neq j}^{N} \tilde{\theta}_{ij}^{g}(H)}{\sum_{i,j=1}^{N} \tilde{\theta}_{ij}^{g}(H)} = \frac{1}{N}\sum_{i,j=1,i\neq j}^{N} \tilde{\theta}_{ij}^{g}(H) \tag{6.19}$$

1. 研究背景

自 2008 年国际金融危机发生以来,金融市场之间的关联性成为各方关注的一个重要问题。迪博尔德和伊尔马兹(2009[1],2012[2])指出,基于 VAR 模

[1] Diebold F. X., Yilmaz K., "Measuring Financial Asset Return and Volatility Spillovers, with Application to Global Equity Markets", *The Economic Journal*, Vol. 119, No. 534, 2009, pp. 158-171.

[2] Diebold F. X., Yilmaz K., "Better to Give Than to Receive: Predictive Directional Measurement of Volatility Spillovers", *International Journal of Forecasting*, Vol. 28, No. 1, 2012, pp. 57-66.

型的方差分解的波动溢出指数方法,不仅能计算金融市场之间的波动关联性,还能衡量某一金融市场对其他市场的溢出效应。从投资者和市场监管者的角度,波动溢出指数方法为分散风险、评估市场稳定性或者制定监管政策提供了一个有力的量化工具。随着相关研究的推进,一些学者将其扩展至高维波动溢出网络(Diebold 和 Yilmaz,2014;Yi 等,2018[1])。该网络的建立,可以帮助考察全球金融体系中的金融市场的系统重要性和波动传导机制。

在全球金融体系中,外汇市场对政治和金融环境的变化显得十分敏感,如宏观政策的发布和政府的干预对外汇市场的波动具有很大影响。通常,外汇市场的投资者会根据宏观新闻发布的时机和渠道作出相应的反应(Omrane 等,2017)[2]。此外,外汇市场的波动也受到贸易往来和投资者行为的影响(Goddard 等,2015)[3]。

在此背景下,本部分建立外汇市场的高维波动溢出网络,以探讨全球外汇市场的总体溢出和定向溢出,并分析可能影响外汇市场之间关联性的经济和政策因素。研究结果显示,外汇市场的波动溢出网络与当地政治、经济状况有关。尤其在动荡期间,波动溢出网络的结构能体现当地政治和经济形势的变化,总体波动关联性也会随之发生变动。

2. 数据样本

样本采用 2000 年 11 月 29 日至 2019 年 2 月 15 日全球 65 种主要货币的汇率,原始数据来自 Datastream 数据库和太平洋汇率服务网站(http://fx.sauder.ubc.ca/data.html)。同时,以特别提款权(Special Drawing Rights,SDR)

[1]　Yi S.,Xu Z.,Wang G.J.,"Volatility Connectedness in the Cryptocurrency Market:Is Bitcoin a Dominant Cryptocurrency?",*International Review of Financial Analysis*,Vol.60,2018,pp.98-114.

[2]　Omrane W.B.,Tao Y.,Welch R.,"Scheduled Macro-News Effects on a Euro/US Dollar Limit Order Book Around the 2008 Financial Crisis",*Research in International Business and Finance*,Vol.42,2017,pp.9-30.

[3]　Goddard J.,Kita A.,Wang Q.,"Investor Attention and FX Market Volatility",*Journal of International Financial Markets,Institutions and Money*,Vol.38,2015,pp.79-96.

作为基准货币,它是 IMF 反映世界经济总体变动情况的一篮子货币。

3. 实证结果

在静态分析中,研究表明,与其他许多金融市场或资产相比,全球外汇市场是高度相互关联的。

外汇市场具有很强的流动性,这源于当前国际商品贸易和投资、投机和保值需求的不断增加,从而产生频繁且数量庞大的外汇交易。而分析每两个市场之间的定向关联性能提供两两市场间的关系状况,从而便于进行比较。

研究发现,澳元对新西兰元的波动溢出最大,达到 14.29%;而新西兰元对澳元的波动溢出排名第二,为 12.85%。有 9 个欧洲货币的波动溢出排名为第三至第十,大多数是欧盟的欧元区货币,这体现了欧盟的影响力。丹麦克朗对捷克克朗的波动溢出强度为 9.01%;反之,而捷克克朗对丹麦克朗的波动溢出强度为 8.06%,排名第十。具体结果如表 6.2 所示。

表 6.2 排名前十的波动溢出强度

排名	波动传递者	波动接收者	$\tilde{\vartheta}_{ij}^{g}(H)$	排名	波动传递者	波动接收者	$\tilde{\theta}_{ij}^{g}(H)$
1	澳大利亚元	新西兰元	0.1429	6	丹麦克朗	捷克克朗	0.0901
2	新西兰元	澳大利亚元	0.1285	7	挪威克朗	瑞典克朗	0.0851
3	波兰兹罗提	匈牙利福林	0.0979	8	丹麦克朗	瑞典克朗	0.0845
4	匈牙利福林	波兰兹罗提	0.0913	9	丹麦克朗	瑞士法郎	0.0845
5	瑞典克朗	挪威克朗	0.0905	10	捷克克朗	丹麦克朗	0.0806

资料来源:Wen T., Wang G. J., "Volatility Connectedness in Global Foreign Exchange Markets", *Journal of Multinational Financial Management*, Vol. 54, 2020, p. 100617.

同时,通过计算每个外汇市场的出度、入度和净度,可以获知各个外汇市场在风险溢出中扮演的角色。

如表 6.3 所示,入度和净度的排名情况几乎是相同的。入度的变化范围在 0 到 1 之间,因此净度的大小主要取决于出度大小。在入度、出度和净度的排名中,美元、人民币和港元始终是前三。部分货币与美元挂钩,导致这些货币的排名靠前。与美元挂钩的汇率机制直接造成港元和人民币的汇率走势与美元极为相似,这也使港元和人民币成为美元的风险接收者。此外,中国香港作为全球金融中心和离岸人民币市场,发挥着重要金融影响力,港元的高关联性排名可能也源于这一关键因素。除了美元挂钩的汇率机制影响关联性排名外,部分国家的货币可能充当石油市场的净波动传递者,而其他货币则接受来自石油市场的风险冲击,这表明石油出口可能成为外汇市场之间的风险传递桥梁。而这一结论,在排名靠前的中东地区的货币(AED、BHD、SAR 和 OMR)和拉丁美洲地区的货币(BSD)中再次得到验证。

表 6.3 入度和出度关联性最高的 10 个外汇市场

序号	入度			出度			净关联度		
	货币	交易量(%)	TV排名	货币	交易量(%)	TV排名	货币	交易量(%)	TV排名
1	美元	0.9435	1	美元	1.8488	1	美元	0.9053	1
2	巴拿马巴波亚	0.9432	61	巴拿马巴波亚	1.8384	61	巴拿马巴波亚	0.8951	61
3	港元	0.9427	13	港元	1.8323	13	港元	0.8896	13
4	阿联酋迪拉姆	0.9411	39	巴哈马元	1.8109	41	巴哈马元	0.8699	41
5	巴哈马元	0.9410	41	沙特里亚尔	1.7580	27	沙特里亚尔	0.8170	27
6	沙特里亚尔	0.9410	27	阿联酋迪拉姆	1.7567	39	阿联酋迪拉姆	0.8157	39
7	阿曼里亚尔	0.9373	60	阿曼里亚尔	1.6541	60	阿曼里亚尔	0.7168	60
8	巴林第纳尔	0.9359	38	巴林第纳尔	1.6077	38	巴林第纳尔	0.6718	38
9	开曼群岛元	0.9314	53	非洲金融共同体法郎	1.5373	66	非洲金融共同体法郎	0.6124	66
10	人民币	0.9293	8	欧元	1.5370	2	欧元	0.6122	2

资料来源:Wen T., Wang G. J., "Volatility Connectedness in Global Foreign Exchange Markets", *Journal of Multinational Financial Management*, Vol. 54, 2020, p. 100617.

图 6.4 展示了 65 个货币的波动溢出网络。美元以广泛而实质性的方式

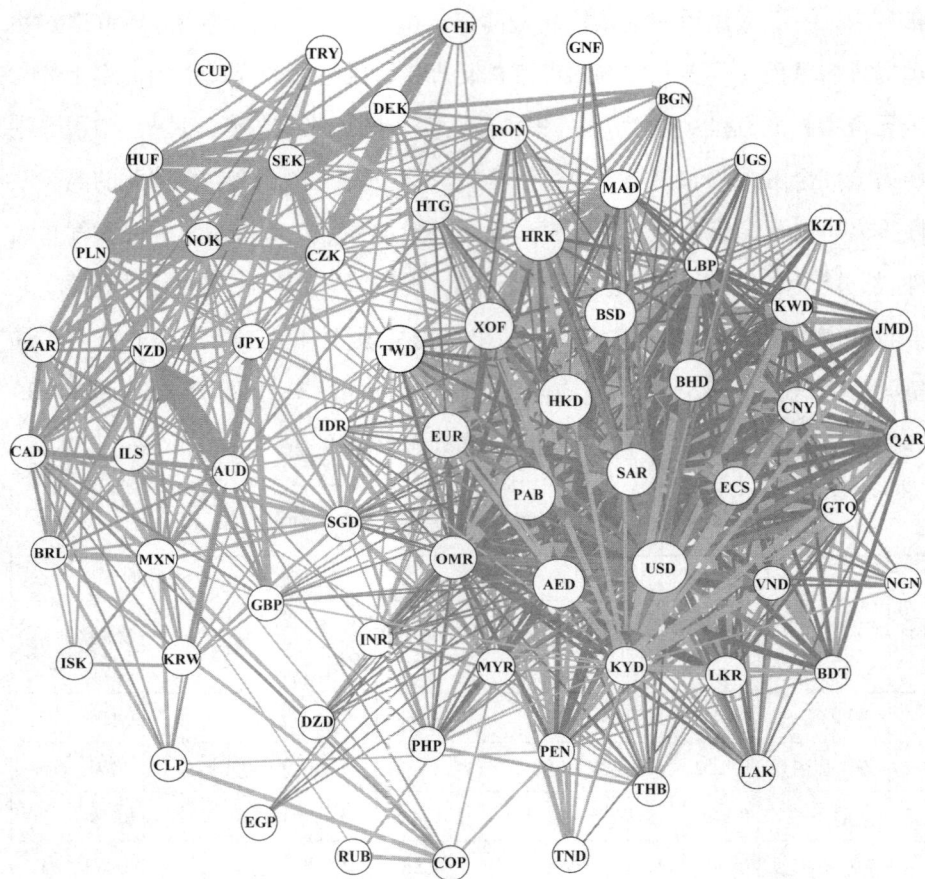

图 6.4　全球 65 个外汇市场的波动溢出网络

注:由于网络布局限制,图中的网络节点标签仅展示外汇缩写,具体对应的中文名称如下,AED:阿联酋迪拉姆;AUD:澳大利亚元;BDT:孟加拉塔卡;BHD:巴林第纳尔;BGN:保加利亚列弗;BRL:巴西雷亚尔;BSD:巴哈马元;CAD:加拿大元;CHF:瑞士法郎;CLP:智利比索;COP:哥伦比亚比索;CNY:人民币;CUP:古巴比索;CZK:捷克克朗;DKK:丹麦克朗;DZD:阿尔及利亚第纳尔;ECS:厄瓜多尔苏克雷;EGP:埃及镑;EUR:欧元;GBP:英镑;GNF:几内亚法郎;GTQ:危地马拉格查尔;HKD:港元;HRK:克罗地亚库纳;HTG:海地古德;HUF:匈牙利福林;IDR:印尼盾;ILS:以色列谢克尔;INR:印度卢比;ISK:冰岛克朗;JMD:牙买加元;JPY:日元;KRW:韩元;KWD:科威特第纳尔;KYD:开曼群岛元;KZT:哈萨克斯坦坚戈;LAK:老挝基普;LBP:黎巴嫩镑;LKR:斯里兰卡卢比;MAD:摩洛哥迪拉姆;MXN:墨西哥比索;MYR:马来西亚林吉特;NGN:尼日利亚奈拉;NOK:挪威克朗;NZD:新西兰元;OMR:阿曼里亚尔;PAB:巴拿马巴波亚;PEN:秘鲁新索尔;PHP:菲律宾比索;PLN:波兰兹罗提;QAR:卡塔尔里亚尔;RON:罗马尼亚新列伊;RUB:俄罗斯卢布;SAR:沙特里亚尔;SEK:瑞典克朗;SGD:新加坡元;THB:泰铢;TND:突尼斯第纳尔;TRY:新土耳其里拉;TWD:新台币;UGS:乌干达先令;USD:美元;VND:越南盾;XOF:非洲金融共同体法郎;ZAR:南非兰特。

资料来源:Wen T., Wang G. J., "Volatility Connectedness in Global Foreign Exchange Markets", *Journal of Multinational Financial Management*, Vol. 54, 2020, p. 100617.

将波动冲击传递给许多其他货币,而几乎没有受到任何其他货币的冲击。美元本身相对稳定,几乎不容易被其他货币所影响。美元是全球外汇市场上的主导货币,中东、亚洲和拉丁美洲地区的货币极易受到它的风险冲击,这些货币在外汇或石油交易方面依附于美元。同样,欧元在波动关联网络中也表现出类似的现象。

全球外汇波动溢出网络极其清晰地反映了当今市场的现状,高度相互关联的内部结构,呈现出区域聚集现象,尤其对亚洲和欧洲而言更是如此,美元的强势地位影响着全球各个外汇市场的风险溢出。

上述实证分析主要从整体角度探讨外汇市场间的风险溢出效应,接下来从动态角度考察波动溢出的长期变化趋势。图 6.5 展示了总波动关联性的时序变化。

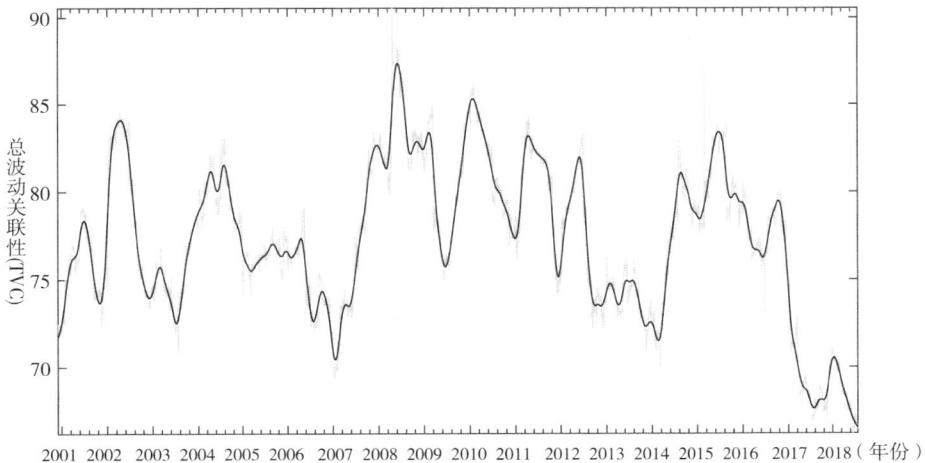

图 6.5 2001—2018 年总波动关联性的时序变化图

资料来源:Wen T.,Wang G. J.,"Volatility Connectedness in Global Foreign Exchange Markets",*Journal of Multinational Financial Management*,Vol. 54,2020,p. 100617.

在整个样本期内,总波动关联性始终在高水平上波动(65%—90%),这与静态分析中全球外汇市场高度关联的初步结论相一致。可将这段时期依据相关重要性事件划分为三个主要时期。

第一个时期从 2001 年 1 月开始(71.70%),至 2007 年 1 月结束(70.45%)。其中,总波动关联性指数 2001 年 6 月达到 78.37%,2002 年 4 月达到峰值 84.10%后回落。2000 年下半年,互联网热潮席卷美国股市,油价上涨,欧元贬值致使欧洲陷入衰退,从而增强了美元和欧元在外汇市场间的波动关联性。2001 年下半年,世界经济开始复苏,货币之间的波动关联性又恢复增强态势。总波动溢出指数从 2003 年 7 月的 72.51%增加到 2004 年 4 月的81.17%,这个现象可能源于美元贬值和 2003 年下半年全球股票市场的良好表现。

第二个时期从 2007 年 2 月(71.50%)到 2014 年 2 月(71.49%)。在这段时间中,全球金融市场均受到不同程度的冲击。首先,2007 年 8 月信贷紧缩政策将总波动溢出指数被推高至小高峰 82.68%。随后,它在 2008 年 5 月达到整个样本期间的最高值 78.21%,仅隔数月,2008 年 3 月大型金融机构贝尔斯登被摩根大通收购。其后,经历一个短暂的下降后,2008 年 11 月总波动溢出指数因雷曼兄弟破产而再次走向极端,达到 82.88%,之后一直下降,直到2009 年 6 月。在 2009 年 6 月触底后,随着 2009 年下半年希腊债务危机的逼近,总波动溢出指数呈现上升趋势,2010 年 1 月达到 85.31%。一直到 2014年 2 月,总波动溢出指数才创下 71.49%的历史新低。

第三时期从 2014 年 3 月(72.84%)至 2017 年 7 月(67.61%)。其间,英国脱欧公投(即英国退出欧盟)事件发生。与前两个时期相比,该时期的变化相对平稳,总波动溢出指数在 2015 年 6 月达到最大值 83.42%。需要注意的是,时任英国首相卡梅伦宣布提前脱欧公投计划。这一出乎意料的决定增加了英镑和欧元的不确定性,外汇市场波动性和波动性关联性随之上升。然而,2016 年 6 月投票时,总波动关联性曲线仅呈现出小幅上升趋势,一个可能的解释是投票结果符合投资者的预期。

总的来看,本部分首次尝试使用迪博尔德和伊尔马兹(2014)的波动率溢出指数方法探讨全球 65 种货币之间的波动率关联性。以往的溢出指数研究样本受到变量选择的限制,这里创新性地结合 LASSO-VAR 模型来解决这一难点,具体通过构建基于 LASSO-VAR 模型和 VAR 方差分解的高维有向波动溢出网络来填补上述空白,厘清了强势货币和弱势货币在全球外汇市场风险传递中充当的角色。其次,基于区域关联性的实证揭示了除市场交易之外的潜在风险传导渠道,这一发现是以往研究所不曾关注的。分析结果表明,石油出口、外汇汇率制度和国家之间的贸易联系深刻影响着全球外汇市场的关联性。最后,从经济和政治环境层面描述全球外汇市场上 65 种主要货币在不同时期的表现。具体探讨了各国货币政策的变化对总关联性和定向关联性的影响,认为宏观环境剧烈变化的时候,尤其在金融危机时期,外汇市场的总的关联性强度呈现出明显上升的趋势。

(四)单一市场尾部风险溢出网络构建

哈德尔等(2016)通过引入半参数框架的单指数分位数回归方法拓展 CoVaR 框架,并提出一个尾部事件驱动的风险网络(以下简称尾部风险网络 TENET)。该网络模型适用于非线性高维场景,并擅长捕获尾部极端风险。

1. 研究步骤

TENET 的构建主要包括以下步骤:

第一步,采用线性分位数回归估计单个机构的 VaR。设机构 i 在时刻 t 的对数收益(损失)率为 $X_{i,t}$,定义为机构资产价值 $P_{i,t}$ 与 $P_{i,t-1}$ 取对数后的差额:

$$X_{i,t} = \ln\left(\frac{P_{i,t}}{P_{i,t-1}}\right) \tag{6.20}$$

在分位数水平 $\tau \in (0,1)$,机构 i 在时刻 t 的 $\mathrm{VaR}_{i,t,\tau}$ 分位数回归估计的定义如下:

$$\Pr(X_{i,t} \leqslant \mathrm{VaR}_{i,t,\tau}) \equiv \tau,$$
$$X_{i,t} = \alpha_i + \gamma_i M_{t-1} + \varepsilon_{i,t},$$
$$\widehat{\mathrm{VaR}}_{i,t,\tau} = \hat{\alpha}_i + \hat{\gamma}_i M_{t-1}, \tag{6.21}$$

以上 3 个方程分别是 VaE 的定义、时变 VaR 的线性回归估计、基于线性分位数回归估计的 VaR,其中 M_{t-1} 是时刻 $t-1$ 的宏观状态变量。

第二步,使用单指数分位数回归估计的 CoVaR 作为 TENET 的基本元素。首先引入阿德里安和布鲁纳迈尔(2016)提出的 CoVaR 框架定义:

$$\Pr(X_{j,t} \mid R_{j,t} \leqslant \text{CoVaR}_{j\mid R_{j,\ ,\tau}}) \equiv \tau, \quad (6.22)$$

其中,$C_{i,t}$ 是包括事件 $X_{i,t} = \text{VaR}_{i,t,\tau}$ 和宏观状态变量 M_{t-1} 的信息集合,即:

$$C_{i,t} = \{X_{i,t} = \text{VaR}_{i,t,\tau}, M_{t-1}\} \quad (6.23)$$

则在此框架下,时变 CoVaR 的线性分位数回归估计,以及估计的 CoVaR 定义为:

$$X_{j,t} = \alpha_{j\mid i} + \gamma_{j\mid i} M_{t-1} + \beta_{j\mid i} X_{i,t} + \varepsilon_{j\mid i,t}$$
$$\widehat{\text{CoVaR}}_{j\mid i,t,\tau} = \hat{\alpha}_{j\mid i} + \hat{\gamma}_{j\mid i} M_{t-1} + \hat{\beta}_{j\mid i} X_{i,t} \quad (6.24)$$

哈德尔等(2016)提出的 TENET 主要关注每个机构在高维金融系统中与其他所有相关机构之间的相互依存关系,即捕捉该机构的潜在风险驱动因素。因此,在估计方法上不同于线性分位数回归,而是采用半参数框架的单指数分位数回归。在此概念下,时变 CoVaR 的线性分位数回归估计及相应的 CoVaR 为:

$$X_{j,t} = g(\beta_{j\mid R_j}^{\mathrm{T}} R_{j,t}) + \varepsilon_{j,t}$$
$$\widehat{\text{CoVaR}}_{j\mid \tilde{R}_j,t,\tau}^{\text{TENET}} \equiv \hat{g}(\hat{\beta}_{j\mid \tilde{R}_j}^{\mathrm{T}} \tilde{R}_{i,t}) \quad (6.25)$$

其中,信息集 $R_{j,t} = \{X_{-j,t}, M_{t-1}\}$,包括除银行 j 外的所有银行的收益集 $X_{-j,t} = \{X_{1,t}, X_{2,t}, \cdots, X_{N,t}\}$ 和宏观状态变量 M_{t-1}。$\widehat{\text{CoVaR}}_{j\mid \tilde{R}_j,t,\tau}^{\text{TENET}}$ 代表与银行 j 相关的所有其他银行的尾部事件驱动风险,其尾部相依性的非线性特征由函数 $g(\cdot)$ 刻画。

当信息集 $R_{j,t} = \tilde{R}_{j,t}$ 时,协变量的边际效应定义为 $\hat{D}_{j\mid -j} = \{\hat{D}_{j\mid i} \mid 1 \leqslant i \leqslant N, i \neq j\}$。$\hat{D}_{j\mid -j}$ 代表从所有相关银行(风险驱动者)到银行 j 的尾部风险溢出

效应。

第三步,构建 TENET。TENET 是有向加权的尾部风险网络,可以表示为非对称加权的邻接矩阵,定义如下:

$$
A_w = \begin{bmatrix}
0 & \left|\hat{D}_{1|2}^w\right| & \left|\hat{D}_{1|3}^w\right| & \cdots & \left|\hat{D}_{1|N}^w\right| \\
\left|\hat{D}_{2|1}^w\right| & 0 & \left|\hat{D}_{2|3}^w\right| & \cdots & \left|\hat{D}_{2|N}^w\right| \\
\left|\hat{D}_{3|1}^w\right| & \left|\hat{D}_{3|2}^w\right| & 0 & \cdots & \left|\hat{D}_{3|N}^w\right| \\
\vdots & \vdots & \vdots & \ddots & \vdots \\
\left|\hat{D}_{N|1}^w\right| & \left|\hat{D}_{N|2}^w\right| & \left|\hat{D}_{N|3}^w\right| & \cdots & 0
\end{bmatrix}_{N \times N} \tag{6.26}
$$

其中,矩阵元素 $\left|\hat{D}_{i|j}^w\right|$ 代表窗口 w 下机构 j 到 i 的有向连边,矩阵的行代表在对应行机构的所有输入边缘,矩阵的列代表对应列机构的所有输出边缘。

2. 研究背景

2013 年,共建"一带一路"倡议提出,旨在加强相关国家在政策协调、基础设施互通、贸易畅通、金融一体化等方面的互动。虽然国家间的贸易和金融联系增强了它们各自的风险抵御能力,但也更容易受到系统性风险的影响。

本部分研究的主体内容是共建"一带一路"国家的银行系统性风险。目前,少有学者从宏观审慎监管和金融稳定的角度来考虑该范围内银行的系统性风险,它们充当着提供大型建筑设施和能源渠道的资金支持,并在企业融资方面发挥着核心作用。而在共建"一带一路"国家的频繁金融活动中,银行机构之间的风险也相应地产生一定的冲击,影响着银行体系的稳定性。因此,探讨共建"一带一路"国家的银行业系统性风险十分必要。

3. 数据样本

样本国家包括中国和共建"一带一路"倡议首次提出时的 65 个原始参与国,选取其中的 377 家银行机构每周收盘价和市值,数据来源于 Datastream 数据库。为研究方便,将这些国家划分为 5 个区域,分别是东亚和中亚、东南亚、南亚、西亚和北非、中亚和东部地区。

4. 实证研究

图 6.6 展示了共建"一带一路"国家银行系统的动态关联性,为了理解各个重要性事件与系统关联性的关系,图中标注了 2015 年至 2019 年共建"一带一路"倡议的相关重要事件。同时,依据共建"一带一路"倡议的发展过程,将其样本分为三个时期:第一个(2015 年 1 月 5 日至 2016 年 11 月 17 日)是基础设施的准备阶段;第二个(2016 年 11 月 18 日到 2018 年 11 月 5 日)是该倡议得到国际社会的认可阶段;第三个(2018 年 11 月 6 日到 2019 年 12 月 25 日)是贸易和经济发展阶段。

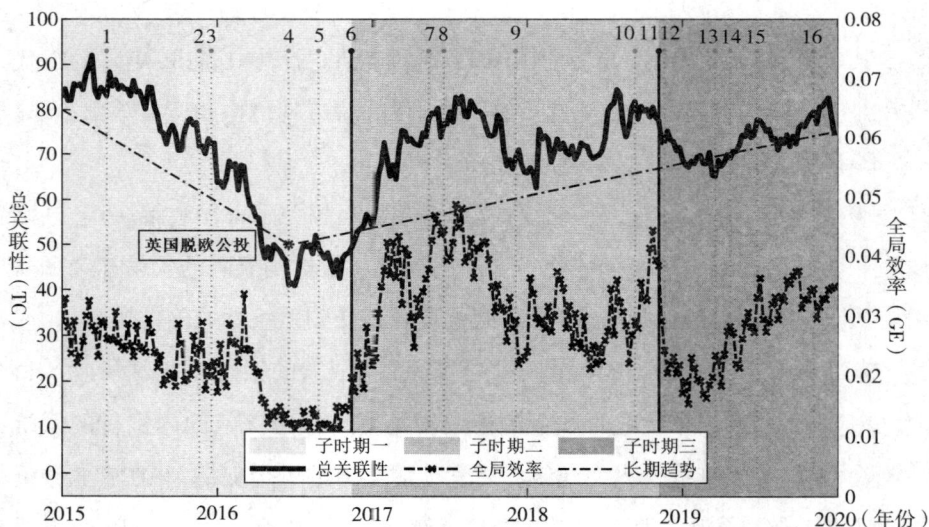

图 6.6 共建"一带一路"国家银行系统的动态系统关联性

资料来源:Wang G.J.,Feng Y.S.,Xiao Y.F,et al.,"Connectedness and Systemic Risk of the Banking Industry along the Belt and Road", *Journal of Management Science and Engineering*, Vol. 7, No. 2, 2022, pp. 303-329.

在第一个时期,能观察到尾部风险网络的总关联性急剧下降,在 2015 年中国股灾爆发期间达到峰值,在 2016 年英国脱欧公投期间达到低谷。2015 年 4 月国际大宗商品价格全面崩盘后,系统范围的关联性开始呈现减小的趋势。随后,中国股市大跌造成国内经济下行、场外配资清算和被动去杠杆化。作为新兴市场衰退的缩影,相关国家在2015年下半年遭遇了27年来的首次资本净流出,这使总关联性大幅下降,并在英国脱欧公投期间达到历史最低点。在第二个时期,系统范围的关联性至少存在两个最大值和一个最小值,其间第一届"一带一路"国际合作高峰论坛召开(2017年5月)、土耳其货币危机爆发(2018年8月)和巴塞尔协议Ⅲ资本监管改革(2017年12月至2018年1月)等三个事件的发生时,关联性也随之达到峰值和低谷。自2018年4月以来,由于美联储的加息政策和美元的升值,全球新兴经济体货币币值大幅下跌。而总关联性对这一负面信号相当敏感,随即呈现出上升趋势。随着里拉的持续贬值演变成2018年8月的土耳其货币危机,总关联性又达到了峰值。总体而言,共建"一带一路"国家银行系统的总关联性能反映重大金融事件发生时的变化。

在系统层面,动态总关联性在2015—2016年股灾期间达到峰值,在英国脱欧投票期间达到低谷,在上升到一个相对较高的值后,经历了一个周期性波动。在区域层面,共建"一带一路"国家银行机构的区域内尾部风险溢出在整个样本期发挥了主导作用,而区域间的尾部风险溢出效应则相对较弱。在国家层面,动态关联性的变化体现了共建"一带一路"国家发生的极端金融事件对银行业关联性的影响。例如,在2018年新兴经济体货币贬值期间,新兴经济体(印度、印度尼西亚和土耳其)的尾部关联性十分显著。此外,由最小二乘虚拟变量(Least Squares Dummy Variable,LSDV)模型估计的带有固定效应的面板数据分析表明,跨境并购和商品贸易出口是共建"一带一路"国家银行业尾部风险传染的两大重要渠道。值得注意的是,样本中部分中小型银行具有很高的相互关联性,而那些拥有较大市值的银行往往具有更大的系统重要性。

就这一问题的未来研究有三个方向。第一,由于政治制度、经济发展、宗教信仰和社会文化的多样性,共建"一带一路"国家主权信用风险成为一个复杂的问题,故接下来可以延伸到基于主权信用违约掉期(Sovereign Credit Default Swap,SCDS)利差分析共建"一带一路"国家的主权信用风险;第二,经济政策不确性在风险传导中发挥着重要作用,因此经济政策不确定性可作为一个影响共建"一带一路"国家银行系统性风险的一个新的考察对象;第三,考虑到金融时间序列具有时域和频域两个特性,探讨时频域视角下的 TENET 的网络也不失为一个有意义的选题。

五、多市场金融安全风险网络

(一)金融安全风险多层网络内涵

近年来,金融市场的稳定性问题引起了越来越多的关注,学术界不断尝试采用网络模型、压力测试模型等来界定和识别金融风险,并在此基础上取得了诸多成果(Battiston 和 Martinez-Jaramillo,2018)①。例如,由欧洲银行管理局(European Banking Authority)等监管组织发起的定期压力测试,旨在模拟测算银行在极端不利条件下的损失,进而评估其对风险的应对能力。金融机构因其所处的层级不同而存在各种互动渠道,它们之间便构成了所谓多层网络。因此,为了实现真正的宏观审慎的监管,评估金融安全风险在多层网络中的传染,以及其对系统性风险的潜在扩散增幅作用是十分必要的。

多层网络通常被划分为多维型、依存型和其他型三类。众所周知,单层网络中的所有连边都是同质的。而多层网络相比于单层网络,其连边具有更加丰富的含义。例如,多维型多层网络指拥有不同层级的网络,每层网络包含相同的网络节点,各网络层均可视为一个单层网络,层间节点存在一定的信息交互,且层间连边只存在于同类节点之间;依存型多层网络突破了多维型多层网

---

① Battiston S.,Martinez-Jaramilo S.,"Financial Networks and Stress Testing:Challenges and New Research Avenues for Systemic Risk Analysis and Financial Stability Implications",*Journal of Financial Stability*,Vol. 35,2018,pp. 6-16.

络中必须存在层间连边这一限制,该网络模型中包含两个甚至 n 个单一网络,但各层网络节点并不要求完全相同;其他多层网络的特点在于各网络层之间存在多种交互关系,如相互嵌套、相互依存或者相互关联,往往被用来描述一个开放的复杂系统。

在现实世界中,各个金融机构大多不是孤立存在的,不同主体、不同市场之间相互作用、相互影响。仅使用单层网络模型无法准确模拟整个金融系统的交互行为和风险传染,因此利用多层网络考察金融系统的想法应运而生(Buldyrev 等,2010)[1]。在研究的早期阶段,多层网络框架多被应用于讨论社交网络、电力网络和引文网络等(Buldyrev 等,2010;Klimek 和 Thurner,2013[2];Barnett 等,2014[3])。近年来,学者们开始关注多层网络模型在经济学和金融学等领域的运用,并由此衍生出多层复杂金融网络。

总体来说,利用多层网络对金融系统进行探索,不仅有助于全面理解和描述金融系统中复杂的异质相互作用,还有助于把握系统性金融风险。波列德等(Poledna 等,2015)[4]指出,利用单层网络往往可能低估金融系统的总体系统性风险。布克霍尔茨等(Burkholz 等,2016)[5]以及阿尔达索罗和阿尔维斯(Aldasoro 和 Alves,2018)等将多层网络应用到银行间系统风险的考察中。然而,将多层网络结合到其他金融市场中的研究还相对较少,为数不多的例子包

①　Buldyrev S. V., Parshani R., Paul G., et al., "Catastrophic Cascade of Failures in Interdependent Networks", *Nature*, Vol. 464, No. 7291, 2010, pp. 1025–1028.

②　Klimek P., Thurner S., "Triadic Closure Dynamics Drives Scaling Laws in Social Multiplex Networks", *New Journal of Physics*, Vol. 15, No. 6, 2013, p.063008.

③　Barnett N. P., Ott M. Q., Rogers M. L., et al., "Peer Associations for Substance Use and Exercise in a College Student Social Network", *Health Psychology*, Vol. 33, No. 10, 2014, p. 1134.

④　Poledna S., Molina-Borboa J. L., Martínez-Jaramillo S., et al., "The Multi-Layer Network Nature of Systemic Risk and Its Implications for the Costs of Financial Crisesz", *Journal of Financial Stability*, Vol. 20, 2015, pp. 70–81.

⑤　Burkholz R., Leduc M. V., Garas A., et al., "Systemic Risk in Multiplex Networks with Asymmetric Coupling and Threshold Feedback", *Physica D*, Vol. 323, 2016, pp. 64–72.

括：在基于金融时间序列的多层网络研究方面，穆斯梅奇等（Musmeci 等，2017）[1]根据序列数据的不同类型关系，将美国股票市场抽象为 4 层网络，并描述其多层网络特征。李守伟等（2020）[2]和王纲金等（Wang 等，2021a）[3]分别运用中国上市金融机构的股票数据构建包含 Pearson 层、Kendall 层和 Tail 层的多层网络模型，以及包含均值溢出层、波动溢出层和极端风险溢出层的多层信息溢出网络模型。

金融机构的多层网络模型的具体形式包括多层实体网络、多层相关性网络和多层信息溢出网络等。如前所述，与单层网络相比，多层网络的主要特征在于其节点可以由不同类型的网络连边进行连接，层内连边蕴含着不同的含义。在金融网络研究领域，不同的网络层可以代表不同的金融子市场、行业机构、风险类别或舆情分布等。在多层网络中，各层节点还可以通过层间连边相互连接，这将赋予层内节点更加丰富的经济含义。而在金融危机不断爆发的背景下，金融安全风险的产生和传递对实体经济运行和金融稳定维护都具有重大影响。因此，对相关风险的探讨也受到了监管层和学术界的高度重视。实体经济系统是由各类金融与非金融机构组成的，各机构之间的关系错综复杂。这些关系将成为金融安全风险的传染渠道，它们使金融安全风险传染具备了多层网络的属性。

探究金融安全风险的传染途径，深入考察其度量方法，对监管金融系统性风险，维持金融市场稳定，保持经济平稳健康发展都至关重要。适用于分析节点和连边的跨层变化情况的多层网络工具，是符合金融安全风险监管内涵所

---

①　Musmeci N., Nicosia V., Aste T., et al., "The Multiplex Dependency Structure of Financial Markets", *Complexity*, Vol. 2017, 2017, p. 9586064.

②　李守伟、文世航、王磊等：《多层网络视角下金融机构关联性的演化特征研究》，《中国管理科学》2020 年第 28 卷第 12 期。

③　Wang G.J., Chen Y.Y., Si H.B., et al., "Multilayer Information Spillover Networks Analysis of China's Financial Institutions Based on Variance Decompositions", *International Review of Economics & Finance*, Vol. 73, 2021a, pp. 325-347.

需要的一个关键方法。借助多层网络模型,对安全市场和不安全市场情况下的金融安全风险在主体之间传染的过程开展实验,并就新发展格局下单层网络和多层网络中的传染进行模拟,对探究金融安全风险的非线性演化机制在动态和多模式网络背景下的异同有重大意义。

(二)多市场金融实体网络

所谓金融实体网络,指利用反映金融实体之间关系的业务数据,如银行间同业拆借数据、金融实体间借贷数据或贸易数据构成的网络。它能直接描述实体金融机构之间的关联关系。作为实体经济发展的基础,金融机构业务范围涉及经济活动的大部分领域,其安全性与稳定性则尤为重要。随着金融机构之间的关系日益密切,如今即使是小范围的风险,也可能对整个经济体系造成毁灭性打击(如 2007 年的次贷危机及 2010 年的欧债危机)。

早期关于金融机构之间安全风险传染的研究主要局限于它们之间的直接债务关系。而学者们对金融机构间实际网络的建模和分析,都是基于其真实的或估计的借贷数据(如最大熵方法)来计算的。例如,艾伦和盖尔(Allen 和 Gale,2000)[1]基于银行间存款网络,考察不同金融机构网络结构中流动性冲击引起的风险传染,为金融机构的风险传染奠定了微观经济学基础。而除了对金融机构网络拓扑学意义上的研究,通过模拟银行间同业拆借网络来分析不同金融机构的网络动力学与风险传染的关系一直被作为研究热点。相关文献侧重于金融机构体系中的风险传染,所以都是以金融机构为节点构建复杂网络来开展相关讨论。

不仅如此,已有研究对金融机构的资产负债表设定宽泛,一般假设除金融机构以外的所有资产都属于持有共同资产的范畴,逐步形成并完善了对金融机构之间风险传染的直接和间接渠道的综合分析架构,以及通过金融机构资

---

① Allen F., Gale D., "Financial Contagion", *Journal of Political Economy*, Vol. 108, No. 1, 2000, pp. 1-33.

产负债表的相关性构建金融机构间多层网络的方法。但这些研究的对象主要集中于银行间的交易数据和风险敞口,一般是基于非公开数据来构建网络。例如,朗菲尔等(Langfield等,2014)①建立包括银行间敞口层和银行间融资层的英国银行多层网络。巴尔吉利等(Bargigli 等,2015)②则基于意大利银行的监管报告构造独特的银行间交易数据集,并在此数据集的基础上构建意大利银行间多层网络。波列德等(2015)建立关于银行系统的信贷、外汇、衍生品和证券敞口等4个网络,量化各层对系统风险的贡献,同时探讨各层之间的相互影响。

同时,一些学者意识到利用金融机构之间的非借贷关系,如媒介舆情影响来构建实体网络,这对金融体系的稳定也具有重要作用。例如,切尔基耶洛(Cerchiello,2017)③基于金融实体之间的非结构化数据——推特用户评论,构建意大利银行间实体网络。俞红海等(Yu 等,2015)④基于反映投资者情绪的风险传染数据,分析中国的银行间网络及其对系统性金融的影响。

然而,现有的文献很少涉及基于非结构化数据的金融机构多层实体网络。为了弥补这一不足,可以考虑根据大数据挖掘的风险指标,构建金融安全风险的相关度量指标,对金融机构建立多层实体网络,探索在不同因素的影响下,金融安全风险的传染变化趋势及其对多层实体网络的影响。

不同的金融机构对金融安全风险的影响特征也各不相同。如图 6.7 所示,以银行业为例,最大的安全风险影响因素是对其他银行同业的直接信贷敞

① Langfield S., Liu Z., Ota T., "Mapping the UK Interbank System", *Journal of Banking & Finance*, Vol. 45, 2014, pp. 288−303.

② Bargigli L., Di I. G., Infante L., et al., "The Multiplex Structure of Interbank Networks", *Quantitative Finance*, Vol. 15, No. 4, 2015, pp. 673−691.

③ Cerchiello P., Giudici P., Nicola G., "Twitter Data Models for Bank Risk Contagion", *Neurocomputing*, Vol. 264, 2017, pp. 50−56.

④ Yu H.H., Li X.D., Geng Z.Y., "Investor Sentiment, Disagreement and IPO Puzzle in China's Stock Market", *Journal of Management Sciences in China*, Vol. 18, No. 3, 2015, pp. 78−89.

口,而这种直接交叉持有可能导致安全风险传染。例如,邓吉等(Dungey 等,2020)①利用银行间风险敞口数据构建实体网络,分析国内外银行类金融实体之间的风险传递。除了银行之间借贷等直接联系,其持有的各类相同的投资标的也使不同的金融机构间接地联系在一起,这为银行之间风险传输提供了另一种渠道。而这样的网络类型要复杂得多,不仅包括直接交叉持有,还包括间接依赖持有。如图 6.7(c)所示,这是一个多家银行持有共同资产形成的间接依赖持有网络。需要得到重视的是,这种相互依赖已经被证明是系统风险不确定性的现实来源(Roukny 等,2018)②。

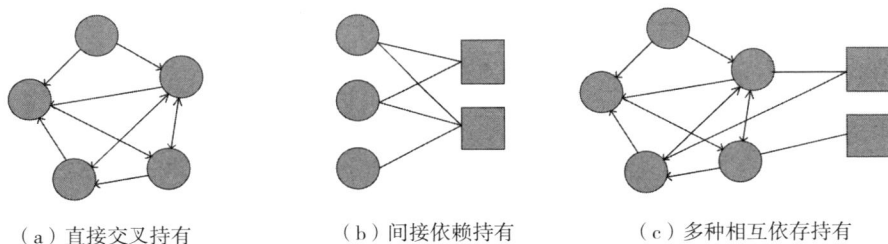

（a）直接交叉持有　　　　（b）间接依赖持有　　　　（c）多种相互依存持有

图 6.7　三种类型的金融网络示意图

资料来源: Harford J., Jenter D., Li K.,"Institutional Cross-holdings and their Effect on Acquisition Decisions", *Journal of Financial Economics*, Vol. 99, No. 1, 2011, pp. 27-39.

综上所述,金融安全风险下的多层实体网络主要是基于金融机构之间的交易或借贷数据来衡量它们之间的连通性。除了银行同业拆借网络之外,衍生品敞口网络,以及共同资产敞口网络也分别是多层实体网络的一类。虽然多层实体网络可以很好地反映不同金融机构之间的信息传递,并被广泛应用于分析连通性和系统性风险,但实体网络的一个重大局限是,各类金融机构之间的

---

① Dungey M., Islam R., Volkov V.,"Crisis Transmission: Visualizing Vulnerability", *Pacific-Basin Finance Journal*, Vol. 59, 2020, p. 101255.

② Roukny T., Battiston S., Stiglitz J. E.,"Interconnectedness as a Source of Uncertainty in Systemic Risk", *Journal of Financial Stability*, Vol. 35, 2018, pp. 93-106.

内部资产和债务暴露数据是商业机密,不易获取,导致其实际上并不容易构建。

在国内大循环格局下跨市场风险传染多层网络的构建中,可以利用不同类型的金融机构建立多层实体网络。其中,各个金融机构为网络中的节点,任意两个机构之间的金融安全风险关系(如借贷关系、共同资产敞口持有关系、舆情影响关系等)被视为层内连边,而不同类型机构的金融安全风险关系可视为跨层连边,这样便能构建起反映跨市场的金融安全风险传染的多层耦合实体网络。也可从多层网络关联的交叉视角出发,利用大数据技术挖掘金融安全风险相关的数据,构建包含不同层次的金融安全风险的多层实体网络,进而分析各个类型的金融机构之间金融安全风险的关联特征。

(三)多市场金融相关网络

近年来,学者们基于复杂网络理论,通过建立相关性网络对股票市场展开研究。他们一般将单只股票(上市公司)作为网络的节点,将股票之间的某种关系(如收益率的相关性)作为网络的连边,构建股市复杂网络,并探讨其结构和性质。

曼特尼亚(Mantegna,1999)利用互相关网络分析工具,即最小生成树(MST)和层次树(Hierarchical Tree,HT)考察股票价格之间的互相关性,并寻找最优的投资组合策略。这一开创性工作引领了随后的一系列相关研究。学者们依据不同的网络构建原理,首先基于 Pearson 相关系数建立网络并广泛使用于资本市场、大宗商品市场、外汇市场等金融市场的网络结构分析,以及主体之间的关系研究(Wang 等,2013[1];Yan 等,2015[2])。其次,李正勋等

---

① Wang G.J.,Xie C.,Chen Y.J.,et al.,"Statistical Properties of the Foreign Exchange Network at Different Time Scales:Evidence from Detrended Cross - Correlation Coefficient and Minimum Spanning Tree",*Entropy*,Vol. 15,No. 5,2013,pp. 1643-1662.

② Yan X.G.,Xie C.,Wang G.J.,"Stock Market Network's Topological Stability:Evidence from Planar Maximally Filtered Graph and Minimal Spanning Tree",*International Journal of Modern Physics B*,Vol. 29,No. 22,2015,pp. 155-161.

（Lee等,2012）[1]基于最小生成树法构建韩国股票收益率关联网络,其研究结果表明,市场波动率越高,其网络连边越密集。还有的基于偏相关性来构建网络,如肯奈特（Kenett,2010）在阈值模型的基础上提出偏相关阈值网络（Partial Correlation Threshold Network,PCTN）,并使用平面最大滤波图法进一步构建偏相关性平面最大滤波图（Partial Correlation Planar Graph,PCPG）。最后,也有运用其他相关性或者相似性原理来构建相关性网络的,如王纲金等（Wang等,2012）[2]运用动态时间弯曲法测度两个金融机构之间的相似度,并结合最小生成树法构建外汇市场网络。莱奥萨等（Lyócsa等,2012）[3]、甘秀丽和乔哈里（Gan和Djauhari,2015）[4]分别提出动态条件相关方法和矢量相关系数,构建金融市场网络。

　　为保留网络中更多信息,学者们亦开发一些其他滤波技术并运用到相关研究中,如阈值法。这一方法是根据研究者对信息保留要求的不同,通过人为设定阈值的方式对原始网络中节点和连边进行筛选,从而保留满足条件数量的连边。多个学者采用设定阈值和模块化的方法来检测网络社团的集群特征,并发现随着阈值的增加,网络社团的独立性逐渐增强。

　　经过对现有研究成果的梳理和分析,不难看出仍存在的一些问题:一是单层网络的相关研究已经证实,金融市场内的风险传递可通过金融复

　　① Lee J. H.,Youn J.,Chang W.,"Intraday Volatility and Network Topological Properties in the Korean Stock Market",*Physica A*,Vol. 391,No. 4,2012,pp. 1354-1360.

　　② Wang G. J.,Xie C.,Han F.,et al.,"Similarity Measure and Topology Evolution of Foreign Exchange Markets Using Dynamic Time Warping Method:Evidence from Minimal Spanning Tree",*Physica A*,Vol. 391,No. 16,2012,pp. 4136-4146.

　　③ Lyócsa Š.,Výrost T.,Baumöhl E.,"Stock Market Networks:The Dynamic Conditional Correlation Approach",*Physica A*,Vol. 391,No. 16,2012,pp. 4147-4158.

　　④ Gan S.L.,Djauhari M.A.,"New York Stock Exchange Performance:Evidence from the Forest of Multidimensional Minimum Spanning Trees",*Journal of Statistical Mechanics:Theory and Experiment*,Vol. 2015,No. 12,2015,p. 12005.

杂网络的拓扑特征进行有效的反馈,但在大多数情况下简单的单层聚合方法可能低估金融市场的系统性风险及其影响程度(Burkholz 等,2016)。不仅如此,在现实中金融机构所处的市场具有层次性,但并不是完全扁平的,这意味着单层网络不足以描述真实的金融市场结构,无法反映金融监管所需的所有信息。然而,现有文献侧重于金融机构在单层网络中的结构特征,没有关注它们之间多层网络结构特征,尤其是对金融机构的多层网络相关研究更是凤毛麟角。二是相关文献已经证明,与单层金融安全风险网络相比,多层金融安全风险网络不仅可以有效模拟金融风险在跨金融市场中的传染现象以及风险传染速率,还有利于维护金融体系的稳定(Poledna 等,2015)。不过,目前理论界对金融多层网络中金融安全风险传染机制的研究还很少。

因此,接下来应当将多层网络结构对金融安全风险的影响纳入考虑范畴。于是,本部分从多层网络理论视角出发,力图清晰刻画国内大循环格局下跨市场风险传染多层相关性网络的结构特征,并对多层网络中金融安全风险传染机制问题开展深入探索。

下面,在国内大循环格局下跨市场风险传染多层相关性网络的构建中,将各个不同的金融子市场(如资本市场、货币市场、外汇市场和其他市场)视为一个单层网络,各个金融机构作为网络中的节点。同一市场内机构之间的互相关性看作层内连边,而不同市场内机构的互相关性看作跨层连边。在构建国内不同金融子市场的多个单层复杂网络基础上,进一步通过 Copula 函数和 Pearson 系数等测度市场之间的风险相依关系,并描述网络之间的耦合关系,构建反映国内跨市场风险传染的多层相关性网络(如图 6. 8)。

(四)多市场金融溢出网络

跨金融市场风险传染是系统性金融风险产生和演变的核心原因。近些

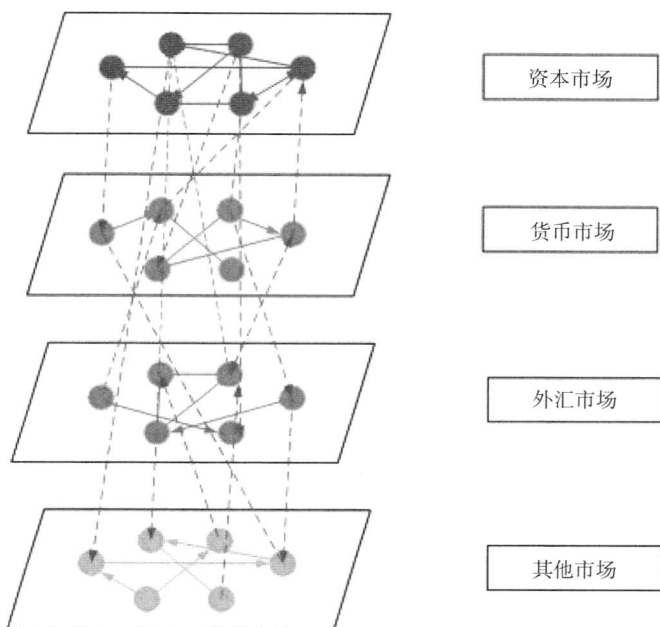

图 6.8　跨金融市场的多层网络示意图

资料来源:为增强读者的直观理解,笔者将跨金融市场的关系进行可视化表达,图表内容为笔者自绘。

年,已有一些学者探讨了跨市场之间的风险溢出效应。例如,许启发(2018)①
等运用 CoVAR 模型考察中、美、日股票市场之间的风险溢出效应,并描述三国
股市间金融风险的溢出效应。周爱民等(2018)②利用 Copula-CoVAR 模型分
析股票市场和外汇市场的风险溢出效应,发现具有相同属地的金融市场之间
产生的溢出效应最大的现象。雷博雷多等(2020)③使用 Copula 方法探讨汇
率和股票价格之间的极端向下和向上风险溢出,指出 8 个新兴经济体内部汇

---

① 许启发、李辉艳、蒋翠侠等:《基于 QRNN+GARCH 方法的供应链金融多期价格风险度量
及防范》,《数理统计与管理》2018 年第 37 卷第 4 期。

② 周爱民、韩菲:《股票市场和外汇市场间风险溢出效应研究——基于 GARCH-时变
Copula-CoVaR 模型的分析》,《国际金融研究》2017 年第 11 期。

③ Reboredo J.C., Ugolini A., Aiube F.A.L., "Network Connectedness of Green Bonds and Asset
Classes", *Energy Economics*, Vol. 86, 2020, p.104629.

率和股票之间存在不对称的向下和向上风险溢出。张伟平等（Zhang 等，2020a）构建二十国集团（Group of Twenty，G20）股票市场的波动网络，并探讨这些国家股票市场的空间溢出效应和风险传染。

在多层信息溢出网络的构建中，一般主要通过 GARCH 族、格兰杰因果关系、CoVaR 等方法测量市场之间的风险溢出关系来讨论网络间耦合关系，构建能反映国内跨市场风险传染和溢出效应的多层信息网络。同时，计算基于格兰杰因果关系和 CoVaR 的溢出系数（公式前文已述），并分别构建跨金融市场的多层信息溢出网络、均值溢出网络或风险溢出网络。

考虑到作为一个新兴的金融工具，可转换债券在中国资本市场的地位越来越重要，本部分不仅分别考察可转换债券市场和股票市场的关联性，而且通过构建多层网络关注两者之间复杂的互动关系。这一工作将为通过降低风险传染的可能性来稳定资本市场提供理论支持，并为投资者构建投资组合和监管机构制定金融政策提供有用的建议。截至 2017 年年底，中国可转债市场共有 48 只债券。2018 年 1 月至 2019 年 6 月，资本市场在经历了长期的衰退后出现了明显的上行趋势，可转债市场也经历了快速发展。考虑到数据的完整性和连续性，这里采用 43 只可转债及其标的股票的高频交易价格，共计 86 个样本。以 2018 年 1 月 29 日至 2019 年 6 月 30 日为数据集，共包含 342 个交易日和 16416 个观测值。数据来源于万得数据库（http://www.wind.com.cn）。以此为基础，构造一个有向加权格兰杰双层均值溢出网络。

图 6.9 为采用多元格兰杰因果关系方法计算得到的邻接矩阵，其中 1—43 为可转换债券，44—86 为其对应的标的股票。这里将矩阵划分为 4 个区块，每一个区块代表一种相互关联性。图 6.9 的面板（a）代表可转换债券（即可转换债券）之间有 93 对关系。而图 6.9 的面板（d）代表 89 对股票之间的关系。同时，由图 6.9 面板（b）中可知，可转债对股票的格兰杰因果关系有118 对；由面板（c）中可知，股票对可转债的格兰杰因果关系只有 46 对。

在邻接矩阵基础上，构建图 6.10 中的股债双市的多层格兰杰信息溢出网络。在多层网络中,上层和下层统称为 intra 层,分别代表可转换债券市场和标的股票市场,是图 6.9 中面板(a)和(d)的可视化结果。多层网络的 inter 层代表可转换债券和标的股票之间的相互作用,它们是由图 6.9 中面板(b)和(c)的邻接矩阵所构成。

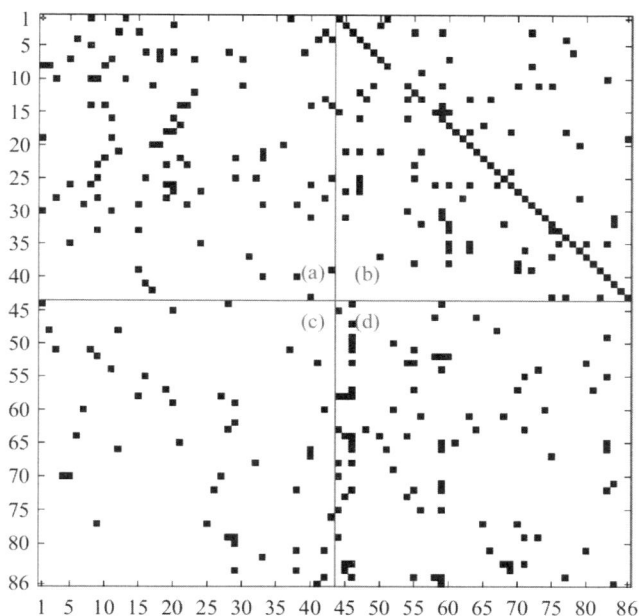

图 6.9　混合市场网络的邻接矩阵(p 值小于 0.05)

资料来源:Ling Y. X. , Xie C. , Wang G. J. , "Interconnectedness between Convertible Bonds and Underlying Stocks in the Chinese Capital Market: A Multilayer Network Perspective", *Emerging Markets Review* , Vol. 52,2022,p. 100912.

图 6.10 中,每一层的内部关系用实线表示,两层之间的耦合关系用虚线表示。圆圈的大小反映了节点的总度数,两个节点之间因果关系的强弱则通过线的粗细来揭示。此外,为了明确表达层内和层间关系的强度,在层内数值的大小关系转换为颜色深浅表示。可以观察到,相互作用不仅存在于个别市场(即可转换债券市场和基础股票市场)内部,也存在于它们两两之间。了解可转债与标的股票之间错综复杂的单向或双向因果关系,有助于防止大规模

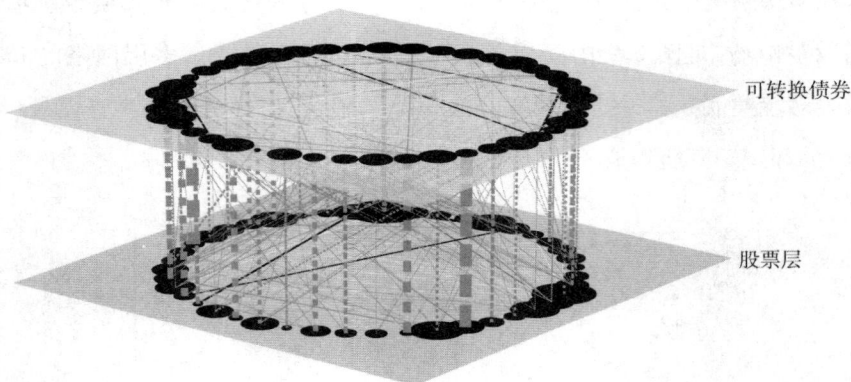

图 6.10　混合市场多层网络可视图

注:网络使用了 Jet 映射算法。

资料来源:Ling Y. X., Xie C., Wang G. J. "Interconnectedness between Convertible Bonds and Underlying Stocks in the Chinese Capital Market: A Multilayer Network Perspective", *Emerging Markets Review*, Vol. 52, 2022, p. 100912.

的跨市场不稳定。

入度和出度大的节点比其他节点更重要,因为它们可能在网络中发送或接收更多的信息,具有更加广泛的影响力。图 6.10 显示了在混合市场多层网络中按总入度和出度排序在前列的节点。可见大部分可转换债券的出度较大,很多标的股票总体上的入度较大。值得注意的是,入度前三位的节点都是标的股票,而出度前三位的节点都是可转换债券。这一事实说明,一只可转换债券的价格波动很可能会影响到其他可转换债券和标的股票,而一只标的股票则容易受到其他标的股票和可转换债券的影响。入度大的节点通常是传统企业,如国泰君安、蓝色光标等,它们容易受到其他公司价格波动的广泛影响。出度较大的节点则是高科技企业,这表明这些公司在当前的资本市场上扮演着至关重要的角色。

为更清晰地观察多层网络,接下来将其分为两部分,即层内关系层和层间关系层。从层内关系角度而言,图 6.11 和图 6.12 分别表示了多层网络中的上层和下层。一条连边的粗细反映了两个节点之间因果关系的强弱,即连边

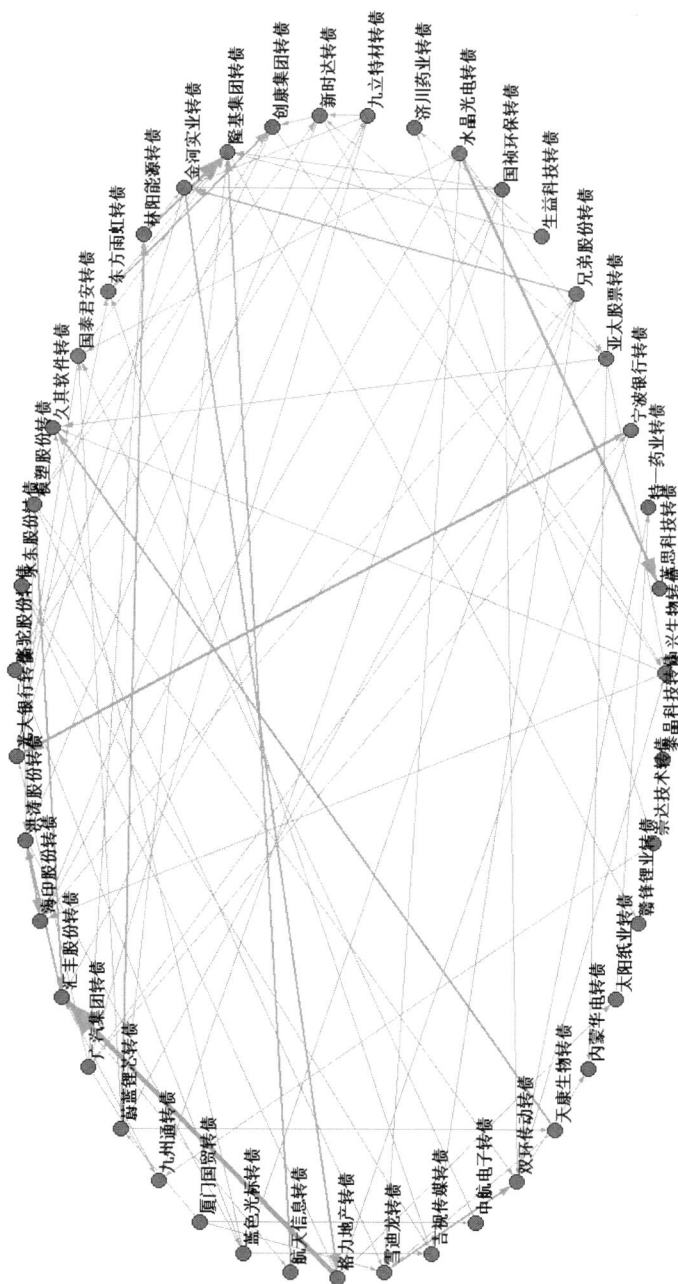

图 6.11 多层网络中的可转换债券市场层

资料来源：Ling Y. X., Xie C., Wang G. J., "Interconnectedness between Convertible Bonds and Underlying Stocks in the Chinese Capital Market: A Multilayer Network Perspective", *Emerging Markets Review*, Vol. 52, 2022, p. 100912.

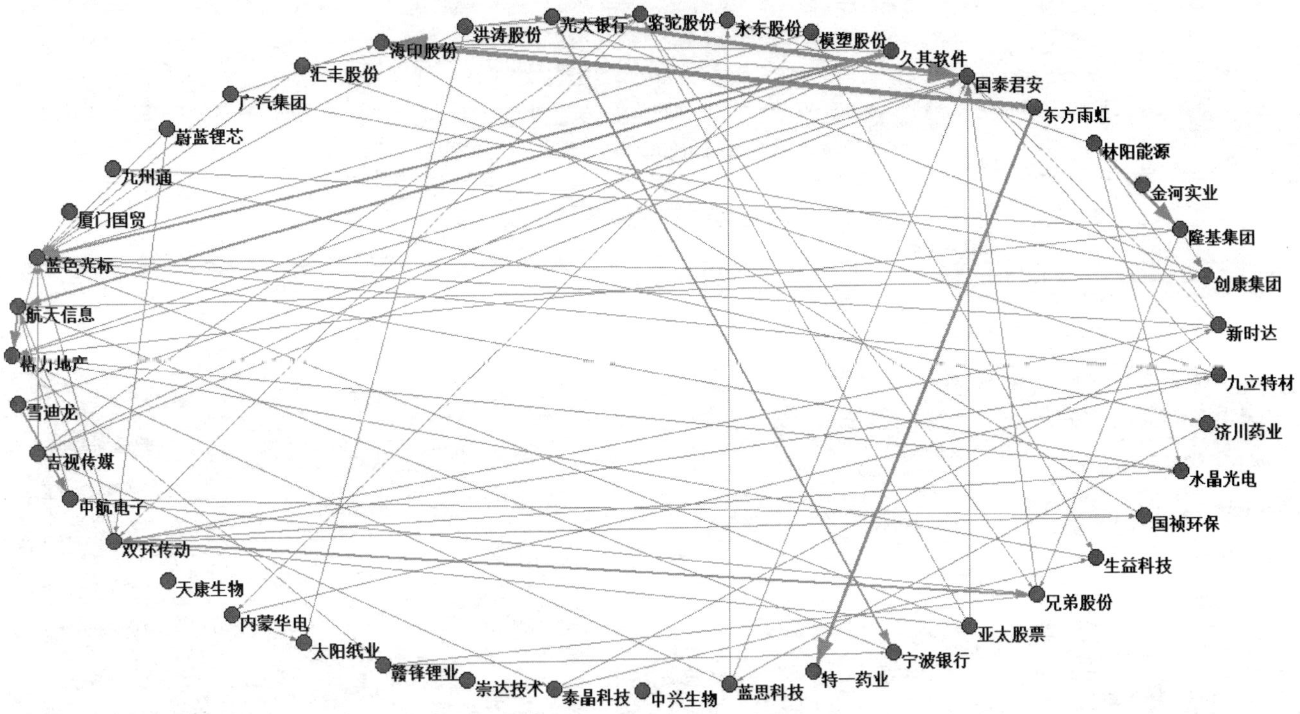

图 6.12 多层网络中的股票市场层

资料来源：Ling Y. X., Xie C., Wang G. J., "Interconnectedness between Convertible Bonds and Underlying Stocks in the Chinese Capital Market: A Multilayer Network Perspective", *Emerging Markets Review*, Vol. 52, 2022, p. 100912.

越粗,它们之间的相互联系越紧密,而箭头代表因果关系的方向。不难发现,单个可转换债券市场网络是全连接的,但由于零度节点的存在,单个标的股票市场网络不是全连接的。当考虑跨市场交互效应时,可转换债券层和标的股票层都出现了自由节点,这一结果表明,在多层网络中可转换债券间和股票间的连通性均存在减弱现象。

从图6.11和图6.12中可以发现,节点度分布相对不平衡。少数节点度大,即少数领先节点的波动容易受到其他大多数节点的影响。不仅如此,节点度大的个体市场行业分布与混合市场相似,即传统行业企业的入度较大,而大多数信息技术企业和制造业企业的出度可能较大。无论是否考虑跨市场的交互作用,大多数节点的列表基本一致,但可转换债券市场存在例外。即在个人市场上,金融机构等企业发行的市值较大的可转换债券容易受到外来影响;而在混合市场上,制造企业发行的可转换债券受外来影响较大。

下面从节点强度的角度进一步分析网络的互联性。观察图6.10到图6.12可以发现,单个可转换债券市场网络中的因果关系比其他三种情况下更为密集(即单个标的股票市场网络以及多层网络中的可转换债券层和标的股票层)。为什么可转换债券之间的关联性在多层市场中变得松散甚至消失呢?其原因在于,在个体市场内部,可转换债券由于市场的资本化有限,相互联系紧密。但可转换债券对标的股票有明显影响,这一点在考虑跨市场情景时就显现出来了,它使原来的可转换债券之间的相关性不明显。需要注意的是,同行业可转换债券之间的关联性是显著的。相比之下,无论是单独的股票市场还是混股债市场,标的股票的关联性变化都不大,这证明股票市场内部结构是相对稳定的。

综上所述,本部分采用多元自回归方法构建了可转换债券和标的股票的混合市场多层网络,并从静态和动态两个角度分析了网络结构。实证研究发现,可转换债券与标的股票之间存在明显的因果关系。大部分可转换债券对其对应的标的股票产生了巨大的影响,前者通常出度大、入度小,后者则相反。

从企业角度看,传统的服务类公司容易受到其他公司的影响,而高科技类公司则容易引起其他公司的波动。在动态结果方面还发现,标的股票市场容易受到负面事件的影响,而可转换债券市场对正面信息较为敏感。混合市场网络的全球连接密度变化比单个市场网络的变化更符合中国资本市场的现实。值得关注的是,静态网络中节点度大的节点往往在动态网络中有显著的表现,但在整个周期中却并非如此。区分网络的动态特性可以为监管机构和投资者提供在不同时期准确有效检测出关键公司的能力。

上述研究拓宽了复杂网络理论在金融市场中的应用,并可以为监管机构提供风险跨市场传染的相关信息,这有助于增强市场预期,防范金融风险。此外,中国可转换债券市场作为一个新兴市场,表现不俗,但仍欠发达。发现并分析可转换债券与标的股票之间的关联性,不仅对中国资本市场具有指导意义,对其他发展中国家的可转换债券市场也有借鉴作用。

相关研究结论为监管机构和投资者还提供以下额外信息。首先,可转换债券及其标的股票在中国资本市场上具有高度的关联性,所以投资者最好避免同时持有同一家公司发行的可转换债券和基础股票,特别是当其中一家公司出现异常价格波动时。其次,来自某一行业的公司在单个市场和混合市场上都具有很强的相关性,因而持有来自同一行业或供应链的可转换债券或标的股票,并不是构建投资组合的一个好选择。最后,金融机构之间存在明显的相互关系,加强人民银行、银保监会、证监会之间的信息共享和行动协调,有利于维护金融市场稳定。以上的动态分析为市场事件引发的风险提供了预警,这对监管机构和风险管理者无疑都是有益的。

在未来的研究中,有几种可能的扩展。一是由于中国可转换债券市场直到2018年才开始繁荣,这里的数据并没有包括所有已发行可转换债券的上市公司。下一步,可以收集存续期内的所有样本,并构建可转换债券市场网络,分析市场走势。二是证监会在2017年7月首次启动了推动创新创业企业发行可转换债券的相关政策。因此,收集非公开发行可转换债券的数据有助于完善上述已完成的工作。三是前面研究的重点是构建混合市场多层网络,并分析其静态和动态拓扑性质,暂未讨论网络稳定性的演化机制。接下来,可模拟不同形式和强度的突发冲击事件,考察市场的反应。

第二节　国内国际双循环金融安全风险网络

一、跨区域多市场金融实体网络

在 2020 年 4 月中央财经委员会第七次会议上,习近平总书记强调要构建以国内大循环为主体、国内国际双循环相互促进的新发展格局。构建新发展格局意指不但要注重国内市场的开发,提升自身的创新能力,扩大内需,避免过于依赖国外市场,也依旧要保持对外开放。这是对当前发展态势的清醒认识,也就是应充分利用国内国际两个市场、两种资源的优势,共同促进经济的高质量发展。

随着经济全球化和信息技术的快速发展,世界各国各地区逐步形成相互依存、相互联系的有机整体,各个金融实体包括金融市场之间的联系必将愈加紧密。从整体角度看,全球金融市场已然成为一个复杂系统,这导致金融风险的跨区域跨市场传染更加快捷,监管者面临着更加严峻的考验。现实中,亚洲金融风暴、美国次贷危机、欧洲债务危机等无一不说明风险传染对全球金融系统的影响。因此,若忽视对跨区域风险传染的监管,则极有可能导致金融系统遭受严重损害,给国家金融安全造成无法挽回损失。

当前,国际经济政治格局变幻莫测,各国经济持续低迷。在进出口市场萎缩,贸易保护主义抬头的形势下,实施以国内大循环为主体、国内国际双循环相互促进的新发展格局,更能凸显中国超大规模市场的潜力和优势。基于此现状,深入了解国内国际双循环格局下金融风险跨市场传染的规律,将有利于监管者更好地健全金融监管体系。因此,本部分试图阐述金融风险传染实体网络的具体构建方法及研究意义,建立基于国内大循环背景下的单层和多层实体网络,拓展观察视角以进一步探讨在国内国际双循环背景下,跨区域风险传染金融市场多层实体网络的应用。

(一)研究现状

2008 年美国大型金融机构雷曼兄弟破产,引发了全球金融风暴,世界各国金融市场都受到不同程度的重挫。例如,紧张的金融环境迫使英国政府救助 HBOS 和 Lloyds Banking Group (Fernando 等,2012)[①];俄罗斯在短短几个月内耗尽 35% 的外汇储备,GDP 和工业生产总值同比创 15 年来最大降幅;各国股市均出现不同程度的下跌,全球金融市场表现出高度的相依性。

自 20 世纪 90 年代中期以来,各国跨境金融头寸(即资产、负债和权益的余额)以及全球大宗商品贸易迅速扩张,境外资产和境外负债存量从 1995 年占世界 GDP 的 75%—77% 增加到 2016 年占世界 GDP 的 172%—189%(Lane 和 Milesi-Ferretti,2018)[②]。由此,描述各国金融市场和金融实体之间的潜在关联逐渐成为一个热门的课题(Wang 等,2021a;Wang 等,2021b)。

众所周知,金融市场是一个典型的复杂系统,市场中存在大量的主体。近年来,复杂网络理论被广泛应用于描述金融主体之间的交互行为和关联关系,并取得丰富成效。如前所述,复杂网络理论将金融系统映射成一个网络,其中节点代表金融主体(如市场、机构、公司等),各个节点之间的连边则对应不同主体之间的相互联系。然而,在现实世界中,金融主体大多不是孤立存在的,不同主体、不同市场之间相互作用、相互影响,仅使用单层网络模型无法准确

① Fernando C.S., May A.D., Megginson W.L., "The Value of Investment Banking Relationships: Evidence from the Collapse of Lehman Brothers", *Journal of Finance*, Vol. 67, No. 1, 2012, pp. 235 - 270.

② Lane P.R., Milesi-Ferretti G.M., "The External Wealth of Nations Revisited: International Financial Integration in the Aftermath of the Global Financial Crisis", *IMF Economic Review*, Vol. 66, No. 1, 2018, pp. 189-222.

模拟跨区域金融实体的交互行为和风险传染,于是多层复杂金融网络应运而生。

　　根据数据来源的不同,复杂金融网络被划分为基于非公开数据(如银行交易数据等)的网络模型和基于市场数据(即真实交易数据)的网络模型。下面,主要讨论基于非公开数据(如银行交易数据等)构建的金融实体网络。其中,常见的实体网络有:银行间借贷网络(Fricke 和 Lux,2015[1];Tonzer,2015[2];Aldasoro 和 Alves,2018)、衍生品敞口网络(Bardoscia 等,2019)[3]和商品敞口网络(Wei 等,2022)[4]。例如,弗里克和卢克斯(Fricke 和 Lux,2015)基于 E-MID 交易平台上银行的隔夜交易数据构建同业拆借网络,考察银行系统的网络结构。李守维等(Li 等,2019)[5]根据银行间同业拆借期限的差异,构建银行间多层实体网络,并发现随着资产净值的增加,银行的系统性风险呈现非线性下降趋势。谢文杰等(Xie 等,2021)[6]根据各国石油贸易数据,构建全球石油贸易网络,并探讨经济的演化效率、临界性和稳健性以及石油贸易伙伴之间的关系。李守伟等(2022)[7]通过构建银行动态多层网络模型,刻画系统性

　　① Fricke D.,Lux T.,"Core-Periphery Structure in the Overnight Money Market: Evidence from the E-MID Trading Platform", *Computational Economics*,Vol. 45,No. 3,2015,pp. 359-395.

　　② Tonzer L.,"Cross-Border Interbank Networks,Banking Risk and Contagion",*Journal of Financial Stability*,Vol. 18,2015,pp. 19-32.

　　③ Bardoscia M.,Bianconi G.,Ferrara G.,"Multiplex Network Analysis of the UK Over-the-Counter Derivatives Market",*International Journal of Finance & Economics*,Vol. 24,No. 4,2019,pp. 1520-1544.

　　④ Wei N.,Xie W.J.,Zhou W.X.,"The Performance of Cooperation Strategies for Enhancing the Efficiency of International Oil Trade Networks",*Journal of Complex Networks*,Vol. 10,No. 1,2022,p. cnab053.

　　⑤ Li S.W.,Liu M.,Wang L.,et al.,"Bank Multiplex Networks and Systemic Risk",*Physica A*,Vol. 533,2019,p. 122039.

　　⑥ Xie W.J.,Wei N.,Zhou W.X.,"Evolving Efficiency and Robustness of the International Oil Trade Network",*Journal of Statistical Mechanics: Theory and Experiment*,Vol. 2021,No. 10,2021,p. 103401.

　　⑦ 李守伟、王虎、刘晓星:《基于银行动态多层网络的系统性风险防控政策效果研究》,《管理工程学报》2022 年第 36 卷第 4 期。

风险多渠道传染机制,进而模拟宏观审慎政策和货币政策以及两者结合对银行系统性风险的控制效果。

以往的研究表明,不同类型的金融资产具有不同特征的波动性,市场监管者应对金融困境的决策取决于受影响的金融资产的类型。然而,实际中监管当局往往也会对其他资产类型刳定相应的监管政策。如出一辙,在跨国贸易实体网络中,也存在类似的现象。

目前,现有研究主要集中于单独探索市场或者信用风险,并没有考虑两者之间的交互行为。这会导致无法准确地理解金融体系中不同市场和机构之间的风险关联性和传导机制。若采用多层实体网络,则可以有效地度量不同金融资产之间的关联关系(Aleta 和 Moreno,2019)[1]以及市场的系统性风险传染(Brummitt 和 Kobayashi,2015)[2],同时也有助于全面理解和描述金融实体之间复杂的交互行为和风险传染。在跨区域金融实体多层实体网络中,每一层网络分别被赋予不同的含义,每一个节点代表不同国家或地区,借此,金融风险跨区域传染以及各国金融市场的相对重要性进而得以研究。例如,波列德等(2015)构建关于墨西哥银行系统在信贷、外汇、衍生品和证券敞口的多层网络以全面衡量其系统性风险状况,发现专注于某个单层网络会低估总系统性风险高达 90%,同时也映射出每一层对其他层的相互影响。

综上所述,多层实体网络可以从整体视角有效探索金融体系的相互关联性和动态变化特征。在以国内大循环为主体、国内国际双循环相互促进的新发展格局下,把握股票市场和信贷市场之间错综复杂的关系对投资者、金融机构、政策制定者和经济学家来说至关重要。接下来,本部分将讨论如何基于欧洲 G-SIBs 的市场风险和信贷风险之间的信息流动,构建跨区域市场多层信

---

① Aleta A., Moreno Y., "Multilayer Networks in a Nutshell", *Annual Review of Condensed Matter Physics*, Vol. 10, No. 1, 2019, pp. 45-62.

② Brummitt C. D., Kobayashi T., "Cascades in Multiplex Financial Networks with Debts of Different Seniority", *Physical Review E*, Vol. 91, No. 6, 2015, p. 062813.

息溢出网络,并分析这两个市场之间的风险传导机制。此外,将从多层次网络的角度细化 G-SIBs 的分类,进一步阐明它们在维持金融体系弹性方面的关键作用。该研究对中国政策制定者和风险管理者更好地进行风险评估和及时应对危机,并提升金融系统稳定性具有重要的参考意义。

(二)构建方法

本部分基于多层信息网络来探索股票和信贷市场之间的风险溢出关系。多层网络是单层网络的延伸,能够从多维度全方位地刻画各个子系统之间潜在的交互作用,其中不同网络层中的连边分别蕴含不同的经济含义(Foglia 等,2024)[①]。单层网络可以表示为 $G=(V,E)$,表明该网络由 V 个节点和 E 条连边组成。与单层网络相比,多层网络的组成元素则更加丰富,包含层与层之间的耦合连边、层内连边等概念,每一层网络表示特定的相互关系,其本身可视为一个单层网络。

多层风险溢出网络是通过 Diebold-Yilmaz(DY)方法(Diebold 和 Ylmaz,2012,2014)和 LASSO-VaR 模型进行构建的。该网络包含股票市场溢出层和信贷市场溢出层,具体计算流程分为以下三个步骤。

(1)采用迪博尔德和伊尔马兹(2012,2014)方法来度量股票和信贷市场之间的波动性风险溢出,依次可计算得到三种网络的溢出指数:单独的股票市场、单独的信贷市场、混合的股票和信贷市场。由于高维场景下的 VaR 模型存在大量参数,因此基于 Vector Autoregression with Exogenous Variables-Large(VARX-L)模型(Nicholson 等,2017)[②]构建双层信息溢出网络,该模型通过

---

①　Foglia M., Di T.C., Wang G.J., et al., "Interconnectedness between Stock and Credit Markets: The Role of European G-SIBs in a Multilayer Perspective", *Journal of International Financial Markets, Institutions and Money*, Vol. 91, 2024, p. 101942.

②　Nicholson W. B., Matteson D. S., Bien J., "VARX-L: Structured Regularization for Large Vector Autoregressions with Exogenous Variables", *International Journal of Forecasting*, Vol. 33, No. 3, 2017, pp. 627-651.

LASSO 模型将惩罚项添加到回归参数中达到降维的目的，从而提升大样本溢出网络建模的效率。

（2）使用格林伍德-尼莫等（Greenwood-Nimmo 等，2021）[①]提出的块聚合方法计算两个市场之间的溢出关联度。首先，定义跨市场连通性矩阵：

$$\begin{bmatrix} \Theta^g_{S \to S} & \Theta^g_{S \to C} \\ \Theta^g_{C \to S} & \Theta^g_{C \to C} \end{bmatrix} \tag{6.27}$$

其中，$\Theta^g_{S \to C}$ 和 $\Theta^g_{C \to S}$ 分别表示股票市场到信贷市场（$S \to C$）和信贷市场到股票市场（$C \to S$）的总交叉风险溢出。

（3）基于 DY 方法和交叉溢出矩阵，构建股票市场波动（市场风险）和信用风险溢出的多层网络（$L=2$）。因此，将多层溢出网络定义为 $\Omega = \{G^{[1]}, G^{[2]}, \cdots, G^{[L]}\}$，包含 L 层和 V 个节点，其简单模型如图 6.13 所示。$V = \{1, 2, \cdots,$

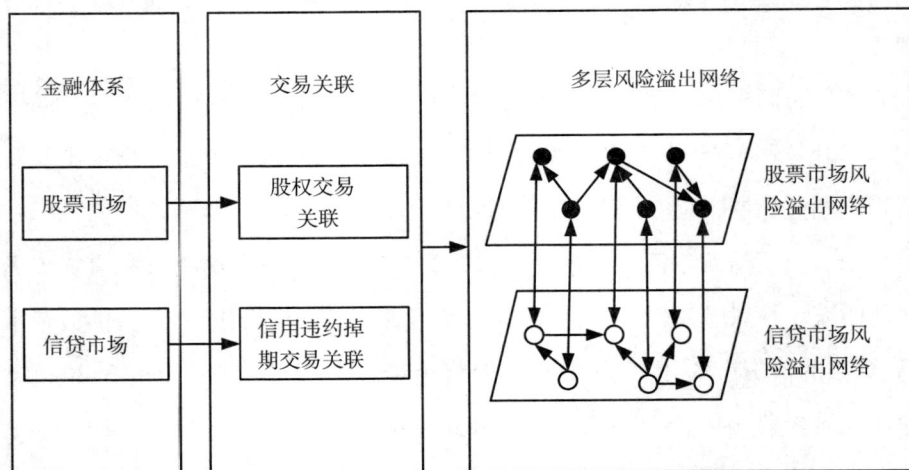

图 6.13　股票和信贷市场的多层风险溢出网络

资料来源：Foglia M.，Di T.C.，Wang G.J.，et al.，"Interconnectedness between Stock and Credit Markets: The Role of European G-SIBs in a Multilayer Perspective"，*Journal of International Financial Markets, Institutions and Money*，Vol. 91，2024，p. 101942.

---

① Greenwood-Nimmo M.，Nguyen V.H.，Shin Y.，"Measuring the Connectedness of the Global Economy"，*International Journal of Forecasting*，Vol. 37，No. 2，2021，pp. 899–919.

N 表示节点集,每个节点表示一家银行。在多层网络中,存在两种类型的边:连接同一层节点的边(层内边)和连接不同层节点的边(层间边)。因此,按照以下方式在 M 中定义节点层元组:$V_M = \{(A, L_1), (B, L_1), \cdots, (A, L_2), (B, L_2)\}$,其中,$A$ 与 B 表示节点(银行)。例如,集合 (A, L_1) 与 (B, L_1) 捕捉层内边(股市内部的风险溢出),而 (A, L_2) 与 (B, L_2) 捕捉层间边(从股票市场到信贷市场的风险溢出)。

（三）实证研究

1. 实证数据

本书探索欧洲 18 家 G-SIB 银行对应的股票和信贷市场间的波动溢出效应。样本选取 2008 年 7 月 21 日到 2023 年 4 月 21 日(包括硅谷银行违约事件)的银行股票与其 5 年期信用违约掉期(CDS)的每日价格数据。所有数据均来自 Datastream。采用 $|\ln(P_t/P_{t-1})|$ 表示波动率,其中 P_t 是 t 时刻的股票或信用违约掉期的价格。

2. 静态结果

图 6.14 展示的是从 2008 年到 2023 年全部时间段的多层信息网络的溢出关系。这两层网络显示出相似的结构。例如,信贷市场层的边的权重相对于股票市场较低,但方向上相似。这一特征表明这两个市场的行为相似,即银行在股权风险和信用风险中扮演着积极的角色。

3. 全局层面的动态结果

图 6.15 分别展示的是股票市场、信贷市场和混合市场的总连通性(TC)指数。可以看出,股票市场的总连通性在 50% 到 90% 之间变化,信贷市场的总连通性在 43% 到 70% 之间变化,而混合市场的总连通性在 70% 到 95% 之间变化。这证明了全面分析银行风险对于更好地理解金融稳定性具有不可或缺的重要性。

通过观察总连通性的不同峰值可以识别出几个动荡时期。第一个是

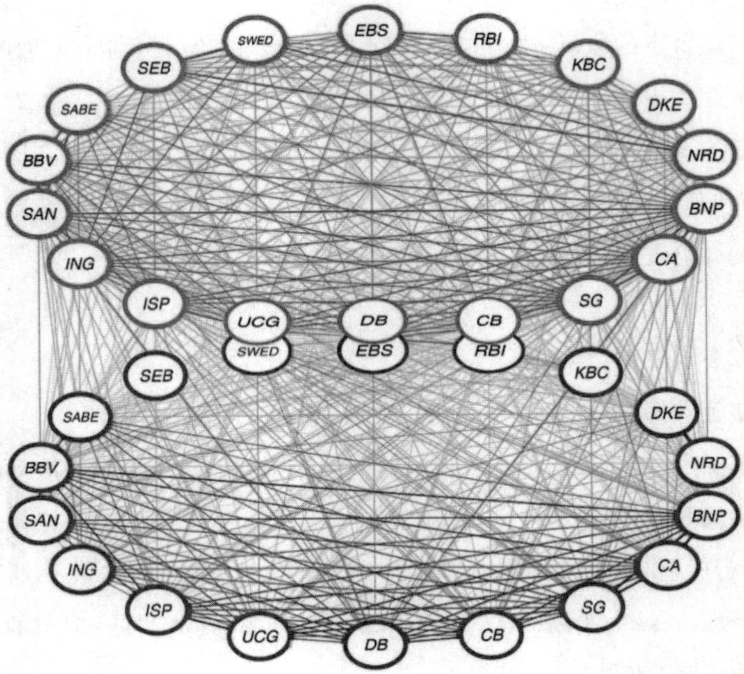

图 6.14　G-SIBs 市场风险和信贷风险的多层信息溢出网络（整个样本时期）

注:上层节点代表股票市场,下层节点代表信贷市场。垂直箭头表示两个市场之间的风险溢出方向。
　　由于布局限制,图中纵坐标仅展示银行机构缩写,具体对应的中文名称如下,BBV:西班牙对外银
　　行;BNP:法国巴黎银行;CA:法国农业信贷银行;CB:德国商业银行;DB:德意志银行;DKE:丹麦丹
　　斯克银行;EBS:奥地利第一集团银行;ING:荷兰国际集团;ISP:意大利联合圣保罗银行;KBC:比利
　　时联合银行集团;NRD:北欧联合银行;RBI:奥地利中央合作银行;SABA:西班牙萨瓦德尔银行;
　　SAN:西班牙桑坦德银行;SEB:瑞典银行;SG:法国兴业银行;SWED:瑞典斯瓦德银行;UCG:意大利
　　裕信银行。下同。

资料来源:Foglia M.,Di T.C.,Wang G.J.,et al.,"Interconnectedness between Stock and Credit Markets:The
　　　　　Role of European G-SIBs in a Multilayer Perspective",*Journal of International Financial Markets,
　　　　　Institutions and Money*,Vol.91,2024,p.101942.

2010 年的金融危机,第二个是 2011—2012 年的主权债务危机,第三个是
2015—2016 年的不良贷款问题和英国脱欧,第四个是 2020 年新冠疫情期间,
最后一个峰值是由于 2022 年的乌克兰危机和 2023 年年初硅谷银行倒闭所导
致的。此外,很容易注意到混合指数和单个股票指数具有相似的趋势。这一
动态特征表明股票市场对混合市场的总波动性风险模式的贡献更大。

图 6.15　动态视角下股票市场、信贷市场和混合市场的总连通性

资料来源:Foglia M.,Di T.C.,Wang G.J.,et al.,"Interconnectedness between Stock and Credit Markets:The Role of European G-SIBs in a Multilayer Perspective",*Journal of International Financial Markets*, *Institutions and Money*,Vol. 91,2024,p. 101942.

　　总体而言,金融危机对两个市场之间的信息传递具有相似的影响。然而,值得注意的是,在危机时期,两个市场的总连通性存在很大差距。这一现象可以用两个市场之间流动性的异质性来解释。正如卡帕迪亚和朴晓玲(Kapadia 和 Pu,2012)①与普罗卡斯基(Procasky,2021)②所指出的,信用违约掉期市场在危机时期的流动性低于股票市场。流动性的减少可能受到两个主要因素的影响。首先,信用衍生品的买家和卖家可能会减少,这可能使投资者更难找到交易对手方。其次,信贷市场更关注机构投资者,而散户投资者难以进入市场。因此,市场参与者的预期和风险状况不同会产生异质性的部门内效应。

　　图 6.16 展示的是各层网络之间连接的秩相关性,该相关性是基于

---

　　① Kapadia N.,Pu X.,"Limited Arbitrage between Equity and Credit Markets",*Journal of Financial Economics*,Vol. 105,No. 3,2012,pp. 542-564.

　　② Procasky W. J.,"Price Discovery in CDS and Equity Markets:Default Risk - Based Heterogeneity in the Systematic Investment Grade and High Yield Sectors",*Journal of Financial Markets*,Vol. 54,2021,p. 100581.

Spearman 和 Kendall 相关系数计算得到的。该分析方法有助于理解银行在网络中的相对重要性。如果一家银行是股票市场的中心节点,那么它很可能也是信贷市场的中心节点。因此,较高的值意味着两层网络的银行排名之间存在显著的相关关系。平均而言,成对相关系数徘徊在 0.6 或 0.5 附近,显示两层之间有很强的联系,即两个市场之间有很强的依赖性。这些结果与布拉蒂斯等(Bratis 等,2023)[①]的研究一致,他们在研究中检验了波动性反馈循环(Volatility Feedback Loop)假说,并发现两个市场之间存在很强的相关性,尤其是在金融动荡时期。

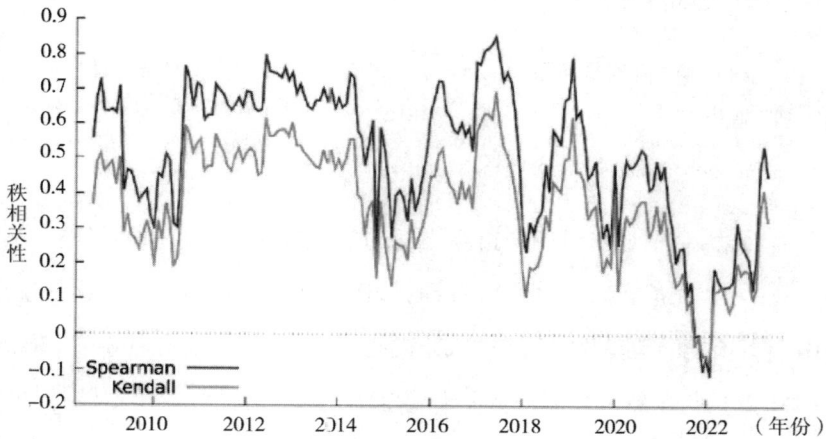

图 6.16 基于 Spearman 和 Kendall 计算得到的秩相关性

资料来源:Foglia M., Di T.C., Wang G.J., et al., "Interconnectedness between Stock and Credit Markets: The Role of European G-SIBs in a Multilayer Perspective", *Journal of International Financial Markets, Institutions and Money*, Vol. 91, 2024, p. 101942.

总体而言,在动荡时期,例如主权债务危机期间、英国脱欧、新冠疫情期间,以及最后乌克兰危机和银行业因硅谷银行违约而承受巨大的财务压力期

---

① Bratis T., Laopodis N.T., Kouretas G.P., "CDS and Equity Markets' Volatility Linkages: Lessons from the EMU Crisis", *Review of Quantitative Finance and Accounting*, Vol. 60, No. 3, 2023, pp. 1259-1281.

间,相关性指数呈现上升趋势。然而,值得注意的是,根据事件的不同,相关性强度也会发生变化。例如,在主权债务危机期间,相关性强度很高,证明该事件成为两个市场枢纽的可能性很高,但在新冠疫情期间,相关性强度要低得多,并且相关性为正,记录了新冠疫情如何在每个国家和部门整体传播(Abedifar 等,2023)①。总的来说,不同网络层相关性的骤然上升和急剧下降,可被视为一个行之有效的早期预警信号,有助于识别出潜在的高风险银行。

图 6.17 展示的是股票市场和信贷市场之间的动态跨市场交叉溢出效应和市场内溢出效应结果。可以发现,市场内溢出效应比交叉溢出效应更为显著,这表明风险主要在同一市场内传递。值得注意的是,两个市场的层间联系呈现相似的动态变化。然而,溢出效应并不是一成不变的,其强度会随着时间

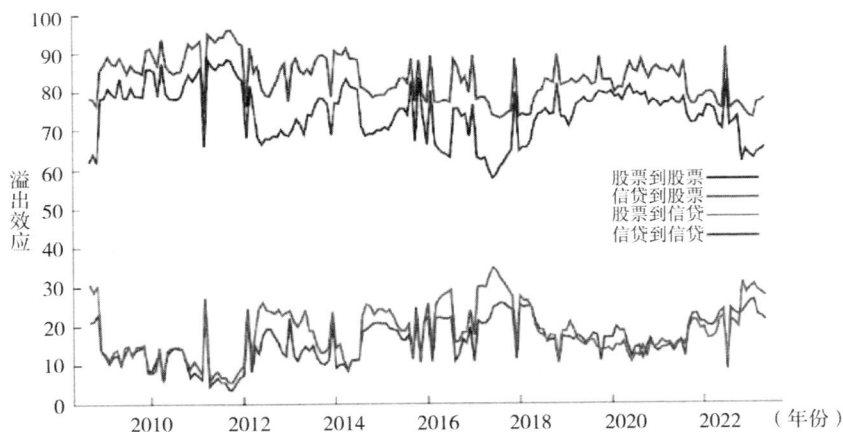

图 6.17　市场内溢出效应和跨市场交叉溢出效应

资料来源:Foglia M. ,Di T.C. ,Wang G.J. ,et al. ,"Interconnectedness between Stock and Credit Markets: The Role of European G-SIBs in a Multilayer Perspective",*Journal of International Financial Markets, Institutions and Money*,Vol. 91,2024,p. 101942.

的推移而发生变化。特别是,在 2013 年、2015 年和 2017 年年末,股票网络到

---

① Abedifar P. ,Bouslah K. ,Neumann C. ,et al. ,"Resilience of Environmental and Social Stocks Under Stress: Lessons from the COVID-19 Pandemic",*Financial Markets,Institutions & Instruments*,Vol. 32,No. 2,2023,pp. 23-50.

信贷网络的层间联系要强于反向联系。这些结果证实了马特耶夫(Mateev,
2019)①和普罗卡斯基(2021)的研究,他们发现在这些时期,从股市到信贷的
波动溢出效应更为显著。此外,还观察到交叉溢出在主权债务危机发生后至
2018 年整体上呈现上升趋势,并在 2023 年 3 月硅谷银行违约后持续上升。
这些发现为市场参与者理解两个市场之间高风险传染奠定了基础。

4. 银行个体层面的动态结果

为了进一步探讨先前的发现,这里将重点分析银行层面的动态溢出效应。
具体来说,采用净溢出强度(Net-strength)测量单层和多层关联网络中 G-SIB
之间的波动溢出关系。图 6.18 至图 6.20 分别显示的是股票市场、信贷市场

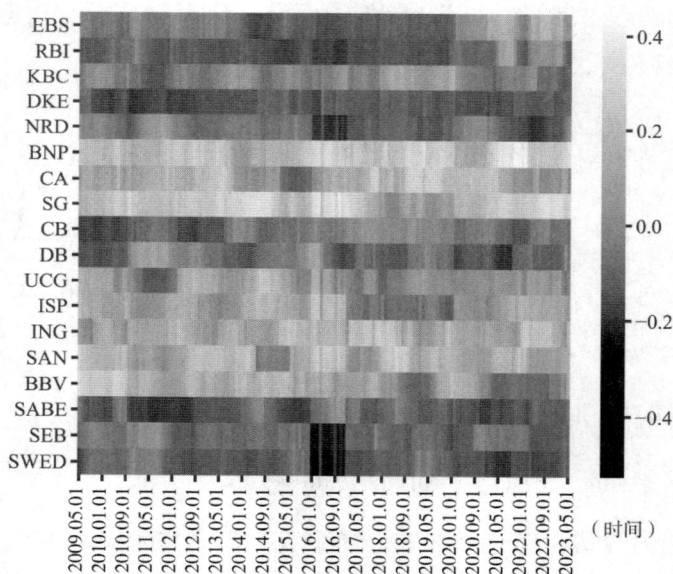

图 6.18 银行层面股票市场的动态净溢出

注:由于布局限制,图中纵坐标仅展示银行机构缩写,具体对应的中文全称见图 6.14 的注。
资料来源:Foglia M., Di T.C., Wang G.J., et al., "Interconnectedness between Stock and Credit Markets:
The Role of European G-SIBs in a Multilayer Perspective", *Journal of International Financial
Markets, Institutions and Money*, Vol. 91, 2024, p. 101942.

① Mateev M., "Volatility Relation between Credit Default SwapandStock Market: New Empirical
Tests", *Journal of Economics and Finance*, Vol. 43, No. 4, 2019, pp. 681-712.

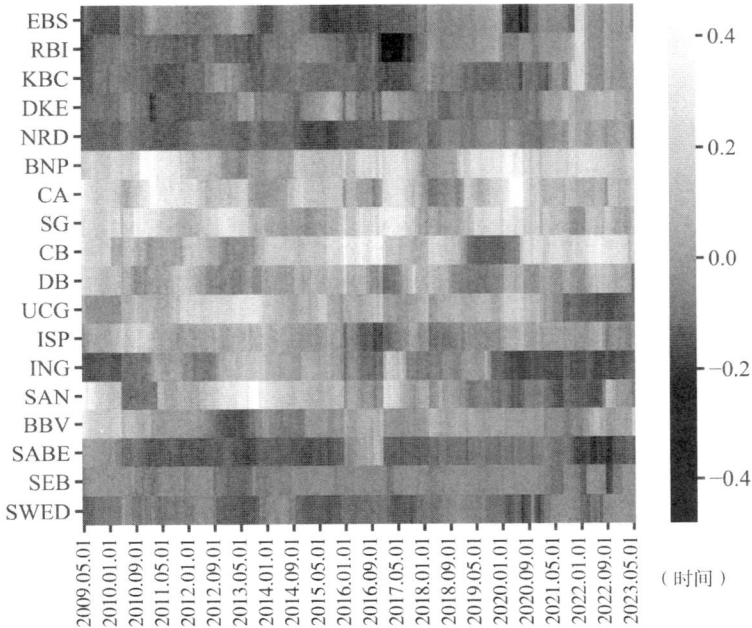

图 6.19　银行层面信贷市场的动态净溢出

注：由于布局限制，图中纵坐标仅展示银行机构缩写，具体对应的中文全称见图 6.14 的注。

资料来源：Foglia M.，Di T.C.，Wang G.J.，et al.，"Interconnectedness between Stock and Credit Markets：The Role of European G-SIBs in a Multilayer Perspective"，*Journal of International Financial Markets，Institutions and Money*，Vol. 91，2024，p. 101942.

和混合市场的净溢出强度。可以清楚地发现哪些银行是风险发送者以及哪些银行是风险接收者。值得注意的是，混合市场的净溢出风险（见图 6.20）高于单一市场的溢出风险，这表明只考虑单一市场风险的传导可能会低估整个金融体系面临的风险。在银行个体层面，发现西班牙银行（BBV 和 SAN）、法国银行（SG、CA 和 BNP）以及意大利银行（ISP 和 UCG）在整个样本期间扮演了核心的角色。

另外还发现，多家德国银行的市场风险溢出强度较小并表现出一定的稳健性，而在信用风险方面则表现出高的风险溢出水平。这一现象在混合市场中被完美地捕捉到，尤其在最后一个时期（硅谷银行违约）。德意志银行的信用违约掉期利差的增加对股市产生了明显的影响，因为信用违约掉期价格的

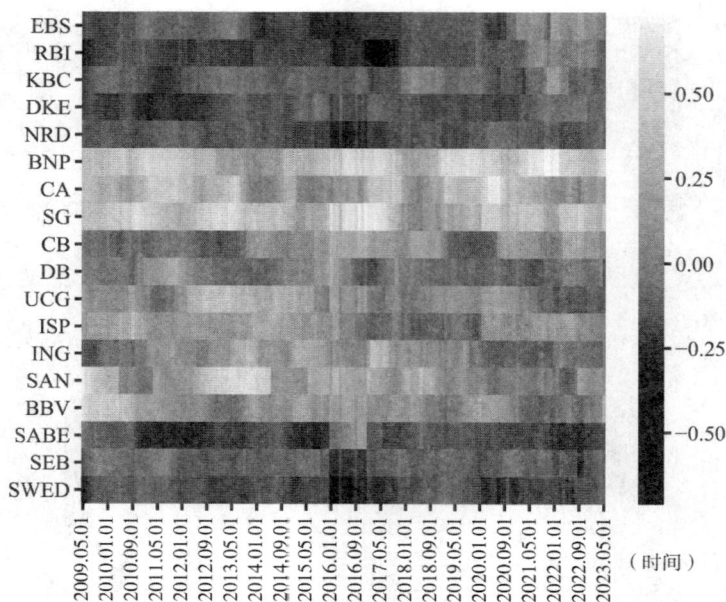

图 6.20　银行层面混合市场的动态净溢出

注:由于布局限制,图中纵坐标仅展示银行机构缩写,具体对应的中文全称见图 6.14 的注。
资料来源:Foglia M.,Di T.C.,Wang G.J.,et al.,"Interconnectedness between Stock and Credit Markets:The Role of European G-SIBs in a Multilayer Perspective",*Journal of International Financial Markets*, *Institutions and Money*,Vol.91,2024,p.101942.

上涨伴随着德意志银行的股价下跌。在硅谷银行违约期间,股票和信用违约掉期市场之间的风险传导尤其强烈,因为投资者越来越担心硅谷银行破产对包括德意志银行在内的其他金融机构产生潜在的连锁反应。信用违约掉期和股票市场之间的相互作用凸显了放大效应和反馈循环的影响,这可能会加剧市场波动和系统性风险。

5. 稳健性检验

为了确保参数选择不会影响实证结果的可靠性,需要检验模型结果对参数设置的敏感程度。图 6.21 展示的是当选择不同窗口宽度($W=210$ 、230 和 250)和不同预测周期($H=5$ 、10 和 15)时,总波动连通性的动态变化情况。从图中可以发现总连通性呈现出相似的走势。这证明了研究结果的稳健性,即

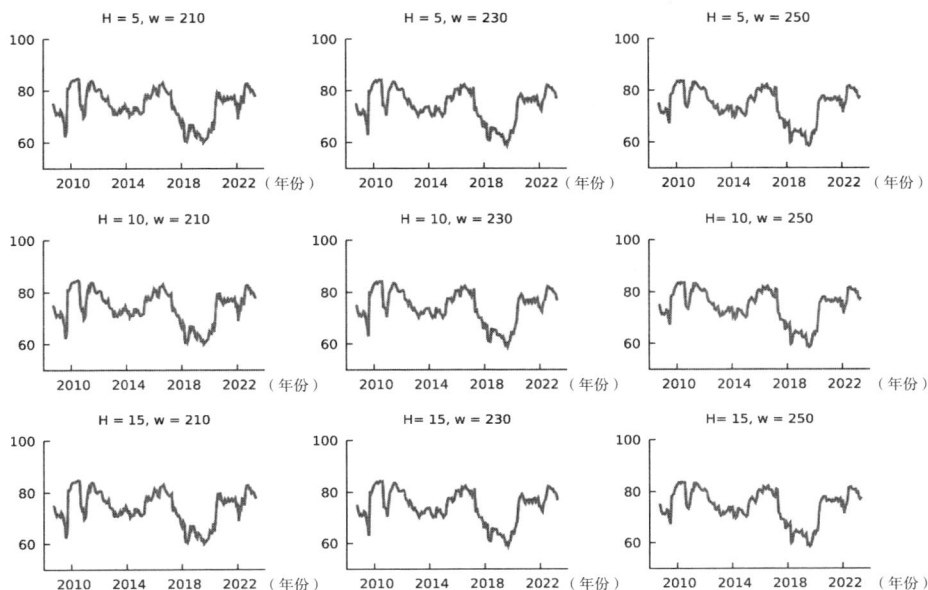

图 6.21　总连通性对不同窗口宽度(w)和预测范围(H)的敏感性

资料来源：Foglia M.，Di T.C.，Wang G.J.，et al.，"Interconnectedness between Stock and Credit Markets：The Role of European G-SIBs in a Multilayer Perspective"，*Journal of International Financial Markets*，*Institutions and Money*，Vol. 91，2024，p. 101942.

证实了结果对不同的参数选择是稳健的。

6. 波动溢出效应的驱动因素分析

此处探究银行波动溢出强度与其驱动因素之间的关系，参照肖琴和周春阳(Qin 和 Zhou，2019)[①]的研究，将面板回归模型定义为：

$$\text{out}_{i,t}^{[\alpha]} = \beta_0 + \beta_1 \log(SIZE_{i,t-1}) + \beta_2 LEV_{i,t-1} + \beta_3 ROA_{i,t-1} + \beta_4 NPL_{i,t-1}$$
$$+ \beta_5 IA_{i,t-1} + \sum_{t=1}^{m-1} Time_t + \varepsilon_{i,t} \tag{6.28}$$

其中，$\text{out}_{i,t}^{[\alpha]}$ 是银行 i 在 α 层上的风险溢出强度(Out-strength)，*SIZE* 是总资产，*LEV* 是债务股本比，*ROA* 是资产回报率，*NPL* 表示不良贷款率，*IA* 用

---

① 　Qin X.，Zhou C.，"Financial Structure and Determinants of Systemic Risk Contribution"，*Pacific-Basin Finance Journal*，Vol. 57，2019，p. 101083.

来衡量银行间风险敞口,计算方式是银行间资产除以总资产,$\sum_{t=1}^{m-1} Time_t$ 是 m 阶段的时间虚拟变量,$\varepsilon_{i,t}$ 是误差项。参考已有研究(Demirer 等,2019)[①],采用一期滞后解释变量来减少潜在的内生性问题。

表 6.4 展示的是不同风险网络层波动溢出强度和驱动因素的回归结果。首先,研究结果表明,银行规模(SIZE)在决定其信用风险层和整体系统风险关联程度方面发挥着至关重要的作用。较大规模的银行往往表现出更高水平的连通性,这是因为大银行因其系统重要性而更有可能对金融体系产生重大影响(Wang 等,2018;Pellegrini 等,2022[②])。此类银行通常被认为"太大而不能倒",并且在金融网络中拥有更广泛的影响力(Laeven 等,2014)[③]。由于这类银行拥有广泛的客户群和复杂的业务关系,因此规模较大的银行必然会带来更大的系统性风险。可以发现,银行规模对不同风险层网络的波动溢出影响有所不同,因此将各层网络与整体网络分别分析是有必要的。

表 6.4　波动溢出的决定因素

驱动因素	市场风险层	信用风险层	整体系统风险
$Constant$	0.756***	0.133	0.889***
$Size_{t-1}$	−0.001	0.015***	0.015***
LEV_{t-1}	0.002***	0.011***	0.013***
NPL_{t-1}	0.005***	0.022***	0.027***
ROA_{t-1}	0.010*	−0.001	0.001

①　Demirer R., Demos G., Gupta R., et al., "On the Predictability of Stock Market Bubbles: Evidence from LPPLS Confidence Multi-Scale Indicators", *Quantitative Finance*, Vol. 19, No. 5, 2019, pp. 843-858.

②　Pellegrini C.B., Cincinelli P., Meoli M., et al., "The Role of Shadow Banking in Systemic Risk in the European Financial System", *Journal of Banking & Finance*, Vol. 138, 2022, p. 106422.

③　Laeven M. L., Ratnovski M. L., Tong M. H., *Bank Size and Systemic Risk*, International Monetary Fund, 2014.

续表

驱动因素	市场风险层	信用风险层	整体系统风险
IA_{t-1}	0.063 *	−0.068	−0.005
Time FE	是	是	是
Adjusted R^2	0.435	0.201	0.281

注:*** 、** 和 * 分别表示在 1%、5% 和 10% 的水平下显著。
资料来源:Foglia M.,Di T.C.,Wang G.J.,et al.,"Interconnectedness between Stock and Credit Markets:The Role of European G-SIBs in a Multilayer Perspective",*Journal of International Financial Markets*,*Institutions and Money*,Vol. 91,2024,p. 101942.

　　杠杆率(LEV)在所有风险类型中均具有统计意义上的显著性,表明它也是金融风险溢出的决定因素。当银行逐渐丧失偿付能力并承担过高的杠杆时,它们会在很大程度上加剧系统性风险的积聚,从而对整个金融体系的稳定构成严重威胁。这一点在信用风险溢出层尤为明显。高杠杆会放大财务困境,因为杠杆银行更容易受到经济衰退和冲击的影响(Papanikolaou 和 Wolff,2014)[①]。因此,当其财务状况恶化时,它们会显著增加系统性风险。

　　不良贷款率对风险溢出强度存在正向的影响。高水平的不良贷款率意味着银行资产组合中的信贷质量很差。这一状况进一步加剧了信用风险,使整个金融体系风险水平不断攀升。拥有大量不良贷款的银行更可能面临严重的财务压力和信贷违约风险,这不仅威胁到银行自身的稳健运营,更可能对整个金融体系产生深远的连锁效应,引发一系列不可预知的金融风险。

　　值得关注的是,银行间资产(IA)与市场风险层之间存在正相关关系。简单来说,随着银行持有同业资产的增加,市场风险有增加的趋势。银行间资产代表银行对其他金融机构的投资。因此,银行与其他金融实体的联系越来越紧密(例如,通过贷款、投资或其他金融工具),从而增加了其面临市场波动的风

---

　　① Papanikolaou N.I.,Wolff C.C.P.,"The Role of On-and Off-Balance-Sheet Leverage of Banks in the Late 2000s Crisis",*Journal of Financial Stability*,Vol. 14,2014,pp. 3-22.

险。银行间资产与市场风险之间的正相关关系表明金融网络关联的重要性。当一家银行拥有大量同业资产时,它往往深度嵌入金融网络之中。在这个网络中,任何影响网络某一环节的市场事件可能迅速蔓延至与其紧密相连的其他机构,从而引发风险的扩散。特别是在市场承受压力时,这种紧密的关联性可能会加剧负面事件的传播速度,进而提升金融体系的系统性风险。

因此,更为活跃的银行间业务意味着银行更容易暴露在其他银行潜在的风险之下。例如,一旦股票市场出现不利消息,波动性较高的股票风险会通过银行同业活动传递至其他金融机构。这不仅增加了银行间市场的风险敞口,也使股票市场的风险被进一步放大。

7.研究总结

基于上述工作,可以得到四个重要结论:第一,市场风险与信用风险之间的关联性是时变的,且相互影响、交织紧密。这种相互作用通常被视作反馈循环效应,任一风险的变化可能会触动另一风险的变动。特别是在银行财务压力骤增时,这种反馈循环效应会显著放大,因为市场波动和信用风险的加剧能够彼此强化。这种趋势在主权债务危机、英国脱欧、新冠疫情、乌克兰危机以及硅谷银行违约等重大事件后表现尤为突出。第二,信用风险层和市场风险层之间的排名相关性表现为正相关,这预示着一家银行很有可能同时成为两个市场的核心参与者。第三,银行规模、杠杆率和资产质量是驱动银行波动关联性的关键因素。第四,银行间相互持有的资产总量与市场风险层溢出关系之间呈现出显著的正相关关系。这意味着随着银行同业资产规模的扩大,市场风险也呈现出急剧增长的趋势。

总体而言,市场风险和信用风险之间的复杂相互作用,凸显了金融机构构建强大且综合的风险管理系统的必要性,以确保对风险的精准监控和有效管理。同时,监管机构和政策制定者亦须保持高度警惕,严防系统性风险的积聚,避免其对金融体系造成破坏,进而引发更广泛的市场失灵和金融危机。

二、跨区域多市场金融相关网络

前面的研究阐述了金融风险传染相关性网络的具体研究方法以及意义，下面将讨论在国内国际双循环背景下，跨区域风险传染金融市场相关性网络的构建和应用。

（一）研究现状

研究者对金融实体进行探讨时，往往会碰到实体网络所需要的金融实体业务数据难以从公开渠道获取、属于企业内部机密数据这一掣肘，它也成为制约实体网络研究发展的一个重要原因。因此，他们将研究视角转移到容易获取的金融实体股票市场数据上。股票价值反映了市场投资者对金融实体的预期未来价值，具有可获得性、时效性等诸多优势。正是在此基础之上，复杂金融实体网络研究得到了进一步发展，进而衍生金融市场的相关性网络也被广泛讨论。

目前，相关性网络已经成为考察金融市场的一个有效工具，并且诸多类型的相关性网络陆续被提出，以用来探索金融系统的相关性结构，如前面提到过的最小生成树（Mantegna，1999）、平面最大限度滤波图（Tumminello 等，2005）、阈值法（Kenett 等，2010）以及随机矩阵（Random Matrix Theory，RMT）（Gan 和 Djauhari，2015）等。

近年来，随着研究的进一步深入，关于相关性网络的文献从曾经的单维度单视角的单层网络发展为多维度多视角的多层网络。多层网络通过不同网络层之间的耦合连边来表述不同层之间的相互作用和影响，比单层网络能更加准确地描述研究对象之间的复杂关系。因此，多层网络已成为复杂网络理论领域的热点话题。李守伟等（2020）基于国内金融机构股票收益率之间的 Pearson 相关性、Kendall 相关性以及 Tail 相关性，构建包含 Pearson、Kendall 和 Tail 等三层网络的金融机构多层相关性网络模型，发现不同网络层的拓扑特征能够从多个维度揭示金融机构的基本信息，对维护金融市场的稳定有一定的现实意义。王纲金等（2018）基于股票收益率之间的相关系数以及偏相关系数，分别建立两个最小生成树（MST-Pearson 和 MST-Partial），借此分析全球股票市场之间的相关结构和演化特征。王艳丽等（Wang 等，2019b）①分别基于金融实体股价相关性和金融实体主要产品相似性构造出两个相关性网络，并展开相应研究。

此外，随着经济全球化的持续推进，学者们不再满足于对某单一金融市场的探索，而是尝试利用多层网络从多维度多视角描述金融市场结构特征，把握金融风险的跨区域传染效应。例如，赵龙峰等（Zhao，2018）②分别构建美国、英国和中国股票市场的动态 Pearson 相关性网络。陈伟等（Chen 等，2021）③分别建立沪深 300 和标普 500 股票市场的 Spearman 相关性网络、灰色关联分析网络以及最大信息系数网络，其研究表明，可以通过组合三个单层网络形成多层网络，进而提高对股票市场的预测精度。野比等（Nobi 等，2014）④分析全球股市指数和韩国本土股市指数的相关性以及其股票市场网络结构在2000—2012 年发生的变化，指出金融网络 Jaccard 指数的大幅变化预示着系统性风险的到来。

综上所述，不同于多层实体网络，多层相关性网络因相关数据的获得性、时效性均较高等优势，其更广泛的应用得以实现，借此可以有效地探索跨区域金融实体之间的交互关系以及关联关系。接下来，将讨论如何依据股票市场数据构建跨区域市场多层相关性网络及其有关的应用问题。

---

① Wang Y. L., Li H. J., Guan J. H., et al., "Similarities between Stock Price Correlation Networks and Co-Main Product Networks: Threshold Scenarios", *Physica A*, Vol. 516, 2019b, pp.66-77.

② Zhao L.F., Wang G.J., Wang M.G., et al., "Stock Market as Temporal Network", *Physica A*, Vol.506,2018,pp.1104-1112.

③ Chen W., Qu S., Jiang M.R., et al., "The Construction of Multilayer Stock Network Model", *Physica A*, Vol.565,2021,p.125608.

④ Nobi A., Lee S., Kim D.H., et al., "Correlation and Network Topologies in Global and Local Stock Indices", *Physics Letters A*, Vol.378, No.34,2014,pp.2482-2489.

（二）构建方法

金融市场的相关性网络主要基于金融实体股票收益率时间序列数据之间的相关性构建,以此可以衡量各个金融实体乃至金融市场之间的交互行为,其构建过程主要有以下几步:

1. 计算股票收益率时间序列数据

研究者常常采用股票价格的对数变化来表示股票收益率,因为对数数据能够有效克服金融时间序列的异方差特性。此外,以收益率的计算频数作为划分标准,股票收益率常常又可分为日收益率、周收益率、月收益率等。对应收益率 $R_{i,t}$ 的计算公式参照式(3.7)。

2. 计算股票收益率时间序列数据的相关系数

在前面,已经讨论了多种计算股票收益率相关系数的方法,其中应用最为广泛的是 Pearson 相关系数。对于任意两个金融实体或者金融市场 i 与 j,其 Pearson 相关系数定义为公式(6.3)。通过各个金融实体或金融市场股票收益率之间的相关系数,可以获得一个 $N×N$ 的对称相关系数矩阵 C。但是,为了构建相关性网络,需要将相关系数矩阵 C 转化为没有负值元素的距离矩阵 D。对于任意两个金融实体或者金融市场 i 与 j,它们之间的距离定义为公式(6.4)。距离矩阵元素的取值范围为 $[0,2]$。任意两个金融实体或者金融市场 i 与 j 之间的相关性越大,则对应的距离就越小。

3. 构建相关性网络

较为经典的相关性网络有最小生成树、平面最大滤波图等,前面已经对它们的具体构造流程进行了详细的阐述。

（三）实证研究

1. 实证数据

为了探究跨区域多金融市场资产如何借助相关性网络进行合理配置,本部分从股票、债券、外汇、商品和加密货币市场中，共选取86种资产进行研究。所有数据均为每日收盘价。其中，外汇市场选取15个主要国家兑美元汇率，外加美元指数。股票市场选取与外汇相对应的20个国家（欧元兑美元汇率替代为法国、德国、意大利、荷兰、西班牙）的摩根士丹利资本国际（Morgan Stanley Capital International，MSCI）股票价格指数。债券市场选取20个国家的十年期政府债券价格指数。由于数据获取的有限性，巴西、土耳其获取的是十年期国债到期收益率，俄罗斯获取的是莫斯科交易所公布的十年期政府债券价格。商品市场选取的是15种主要商品期货，包括能源、金属、农产品。加密货币市场选取的是按市值排列、至少具有5年数据的15种加密货币。样本数据的时间跨度为2017年7月1日至2023年6月30日，共1560个交易日。

按照上面相关性网络的构建步骤，首先计算各金融市场资产的日收益率，随后计算各资产收益率之间的相关系数，并依此得出各资产之间的相对距离。图米内洛等（Tumminello等，2005）指出，平面最大滤波图网络既能保留最小生成树网络各个元素之间的最短路径，又能在一定程度上维持各个元素之间相对丰富的相关关系，以及一定的社团结构，故采用平面最大滤波图网络刻画各金融市场资产之间的相关关系。

图6.22展示了基于全样本构建的5个金融市场的平面最大滤波图网络。可以直观地看出，股票市场几乎占据核心位置，其他4个市场作为4个分支与股票市场相连。每个市场内部资产间的关联性较强，几乎自成一个分支，而市场间的关联性则相对较弱。

2. 基于相关性网络的多个金融市场资产动态投资分析

本部分致力于通过构建涵盖多个金融市场资产的相关性网络，对现有文献中广泛应用的6种中心性指标进行多维度比较和评估，具体包括混合中心性（Harmonic Centrality，HC）、特征向量中心性（Eigenvector Centrality，EC）、度中心性（Degree Centrality，DC）、偏心率（Eccentricity，Ecc）、中介中心性（Betweenness Centrality，BC）和PageRank（PR）中心性，得出最适合用于资产

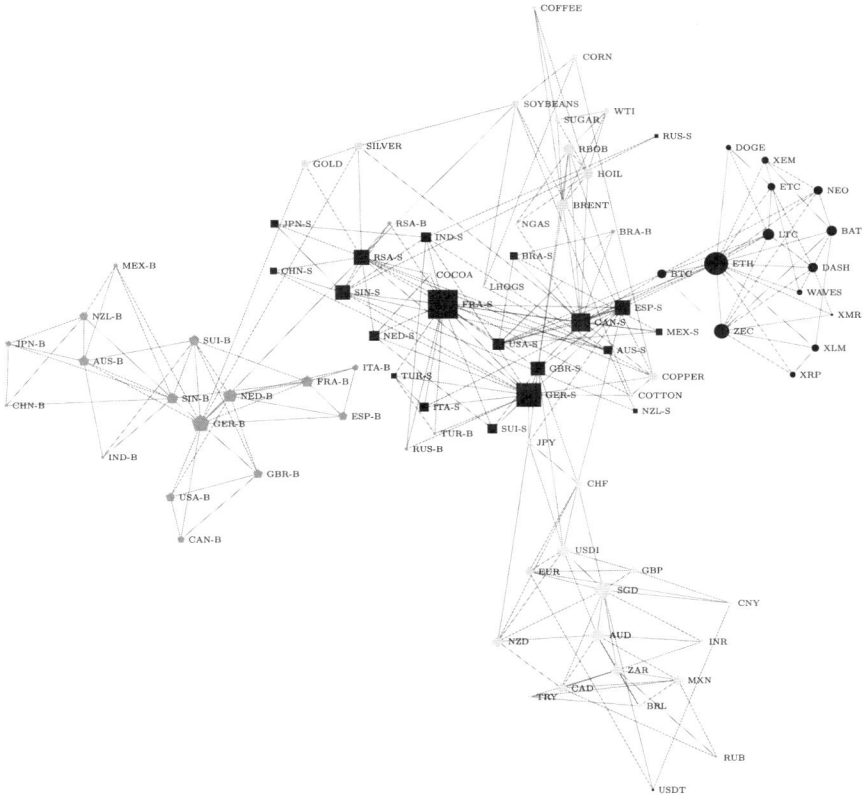

图 6.22　5 个金融市场的平面最大滤波图

注:由于网络布局限制,图中的网络节点标签仅展示资产缩写,具体对应的中文名称如下,(1) 股票市场,AUS-S:澳大利亚;BRA-S:巴西;CAN-S:加拿大;CHN-S:中国;ESP-S:西班牙;FRA-S:法国;GBR-S:英国;GER-S:德国;IND-S:印度;ITA-S:意大利;JPN-S:日本;MEX-S:墨西哥;NED-S:荷兰;NZL-S:新西兰;RSA-S:南非;RUS-S:俄罗斯;SIN-S:新加坡;SUI-S:瑞士;TUR-S:土耳其;USA-S:美国;(2) 债券市场,AUS-B:澳大利亚;BRA-B:巴西;CAN-B:加拿大;CHN-B:中国;ESP-B:西班牙;FRA-B:法国;GBR-B:英国;GER-B:德国;IND-B:印度;ITA-B:意大利;JPN-B:日本;MEX-B:墨西哥;NED-B:荷兰;NZL-B:新西兰;RSA-B:南非;RUS-B:俄罗斯;SIN-B:新加坡;SUI-B:瑞士;TUR-B:土耳其;USA-B:美国;(3) 外汇市场,AUD:澳大利亚元;BRL:巴西雷亚尔;CAD:加拿大元;CHF:瑞士法郎;CNY:人民币;EUR:欧元;GBP:英镑;INR:印度卢比;JPY:日元;MXN:墨西哥比索;NZD:新西兰元;RUB:俄罗斯卢布;SGD:新加坡元;TRY:新土耳其里拉;USD:美元;ZAR:南非兰特;(4) 商品市场,BRENT:布伦特;COCOA:可可;COFFEE:咖啡;COPPER:铜;CORN:玉米;COTTON:棉花;GOLD:黄金;HOIL:燃料油;LHOGS:瘦肉猪;NGAS:天然气;RBOB:氧化混调型精制汽油;SILVER:白银;SOYBEANS:大豆;SUGAR:糖;WTI:西得克萨斯中质原油;(5) 加密货币市场,BAT:注意力币;BTC:比特币;DASH:达世币;DOGE:狗狗币;ETC:以太坊经典;ETH:以太坊;LTC:莱特币;NEO:小蚁币;USDT:泰达币;WAVES:波币;XEM:新经币;XLM:恒星币;XMR:门罗币;XRP:瑞波币;ZEC:大零币。下同。

资料来源:Wang G. J., Huai H., Zhu Y., et al., "Portfolio Optimization Based on Network Centralities: Which Centrality is Better for Asset Selection During Global Crises?", *Journal of Management Science and Engineering*, Vol. 9, No. 3, 2024, pp. 348-375.

选择的中心性指标,从而为该领域在选取网络拓扑指标进行资产选择时提供有价值的参考。具体地,采用滚动窗口分析方法在样本期内进行动态投资,设定窗口大小 $M=260$(对应于一年的每日交易数据),投资期限 $H=5$(即一周)。

图 6.23 展示了 6 种中心性指标优化投资组合的夏普比率,可以发现网络优化投资组合优于基准组合。基准组合的夏普比率由虚线表示,除个别柱状图出现在虚线以下,大部分柱状图均在虚线以上,意味着与随机选择资产相比,借助网络中心性指标有针对性地选择资产进行投资能获得更大的超额回

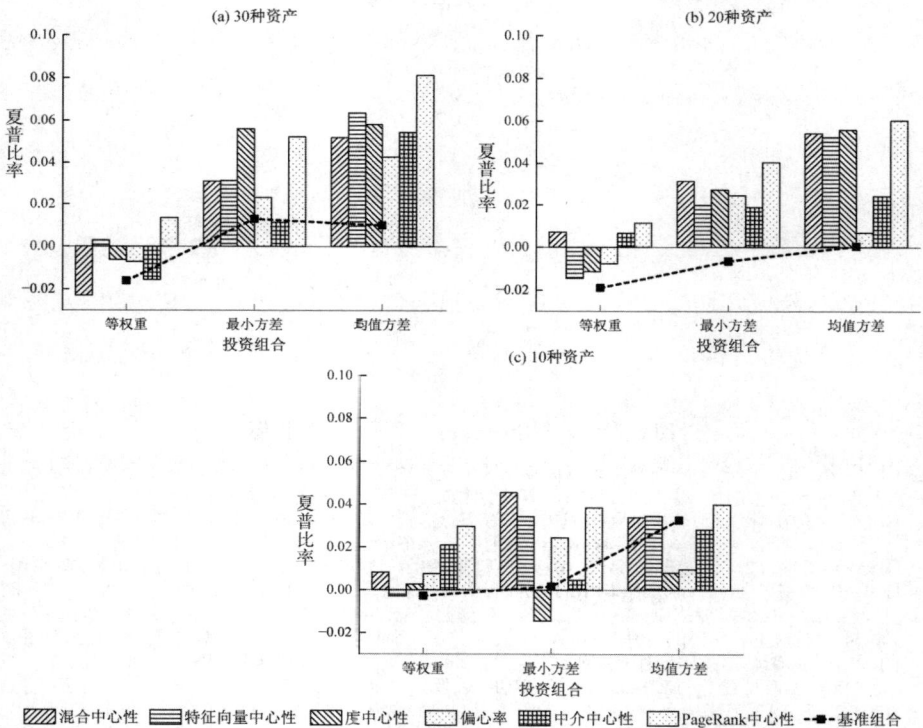

图 6.23 不同中心性投资组合的夏普比率

注:横轴为三种不同的权重分配策略,分别为等权重策略(1/n)、最小方差策略(minv)、均值方差策略(mv)。纵轴为夏普比率,不同图案的柱状图代表不同中心性投资组合,虚线为基准策组合。

资料来源:Wang G. J., Huai H., Zhu Y., et al., "Portfolio Optimization Based on Network Centralities: Which Centrality is Better for Asset Selection During Global Crises?", *Journal of Management Science and Engineering*, Vol. 9, No. 3, 2024, pp. 348−375.

报。另外,均值方差(mean variance,mv)和最小方差(minimum variance,minv)策略的夏普比率优于等权重($1/n$)策略。在网络优化投资组合中,均值方差和最小方差策略得到的夏普比率较大,而等权重策略得到的夏普比率相对较小甚至为负,表明等权重策略对网络优化投资组合领域而言,不是一个好的配置策略。关于不同中心性投资组合的表现,可以发现在均值方差和最小方差策略下,当投资 30 种和 20 种资产时,HC、EC、DC 和 PR 投资组合的夏普比率更高,当投资 10 种资产时,HC、EC 和 PR 投资组合的夏普比率更高。

图 6.24 展示了投资组合的累计回报和回撤,其中黑色曲线代表基准组合,其余曲线代表不同的中心性投资组合。图 6.24(a)至(c)为等权重($1/n$)策略下进行投资的情况。累计回报的整体趋势是先上升后下降,但有些投资组合样本末期的累计回报甚至低于样本初期,并且回撤较大,表明该策略表现不佳。图 6.24(d)至(i)是最小方差和均值方差策略下的投资情况,累计回报和回撤均优于等权重($1/n$)策略。在这两种策略下,当投资 30 种和 20 种资产时,HC、EC、DC、PR 的累计回报较大,当投资 10 种资产时,HC、EC、PR 的累计回报较大。

根据以上结论可以发现:首先,基于网络中心性选择资产的网络策略优于基准策略。其次,关于权重分配方式,均值方差策略和最小方差策略优于等权重策略。另外,关于各种中心性指标的表现,混合中心性、特征向量中心性、PageRank 的夏普比率最高;度中心性适合于资产数量较多时的资产选择,而资产数量较少时会立即丧失优势;不建议使用偏心率和中介中心性简化投资组合的选择过程。

3. 最优投资组合在市场层面和资产层面的结果分析

根据前面的研究,HC、EC 和 PR 的夏普比率和累计回报在所有资产数量和策略下都占据优势,尤其是在均值方差策略下投资 30 种资产时,PR 投资组合在所有中心性投资组合中实现了最高的夏普比率。因此,以 PR 投资组合为例,分别从市场层面和资产层面对最优投资组合进行分析(如图 6.25 所示)。

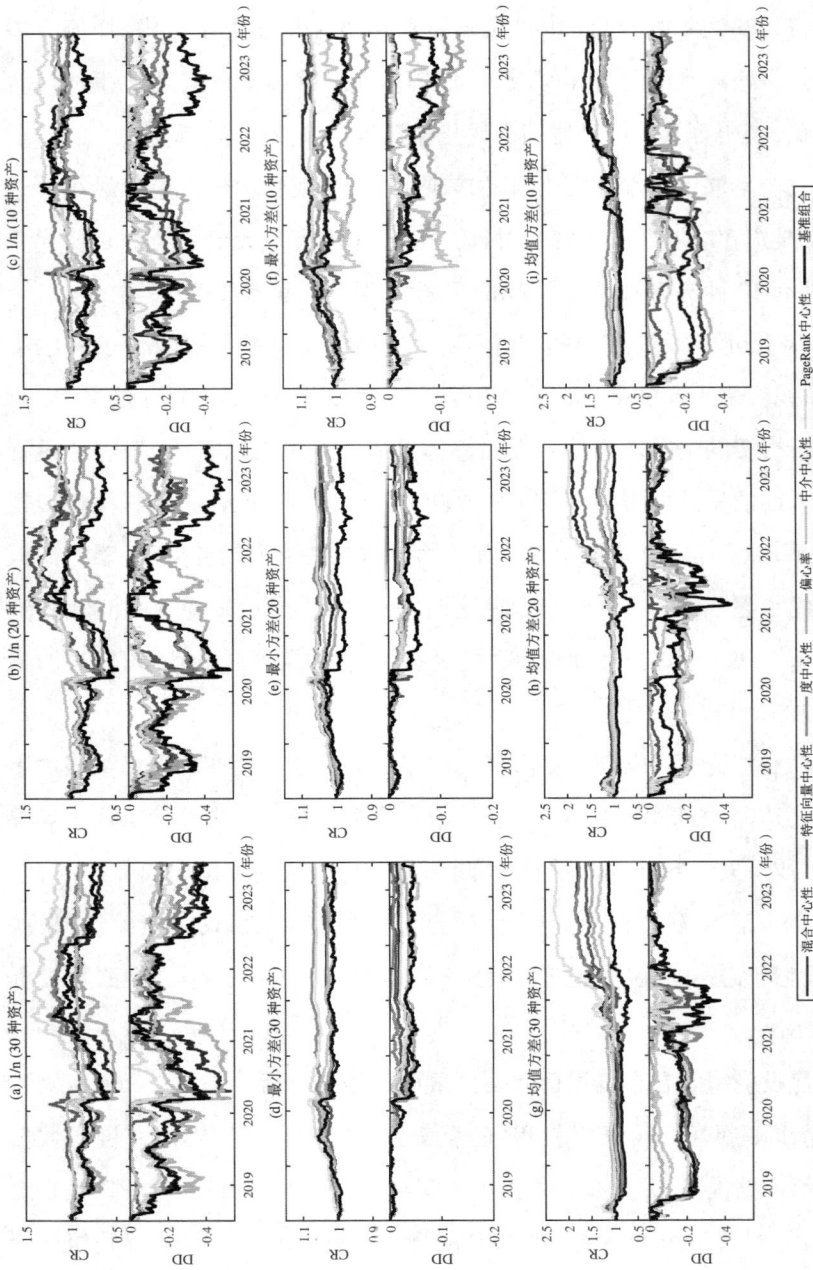

图 6.24 不同中心性投资组合的累计回报和回撤

资料来源：Wang G. J., Huai H., Zhu Y., et al., "Portfolio Optimization Based on Network Centralities: Which Centrality is Better for Asset Selection During Global Crises?", Journal of Management Science and Engineering, Vol. 9, No. 3, 2024, pp. 348-375.

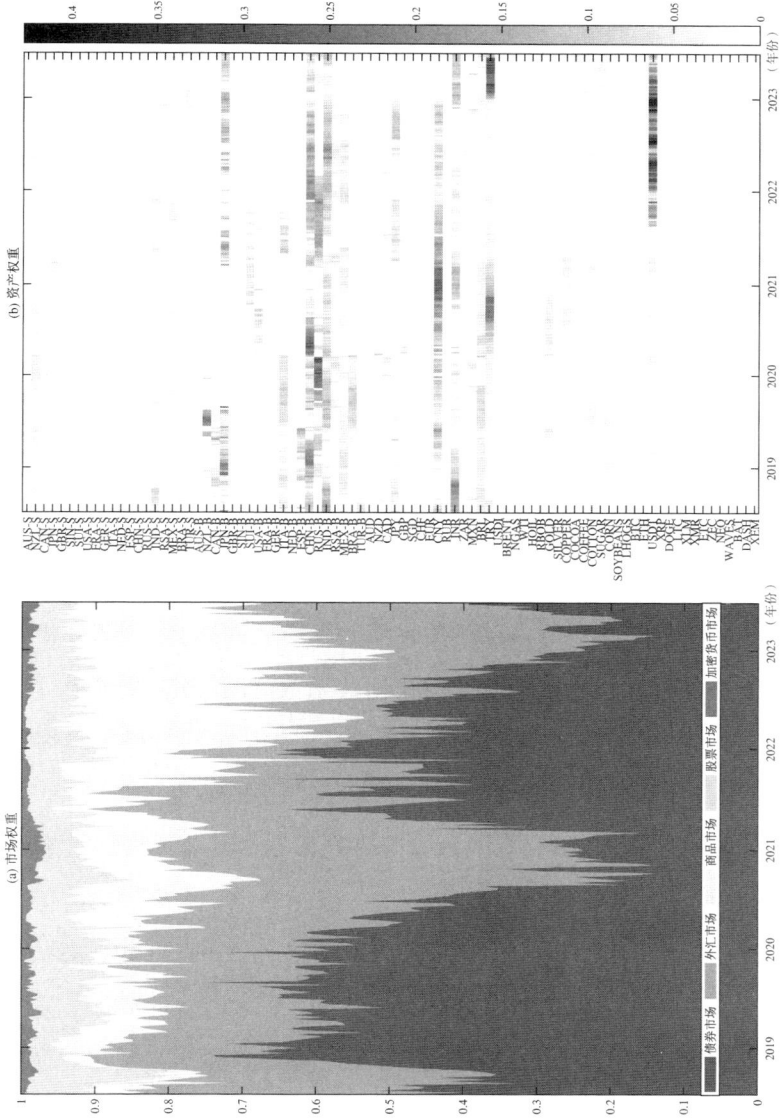

图 6.25　PR 投资组合在市场层面和资产层面的动态演变

注：由于布局限制，图中纵坐标仅展示银行机构缩写，具体对应的中文全称见图 6.22 的注。

资料来源：Wang G. J., Huai H., Zhu Y., et al., "Portfolio Optimization Based on Network Centralities: Which Centrality is Better for Asset Selection During Global Crises?", *Journal of Management Science and Engineering*, Vol. 9, No. 3, 2024, pp. 348−375.

观察图 6.25(a),可以发现最优投资组合中的资产主要分布在债券、外汇和商品市场,而加密货币市场和股票市场的权重相对较小。图 6.25(b)刻画了资产层面的权重分配,发现中国债券(CHN-B)、俄罗斯债券(RUS-B)、印度债券(IND-B)、人民币(CNY)、印度卢比(INR)、土耳其里拉(TRY)颜色较深,表明这些资产经常被选入投资组合且权重相对较大。同时,这些资产均属于新兴经济体,大多位于平面最大滤波图网络的边缘,表明在危机阶段,新兴经济体可能由于与其他经济体关联性较弱,所受外围冲击较小,它们的金融资产反而更容易保持稳定,建议投资者们重点关注这些资产。

三、跨区域多市场金融溢出网络

本部分将阐述在国内国际双循环背景下,跨区域风险传染金融市场多层信息溢出网络的构建和应用。

(一)研究现状

前一部分讨论跨区域市场的多层相关性网络的有关问题,但大部分相关性网络是基于金融实体股票收益率之间的线性关系构建的,虽然此方法可以有效地刻画金融实体之间的关联关系和交互行为,但无法反映金融风险传染的溢出方向,且大部分相关性网络均为无向加权的对称网络。

随着研究的进一步深入,研究者引入时间序列模型中的非线性格兰杰因果关系、分位数回归和跨期互相关等概念,并进一步衍生出更为高效的信息溢出网络,有效地解决这一难题(Billio 等,2012;Diebold 和 Yılmaz,2014;Härdle 等,2016)。例如:比利奥等(2012)通过构建格兰杰因果网络分析 100 家美国金融实体的关联性和系统性风险,刻画金融实体之间的信息溢出效应。迪博尔德和伊尔马兹(2014)基于 VaR 模型和广义方差分解框架提出测量金融实体之间波动关联性的加权定向网络。在 CoVaR 模型的基础上,哈德尔等

(2016)则进一步提出 TENET 尾部风险溢出网络。比拉等(Billah 等,2022)①
利用收益和波动溢出网络来衡量能源市场与金砖国家股市之间的溢出效应。
然而,格兰杰因果网络和波动溢出网络属于单层网络的范畴,其网络结构的局
限性导致其仅能单独分析几个发达市场和发展中市场间的风险传染或波动溢
出,忽视了跨多层次多市场的联系,显然无法反映现实世界中的错综复杂的实
际场景。

与单层网络相比,多层网络的拓扑特性可以胜任更复杂的现实场景。例
如,王纲金等(2021a)基于收益溢出、波动溢出和极端风险溢出的多层网络多
角度衡量了中国金融机构间的信息溢出效应。巴尔多西亚等(Bardoscia 等,
2019)基于英国场外衍生品市场的三种不同类别合约构建了多层风险敞口网
络。多层网络按照层间结构的不同大致可分为两种类型:多路复用网络
(Multiplex Networks)和多层耦合网络(Interconnected Multilayer Networks)。多
路复用网络通常每一层的节点集完全相同,并且在不同的层中具有连接这些
相同节点的层间边;而在多层耦合网络中,不同网络层的节点集可以不同,层
间连边可以存在于不同层的不同节点上。

尽管多路复用网络在风险传染分析中已得到广泛的应用(Bardoscia 等,
2019;Wang 等,2021a),但由于跨市场数据获取难度较大,多数研究并未充分
重视层间连接的重要性。事实上,多层耦合网络与金融风险跨市场传染的概
念高度契合,是分析复杂金融体系的理想工具。本书采用一种新型的多层耦
合网络模型,并结合溢出指数方法和块聚集溢出方法,深入研究全球不同市场
间的市场内和跨市场收益和波动溢出效应,以期更全面、准确地揭示金融市场
间的动态关联性。

综上所述,与多层实体网络和多层相关性网络不同,多层信息溢出网络能

① Billah M.,Karim S.,Naeem M.A.,et al.,"Return and Volatility Spillovers between Energy and BRIC Markets:Evidence from Quantile Connectedness",*Research in International Business and Finance*,Vol. 62,2022,p.101680.

够有效地刻画跨区域金融实体乃至整个金融市场之间的信息溢出程度和方向。鉴于此,本部分将基于多层耦合网络的模型框架,深入探讨如何依据多个市场数据构建跨区域市场的多层信息溢出网络,以揭示跨金融市场间信息流动的动态机制。

(二)构建方法

由于高维 VAR 模型的参数空间随着变量数量的增加而呈二次增长,这会快速消耗可用的自由度并产生维度灾难(Yi 等,2018)。本部分基于 VARX-L 模型(Nicholson 等,2017)构建多层收益和波动溢出网络,以避免维度灾难。

为构建多层收益溢出和波动溢出耦合网络,主要执行以下 4 个步骤:

1.计算市场收益率和波动率序列

学者们常常采用市场收盘价的对数变化来表示收益率,因为其能够有效克服金融时间序列异方差的特性。采用市场连续收益率绝对值作为波动率指标,计算公式如下:

$$S_{i,t} = \left| \ln P_{i,t} - \ln P_{i,t-1} \right| \tag{6.29}$$

其中,$P_{i,t}$ 是市场 i 在 t 时的价格指数或者有效汇率指数。

2.构建 VARX-L 模型

对于 N 个变量、滞后阶为 p 的 VARX-L 模型定义为:

$$\min_{V,\Phi} \sum_{t=1}^{T} \left\| X_t - V - \sum_{i=1}^{p} \Phi_i X_{t-i} \right\|_F^2 + \lambda_i P(\Phi_i) \tag{6.30}$$

其中,X_t 代表时刻 $t(t=1,2,\cdots,T)$ 下的 $N\times1$ 维市场收益序列 R_t 或者市场波动序列 S_t,V 为 k 维常数截距向量,$\lambda_i \geq 0$ 是以顺序滚动方式选择的惩罚参数,$P(\Phi_i)$ 是惩罚函数,定义为:

$$P(\Phi_i) = \left\| \Phi_i \right\|_1 = \sum_{j=1}^{N} \left| \Phi_{i,j} \right| \tag{6.31}$$

其中,Φ_i 是 $N\times N$ 维参数矩阵,结合了内生系数和外生系数矩阵。

3. 分解广义预测误差方差

变量 i 的向前 H 期的广义预测误差方差分解值 $\theta_{ij}^{g}(H)$ 见公式（6.13）。由于广义方差分解框架中的冲击可能缺乏正交性，预测误差方差贡献之和可能不等于 1，即 $\sum\limits_{j=1}^{N} \tilde{\theta}_{ij}^{g}(H) \neq 1$。因此，对得到的向前 H 期广义预测误差方差分解进行归一化处理：

$$\tilde{\theta}_{ij}^{g}(H) = \frac{\theta_{ij}^{g}(H)}{\sum\limits_{j=1}^{N} \theta_{ij}^{g}(H)} \tag{6.32}$$

4. 构建多层信息溢出耦合网络

在度量市场个体间相互溢出强度的基础上，溢出连接矩阵 C 的元素定义为：

$$C_{ij} = \tilde{\theta}_{ij}^{g}(H) \tag{6.33}$$

（三）实证研究

本部分主要利用多层收益和波动溢出耦合网络对全球不同金融市场的信息传递进行比较，探究原油、股票、债券和外汇市场间的跨市场和市场内溢出效应，为全球各市场的监管者以及投资者提供有效的指导意见。

1. 实证数据

本部分关注全球原油市场与金融市场之间的收益和波动溢出效应。原油市场包括：布伦特原油期货（Brent）、普氏迪拜原油期货（Dubai）、上海国际能源交易所原油期货（INE）、阿曼原油期货（Oman）和西得克萨斯中质原油期货（WTI）；全球金融市场包括：40 个代表性经济体的 MSCI 股票价格指数、富时 10 年期国债买入价和国际清算银行（The Bank for International Settlements, BIS）有效汇率指数，分别代表对应经济体的股票、债券和外汇市场数据。由于摩根士丹利自 2022 年 3 月 1 日起停止计算 MSCI 俄罗斯指数，使用俄罗斯

数智技术驱动的金融安全风险防控研究

股市的莫斯科交易所指数（MOEX）代替。上述所有数据均为日度数据，共计116个子市场。除外汇市场数据外，所有其他数据均以美元计价，以消除当地通货膨胀和货币波动的影响，从而更准确地比较各国金融市场的发展状况（Wang等,2018）。数据范围为2019年3月26日至2023年6月26日。

2.跨区域多市场金融溢出网络系统性分析

本部分采用基于VARX-L模型的溢出指数方法,滞后阶数$p=3$,构建滑动样本下连接原油市场和全球金融市场的动态多层收益和波动溢出网络。与大部分学者的研究一致（Diebold和Yilmaz,2014）,采用240天的固定窗口长度和向前10步预测（$H=10$）。图6.26展示了两个多层耦合网络的动态总关联性指数。

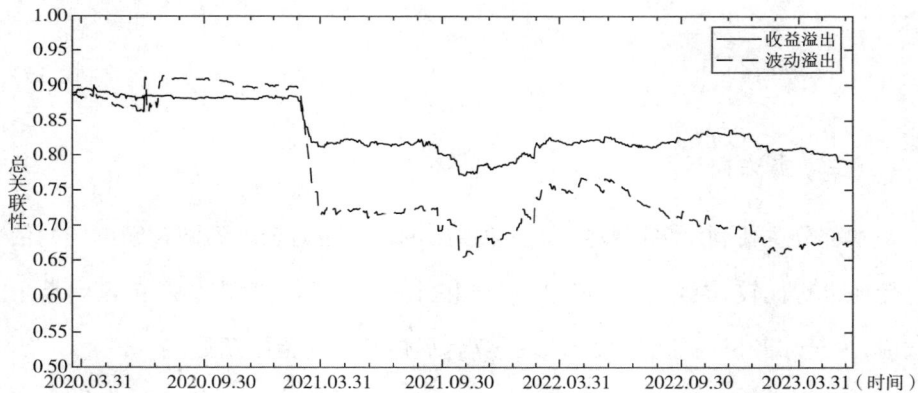

图6.26 动态视角下多层收益溢出和波动溢出网络动态总关联性

资料来源:笔者基于本章节的样本数据开展实证分析,并据此整理生成图片,属笔者自绘。

滑动样本时间段为2020年3月19日至2023年6月26日,几乎完全覆盖了全球新冠疫情事件。总体上看,多层收益溢出和波动溢出耦合网络的总关联性指数趋势一致,均呈现下降趋势。相对而言,在2021年3月之前,多层波动溢出网络的总连通性高于多层收益溢出网络,之后则低于多层收益溢出网络;两类总关联性的最显著的增长均始于2020年,由新冠疫情所引起。这些发现说明,在全球金融系统内,出现大范围影响的经济事件会使不同市场间的关联性显著增加,这种关联性的增加在考虑市场间的波动溢出效应时更为明显。结合先前的研究,在新冠病毒大流行期间,部分原油市场(Lin 和 Su,2021)[①]、股票市场(Feng 等,2023)[②]、债券市场(Karkowska 和 Urjasz,2021)[③]和外汇市场(Mo 等,2023)[④]间溢出关联性会显著增加,在 2020 年(新冠疫情初期)处于较高水平,持续 1 年后开始下降。本部分的实证结果再次证实,在考虑更大的金融系统和更广泛的金融市场后,在危机期间市场内和跨市场的收益溢出和波动溢出效应的强度都会增加。

进一步地,采用 PageRank 中心性来刻画多层收益溢出和波动溢出网络中不同市场间的复杂关系,并度量不同市场的重要性。在网络拓扑结构中,假设市场 i 和市场 j 直接相连,则市场 i 在网络中越重要,市场 j 对其贡献的价值就应该越大。因此,采用 PageRank 中心性(Brin 和 Page,1998)[⑤]反映一个市场与另一个市场之间的关联性,同时考虑到其相邻节点对应市场的贡献,从而得到该市场在多层网络中的相对重要性。参照王佩婉等(Wang 等,2020)[⑥]的研究,采用信息动态传播过程的迭代方法来计算 PageRank 中心性:

$$PR_i^s = \frac{(1-\gamma)}{N} + \gamma \sum_{i=1}^{N} E_{i,j}^s PR_j^{s-1} , \ PR_i^s > 0 \tag{6.34}$$

其中,PR_i^s 是市场 i 在动态窗口 s 中的 PageRank 中心性值,γ 是阻尼系数

① Lin B., Su T., "Does COVID-19 Open a Pandora's Box of Changing the Connectedness in Energy Commodities?", *Research in International Business and Finance*, Vol. 56, 2021, p.101360.

② Feng Y., Wang G.J., Zhu Y., et al., "Systemic Risk Spillovers and the Determinants in the Stock Markets of the Belt and Road Countries", *Emerging Markets Review*, Vol. 55, 2023, p.101020.

③ Karkowska R., Urjasz S., "Connectedness Structures of Sovereign Bond Markets in Central and Eastern Europe", *International Review of Financial Analysis*, Vol. 74, 2021, p.101644.

④ Mo W.S., Yang J.J., Chen Y.L., "Exchange Rate Spillover, Carry Trades, and the COVID-19 Pandemic", *Economic Modelling*, Vol. 121, 2023, p.106222.

⑤ Brin S., Page L., "The Anatomy of a Large-Scale Hypertextual Web Search Engine", *Computer Networks and ISDN Systems*, Vol. 30, No. 1-7, 1998, pp. 107-117.

⑥ Wang P. W., Zong L., Ma Y., "An Integrated Early Warning System for Stock Market Turbulence", *Expert Systems with Applications*, 2020, p.113463.

（设置为 0.85），$E_{i,j}^s$ 定义为：

$$E_{i,j}^s = \frac{|\tilde{\theta}_{ij}^{gs}(H)|}{\sum_{i=1}^{N} |\tilde{\theta}_{ij}^{gs}(H)|} \tag{6.35}$$

表 6.5 分别展示了多层收益溢出网络和多层波动溢出网络中原油层、股票层、债券层和外汇层中 PageRank 排名前五的市场。

表 6.5　多层网络各层排名前五的市场

原油	Page Rank	排名	股票	Page Rank	排名	债券	Page Rank	排名	外汇	Page Rank	排名
					面板 A：多层收益溢出网络						
布伦特原油期货	0.0075	70	法国	0.0167	1	挪威	0.0121	15	美元	0.0153	3
迪拜原油期货	0.0068	80	德国	0.0162	2	荷兰	0.0116	18	港元	0.0128	13
阿曼原油期货	0.0060	89	意大利	0.0151	4	比利时	0.0115	19	澳元	0.0106	27
西得克萨斯中质原油期货	0.0060	90	英国	0.0146	5	爱尔兰	0.0114	20	挪威克朗	0.0101	33
上海国际能源交易所原油期货	0.0051	104	荷兰	0.0146	6	英国	0.0113	21	墨西哥比索	0.0098	37
					面板 B：多层波动溢出网络						
布伦特原油期货	0.0093	39	法国	0.0176	1	比利时	0.0124	14	美元	0.0130	11
迪拜原油期货	0.0090	45	德国	0.0162	2	英国	0.0122	15	港元	0.0109	21
阿曼原油期货	0.0086	51	意大利	0.0158	3	澳大利亚	0.0119	17	挪威克朗	0.0101	27
西得克萨斯中质原油期货	0.0066	87	英国	0.0153	4	荷兰	0.0119	18	墨西哥比索	0.0095	35
上海国际能源交易所原油期货	0.0058	99	西班牙	0.0146	5	爱尔兰	0.0115	19	丹麦克朗	0.0093	38

资料来源：笔者基于本章节的样本数据开展实证分析，并据此整理生成表格，属笔者自制。

整体而言，重要性最高的市场主要在股票层，其次是债券层和外汇层，原油市场重要性最低。在原油市场中，重要性最高的是布伦特（Brent）原油市场,其次是迪拜原油(Dubai)和阿曼原油(Oman)市场,上海原油期货市场(INE)的重要性最低,但仍然超过一些其他金融市场。德国股票市场(GER-S)和债券市场(GER-B)都展现出了较高的重要性,说明该国市场在其他市场的收益溢出和波动溢出中都有较高贡献。在外汇市场中,美元(USD)呈现出最高的重要性,其次是港元(HKD),这可能是因为其与美元间的高度相关性。与多层收益溢出网络相比,多层波动溢出网络中原油市场重要性有较大提升,股票市场的 PR 值整体提升,结合多层收益溢出和波动溢出网络来看,全球金融系统中重要性最高的市场是美元(USD)和欧洲股票集团(FRA-S,GBR-S,GER-S 和 ITA-S)。

3. 跨市场分析

在本部分,116 个子市场分别属于 4 个类型的金融市场(原油市场、股票市场、债券市场和外汇市场),因此结合格林伍德——尼莫等(2021)提出的块聚合方法,使用块聚合关联性来分析跨市场关联性。块聚合关联性指数 $B_{i\leftarrow \cdot}^{g}(H)$ 定义为:

$$B_{i\leftarrow \cdot}^{g}(H) = \frac{1}{d} \sum_{i=1}^{d} \sum_{j=1,j\neq i}^{d} \tilde{\theta}_{ij}^{g}(H) \tag{6.36}$$

其中,d 是需要解释的变量数量。根据市场类型的不同,将 d 定义为 5(原油市场)、40(股票、债券市场)和 31(外汇市场)。

图 6.27 展示了不同类型市场之间和内部的块聚合回报溢出和波动溢出效应。组图中对角线的 4 个子图依次展示了原油市场、股票市场、债券市场和外汇市场内的动态回报溢出和波动溢出。与跨市场溢出强度相比,同类型市场内部的溢出强度更高,然而也有例外:2020 年至 2021 年期间,原油市场对股票市场的跨市场溢出明显高于市场内溢出。全球金融市场(股票、债券和外汇市场)对原油市场的溢出效应很小,表明在全球金融体系中,原油市场是主要的跨市场溢出的输出者,但不是主要的溢出接收者。一种可能的解释是,

库梅卡等(Kumeka 等,2022)①认为,原油价格的暴跌对产油经济体的股市产生了负面影响。进一步推测,这种负面影响也存在于其他经济体(如依赖石油进口的经济体)、债券和外汇市场,并通过金融网络传播到其他市场。

值得注意的是,原油、债券和外汇市场对股票市场的跨市场溢出均高于对其他市场的跨市场溢出,因此可以认为股票市场是跨市场溢出的主要接收者。在新冠疫情期间,跨市场溢出的强度增加,之后随着新冠疫情的减弱转变为市场内溢出。危机期间的高跨市场溢出可能是市场波动和汇率贬值导致的跨市

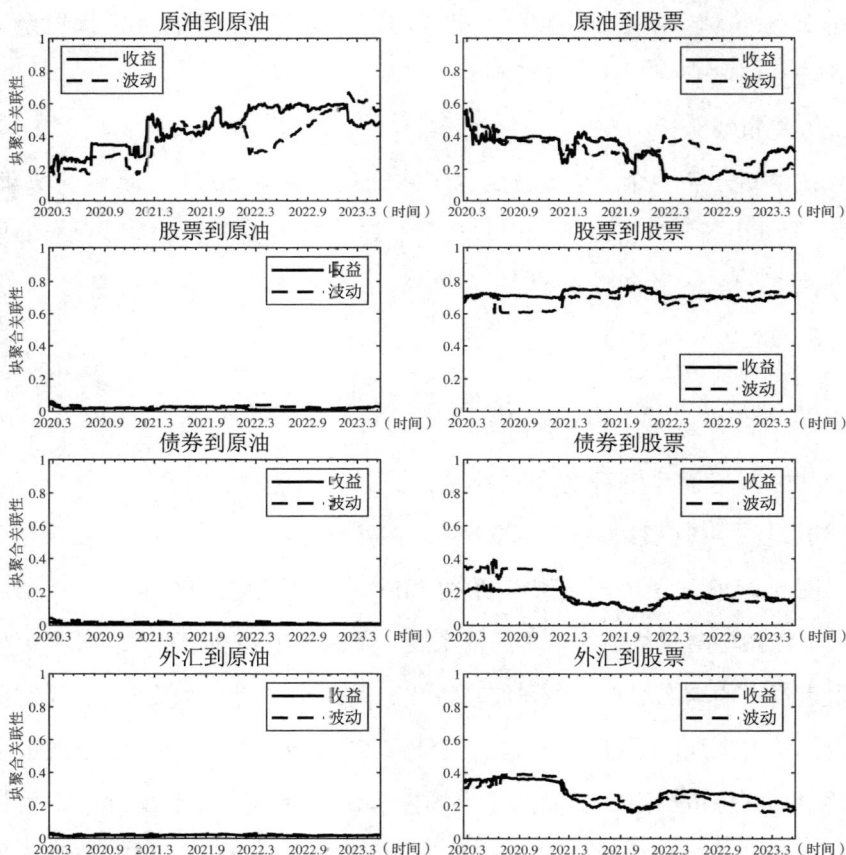

① Kumeka T.T., Uzoma-Nwosu D.C., David-Wayas M.O., "The Effects of COVID-19 on the Interrelationship among Oil Prices, Stock Prices and Exchange Rates in Selected Oil Exporting Economies", *Resources Policy*, Vol. 77, 2022, p.102744.

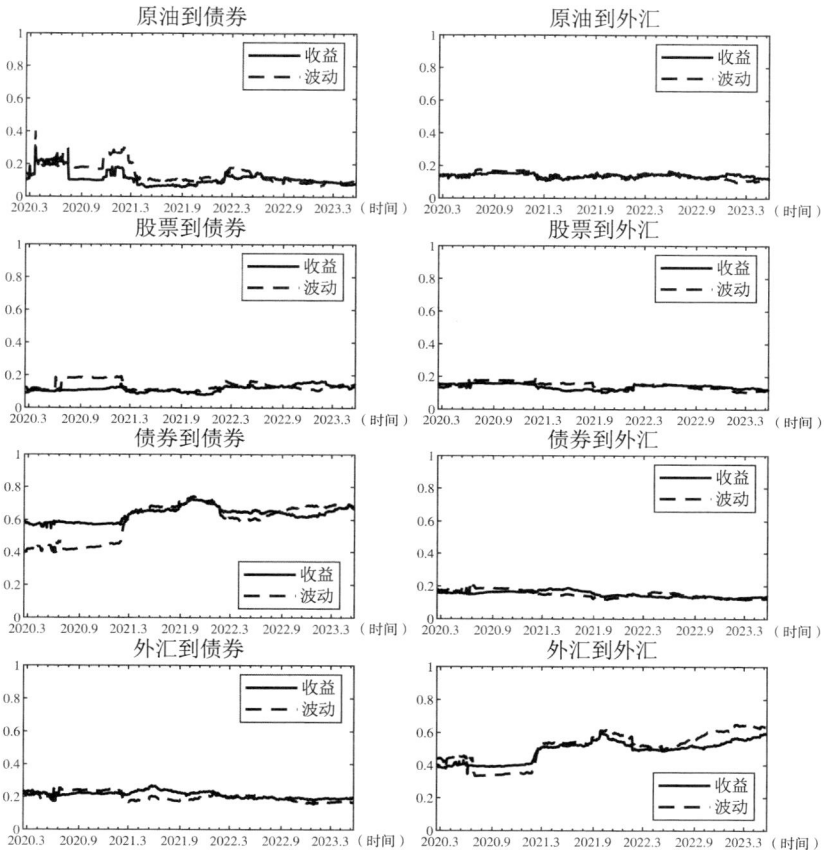

图 6.27　动态视角下多层收益溢出和波动溢出网络块聚合关联性

资料来源:笔者基于本章节的样本数据开展实证分析,并据此整理生成图片,属笔者自绘。

场资本转移的结果。另外,由于所有市场都存在一定规模的跨市场溢出效应,当各国投资者或政策制定者分析市场溢出时,不能忽视跨市场溢出。

4.个体市场分析

图 6.28 和图 6.29 分别通过热力图展示了滑动样本期间多层收益溢出网络和多层波动溢出网络中各市场的出度和净度变化情况。

大多数原油市场的出度和净度变化趋势均相似,尤其在多层波动溢出网络中。不同的是,西得克萨斯中质原油期货(WTI)在 2020 年至 2021 年溢出

数智技术驱动的金融安全风险防控研究

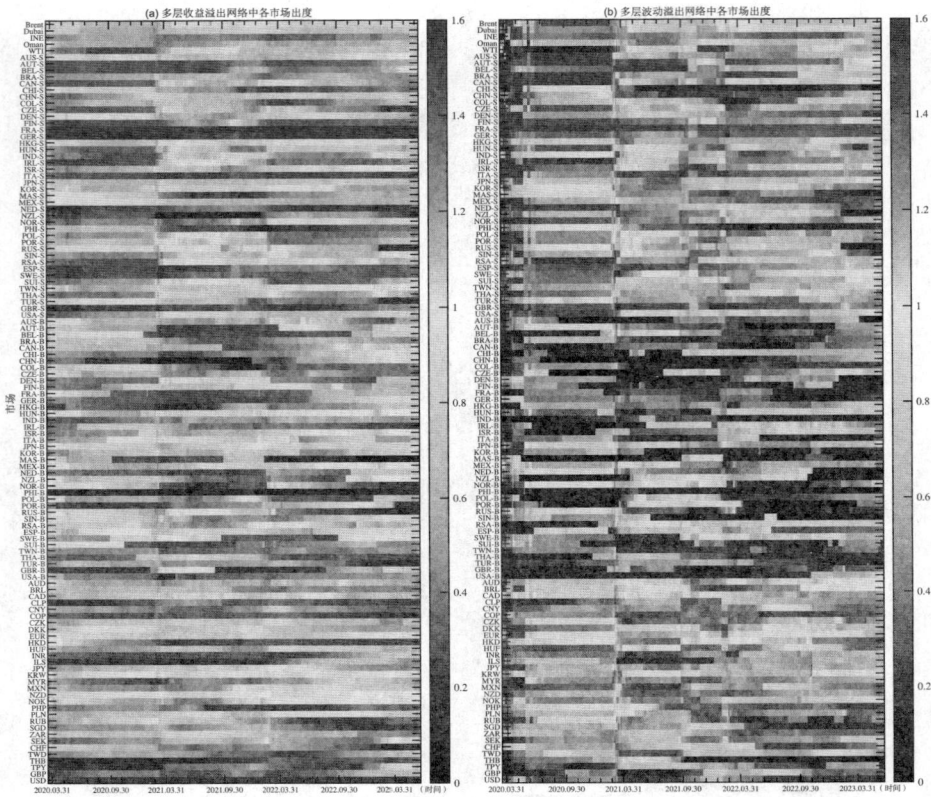

图 6.28　动态视角下多层收益溢出和波动溢出网络中各市场出度

注：由于布局限制，图中纵坐标仅展示资产缩写，具体对应的中文名称如下，（1）原油市场，Brent：布伦特原油期货；Dubai：迪拜原油期货；INE：上海国际能源交易所原油期货；Oman：阿曼原油期货；WTI：西得克萨斯中质原油期货；（2）股票市场，AUS-S：澳大利亚；AUT-S：奥地利；BEL-S：比利时；BRA-S：巴西；CAN-S：加拿大；CHI-S：智利；CHN-S：中国；COL-S：哥伦比亚；CZE-S：捷克共和国；DEN-S：丹麦；ESP-S：西班牙；FIN-S：芬兰；FRA-S：法国；GBR-S：英国；GER-S：德国；HKG-S：中国香港；HUN-S：匈牙利；IND-S：印度；IRL-S：爱尔兰；ISR-S：以色列；ITA-S：意大利；JPN-S：日本；KOR-S：韩国；MAS-S：马来西亚；MEX-S：墨西哥；NED-S：荷兰；NOR-S：挪威；NZL-S：新西兰；PHI-S：菲律宾；POL-S：波兰；POR-S：葡萄牙；RSA-S：南非；RUS-S：俄罗斯；SIN-S：新加坡；SUI-S：瑞士；SWE-S：瑞典；THA-S：泰国；TUR-S：土耳其；TWN-S：中国台湾；USA-S：美国；（3）债券市场，AUS-B：澳大利亚；AUT-B：奥地利；BEL-B：比利时；BRA-B：巴西；CAN-B：加拿大；CHI-B：智利；CHN-B：中国；COL-B：哥伦比亚；CZE-B：捷克共和国；DEN-B：丹麦；ESP-B：西班牙；FIN-B：芬兰；FRA-B：法国；GBR-B：英国；GER-B：德国；HKG-B：中国香港；HUN-B：匈牙利；IND-B：印度；IRL-B：爱尔兰；ISR-B：以色列；ITA-B：意大利；JPN-B：日本；KOR-B：韩国；MAS-B：马来西亚；MEX-B：墨西哥；NED-B：荷兰；NOR-B：挪威；NZL-B：新西兰；PHI-B：菲律宾；POL-B：波兰；POR-B：葡萄牙；RSA-B：南非；RUS-B：俄罗斯；SIN-B：新加坡；SUI-B：瑞士；SWE-B：瑞典；THA-B：泰国；TUR-B：土耳其；TWN-B：中国台湾；USA-B：美国；（4）外汇市场，AUD：澳大利亚元；BRL：巴西雷亚尔；CAD：加拿大元；CHF：瑞士法郎；CLP：智利比索；CNY：人民币；COP：哥伦比亚比索；CZK：捷克克朗；DKK：丹麦克朗；EUR：欧元；GBP：英镑；HKD：港元；HUF：匈牙利福林；ILS：以色列谢克尔；INR：印度卢比；JPY：日元；KRW：韩元；MXN：墨西哥比索；MYR：马来西亚林吉特；NOK：挪威克朗；NZD：新西兰元；PHP：菲律宾比索；PLN：波兰兹罗提；RUB：俄罗斯卢布；SEK：瑞典克朗；SGD：新加坡元；THB：泰铢；TRY：新土耳其里拉；TWD：新台币；USD：美元；ZAR：南非兰特。下同。
资料来源：笔者基于本章节的样本数据开展实证分析，并据此整理生成图片，属笔者自绘。

266

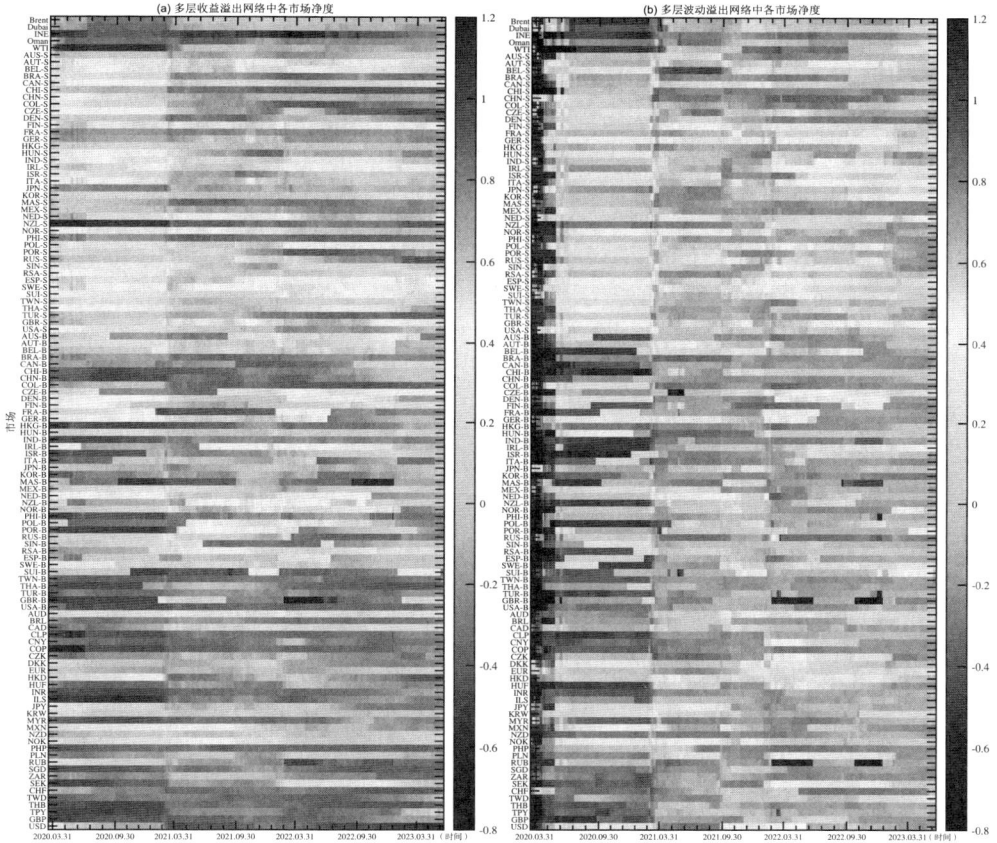

图 6.29　动态视角下多层收益溢出和波动溢出网络中各市场净度

注:由于布局限制,图中纵坐标仅展示资产缩写,具体对应的中文名称见图 6.28 的注。

资料来源:笔者基于本章节的样本数据开展实证分析,并据此整理生成图片,属笔者自绘。

强度异常低,这是由于异常油价的持续影响(2020 年 4 月 20 日,西得克萨斯中质原油期货价格跌至负值)。然而,上海国际能源交易所原油期货的出度和净度与其他原油市场有明显不同,当其他原油市场表现出高出度(净度)时,上海原油期货市场的出度(净度)却很低,这可能是由于政府对原油价格的调控。

在全球金融市场中,欧洲股票市场集群(包含 AUT-S、BEL-S、FIN-S、FRA-S、GBR-S、GER-S 和 ITA-S)是一个持续且显著的收益溢出和波动溢出输出者,美国股市(USA-S)在 2021 年 3 月之前也呈现这样的特点。

债券市场的出度整体上较小,同时债券市场的收益溢出和波动溢出输出者一直在变化,在 2022 年之前,它们是 AUT-B、BEL-B、GER-B 和 NED-B,但从 2022 年开始,它们变成了 BEL-B,POL-B、IRL-B、FIN-B 和 DEN-B。对于外汇市场而言,美元(USD)和港元(HKD)是收益溢出的两个主要输出者,但在波动性溢出网络中,港元的影响减弱。与上述结论相一致,美元和欧洲股票市场集团(包括 FRA-S、GBR-S、GER-S 和 ITA-S)是主要的、持续的溢出输出者。此外,图 6.28 和图 6.29 中各市场的出度和净度随时间变化均出现明显的分段或断点现象。这些分段或断点是由全球危机事件(新冠疫情)和"黑天鹅"事件(西得克萨斯中质原油价格为负)引起的。值得注意的是,一些市场在分段之前是风险输出者,在分段之后变成风险接收者,这种现象在发展中的股票市场更为常见(例如,BRA-S、CHN-S、HUN-S、MAS-S 和 MEX-S)。

因此,可以得出以下结论,结合市场内溢出和跨市场溢出,大多数原油、债券和外汇市场都是收益溢出和波动溢出的接收者,其中原油市场主要接收市场内溢出,而其他市场则受到较大规模的跨市场溢出的影响。

第七章　基于复杂网络的金融安全风险传染演化分析

第一节　基于网络拓扑学的金融安全风险传染演化特征

一、国内大循环下市场内风险传染拓扑学演化

国内大循环格局下市场风险传染研究的对象主要集中于股票市场。究其原因,股票市场作为企业融资的一个重要渠道,其运行状况在很大程度上影响着实体经济的发展,考察股票市场风险传染机制对维护金融体系乃至宏观经济的平稳健康发展意义重大。考虑到股票市场中众多行业之间都具有某种产业链或供应链关系,故它们之间存在明显的联动效应,一个行业内部的风险很可能会进一步传染到其他行业,并最终升级为系统性风险。因此,探讨行业之间的风险传染关系,识别主要的风险发送和接收行业,是深刻理解股票市场风险传染机制的关键。

(一)行业间风险传染演化

股票市场是一个复杂系统,基于复杂网络理论的股市风险传染研究能够

从系统的视角刻画其风险传染过程,故本部分拟基于复杂网络理论探究股市风险传染机制。此外,考虑到股市风险传染是一个动态演化过程,因此需要构建动态风险传染网络以刻画风险传染动态演化规律。在实证研究方面,基于申银万国证券公司发布的 28 个行业指数的相关数据,计算单一行业指数时变方差以度量该行业的时变风险.结合方差分解模型,构建风险溢出网络,分析行业之间的风险溢出效应。

具体地,基于风险溢出网络密度值度量行业之间风险整体关联性,分析时变网络密度值,如图 7.1 所示。

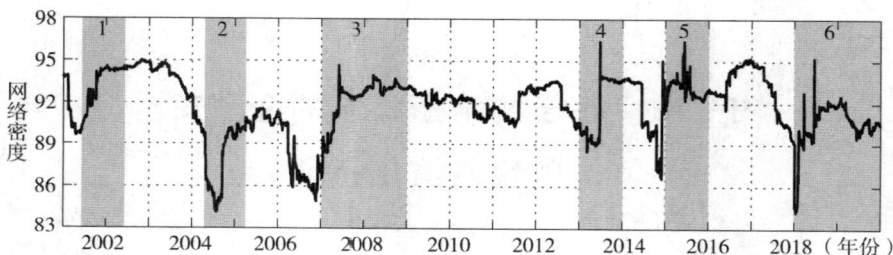

图 7.1　中国行业间风险溢出网络密度

资料来源:Shen Y. Y.,Jiang Z. Q.,Ma J. C.,et al.,"Sector Connectedness in the Chinese Stock Markets",
Empirical Economics,Vol. 62,No. 2,2022,pp. 825−852.

图 7.1 显示,在 2001 年 6 月至 2002 年 6 月这一段时间内,行业间风险溢出整体关联性超过了 94%,主要原因是 2001 年 6 月相关部门颁布并实施了国有股减持政策,使股市在接下来的时间里进入熊市状态,投资者们恐慌情绪加重导致行业间联系加强。从 2004 年 4 月至 2005 年 6 月这段时间内,整体关联性快速增加,主要原因是 2004 年 1 月 31 日,《国务院关于推进资本市场改革开放和稳定发展的若干意见》出台,引发股市持续下跌,加剧了行业之间的整体关联性。

2005 年 6 月至 2007 年 6 月整体关联性呈现"V"型,其主要原因是,2005 年 4 月 29 日,上市公司股权分置改革方案正式启动,这一举措有效缓解了股市进一步的持续快速下跌,并在随后的时间里引发众多股票价格上涨,最终导致股市发生泡沫状态。2007年12月行业间整体关联性达到92%,并在随后的几年里维持在一个较高的水平,主要原因是次贷危机的爆发引起包括中国在内的全球各国股市暴跌。

2013年整体关联性达到96%,主要原因是股市在这期间发生了"钱荒"事件,具体表现为上海银行间隔夜拆借利率(SHIBER)达到了自2006年以来的最高纪录13.44%,导致银行出现流动性危机,叠加上述次贷危机,以及2011年年初爆发的欧债危机,使2013年6月24日股市暴跌5.3%。2015年整体关联性快速增加甚至达到95%,主要原因是这一年股票投资者过度加杠杆投资,导致股市在2015年6月迎来暴跌,虽然很多上市公司因不同原因停止股票交易,但仍难以阻止股市整体下跌的态势,在大约一年后,数千只股票总跌幅均超过50%。在2018年6月,整体关联性再次超过95%,主要原因是2018年中美贸易摩擦引发了股市暴跌。

进一步地,下面具体考察每个行业的关联性,如图7.2所示。这里主要测度每个行业的风险发送、接收,以及净发送强度。计算结果表明,除银行和非银行金融业外的其他行业的风险接收强度均保持在80%以上,并且变化幅度较小,即风险接收强度的最大值与最小值之间的差距很小。但是,银行与非银行金融行业的风险接收强度的波动较为剧烈,甚至在某个时间段内会跌至80%以下。这意味着银行与非银行金融行业对政策变化、金融危机、地缘政治等风险事件较之其他行业更加敏感和脆弱。几乎所有行业的风险发送强度均大于风险接收强度,表明股市中各行业的风险并非独立存在,而是存在较强的联系。不仅如此,差不多所有行业的风险发送强度均在重大危机事件期间快速上升,说明这些事件释放的风险信号增加了各个行业对其他行业的风险溢出强度。

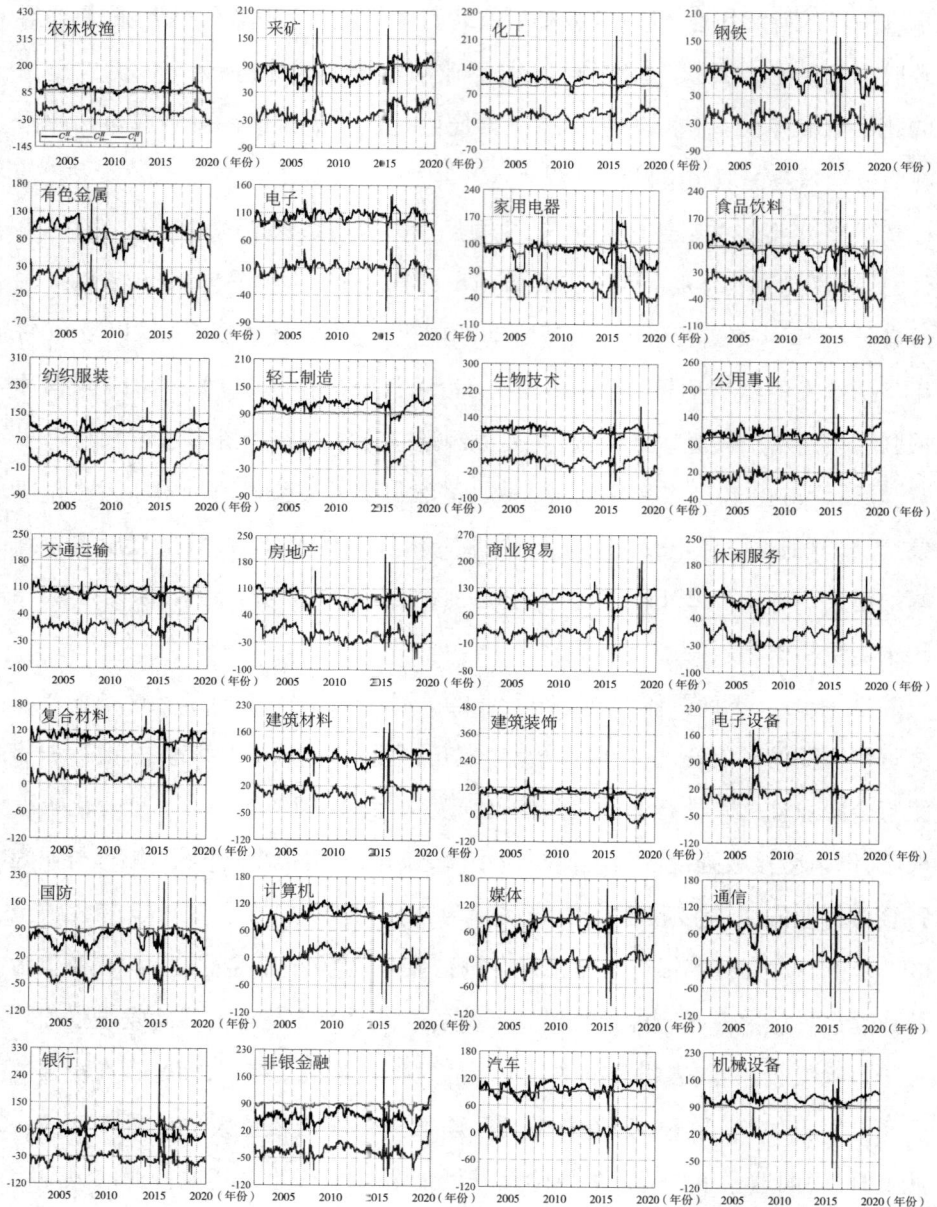

图 7.2　中国各行业风险发送、接收及净发送强度

资料来源：Shen Y. Y., Jiang Z. Q., Ma J. C., et al., "Sector Connectedness in the Chinese Stock Markets", *Empirical Economics*, Vol. 62, No. 2, 2022, pp. 825-852.

任一节点的风险净发送强度都可以分为正数、零或者负数三种情况，分别代表该节点向其他节点溢出的风险大于、等于或者小于从其他节点接收到的风险。风险发送强度衡量该行业溢出至其他所有行业的风险，风险接收强度测算该行业接收到的来自其他所有行业的风险，风险净发送强度反映该行业净溢出至其他所有行业的风险。

实证研究发现，所有行业的风险净发送强度在重大危机事件期间均出现一个正的峰值，且波动幅度较大，说明这类事件对所有行业均产生了较大的冲击。农业和林业、化工、电子、轻工制造、生物技术、公用事业、交通运输、商业贸易、复合材料、建筑材料、建筑装饰、电子设备和机械设备等行业的风险净发送强度在大部分时间内都保持正值，表明这些行业是主要的风险发送者；采矿业、钢铁、家电、房地产、国防、媒体、通信、银行、非银行金融业等行业的风险净发送强度在大部分时间内都为负数，意味着这些行业是主要的风险接收者。

通常来看，房地产行业属于高杠杆行业，开发商往往需要从银行等机构借入大量资金以维持企业的正常运营，因此一旦房地产行业自身风险累积到一定程度，其必定沿着信贷渠道传递至金融行业，而受冲击的金融行业也会将风险传递给与之具有信贷关联的其他行业。也就是说，房地产行业应该是主要的风险发送者，但实证结果却与之相悖。其中的原因可能是，房地产行业在社会化发展和城镇化进程中发挥着至关重要的作用，属于支柱性产业，其产业链条上关联行业众多，如钢铁行业为其提供建造所需原材料，这些行业的运行状况很大程度上会影响房地产行业的发展趋势，故房地产行业是主要的风险接收者。

在 2015 年，电子设备、国防、计算机、媒体等行业的风险净发送强度为负数，即这些行业是风险接收者，但是银行和非银行金融行业等行业的风险净发送强度为正值，即这些行业是风险溢出方。主要原因是在这期间中国资本市场发生了股灾事件，电子设备、国防、计算机、媒体等行业作为之前的大牛市期间的主要投资行业，人们在市场动荡期间纷纷抛售其股票，成为风险接收者。

银行和非银金融业持有较大数额的股东质押股权,在这种情形下银行的风险被放大,且进一步传染给与之枉关联的其他众多行业。

而在 2018 年,通信、计算机行业的风险净发送强度为正数,即为风险溢出者。其主要原因是,2018 年 6 月,美国政府公布 340 亿美元中国进口商品的关税清单,包括半导体和芯片、机器人和机械、导航和自动化、信息和通信技术,清单内的商品主要属于通信、计算机行业。这一事件对这两个行业产生了较大影响,导致 2018 年 6 月以后的一段时间里,通信、计算机行业变为了风险发送者。

(二)机构间风险传染演化

将股票市场划分成不同的行业,进而分析股市风险传染动态演化规律能够从深层次理解其内涵。但是,2008 年国际金融危机的爆发使各国金融监管部门越来越意识到,银行等金融机构作为金融市场的稳定器,其运行状况对金融体系的正常发展非常关键。而许多金融机构通过借贷和持有共同资产的方式相互联系在一起,形成一个复杂的金融网络,故当一家金融机构遇到财务压力时,其风险可能会蔓延至与之相联系的其他金融机构,并且有可能进一步影响到金融体系中的更多参与者,最终导致系统性金融危机的发生。金融机构之间的相互联系在风险传染中发挥了重要的作用,并且金融网络复杂性的增加可能会降低它们抵抗系统性风险的能力。

因此,了解系统性风险传染机制的关键是厘清金融机构之间的相互联系,认识金融网络的内部结构,发现系统重要性金融机构,这些对监管机构评估系统性风险也至关重要。一些学者直接通过各金融机构之间的资产负债关系捕捉它们相互间的直接联系,但这一做法的不足之处是相关数据难以获取。考虑到股票价格在很大程度上反映了金融机构之间风险传染的真实关系,故众多研究者基于此类数据探究它们间的风险关联性,不难理解,与从行业视角考察股票市场风险演化规律不同,将研究对象细化至金融机构,并分析其风险传染拓扑学演化规律具有重要意义。

1. 多周期视角下金融机构间风险演化研究

以往研究多基于时域分析模型刻画金融机构之间的风险传染动态演化过程。此方法是在全频率情形下进行的,无法区分短期、长期等不同时间周期下的特征,而频域分析模型可以弥补这一不足,故本部分在时域和频域视角下提出动态格兰杰因果网络模型,以描述中国金融机构间的动态关联性(Wang等,2021b)。具体的做法是,基于银行、证券和保险行业等相关上市公司的每日股票收益数据,构建动态风险溢出网络,结合经济和金融事件分析网络拓扑指标随时间变化的规律。研究发现,网络密度在时域以及高频、中高频、中低频、低频等4个频率下的波动幅度基本一致,但总体而言,时域下的网络密度数值要高于4个频率下的数值,而在4个频率下,高频下的数值要大于其他3个频率下的数值。也就是说,全周期下的整体关联性要大于短期、中短期、中长期、长期下的数值,而短期下的整体关联性要大于其他3个时间周期下的数值。

具体来讲,在2015年和2016年,动态风险溢出网络密度均出现峰值,即在这一期间,金融机构之间的整体关联性达到了一个较高的数值。其主要原因是,在这两年中,中国互联网金融快速扩张,如众筹、P2P网贷、第三方支付以及互联网货币基金等,它们很大程度上冲击了用户在银行等金融机构的存款,使金融市场处于一个敏感的转换期。这些互联网金融平台存在爆雷的风险,一方面会给投资者带来较大的损失,另一方面增加金融市场的不稳定性;中国股市在2015年6月经历了一个大的动荡,众多股票连续多天持续下跌;2015年12月,亚洲基础设施投资银行的建立也使金融机构暴露在更多的风险之下;保险机构在2015年12月对股权资产的投资有所增加,意味着它们自身的风险也逐渐增加。

总而言之,当发生冲击金融机构运行环境的重大事件时,其整体关联性往往会达到一个较高的水平。在2017年上半年,动态风险溢出网络的网络密度先逐渐下降,然后呈现出一个小幅上升的趋势,并且在2018年达到了一个峰值。其原因可能是,首先,2017 年中国金融监管部门出台了较为严格的金融监管政策,对控制市场风险起到作用,表现为降低了金融机构之间的整体关联性;然后,2018 年 P2P 平台的频繁爆雷引发投资者恐慌,加剧了股票市场的震荡;最后,2018 年中美贸易摩擦使股票市场面临动荡的外部环境。所有这些事件叠加在一起,使在时域和 4 个频率下风险溢出网络的整体关联性均明显增加。

2. 多分位点视角下金融机构间风险演化研究

以往研究多集中在同一个分位点,即 100% 分位点处观察金融机构之间的风险传染动态演化规律,该方法无法分析特定收益区间内的特征,如不能分析收益极端损失情形下金融机构之间的风险传染动态演化规律,而这一点对风险的控制又至关重要。据此,本部分提出 PCQ 网络模型,在不同分位点处度量 30 家金融机构的关联性(Qian 等,2022)[①]。为了描述它们之间整体关联性的演化过程,在不同分位点处使用滑窗分析法,构建并分析动态网络。

研究后发现,一方面,在 0.05 分位点处,整体关联性在 2014 年 6 月急速上涨,并且持续到 2015 年 6 月,因为在这期间中国股市处于大牛市阶段;另一方面,上述牛市之后整体关联性逐渐下降,直至 2015 年 12 月。这期间股票市场泡沫破裂,相关监管部门不断出台救市政策以稳定股票市场。以上两个标志性事件均在 0.05 分位点处被准确地检测出来,表明在这一期间金融机构之间具有较为强烈的左尾依赖性。在 0.5 分位点处,网络密度值仅维持在 11 左右,远远小于 0.05 和 0.95 分位点处的数值,表明与极端损失分位点相比,此分位点处有较低的相互依赖程度。

3. 多层网络视角下金融机构间风险演化研究

现有文献通常分别基于收益率、波动率或者极端风险值探讨金融机构之

---

① Qian B. Y., Wang G. J., Feng Y. S., et al., "Partial Cross-Quantilogram Networks: Measuring Quantile Connectedness of Financial Institutions", *North American Journal of Economics and Finance*, Vol. 60, 2022, p.101645.

间的风险传染动态演化规律,而未将这三者放在同一个分析框架内展开分析,这样可能会忽视不同风险溢出网络的多样性和异质性,即单层网络可能难以捕捉到全部信息,因此对风险传染动态演化规律的分析可能不够全面。

故本部分在方差分解框架下构建多层信息溢出网络,包括均值溢出层、波动溢出层和极端风险溢出层,以描述银行、证券和保险等行业的 30 家金融机构间的风险传染动态演化规律(Wang 等,2021a),相关结果如图 7.3 所示。

图 7.3　中国金融机构间整体关联性

资料来源:Wang G.J.,Chen Y.Y.,Si H.B.,et al.,"Multilayer Information Spillover Networks Analysis of China's Financial Institutions Based on Variance Decompositions",*International Review of Economics & Finance*,Vol.73,2021a,pp.325-347.

基于多层网络可以发现,在样本时间区间内,均值溢出层、波动溢出层和极端风险溢出层的动态整体关联性变化趋势大致相同,但数值差异较大,说明它们均能在一定程度上反映股市的整体运行状况,然而股市冲击事件对不同层的影响程度存在异质性。

具体来看,在整个样本期内,一方面,从 2013 年第一季度起,整体关联性快速上升,达到峰值后下降,直到 2014 年第三季度结束。其主要原因是,货币市场在这期间发生了"钱荒"事件,使银行业出现流动性危机,导致整体关联性立即提高并持续了一段时间;另一方面,2014 年第四季度至 2017 年第一季度,整体关联性呈现持续上升的态势,达到峰值后持续下降。这主要是因为,股市在 2014 年 6 月至 2015 年 6 月期间出现了非理性繁荣,然后泡沫破灭,导致市场在 2015—2016 年剧烈动荡。

需要注意的是,在以上两个时段内,上述三层网络的整体关联性存在差异:一是对比三层溢出网络的整体关联性大小后发现,收益溢出水平始终略高于波动溢出和尾部风险溢出水平;二是收益溢出水平首先缓慢上升至峰值,然后缓慢下降;三是波动溢出水平首先快速上升至峰值,然后在该水平处维持较长一段时间;四是尾部风险溢出水平首先快速上升至峰值,然后缓慢下降。

总的来说,本部分基于复杂网络对中国股市内部风险传染拓扑学演化规律进行探讨,得出一些有价值的结论。首先从行业视角进行系统分析,其次考虑到金融行业作为整个金融体系的"稳定器",其波动有很大可能引起整个股市的剧烈动荡,故进一步从金融机构之间的风险传染关系展开探讨。整体来讲,在危机事件发生期间,行业及机构之间的复杂网络结构均会发生明显变化,其表现之一为网络密度明显上升,说明在这期间它们之间的关联性明显增加,即股市风险显著扩大。由此看来,可以基于复杂网络结构对股市风险开展预警工作。

二、国内大循环下多市场风险传染拓扑学演化

自改革开放以来,国内外投资者积极参与到中国各个金融子市场的业务活动中,资金在子市场内部及之间流动,从而使整个市场处于动态运行状态。这同时也使某个子市场的剧烈波动可能进一步引发与之相关联的其他子市场产生共振,即各金融子市场之间存在极端风险溢出现象。因此,分析股票、货币、外汇、债券、能源、黄金、金属、房地产、农产品等众多金融子市场之间的极端风险溢出现象,对维护金融体系平稳健康运行具有重要意义。

本部分基于风险格兰杰因果关系模型,分别探讨中国金融市场处于平稳发展、次贷危机、欧债危机、持续恢复、新常态等时期各金融子市场之间的极端

下行和上行风险溢出关系(谢赤等,2021b)[①]。其中,经过分析后认定,2005年7月21日—2007年7月31日为平稳时期;2007年8月1日—2009年3月31日为次贷危机时期;2009年11月5日—2013年12月16日为欧债危机时期;2013年12月17日—2015年12月31日为持续恢复时期;2016年1月4日—2019年10月18日为新常态时期。

需要注意的是,一方面,下行极端风险溢出指某个金融子市场中的资产价格降低后,引起与之相关联的其他金融子市场的价格随之降低。背后的原因可能是,当某个金融子市场的资产价格快速下跌后,恐慌情绪促使投资者们将资金从该子市场中撤离。此外,一个金融子市场资产价格的快速降低往往意味着整个金融体系运行状况的恶化,因此与之相关联的金融子市场的投资者们也会选择将部分资金撤出该子市场。另一方面,上行极端风险溢出指某个金融子市场中的资产价格上涨后,会引起与之相关联的金融子市场的价格随之增加。其原因可能是,当某个金融子市场的资产价格快速上升后,获利的投资者会将一部分盈利资金投资到其他的金融子市场,进而推动这个金融子市场的资产价格增加。

下面分别对上述5个时期各个金融子市场间的风险溢出情况进行分析。

(一)平稳发展时期

1. 房地产市场

在极端下行风险溢出网络中,房地产市场既向股票、外汇、期货、黄金等市场发送风险,又接收来自黄金、股票、外汇和期货市场的风险,如图7.4所示。这说明,房地产在极端下行风险的发送和接收中均起着关键作用,需要给予重点关注。

其中,货币市场向房地产市场发送极端下行风险,且其强度达到16.23,

---

① 谢赤、莫廷程、李可隆:《重大突发事件背景下金融行业间极端风险相依和风险溢出研究》,《财经理论与实践》2021年(b)第42卷第3期。

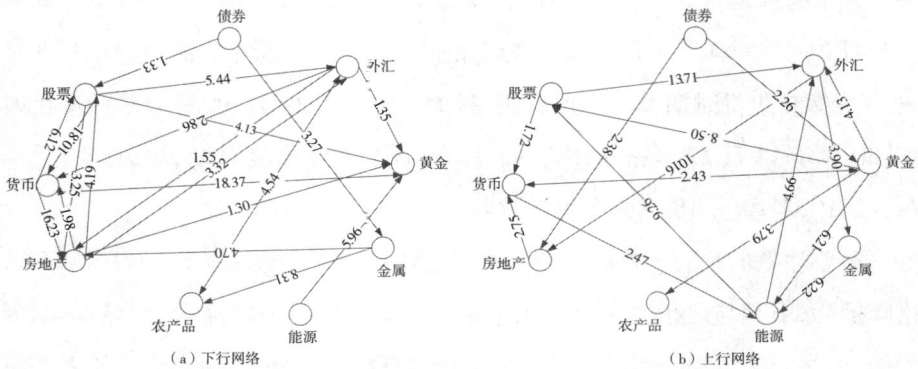

（a）下行网络　　　　　　　（b）上行网络

图 7.4　平稳发展时期极端风险溢出网络

注：图中数字代表风险格兰杰因果检验口的 Q 统计值，越大表明极端风险溢出强度越大。下同。

资料来源：谢赤、贺慧敏、王纲金等：《基于复杂网络的泛金融市场极端风险溢出效应及其演变研究》，《系统工程理论与实践》2021 年（a）第 41 卷第 8 期。

超过了所有时期金融子市场间的上行极端风险发送强度，以及除平稳发展时期外的其他 4 个时期中子市场间的下行极端风险发送强度。这意味着借贷利率的降低在很大程度上预示着房地产价格将会下跌，其中一个可能的原因是，房地产市场整体杠杆率较高，需从银行借款以维持企业正常运行，故借贷利率的轻微下降，会在很大程度上降低房地产企业的资金成本，成本的减少进一步传导至房地产实物资产中，使房价降低。房地产市场对货币市场的极端上行和下行风险发送强度均较大，分别达到了 2.75 和 1.98，原因可能是，随着房地产市场的快速发展，房屋信贷规模逐渐扩大，当房屋价格上涨时，房屋信贷规模进一步增加，即房屋购买者对银行信贷资金的需求也就增加，这导致资金需求的增加程度大于供给增加程度，货币市场利率提高。反之，当房屋价格下跌时，房屋信贷规模减小，房屋购买者对银行信贷资金的需求下降，银行整体信贷资金需求下降，货币市场利率随之降低。

2.黄金市场

在极端下行风险溢出网络中，黄金市场的入度达到了 5，但是出度为 0，说明黄金市场是极端下行风险的主要接收者。在极端上行风险溢出网络中，黄金市场入度为2,但是出度却达到了4,说明黄金市场是极端上行风险的主要发送者。

　　具体地,黄金市场接收来自能源、货币、外汇、房地产、股票市场的极端下行风险;接收来自货币和债券市场的极端上行风险,向农产品、外汇、股票、能源市场发送极端上行风险。可以看出,黄金市场一方面接收来自能源、外汇、股票市场的极端下行风险,另一方面又向这些市场发送极端上行风险。主要原因是,能源、外汇、股票市场价格的下跌往往意味着宏观经济的下行,故当这些资产的价格下跌后,投资者们会从黄金市场中撤出部分资金以满足日常生活需求,这导致黄金市场价格下跌。反之,黄金作为避险资产,其价格较为稳定,故当其价格快速上涨后,为避免资金进一步涌入黄金市场,能源、股票市场的价格也会随之增加。此外,黄金具有世界货币的功能,而美元是世界最主要的货币,所以黄金价格的上涨意味着美元的信用相对降低,故其价格也会降低;反之则反,故黄金价格与美元价格往往呈现反向关系,所以当黄金价格上涨后,美元价格会下降,即人民币兑美元汇率会上涨。

　　货币市场对黄金市场的极端下行风险发送强度高达18.37,极端上行风险发送强度相对较小,为2.43。可能的原因是,货币市场利率的下降,意味着资金的借贷成本降低,由于黄金市场的价格相对稳定,与货币市场利率的属性较为相似,故其价格也会相应降低。同样地,货币市场利率上升,黄金价格也会增加,但影响程度相对小于下降时的程度。可能的原因是,当货币市场利率上升后,投资者们往往会选择继续持有黄金资产,这并不会造成黄金价格的进一步上涨,只有部分看多投资者们增加的购买力才会助推黄金价格上涨,但当货币市场利率下降时,黄金投资者们会大幅度抛售黄金资产来换取现金以满足日常生活需求,这便会造成黄金价格的大幅下跌,故货币市场上升时对黄金市场的影响程度小于货币利率下降时的程度。

3.外汇市场

　　在极端下行风险溢出网络中,外汇市场的入度及出度和为6,在极端上行风险溢出网络中,其入度及出度和为5,说明其在极端下行及上行风险的传播中起到了重要作用。原因可能是,在这期间中国实行了参考一篮子货币进行调节的、单一结构的汇率管理制度,即采取有管理的浮动汇率制度。这一政策的启动对其外汇市场意义重大,显著提升了外汇管理水平,但也导致汇率弹性有一定程度的增加,即汇率风险有所加大,因此企业尤其是外贸企业的避险意识也有一定程度的加强。为对冲汇率风险,这些企业加大了对金融衍生品的购买力度,同时还通过外汇理财、贸易融资等方式规避汇率风险,这增加了外汇市场与众多金融子市场之间联系的紧密程度,加大了外汇市场与其他金融子市场之间的极端风险传染概率。

具体来讲,外汇市场对货币、房地产、农产品和黄金市场的极端下行风险溢出强度均大于0,说明当前者价格下降后,后者的价格会随之下跌。外汇市场对房地产、金属市场的极端上行风险发送强度大于0,说明价格的上涨会引起后者价格随之上涨。需要注意的是,与其他4个时期相比,在这一时期,外汇市场对农产品市场的极端下行风险发送强度最大,达到了4.54。其原因可能是,在这期间中国的白糖、棉花、玉米、大豆等农产品的对外依存度较高,大量依靠进口,这时汇率下降,即人民币升值,则购买一单位国外农产品所需人民币减少,故在国内它们的价格也会随之降低,而由于该时间段内人民币处于实行有管理的浮动汇率制度初期,农产品市场正处于适应阶段,整体而言,市场反应较为敏感,故极端下行风险溢出强度较大。

此外,在极端上行风险溢出方面,与其他4个时期相比,外汇市场对房地产市场的溢出强度在这一时期最大,达到了10.16。其背后的原因可能是,人民币贬值时,此刻房地产实物资产价格也相对降低,外资大量兑换人民币购买实物资产,助推了房地产价格的上涨。此外,由于这一时期处于有管理的浮动汇率制度初期,房地产市场调整相对较慢,对汇率波动较为敏感,在此期间外汇市场对房地产市场的上行风险溢出强度较高。

4.货币和股票市场

在极端上行风险溢出网络中,货币和股票市场对外汇、房地产及黄金市场的溢出强度大于0,即前面两个市场价格的下跌会引起后面三个市场价格随之下跌。在极端下行风险溢出网络中,存在一个从股票市场出发最终回到股票市场的闭环极端风险溢出链。

具体而言,首先股票市场向货币市场溢出极端上行风险,然后货币市场向能源和黄金市场溢出极端上行风险,最后这两个市场同时向股票市场溢出极端上行风险。需要注意的是,股票市场既对货币市场溢出极端上行风险,又溢出极端下行风险,即前者价格的上涨(下跌)会引起后者价格的上涨(下跌)。其原因可能是,股票市场吸收了大量资金,其价格上涨或下跌后,都会很大程度上影响货币市场资金的流动性。具体来讲,股票市场价格上涨后,本市场资金量增加,货币市场资金量相对降低,借贷成本随之上升,导致货币市场利率上升。反之,股票市场价格下降后,本市场资金量降低,货币市场资金量增加,借贷成本随之降低,导致货币市场利率降低。

除以上几个市场外的农产品、能源、金属三个金融子市场仅对少数几个子市场溢出极端上行及下行风险,即它们的风险溢出水平相对较弱。可能的原因是,这三个市场均隶属于期货市场,而国内期货市场发展时间相对较短,期货交易种类多样性不足,因而风险对冲能力难以适应企业的风险对冲要求。此外,这些市场与其他金融子市场缺乏信息互动渠道,阻碍了它们之间的联系,故这三个市场对其他金融子市场的极端上行及下行风险溢出能力较弱。

在极端上行和下行风险溢出网络中,债券市场的入度及出度总和均较小,仅为2,这说明债券市场的极端上行及下行风险溢出和接收能力均较弱。其原因可能是,在这期间债券市场正处于起步阶段,规模较小、品种较少,市场参与者也较少,不具备影响其他金融子市场的能力,其他金融子市场也缺乏影响债券市场的渠道,因此该市场与其他金融子市场间也较难相互溢出极端上行及下行风险。

（二）次贷危机时期

与平稳时期相比，在次贷危机时期，由所有金融子市场构成的极端下行风险溢出网络的密度大幅下降，如图 7.5 所示，说明在这期间金融子市场间的极端下行风险溢出总效应较弱。

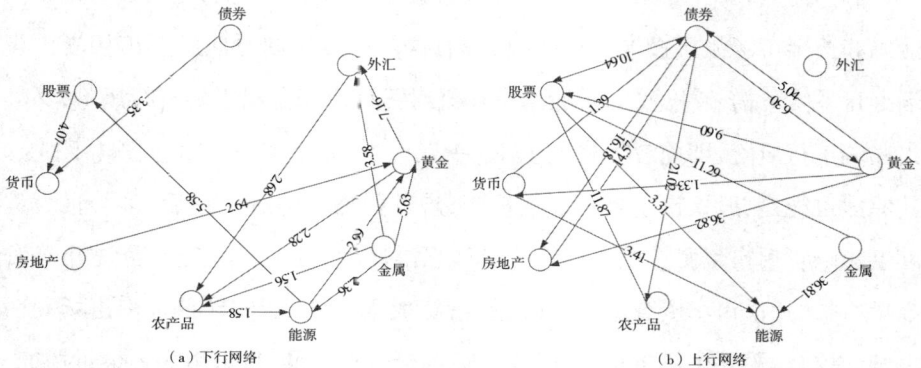

（a）下行网络　　　　　　　　　　　　　　　（b）上行网络

图 7.5　次贷危机时期极端风险溢出网络

资料来源：谢赤、贺慧敏、王纲金等：《基于复杂网络的泛金融市场极端风险溢出效应及其演变研究》，《系统工程理论与实践》2021 年（a）第 41 卷第 8 期。

其中的原因可能是，次贷危机期间投资者们的态度相对谨慎，投资意愿低下，投资情绪低迷，导致金融子市场间的关联程度减弱，信息溢出效率降低，极端风险溢出总效应随之下降。例如，在平稳时期，股票市场与房地产市场间互相溢出极端下行风险，但是需要经过能源、农产品、黄金三个金融子市场后才能发送至对方。需要注意的是，与平稳时期相比，隶属于大宗商品市场的能源、黄金、农产品等三个金融子市场的入度及出度总和均明显增加，达到了 4。其中，与平稳时期相比，能源市场除对黄金市场发送极端下行风险外，在次贷危机时期，还对股票市场溢出极端下行风险；金属市场分别向农产品、能源、外汇和黄金等 4 个市场发送极端下行风险，是极端下行风险的主要溢出方；金属、外汇、黄金子市场均向农产品市场发送极端下行风险，农产品市场成为主要的极端下行风险接收方。

可以看出,在这期间,能源、黄金、农产品等三个金融子市场在极端下行风险溢出过程中扮演着相对重要的角色。其主要原因可能是,次贷危机期间,股市投资风险明显增大,这时部分投资者增加对能源、黄金、农产品等期货产品的购买量以对冲股市大幅下跌带来的风险,从而增加了它们与其他金融子市场的关联程度。与平稳时期相比,在次贷危机时期,金融子市场之间的极端上行风险溢出总效应明显增大。

具体来讲,股票市场向能源、农产品和金属市场发送极端上行风险,其强度分别达到 3.31、11.87、11.29。这可能是因为,股票价格的上涨往往意味着人们对宏观经济未来发展状况的整体看好,在此背景下实体企业家们会扩大自己的生产规模,因而增加了对能源、农产品以及金属等大宗商品的需求,进而导致其价格上涨。在极端上行风险溢出网络中,债券市场的总度数在所有金融子市场中是最大的,达到了 7。其中,该市场向黄金、房地产、农产品、股票等金融子市场发送极端上行风险,同时接收来自房地产和黄金市场的极端上行风险。背后的原因可能是,债券价格上涨,其预期回报降低,投资者们为实现金融资产的保值升值功能,一般选择将资金转向其他可能获得较高收益的金融资产,导致这些金融资产的价格上涨。

（三）欧债危机时期

与次贷危机时期相比,欧债危机时期的极端上行和下行风险溢出网络更加稀疏,极端下行与上行风险溢出网络密度较次贷危机时期均降低了 0.04,意味着在这期间金融子市场间的极端上行和下行风险溢出总效应较低,见图 7.6。

从极端下行风险溢出来看,货币市场和外汇市场是相关网络中的两个关键节点,入度及出度和均为 4,超过了其他金融子市场的总度数。货币市场是关键节点的原因可能是,一方面,房地产和股价的下跌会降低人们对这两个市

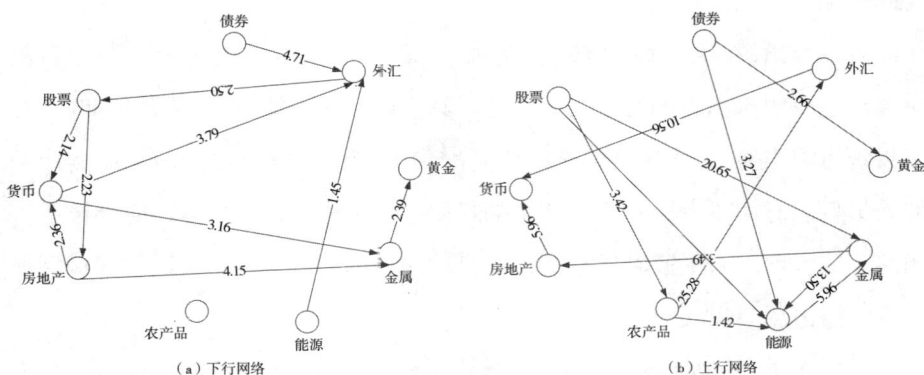

图 7.6　欧债危机时期极端风险溢出网络

资料来源:谢赤、贺慧敏、王纲金等:《基于复杂网络的泛金融市场极端风险溢出效应及其演变研究》,《系统工程理论与实践》2021 年(a)第 41 卷第 8 期。

场中资产的投资意愿,他们故而将资金转向投资风险最小的货币市场,资金量的增加使货币市场利率下降;另一方面,金融和外汇市场价格的下跌引起货币市场利率降低。外汇市场为关键节点的原因可能是,人民币升值会使国内企业的出口下降,投资者们预期未来宏观经济增长乏力,纷纷抛售各类资产,使其价格下降,而由于股票市场在所有金融子市场中更容易发生暴跌现象,故投资者们为避免极端损失,选择大幅减持股票资产,从而造成其价格的下跌。此外,能源、债券和货币价格的下跌又会引起外汇价格下跌,即人民币的升值。

从极端上行风险溢出来看,金融、能源及农产品市场是相关网络的关键节点,这三个市场同属大宗商品市场,它们与除货币和黄金市场以外的所有子市场均存在极端上行风险溢出关系。在欧债危机期间,股票市场向农产品、金属和能源等三个市场发送极端上行风险,这与次贷危机时期的情况相同,意味着在次贷危机、欧债危机这类金融风险发生期间,股票价格的上涨均会带动大宗商品价格增加。

(四)持续恢复时期

与以上三个时期及后面的新常态时期共 4 个时期相比,极端下行和上行风险溢出网络在持续恢复期的网络密度最大,极端下行风险溢出网络密度达到了 0.35、极端上行风险溢出网络密度达到了 0.39,如图 7.7 所示。

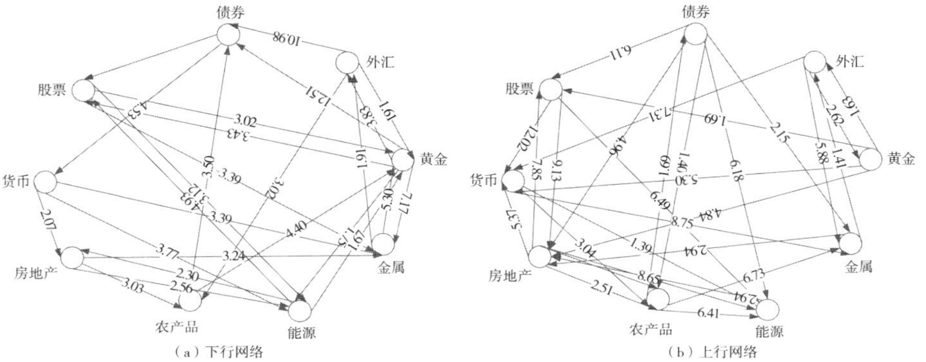

图 7.7 持续恢复时期极端风险溢出网络

资料来源:谢赤、贺慧敏、王纲金等:《基于复杂网络的泛金融市场极端风险溢出效应及其演变研究》,《系统工程理论与实践》2021 年(a)第 41 卷第 8 期。

此外,在这期间的全局效率与其他 4 个时期相比也是最大的,分别达到了 0.64 和 0.65。由这两项网络指标可以发现,在持续恢复期金融子市场之间的联系紧密程度最大,信息传递效率最高,这在很大程度上促进了实体经济的发展,但也增加了它们之间相互溢出极端上行及下行风险的可能性。其背后的原因可能是,在 2015 年上半年,监管政策相对松动,货币政策相对放宽,股市流动性增加,推动了股票价格上涨。作为"宏观经济的晴雨表",股价的上涨也反映出实体经济发展向好,故投资者们看好未来经济形势,纷纷选择将资金投入各金融子市场中以扩大收益。在这一过程中,各金融子市场之间的业务往来更为紧密,资金在其间的流转也更快,因此加剧了它们之间的极端下行及上行风险溢出水平。

在极端下行风险溢出网络中,黄金市场的入度及出度和达到 10,说明其是极端下行风险的主要传播者。具体来讲,该市场与金属、股票、能源、外汇等 4 个子市场之间存在双向极端下行风险溢出。此外,黄金市场还接收来自农产品市场的极端下行风险,同时向债券市场发送极端下行风险。即黄金市场的极端下行风险与6个金融子市场的极端下行风险相联系,说明该市场在整个网络中的地位非常关键。其原因可能是,众多金融子市场的下属机构,如能源市场的期货机构、股票市场的证券、银行机构等均选择将部分资金配置到黄金市场,经营黄金业务,导致黄金市场自身的极端下行风险与众多金融子市场相关联。

在极端上行风险溢出网络中,货币市场的出度为3,分别指向大宗商品市场三个下属子市场,包括农产品、能源和金属市场,即回购利率的增加会引起这些市场价格升高。这一结论的合理性在于,根据商品期货定价公式,货币市场利率与大宗商品期货价格成正比例关系。债券市场向农产品、能源和金属、房地产和股票市场发送极端上行风险,这可能是因为债券价格上涨,该资产的收益率下降,投资者们将资金从债券市场中撤离出来转而投资到房地产、能源、股票等收益率更高的金融子市场,从而推动了这些市场中金融资产价格上涨。

与平稳期、次贷危机时期、欧债危机时期这三个时期相比,在持续恢复期,债券市场和大宗商品市场与其他金融子市场的关联性增强。具体地,在极端下行风险溢出网络中,大宗商品和债券市场的入度及出度和在4—7之间,在极端上行风险溢出网络中,它们的入度及出度总和均达到了6,高于在其他三个时期的情况。背后的原因可能是,在这一期间期货品种逐渐丰富,期货风险控制体系也日益完善,这时实体企业将资金投资到期货市场中更能满足他们对风险管理的多样化和个性化要求。

与此同时,随着实体企业尤其是外贸企业对冲风险的需求增加、意识加强,这些企业进行期货交易的积极性也明显加强,而由于实体企业是多个金融子市场的服务对象,故它们购买期货产品的这一举动可能会进一步牵动其他金融市场的运行态势。同样,这些金融子市场的运行情况也会影响到实体企业,并进一步冲击期货市场的运行情况。在持续恢复期,债券品种更加多样,债券规模也越来越大,越来越多的其他金融子市场中的投资者参与到债券市场中,因而债券市场的极端风险与多个金融子市场的极端风险之间产生了关联。

(五)新常态化时期

与恢复期相比,新常态时期的极端下行和上行风险溢出网络的密度有一定程度的降低,如图7.8所示。这意味着金融子市场之间的极端风险溢出总效应有所减少。其原因可能是,在这期间国内宏观经济面临下行压力,加之中美贸易摩擦对国内宏观经济造成进一步的冲击,导致投资者们对经济增长的预期降低,投资情绪有所下降,金融子市场之间的极端风险溢出总效应相应减少。

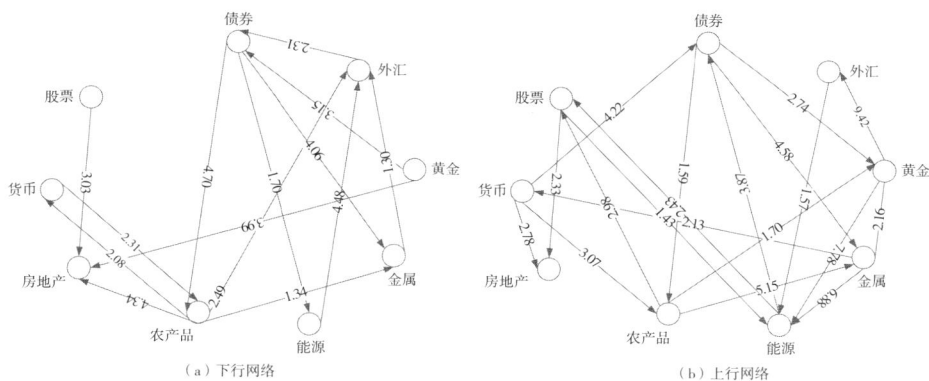

图7.8　新常态化时期极端风险溢出网络

资料来源:谢赤、贺慧敏、王纲金等:《基于复杂网络的泛金融市场极端风险溢出效应及其演变研究》,《系统工程理论与实践》2021年(a)第41卷第8期。

具体来讲,极端下行风险溢出网络密度小于极端上行风险溢出网络密度,这说明在新常态时期,各金融子市场更倾向于过滤掉"坏消息"而吸收进"好消息",即呈现出非对称的风险信息接收方式,中国经济韧性较高可能是出现这一现象的一个解释。虽然在这期间中美爆发了由美国挑起的贸易摩擦,导致经济面临众多不利因素,使其面临下行压力,但是一系列宽松货币政策和积极财政政策持续出台,有效维持了经济长期平稳向好发展的趋势,增加了投资者们的投资信心。在这样的背景下,与极端下行风险相比,各金融子市场对极端上行风险更加敏感,即当某个金融子市场的价格上涨后,能够引起更多的金融子市场价格随之上涨。

在极端下行风险溢出网络中,与其他金融子市场相比,农产品及债券市场的入度及出度和相对较大,分别到达了 6 和 5,说明这两个子市场都属于重要节点。在极端上行风险溢出网络中,与其他金融子市场相比,能源、债券、农产品、金属市场的入度及出度和较大。其中,能源市场的入度及出度和达到了 6,其余三个子市场的入度及出度和达到了 5,说明这 4 个金融子市场均是重要节点。

可以看出,在新常态时期期间,大宗商品市场和债券市场是主要的极端下行和上行风险传播者。背后的原因可能是,在新常态期间,一方面,中美贸易摩擦的全面升级一定程度上阻碍了国内经济的正常运转,为应对这些不利影响采取了一些措施,如策略性减少进口美国能源、农产品等大宗商品;另一方面,由于大宗商品对众多企业的生产至关重要,故加强了对共建"一带一路"国家和地区,如东盟、欧洲及许多新兴经济体的出口。特别地,在铁矿石、原油等贸易活动中使用人民币进行结算,从而推进人民币国际化。

不难发现,大宗商品市场对宏观经济的影响至关重要,其自身在这一时期也得以快速发展,且与众多金融子市场建立了紧密的联系,故该市场在极端上行及下行风险溢出中扮演起重要角色。债券利率作为低风险利率必然在一定程度上影响其他金融子市场的收益率,反之,其他子市场的利率也会通过投资者情绪等渠道影响债券市场利率,即债券市场与多个金融子市场之间联系变得更为紧密。在新常态时期,共建"一带一路"倡议的开展促使企业加大发债力度以筹集更多资金来扩大业务,这进一步增强了债券市场与众多金融子市场的联系,故债券市场在极端下行和上行风险溢出中发挥着重要作用。

债券市场向农产品、能源和金属等大宗商品市场发送极端下行风险,这三个市场向外汇市场发送极端下行风险;外汇市场向债券市场发送极端下行风险,沿闭环三角形状发送极端下行风险。其中,大宗商品价格下跌后,引起外汇市场价格随之下跌。其原因可能是,在这期间从国内第一个国际化大宗商品期货品种原油期货开始,中国通过引入境外期货投资者的方式扩大市场开放程度,从而提升期货市场的国际化水平。而大宗商品期货价格的降低会吸引国外投资者购买人民币投资大宗商品期货以实现"抄底",从而造成人民币价格相对上升,美元价格下跌。在极端上行风险溢出方面,能源市场向债券市场发送极端上行风险,债券市场向黄金和金属市场发送极端上行风险,黄金和金属市场向能源市场发送极端上行风险,同样形成了一个闭环三角形的风险溢出关系网络。

总的来看,能源市场在 5 个时期均是主要的极端上行风险接收者。其中的原因可能为,当某些金融子市场的资产价格上涨时,通常预示着未来宏观经济前景较好,预期的向好将吸引实体企业增加其生产规模。能源作为实体企业生产经营的动力,其需求量必然也随之增加,需求的增加导致价格的上涨,最终造成能源大宗商品期货价格的攀升。因此,众多金融子市场资产价格的上涨将带动能源市场价格的上涨。

需要引起注意的是,在前 4 个时期房地产市场对多个金融子市场发送极端下行和上行风险,但是在新常态期间仅接收部分金融子市场发出的极端上行以及下行风险,却不向其他金融子市场发送极端上行及下行风险。其原因可能是,在新常态期间,国家出台了较多的严格控制房价、实施限购等紧缩政策,降低了房地产市场与其他金融子市场之间的关联强度。

实证研究发现,极端下行和上行风险溢出网络的重要节点在以上 5 个时期内并不相同,说明随着时间的推移,金融子市场之间的风险溢出关系不断变化。在期初,黄金、外汇、股票、货币和房地产市场是主要的极端风险传播者,但是在次贷危机过后,债券市场和大宗商品市场迅速发展,它们对其他金融子市场的风险溢出能力也逐渐增强。

金融子市场之间的极端下行与上行风险溢出强度之间呈现非对称关系。在平稳期之后的 4 个时期内,极端下行风险溢出强度低于极端上行风险溢出强度,即这些金融子市场对导致价格上涨的利好消息的反应更为敏感。这可能是因为中国宏观经济增长潜力大、韧性强,从而使投资者们持续看好其经济发展前景,导致他们更倾向于接收及发送极端上行风险。

在某些时期,极端风险溢出网络密度较低,意味着金融子市场在此时的相互联系较为疏松。但需要注意的是,一些并不是主要节点的金融子市场对某个特定的金融子市场的风险溢出强度却非常大。例如,在次贷危机期间,由金属市场发送至能源市场的极端上行风险的强度高达 36.81,远远大于其他金融子市场间的风险溢出强度。在欧债危机期间,由外汇市场发送至货币市场的极端上行风险的强度高达 10.56,远远大于多数金融子市场之间的风险溢出强度,说明该事件对少数几个子市场造成了较大的影响,而在其他事件期间则倾向于影响大多数行业。

从金融监管层面来看,一方面,金融子市场之间构成的极端上行、下行风险溢出网络在不同时期存在差异,意味着子市场间的极端下行和上行风险溢出关系及强度对不同事件的敏感程度不同。因此,要根据所处时期的不同,有针对性地制定金融风险防控措施。另一方面,众多金融子市场中,任何一个子市场价格的剧烈波动都可能引起整个金融市场的动荡。所以,当发生冲击某个金融子市场的危机事件时,要注意密切关注金融子市场之间的极端风险传染网络,并及时采取措施阻断极端风险传染路径,以防止其将风险传染至其他众多金融子市场,造成整个金融市场的剧烈震荡,并进一步波及实体经济。

三、国内国际双循环下跨区域风险传染拓扑学演化

随着全球经济一体化程度日益加强,世界各国股票市场间的联系越来越紧密,这在促进各国市场发展的同时,也一定程度上增加了自身的风险。因

此,一国金融监管部门不仅要从本国自身状况去考虑股市风险溢出问题,还要谨防他国股市风险传染至本国。2013 年,中国提出共建"一带一路"倡议,希望通过加强共建"一带一路"国家之间政策沟通度、基础设施联通度、贸易畅通度、资金融通度、民心相通度,来促进这些国家的经济发展,增强各国的风险抵抗能力。特别地,由于银行机构在融资、资源配置、信贷服务和保险担保方面发挥着核心作用,故在基础设施建设过程中,共建"一带一路"国家银行机构承担起为本国及他国企业的巨大资金缺口提供金融支持的责任,属于不同国家的金融机构尤其是银行机构便会通过债券债务关系连接到一起。这一方面使金融资源在共建"一带一路"国家内得以有效配置,从而更好地服务相关国家的实体经济,但另一方面又因为银行之间的联系紧密程度增加,从而加大了它们遭受系统性风险冲击的可能性,进而影响银行系统的稳定性,并可能导致整个金融体系处于危机当中。因此,加强对共建"一带一路"国家系统性风险的研究是一项迫切而必要的工作。

本部分基于 TENET 模型构建尾部风险溢出网络,考察共建"一带一路"国家银行之间的尾部风险溢出关系(Wang 等,2022)。根据国家发展改革委、外交部和商务部共同发布的《共建丝绸之路经济带和 21 世纪海上丝绸之路愿景与行动》,共建"一带一路"倡议涵盖亚洲、欧洲和非洲的 65 个主要成员。从地理位置来看,"一带一路"跨越了丝绸之路经济带和 21 世纪海上丝绸之路,实证样本包括相关国家。

研究工作的主要挑战之一是数据采集,即需要将尽可能多的银行机构纳入样本中,以提供更可靠的结果,但由于政治不稳定、经济和金融体系不发达、武装冲突以及其他原因等,这项工作实施起来困难较大。为此,只能作简化处理,收集"一带一路"共建国家上市银行的股票价格时间序列数据,并进行数据清理后,最终确定的样本为 39 个国家内的共计 377 家上市银行。研究时间段为 2014 年 1 月 2 日到 2019 年 12 月 31 日。进一步地,类似于前面的做法,将样本国家划分为东亚和中亚、东南亚、南亚、西亚和北非、中欧和东欧共 5 个区域。在此基础上,采用滚动窗口法分析风险传染的拓扑学演化规律,主要从区域、国家和机构 3 个层面展开分析。

(一)区域层面

共建"一带一路"国家横跨亚洲、欧洲和非洲,这里主要从方向和区域维度探索尾部关联性的动态地理特征。类似地,计算区域内强度和区域外强度,对应 5 个区域的输入关联性和输出关联性,如图 7.9 所示。

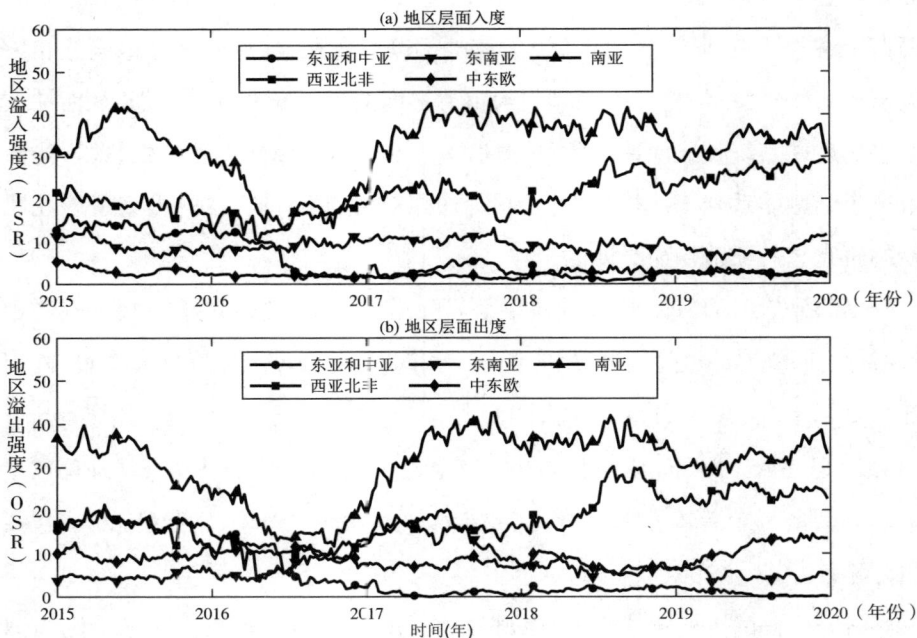

图 7.9 共建"一带一路"国家银行业地区关联性的溢入和溢出强度

资料来源:Wang G.J., Feng Y.S., Xiao Y.F., et al., "Connectedness and Systemic Risk of the Banking Industry along the Belt and Road", *Journal of Management Science and Engineering*, Vol.7, No.2,2022,pp.303−329.

具体来看,区域内强度和区域外强度有一个相同的趋势,反映出不同地区内的银行均对风险事件较为敏感。在样本期内,南亚、西亚和北非的区域内及区域外强度曲线相对不稳定,而东亚和中亚、中欧和东欧以及东南亚的区域内和区域外强度则相对不稳定。需要指出的是,不同地区银行样本量的偏差可能会直接影响输入和输出连接强度。在整个样本期内,中欧和东欧的区域外强度大于区域内强度,这说明这一区域充当风险净溢出者的角色。值得注意的是,在 2016 年 6 月,东南亚地区的区域外强度曲线由基本平稳转向大幅上升,并且在 2017 年 6 月 19 日"一带一路建设海上合作设想"目标发布时达到顶峰。原因可能是,21 世纪海上丝绸之路的推进深化了共建"一带一路"国家之间的海上合作,东南亚国家在海上贸易航线上处于重要地位,经贸合作大大增强了这一区域内的银行对其他银行的尾部风险溢出。

特别地,图 7.10 绘制了在 5%风险水平下和 2017 年 6 月 19 日时间窗口下的尾部风险溢出网络。其中,节点大小对应相关区域的银行机构风险溢出强度,包括区域接收强度(In-strength of Region,ISR)和区域发送强度(Out-strength of Region,OSR)。连边的方向表示风险溢出方向,连边的粗细对应银

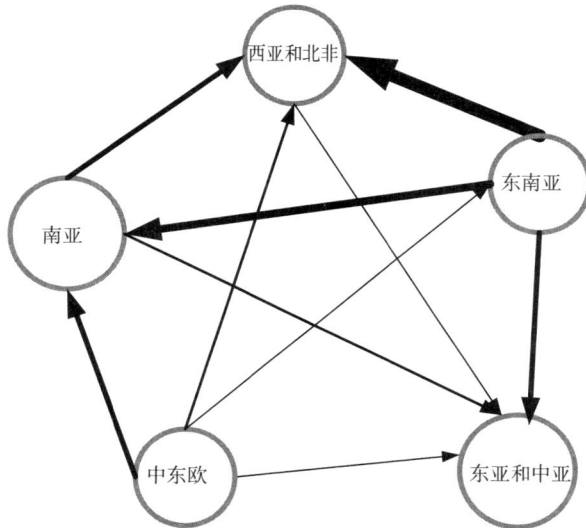

图 7.10　共建"一带一路"国家银行业地区风险溢出网络示意图

资料来源:Wang G.J.,Feng Y.S.,Xiao Y.F.,et al.,"Connectedness and Systemic Risk of the Banking Industry along the Belt and Road",*Journal of Management Science and Engineering*,Vol.7,No.2,2022,pp.303-329.

行机构的跨地区风险溢出强度。

需要说明的是,网络中隐藏了表示区域内风险溢出的闭环连边,而只展示了代表跨区域风险溢出的连边。显然,东南亚对南亚、西亚和北非都有较强的尾部风险溢出效应。此外,东亚和中亚地区是风险接收者,承担了其他 4 个区域的净风险溢出。

跨区域风险溢出方面,东亚和中亚、南亚、西亚和北非等三个区域的尾部风险主要向自身传播,向其他区域溢出的强度较小,如图 7.11 所示。图中,跨地区溢出强度(Strength of Cross Region,SCR)度量共建"一带一路"国家银行

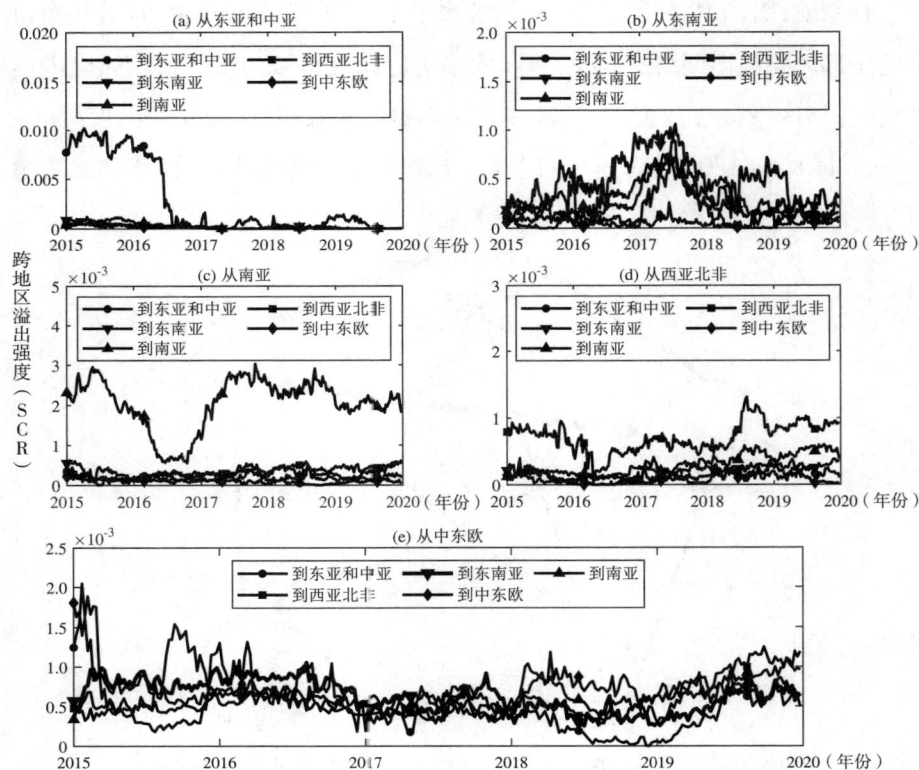

图 7.11　共建"一带一路"国家银行业跨地区风险溢出的动态演变

资料来源:Wang G. J., Feng Y. S., Xiao Y. F., et al., "Connectedness and Systemic Risk of the Banking Industry along the Belt and Road", *Journal of Management Science and Engineering*, Vol. 7, No. 2, 2022, pp. 303-329.

机构从一个区域到另一个区域的尾部关联性的水平。某一地区到自身的关联性反映同一地区银行之间的风险溢出。

这一结果进一步证明,在共建"一带一路"国家的银行系统中,区域内尾部风险溢出的强度大于区域间尾部风险溢出强度。东南亚地区自 2016 年 6 月以来向其他区域的风险溢出增加。在整个样本期内,中欧和东欧地区向其他区域持续发送风险,原因可能是,中东欧国家的经济增长由出口和内需共同推动,经济增长与其他区域的经济状况息息相关。值得注意的是,中东欧国家的高债务、高赤字、高失业率和人口老龄化等结构性问题估计短期内无法解决,因此需要警惕中欧和东欧国家对其他区域国家的尾部风险溢出。

(二)国家层面

图 7.12 给出了样本期间共建"一带一路"国家关联性的分布,基本统计数据包括最大值、最小值、中位数以及上、下四分位数。不难发现,大多数共建"一带一路"国家的关联性经历了一些异常的高水平。一些南亚国家的关联性总体分布较高,如印度和孟加拉国等国家;而新加坡和一些中东欧国家(斯洛伐克、匈牙利、立陶宛等),通常具有较低的水平,这可能与它们的银行样本较少有关。

下面,基于热力图考察共建"一带一路"国家在样本期间的动态尾部关联性,如图 7.13 所示。

从国家层面来看,在"2015—2016 股市崩盘"期间,中国的尾部风险关联性较强。然而,从 2016 年下半年开始,当局启动应对互联网金融风险的专项行动,并且在 2017 年异常严格化地加强了金融监管,除了将预防金融风险提升到宏观政策层面外,银监督会和证监会分别开出有史以来数额最大的罚单,以期纠正金融混乱。此外,保监会还对车险业务进行了整顿。这一系列监管政策的落实,导致从 2016 年下半年开始中国的整体关联性开始急剧下降,并且在随后的样本时间段内保持在较低的水平。另外,2015 年石油价格暴跌导致沙特阿拉伯、阿拉伯联合酋长国、伊拉克和俄罗斯等石油出口国的关联性较高。

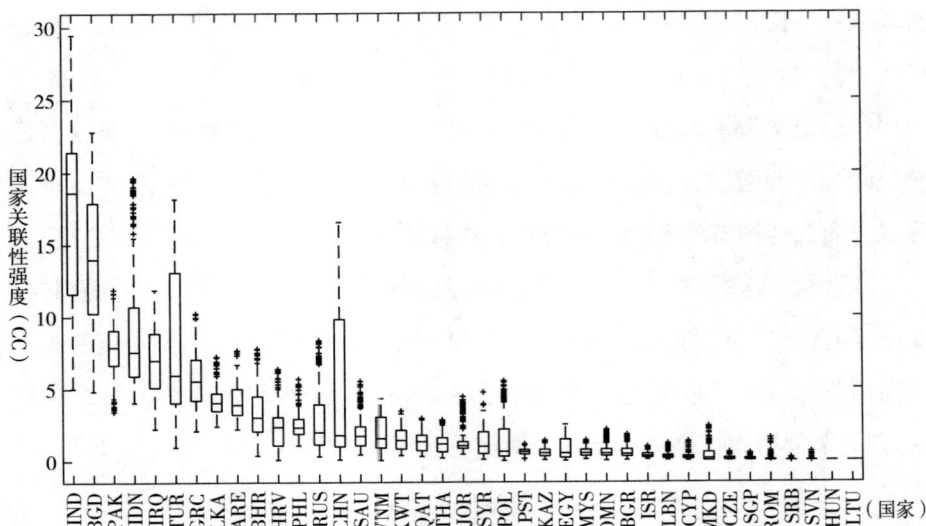

图 7.12 共建"一带一路"国家银行业关联性的总体分布

注:国家的顺序按照总体分布的中位数进行排列。箱型图的上下边缘分布是上四分位数和下四分位
数,箱型图中间的标记为中位数,"+"表示异常值。
　　由于布局限制,图中横坐标仅展示国家缩写,具体对应的中文全称如下:ARE:阿拉伯联合酋长
国;BGD:孟加拉人民共和国;BGR:保加利亚共和国;BHR:巴林王国;CHN:中华人民共和国;CYP:
塞浦路斯共和国;CZE:捷克共和国;EGY:阿拉伯埃及共和国;GRC:希腊共和国;HRV:克罗地亚共
和国;IDN:印度尼西亚共和国;IND:印度共和国;ISR:以色列国;IRQ:伊拉克共和国;JOR:约旦哈希
姆王国;KAZ:哈萨克斯坦共和国;KWT:科威特国;LBN:黎巴嫩共和国;LKA:斯里兰卡民主社会主
义共和国;MKD:北马其顿共和国;MYS:马来西亚;OMN:阿曼苏丹国;PAK:巴基斯坦伊斯兰共和
国;PHL:菲律宾共和国;POL:波兰共和国;PST:巴勒斯坦国;QAT:卡塔尔国;SAU:沙特阿拉伯王
国;SPG:新加坡共和国;SYR:阿拉伯叙利亚共和国;RUS:俄罗斯联邦;THA:泰王国;TUR:土耳其共
和国;VNM:越南社会主义共和国。

资料来源:Wang G.J.,Feng Y.S.,Xiao Y.F.,et al.,"Connectedness and Systemic Risk of the Banking Industry
along the Belt and Road", *Journal of Management Science and Engineering*, Vol. 7, No. 2, 2022,
pp. 303-329.

　　同时,一些代表性的共建"一带一路"国家,如孟加拉国、印度和巴基斯坦
在整个样本期内均具有较高水平的关联性。其原因可能是,2015 年这三个新
兴经济体经济增长放缓,导致它们的关联性对国际大宗商品价格持续下跌和
美联储释放加息预期造成的冲击非常敏感。2018 年,上述三国的银行间关联
性明显升高,原因可能是,在这期间一方面美联储继续加息以收紧全球金融环
境,引发它们的资产价格普遍下跌,另一方面三个国家经历了严重的资本外

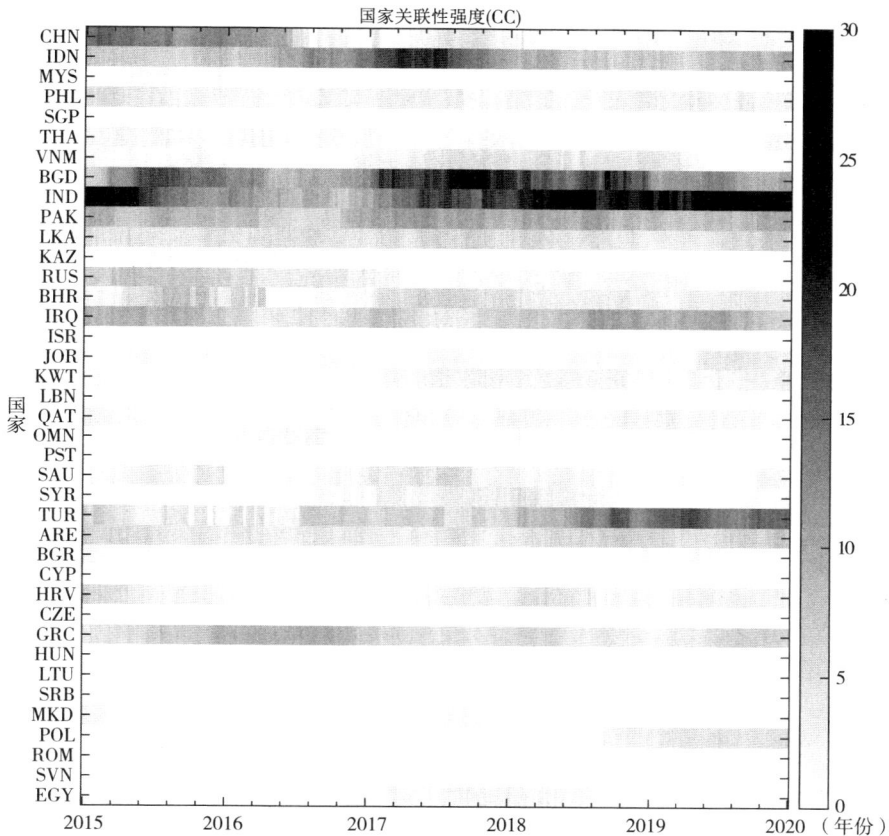

图7.13 共建"一带一路"国家银行业关联性的动态演变

注:国家关联性表示某一国家的所有样本银行在设定窗口下的关联性,包括接收和发送的尾部关联性。由于布局限制,图中纵坐标仅展示国家缩写,具体对应的中文全称见图7.12的注。

资料来源:Wang G.J., Feng Y.S., Xiao Y.F., et al., "Connectedness and Systemic Risk of the Banking Industry along the Belt and Road", *Journal of Management Science and Engineering*, Vol.7, No.2,2022, pp.303-329.

流、资产贬值和主权货币波动。此外,2018年年初,美联储加息导致土耳其国内经济增长放缓,其货币里拉也持续下跌,至2018年8月10日一度跌破6.8,超过阿根廷比索,成为新兴经济体贬值幅度最大的货币。这似乎可以解释下面的事实,土耳其银行间关联性在8月上升到峰值。

特别地,图7.14具体展示了2018年8月10日土耳其货币危机期间共建

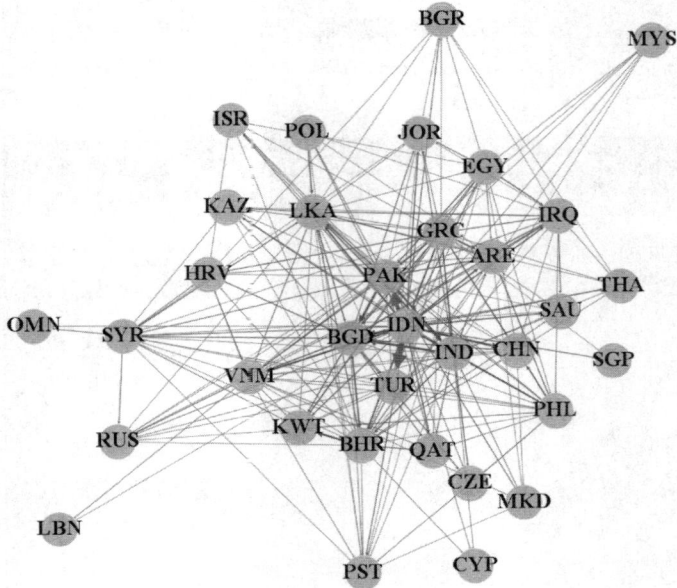

图 7.14　共建"一带一路"国家银行业国家层面的风险溢出网络示意图

注:该网络对应 2018 年 8 月 10 日土耳其货币危机时间窗口下共建"一带一路"国家银行业国家层面的
　　尾部风险溢出情况。由于网络布局限制,图中的网络节点标签仅展示国家缩写,具体对应的中文全
　　称见图 7.12 的注。

资料来源:Wang G.J. ,Feng Y.S. ,Xiao Y.F. ,et al. ,"Connectedness and Systemic Risk of the Banking
　　　　Industry along the Belt and Road",*Journal of Management Science and Engineering*,Vol.7,
　　　　No.2,2022,pp.303-329.

"一带一路"国家的尾部风险溢出网络,借此可以直观地观察相关银行之间的尾部关联性。

　　能够看出,新兴经济体(如土耳其、孟加拉国、印度、印度尼西亚和巴基斯坦)受 2018 年新兴市场货币危机影响,具有很强的尾部关联性,形成了一个位于网络中心的国家集群。希腊和中国非常接近这个中心集群,而且很明显,其中希腊的尾部风险向众多国家发送。2018 年 4 月以后,美国的收缩性货币政策(加息)使全球新兴经济体的货币贬值,而由于单个新兴经济体货币贬值的影响可能传递至其他国家,甚至通过国际贸易、投资渠道或其他途径产生放大作用,因此最终国家之间的尾部风险关联网络变得密集且复杂。

(三)机构层面

分析共建"一带一路"国家银行之间的动态关联性发现,区域及国家层面关联性的历史峰值均出现在 2015 年 6 月 15 日前后,原因可能是当时发生了国际大宗商品价格暴跌和中国股市崩盘事件。基于此,本部分重点关注股市崩盘及大宗商品暴跌期间共建"一带一路"国家银行之间的关联性。为此,具体构建共建"一带一路"国家 377 家银行之间的关联性网络,如图 7.15 所示。

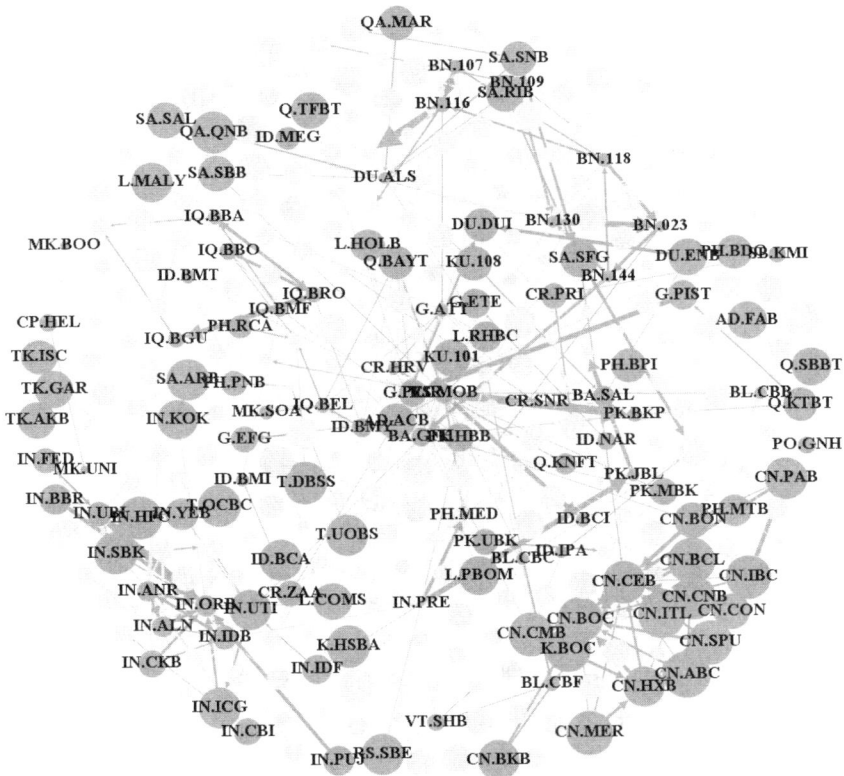

图 7.15　共建"一带一路"国家银行业机构层面的风险溢出网络示意图

注:该图对应 2015 年 6 月 15 日的时间窗口期。网络节点的大小与窗口期当天的银行市值成正比。由于网络布局限制,图中的节点标签展示银行机构的英文缩写,银行机构全称见原文。

资料来源:Wang G.J.,Feng Y.S.,Xiao Y.F.,et al.,"Connectedness and Systemic Risk of the Banking Industry along the Belt and Road",*Journal of Management Science and Engineering*,Vol.7,No.2,2022,pp.303-329.

可以看出,尾部风险关联网络表现出明显的国家及地区聚集效应。中国市值较大的银行高度聚集在网络的右下角,而在右上角出现了一个明显的东南亚区域集群。在南亚,规模大或关联性高的银行主要是孟加拉国和印度,在网络的顶部和底部形成了两个相应的国家集群。来自西亚和北非的银行分散在网络周围,来自中欧和东欧的银行也没有明显的集群效应。

需要说明的是,图中只显示了每个区域按市值和溢出强度(ISI+OSI)排序前15的银行机构标签。这样,一般情况下每个区域可以凸显30家银行机构;但当一个区域存在某一银行机构的市值和溢出效应强度同时都在排名前15名时,该区域的银行机构就会小于30家。网络节点的位置分布基于Fruchterman-Reingold算法得到.网络连边方向与风险溢出方向一致,连边粗细对应风险溢出的强度。

总体而言,本部分从区域、国家、机构等三个层面分析了共建"一带一路"国家上市银行之间的尾部风险溢出关系。实证结果表明,在区域层面,整个样本期内共建"一带一路"国家银行系统的区域内风险溢出占主导地位,而区域之间风险溢出相对较弱。在国家层面,在各国极端金融危机事件爆发期间,其内部银行系统之间均具有较高的关联性。例如,2018年新兴市场货币贬值期间,受影响较大的相关国家印度、印度尼西亚和土耳其的内部银行系统之间均具有较高水平的关联性。在机构层面,在2015年6月15日期间,共建"一带一路"国家377家银行间的尾部风险关联网络具有明显的国家及区域聚集效应。

以上基于复杂网络拓扑学理论重点考察了金融安全风险传染网络拓扑学演化规律,下面进一步结合复杂网络稳定性度量模型,探讨金融市场抗风险能力,以把握金融安全风险传染网络稳定性演化规律。

四、金融安全风险传染演化稳定性测度

本部分主要探讨金融安全风险传染网络稳定性的演化规律,具体拟基于

最大子群相对规模和剩余子群平均规模以及网络存活比率进行分析。此类研究一般采用统计分析、金融网络以及理论与实证相结合的方法，涉及的主要网络拓扑特征包括节点中心性、节点密度、平均聚集系数、平均路径长度和凝聚子群等。相较于以往的研究，这里着重考虑金融安全风险传染网络的稳定性和演化过程。通过模拟金融风险网络的动态演化机制，描述股票市场与其他金融市场的风险传染过程以及金融系统的稳定性。上述工作将有助于预测风险传染的走势，以便监管者和投资者在危机来临之际采取相应的措施加以应对，减轻金融风险对实体经济的冲击。

考察网络的稳定性通常从最大子群相对规模和剩余子群平均规模这两个指标出发，测度某一网络节点或者连边发生异动时对网络整体结构的影响，以分析网络承受风险冲击的能力。在金融形势较为稳定的时期，金融市场（如股票市场）之间的关联性不具有固定模式，即在较为平和的市场交易期间，倘若移除某个节点或者连边，一般称其为对网络的随意攻击。而在金融市场经历较大的动荡，外部环境的不确定性急速上升的时期，金融市场（股票市场）之间的关联性呈现出一致性。而这时各类金融市场组成的金融网络则相对脆弱，若某一个重要的金融机构出现破产，从网络中移除较为重要的节点或连边，则是属于蓄意攻击。

金融安全风险传染网络的稳定性如何度量呢？目前主要做法是通过模拟两种冲击：一是移除金融网络的部分节点及其连边；二是按照网络节点的重要性程度依次移除节点及其连边。借助这两类实验可以揭示网络的稳定性，具体是通过观察指标的变化来对金融网络的稳定性加以描述：若金融网络的全局效率值降低，达到一个临界状态，一般将这个临界状态下的金融网络称为崩溃状态下的金融网络。这时监管部门可参考该模拟实验对金融机构进行风险管理。

（一）网络稳定性分析方法

为了了解金融安全风险传染网络的稳定性演化规律,本部分在已构建的风险传染网络基础上,结合最大子群相对规模和剩余子群平均规模、单步存活比率和多步存活比率、网络稳定性系数等网络稳定性度量技术,考察网络稳定性的时变规律。三类网络稳定性度量方法分别如下:

1. 基于最大子群相对规模和剩余子群平均规模的网络稳定性度量方法

设 f 为金融安全风险传染网络中移除节点数占总节点数的比重,当从网络中移除比例为 f 的节点以及与其联结的所有连边后,关联网络被分裂成不同的子群 $G_{1,o}, G_{2,o}, \cdots, G_{M,o}$。记 $|G_{k,o}|$ 为最大子群包含的节点数与总节点数的比值,定义式为:

$$S = \frac{1}{N} \max_{1 \leq k \leq M} |G_{k,o}| \tag{7.1}$$

其中, $M \in N$ 且 $M \leq N$, o 表示攻击的方式, M 表示分裂后的集群数量,与 f 和 o 有关, N 表示网络中总节点个数。

剩余子群平均规模 $\langle s \rangle$ 则为徐去最大子群后的子群所包含节点数的平均值,定义式为:

$$\langle s \rangle = \frac{1}{M-1} \left(\sum_{k=1}^{M} |G_{k,o}| - NS \right) \tag{7.2}$$

2. 基于单步存活比率与多步存活比率的网络稳定性度量方法

为了进一步描述金融安全风险传染网络的稳定性,引入奥内拉等(Onnela 等,2003)[①]提出的单步存活比率(Single-step Survival Ratio,SSR)和多步存活比率(Multi-step Survival Ratio,MSR)对其进行度量。单步存活比率为两个相邻时刻 t 与 $t+1$ 的 MST 之间相同连边数与总连边数的比率,定义式为:

---

① Onnela J.P., Chakraborti A., Kaski K., et al., "Dynamics of Market Correlations: Taxonomy and Portfolio Analysis", *Physical Review E*, Vol. 68, No. 5, 2003, p.056110.

$$\mathrm{SSR}(t) = \frac{|E(t) \cap E(t+1)|}{N-1} \tag{7.3}$$

其中，$E(t)$ 与 $E(t+1)$ 分别表示时刻 t 与 $t+1$ 网络中连边的集合，$\cap$ 表示交集运算。相应地，多步存活比率则定义为，在不同初始时刻，多个相邻的 MST 之间相同连边数与总连边数的比率，即：

$$\mathrm{MSR}(t_0, \delta) = \frac{|E(t_0) \cap E(t_0+1) \cap \cdots \cap E(t_0+\delta)|}{N-1} \tag{7.4}$$

其中，t_0 为初始时刻，δ 为步长，$|\cdot|$ 为集合中元素的个数。

3. 基于网络稳定性系数的网络稳定性度量方法

网络稳定性（Network Stability，NS）系数是基于网络规模 n、连接密度 d 和连接平均度 c 计算得到的，可以用来度量金融安全风险传染网络的稳定性。NS<1 表示网络是稳定网络，该值越大网络越不稳定，其计算公式如下：

$$\mathrm{NS} = \sqrt{ndc} \tag{7.5}$$

（二）实证分析

金融安全风险传染网络稳定性可以很大程度上反映金融市场的稳定性，对这一问题的研究具有重要意义，有助于金融监管部门更有效地维护金融安全（谢赤等，2020）[①]。考虑到股票市场是金融市场的重要组成部分，下面采用复杂网络方法来探讨中国股票市场的稳定性，并基于滑窗分析考察股市稳定性的动态演化规律。

本部分以 2003—2017 年上海证券交易所 A 股市场收益率数据为样本，结合 MST 网络算法构建股票相关性网络，重点分析 2008 年国际金融危机以及 2015 年股灾事件爆发对中国股票市场稳定性造成的冲击。具体地，将整个样本时间划分为 2008 年国际金融危机以前、期间、以后以及 2015 年股灾事件期

---

① 谢赤、胡雪晶、王纲金：《金融危机10年来中国股市动态演化与市场稳健研究——一个基于复杂网络视角的实证》，《中国管理科学》2020年第28卷第6期。

数智技术驱动的金融安全风险防控研究

间 4 个时期。主要使用两类指标度量股市网络稳定性,一是最大子群相对规模,二是单步以及多步存活比率,指标值越大,网络稳定性越大。

基于随机移除网络中节点的随机攻击方式发现,在对网络中节点进行移除的过程中,最大子群平均规模呈现首先缓慢下降,然后迅速下降至低谷,最后逐步降低至 0 的趋势。其原因可能是,中国股市网络中的一些少数节点(即系统重要性公司)与多个节点相连接,而大多数节点仅与较少的关键节点具有关联关系,即它具有无标度网络性质。在随机移除网络中节点的过程中,由于影响程度较小的节点占总节点的比例较高,故其被随机选中的概率较大,所以刚开始移除的往往是这一类节点。移除这类节点后,股市关联网络的稳定性并不会受到太大的破坏,而当移除走一定比例的这部分节点后,影响程度更大的节点被选中,此时整个网络面临崩溃,与之相伴的是最大子群相对规模值跌至低谷。

此外,相关研究还证实,在 4 个时期中,2008 年国际金融危机以前以及以后的网络崩溃阈值(阈值越小,网络越不稳定;反之,越稳定)分别为 0.058 和 0.061,均小于 2008 年国际金融危机期间以及 2015 年中国股市震荡期间的 0.146 和 0.232,意味着在前面两个时期网络稳定性相对较弱。背后可能的原因是,在 2008 年国际金融危机以前以及以后,网络较为松散。相对来说,大部分节点的连边较多,抵抗冲击的能力较弱,随机攻击到这类节点的概率较大,故股市在这两个时间段内的崩溃阈值较小,即网络的稳定性较弱。

与随机攻击不同,在分析蓄意攻击时发现,当移除部分系统重要性(即节点度数较大的)公司时,最大子群相对规模会迅速降低,意味着网络稳定性迅速遭受严重破坏。同时,在蓄意攻击下,2008 年国际金融危机期间和 2015 年中国股市震荡期间的网络崩溃阈值均小于 2008 年国际金融危机以前和以后的数值。其原因可能是,在前两个时间段内,股市剧烈波动增加了个股之间的互相关性,使系统重要性公司维持股市稳定性的能力增强。此外,通过对比证实,在 4 个时期内,相对于节点度数,中国股市对基于节点影响强度这一类蓄意攻击的抗冲击能力要更弱一些。这意味着基于这一系统重要性度量指标的蓄意攻击给股市带来了更大的冲击,从侧面反映了网络节点影响强度这一指标能更好地度量上市公司在相关性网络中的重要性地位。另外,在 2008 年国际金融危机期间,网络崩溃阈值要大于 2015 年中国股灾期间的数值。也就是说,2015 年中国股灾期间网络的抵抗冲击能力更弱、稳定性更低,即国际金融危机事件对中国股市稳定性带来的冲击要相对小于市场内部自身金融危机事件的影响。

从单步存活比率来看,一方面,在 4 个时期中,该指标的均值依次为 0.8、0.83、0.82 和 0.81,表明这部分比率的网络连边从时刻 t 存活到了时刻 $t+1$,只有剩余的少部分的连边没有存活下来。另一方面,在 4 个时期的每一个中,单步存活比率的波动区间分别在 $[0.57,0.90]$、$[0.68,0.91]$、$[0.65,0.90]$ 和 $[0.65,0.92]$。可以看出,在 2008 年国际金融危机和 2015 年股灾期间,单步存活比率的波动幅度均较小。由此可见,2008 年国际金融危机和 2015 年股市震荡虽然对中国股市冲击较大,但股市关联网络结构仍然相对稳健。

从多步存活比率来看,当步长 $\delta \leqslant 3$ 时(5 天代表 1 个交易周),该指标的数值均大于 0.5,说明网络结构在大约 15 个交易日内相对稳定。但是,当步长 $\delta > 3$ 时,随着步长的增加,该指标值会出现断崖式下跌,意味着中国股市网络的长期稳定性较低。另外,需要注意的是,相比 2008 年国际金融危机期间,多步存活比率在 2015 年股灾期间降低的速度要更快。这再次说明,相比国际金融危机事件,中国自身金融风险危机事件对股市稳定性的冲击要更大。

总的来说,区域性金融危机事件(如 2015 年股灾)对中国股市稳定性的影响要大于全球性金融危机事件(如 2007 年次贷危机),金融监管部门可以据此制定监管策略。具体而言,相比国际金融危机事件,要特别关注中国自身金融危机事件对股市网络稳定性造成的冲击。也就是说,需要重点监控网络关联度较高的上市企业特别是系统重要性企业的股价变化情况,防止其价格波动后进一步引起与之关联的众多企业的股价发生变化,最终造成股市剧烈动荡,甚至崩溃。一旦相关价格发生异常波动,要尽快采取措施阻断其风险传染渠道,如及时引导市场舆论导向,从而有效抑制投资者非理性因素对市场运行所造成的干扰。通过这些措施,可以提高股市抵抗风险能力,维护市场稳定性。

此外,从全球视角来看,应当建立跨国金融风险监测体系,以防止境外输入性风险对国内股市稳定性造成的冲击。具体地,重点关注与中国股市关联性较强的发达国家,如美国、日本等股市的变化情况,防止其价格波动后,通过投资者情绪、经济贸易等渠道,进一步引起国内市场剧烈动荡。同时,原油等大宗商品作为产业系统的重要燃料和原材料,其价格决定了国内上市企业的生产经营成本,进而会影响它们的股票价格。因此,也要密切关注大宗商品的价格走势,防止其造成国内股票价格剧烈动荡,最终降低股市的稳定性。

第二节　基于网络动力学的金融安全风险传染演化特征

一、经典传染病模型

基于传播主体的属性和网络拓扑结构特征,多种传播动力学模型被提出并得到应用,以模拟传播过程中相关主体之间的相互作用机制,Susceptible-Infect-Recover(SIR)就是具有代表性的传染病模型。SIR模型将生物系统中的个体分为易感个体(Susceptible,S)、感染个体(Infect,I)和免疫个体(Recover,R),通过设定病毒的传播速度、途径、动力学机理等考察相关传染问题。考虑到金融系统与生物系统的相似性,许多学者借鉴SIR、Susceptible-Infect-Recover-Susceptible (SIRS)和Susceptible-Infect-Susceptible

（SIS）等三种经典的传染病模型来模拟金融风险传染网络的动力学演化过程。

　　基于传播动力学模型的金融安全风险传染网络动力学演化相关研究主要包括两类。第一类探讨基于 SIR、SIRS 和 SIS 等传播动力学模型的金融安全风险无向传染网络动力学演化问题，其工作过程分为三步：步骤一是基于已构建的金融安全风险传染相关性网络，构建传播动力学模型；步骤二是基于构建好的传播动力学模型分别分析节点度对金融风险传染的影响、感染规模对金融风险传染的影响以及金融风险传染的时变特征；步骤三是选择感染比例最大值、达到最大值的时间和到达稳态值的时间作为评价指标，分一次救助和多次救助两大类策略来进行数值仿真比较，探讨能将一定比例感染状态的节点转变为具有暂时免疫力的节点的最优救助策略。第二类剖析以上传播动力学模型的金融安全风险有向传染网络动力学演化问题，其工作过程也可以分为三步：步骤一是基于已构建的风险传染信息溢出网络（如格兰杰因果网络），构建传播动力学模型；步骤二是基于构建好的模型分别考察连边的方向和权重对金融风险传染的影响以及金融风险传染的时变特征；步骤三同上一类方法。

　　以上两类金融安全风险传染网络动力学演化研究均基于单层网络建立SIRS 等传播动力学模型，考虑到基于多层耦合网络的传播动力学分析可以深层次挖掘金融安全风险传染机制，结合萨乌梅尔—门迪奥等（Saumell-Mendiola 等，2012）[1]、祝由等（Zhu 等，2016）[2]、朱宏淼等（2020）[3]建立的双层耦合网络传播动力学模型，下面构建基于耦合网络的金融安全风险传染网络

---

① Saumell-Mendiola A., Serrano M. Á., Boguná M., "Epidemic Spreading on Interconnected Networks", *Physical Review E*, Vol. 86, No. 2, 2012, p.026106.

② Zhu Y., Xie C., Sun B., et al., "Predicting China's SME Credit Risk in Supply Chain Financing by Logistic Regression, Artificial Neural Network and Hybrid Models", *Sustainability*, Vol. 8, No. 5, 2016, p.433.

③ 朱宏淼、靳祯、齐佳音等：《线上线下双层耦合网络上的知识传播动力学研究》，《系统工程理论与实践》2020 年第 40 卷第 2 期。

动力学模型并进行动力学分析。根据上述方法,分别从国内大循环格局下市场内风险传染单层网络、跨市场风险传染多层网络构建和国内国际双循环格局下跨区域风险传染多层网络等三个视角出发,探究金融安全风险传染网络动力学演化规律。

二、金融安全风险演化过程模拟

(一)SIR 模型

SIR 模型的传播动力学过程如式(7.6)所示。具体而言,SIR 将系统中的个体分为 S、I 和 R。免疫个体包括在整个过程中受到感染并被治愈的个体和感染后死亡的个体,这两种个体一旦免疫将不再参与到其后的传染过程中。有关模型的具体形式为:

$$\frac{\mathrm{d}s(t)}{\mathrm{d}t} = -\alpha i(t)s(t)$$

$$\frac{\mathrm{d}i(t)}{\mathrm{d}t} = \alpha i(t)s(t) - \beta i(t)$$

$$\frac{\mathrm{d}r(t)}{\mathrm{d}t} = \beta i(t) \tag{7.6}$$

其中,$s(t)$、$i(t)$ 和 $r(t)$ 分别表示时刻 t 不同状态个体的密度。传染病模型中存在一个阈值 λ_c,当 $\lambda < \lambda_c$ 时,即小于该阈值时,系统中不会出现传染的扩散,其解为 $i(t) = 0$。当 $\lambda > \lambda_c$ 时,系统中大规模传染的出现是必然的,也是全局性的,所有的个体最后都会处于免疫状态。

金融市场中的主体状态与传染病模型中的个体状态具有天然的相似性,因此可以使用传染病模型来模拟金融风险的传播和扩散。具体地,当金融主体正常运行时,便会存在被金融风险传染的可能性,此时金融主体处于易感染 S 状态;当某一金融主体出现风险时,该主体即具有风险传染能力,从 S 状态转变为感染 I 状态;而当这一金融主体发生较大的金融风险,一方面可能失去在市场中的作用,另一方面也可能不易再受到同类金融风险影响,此时该主体转变为移除状态或者免疫 R 状态。故此,以 SIR 模型的构建思想,建立基于金融安全风险传染网络的传染病模型,以模拟金融市场主体之间的风险传染过程,从而帮助了解风险传染过程中金融机构之间的动力学作用机制。

在金融网络中,假设不同节点之间的传染概率与该节点度呈负向相关性,将 p_i 定义为 $p_i \propto 1/k_i$,其中,k_i 为节点 i 的度值,$\sum p_i = 1$。金融风险传染的 SIR 模型过程可作以下描述:

(1) 在模拟过程的初始阶段,所有的节点均呈现为易感染状态 S。

(2) 为模拟金融风险发生事件,在金融网络中任意选取一个或多个节点(金融机构、金融子市场等)作为传染源,该节点状态设置为 I。感染状态 I 节点的选取一般采取两种方式:一是通过蓄意选定网络中节点度大或者节点度小的节点作为 I 态的传染源;二是随机选择网络中的一个金融机构或者金融子市场作为 I 态传染源,然后采用 1000 次计算的平均值。

(3) 在网络中,状态为 I 态的节点将以计算概率将风险传递给邻接节点,并将其节点状态感染为 I 态。

(4) 重复步骤(3),如果被选中的节点已经是 I 态,则其传染源变化为免疫状态 R,并将其从网络中移除。

（二）SIRS 模型

在 SIR 模型的基础上,SIRS 模型进一步讨论免疫暂时失效对风险传染的影响。网络中节点包括含易感节点(S)、感染节点(I)和具有暂时免疫能力的节点(R)。

与 SIR 模型类似,网络中状态 I 的节点为风险传染的源头,在整个风险传染模拟过程中,感染节点将以概率 λ(感染率)感染易受感染的节点(S 态节点)。同时,该感染状态 I 节点也将以概率 μ(治愈率)被治愈,并进一步转变为暂时具有免疫能力的 R 状态节点。与 SIR 模型不同的是,R 状态节点以概

率 β（免疫失效率）失去免疫力亠重新转变为易感染 S 状态节点。相关传染的机制如图 7.16 所示。

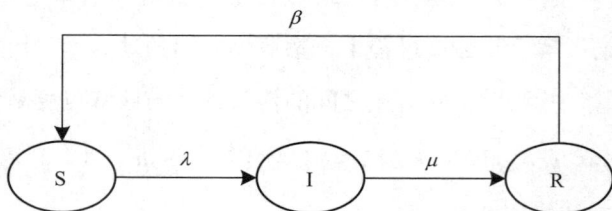

图 7.16 SIRS 模型的感染机制示意图

资料来源：曾志坚、吴汪洋：《贸易渠道视角下的金融危机传染研究：基于复杂网络与 SIRS 模型》，《湖南大学学报（社会科学版）》2018 年第 3 期。

针对每一个节点 k，假设三类节点的相对密度分别为 $s_k(t)$、$i_k(t)$ 和 $r_k(t)$。根据平均场理论，动力学方程组由下式给出：

$$\frac{\mathrm{d}s_k(t)}{\mathrm{d}t} = -\lambda k s_k(t)\theta(t) + \beta r_k(t)$$

$$\frac{\mathrm{d}i_k(t)}{\mathrm{d}t} = -\lambda k s_k(t)\theta(t) - \mu i_k(t) \tag{7.7}$$

$$\frac{\mathrm{d}r_k(t)}{\mathrm{d}t} = \mu i_k(t) - \beta r_k(t)$$

其中，$\theta(t) = \dfrac{\sum_k k P(k) i_k(t)}{\langle k \rangle}$，表示时刻 t 一条随机连边与感染节点连接的概率。$\langle k \rangle = \sum_k k P(k)$ 表示网络平均度。

可以通过以下步骤来计算达到稳态时刻 T 时整个网络中感染节点的占比 $i(T)$：

$$\theta(t) = \frac{1}{\langle k \rangle} \sum_k k P(k) \frac{\lambda k \theta(T)}{\lambda k \theta(T)\left(1 + \dfrac{\mu}{\beta}\right) + \mu}$$

$$i_k(t) = kP(k) \frac{\lambda k\theta(T)}{\lambda k\theta(T)(1 + \dfrac{\mu}{\beta}) + \mu}$$

$$i(t) = \sum_k kP(k)i_k(t) \tag{7.8}$$

（1）根据求得的 $\theta(T)$，得到 $i_k(T)$，最后获得整个网络中感染节点的占比 $i(T)$。

（2）根据金融市场数据确定参数初始值。

（3）参数比较仿真分析。

（4）救助策略仿真。

（三）SIS 模型

模型中传染主体可分为两类：传染节点（记为 S）和未传染节点（记为 I），用 $S_{A(B)}$ 表示 A（B）层上的传染节点。

基于以上分析，双层耦合网络主体的状态可以分为 4 种：$S_A S_B$ 表示传染主体在两层网络上都是传染节点；$S_A I_B$ 表示传染主体在第一层是传染节点，但在第二层是未传染节点；$I_A S_B$ 表示传染主体在第一层是未传染节点，但在第二层是传染节点；$I_A I_B$ 表示传染主体在第一层和第二层都是未传染节点。于是，双层耦合网络传染主体的状态转移可以表达如下：

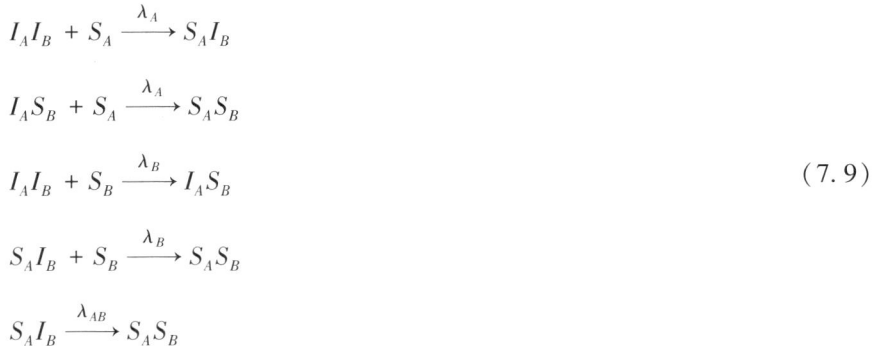

$$I_A I_B + S_A \xrightarrow{\lambda_A} S_A I_B$$

$$I_A S_B + S_A \xrightarrow{\lambda_A} S_A S_B$$

$$I_A I_B + S_B \xrightarrow{\lambda_B} I_A S_B \tag{7.9}$$

$$S_A I_B + S_B \xrightarrow{\lambda_B} S_A S_B$$

$$S_A I_B \xrightarrow{\lambda_{AB}} S_A S_B$$

其中，λ_A 和 λ_B 为状态转移概率。特别地，当 $\lambda_{AB} = \lambda_{BA} = 0$ 时，表示两层之

间不存在交互关系,即为单层网络上经典的 SIS 传播模型。

假设第一层和第二层网络中的节点总数分别为 N^A 和 N^B,第一层网络(A层)的传染节点和未传染节点分别记为 N_S^A 和 N_I^A,则 $N^A = N_S^A + N_I^A$;第二层网络(B层)中的传染节点和未传染节点数量分别记为 N_S^B 和 N_I^B,则 $N^B = N_S^B + N_I^B$。这样,两层网络随时间变化的动力学方程可表示为:

$$\frac{dN_S^A}{dt} = (1 - \lambda_{AB})\left[(1 - \mu_A)N_S^A + \lambda_A N_I^A N_S^A\right] +$$

$$\lambda_{BA}\left[(1 - \mu_B)N_S^B + \lambda_B N_I^B N_S^B\right] - N_S^A$$

$$\frac{dN_S^B}{dt} = \lambda_{AB}\left[(1 - \mu_A)N_S^A + \lambda_A N_I^A N_S^A\right] +$$

$$(1 - \lambda_{BA})\left[(1 - \mu_B)N_S^B + \lambda_B N_I^B N_S^B\right] - N_S^B \tag{7.10}$$

以上第一个式子的右边第一项表示由于第一层个体之间的层内作用关系而产生的第一层传染节点数量的变化,第二项表示由于第二层节点对第一层节点的层间影响而产生的第一层传染节点数量的变化;第二个式子同理。

三、基于传染病模型的金融安全风险传染演化实证

随着世界金融一体化进程的深化,金融市场、贸易渠道、季节效应以及净传染效应等越来越加强了某个金融市场内部和不同金融市场之间的联系,减小了金融风险在不同国家之间传染的阻力,使系统性金融风险爆发的可能性上升。同时,全球化进程的推进密切了各个国家和地区间的贸易往来和金融联系,也加剧了金融风险跨国家(地区)、跨市场、跨行业传染的强度和频率,各个国家越来越难以在国际金融危机冲击下独善其身,这对中国系统性风险防范提出了新的挑战。2008 年,金融市场的过度创新诱发了美国区域性金融危机的爆发,而其引发的全球房地产市场泡沫的破灭,加大了金融危机的深度和广度,最终导致全球系统性风险的爆发。

因此,当任意一个国家(地区)发生金融危机,其市场风险将极有可能扩

散到其他国家(地区)的金融市场中,造成风险的跨市场、跨区域传染。在以国内大循环为主体、国内国际双循环相互促进的新发展格局背景下,加强对金融市场风险传染内因及规律的准确把握,是保证金融安全的重中之重。基于此,本部分借助传播动力学模型模拟网络中节点间的作用机制及关联规则,试图有效刻画金融安全风险传染的网络动力学演化规律。

这里,以亚太经济合作(Asia-Pacific Economic Cooperation,APEC)组织成员为研究对象构建贸易网络,并运用 SIRS 模型分析金融危机在贸易渠道上的传染特征。亚太经济合作组织在全球经济活动中占据重要地位,各成员经济关系紧密、贸易交往频繁,相互间依存度高。同时,自次贷危机爆发后,亚太经济合作组织多个成员的出口额锐减,大量出口型企业遭遇倒闭潮,经济增长放缓。

下面选择以 2007 年 8 月为起点,采用亚太经济合作组织成员贸易进出口数据作为贸易关联关系,构建如图 7.17 所示的网络。

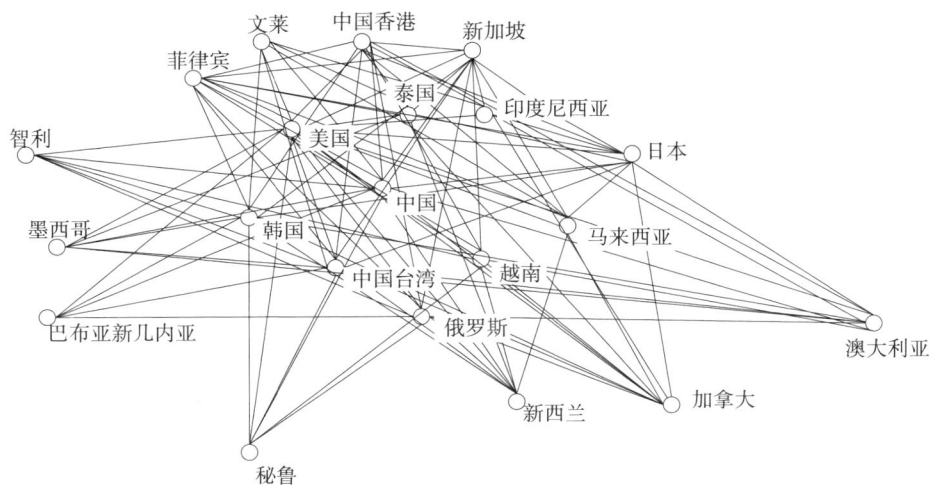

图 7.17 亚太经济合作组织成员贸易网络

资料来源:曾志坚、吴汪洋:《贸易渠道视角下的金融危机传染研究:基于复杂网络与 SIRS 模型》,《湖南大学学报(社会科学版)》2018 年第 3 期。

可以发现,亚太经济合作组织成员间呈现出贸易一体化的特征,网络整体连通性极强。其中,美国、中国、韩国以及中国台湾地区处于网络的核心位置,具有系统重要性,意味着这些国家(地区)与其他国家(地区)之间往来繁密。同时,中国与美国之间联系紧密且各自贸易份额占比大,因此一旦两国发生金融危机将对其他成员造成重要影响。韩国和中国台湾虽然与其他一些国家(地区)的贸易联系也较为紧密,但受限于贸易份额较小,所形成的作用强度是有限的。相反地,日本以及加拿大与其他成员之间的贸易联系较弱,但由于其具有显著的贸易份额,当发生危机传染时,它们的影响力也是较强的。

从网络特征来看,该贸易网络的平均路径长度为 1.34762,平均聚集系数为 0.8646。上述数据说明贸易网络的平均分离程度较低,同时网络中任意两个国家(地区)间的聚集程度很高,因此网络呈现出"小世界"效应。而在无标度分析中,美国、中国、韩国具有最大的节点度,意味着上述国家(地区)的金融风险容易传递给其他国家(地区)。

另外,网络中不同国家或地区之间的连接度均大于 0,同时各节点的度分布不存在"长尾现象",因此它不是无标度网络。这一点与亚太经济合作组织成员之间紧密的联系有关,不存在严重的不均匀。

在传染演化过程分析方面,这里以美国为初始传染节点,模拟 100 次风险传染过程,并分别记录易染类 S、染病类 I 和免疫类 R 等三种状态下节点数的变化和均值。

图 7.18 展示了所模拟的传染演化过程。可以看出,次贷危机在贸易渠道中发生了传染,易感染曲线 S 经历了由高到低再反转的过程。这说明,容易受到感染的国家或地区的数量在危机发生初期急速下降,在达到低点后缓慢上升直至消失,反映出次贷危机具有传染速度快、持续时间长的特征。

染病类 I 曲线在 2007 年 11 月达到峰值,并持续 5 个月,直到 2012 年 9 月

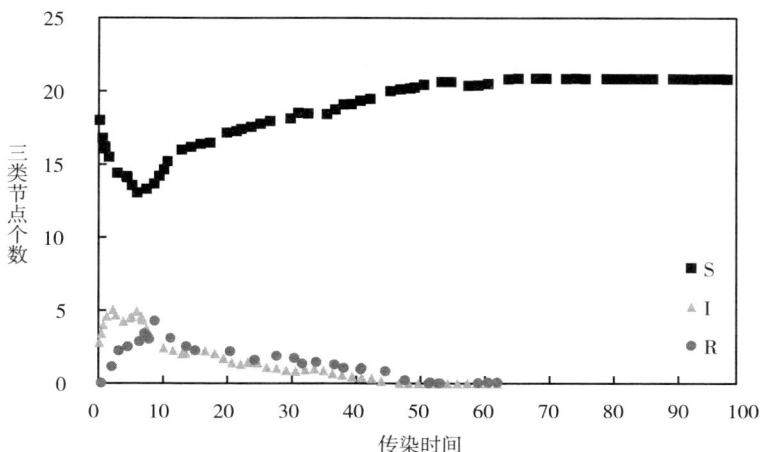

图 7.18　传染演化过程

资料来源:曾志坚、吴汪洋:《贸易渠道视角下的金融危机传染研究:基于复杂网络与 SIRS 模型》,《湖南大学学报(社会科学版)》2018 年第 3 期。

达到 0 值。这也印证了危机产生后会在贸易网络中迅速扩散,需要较长一段时间来消化它的影响。免疫类 R 曲线则呈现出区别,在整个过程中均未出现急速上升或下降,于 2008 年 6 月达到最大值,在 2012 年 9 月达到最小值。总体而言,通过 SIRS 模型模拟出的次贷危机可以分为三个时期:一是 2007 年 8 月至 2007 年 11 月;二是 2007 年 12 月至 2008 年 4 月;三是 2008 年 5 月至 2012 年 9 月,这一结论也与实际情况一致。

与前面的讨论类似,危机传染也被认为存在一个阈值,当某种现象的传染速度大于这个数值时,危机将在网络上进行传染。在贸易网络中,将危机传染力 k 视为 0 到 2 之间的随机数,进行 100 次随机取值,并进一步将相应结果取为均值,以此讨论危机的传染阈值。具体来看,图 7.19 描述了危机传染力影响范围变化。

图 7.20 展示了亚太经济合作组织的历史进出口贸易额,不难发现,亚太经合组织进出口贸易逐年上升直至 2007 年,意味着成员之间联系紧密,危机通过贸易渠道传染的阈值逐步下降。而次贷危机的爆发促使危机迅速传染

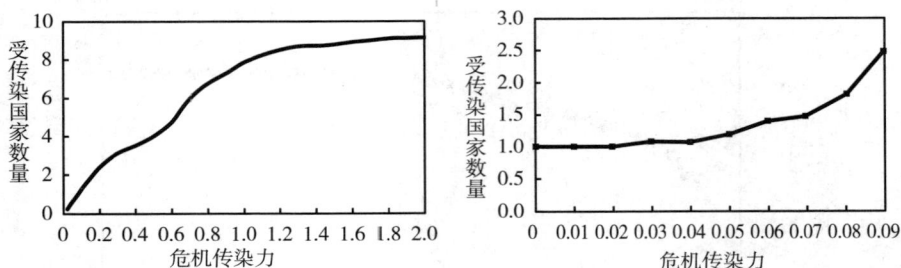

图 7.19　危机传染力影响范围变化

资料来源:曾志坚、吴汪洋:《贸易渠道视角下的金融危机传染研究:基于复杂网络与 SIRS 模型》,《湖南大学学报(社会科学版)》2018 年第 3 期。

（单位：10亿美元）

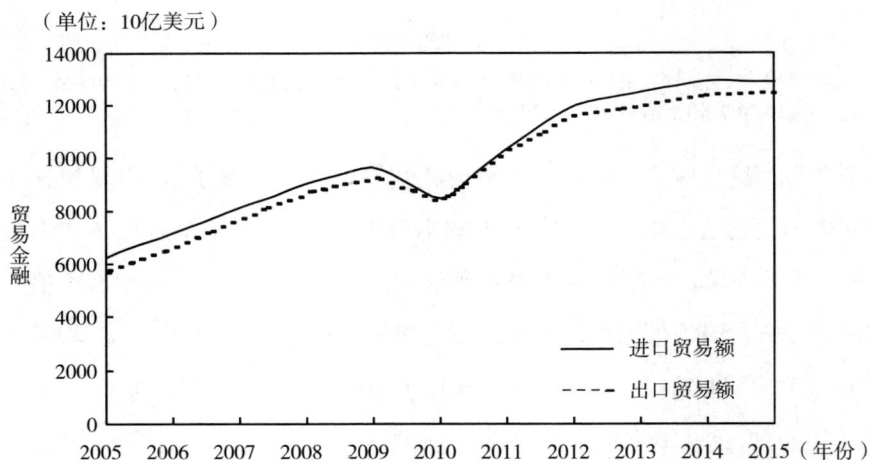

图 7.20　亚太经济合作组织出口贸易额

资料来源:曾志坚、吴汪洋:《贸易渠道视角下的金融危机传染研究:基于复杂网络与 SIRS 模型》,《湖南大学学报(社会科学版)》2018 年第 3 期。

给成员,显著影响着相应国家或地区的实体经济。2007 年至 2009 年,进出口贸易额仍呈现增加趋势,在降低次贷危机传染阈值的同时,也加深了危机的传染范围。而在 2009 年和 2010 年,进出口贸易量的大幅下降和各国家或地区的稳步推进,使传染阈值显著提升,次贷危机影响慢慢消失。

考虑到免疫丧失率对危机传染的影响,将丧失率取值为 0 至 1 间的随

机数并模拟 100 次结果取平均值,免疫丧失率影响范围变化如图 7.21
所示。

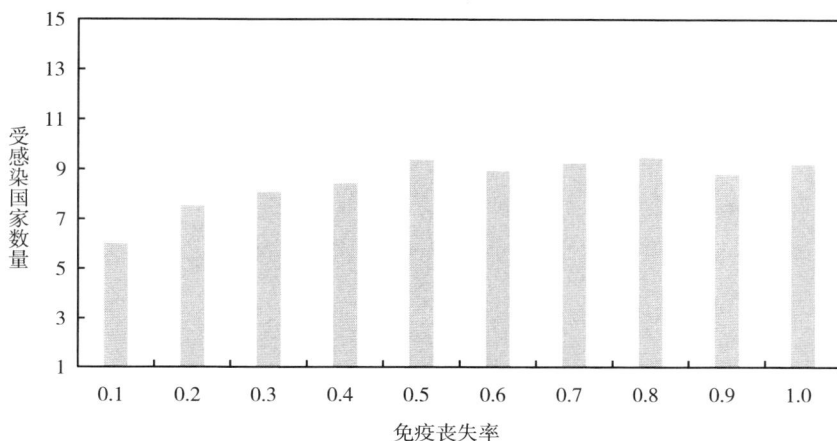

图 7.21　免疫丧失率影响范围变化

资料来源:曾志坚、吴汪洋:《贸易渠道视角下的金融危机传染研究:基于复杂网络与 SIRS 模型》,《湖南大学学报(社会科学版)》2018 年第 3 期。

可以发现,当免疫丧失率小于 0.5 时,其增加会导致受感染国家数量的增加,而当免疫丧失率大于 0.5 时,受感染国家增速放缓,同时呈现下降趋势。

四、金融安全风险传染演化控制策略

根据不同情况的模拟结果可知,当传染率高于某一阈值时,金融安全风险将在市场内传染;而当传染率低于某一阈值时,金融安全风险不会对市场造成显著影响。这意味着,金融市场内应加强风险控制,减少风险外溢。从市场管理的角度来看,为了应对金融安全风险传染,防范系统性风险发生,可以区分不同情况分别采取 5 种策略:

（一）风险容忍

该策略主要针对金融安全风险不满足初始传染条件,且在传染阈值内的情况。此时,金融安全风险被控制在适度的范围内,还没有形成风险扩散和溢出的状态。为顺应金融市场的发展,应在符合相应的法律法规和宏观监测的前提下,提高市场运行效率,保证健康稳定发展。

(二)风险规避

该策略针对的是金融安全风险达到初始传染条件并超过阈值的情况,意味着金融安全风险此时已变得具有传染性。在国家层面,一方面应制定相关政策,遏制金融资产的过度或盲目投资,也要控制金融市场的风险外溢问题;另一方面,要优化金融市场发展环境。

(三)风险降低

该策略致力于将金融安全风险的传染率降低到可接受的水平,从而使风险程度处于不满足初始传染条件的状态。主要应做好以下工作:一是要预防、优化投资和经营环境,加强金融监管;二是要解决金融安全风险的本质问题,优化金融市场环境和投资组合,降低整体风险,将过度金融放松的不良后果降至最低水平。

(四)风险分担

这一策略旨在降低风险转移或风险稀释方面的金融安全风险传染率。这体现在应提高金融服务实体经济能力,推进金融市场与实体经济融合发展模式的形成,以有利于淡化金融市场的传染风险,促进实体与金融的良性互动。

(五)风险救助

救助理论多用于描述危机时期政府对受困银行提供财政支持,或令其破产以面对其他经济体系的现象。一方面,对银行提供救助会产生道德风险,即银行知道在遇到危机时能获得政府的"兜底",因此愿意承担更多的操作、经营等风险;另一方面,救助可以帮助防范金融危机传染和扩散,维护金融市场安全稳定。在不同的网络结构下,金融安全风险的传染机理和传染途径是有差别的,结合网络拓扑结构分析和网络动力学模型来综合为金融监管机构提出应对风险时的策略,能有效降低金融风险的传染范围和强度,也能为其寻找到最优的救助方式。同时,通过救助策略,可以有效控制金融市场网络的风险传染。例如,当对网络中某些节点(金融子市场、企业、国家或者地区)进行预防性的救助时,它们将不被传染,呈现免疫或者删除状态,这时救助策略的重点和难点是对救助节点的选择。此外要注意的是,在防范系统性风险时,整体风险的传染率和不同企业、机构的破产率不是决定系统性风险是否产生和传染的唯一原因,也与自身内化风险水平,以及是否自愿接受救助有关。

综上可以看出,SIR、SIRS 和 SIS 等传播动力学模型可以较好地模拟金融风险传染过程,进而有助于从微观视角理解风险传染节点之间的动态作用机制。因此,考察金融风险传染网络的动力学演化规律,可以在危机发生后对各类风险节点实施有针对性的控制,进而调节感染率、治愈率、免疫失效率和网络紧密度等参数,减小风险传染所带来的危害。

第三篇

人工智能加持的金融安全风险预警控制

3

第八章　金融安全风险预警控制原理

第一节　金融安全风险预警及其原理

一、风险预警视角下金融安全风险特征

毫无疑问,金融安全是一个国家经济和社会平衡发展的重要保障。随着经济全球化的逐步深入,各国之间联系日益紧密,加上国际经济形势动荡反复,金融市场频繁遭受剧烈冲击,经济个体面临的不确定性持续增加,金融风险日趋复杂,其隐匿性和传播性不断加剧。在此背景下,金融安全的重要性在金融风险纷繁复杂、影响范围广阔、持续时间漫长等特点的衬托下进一步凸显,也使金融风险的防控逐渐成为金融工作的重心,给风险防控提出了更高的要求。面对不可避免但可以防控的金融风险,金融市场参与者如果能够做到有效预警,便可以极大程度地减少其产生的危害。因此,要加强金融风险预警,针对其具体表现,提前制定解决方案,做好事后分析,对可能引发金融危机的各种因素进行有效控制,保证金融系统的正常职能和秩序。

事实上,各界一直都在努力加大对金融风险预警系统的研究力度。2001年10月,东盟各国决定在雅加达设立专门机构,目的是由金融专家通过有效

手段预测金融危机发生的概率。2009年2月,在西方七国集团(Group of Seven,G7)财长及央行行长会议上,成员围绕建立金融风险预警机制达成共识。2021年,中国人民银行发布《中国金融稳定报告(2021)》,明确提出要做好金融风险预警相关工作。由此可见,金融安全在国家经济安全中的地位和作用日益增强。为了维护金融安全,更好地对金融安全风险进行预测,本部分结合中国国情,构建测度金融风险的指标体系,通过建立金融安全风险预警系统,开展对金融活动全过程监测,密切关注经济金融的发展动态。一旦出现风险和危机迹象,监管部门可以有条不紊地及时处理并控制风险可能造成的危害,将不良影响降到最小。

具体地,依据金融体系内各金融主体的特点,通过分析和监测可能对金融主体造成风险的信息,达到评估和预测风险的目的,目标是在风险可能造成重大不良结果前及时提醒和警告,从而便于对风险采取防范措施,将风险损失降到最低。首先,基于金融风险敞口的爆发往往是多方面因素共同作用的结果这一事实,应尽可能地对这些因素进行甄别,并对其开展量化处理,将其转换成一组评价指标,这是金融安全风险测度和预警的关键。同时,金融风险预警是对金融系统运行全过程的预测和监视,通过事前控制,缩减应对金融风险所需的资金和人力成本。最后,在操作过程中可以通过判断预警系统的准确性和灵敏度,为之后的改进和优化提供经验和基础。

从风险预警视角出发,金融安全风险具有以下两个主要特征:

(1)隐匿累积性。金融风险不仅仅存在于金融危机中,任何金融活动的发生都伴随着一定的风险。由于金融系统自身的特点、资产价格波动的普遍存在、金融系统内在的复杂性以及虚拟经济的假性膨胀,及时识别风险累积往往具有较大的困难和较高的成本。

因此,针对金融风险的隐匿累积性特征,预警体系应具备深度挖掘信息的能力,以便能提高对风险累积识别的及时性,并找出隐藏在众多金融数据背后的风险特征。

（2）广泛普遍性。金融参与主体的风险不仅关系其自身安危,也将波及其他众多利益相关者。由于金融系统内各个部分之间联系紧密,也由于资产价格波动、信息不对称等因素在市场中广泛存在,因此金融安全风险具有广泛普遍性特征。金融体系所有参与主体之间的业务往来频繁而复杂,金融个体的困境很可能会产生连锁反应,使金融系统甚至宏观经济受到冲击,所以金融安全风险的影响范围通常较为广泛。

可见,金融安全风险不仅是金融系统自身的风险问题,还与整个宏观经济的顺周期效应,甚至全球经济关系的稳定发展有着千丝万缕的联系。因此,在进行金融安全风险预警研究时,应该综合考量宏观经济、中观市场、微观个体可能带来的影响,从全局视角挖掘风险信息。

二、基于资产价格波动的金融安全风险预警

资产价格起伏形成的规律性使金融市场参与者可以从中获利,同时也往往带来金融资源的重新配置。所以说,价格的波动是资源配置的前提,同时也是它的结果。

如果资产价格一直大幅度上升,则可能带来"泡沫"。资产价格泡沫膨胀会导致金融系统风险加剧,从而造成金融危机,如 1636 年荷兰"郁金香泡沫"、20 世纪 80 年代日本房地产泡沫、90 年代末美国科技股泡沫、2007 年引发美国次贷危机的房地产泡沫等。由此可见,金融资产价格的波动是经济体系的常态,而价格大幅度上升也会不可避免地造成资产泡沫的出现。

一般认为,资产价格波动通过两个主要渠道影响金融稳定:

（1）银行信贷。"负债—通货紧缩理论"的观点是,金融产生重大变动的原因是资不抵债和通货紧缩之间相互影响。当人们认为资产价格有利好倾向或出现新型投资产品时,便会通过借债进行投资活动,导致出现"过度负债"。过度负债会引起通货紧缩,而通货紧缩又会作用于债务负担。在这种螺旋式的影响下,金融稳定遭到威胁。

（2）投资者情绪。投资者在进行投资时的心理活动存在理性和非理性两方面，个体非理性的叠加会引起整个市场的非理性。例如，在股票市场中，股价在经过调整之后处于低位，市场也传达出经济向好的趋势，此时股价从理性角度看是合理的，但由于大多数投资者在经历了前期股市下跌后仍担心股价会继续下行，因此可能并不会选择在此时购入，进而不利于金融风险的化解。

资产价格不仅通过多种渠道影响金融稳定，而且其波动对金融市场中的各个金融主体的影响程度也不尽相同。金融市场主体受到影响的大小一方面与其参与金融市场的频率和强度有关，即金融机构参与金融市场越多，因资产价格变动受到的风险影响也越大；另一方面与金融机构本身的资本实力有关，即如果它的资本越充足，则抵抗金融风险的能力就越强。资产价格的变化与过度的流动性和信贷有关，因此货币政策调整是资产价格波动的重要原因。金融风险预警体系可以为中央银行提供决策支持，如确定可操作性的资产市场贷款在银行贷款中所占比例等，从而提前对金融市场的运行状况作出合理判断。

造成金融风险的因素不仅与资产价格的变动有关，也取决于金融系统的稳定程度、金融监管当局的政策强度等。借助于有效的金融安全风险预警机制，可以对资产价格偏离实际价值的持续性波动现象进行监测，避免资产泡沫导致的金融安全风险的发生。因此，按照资产价格波动理论，开展金融安全风险预警应该充分考虑不同金融子市场中各类资产价格的波动性。

三、基于信息不对称的金融安全风险预警

信息不对称理论指经济活动中的交易双方对信息的掌握程度有差异，掌握信息较多的一方处于有利地位，更有可能在交易中获益。信息不对称理论认为，在现实生活中，交易者的信息都是不完全的（Pope，1984）①。

---

① Pope P.F.，"Information Asymmetries in Participative Budgeting: A Bargaining Approach"，*Journal of Business Finance & Accounting*，Vol.11，No.1，1984，pp.41-59.

阿克洛夫(Akerlof,1978)①提出"柠檬市场"一说,认为其是因信息不对称导致无法正常运转的市场,这一概念的出现深化了有关信息不对称问题的研究。在此基础上,斯宾塞(Spence,1978)②、斯蒂格利茨(Stiglitz,1981)③、米尔利斯(Mirrlees,1997)④等学者对该理论展开了更加深入的探讨,并对其进行补充,特别体现在激励设计和逆向选择等领域。

一方面,金融市场中的交易往往以信用为基础,交易的信息难以事先预测,因此在金融活动中参与者之间普遍存在信息不对称现象。信息不对称可能进一步导致道德风险和逆向选择问题产生,这也是信息不对称理论在金融安全风险预警中的一个核心体现。例如,在银企关系中,企业对自身经营状况和偿债能力等方面的了解程度当然比银行更深刻,其在自身经营情况不理想时为维持正常运转,隐瞒信息并从银行贷款,有可能会产生无法偿还债务的风险。又如,在股票市场中,股票发行方为了融得更多的资金而隐瞒或欺骗投资方,不提供真实的信息,最终可能产生逆向选择问题。因此,基于信息不对称理论对金融市场进行全域、全时预警监控,对维护金融安全很有必要。

另一方面,在金融风险预警的过程中,预警体系的不同要素之间往往也存在信息不对称的情况。金融风险预警系统包括金融机构或企业、经济管理调控部门、金融监督机构等众多单位。国内的金融风险预警体系目前处于发展阶段,各个基础机构分别有着完备的设备基础和统一的规章制度,但是因为缺乏信息共享机制,各个行业企业之间缺乏沟通,信息交互存在壁垒,导致金融风险预警存在片面性、滞后性等问题。因此,基于信息不对称理论,对金融风

①　Akerlof G.A., *The Market for "Lemons"*: *Quality Uncertainty and the Market Mechanism*, *Uncertainty in Economics*, London: Academic Press,1978,pp.235-251.

②　Spence M., *Job Market Signaling*, *Uncertainty in Economics*, London: Academic Press,1978, pp.281-306.

③　Stiglitz J.E., Weiss A., "Credit Rationing in Markets with Imperfect Information", *The American Economic Review*, Vol.71, No.3,1981,pp.393-410.

④　Mirrlees J.A., "Information and Incentives: The Economics of Carrots and Sticks", *The Economic Journal*, Vol.107, No.444,1997,pp.1311-1329.

险预警体系中各个要素的信息进行整合,实现信息共享,打破信息壁垒,对实现高效准确的风险预警而言尤为重要。

金融安全是国家安全的重要保障,金融系统的正常运转是经济健康发展的重要保障。基于以上信息不对称理论,在衡量金融安全风险的指标体系中,首先有必要结合国情构建金融风险预警指标库,寻找适合的风险预警机制,尽可能地对金融风险做到早发现、早处置,构建一套完备的特征识别体系,以求全面描绘交易双方的风险画像,尽可能减轻信息不对称的程度。其次,应当构建一个完备的金融风险预警平台,在此之上对各个预警要素进行整合,使它们之间能够实现实时的信息共享、数据共享和资源共享。

第二节　金融安全风险控制及其原理

一、风险控制视角下金融安全风险特征

本部分基于审慎监管理论和信息不对称理论,系统阐述金融安全风险控制原理。

(一)金融安全风险的传染性

金融安全风险指与金融有关的风险,其涉及产品、机构和市场等多个主体。金融安全风险的传染性表现在当金融市场中出现未能遏制住风险的个体时,其除了自身会遭受影响,还可能波及市场中的其他个体,使原本的风险由点及面扩散到整个市场。因此,传染性也引发了金融安全风险的复杂性。例如,某一家金融机构发生的风险会传染到市场中的其他机构,最终导致对金融市场带来的影响超过其对自身的影响,并可能使整个金融体系的稳定运行受到冲击,甚至引发金融危机。

金融风险的传染性是风险扩散的重要原因。具体而言,当单个金融机构

发生风险事件时,会通过传染渠道逐轮次地传播和扩散,导致其他金融机构也发生风险,最终传染至整个金融系统,影响到金融体系和经济体系,对它们造成严重的破坏。因此,对已经发生的金融风险事件,应该及时采取控制措施,阻断传染,化解风险。金融机构作为联系借贷主体的中介,其中任何一个发生风险都有可能对其他个体产生影响。

（二）金融安全风险的负外部性

所谓负外部性,指某一个体的行为影响了其他个体并使之支付了额外的费用,使社会成本大于私人成本。具体到本部分研究对象,金融市场的负外部性便是某个金融主体对市场中的其他主体造成了非市场化损害。

金融脆弱性、弱公共品性、弱有效性、弱排他性等性质使金融安全风险具有很强的外部性。其中,金融脆弱性产生的原因有以下几种:一是金融资产收益率的持续下降;二是金融行业经营模式的高杠杆;三是一般充当资金媒介的金融行业的高潜在风险;四是金融业所面临的风险较为广泛,包括信用风险、流动性风险、汇率风险、利率风险等;五是金融业的高负债率和低资本资产比率。

目前,有多个理论尝试解决金融负外部性问题。其中,福利经济学认为,外部性可以通过征税来补偿,但金融活动的杠杆效应往往会使这种方法失效。科斯定理从交易成本的角度说明,金融市场外部性无法通过市场机制的自由交换解决,需要外部力量的介入。由此可见,金融监管可以将风险控制在一定范围之内,并将金融的负外部性减小到最低限度,以维护金融体系的稳健运行。

一般认为,金融安全风险具有严重的负外部性。通过分析金融风险的传染性特征可知,某个主体产生的金融安全风险对市场造成的负面影响通常大于对其自身造成的负面影响,这无疑将增加边际成本,损害金融体系的稳定。因此,需要加强宏观审慎监管,将金融市场参与者的风险溢出内部化。基于风险的负外部性特征,政府部门在控制金融安全风险时,一方面应减小风险的波及范围,降低风险敞口的影响程度,另一方面需遏制经济个体的道德风险,尽量内部化风险。

二、基于信息不对称的金融安全风险控制

根据信息不对称理论,在经济生活中,人们对各类信息的掌握程度通常存在偏差。信息掌握程度较高的一方会在经济活动中处于优势,信息掌握程度较低的一方则处于劣势。信息优势一方可能会利用自身掌握的资源,在交易等活动中作出不利于信息劣势一方的行为。根据信息不对称理论,可以认为其经济后果包括逆向选择和道德风险两个方面。无疑,信息不对称下产生的逆向选择和道德风险也是在金融安全风险控制中必须要考虑的重要因素。

(一)逆向选择视角下金融安全风险控制

逆向选择(Adverse Selection)指在经济活动中占据更多信息的一方倾向于利用信息优势作出对自身有利、对另一方不利的决策,从而导致市场整体的效率降低。而对金融安全风险控制来说,在日常监管活动中,金融机构掌握的相关业务信息要多于监管部门,因此其倾向于在满足一般监管要求的情况下,尽可能地进行高风险决策,以寻求经营的快速增长。而多个机构多个市场长时间如此操作,便会导致风险敞口集中暴露。基于此,监管部门可以选择资产负债管理工具、市场交易行为管理工具等控制手段,通过对金融机构的资产负债构成和增长速度进行日常调控,对交易中的保证金比率、杠杆水平等进行额外的管控,以避免市场中资产的过度扩张或收缩,防止风险敞口集中爆发而造成系统性风险。

(二)道德风险视角下金融安全风险控制

道德风险(Moral Hazard)指经济活动个体的错误行为引起的一系列问题。

道德风险指风险事件的产生主体一方当知道另一方为其承担风险成本时,会倾向于作出损害另一方利益的行为。基于此,如果监管部门总是充当风险的最后"兜底人",金融机构便有了"制造"道德风险的动机。因此,在风险控制中,监管部门应该合理把控力度,做到分级控制、因险而异。赵晓菊(1999)[①]认为,当经营者或者交易人在第三方担保的情况下,即便其作出错误决策导致损失,仍然有第三方为其"托底",使其免于承担完全责任,甚至能够获得补偿,本来应该的"惩罚"变成"激励",如此将导致其倾向于作出风险更高的决策,以博取超额收益。

金融安全风险控制主要是对金融系统中各种安全状态构成因素的调整,以及对可能出现或已经出现的金融风险的管理过程。前面已经讨论了政府介入金融安全风险控制过程的必要性,系统分析了基于宏观审慎理论和微观审慎理论下,政府介入风险控制的工具。但仍然存在未得到解决的问题,即政府介入风险控制的时机和程度。因为基于信息不对称理论,在金融安全风险控制过程中,风险机构与政府部门之间是存在道德风险问题的(俞乔和赵昌文,2009)[②]。如果政府部门完全介入金融机构的风险处置,那么金融机构就会认为自己在日常业务决策的过程中,存在有力的第三方担保,即政府托底。这样,会引导金融机构在日常决策的过程中作出偏向于激进的决策,最终导致风险加大。虽然监管部门处置了这一次风险,但是却在不知不觉中酝酿了下一个风险。因此,政府在监管金融安全风险事件的过程中,应该慎重选择时机和工具,既要防止风险外溢传染,又不能一味地为金融机构"托底",以防止进一步出现道德风险问题。

具体来看,一方面,关于风险控制方法的选择,监管部门应该谨慎思考,不能单纯关注财政注资、信任担保等以及为已暴露的风险问题作出托底的处置

---

①　赵晓菊:《信息不对称与金融风险的控制管理》,《国际金融研究》1999年第5期。

②　俞乔、赵昌文:《政治控制、财政补贴与道德风险:国有银行不良资产的理论模型》,《经济研究》2009年第44卷第6期。

方式,应当根据对风险外溢程度的科学研判,在保证相关金融机构已经确实开展了全面的自救,风险仍然不能得到有效控制后,再根据风险的程度和类型来选择合适的工具。例如,可以选择恢复和处置计划等阻断风险传染的管理手段,通过强化金融机构及金融基础设施风险处置安排,同时要求相关机构预先制定方案。另一方面,对风险控制进入的时机,在金融安全风险控制的过程中,应当制定一套完善的风险控制预案,对不同的控制工具设置相应的阈值。当金融风险程度触及阈值时,则启用相应的风险控制机制。例如,当风险处置的牵头部门通过综合分析评估,对问题金融机构的风险进行研判后认为,其可能存在风险外溢进而导致系统性风险的发生,此时即可启用注资、托管等方式进行干预。

信息不对称理论认为,虽然政府的参与能在很大程度上保证风险得到有效的控制,但是这个过程可能会伴随道德风险等问题的滋生。因此,监管部门何时参与金融风险的事后控制,在事后控制中扮演什么样的"角色",选用何种介入方式、介入的程度如何,都是应该周全慎重考虑的问题。总之,通过信息不对称理论对金融安全风险控制的原理进行剖析,才能为进一步探讨政府部门在金融风险事后控制中的职能、方式、程度等全流程全链条化安排提供支撑。

三、基于审慎监管的金融安全风险控制

审慎监管理论包括宏观审慎监管和微观审慎监管两部分。在 2008 年国际金融危机发生之前,相关国际组织和各个国家的监管机构更加强调微观审慎。其中,较为典型的代表是,巴塞尔委员会在 1997 年发布了《有效银行监管的核心原则》。而经历了国际金融危机后,监管当局逐渐注意到在微观审慎的基础上应当增加宏观审慎监管。至此,宏观审慎逐渐从一种监管视角转变成为具有与货币政策和财政政策同等地位的一种政策选项。

（一）微观审慎监管理论下的金融安全风险控制

如前所述,2008 年国际金融危机爆发之前,一些国际组织和国家监管当局主要关注的是微观审慎监管政策。1977 年,巴塞尔委员会发布《有效银行监管的核心原则》。在此基础上,巴塞尔委员会又在 1998 年和 2004 年分别推出《巴塞尔协议 I》和《巴塞尔协议 II》,作为对《有效银行监管的核心原则》的补充和完善。正如微观审慎政策的特点,《有效银行监管的核心原则》十分注重对个体金融机构的风险防范,监管的重点放在对由信息不对称和权责不对称而产生的市场失灵之上,其最终的目标也是保护消费者个体,而非针对系统性金融风险的调控。因此,在微观审慎的政策框架下,金融风险的模式是外生的,金融机构与风险暴露之间是相互独立、不关联的。

也正因如此,在国际金融危机过后,人们开始重新审视微观审慎监管政策,发现其在金融安全风险防控中存在以下缺陷:

1. 忽略了金融系统之间的联系

因为微观审慎主要关注单个金融机构的风险情况,因此其往往会忽视金融机构之间、金融市场之间,乃至它们相互之间的复杂联系。而随着金融体系的不断发展,不同金融机构、不同金融市场,甚至不同区域之间已经互相连接成了一个复杂的网络,彼此"相互联系",并且"相互依存"。因此,很多风险可以通过这些连接隐匿起来,同时这些连接也可能导致风险发生以后的破坏性被放大(巴曙松等,2010)[1]。

2. 对顺周期的风险无法有效控制

在微观审慎政策下信贷业务的执行、借款人违约率的波动、公允价值的变化、VaR 模型区间的选择等一系列因素都可能导致金融机构的顺周期行为,而这些行为并不在微观审慎监管的范畴之内,因此其无法被监管部门察觉。

---

[1]　巴曙松、王璟怡、杜婧:《从微观审慎到宏观审慎:危机下的银行监管启示》,《国际金融研究》2010 年第 5 期。

在各家金融机构都保持自身的资本充足率在法定水平以上时,监管部门仅仅从单个金融机构的资产负债表中无法判断其是否存在不良表现。不仅如此,宏观层面上往往表现出经济稳步发展的"虚假繁荣",而实际上系统性风险却在不断地隐匿累积,最终在某个时间点释放,导致系统性金融风险爆发。

3. 导致金融机构风险偏好程度上升

根据传统的微观审慎监管理论,当银行等机构利用政府进行担保融资时,它们往往默认政府会作为其最终担保人,因为否则纳税人或顾客会成为危机的最终"买单人",这也造成银行等金融机构风险偏好程度的上升。

根据微观审慎理论,政府对金融风险的处置应当是建立在相关当事方已经实施了全面自救,但是风险仍然未被有效控制,风险外溢情况即将发生或已经产生的基础上,为防止对金融系统整体安全造成冲击,通过有关监管部门(在国内是人民银行、银保监会、证监会、国家发展改革委、财政部等)、中央银行最后贷款人,存款保险风险处置、财政注资、担保、重组等,动用公共资金和资源来对问题金融机构进行风险控制。

(二) 宏观审慎监管理论下的金融安全风险控制

"宏观审慎"一词最早出现于 20 世纪 70 年代。时任欧洲货币委员会主席和国际清算银行顾问亚历山大·兰法卢西(Alexandre Lamfalussy)在由其主持编写的一份背景文件中,提出使用宏观审慎措施作为一种限制贷款的方法,并将其与着眼于单个银行进行监管的典型微观审慎方法进行了对比(Clement,2010)①。随后,在 1986 年欧洲煤钢共同体(European Coal and Steel Community,ECSC)关于国际银行业近期创新的报告中,"宏观审慎政策"的概念被明确提出,其被定义为"促进广泛的金融体系和支付机制的安全和稳健的政策"。1997 年亚洲金融危机爆发之后,宏观审慎在金融风险防控上的地

---

① Clement P.,"The Term 'Macroprudential': Origins and Evolution", *BIS Quarterly Review*, March,2010.

位逐渐被提升到与微观审慎并立。直至 2008 年国际金融危机,一些国家的政府陆续提出自己的宏观审慎政策框架。目前,建立有效的宏观审慎政策也成为二十国集团、欧盟、国际货币基金组织等相关组织的主要目标之一(熊婉婷,2021)①。

中国相关部门近些年一直在实践探索中不断丰富和完善宏观审慎的调控政策框架。2021 年 12 月,中国人民银行发布《宏观审慎政策指引(试行)》,明晰了宏观审慎政策框架,提出了一系列构成要素:

1. 政策目标

宏观审慎政策的根本目标是防止系统性金融风险的发生,尤其是针对防范金融系统中顺周期累积的金融风险,以及防范跨机构、跨市场、跨区域的风险传染,通过增强金融系统的韧性和稳健性,降低金融风险的破坏性,构建健康有序的金融体系。

2. 风险评估

风险评估是宏观审慎政策的基础和前提。可以通过运用一系列工具对系统中的金融风险进行识别和评价,判断金融风险发生的来源和表征,衡量系统中金融风险的整体态势,对潜在的危害程度进行准确判断,进而为不同宏观审慎政策的使用提供研判基础。

3. 政策工具

宏观审慎政策工具应该与金融风险类型适配。根据最新的央行《宏观审慎政策指引》,可以将宏观审慎政策工具按照时间维度和结构维度两种属性进行划分。其中,时间维度下的政策工具主要以调节逆周期、平滑顺周期波动为目的;而结构维度下的政策工具则主要对金融风险传染中的关键节点进行重点管控,从而避免风险跨机构、跨市场、跨区域传染。

具体而言,时间维度的政策工具主要包括:

---

① 熊婉婷:《宏观审慎与微观审慎协调的国际经验及启示》,《国际经济评论》2021 年第 5 期。

（1）资本管理工具。其目的是抑制金融机构资产的过度扩张或者收缩。方式是通过对银行等金融机构的资产进行额外监管、添加特定风险权重等手段，实现对风险的逆周期调节。

（2）流动性管理工具。其目的是对批发性融资的约束，以及调整货币和期货的严重错配。方式是通过对金融机构以及金融产品的流动性水平进行限制和调整，对资产可变现性和负债来源进行额外的监管，以增强金融系统的稳健性，以及受到风险冲击时的韧性。

（3）资产负债管理工具。其目的是防范金融系统中资产价格过度波动以及风险敞口的集中暴露。方式是通过对市场中的资产负债组成和变化速度等进行调整，以及对金融系统中的债务水平进行调节，以保证系统整体的负债水平不偏离合理区间。

（4）金融市场交易行为工具。其目的是防止市场价格的过度波动。方式是通过对金融机构以及金融产品中价格的保证金比率以及融资水平，对金融机构进行额外的监管。

（5）跨境资本流动管理工具。其目的是对跨境资本的流动进行监管，防止资本大幅度流入、流出对金融系统造成冲击。方式是通过对跨境资本流动进行顺周期约束。

结构维度的政策工具主要包括：

（1）特定机构附加监管规定。其目的是增加金融机构运行的稳健性，降低风险发生时相关机构的传染效应。方式是通过对金融机构提出额外的资本、负债以及流动性要求，如提出并表、资本、集中度、关联交易等。

（2）金融基础设施管理工具。其目的是加强金融基础建设的稳健性。方式是通过提高对金融机构运营的监管要求。

（3）跨市场金融产品管理工具。其目的是防止系统性金融风险在机构之间、市场之间、部门之间以及经济体之间相互传染。方式是对跨市场的金融产品进行一系列的管理和监督。

（4）风险处置等阻断风险传染的管理工具。其目的是在发生重大金融风险的时候，能够保证金融机构的持续经营能力，防止出现重要业务和服务中断的情况，避免风险外溢，降低风险影响。方式是对金融机构和金融基础设施的风险处置做好充分的预案。

4. 传导机制

宏观审慎政策的传导机制主要指通过使用相关政策工具，对金融基础设施施加控制，从而抑制可能发生的风险或对已经发生的金融风险进行管控，最终实现宏观审慎政策目标的过程。不难理解，宏观审慎政策传导机制的畅通也是宏观审慎政策工具有效性的重要保障。根据宏观审慎理论，政府在金融风险的防控中发挥着至关重要的作用。例如，2021 年 8 月，中央财经委员会召开第十次会议，对防范化解重大金融风险、做好金融稳定发展工作等问题进行讨论。此次会议的举行，意味着"一行两会"、国家发展改革委、财政部承担着防范化解重大金融风险的监管责任。会议明确，今后由央行牵头负责系统性金融风险的防范和应急处置。

综上所述，根据审慎监管理论，政府部门对金融风险进行监管主要是为了最大化经济效率。如果没有政府干预，由于市场参与者的动机是保护自己而非整个系统，因而不会阻止或内化由金融风险引起的外部性。对金融安全风险进行监管时，不仅要考虑稳定和效率目标，还要顾及基于这些目标的监管成本，包括经济成本，但更多的是风险负外部性以及道德风险带来的损失。因此，在金融安全风险控制中，要根据风险的暴露情况、市场调节的有效程度、冲击波及的范围大小等判断风险级别，进而针对不同级别的风险分类精准施策，将宏观审慎与微观审慎策略相结合，实现"精准拆弹"。

本部分通过分析风险预警和控制视角下金融安全风险的特征，基于资产价格波动理论和信息不对称理论的风险预警原理，以及信息不对称和审慎监管理论的风险控制原理，从理论上对金融安全风险预警和控制进行全面阐述，就基于人工智能等新兴数智技术对金融安全风险开展动态预警和精准控制的

必要性开展系统论证,得到以下初步结论:

(1)金融安全风险预警和控制是一个复杂的系统性问题,是一个多维度、多层次的动态过程。因此,对金融安全风险的预警应当是动态地推进,对预警指标的选取应该兼顾内部与外部,涵盖宏观、中观、微观多个层面,尽可能多方位地刻画金融安全风险,以求达到对风险的精确识别、预警及分类。

(2)监管部门在金融安全风险的预警和控制过程中应当充分认识到金融风险的特点,应当基于实际情况,在充分掌握金融安全风险特征的情况下,将对其的深刻理解体现在预警和控制的指标体系构建中。

(3)金融安全风险预警和控制机制在不同的层面和维度上的表现并不统一,因此不可能构建一套一成不变的、万能的预警和控制模型,应当基于局部与全局、长期与短期等不同情境,选取合适的理论模型和分析方法。

(4)无论是在金融安全风险预警还是控制的过程中,都要做好局部与全局、直接与间接、静态与动态、时间与程度之间的平衡,要保证政策工具和政策预期之间的一致性,唯此才能使预警和控制达到理想的预期效果。

第九章　金融安全风险预警控制指标体系构建

第一节　人工智能加持的金融安全风险预警指标及其体系

一、预警数据处理

以往金融风险预警采用的是结构化财务或市场数据,并未包含企业画像等非结构化数据信息,因此如此构建的指标体系并未完整地刻画风险来源。在这种情况下,基于统计特别是人工智能方法进行的金融风险预警分析的可靠性大大地受到限制。鉴于此,应当借助金融安全风险领域的结构化和非结构化数据处理方式探求风险定量指标之间、定性指标之间、定量指标与定性指标之间的结合。

(一)结构化数据处理

在大数据技术飞速发展的背景下,金融与数据的结合也变得越发紧密,随着时间的推移,海量高维金融安全风险数据不断产生。为了减少计算时间、规避维度灾难、提高预测性能以及更好地理解机器学习或模式识别中应用的数

341

据,特征选择(即变量消除)算法便进入了人们的视野。特征选择算法的重点是从输入中选择一个变量子集,该子集可以有效地描述输入数据,同时减少噪声或不相关变量的影响,并且仍然可以提供良好的预测结果。

特征选择方法可以衡量每个特征与输出类/标签的相关性,从而删除那些不相关的特征。从机器学习的角度来看,如果使用不相关的变量,并且将这些信息用于新数据,可能会导致模型的泛化性能较差。特征消除不会创建新特征,因为它使用输入特征本身来减少它们的数量。变量消除方法大致分为过滤式算法、包裹式算法和嵌入式算法等具体类别。过滤式算法通常用作对特征进行排序的预处理,其中选择高度排序的特征并将其应用于预测器;在包裹式算法方法中,特征选择方法就是预测函数的性能,即预测函数被包装在搜索算法上,该算法需找到一个子集,这个子集提供最高的预测性能;嵌入式算法将变量选择作为训练过程的一部分,而不将数据拆分为训练集和测试集。

1. 过滤式算法

过滤式算法使用变量排序技术作为变量排序的主要标准。该算法由于排序方法简单而被广泛使用,在实际应用中取得了良好的效果。它使用合适的排序标准对变量进行评分,并确定相应的阈值,对评分在阈值以下的变量予以删除。一般而言,过滤式排序常常被应用在分类前过滤掉相关性较小的变量。

关于特征相关性,即特征与数据输出的相关性该如何衡量,需要作进一步讨论。盖永和埃利塞耶夫(Guyon 和 Elisseeff,2003)[1]对变量的相关性给出了各种定义和度量,而下面的表述最为值得注意:如果某个特征在一定条件下独立于类别标签,那么它可以被视为不相关特征(Law 等,2004)[2]。从本质上来说,如果某个特征是相关的,它可以独立于输入数据,但不能独立于类别标签,

① Guyon I., Elisseeff A., "An Introduction to Variable and Feature Selection", *Journal of Machine Learning Research*, Vol. 3, 2003, pp. 1157-1182.

② Law M.H.C., Figueiredo M.A.T., Jain A.K., "Simultaneous Feature Selection and Clustering Using Mixture Models", *IEEE Transactions on Pattern Analysis and Machine Intelligence*, Vol. 26, No. 9, 2004, pp. 1154-1166.

即可以丢弃对类别标签没有影响的特征。如上所述,特征间相关性在确定类别标签方面起着重要作用。在实际应用中,数据底层分布是未知的,需要使用分类器精度来衡量。因此,最佳特征子集可能不是唯一的,因为不同的特征子集可能实现相同的分类精度。也就是说,过滤式算法的基本特性是从数据中提取不同类别的有效信息。这个属性可以理解为特征相关性,它提供了特征在区分不同类别时有用性的度量。上述排序方法主要包括:

(1)聚类分析(Cluster Analysis)。将数据分类到不同的类或者簇的过程,同一个簇中的对象有很大的相似性,而不同簇的对象之间有很大的相异性。

(2)因子分析(Factor Analysis)。从大量的数据中寻找内在的联系,减少决策的困难。其具体做法有 10 多种,如重心法、影像分析法、最大似然解、最小平方法、Alpha 因子法等。

(3)相关分析(Correlation Analysis)。考虑特征之间是否存在某种依存关系,并对具体有依存关系的特征判断其相关方向以及相关程度。

(4)对应分析(Correspondence Analysis),也称关联分析、R—Q 型因子分析等。通过分析由定性变量构成的交互汇总表,来揭示变量之间的联系。

(5)回归分析(Regression Analysis)。确定两种或两种以上变数之间相互依赖的定量关系。

(6)方差分析(Analysis of Variance)。用于两个及两个以上样本均数差别的显著性检验。

过滤式算法不依赖于有偏差的学习算法,相当于改变了数据以适应学习算法,它使用排序方法作为变量排序的主要标准。在分类之前应用排序方法,从而过滤掉相关性不大的特征变量。排序方法的主要缺点是所选取的子集可能不是最优的,因为在排序过程中会获得冗余特征子集。例如,Pearson 相关系数和互信息(Mutual Information)两种排序方法无法区分冗余变量与其他变量,从而可能将冗余变量与其他变量相关性视为同等重要。实际上,由于特征子集的变量可以高度相关,尽管特征子集可能较小,但是其变量之间的相关性可能很高。因此,排序方法中让冗余变量与其他变量权重相同的做法便存在一定的问题。在特征排名中,重要特征本身信息量较小,但它与其他特征相结合时信息量较大,因此反而可能会被丢弃。所以可以说,过滤式算法并未考虑数据分布、数据样本的权重系数以及特征空间维数的选择,也没有采用机器学习算法进行特征的筛选,因而算法处理后分类性能相对较差。

2. 包裹式算法

为了弥补过滤式算法的缺陷,包裹式算法通过机器学习算法以获得较高的分类准确性。

包裹式算法大致可以分为顺序选择算法和启发式搜索算法。顺序选择算法从空集(全集)开始,添加或删除特征,直到获得最大的目标函数。为了加快选择速度,需要确定一个标准,根据该标准逐渐增加目标函数,直到以最少的特征数量达到最大目标值。启发式搜索算法通过评估不同子集来优化目标函数,在搜索空间中寻找优化问题的解决方式,从而生成不同的子集。

顺序选择算法通常包括前向顺序选择算法和反向顺序选择算法。前向顺序选择算法的目标是创建最优的特征子集,忽略不相关和不重要的特征。它在每次迭代中搜索最佳特征,并添加到最佳特征的空集合中。如果已经添加了所有特征,或者在添加任何特征之后再没有改进了,那么搜索将停止并返回当前最优的重要特征集。反向顺序选择算法的目标是在开始时考虑所有特征的重要性,然后尝试去除最不相关和冗余的特征,留下一个较小的最优特征子集。它在每次迭代中从完整数据集中搜索出需要删除的特征。如果新特征子集(删除特征后的特征子集)的预测性能优于前一个特征子集,则替换当前最佳特征子集。重复此过程,直到每个特征都从数据集中删除,最后成为一个空集。

启发式算法可以分为两类,即面向探索的基于种群(如群体智能、进化算法)的算法和面向开发的基于单一解决方案(如局部搜索和模拟退火)的算法。这里以遗传算法(Genetic Algorithm,GA)为例讨论启发式算法。遗传算法是用于寻找特征子集的算法,染色体表示是否包含特征。遗传算法通过目标函数找到全局最大值,从而得到最佳次优子集。例如,许(Hsu,2004)①使用决策树来选择特征,并通过遗传算法寻找到一组特征子集,使决策树的错误分类率最小。薛宾(Xue 等,2014)②提出一种粒子群优化算法(Particle Swarm Optimization,PSO)特征选择算法,并计算分类的准确率和特征集数量。

包裹式算法的主要缺点是训练特征子集的计算量较大,耗费时间较长。为了完成每个子集评估,需要创建新的预测模型,即需要对每个子集进行训练并测试,从而获得最终分类的准确率。如果样本数量很大,则算法大部分执行均用在训练预测上。例如,在遗传算法特征选择中,可能会多次训练相同的特征子集。这是因为,训练完的特征子集的结果不会被存储起来,从而使该算法在大部分时间均在进行训练。此外,包裹式算法使用分类函数作为目标函数的缺点在于,分类函数容易过拟合。如果分类函数模型对数据的学习能力太好且泛化能力较差,则会发生过拟合现象。其中的原因是,分类函数会产生偏差,增加分类误差。例如,在特征子集选择中使用分类函数可能会产生分类准确率高但泛化能力差的特征子集的现象。

3. 嵌入式算法

过滤式算法只考虑了特征和标签之间的关联,但是与包裹式方法相比,它的计算成本更低;而与过滤式算法相比,包裹式算法可以实现更高的分类准确率,并且倾向于更小的特征子集。为了避免上述矛盾,可以选择嵌入式算法,它在一定程度上可以克服过滤式算法和包裹式算法的缺点。嵌入式算法旨在

---

① Hsu W.H., "Genetic Wrappers for Feature Selection in Decision Tree Induction and Variable Ordering in Bayesian Network Structure Learning", *Information Sciences*, Vol. 163, No. 1 – 3, 2004, pp. 103–122.

② Xue B., Zhang M., Browne W. N., "Particle Swarm Optimisation for Feature Selection in Classification: Novel Initialisation and Updating Mechanisms", *Applied Soft Computing*, Vol. 18, 2014, pp. 261–276.

减少包裹式算法重新分类子集产生的计算时间,主要做法是将特征选择作为训练过程的一部分,而不是把数据拆分为训练集和测试集。

嵌入式算法通常包括两类:一类是根据增减特征对分类目标函数的影响来选择特征子集,常见的如决策树类、支持向量机(Support Vector Machine,SVM)等。另一类是根据特征的信息对特征应用惩罚项,从而排除一些关系不大的输入特征。如将两个范数用于支持向量机最小化问题,从而为特征分配权重,这里一般采用的是套索回归和岭回归特征选择算法。其中,套索回归的降维原理是最小化回归系数的残差平方和,从而使其等于 0。套索回归算法结合赤池信息准则和贝叶斯信息准则进行特征选择,实现降维。类似于优化支持向量机算法实现特征权重的分配,套索回归算法同样也可以优化神经网络。例如,塞蒂奥诺和刘欢(Setiono 和 Liu,1997)[①]训练多层感知器神经网络,对不重要的节点特征施加惩罚项,从而删除与这些输入特征相关联的节点。对特征施加惩罚项的算法通常用于确定最优的神经网络结构,一般称之为网络修剪。此外,惰性特征选择(Lazy Feature Selection,LFS)算法是利用特征空间中的稀疏性作为文本分类问题的特征选择方法。它通过 K 近邻(K-Nearest Neighbors,KNN)算法来实现最终的特征分类,具体是根据训练样本对测试样本进行特征排名。

集成特征选择是对数据样本的不同子集运行的单个特征选择算法进行汇总,从而获得最终的特征集合。例如,豪瑞(Haury,2011)[②]使用过滤方法对特征进行排序,并通过不同的聚合方法,如集合平均、线性聚合、加权聚合等来获得最终的特征子集。集成特征选择算法能够实现多个目标之间的良好平衡,在不同的特征子集上训练数据,以提高集成分类函数的性能。例如,随机子空

---

① Setiono R., Liu H., "Neural-Network Feature Selector", *IEEE Transactions on Neural Networks*, Vol. 8, No. 3, 1997, pp. 654-662.

② Haury A. C., Gestraud P., Vert J. P., "The Influence of Feature Selection Methods on Accuracy, Stability and Interpretability of Molecular Signatures", *PLoS ONE*, Vol. 6, No. 12, 2011, p. e28210.

间（Ahn,2007）①和随机森林（Random Forest,RF）（Breiman,2001）②都属于集成特征选择方法,它们在不同的特征子集上训练基础分类器。德博克等（De Bock,2010）③引入广义加性模型（Generalized Additive Model,GAM）作为使用随机子空间和袋装（Bagging）算法的二元集成分类的基础分类器。集成特征选择可以同时在多个不同的子集上运行,而不会影响单个基础分类函数的性能。例如,首先通过过滤式算法删除一些不相关的特征子集,留下比较重要的特征子集,然后将这些子集组合成一个集成子集,最后将得到的新特征子集作为输入特征,并使用其他算法如包裹式算法计算特征数量和分类性能。实际上,集成式特征选择算法主要致力于改进算法的计算效率和分类性能,提高特征子集选择的稳定性。

（二）非结构化数据处理

由于金融安全风险分级指标中的舆情评估、风险地理半径、风险人群半径等的表达通常会用到大量非结构化数据,因此需要运用大数据技术、领域知识技术从海量的数据中将社会舆情、地理信息等数据加工融合成为具有完整视图效果的全局信息,获取全局视角下金融安全多场景模式的风险半径指标、风险情绪指标、市场指标和宏观指标。非结构化数据是一个丰富的信息来源,但相关信息的利用则非常具有挑战性。因此,对非结构化数据进行处理十分必要且重要,处理的过程主要包含以下4个方面或步骤:

1.信息提取

信息提取指从非结构化或半结构化数据中提取有用信息。信息提取过程

① Ahn H.,Moon H.,Fazzari M. J.,et al.,"Classification by Ensembles from Random Partitions of High-Dimensional Data ", *Computational Statistics & Data Analysis*, Vol. 51, No. 12, 2007, pp. 6166-6179.

② Breiman L.,"Random Forests",*Machine Learning*,Vol. 45,No. 1,2001,pp. 5-32.

③ De Bock K.W.,Coussement K.,Van D.P.D.,"Ensemble Classification Based on Generalized Additive Models",*Computational Statistics & Data Analysis*,Vol. 54,No. 6,2010,pp. 1535-1546.

是以实体、关系、对象、事件和许多其他类型的形式，从非结构化数据中提取有用的结构化信息。实体提取技术主要分为三种：

（1）基于规则和词典的方法。例如，大型供应商（IBM，SAP 和 Microsoft）的信息提取系统是完全基于规则方法的。

（2）基于统计机器学习的方法。例如，刘晓华等（Liu 等，2011）[1]将 K 近邻算法和线性条件随机模型相结合来识别实体。

（3）面向开放域的提取方法。例如，张少典和埃尔哈达德（Zhang 和 Elhadad，2013）[2]提出一个无监督的实体抽取方法，利用术语、语料库统计信息以及浅层语法知识从生物医学中提取实体。

大量非结构化大数据信息提取是将传统的基于规则或基于传统机器学习的技术转变为卷积神经网络（Convolutional Neural Network，CNN）等深度学习算法，这主要是因为深度学习算法在技术上更先进，并且在效果上更优良。

关系提取是信息提取的子任务，它用于提取各个实体之间的实质性关系。实体和关系用于通过分析数据的语义和上下文属性来正确表现数据。关系提取技术主要分为三类：一是基于模板的关系提取；二是基于监督学习的关系提取，即使用基于特征和内核技术的关系提取；三是基于半监督或无监督学习的关系提取。例如，DIPRE，Snowball 和 KnowItAll 都是通常所见的半监督关系提取的典型例子（Konstantinova，2014）[3]。

此外，还可以应用弱监督方法提取实体之间的一对一和多对多关系。传

---

[1] Liu X. H., Zhang S., Wei F., et al., "Recognizing Named Entities in Tweets", In: *Proceedings of the 49th Annual Meeting of the Association for Computational Linguistics: Human Language Technologies*, Portland, Oregon, USA, 2011, pp. 359-367.

[2] Zhang S. D., Elhadad N., "Unsupervised Biomedical Named Entity Recognition: Experiments with Clinical and Biological Texts", *Journal of Biomedical Informatics*, Vol. 46, No. 6, 2013, pp. 1088-1098.

[3] Konstantinova N., "Review of Relation Extraction Methods: What Is new Out There", In: *International Conference on Analysis of Images, Social Networks and Texts*, Yekaterinburg, Russia, 2014, pp. 15-28.

统的基于机器学习或基于规则的技术不足以处理非结构化大数据的容量和维度,由于非结构化大数据集可能存在缺失值、噪声和其他错误,将使信息的不存在和信息提取的不连贯,因而针对大数据需要进行密集的数据预处理。然而,有监督机器学习方法需要大量的标签,而要大规模标签语料库是一项非常艰巨的任务。一般认为,半监督学习的标签和未标签的语料库的监督程度相对而言较小。学者发现,弱监督方法在减少手工标签工作量上非常有效。值得注意的是,无监督学习方法不需要标记数据,能够从文本中提取实体,对相似实体进行聚类并识别关系。

对于大规模数据,远程监督学习(Distant Supervision,DS)、卷积神经网络、循环神经网络(Recurrent Neural Networks,RNN)、深度神经网络(Deep Neural Networks,DNN)、迁移学习(Transfer Learning,TL)等表现出了更好的结果。就卷积神经网络、循环神经网络、深度神经网络等深度学习算法而言,在训练期间应该充分利用未标签数据的优势,养成良好的泛化学习能力。这是因为它包含多个隐藏层,因此能够学习不同特征,非常适合模式识别。例如,施赖伯(Schreiber,2017)[①]提出一种基于深度学习的框架,即 DeepDeSRT,它使用 Faster R-CNN 的预训练模型在文档中提取模板,其对文档进行图像分析,以检测表格结构并从识别的模板中提取和存储信息。

2. 信息融合

通过信息提取可以初步获得形式化信息,但是由于信息的质量参差不齐,需要使用信息融合对原有的信息进行补充和扩展。因此,可以将信息融合看作是领域知识的一个环节,也可以理解为领域知识的更新。多源知识融合可以分为两类:一类是更新已有开源信息融合,主要针对互联网大数据,关注的是如何从大量碎片化数据中提取有用的信息,并融入现有的开源知识图谱中;

---

① Schreiber S., Agne S., Wolf I., et al., "Deepdesrt: Deep Learning for Detection and Structure Recognition of Tables in Document Images", In: 2017 14*th IAPR International Conference on Document Analysis and Recognition (ICDAR)*, Kyoto, Japan, 2017, pp. 1162−1167.

另一类是多信息融合,主要指通过识别多个知识图谱的等价实例、等价类别和等价属性,将多个知识图谱合并成一个大的知识图谱。

开源信息融合的过程中必须包括对信息进行评估和验证。通过信息评估可以判断信息的真实性,将经验信息与领域知识已有的信息进行整合,以实现信息的融合,以提高信息可靠性和可信度。传统的信息评估和验证方法有三种,即贝叶斯模型、Dempster-Shafer 证据理论和模糊集理论。随着机器学习的发展,基于图模型的知识评估和验证方法逐渐兴盛起来,学者们纷纷使用不同的信息源构建各种知识图谱。毫无疑问,如何融合和表达多源知识图谱对于建立统一的大规模知识图谱具有重要意义。不同的知识图谱的信息来源不同,可能是领域知识图谱,也可能是一般知识图谱,它们的信息描述体系各有差异。相同实体在不同的知识图谱中会有不同的表达,同名的实体也可能代表不同的事物。多知识图谱融合不是简单地合并知识图谱,而是发现各类知识图谱之间的等价实体、等价属性或等价类别标签,并将来自不同知识图谱的实体和关系进行"对齐"。

一般认为,信息融合的任务主要包括以下三个:

(1)实体消歧。指将文本中出现的命名实体映射到一个已知的无歧义的结构化知识库中,它对知识图谱构建、语义搜索、知识问答、推荐系统等应用都有重要的意义。例如,使用维基百科作为背景知识,利用其中的语义知识和社会关系来更精准地衡量实体之间的相似性,从而提升实体消歧的效果。

(2)实体对齐。它的主要目的是判断两个或者多个不同信息来源的实体是否指向真实世界中的同一个对象。如果找到多个实体表征相同对象,则需要在这些实体之间构建对齐关系,并对实体包含的信息进行融合和聚集。例如,可以基于决策树的自适应属性来选择实体对齐方法。

(3)知识合并。常见的知识合并需求有两个,即合并外部知识库和合并关系数据库。将外部知识库融合到本地知识库需要处理两个问题:一个是数据层的融合,包括实体的指称、属性、关系以及所属类别等,主要要解决的问题是如何避免实体与关系的冲突,从而规避在模式层融合中带来不必要的冗余,将新本体融入已有的本体库中;另一个是合并关系数据库,在知识图谱构建过程中,由于金融安全风险重要的知识来源是企业或者机构的关系数据,因而为了将这些结构化的历史数据融入知识图谱中,可以采用资源描述框架(Resource Description Framework,RDF)作为数据模型。

实体消歧和实体对齐更多的是从实体层面上来提升知识图谱的知识质量,而知识合并则是基于现存的知识库和知识图谱来扩大知识图谱的规模,从而在整体层面上进行信息的融合,最终丰富知识图谱中蕴含的信息。例如,陈穆豪等(Chen,2018)[1]提出,可以利用实体描述的基于嵌入的半监督跨语言学习方法对多语言知识图谱进行整合。

3.知识加工

通过信息提取和知识融合得到的事实表达并不等于知识,还需要经过知识加工,才能最终获得结构化、网络化的知识体系。知识加工是基于已构建的数据层进行概念抽象,实现对知识的统一管理,其内容主要包括本体构建、知识推理、质量评估等。

本体构建实际上是对特定领域中某些概念及其相互之间关系进行形式化表述,其实质是建立知识图谱的模式层。本体构建可以采用人工编辑的方式手动(借助本体编辑软件),也可以通过数据驱动的自动化方式来完成。自动化本体构建过程一般包含三个阶段:实体并列关系相似度计算、实体上下位关系抽取和本体生成。例如,当领域知识获得"阿里巴巴""腾讯"和"手机"等三个实体的时候,最初可能会认为它们之间并没有什么差别,但在计算它们之间的相似度之后就会发现,阿里巴巴与腾讯之间可能更为相似,与手机之间的差别更大一些。这就是第一阶段的作用,但这时知识图谱实际上还是没有一

---

[1]　Chen M.H.,Tian Y.T.,Chang K.W.,et al.,"Co-Training Embeddings of Knowledge Graphs and Entity Descriptions for Cross-Lingual Entity Alignment",In:*Proceedings of the 27th International Joint Conference on Artificial Intelligence*,Stockholm,2018,pp.3998-4004.

个上下层的概念,因而还是不能确定阿里巴巴与手机根本不隶属于一个类型,无法比较。因此,在实体上下位关系抽取这一阶段,就需要去完成这样的工作,解决上述问题,从而生成出第三阶段的本体。当三个阶段结束后,此时知识图谱可能就会明白地表示,"阿里巴巴与腾讯其实都是公司一类实体下的细分实体,它们与手机并不属于一类"。

在完成本体构建这一步骤之后,知识图谱的雏形便基本搭建起来。但此时,知识图谱之间大多数关系还是残缺的,缺失值的情况可能非常严重。这样,就可以使用知识推理技术去进一步地实现知识发现。知识推理的对象并不局限于实体之间的关系,也可以是实体的属性值、本体的概念层次关系等。具体而言,知识推理具体可以归纳为以下4类:

(1)基于图结构和统计规则挖掘的推理。例如,劳尼和科恩(Lao 和 Cohen,2010)[①]提出路径排序算法,将各个实体之间的路径作为特征,通过随机游走算法来判断实体之间是否存在潜在的关系。

(2)基于图表学习的推理。例如,博尔德等(Bordes 等,2013)[②]提出 TransE 模型,将所有的实体和关系表示为同一个空间下的向量,假设事实元组中实体向量和关系向量之和约等于尾实体的向量。

(3)基于神经网络的推理。例如,达斯(Das 等,2017)[③]将符号逻辑推理中丰富的多步推理与神经网络的泛化能力进行结合,通过学习实体、关系和实体的种类来联合推理,并使用神经网络注意力建模以整合多条路径。

---

① Lao N.,Cohen W.W.,"Relational Retrieval Using a Combination of Path-Constrained Random Walks",*Machine Learning*,Vol. 81,No. 1,2010,pp. 53-67.

② Bordes A.,Usunier N.,Garcia-Duran A.,et al.,"Translating Embeddings for Modeling Multi-Relational Data". In:*Advances in Neural Information Processing Systems*,Lake Tahoe,Nevada,United States,2013,pp. 2787-2795.

③ Das R.,Neelakantan A.,Belanger D.,"Chains of Reasoning over Entities,Relations,& Text Using Recurrent Neural Networks", In:*Proceedings of the 15th Conference of the European Chapter of the Association for Computational Linguistics*,Valencia,2017,pp. 132-141.

（4）混合推理。例如，郭舒等（Guo 等，2016）[1]首先通过使用算法去学习规则，以此增强关系来补全知识图谱，随后使用规则来进一步改善传统关系学习的推理结果，以此提升知识推理的准确性。

完成本体构建和知识推理后，接下来的质量评估也是知识库构建技术的重要组成部分。质量评估过程主要是量化知识的可信度，通过舍弃置信度较低的知识来保障知识库的质量。

4.知识更新

知识库的更新包括更新概念层和更新数据层。概念层的更新需要自动将新的概念添加到知识库的概念层中；数据层的更新主要是新增或替换实体、关系、属性值，这时需要考虑数据源的可靠性、数据的一致性（是否存在矛盾或冗杂等问题）等，并挑选在各个数据源中出现频率较高的事实和属性加入知识库中。

知识图谱的内容更新通常有两种方式：一个是全面更新，指以更新后的全部数据为输入，重新开始构建知识图谱；另一个是增量更新，即以当前的新增数据为输入，向现有的知识图谱中添加新增知识。

二、预警指标选取

全球经济形势动荡反复，金融市场受到剧烈冲击，经济个体面临的不确定性也随之增加。在全球金融安全风险的作用下，金融体系经历了阶段性的高风险时期，实体经济也承受着巨大的下行压力。同时，金融市场参与主体之间业务往来越发频繁，交易趋于复杂，导致经济个体遭遇的困境很可能对外产生连锁反应，对金融系统和宏观经济形成冲击。因此，金融安全风险的影响范围往往是十分广泛的，在研究金融安全风险预警时，应当综合考虑宏观经济、中

---

① Guo S., Ding B. Y., Wang Q., et al., "Knowledge Base Completion via Rule-Enhanced Relational Learning", In: *China Conference on Knowledge Graph and Semantic Computing*, Beijing, 2016, pp.219-227.

观市场、微观个体等三个方面的因素对金融安全的影响,分别构建金融安全风险事前预测指标体系和动态风险监控指标体系,并持续更新金融安全风险预警指标库。

(一)宏观预警指标

宏观预警指标主要指描绘整个宏观经济、通货膨胀、货币政策、财政赤字、企业生产经营以及国际环境的指标,其中:

(1)反映宏观经济发展水平的指标主要包括国内生产总值、采购经理人指数、社会融资总额等。

(2)反映通货膨胀压力的指标主要包括消费者物价指数、生产价格指数、通货膨胀率、失业率等。

(3)反映货币政策走向的指标主要包括货币供应量、利率变化、存款准备金等。

(4)反映财政收支状况的指标主要包括财政赤字和政府总负债率等。

(5)反映企业生产经营景气的指标主要包括企业家信心指数、企业景气指数体现等。

随着金融全球一体化的推进,国际经济形势变化和金融安全风险严重影响着各国经济、金融的平稳发展。一些学者经常采用中国、美国、日本、欧洲等国的制造业采购经理人指数等来反映国际金融安全风险态势。

(二)中观预警指标

中观预警指标反映市场经济状态,这里从金融市场中选取主要经济指标。

一方面,采用相关市场指标刻画细分金融市场受到的冲击程度,例如:

1.资本市场

选取金融机构的财务指标、流动性指标、政治风险指标、股市波动率、债券市场选取国债收益率、企业债收益率等指数。

2.货币市场

选取资本充足率、不良贷款率、杠杆率、经常账户差额等指标、人民币存款余额增长率、金融机构人民币贷款余额增长率等指标。

3.外汇市场

选取美元指数、伦敦同业拆借利率和人民币汇率、金融机构外汇存款余额增长率、金融机构外汇贷款余额增长率等指标。

4.大宗商品市场

选取黄金价格、石油波动率、期货价格波动率、现货价格波动率等指标。

5.房地产市场

选取固定资产投资完成额,以及房地产开发投资完成额占实际当季同比值等指标。

另一方面,研究中也需要采用反映行业风险,主要包括行业环境风险和行业财务风险的指标,后者如净资产收益率、行业盈亏系数、资本积累率、销售利润率、产品产销率以及全员劳动生产率等。

(三)微观预警指标

对于微观预警指标,一方面选取金融机构财务指标,主要包括:

1.交易摩擦因子

包括市值因子(企业规模)、行业调整市值(调整规模)、系统性风险(Beta系数)、股票收益波动率,以及交易换手率、交易额、换手率波动率、最大日收益率等。

2.动量因子

被归属为一种典型的市场异象,包括短期反转,一般即上个月的金融机构收益率。投资者容易对短期消息反应过度,导致价格在短期后出现反转。由于"短期反转"现象较为普遍,因此通常认为当上个月的金融机构收益率较高时,下一个月的收益可能会下降,那么可能存在金融安全风险影响。

3. 成长因子

包括总资产增长率、固定资产净额、研发费用（R&D）、负债增长率、营业收入增长率、营业（边际）利润增长率、折旧率（PP&E）等。成长因子代表金融机构的成长性，即金融机构价格未来的上涨空间或者可能性。一般而言，成长性越好的金融机构，价格预期越高。

4. 盈利因子

用于衡量股票的盈利能力，包括资产回报率、净资产收益率（Return on Equity，ROE）、现金资产率（Return on Equity，CAR）和总资产周转率（Asset Turnover，ATO）、资本换手率（Capital Turnover，CT）。

5. 财务流动性因子

用于描述企业的偿债能力，是判断企业财务风险的重要依据，关系着企业的生死存亡。主要包括流动比率、速动比率、现金负债比率、营业收入现金比、营业收入存货比和营业收入应收账款比等。

6. 价值因子

用于判断股票估值带来的风险，包括账面市值比（Book to Market，BM）、总资产市值比（Asset to Market，AM）、收益价格比（Earnings to Price，EP）、杠杆率、营业收入价格比（Sales to Price，SP）等。

另一方面，选取风险的人群半径和风险舆情指标来度量金融风险事件对经济个体层面的覆盖范围和冲击强度，如风险影响的人员数量、爬虫构建的网络舆情指标、投资者情绪指标、百度搜索指数和谷歌搜索指数构建的网络舆情指数、社会恐慌程度等。

三、预警指标体系

本部分旨在探讨如何利用人工智能技术构建金融安全风险预警体系，实现金融安全风险预警。首先确定预警指标，根据描述层级的不同将其划分为宏观预警指标、中观预警指标和微观预警指标。

　　在传统金融风险预警指标基础上,结合金融市场当前所面临的风险特征,建立金融安全风险预警指标体系。通常而言,人工智能技术有助于发现更多潜在有用的信息,包括一些在现实中难以发现的隐藏复杂关系。鉴于此,可以借助人工智能技术寻找金融安全风险定量指标之间、定性指标之间、定量指标与定性指标之间的关系。本书从宏观、中观和微观三个角度分别构建预警指标体系,并整合成具有全局信息的多场景模式的金融安全风险预警指标体系。

　　由于金融安全风险相关数据来源广泛,它们分属于不同的类型,包括结构化、半结构化甚至完全非结构化的数据形式,这些各种类型的数据结构刺激了不同表示形式的异构、高维和非线性数据的生成。例如,金融安全风险中的用户情绪、用户画像、声音指标等数据就是较为特殊的非结构化数据。在异构数据方面,通过领域知识将不同来源的半结构化、非结构化和文本数据表示学习。再结合深度学习算法将数据表示学习,并进一步融合加工,挖掘潜在的信息,为金融安全风险预警提供多场景视图。在高维数据处理方面,常见的方法是采用特征选择技术降低数据维度。在大量乃至海量数据处理方面,分布式和并行深度学习方法具有更强的优势,通过它们能够完成数据并行以及模型并行训练。此外,传统的机器学习假设训练数据与测试数据服从相同的数据分布,然而在许多情况下这种同分布假设条件往往并不能得到满足。而值得注意的是,迁移学习可以通过学习知识来解决来自不同特征分布空间的数据。

　　以上方法解决了金融安全风险预警数据处理中所遇到的异构数据融合、高维数据降维和数据量超大的问题。基于此,可以将用户特征、地理信息等数据进行加工融合,获取全局视角下金融安全多场景模式的风险指标、情绪指标、市场指标和宏观指标,进而构建金融安全风险预警指标体系,具体地:

　　(1)从宏观经济、中观市场、微观个体等视角获取相关金融安全风险指标。

　　(2)运用领域知识和深度学习,从海量数据中将结构化和非结构化数据加工融合成具有完整视图效果的全局信息,挖掘金融安全风险的宏观预警、中观预警和微观预警指标信息。

（3）通过对高维数据降维，寻找隐藏在高维中可以被低维结构表示学习的数据特征。

（4）通过领域知识和深度学习，分别构建宏观指标体系、中观指标体系和微观指标体系，并整合成可实现持续更新的金融安全风险预警指标体系。

完成以上4个步骤后，便可以构建不同金融安全预警场景下，基于大数据平台的金融安全风险预警指标体系。

第二节　人工智能加持的金融安全风险控制指标及其体系

一、控制数据处理

金融安全风险控制相关数据的质量关系到分级模型的样本外泛化能力，乃至金融安全风险分级的准确性（Zhu 等，2019）[①]。因此，在构建最终的金融安全风险控制指标体系以及进行分级建模之前，必须对指标数据进行充分的预处理。总的来说，数据处理就是保证分级指标数据能够达到准确性、完整性、一致性、时效性、可信性和解释性的要求，以便为最终的金融安全风险分级提供准确信息，提高分级精度。指标数据处理的方法大致分为以下4个主要类别：

（一）数据清洗

数据清洗主要指对原始指标数据进行重新检验和校正，其目的大致有三

[①] Zhu Y., Xie C., Wang G.J., et al., "Forecasting SMEs' Credit Risk in Supply Chain Finance with an Enhanced Hybrid Ensemble Machine Learning Approach", *International Journal of Production Economics*, Vol. 211, 2019, pp. 22–33.

个:一是解决重复性问题,即删除分级指标数据中的重复信息;二是解决错误性问题,即纠正指标数据中可能存在的错误;三是解决缺失值问题,即补充原始指标数据中的缺失值。在实际的金融安全风险分级工作中,分级指标数据往往来源广泛且包含众多的历史值,一些数据可能存在错误或者数据之间还存在冲突,因此原始的指标数据不能被直接应用于分级建模。为了保证建模的合理性和生成结果的准确性,必须要按照一定的规则将这些原始数据"清洗"干净,让其达到分级建模的数据要求,以提高最终的金融安全风险分级精度。

在数据清洗之前,首先要对数据进行基本的一致性检查。一致性检查是根据相关专业知识,判断分级指标数据的合理区间和类型,从而判断所收集到的指标数据是否合乎要求,是不是最准确的数据形式,是否存在超出正常范围、逻辑不合理,甚至前后矛盾的数据值。例如,一些指标数据应该是指数形式的,不可能出现负值,倘若这类指标数据出现负值,则可能是数据收集或处理过程中出现了错误,因此需要对指标数据重新审查。在进行过一致性检查后,可从以下 4 个方面进行"数据清洗"。

1. 重复数据

一些指标数据的采样频率可能会精确到日内每分钟,因此这时会有较多的观测值,也可能会出现数据的重复。对于重复数据,需要仔细检查核对,确保指标数据中的重复值都是合理无误的。

2. 缺失数据

在获得数据的过程中,会存在各种原因所导致的数据缺失。例如,在从美国能源信息署(Energy Information Administration,EIA)下载每日原油价格时,部分交易日的油价数据是缺失的。再如,一些公司也并未在年报中完整披露某些财务指标数据。数据缺失可能导致无法进行后续的分级建模,因此必须对这些缺失数据进行处理。

常用的缺失值处理方法包括:一是变量删除,即删除缺失问题过于严重的变量;二是插补,这一方面可以通过简单的数据统计量对缺失数据进行插补,如均值、众数和中位数等,但是在插补前必须考虑数据的分布特征,并选择适合的统计量,不然可能造成较大的误差。另一方面,还可以利用随机插值、多重差补法、最近邻法、热卡填充、拉格朗日插值和牛顿插值等技术,填充缺失数据;三是模型预测,可以利用现有数据拟合出它们之间的关系,再对缺失数据进行预测,从而达到填充缺失数据的目的。

3. 离群数据

离群数据的存在会加大建模中的估计误差,因而有必要对这类数据进行处理。一般而言,可以通过人工判断、统计分析(箱线图、分位点)、3σ 方法(正态分布)、绝对离差中位数、相互距离等方法来判断离群数据。发现离群数据后,可以先将其删除,再利用上述缺失数据处理方法填充该数据。

4. 噪声数据

噪声数据指测量值可能出现的相对于真实值的误差或偏差,其可能严重影响后续建模的精确度。

一般而言,可以通过以下方法处理噪声数据:一是分箱法,指先将待处理的指标数据进行整合,即先按照一定规则将不同的数据放进不同的“箱子”中,然后采用某种特定数据代替“箱子”中的所有数据,常用的方法是取“箱子”中数据的平均值、中位数等;二是聚类法,即通过 K-means 等聚类方法将数据集合分为若干个簇,在簇外的数据即为孤立点。这些孤立点被视为噪声,后续可以将它们进一步替换或删除;三是回归法,即构建函数拟合指标数据之间的关系,然后通过该函数生成新的数据,从而达到平滑它们的目的。

(二)数据集成

所谓数据集成,就是将不同来源的指标数据集合起来。在进行金融安全风险分级的过程中,可能需要从各个不同的渠道,如数据库、政府网站、学者个人主页等获得金融安全风险分级指标数据。

实际在进行金融安全风险分级时,往往需要将不同来源的数据按照特定的方法进行整合,形成一个巨大的数据库,从而为金融安全风险分级提供全面的数据共享。数据集成主要有以下4个目的:

1. 协作和统一现有系统

在金融安全风险分级的各个环节,都需要对分级指标数据进行访问,一个有效的数据集成解决方案可以促进各个系统之间的协作效率,提高彼此的统一度。

2. 节省时间

当各类分级指标数据被统一集成完毕后,金融安全风险分级的操作人员可以很方便地进入数据系统,并且访问其中的分级指标数据,而不需要重新收集、处理各类风险分级指标数据,从而提高整体的分级效率。

3. 减少错误

分级指标数据被统一集成、调用,这样可以提高数据的准确性,减少人为操作可能带来的额外误差。

4. 提供更有价值的数据

数据集成工作实际上会随着时间的推移,不断提高分级指标数据的价值。

(三)数据变换

数据变换即对金融安全风险分级指标数据进行规范化和离散化处理,换句话说,就是将数据的范围和形式进行统一,以便后续开展进一步的数据挖掘和风险分级建模。在实际工作中,由于分级指标数据来源多样且广泛,各类数据的构建方法有较大差别,数据的幅度甚至可能相差百倍以上,因此对数据实施规范化处理是非常有必要的。

例如,韦伯奇和戈亚尔(Welch 和 Goyal,2008)[1]提供了10余个宏观经济

---

[1]　Welch I., Goyal A., "A Comprehensive Look at the Empirical Performance of Equity Premium Prediction", *Review of Financial Studies*, Vol. 21, No. 4, 2008, pp. 1455–1508.

指标,它们涵盖了金融安全风险预警和分级的方方面面,被大量的相关文献应用于金融安全风险预测中。但是,在这些宏观经济指标之间,数据范围相差巨大。例如,标准普尔(S&P)500指数的数据值通常数以千计,但无风险收益的数据范围往往只有零点几,如此大的数据值差距给系数估计和模型精度都带来了问题。因此,很多研究在使用这些数据前都进行标准化处理。

张耀杰等(Zhang,2023)[①]在利用宏观经济指标预测股票价格收益时,就对它们统一做了标准化处理。张耀杰等(Zhang,2020b)[②]在对20多个国家和地区的股票市场波动风险进行预测时,除传统的异质性方差自回归模型(Heterogeneous Auto-regressive model,HAR)类预测指标外,对全球股票市场共同信息指标(分别基于主成分分析和简单平均)也做了标准化处理。刘莉和王玉东(Liu和Wang,2020)[③]在预测股票波动风险时使用了众多的技术指标(Technical Indicators),这些指标提取了股票价格过去的各类上涨和下跌趋势,然后将这些趋势转换为一组0—1信号,即涨跌信号,也就是所谓的技术指标,它实际上还是一种将原始的股票价格数据进行离散化的数据处理方法。刘莉和王玉东(2020)利用行为金融指标来预测股票波动风险,其具体方法如下:当某一个月的股票价格达到了过去一年来的最高值时,将该行为金融指标取为1,否则取为0;另一种构建方法是,当某一个月的股票价格达到历史最高值时,将该行为金融指标取为1,否则取为0。由此,转换后的数据指标也完全可以被应用在金融安全风险分级中。

总而言之,在进行金融安全风险分级建模前对指标数据进行规范化处理

① Zhang Y. J., Wahab M. I. M., Wang Y. D., "Forecasting Crude Oil Market Volatility Using Variable Selection and Common Factor" *International Journal of Forecasting*, Vol. 39, No. 1, 2023, pp. 486–502.

② Zhang Y. J., Ma F., Liao Y., "Forecasting Global Equity Market Volatilities", *International Journal of Forecasting*, Vol. 36, No. 4, 2020b, pp. 1454–1475.

③ Liu L., Wang Y. D., "Forecasting Aggregate Market Volatility: The Role of Good and Bad Uncertainties", *Journal of Forecasting*, Vol. 40, No. 1, 2020, pp. 40–61.

是十分常见且必要的操作,它有助于增加估计参数的统计和经济意义,提高分级模型的准确性。当前常用的数据转换方法主要包括:

1. 总和标准化

该方法十分方便也非常易于理解,它先计算相应类别金融安全风险分级指标数据的总和,然后将每项数据除以该总和。简言之,总和标准化是将原始指标分级数据映射到(0,1)的开区间,形成一组 0—1 信号,由此完成了数据的标准化处理。从统计上来说,总和标准化可以被表示为:

$$x'_i = \frac{x_i}{\sum_i x_i} \tag{9.1}$$

其中, x_i 为不同的分级指标数据, $\sum_i x_i$ 为分级指标数据的总和。

2. 标准差标准化

这是一种最常用的数据处理方法,大量相关金融安全风险研究都采用它来处理指标数据(Zhang 等,2020b)。诺内贾德(Nonejad,2019)[1]在进行波动风险预测时,首先运用几种方法对原始指标数据进行处理,随后对处理后的数据完成标准化,最后再将其纳入预测模型。从统计上来说,标准差标准化即所有分级指标数据减去样本均值的差再除以标准差,可以表示为:

$$x'_i = \frac{x_i - \bar{x}_i}{s_i} \tag{9.2}$$

其中, $\bar{x}$ 为样本均值, s_i 为样本标准差。

3. 极大值标准化

此即所有分级指标数据除以它们中间的最大值,从而将原始数据映射到(0,1]的区间,可以表示为:

---

① Nonejad N., " Forecasting Aggregate Equity Return Volatility Using Crude Oil Price Volatility: The Role of Nonlinearities and Asymmetries", *North American Journal of Economics and Finance*, Vol. 50, 2019, p. 101022.

$$x_i' = \frac{x_i}{x_{max}} \tag{9.3}$$

其中,x_{max} 为数据中的最大值。

4. 极差标准化

也称区间缩放法,或 0—1 标准化。极差标准化即所有分级指标数据与最小值的差除以分级指标数据最大值与最小值的差,从而将原始数据映射到 $[0,1]$ 的区间,可以表示为:

$$x_i' = \frac{x_i - x_{min}}{x_{max} - x_{min}} \tag{9.4}$$

其中,x_{max} 与 x_{min} 为分级指标数据中的最大值与最小值。

5. 数据离散化

除了上述指标数据规范化方法外,还有一类数据变换方法是将连续的指标数据离散化,从而形成类似"信号数据"的指标数据,再将这些离散的指标数据纳入金融安全风险分级模型中。常见的数据离散化方法如下:

（1）二值化离散化。即将一列指标数据转换为两个可能值,其处理方法类似于哑变量。从统计上来说,其可以被写作:

$$x_i' = \begin{cases} 1, & x_i > \text{threshold} \\ 0, & x_i \leqslant \text{threshold} \end{cases} \tag{9.5}$$

其中,threshold 为事前确认好的门槛值。

在风险分级的过程中,二值化离散化方法常被用于提取一些分级指标的极端信号。例如,可以将大于某一门槛值的股票价格波动设定为 1,其他股票价格波动设定为 0,从而提取股票价格的极端波动数据作为风险分级指标。事实上,二值化离散的思想还经常被进一步拓展,最后形成含有 0 和其他多个不同值的指标数据。例如,王玉东等（Wang 等,2019a）[①]将原油价格收益大于

[①] Wang Y. D., Pan Z. Y., Liu L., et al., "Oil Price Increases and the Predictability of Equity Premium", *Journal of Banking & Finance*, Vol. 102, 2019a, pp. 43-58.

0 的部分保持不变,将小于 0 的部分统一设定为 0。也就是说,其只提取原油价格的上涨信息,然后以此作为预测指标来预测股票价格收益。又例如,诺内贾德(2019)在预测股票波动风险时,使用不同方法提取原油价格波动信息作为预测指标,如其只提取原油价格波动的上涨或下降信息,而将其他部分的数据设定为 0。

(2)等距离离散化。也被称为等宽法,即将一组指标数据划分为若干区间,然后赋予落入某一区间的指标数据一个特定值,从而将原始的连续指标数据映射到离散数据。例如,一组指标数据在[0,100]之间,最小值为 0,最大值为 100,若要将其分为 5 等分,则区间被划分为[0,20]、[21,40]、[41,60]、[61,80]、[81,100],每个区间中的数据都被视为同一值,通常可以利用平均值、中位数等统计量代替区间中的所有数据。

(3)等频率离散化。即根据指标数据的频率分布进行排序后,再将其按照频率进行离散。这样做的好处是将原始的指标数据分布变成均匀分布,坏处是会更改原有数据的分布状态。

(4)K-means 离散化。它是一种通过聚类来划分指标数据的方法,主要思想是:首先,从指标数据集中随机选取若干个样本作为簇中心;其次,计算所有指标数据与上述"簇中心"的距离,再将每个指标数据划分到与其距离最近"簇中心"所在的簇中;再次,重复上述步骤,对于新的簇计算各个新的"簇中心",并重新划分指标数据。当所有数据都无法被划分到新的簇中时,算法则停止运行;最后,用每个簇中心代替簇内所有指标数据,从而完成指标数据的离散化。

(5)分位数离散化。即利用指标数据的 4 分位、5 分位、10 分位等分位数进行数据离散处理,将落在相同分位区间的数据视为同一值。

(6)Chi-square 分裂离散化。指从整个指标数据中随机取点,计算每个点的 Chi-square 值,将其最大的点作为指标数据的分裂点,从而将原始的指标数据分为两个不同的区间。类似地,再进行第二次分裂,将指标数据进一步划分为三个区间。如此往复,直至满足某一条件时停止,如当 Chi-square 检验显著时则停止分裂,从而将原始指标数据划分为若干段。

总的来说,数据离散化指将连续的数据进行分段,使其变为一段段离散化的区间,从而将原来连续的指标数据转换为离散的指标数据。之所以要将连续的原始指标数据进行离散化处理有几个特别的原因:首先,是算法的要求,如决策树、马尔可夫链、朴素贝叶斯等算法都是基于离散的指标数据展开的。因此,如果使用该类算法,须使用离散型的指标数据。而有效的指标数据离散化处理能减小算法的时间和空间开销,提高模型的分类能力和抗噪能力。其次,在一些特别的情况下,需要对指标数据进行二值化处理,从而提取关键信息。最后,离散化处理往往可以提高数据处理的效率。

在实际的金融安全风险分级工作中,经常需要将连续的指标数据离散化为一系列 0—1 数据,或几类离散的指标数据,从而增加模型的计算速度,减少异常数据造成的误差,使分级模型更加稳定准确。

(四)数据归约

所谓数据规约,就是要在保持数据原貌的前提下,尽可能地缩小数据规模。在进行金融安全风险分级的过程中,需要从各个渠道搜集大量的分级指标数据。虽然庞大的数据量可以带来丰富的分级信息,帮助获得更加准确的分级结果,但也会导致沉重的计算负担和太过冗长的建模过程。最终,可能会使金融安全风险分级不够及时,从而让相关的风险防控措施无法得到有效的实施。

针对这一问题,需要对指标数据进行规约处理。也就是说,对数据进行压缩或降维等处理,让后续的分级模型不需要一次性处理过于庞大的数据而导致效率的降低。

总体而言,当从不同的渠道搜集到原始的分级指标数据后,必须采用包括数据清洗、数据集成、数据变换和数据规约在内的数据预处理方法,对分级指标原始数据进行处理,从而形成可以被进一步用于分级建模的有效分级指标数据。

二、控制指标选取

人工智能驱动的金融安全风险分级体系需要以金融安全风险分级指标体系为基础,而后者的构建需要大量的指标数据。一般而言,指标数据可以从宏观、中观和微观三个角度进行划分。

(一)宏观审慎指标

宏观审慎指标一般用于测度宏观经济总量,其既可能是个量相加得到的总和,也可能是个量的平均值。宏观审慎指标可以反映总体经济形势的变化,对金融安全风险分级具有重要的意义。本部分总结了常用于金融安全风险分级的具体的宏观审慎指标,如表9.1所示。

表9.1　宏观审慎指标

一级	二级	指标描述
国民收入	国内生产总值(GDP)	所有常驻单位在一定时期内生产活动的最终成果
	人均可支配收入	工资性收入+经营性+财产性+转移性净收入
就业	失业率	满足全部就业条件的就业人口中未工作的劳动力数量
	城镇新增就业	参与就业经济活动,实现就业获得劳动报酬的人员数
物价水平及其变动	消费者物价指数(CPI)	与居民生活有关的消费品及服务价格水平的变动情况
	生产物价指数(PPI)	工业企业产品出厂价格变动趋势和程度
	采购经理指数(PMI)	通过对采购经理的月度调查汇总出来的指数
	通货膨胀率	一般物价总水平在一定时期(通常为一年)内的上涨率
政府收支	财政收支	政府财政收入/支出情况
	财政赤字	年度财政支出大于财政收入的差额
	贸易赤字	一定时期内,进口额大于出口额的差额

续表

一级	二级	指标描述
货币	流通中现金（M_0）	银行体系以外各单位库存现金和居民手持现金之和
	狭义货币供应量（M_1）	M_0+单位在银行的活期存款
	广义货币供应量（M_2）	M_1+单位在银行的定期存款和城乡居民个人在银行的各项储蓄存款以及证券客户保证金
	最广义货币供应量（M_3）	M_2+具有高流动性的证券和其他资产
	M_1—M_2剪刀差	M_1与M_2的增速差
	利率	一定时期内利息额与借贷资金额的比率
	汇率	货币之间兑换的比率
	存款准备金率	中央银行要求的存款准备金占存款总额的比率
投资消费	固定资产投资	以货币形式表现的、企业在一定时期内建造和购置固定资产的工作量以及与此有关的费用
	新屋开工率	开始破土动工打新地基的住宅的数目
	营建许可	开始挖掘的订单数量
	社会消费品零售总额	企业售给个人、社会集团，非生产、非经营用的实物商品金额，以及提供餐饮服务所取得的收入金额
	零售销售	零售销售数额的统计汇总，包括所有主要从事零售业务的商店以现金或信用形式销售的商品价值总额
外资和贸易	外汇储备	中央银行及其他政府机构所集中掌握并可以随时兑换成外国货币的外汇资产
	外资持有资产	外资运动情况
信贷	中长期贷款	期限一年以上（不含一年），五年以下（含五年）的贷款
	信贷杠杆	银行用来影响和调节社会经济生活的一种经济手段
	社会融资规模	一定时期内，实体经济从金融体系获得的资金总额
	融资增量—信贷增量	直接融资规模的增量

续表

一级	二级	指标描述
不确定性指标	经济政策不确定	经济政策不可预测性的程度
	贸易政策不确定	贸易政策不可预测性的程度
	宏观经济不确定	宏观经济不可预测性的程度
	地缘政治风险	地缘政治风险的程度

资料来源：笔者根据相关知识积累自制。

表中展示的宏观审慎指标通常主要可以从以下途径获得：

1.专业数据库

例如，万得（Wind）数据库、国泰安（CSMAR）数据库、锐思（RESSET）数据库、中国研究数据服务平台（CNRDS）、彭博（Bloomberg）数据库、Datastream数据库、雅虎财经数据库和全球金融数据库等。

2.政府及相关机构网站

例如，中国政府网站（https://www.gov.cn/）、国家统计局网站（http://www.stats.gov.cn/）、国家发展和改革委员会网站（https://www.ndrc.gov.cn/）、国家能源局网站（http://www.nea.gov.cn/）、美国能源信息署网站（https://www.eia.gov/）、美国圣路易斯联邦储蓄银行网站（https://fred.stlouisfed.org/）、美国国家经济研究局网站（https://www.nber.org/）和世界银行网站（https://www.world bank.org/en/home）等。

3.学者主页

例如，卢茨·基利思（Lutz Kilian）个人主页（https://sites.google.com/site/lkilian2019/）披露了全球实体经济活动指数；阿米特·戈亚尔（Amit Goyal）个人主页（https://sites.google.com/view/agoya l145）披露了包括国库券利率、长期国债利率、通货膨胀率等指标数据；马泰奥·伊科维耶洛（Matteo Iacoviello）个人主页（https://www.matteoiacoviello.com/gpr.htm）披露了全球地缘政治风险指数；西德尼·卢德维格森（Sydney Ludvigson）个人主页

(https://www.sydney ludvigson.com/data-and-appendixes/)披露了包括宏观不确定性指数在内的三种不确定性指数;斯科特·贝克(Scott Baker)、尼古拉斯·布卢姆(Nick Bloom)和斯蒂文·戴维斯(Steven Davis)的经济政策不确定性网站(https://www.policy uncertainty.com/)披露了包括经济政策、贸易政策、气候政策等各类政策相关的不确定性指标;卢卡斯·赫斯特(Lucas Husted),约翰·罗杰斯(John Rogers)和孙波的网站(https://sites.google.com/site/ lucasfhusted/data)则提供了货币政策不确定性指数。

4.搜索和舆情指数

近几年,随着数字技术的不断发展,市场参与者获取信息的途径也在不断增加,网络搜索数据被认为是反映经济状况变化的重要途径。例如,当经济陷入衰退期时,"失业""裁员"等相关搜索数据频率往往呈现剧烈的上升趋势,因此在测度宏观经济时,网络搜索指数越来越受重视。就国内市场而言,百度指数(https://index.baidu.com/v2/index.html#/)是一个较好的搜索量代理指标,其提供了 2011 年以来的日频搜索数据,并区分了 PC 端和移动端。针对国外市场,谷歌所提供的谷歌趋势指数(https://trends.google.com/trends/?geo=US)是最权威的在线搜索指数,其提供 2004 年以来的搜索数据。数据频率最高可到分钟,并可将数据按照国家/地区进行区分。

而除上述两个主流搜索引擎外,微博、推特等社交软件的评论数据亦被用于分析研判经济形势变化。姚婷等(Yao 等,2017)[1]发现,由谷歌指数所构建的投资者关注指数可以显著影响国际原油价格。余乐安等(Yu 等,2019)[2]发现,谷歌指数可被应用于预测未来石油消费量。由此可见,搜索指数包含了丰富的经济信息,具有巨大的经济预测价值,可被应用于金融安全风险分级中。

---

[1] Yao T.,Zhang Y.J.,Ma C.Q.,"How Does Investor Attention Affect International Crude Oil Prices?",*Applied Energy*,Vol. 205,2017 pp. 336-344.

[2] Yu L. A.,Zhao Y.Q.,Tang L.,et al.,"Online Big Data-Driven Oil Consumption Forecasting with Google Trends",*International Journal of Forecasting*,Vol. 35,2019,pp. 213-223.

（二）中观市场指标

相对于宏观审慎指标而言,中观市场指标则关注金融市场各个具体的细分市场(子市场),包括证券市场、货币市场、外汇市场、商品市场(黄金市场)以及新兴的互联网金融市场等。中观市场指标可以从各个金融子市场中提取有用的信息用于金融安全风险分级,与宏观审慎指标实现互补,具体如表9.2所示。

表9.2　中观市场指标

一级	二级	指标描述
证券市场	股票开盘价	每个交易日开市后第一笔买卖的成交价格
	股票收盘价	每个交易日最后一笔交易前一分钟所有交易的成交量加权平均价
	股票最高价	每个交易日中的最高价
	股票最低价	每个交易日中的最低价
	股票涨跌额	当日股票价格与前一日收盘价格相比的涨跌数值
	股票涨跌幅	当日股票价格与前一日收盘价格相比的涨跌幅度
	股票交易量	股票买卖双方达成交易的数量
	股票交易额	股票买卖双方达成交易的金额
	股票价格波动	股票价格的变化情况
	股票市场波动率指数	芝加哥期权交易所股票市场波动率指数
货币市场	国库券利率	国家财政当局为弥补国库收支不平衡而发行的政府债券的利率
	商业票据利率	金融公司或某些信用较高的企业开出的无担保短期票据的利率
	同业拆借利率	金融机构同业之间的短期资金借贷利率
	国债回购利率	银行间互相持有债券,当银行进行回购交易时就会有回购利率
外汇市场	汇率	货币之间兑换的比率

续表

一级	二级	指标描述
商品市场	原油价格	原油的价格,一般指三大基准原油,即西得克萨斯中质原油期货,布伦特原油期货和普氏迪科原油期货
	原油价格波动	原油价格的变化情况
	原油市场波动率指数	芝加哥期权交易所原油市场波动率指数
	原油消费量	一段时间内,原油的消费量
	原油进口量	一段时间内,原油的进口量
	原油出口量	一段时间内,原油的出口量
	原油库存	原油当前的库存量
	农产品价格	重要农产品的价格,例如小麦、大豆和玉米等
	农产品价格波动	重要农产品的价格变化情况
	黄金价格	黄金的价格
	黄金价格波动	黄金价格变化情况
互联网金融市场	加密货币价格	重要加密货币的价格,例如比特币
	加密货币价格波动	重要加密货币价格的变化情况
	加密货币不确定性指数	包括加密货币政策和价格的不确定性指数

资料来源:笔者根据相关知识积累自制。

1. 专业数据库

与上述宏观审慎指标的数据库来源一致。

2. 政府及相关机构网站

与上述宏观审慎指标的来源一致。例如,Oxford-Man 量化金融研究中心网站(https://realized.oxford-man.ox.ac.uk/)披露了基于高频日内数据的股票市场波动指数,其覆盖了全球超过 30 种主要的股票资产,对于每种股票资产,均提供包括已实现波动、已实现 Kernel 波动和 Bipower 波动在内的 10 余种数据;芝加哥证券交易所网站(https://www.cboe.com/)提供了芝加哥期权交易所波动率指数和芝加哥期权交易所原油市场波动率指数;圣路易斯联邦储蓄银行网站(https://fred.stlouisfed.org/)提供了大量不同货币的汇率数据;美国能源信息署(https://www.eia.gov/)提供了大量与原油相关的数据,包括原油现货与期货价格、储量、消费量、进口量、出口量和成品油价格等;世界银行商品市场数据库(https://www.worldbank.org/en/research/commodity-markets)披露了主要商品的价格数据以及8种商品价格指数(能源、非能源、食品、饮料、食品、原材料、肥料、金属和矿物以及贵金属)。

3.学者主页

例如,阿米特·戈亚尔个人主页(https://sites.google.com/view/agoyal145)披露了大量与标准普尔500指数相关的数据,包括股票价格、股票收益波动、股息价格比、股息收益比、收益价格比、股息支付率、3月期美元国库券利率、长期政府债收益和长期公司债(BAA和AAA)收益等数据;修大成(Dacheng Xiu)个人主页(https://dachxiu.chicagobooth.edu/#risklab);肯尼斯·弗伦奇(Kenneth French)个人主页(https://mba.tuck.dartmouth.edu/pages/faculty/ken.french/data_library.html)提供了大量与美国股票市场相关的数据,如FAMA三因子、五因子和各类特征投资组合收益等;布莱思·鲁西(Brian Lucey)的个人主页(https://sites.google.com/view/cryptocurrency-indices/home?authuser=0)则提供基于海量新闻数据构建的加密货币不确定性指数。

4.搜索和舆情指数

通过百度指数、谷歌指数等在线搜索引擎构建的投资者对各金融市场或金融资产的关注指数,也有助于金融安全风险分级控制。

(三)微观审慎指标

不同于中观市场指标,微观审慎指标则聚焦于企业具体的财务指标。一般而言,这些财务指标可以从营运能力、偿债能力、盈利能力、成长能力和信用历史等角度进行划分,具体如表9.3所示。

表 9.3　微观审慎指标

一级	二级	指标描述
营运能力	存货周转率	企业营业成本（销货成本）与平均存货余额的比率
	存货周转天数	企业从取得存货开始，至消耗、销售为止所经历的天数
	应收账款周转率	企业主营业务收入净额同应收账款平均余额的比率
	应收账款周转天数	企业取得应收账款权利到收回款项、转换为现金所需时间
	营业周期	存货周转天数+应收账款周转天数
	流动资产周转率	企业主营业务收入净额同平均流动资产总额的比率
	固定资产周转率	企业年产品销售收入净额与固定资产平均净值的比率
	总资产周转率	企业销售收入净额与平均资产总额的比率
偿债能力	流动比率	企业流动资产总额与流动负债总额的比率
	速动比率	企业速动资产与流动负债的比率
	现金比率	企业现金及现金等价物总量与流动负债的比率
	现金流量比率	企业经营活动现金净流量占总现金流出的比率
	资产负债率	企业期末负债总额除以资产总额的比率
	长期资本负债率	企业长期债务与长期资本的比率
	利息保障倍数	企业生产经营所获得的息税前利润与利息费用的比率
	现金流量利息保障倍数	企业经营活动所产生的现金流量与利息费用的比率
盈利能力	销售毛利率	企业毛利与销售收入（营业收入）的比率
	销售净利率	企业净利与销售收入（营业收入）的比率
	总资产净利率	企业净利润与平均资产总额的比率
	净资产收益率	企业净利润与平均股东权益的比率
	净利润现金流比率	企业经营活动所产生的现金净流量与净利润的比率
成长能力	主营业务增长率	企业本期主营业务收入相对上期的增长率
	主营利润增长率	企业本期主营利润相对上期的增长率
	净利润增长率	企业本期净利润相对上期的增长率
	股本比率	企业股本（注册资金）与股东权益总额的比率

续表

一级	二级	指标描述
成长能力	固定资产比率	企业固定资产与资产总额的比率
	利润保留率	企业税后盈利减去应发现金股利差额与税后盈利的比率
	再投资率	企业业务活动所产生的现金净流量与再投资资产的比率
信用历史	对外担保情况	企业对外担保占净资产的比率
	违约情况	企业违约情况

资料来源:笔者根据相关知识积累自制。

一般而言,用于金融安全风险分级的微观审慎指标可以从万得、国泰安(CSMAR)、锐思(RESSET)、中国研究数据服务平台(CNRDS)以及彭博,Datastream,雅虎财经和全球金融数据等专业数据库获得。除此之外,一些特殊的财务指标数据可能需要从公司财报上手动收集整理。

三、控制指标体系

在对原始金融安全风险分级数据进行预处理后,需要对它们作进一步的处理,以提取出有效的分级指标,并且构建分级指标体系,从而开展分级建模。要有效构建分级指标体系,需要使用包括计量经济学和机器学习(深度学习)方法在内的各种技术,下面讨论一些常用的分级指标体系构建方法。

(一)相关性分析

相关性分析(Correlation Analysis)是一种简单但实用的指标体系构建方法,通过相关系数(如 Pearson 相关系数)评估分级指标与金融安全风险代理变量之间的关系,剔除那些弱关系变量,从而构建合理金融安全风险分级指标体系。

(二)变量选择

变量选择(Variable Selection)即根据某一特定规则选择分级指标,从而构建分级指标体系。常用的选择标准包括 R^2 系数、显著性水平、贝叶斯方法等。例如,张耀杰等就是通过 t 统计量、R^2 统计量、最小绝对收缩和选择算法和弹性网络等变量选择方法,从 100 余个宏观经济指标中挑选出合适的预测指标。此外,还有一种更加简便的方法,即通过直接对比预测准确性来挑选合适的预测指标。具体而言,王玉东等(2020)对比了芝加哥期权交易所波动率指数与经济政策不确定性指数,在新冠疫情期间预测全球股票市场波动风险的能力。梁超等(Liang 等,2020)[1]对比了不同的情绪指数在预测中国股票市场波动风险时的能力。通过直接比较分析不同指标的预测能力,可以挑选强力预测指标,以构建金融安全风险分级指标体系。

(三)主成分分析

主成分分析(Principal Component Analysis,PCA)是一种统计方法,其通过正交变换将一组可能存在相关性的变量转换为一组线性不相关的变量,转换后的这组变量即称作主成分。通常而言,排名靠前的主成分对原始变量有较强的解释能力,在特定数据条件下,解释百分比甚至可以达到 90%。因此,在获得了一类比较相似的分级原始指标数据后,可以通过主成分分析对它们进行加权,形成一个统一的分级指标。例如,可以通过主成分分析对西得克萨斯中质原油期货、布伦特原油期货、迪拜原油期货等三大基准原油价格进行加权处理,从而计算出综合的原油价格指数。再如,张耀杰等(2020b)对全球 20 余个股票市场波动进行主成分分析加权,计算出共同的股票市场波动率指数。

---

① Liang C., Tang L. C., Li Y., et al., "Which Sentiment Index Is More Informative to Forecast Stock Market Volatility? Evidence from China", *International Review of Financial Analysis*, Vol. 71, 2020.

（四）缩放主成分分析

缩放主成分分析（Scaled Principal Component Analysis，SPCA）是一种新的机器学习技术（Huang 等，2021b）①。其改进了传统的主成分分析思路，通过预测斜率对每个预测因子进行缩放。因此，与旨在最大化预测因子共同变化的传统主成分分析不同，缩放主成分分析是为那些具有更强预测能力的预测因子分配更大的权重。一些最近的研究也利用这一新方法处理预测指标（Liang 等，2022②；Guo 等，2021③）。

（五）偏最小二乘

偏最小二乘（Partial Least Squares，PLS）是一种数学优化技术，它通过最小化误差平方和找到一组数据的最佳函数匹配，用最简单的方法求得一些绝对不可知的真值。在金融安全风险分级的实践中，偏最小二乘法常常被用于处理大规模预测指标集，如当预测指标的数目超过了样本本身的长度时，往往可以通过它来对指标数据进行降维。例如，除了采用上述提到的主成分分析和缩放成分分析方法外，还有学者使用偏最小二乘法从 10 余个经济指标中提取预测信息以预测石油市场波动风险（Guo 等，2021）。

（六）套索回归

套索回归是一种压缩估计，它通过构造一个惩罚函数来对模型进行简化，

---

① Huang D. S., Jiang F. W., Li K. P., et al., "Scaled PCA：A New Approach to Dimension Reduction", *Management Science*, Vol. 68, No. 3, 2021b, pp. 1678-1695.

② Liang C., Xu Y. A., Wang J. Q., et al., "Whether Dimensionality Reduction Techniques Can Improve the Ability of Sentiment Proxies to Predict Stock Market Returns", *International Review of Financial Analysis*, Vol. 82, 2022, p.102169.

③ Guo Y. L., He F., Liang C., et al., "Oil Price Volatility Predictability：New Evidence from a Scaled PCA Approach", *Energy Economics*, Vol. 105, 2021, p. 105714.

使模型对一些系数进行压缩,同时设定一些系数为零,因此使模型保留了子集收缩的优点。其基本思想是,在回归系数的绝对值之和小于一个常数的约束条件下,使残差平方和最小化,从而能够产生某些严格等于 0 的回归系数,得到可以解释的模型。在实践中,套索回归经常被用于挑选预测指标。例如,利用套索回归从经济变量和技术指标中挑选合适的预测指标(Zhang 等,2019)①;比较套索回归和异质性方差自回归模型在预测波动风险时的性能差异(Ding 等,2021)②;使用基于套索回归的混频数据抽样(Mixed-data Sampling,MIDAS)模型和马尔可夫转换回归(Markov Switching Regression,MRS)模型,以预测石油市场的波动风险(Li 等,2022)③。

(七)弹性网络

弹性网络(Elastic Network,EN)类似于最小绝对收缩和选择算法,它使用另一种惩罚函数以适应大规模预测指标的建模要求,删除无效的预测指标。因此,在进行金融安全风险分级的过程中,也可以利用弹性网络挑选有效的预测指标,将其纳入金融安全风险分级指标体系。值得注意的是,最近的一些研究在进行风险预测时也使用了弹性网络这一方法。例如,使用弹性网络提取大宗商品的波动信息,以通过它们预测股票市场的波动风险(Liu 和 Guo,2022)④;利用包括套索回归和弹性网络在内的收缩方法,从 100 余个宏观经济变量中提取有效的石油市场波动风险预测指标(Zhang 等,2023)。

---

① Zhang Y. J., Ma F., Wang Y. D., "Forecasting Crude Oil Prices with a Large Set of Predictors: Can LASSO Select Powerful Predictors?", *Journal of Empirical Finance*, Vol. 54, 2019, pp. 97-117.

② Ding Y., Kambouroudis D., McMillan D.G., "Forecasting Realised Volatility: Does the LASSO Approach Outperform HAR?", *Journal of International Financial Markets, Institutions & Money*, Vol. 74, 2021, p. 101386.

③ Li X. F., Liang C., Chen Z. L., et al., "Forecasting Crude Oil Volatility with Uncertainty Indicators: New Evidence", *Energy Economics*, Vol. 108, 2022, p.105936.

④ Liu G., Guo X., "Forecasting Stock Market Volatility Using Commodity Futures Volatility Information", *Resources Policy*, Vol. 75, 2022, p.102481.

（八）随机森林

随机森林是一种监督学习方法,可视为决策树的扩展,其通常被用于衡量分级指标的重要性,从而进行分级指标挑选,构建指标体系。其核心思想是利用多棵树对样本进行训练并预测,属于一种分类器。相较于其他方法,随机森林具有以下优势:一是可以同时处理大量的指标数据;二是可以在决定指标数据类型的同时,评估相应指标数据的重要性;三是学习过程非常快;四是对于多种资料,可以产生高准确度的分类器。

（九）动态模型平均

动态模型平均(Dynamic Model Averaging,DMA)属于一种贝叶斯方法,其同时纳入多种不同的预测指标,并计算每种预测指标相较于被解释变量的后验入选概率。通过后验入选概率的变化和相对大小,可以选择不同时间段的合适的预测指标,从而从原始预测指标集中挑选合适的预测指标以构建分级指标体系。例如,诺内贾德(2017)[1]将动态模型平均应用于预测股票市场波动风险,其使用的预测指标主要包括各类经济指标,而动态模型平均从这些指标中挑选出相对更强的经济预测指标。王玉东等(2016)[2]通过动态模型平均组合各类异质性方差自回归族模型,以预测股票市场波动风险。

总的来说,需要用上述方法从海量金融安全风险分级指标中进行筛选,并构建合适的金融安全风险分级指标体系,以备进一步进行分级建模。

---

[1]　Nonejad N., "Forecasting Aggregate Stock Market Volatility Using Financial and Macroeconomic Predictors: Which Models Forecast Best, When and Why?", *Journal of Empirical Finance*, Vol. 42, 2017, pp. 131–154.

[2]　Wang Y.D., Ma F., Wei Y., et al., "Forecasting Realized Volatility in a Changing World: A Dynamic Model Averaging Approach", *Journal of Banking and Finance*, Vol. 64, 2016, pp. 136–149.

第十章　金融安全风险预警控制模型体系构建

第一节　人工智能加持的金融安全风险预警模型体系

一、单分类器学习模型

本部分主要从金融安全风险预测和动态监控的角度,根据具体的研究问题选取合适的风险预警模型。其中,金融安全风险预测主要对各个场景下的风险进行二元分类,而预警模型经历了由传统的统计评估模型到人工智能预警模型的转变,由线性评估模型到非线性评估模型的进步。当前,由于机器学习具有良好的预测能力,其被广泛用来构建金融安全风险预测模型,主要包括决策树、K近邻、支持向量机和多层感知器(Multilayer Perceptron,MLP)等单分类器学习模型。

(一)决策树

1. ID3算法

决策树是一种自上而下的递归方法,被广泛应用于分类器和预测模型,其主要由节点、树枝和树叶组成,分别对应特征、关联值和可能的分类结果。决策树节点上元组的分裂属性通常是由属性选择度量决定的。常用的决策树算法有 ID3、C4.5 算法和分类回归树(Classification and Regression Tree,CART)算法。昆兰(Quinlan,1994)[①]讨论了 ID3 和 C4.5 算法。其中,ID3 算法侧重于多值属性分类,其分类节点为信息增益最高的属性,并按照该属性的各种取值自上而下构成分支,直到样本集中只含同一类别数据时停止,这样就得到了最终的树。

假设有一个类标记元组训练集 D,类属性具有 m 个不同值,为 $C_i(i=1,2,\cdots,m)$,则 D 的信息熵被定义为:

$$\mathrm{info}(D) = -\sum_{i=1}^{m} P_i \log_2(P_i) \tag{10.1}$$

其中,$|D|$ 是 D 中的元组数量,$|C_i|$ 是类别 C_i 的数量,P_i 是任意样本属于类别 C_i 的概率,即:

$$P_i = \frac{|C_i|}{|D|} \tag{10.2}$$

现在假设按照属性 A 划分 D 中的元组,且按照 A 将 D 划分成 k 个不同的类别。完成该划分之后,信息熵为:

$$\mathrm{info}(A) = -\sum_{j=1}^{K} \frac{|D_j|}{|D|} \cdot \mathrm{info}(D_j) \tag{10.3}$$

定义信息增益为样本集划分前后信息熵的变化,即:

$$\mathrm{Gain}(A) = \mathrm{info}(D) - \mathrm{info}(A) \tag{10.4}$$

由上可知,属性 A 的信息增益随着信息熵的减小而增大,样本集的分类效果随之更好。但是,使用信息增益作为分裂节点的度量存在一个突出的弊端:在训练集中,分裂属性容易受属性值的数量影响,如果某个属性的值越多,

① Quinlan R., "C4.5: Programs for Machine Learning", *Machine Learning*, Vol. 16, 1994, pp. 235-240.

那么它越容易作为分裂属性。除此之外,ID3 算法的分类精度很难提高,并且不能对连续性属性分类。

2. C4.5 算法

作为 ID3 算法的改进算法,C4.5 算法几乎具有 ID3 算法的全部优势,并且 C4.5 算法采用信息增益率代替信息增益来实现分支节点的选择,能够有效地避免多值属性的偏差,并提高分类精度(Quinlan,1994)。C4.5 算法采用信息增益率最高的属性作为分类节点,这些属性递归地用于形成子树,然后再用最优特征划分数据集,并在给定子集仅包含一个类实例时终止。C4.5 算法还可以解决小数据样本的二元预测问题(Abernathy 和 Clark,1985[①];Zhu 等,2019)。

信息增益率的数学表达式为:

$$\text{GainRatio}(A) = \frac{\text{Gain}(A)}{\text{IV}(A)} \tag{10.5}$$

其中,

$$\text{IV}(A) = -\sum_{j=1}^{K} \frac{|D_j|}{|D|} * \log_2 \frac{|D_j|}{|D|} \tag{10.6}$$

若属性 A 对样本集 D 进行划分,将会产生 k 个节点,记为 $A = [a_1, a_2, \cdots, a_k]$;$D_k$ 为节点 k 中包含属性 $A = a_k$ 的全部样本集。

相对于 ID3 算法,C4.5 算法具有易于理解的分类规则、较好的精度和鲁棒性,同时该算法可以处理连续型属性。针对连续性属性,C4.5 将其按升序排列,以相邻两值的中点作为阈值,将连续性属性分割为两个区间,然后计算信息增益,最优阈值为信息增益最高的阈值,其作为最终的分裂点。除此之外,C4.5 算法还允许训练样本有空缺值存在,而且在构造树的过程中进行剪枝,生成的树的分枝也较少。

---

① Abernathy W. J., Clark K. B., "Innovation: Mapping the Winds of Creative Destruction", *Research Policy*, Vol. 14, No. 2, 1985, pp. 3–22.

分类回归树是布雷曼（Breiman，2017）[1]提出的一种二叉树分类回归方法,它与 ID3 算法、C4.5 算法的不同在于:ID3 算法和 C4.5 算法只能做分类,分类回归树可做分类和回归;ID3 和 C4.5 算法子节点可以是多个,但分类回归树的子节点只能是两个;分类回归树相对来说更适用于大样本数据,它在处理小样本数据时泛化误差很大;分类回归树采用基尼指数作为属性选择度量,其数学表达式为:

$$\text{Gini}(D) = 1 - \sum_{j=1}^{K} \left(\frac{|D_j|}{|D|} \right)^2 \tag{10.7}$$

其中,Gini(D)定义为:

$$\text{Gini}(A) = \sum_{i=1}^{n} \frac{|D_i|}{|D|} \text{Gini}(D_i) \tag{10.8}$$

从信息熵的数学表达式中可以看出,其包含了一些对数运算,导致计算比较复杂耗时。与传统信息熵模型相比,基尼系数不仅保持了其优势,模型也变得更加简单,计算速度更加高效。

基尼代表了不纯度:不纯度越小,基尼系数越小,属性越好,由此分类回归树采用基尼系数最小的属性作为分类节点。

作为单分类器学习模型,决策树常常被用作集成学习的基分类器,这是因为:第一,它可以直接将样本的权重更新到训练过程中;第二,它可以通过调节树的结构来控制表达能力和泛化能力;第三,它是不稳定的,受数据样本的扰动较大。

（二）K 近邻

K 近邻作为机器学习中最经典的算法之一,也被广泛应用于金融风险预警研究中。这个算法是由科弗和哈特（Cover 和 Hart,1967）[2]提出的一种非参

①　Breiman L.,*Classification and Regression Trees*,Routledge,2017.
②　Cover T.,Hart P.,"Nearest Neighbor Pattern Classification",*IEEE Transactions on Information Theory*,Vol.13,No.1,1967,pp.21-27.

数统计方法,主要用于分类及回归。其思路是:在特征空间中,一个待分类实例 x 属于附近 K 个训练实例的大多数类。作为一个懒惰学习算法,K 近邻算法本身并没有损失函数与相关参数。K 近邻算法的核心是 K 值的确定、距离的度量方法以及分类决策规则:

1. K 值

它会对算法的输出结果产生影响。如果选择较小的 K 值,相当于仅有离输入实例较近的训练实例参与分类预测,容易导致训练误差近似误差小,泛化误差大,即过拟合;若 K 值较大,相当于离输入数据较远的训练数据也参与了分类预测,容易造成训练误差近似误差大,泛化误差小,即欠拟合。

在实际应用中,K 值的选择并不是固定的,一般做法是使 K 值先等于一个较小的数,然后再计算不同 K 值的交叉验证平均误差,使平均误差最小的 K 值为最优 K 值。

2. 距离度量

一般采用闵可夫斯基距离(Minkowski Distance)来度量。假设有两个 n 维变量 $a(x_{11},x_{12},\cdots,x_{1n})$ 和 $b(x_{21},x_{22},\cdots,x_{2n})$,那么 a 与 b 之间的 LP 距离为:

$$D(x,y)$$
$$=\sqrt[p]{(|x_{11}-x_{21}|)^p+(|x_{12}-y_{22}|)^p+(|x_{13}-y_{23}|)^p+\cdots(|x_{1n}-y_{2n}|)^p}$$
$$=\sqrt[p]{\sum_{i=1}^{n}(|x_{1i}-x_{2i}|)^p} \tag{10.9}$$

其中,$p=1$ 时,为曼哈顿距离(Manhattan Distance);$p=2$ 时,为欧几里德距离(Euclidean Distance);$p=\infty$ 时,为切比雪夫距离(Chebyshev Distance)。

在度量之前,应该将每个特征值标准化,这样有助于防止具有较大初始值域的特征相比于具有较小初始值域的特征的权重过大。

3. 分类决策规则

K 近邻算法的分类决策规则往往是多数表决或加权投票法。多数表决,即少数服从多数,待分类实例的类别由 K 个最近邻样本的多数类决定。加权投票法,即对 K 个最近邻样本的类别做加权投票,离待分类实例的距离越近,权重越大,最后投票选择待分类实例的类别。

K 近邻算法使用简便、容易实现,而且不存在参数估计问题,也无须训练。但是,它需要大量空间来存储已知实例,而且需要比较全部已知实例和待分类实例,计算量大。除此之外,当实例类别数量不平衡时,输入实例往往被归类在主导实例类别中。

（三）支持向量机

支持向量机作为一种基于统计学习理论和结构风险最小化原理的机器学习方法,在分类精度方面取得了一些显著的成果(Cortes 和 Vapnik,1995)[1],它更适用于小样本、非线性和高维的数据。

支持向量机是基于经验风险和结构风险最小化的近似实现,其在测试数据上的误差率以训练误差率和一个依赖于瓦普尼克-契尔沃年基斯(Vapnik-Chervonenkis,VC)维数项的和为界。在可分模式下,支持向量机对于前一项的值为零,并使第二项最小化。尽管在训练时支持向量机没有用到领域知识,但是仍然可以得到具有较高泛化性能的分类器。

在实现时,支持向量机利用一个先验非线性映射将输入向量 x 映射到高维特征空间,在这个高维空间中构建最优分类超平面,使正负例样本之间的分离界限达到最大。其数学定义一般可表示为:

$$\min_{w,b}\frac{1}{2}\parallel w^2 \parallel \qquad (10.10)$$

$$\text{s.t. } y_i(w^T x + b) \geqslant 1$$

其中,w 和 b 为最优分类平面 $f(x)=wx+b$ 的系数,$y_i \in \{-1,1\}$ 为目标函数。通过拉格朗日乘子(Lagrange Multiplier,LM)法求得:

① Cortes C., Vapnik V., "Support-vector Networks", *Machine Learning*, Vol. 20, No. 3, 1995, pp. 273-297.

$$\max_a \sum_{i=1}^{n} a_i - \frac{1}{2} \sum_{i=1}^{n} \sum_{j=1}^{n} a_i a_j y_i y_j x_i x_j$$

$$\text{s.t.} \begin{cases} \sum_{i=1}^{n} a_i y_i = 0 \\ a_i > 0, \ i = 1,2,\cdots,N \end{cases} \tag{10.11}$$

为使支持向量机学习到训练集数据中的非线性特征,通过引入核函数中 $\phi(\cdot)$ 将样本 x_i 映射到高维的线性空间,再利用支持向量机计算最优分类超平面,其数学定义可以表达为:

$$\min_{w,b} \frac{1}{2} \| w^2 \| + C \sum_{i=1}^{n} \xi_i$$

$$\text{s.t.} \begin{cases} y_i(w^T \phi(x_i) + b) \geqslant 1 - \xi_i \\ \xi_i \geqslant 0, \ i = 1,2,\cdots,N \end{cases} \tag{10.12}$$

其中,ξ_i 表示松弛变量,C 表示惩罚函数,采用 LM 法求解可得:

$$\max_a \sum_{i=1}^{n} a_i - \frac{1}{2} \sum_{i=1}^{n} \sum_{j=1}^{n} a_i a_j y_i y_j x_i x_j$$

$$\text{s.t.} \begin{cases} \sum_{i=1}^{n} a_i y_i = 0 \\ 0 \leqslant a_i \leqslant C, \ i = 1,2,\cdots,N \end{cases} \tag{10.13}$$

其中,α_i 表示 LM。

传统的支持向量机存在计算速度慢、算法复杂而难以实现、较难找到合适的核函数等问题。所以,学者们提出许多算法来优化支持向量机。比较经典的训练算法有选块(Chunking)算法、分解(Decomposition)算法、序列最小优化(Sequential MiniMal Optimization,SMO)算法。也有学者提出新型支持向量机模型,包括粒度支持向量机(Granular Support Vector Machines,GSVM)、模糊支持向量机(Fuzzy Support Vector Machines,FSVM)、孪生支持向量机(Twin Support Vector Machines,TWSVM)等,以此来提升训练速度,减少训练时间。

支持向量机算法经过多年的研究和应用,取得了明显的进步,但在处理大数据样本时,仍存在计算速度、计算时间和存储容量等不足。除此之外,支持向量机的性能在很大程度上还是依赖于核函数的选择,所以怎么选取最优核函数还需进一步研究。

(四)多层感知机

神经网络(Neural Networks,NN)作为模仿生物神经网络行为特征的统计数学模型,具有自动学习和总结的能力,常用于解决分类等问题。单层感知机(Single-Layer Perceptron,SLP)是最基础的神经网络架构,由两层神经元构成,输入层节点接收外部的输入信号并传送给输出层,输出层节点是一个阈值逻辑单元(Rosenblatt,1952),见图10.1。

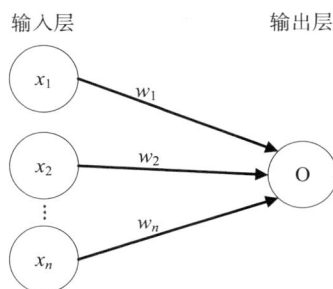

图 10.1　单层感知机框架

资料来源:Rosenblatt M.,"Remarks on a Multivariate Transformation",*The Annals of Mathematical Statistics*,Vol. 23,No. 3,1952.

单层感知机的模型可以简单地表示为:

$$O = f(w \cdot x + b) \tag{10.14}$$

其中,w 是网络的 N 维权重向量,b 是网络的 N 维偏置向量,$w \cdot x$ 是 w 和 x 的内积。$f(\cdot)$ 为激活函数,一般选择 *sign* 函数作为输出层的激活函数,其表达式为:

$$sign(x) = \begin{cases} +1, & x > 0 \\ -1, & x < 0 \end{cases} \tag{10.15}$$

但单层感知机无法克服非线性等问题,于是韦尔博斯(Werbos,1981)[①]在单层感知机的输入层和输出层之间加上隐含层,构成多层感知机。多层感知机是一种多隐层多输入多输出神经网络的特殊架构,与单层感知机相比,具有三个特点:一是有多个神经层,在输入层与输出层之间增加了隐含层;二是输出层的神经元数量可以超过1;三是隐藏层和输出层均含有非线性激活函数。

图10.2是多层感知机的基本框架,该网络包含 m 个隐藏层。在运算时,隐藏层和输出层的每个神经元的输入值均为前层每个神经元输出值加权之和。如果第 l 层的神经元 i 的输出值为 y_{li},则其可描述为:

$$y_i^l = f(\sum_{j=1}^{n} y_j^{l-1} \cdot w_{ji}^{l-1} - b_i^l) \tag{10.16}$$

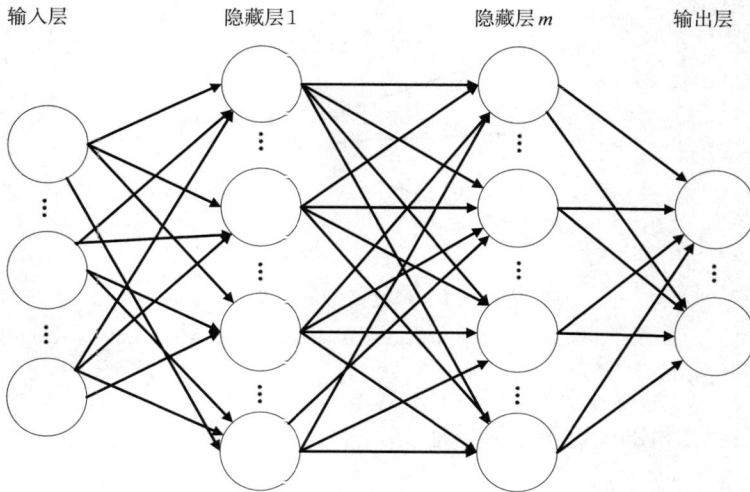

图10.2 多层感知机的框架

资料来源:Werbos P.J.,"Applications of Advances in Nonlinear Sensitivity Analysis",In:*Proceedings of the 10th IFIP Conference*,New York,USA,1981,pp.762-770.

---

① Werbos P.J.,"Applications of Advances in Nonlinear Sensitivity Analysis", In:*Proceedings of the 10th IFIP Conference*,New York,USA,1981,pp.762-770.

其中，y_j^{l-1} 为第 $l-1$ 层的神经元 j 的输出值；w_{ji}^{l-1} 为第 $l-1$ 层的神经元 j 与第 l 层的神经元 i 的连接权值；n 为第 $l-1$ 层的神经元数量；b_{1i} 为所求神经元的偏置向量。

多层感知机中的关键问题在于怎么训练其各层之间的连接权值，其所使用的方法有很多种，如反向传播（Backpropagation，BP）法、梯度下降（Gradient Descent）法、高斯·牛顿迭代（Gauss-Newton Iteration）法等。

当多层感知机采用反向传播方法训练时，即为反向传播神经网络方法。反向传播方法是目前最常用的神经网络训练方法，其在训练过程中，将多层感知机的权值初始化为小的随机变量，通过计算网络的均方误差相对于网络权重的导数来更新权重。该方法使用链式规则，可以从输出层开始估计每个网络层的梯度，再通过网络的反向传播误差分量，利用梯度信息调整权重，减小网络误差函数。多层感知机体系结构的特点是权重矩阵是一个全局函数，即误差调整导致所有网络权重更新。多层感知机能够获得大量数据中的信息，具有较好的非线性特征处理能力、较高的并行性以及全局优化的特点。但在高维空间下，多层感知机的性能相对低下，同时也因为隐藏层的存在增加了超参数的数量，使运算时间长、运算量大。

总的来说，以上单分类器学习在进行金融风险安全预测时，均有其优缺点，可以将其作比较，见表 10.1。

表 10.1　单分类器机器学习模型优缺点

单分类器模型	优点	缺点
决策树	易理解、适用于小数据集、可处理非线性特征	容易过拟合、对噪声数据过敏感
K 近邻	操作简单、容易实现、对于异常值不敏感	计算工作量大、可解释性差
支持向量机	适用于小数据集、高维数据处理、非线性特征处理、无须依赖整个数据	较难找到合适的核函数

续表

单分类器模型	优点	缺点
多层感知机	可处理非线性特征、并行性高、能够获得大量数据中的信息	计算量大、计算时间长

资料来源:笔者根据相关知识积累自制。

二、集成学习模型

(一)基本概念与思路

基于单分类器模型的性能主要依赖于其自身的预测能力,为了综合多种预测模型的预测能力来提升性能,研究者提出集成学习方法,其实质是训练多个基本分类器,并将其结果进行集成,以获得更好的分类性能,如图 10.3 所示。

具体做法是,由训练数据构建一组基础分类器,然后用投票的方式,根据每个基础分类器的分类结果得到最后的分类结果。

可以发现,集成学习模型的基本思路是将原有的数据集分成多个子数据集,然后通过多个基础分类器对子数据集分别进行预测分类,最后通过投票方式聚集预测结果。通常情况下,集成学习模型的预测能力要强于单一分类器模型的预测能力。现有集成学习模型主要是以提升(Boosting)算法和袋装算法为框架来构建的。

(二)提升算法

沙皮雷(Schapire, 1990)①首先提出提升算法,而后弗朗德(Freund,

---

① Schapire R. E., "The Strength of Weak Learnability", *Machine Learning*, Vol. 5, 1990, pp. 197-227.

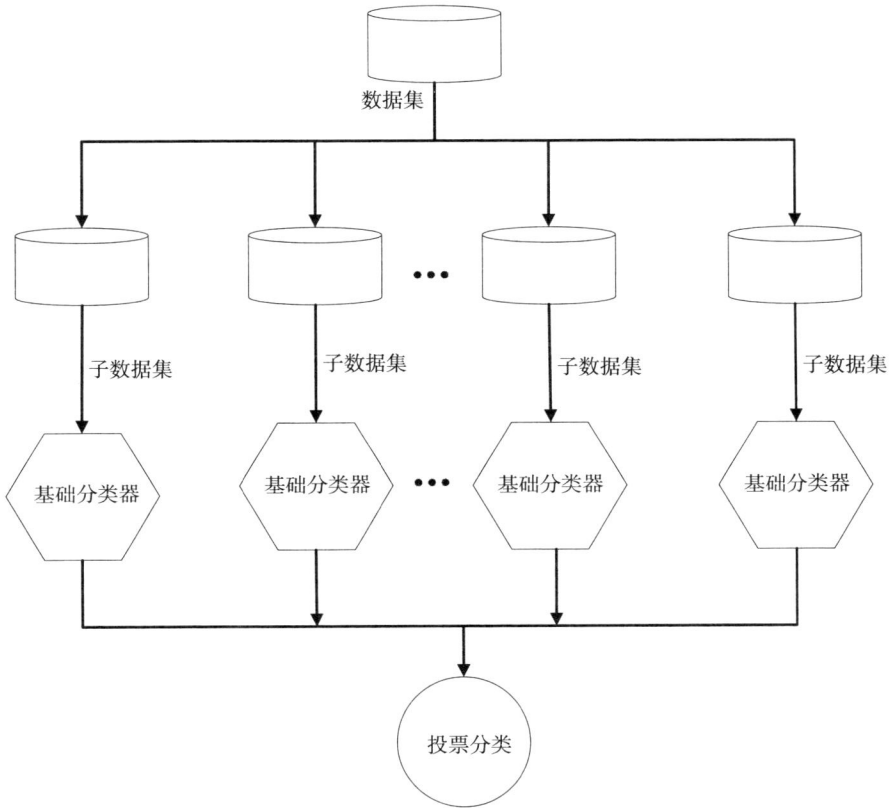

图 10.3　集成学习框架图

资料来源: Schapire R. E., "The Strength of Weak Learnability", *Machine Learning*, Vol. 5, 1990, pp. 197-227.

1995)①又给出了一种学习效率更高的提升算法,但是这两种算法的执行都需要预先了解弱学习分类器学习准确率的下限。

　　提升算法实行的是一种串行的工作机制,训练过程为阶梯状。其基本思想是:基(弱)分类器根据序列化训练,训练集按照某种策略每次都进行一定的转化,最后将弱分类器加权结合成一个强分类器。其算法框架和运行逻辑

---

　　① Freund Y., "Boosting a Weak Learning Algorithm by Majority", *Information and Computation*, Vol. 121, No. 2, 1995, pp. 256-285.

见图 10.4。

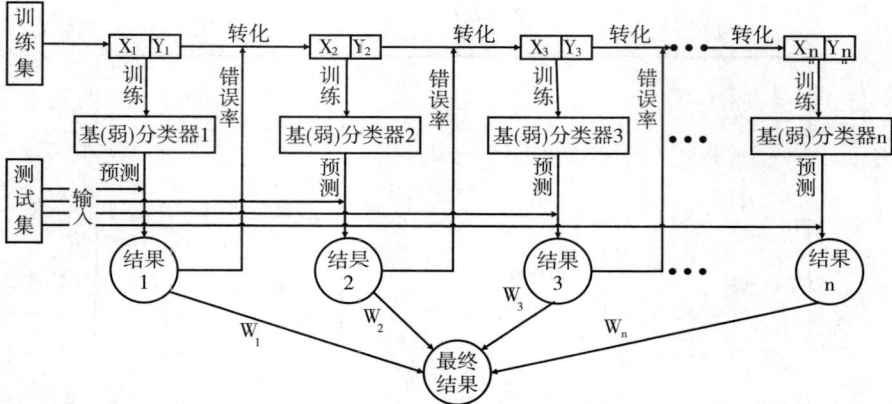

图 10.4　提升算法框架图

资料来源：Freund Y.，"Boosting a Weak Learning Algorithm by Majority"，*Information and Computation*，Vol. 121，No. 2，1995，pp. 256-285.

提升算法具体函数模型为：

$$F(x) = \sum_{i=1}^{k} f_i(x_i; \theta_i) \tag{10.17}$$

该算法将其种损失函数作为优化目标，即：

$$E\{F(x)\} = E\left\{\sum_{i=1}^{k} f_i(x; \theta_i)\right\} \tag{10.18}$$

该算法属于贪婪逐步优化，即：

$$\theta_m^* = \arg\min_{\theta_m} E\left\{\sum_{i=1}^{m-1} f_i(x; \theta_i^*) + f_m(x; \theta_m)\right\} \tag{10.19}$$

弗朗德和沙皮雷（Freund 和 Schapire，1997）[1]将提升算法框架中的 $f_i(x)$ 选为决策树，将 $E\{F(x)\}$ 选为指数损失函数，从而提出自适应提升（Adaptive Boosting，AdaBoost）算法。该方法也是开展金融安全风险预测时一个关键的集成学习方法，其基本思路是在反复加权的样本上"训练"一系列弱分类器

---

①　Freund Y.，Schapire R.E.，"A Decision-Theoretic Generalization of On-line Learning and an Application to Boosting"，*Journal of Computer and System Sciences*，Vol. 55，No. 1，1997，pp. 119-139.

（即仅略优于随机猜测的模型,如决策树)。具体来说,在每次迭代中,错误分类观测值的权重将增加,而正确分类观测值的权重将降低。这样,每次迭代中的弱分类器将被迫集中在前一次迭代中难以预测的观察结果上。最后,通过对全部弱分类器的加权平均得到最终的强分类器,其权重取决于训练样本中弱分类器的分类错误率:弱分类器的分类错误率越高,获得的权重越低。

赛菲特等(Seiffert 等,2009)①将随机欠采样(Random UnderSampling,RUS)与自适应提升相结合,就得到随机欠采样增强(Random UnderSampling Boosting,RUSBoost)模型,它利用将随机欠采样来解决数据不平衡学习的问题。该模型的工作方式与自适应提升基本相同,只是在每次迭代中执行将随机欠采样,以解决财务欺诈性和财务非欺诈性公司之间的不平衡。

(三)袋装算法

袋装算法由布雷曼(1996)②提出,是最早的集成算法之一。为提升模型的多样性,袋装算法通过自助抽样机制对训练数据进行复制,即随机选择不同的训练数据子集,并替换整个训练数据集。

与提升算法不同,袋装算法是一种并行的工作机制,它对训练集进行随机采样,获得每个基分类器所需要的子训练集,并在所有预测结果的基础上采用投票的方式得到最终的预测结果。袋装算法可与其他算法相结合,从而增强准确度、稳健性,减少预测误差,避免过拟合。算法框架如图10.5所示。

由于通过随机采样法来生成新的训练子集,部分实例可能会被多次重复采样,而其他实例则会被忽略。针对被忽略的实例,基分类器的分类准确度往往不高。然而,由于最终的预测结果是由多个基分类器投票产生的,当基分类

① Seiffert C., Khoshgoftaar T. M., Van H. J., et al., "RUSBoost: A Hybrid Approach to Alleviating Class Imbalance", *IEEE Transactions on Systems, Man, and Cybernetics-Part A: Systems and Humans*, Vol. 40, No. 1, 2009, pp. 185-197.

② Breiman L., "Bagging Predictors", *Machine Learning*, Vol. 24, No. 2, 1996, pp. 123-140.

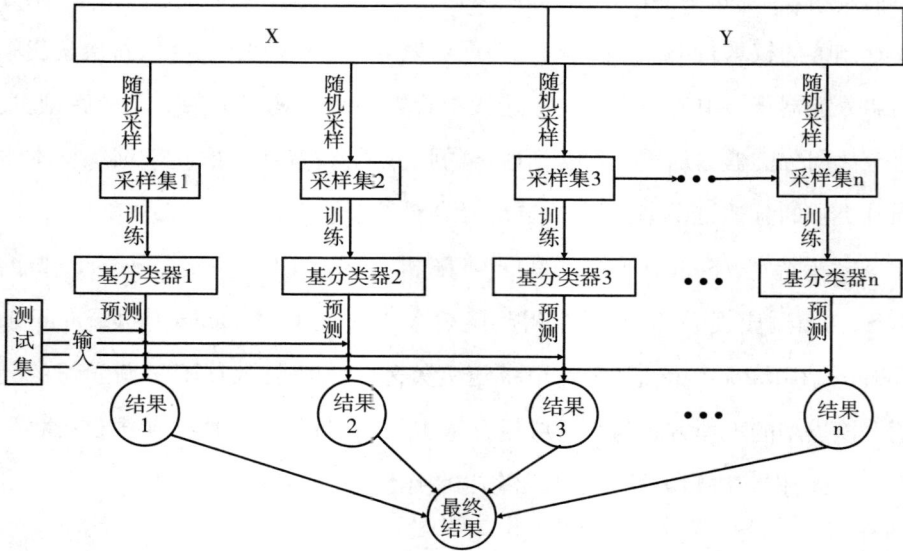

图 10.5　袋装算法框架图

资料来源：Breiman L.，"Bagging Predictors"，*Machine Learning*，Vol. 24，No. 2，1996，pp. 123-140.

器之间差异越大时，该集成算法的效果也会越好。又因为不稳定的分类器对训练集比较敏感，一些微小的变动就会导致其预测结果发生很大的改变。因而，当袋装算法的基分类器越不稳定时，学习效果就会越好。

袋装算法中使用的方法是放回子抽样，如果抽取的数据子集是特征的子集，那么这种方法叫作随机子空间，由何天琴（Ho，1998）①提出。这是一种用于系统构建决策树的集成学习方法。随机子空间法通过使用特征的随机子集来训练每个分类器，以降低每个分类器之间的相关性。与决策树相比，随机子空间法可能实现最高精度，并有效避免过度拟合问题。因此，随机子空间法被认为是并行实现快速学习的合适方法（Ho，1998）。此外，随机子空间法还可以避免陷入局部最优结果，并在有限的数据集上准确预测二进制问题（Zhu

---

① Ho T. K.，"The Random Subspace Method for Constructing Decision Forests"，*IEEE Transactions on Pattern Analysis and Machine Intelligence*，Vol. 20，No. 8，1998，pp. 832-844.

等,2019)。

为了加强多样性,布雷曼(1996)提出了随机森林,这实际上是袋装算法的一个版本(Breiman,2001)。随机森林同时包含了样本随机采样和特征随机采样,使最终集成学习的泛化性进一步提升。对于随机森林中的基树结点的选择,相关规则如下:首先,在结点的所有属性集合中随机选择一组含 k 个属性的子集,然后,在这个子集中选取一个最优属性用于划分树。这里的参数 k 控制数据选择的随机度;若令 $k=d$,则基树的构建与传统决策树相同;若令 $k=1$,则是随机选择一个属性用于划分。参数 k 通常推荐设置为 $\log_2 d$。

此外,韦布(Webb,2000)[①]在自适应提升和加权自助法(Weighted Aggregating,Wagging)的基础上提出多重提升,它比分别应用自适应提升和加权自助法能有效地降低误差和方差,获得更高的预测精度。加权自助法是多重提升的后继方法,与多重提升相比,加权自助法更适合于减少优势方差。需要说明的是,多重提升被认为是有限数据集的一种预测方法(Zhu 等,2019)。

(四)提升算法与袋装算法的优缺点

综上所述,可以对提升算法和袋装算法的优缺点做对比:

提升算法在每轮训练中使用固定的训练集,但每次训练结果都会影响下一次训练集中的样本,使后基分类器能在前基分类器的分类错误率上进行学习。这种方法虽然可以加强弱分类器的学习效果,但容易受到噪声的干扰,出现过拟合问题。此外,由于提升算法是一种串行的工作机制,其训练效率相对较低。

袋装算法通过随机采样方法,从原始训练集中得到多个相互独立的训练子集来训练模型,从而减小训练方差,提高泛化能力,提升基分类器的学习效果。另外,袋装算法采用并行的工作机制,同时生成各个基础学习器,有助于

---

① Webb G.I., "Multiboosting: A Technique for Combining Boosting and Wagging", *Machine Learning*, Vol. 40, No. 2, 2000, pp. 159-196.

提高运行效率。但是,由于袋装殖机采样方法是重复有放回采样,故在一定程度上可能引起偏差,对学习结果造成影响。

三、长短时记忆模型

金融市场相关数据通常都是随时间推移而产生的,是一种时序信号。循环神经网络能够较好地处理时序信息的上下文依赖信息。在循环神经网络模型中,每个隐含神经元将当前时刻数据和上一个隐含神经元的输出作为输入,使当前隐含神经元学习的特征包含历史信息。但是,循环神经网络存在一个"长期依赖"问题,即伴随时间增长,它可能不仅无法利用历史信息,还会遇到"梯度消失"的问题。

于是,霍赫雷特等(Hochreiter 等,1997)①提出长短时记忆模型,对循环神经网络进行改进。长短时记忆层由一组循环连接的块构成,被称为记忆块。这些块可以被看作是数字计算机中存储芯片的可区分版本,它包括一个或多个记忆单元和一对自适应的乘法门控单元,可以对块内所有单元的输入和输出实现门控。

而每个存储单元的核心是一个经常性的自我连接的线性单元,也叫作恒定误差转盘(Constant Error Carousel,CEC),对其的激活可以称之为单元状态。恒定误差转盘克服了误差消失的主要问题,即在没有了新的输入或误差信号到单元的情形下,恒定误差转盘的局部误差回流维持恒定不变,既不扩大也不减少。在输入门和输出门的保护下,恒定误差转盘可以免受前向流动的激活和后向流动的错误影响。当门关闭时(即激活度为零的情况下),不相关的输入和噪声不会进入单元,而单元的当前状态也不会扰乱网络的其余部分。

长短时记忆所记住的较长历史信息并非从网络中所学习到的信息,而是信息的默认行为,该行为由门结构来表示和控制,包含输入门、遗忘门和输出

---

① Hochreiter S., Schmidhuber J., "Long 2Short-Term Memory", *Neural Computation*, Vol. 9, No. 8, 1997, pp. 1735–1780.

门,从而为单元提供连续的写、读和复位操作的模拟,如图 10.6 所示。

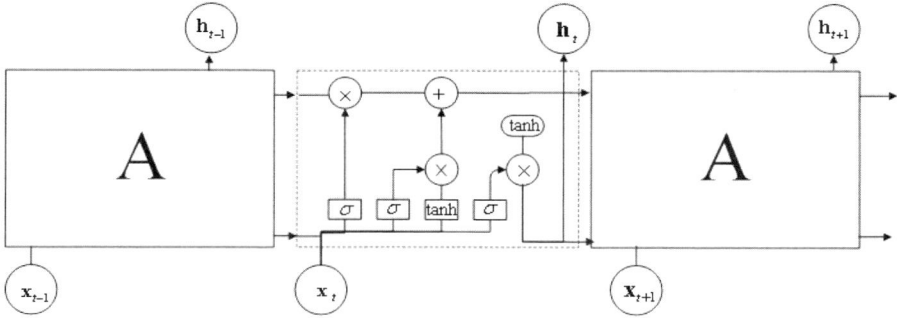

图 10.6　基于长短时记忆神经网络的金融安全风险动态监测模型

资料来源:Hochreiter S., Schmidhuber J.,"Long Short-Term Memory", *Neural Computation*, Vol. 9, No. 8, 1997, pp. 1735-1780.

具体来说,对单元的输入是由输入门的激活所乘,对网络的输出是由输出门的激活所乘,而以前的单元值是由遗忘门所乘。同时,网络只能通过门与细胞进行交互。输入门用来输入指定信息以处理长短时记忆中的神经元,遗忘门用来遗弃一些无用的历史信息,而输出门输出当前时刻的特征以及保留被用于下一时刻的历史信息。假设 x_t 是时间 t 的输入,h_{t-1} 是前一个时刻 $t-1$ 的隐藏状态,即历史信息,则长短时记忆的数学表达式可以定义为:

$$d_t = [x_t, h_{t-1}]$$

$$I_t, F_t, O_t, G_t = Wd_t$$

$$\{i_t, f_t, o_t\} = \sigma(\{I_t, F_t, O_t\})$$

$$g_t = \tanh(G_t)$$

$$c_t = f_t \cdot c_{t-1} + i_t \cdot g_t$$

$$h_t = o_t \cdot \tanh(c_t) \tag{10.20}$$

其中,i_t,f_t 和 o_t 分别表示输入门、忘记门和输出门的状态信息,c_t 为神经单元状态。c_t 根据上一时间状态 c_{t-1} 和三个门控制的参数进行优化更新。

长短时记忆相对于循环神经网络改善了"梯度消失"问题,更适合用于金融安全风险动态监测。此外,由于模型变得更加复杂,所以训练效率可能相应降低。

需要注意的是,以上提到的预警模型库是动态变化的。一方面,随着后续研究的深入,这些模型的构建方法会不断地优化和改进,预警模型库也将持续更新。另一方面,随着数据和指标的更新,也将用性能更加匹配的模型替换已有模型,从而进一步提升模型库中模型的精准度、鲁棒性、泛化能力和动态监测能力。

第二节　人工智能加持的金融安全风险控制模型体系

一、混合集成学习模型

由于大多数金融安全风险事件是突发的,因此不同于风险预警阶段需要长期动态监测,金融安全风险分级是一种静态指标下的瞬时多类别分类任务。同时,由于部分风险事件的原发性,传统机器学习方法不能达到很好的分类效果,故本部分主要选取混合集成学习(Hybrid Ensemble Learning,HEL)建立金融风险分级模型库。通过选取准确率、召回率等评价指标,对风险分级模型的精确性、鲁棒性、泛化能力、动态监测能力和可解释能力进行判别,进而优化风险分级模型。

(一)单分类器学习

单分类器学习(Individual Machine Learning,IML)比随机猜测更加准确,且每个单分类器学习有自己的问题知识和不同的错误模式。然而,当数据集有限时,单分类器学习很难获得稳健的预测性能。此外,冗余属性和噪声数据也是导致单分类器学习准确性较低的主要原因。然而,集成学习可以缓解冗余属性和噪声数据的问题。

如上所述,学者们提出各种形式的集成学习方法,通常可以将其划分为实例划分和特征划分。前者旨在减少噪声数据的影响,这类方法的代表有袋装算法、随机森林、多重提升等。后者在存在冗余信息时也能较好地工作,如里德-所罗门码(Reed-solomon Codes)可以更好地处理冗余信息。然而,单独使用集成学习方法依旧会面临多样性问题。良好的机器学习不仅要提高准确率,还要增强模型的多样性,提升模型的预测性能。这意味着,机器学习方法中的每个基础学习方法都对分类决策有着自己的贡献,但它们之间存在不同形式的错误。一些文献认为,机器学习方法的多样性可以有效提高预测精度。因此,大量学者提出通过整合不同集成学习模型的混合方法提升模型的准确度和多样性。混合集成学习模型的主要设计思路如图 10.7 所示。

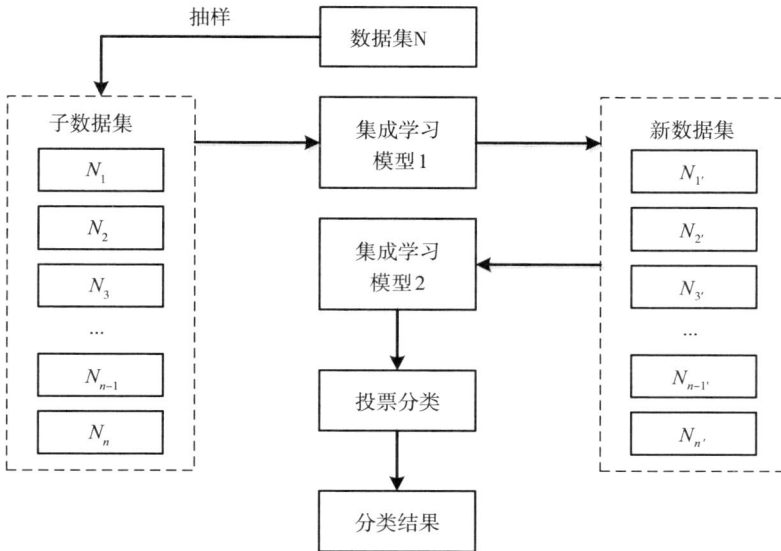

图 10.7　混合集成学习模型设计思路图

资料来源:Zhu Y., Xie C., Wang G. J., et al., "Forecasting SMEs' Credit Risk in Supply Chain Finance with an Enhanced Hybrid Ensemble Machine Learning Approach", *International Journal of Production Economics*, Vol. 211, 2019, pp. 22–33.

可以看出,混合集成学习模型首先将原有数据集划分为多个子数据集;然后,通过集成学习模型 1 将这些子数据集重新抽样,以获得新的子数据集;接下来,通过集成学习模型 2 对新的子数据集分别进行评估分类;最后,通过投票方式聚集评估结果。

值得注意的是,在搭配集成学习模型时,应该有针对性地选取两种集成学习模型。混合集成学习技术意味着,将两个不同的集成学习方法的输出结果合并产生一个评估结果,从而避免单一集成学习模型的不稳定性。该方法拥有更好的模型泛化能力,更加适应金融市场非线性、非平稳的复杂建模要求。

(二)混合集成学习

这里组合的全新混合集成机器学习模型包括多种具体形式:

1. Random Subspace-Boosting

基于两个被广泛采用的集成方法,即提升和随机子空间,一种混合集成方法——随机子空间提升(Rancom Subspace-Boosting, RSB)被提出(Wang 和 Ma,2011)①。随机子空间提升在每个提升迭代中引入随机子空间策略,采用随机子空间训练基分类器,并使用这些基分类器重新计算实例的权重。随机子空间提升结合了提升和随机子空间两种不同的划分方法。由于在随机子空间提升中存在两种集合策略,以此来促进多样性,因此相较于单独使用提升和随机子空间,更有可能获得高的准确性。

2. Real AdaBoost-Random Subspace

实数自适应提升-随机子空间(Real AdaBoost-Random Subspace, RA-RS)是整合了两个常用的机器学习方法,即自适应提升和随机子空间的一种混合集成算法,它既提升了模型的准确性,还增加了多样性。

---

① Wang G., Ma J., "Study of Corporate Credit Risk Prediction Based on Integrating Boosting and Random Subspace", *Expert Systems with Applications*, Vol. 38, No. 11, 2011, pp. 13871-13878.

3. Random Subspace Multi Boosting

为了增强单分类器学习和集成学习方法的多样性和准确性,并且在单一机器学习方法或集成学习方法的基础上提升小数据集的预测性能,这里提出一种混合集成学习方法,即随机子空间—多重提升,它由随机子空间和多重提升整合而成(Zhu 等,2019),其完整的工作机制如图 10.8 所示。

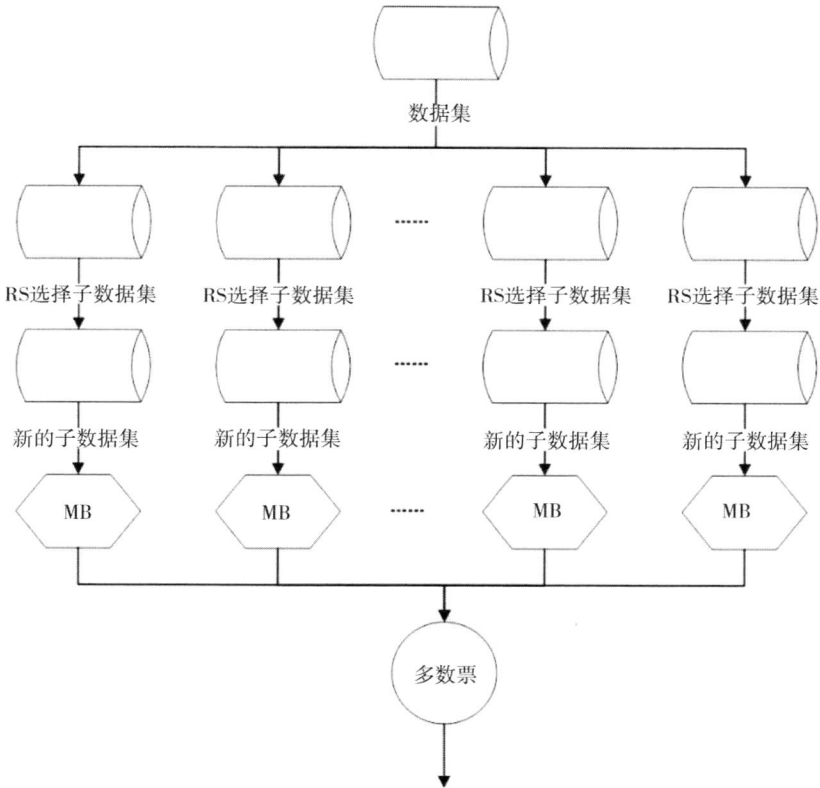

图 10.8　随机子空间提升—多重提升模型设计思路图

资料来源:Zhu Y.,Xie C.,Wang G. J.,et al.,"Forecasting SMEs' Credit Risk in Supply Chain Finance with an Enhanced Hybrid Ensemble Machine Learning Approach",*International Journal of Production Economics*,Vol. 211,2019,pp. 22-33.

具体而言,首先,在多重提升中,通过引导抽样与替换方法将数据集细分成子数据集。然后,通过随机子空间方法从原始子数据集中选择新的子数据集。接着,通过多重提升训练新的子数据集。最后,通过多数票方法汇总结果。经过上述工作流程,使随机子空间—多重提升结合了实例划分方法和属性划分方法的优点。

本部分将随机子空间—多重提升应用于中小企业的信用风险预测,证明随机子空间—多重提升集成学习方法在预测供应链融资中小企业信用风险方面的效果优于单分类器学习方法。相关实验采用 2014 年 3 月 31 日至 2015 年 12 月 31 日中国证券市场 46 家上市中小企业和 7 家上市核心企业的数据,旨在检验随机子空间—多重提升方法的可行性和有效性。预测结果表明,随机子空间—多重提升算法在样本容量较小的情况下具有良好的处理性能。

二、深度学习模型

所谓深度学习(Deep Learning),指在多层神经网络上运用各种机器学习算法解决图像、文本等各种问题的算法集合,它从大类上可以被归类为神经网络,不过在具体实现时存在许多变化。深度学习的核心是特征学习,它旨在通过分层网络获取分层次的特征信息,从而解决了以往需要人工设定特征这一重要难题。相较于传统机器学习技术,深度学习技术分层提取特征信息,具有更强大的特征表达能力,从而能够学习更加复杂的函数表达,适应金融市场非线性、非平稳性特征的挖掘。值得注意的是,深度学习是一个框架,包含多个重要算法,如深度卷积神经网络(Deep Convolutional Neural Networks,DCNN)、K 近邻、深度信念网络(Deep Belief Networks,DBN)、循环神经网络等,这些深度学习技术已被广泛应用于波动风险预测、信用风险评级等领域。下面,试图通过卷积神经网络、循环神经网络等方法构建金融安全风险控制模型。

(一)深度卷积神经网络

深度卷积神经网络是目前较为先进的用于图像分类的机器学习算法,它利用输入图像的二维结构,使用一组过滤器来过滤原始输入图像的像素,以产生更高层次的表征,供模型学习,实现性能提升。

深度卷积神经网络属于一类具备卷积计算,并且拥有深度结构的前馈神经网络(Feedforward Neural Networks,FNN),是深度学习的典型算法之一。其一般由三个组成部分,即卷积层、池化层和全连接层(与常规神经网络相同)。

在卷积层中,采用一个过滤器来计算输入图像特定位置的像素与过滤器的值之间的点积,以便在输出特征图像中产生一个单一的值。在此基础上,卷积运算当滤波器滑过输入图像的宽度和高度之后实现。在卷积层之后,再通过激活函数(通常为 ReLU)给模型注入非线性,以加快训练过程。

激活函数之后是池化层,它是一个非线性的下采样层。最大池化算法是一种常用的池化算法,它可以将之前特征图的各个子区域都转换为该区域的一个最大值。还要说明的是,最大池化减少了计算和控制过拟合。

对于预测类的计算,当完成最大池化后,需要先将特征图平铺,并送入全连接层。最后一层为输出层,使用分类器进行预测。

(二)深度信念网络

深度信念网络(Deep Blief Network,DBN)是一种概率生成模型。与传统的判别式神经网络相比较,生成模型构建一个观察数据与标签之间的联合分布,对 P(Observation|Lable)和 P(Lable|Observation)都进行评估,而传统的判别模型则仅仅评估 P(Lable|Observation)。

深度信念网络是由多个受限波兹曼机(Restricted Boltzmann Machine,RBM)层组成。受限波兹曼机是一个包含可见层 v 和隐藏层 h 的两层随机网络。在受限波兹曼机的演化过程中,每个节点随机取值为 1 或 0,服从以下后验概率:

$$p(h_i = 1 \mid v) = f(b_i + W_i v) \tag{10.21}$$

$$p(v_i = 1 \mid h) = f(a_i + W_i h) \tag{10.22}$$

其中,$f(x) = 1/(1+e^x)$。

从宏观的角度,可以用以下能量函数和概率分布来描述受限波兹曼机:

$$E(v,h) = -\sum_{i \in v} a_i v_i - \sum_{j \in h} b_j h_j - \sum_{i,j} v_i h_i w_{ij} \qquad (10.23)$$

$$p(v,h) = \frac{1}{z} e^{-E(v,h)} \qquad (10.24)$$

通过求和可以得到可见层的边缘分布 v:

$$p(v) = \frac{1}{z} \sum_h e^{-E(v,h)} \qquad (10.25)$$

受限波兹曼机的学习过程是无监督学习,这意味着不存在数据的标签。将参数 $\theta \in \{W, a, b\}$ 关于输入向量 v 的似然函数,写成 $p(v, \theta)$。每当输入一个样本,就修改 θ,使 $p(v, \theta)$ 变大。通过大量的样本训练,该受限波兹曼机能够更准确地拟合这一类样本的特征。所以,当在一个受限波兹曼机中拥有一个隐藏层的输出时,也可以将它当作在另一个受限波兹曼机的可见层的输入。这个过程可以看作从样本的提取特征中进一步提取特征。基于这种想法,欣顿(Hinton 等,2006)①提出基于受限波兹曼机的深度信念网络。

然而,受限波兹曼机的学习过程是一种无监督的学习,所以深度信念网络只能在没有监督的情况下工作。如果想用它来进行分类,则必须添加一个新的监督学习网络,它可以根据深度信念网络提取的特征对样本进行分类。其思想是受限波兹曼机可以很好地提取样本的特征,这将使分类器比没有深度信念网络的分类器工作得更好。

(三)循环神经网络

循环神经网络是一种以序列数据作为输入,将所有节点按照链式相连接,且在序列的演进方向进行递归的递归神经网络(Recursive Neural Network),它也常常被用于金融风险控制。进一步来看,双向循环神经网络(Bidirectional

---

① Hinton G.E., Osindero S., Teh Y.W., "A Fast Learning Algorithm for Deep Belief Nets", *Neural Computation*, Vol. 18, No. 7, 2006, pp. 1527-1554.

Recurrent Neural Network,BRNN)是最常见的循环神经网络算法。

双向循环神经网络是由两个方向相反的单向循环神经网络组成,因而其训练算法与单向循环神经网络类似,都是基于反向传播算法(Back-Propagation Through Time,BPTT)对网络参数进行优化更新。

由于其两个方向不同的单向循环神经网络所包括的状态神经元之间没有相互作用关系,因而它们可以分别展开成两个独立的前馈神经网络,使其信息前向和后向传递的处理方式与多层感知器相同,只在训练数据的开始和结束时才需要进行一些特殊处理。此外,前向状态在 $t=T$ 时的局部状态导数和后向状态在 $t=1$ 时的局部状态导数是未知的,当超过该点的信息对当前更新不重要时,则其被设置为零。随着时间的推移,展开双向网络的训练程序可以总结为以下几点:

1. 前向传递

通过双向循环神经网络运行一个时间片 $1 \leq t \leq T$ 的所有输入数据并确定所有预测输出:首先只对前向状态(从 $t=1$ 到 $t=T$)和后向状态(从 $t=T$ 到 $t=1$)进行前向传递;然后对输出神经元进行前向传递。

2. 后向传递

计算前向传递中使用的时间片 $1 \leq t \leq T$ 的目标函数的导数部分:首先对输出神经元进行后向传递;然后只对前向状态和后向状态进行后向传递;最后更新权重。

(四)变精度粗糙集加权的 K 近邻

变精度粗糙集加权的 K 近邻可以实现对互联网金融风险的管理与控制(Qi 等,2021)[①]。在向量空间模型下,K 近邻是一种最佳的分类方法。与一些基于模型和规则的分类算法有所不同,它是一种基于实例的监督式深度学

---

① Qi M.,Gu Y.,Wang Q.,"Internet Financial Risk Management and Control Based on Improved Rough Set Algorithm",*Journal of Computational and Applied Mathematics*,Vol.384,2021,p.113179.

习方法。这种方法不应用任何经验模式进行匹配,因而简单、直观、高效,而且不需要先验知识。因此,K 近邻目前已经成为数据挖掘中非参数方法的基本方法之一。

由于互联网金融信息十分庞大和复杂,涉及海量的数据,因此 K 近邻被认为是最适合该类金融数据处理的方法。以此为例,传统 K 近邻的具体步骤如下:

1. 相似程度计算

基于互联网金融风险数据特征项集合的训练集,首先将有关互联网金融风险的训练和测试数据表示为 $d_i = \{W_{i1}, W_{i2}, \cdots, W_{in}\}^{\mathrm{T}}$ 的向量空间,然后计算有关互联网金融风险的测试数据向量与各训练数据向量之间的相似程度:

$$\mathrm{sim}(d_i, d_j) = \frac{\sum_{n=1}^{m} W_{in} \times W_{jn}}{\sqrt{\sum_{n=1}^{m} W_{in} \times W_{in}} \sqrt{\sum_{n=1}^{m} W_{jn} \times W_{jn}}} \tag{10.26}$$

其中,d_i 和 d_j 分别表示互联网金融风险的测试数据和训练数据,m 代表向量空间的维数,而 W_{in} 代表 d_i 的第 n 个维度。

2. 类别权重计算

根据训练样本和互联网金融风险测试数据的相似程度,从它们的训练数据中选择与互联网金融风险测试数据相似度最高的 K 个互联网金融风险数据,然后计算每个类别的权重:

$$p(d_j, c_i) = \sum_{j=1}^{k} \mathrm{sim}(d_i, d_j) y(d_j, c_i) \tag{10.27}$$

$$y(d_j, c_i) = \begin{cases} 0, & d_j \in c_i \\ 1, & d_j \notin c_i \end{cases} \tag{10.28}$$

其中,c_i 代表类别。

3. 类别权重比较

比较各个类别的权重,并将互联网金融风险数据分配到权重最高的类别上。传统的 K 近邻算法要求大量地训练样本,这会使样本计算量增加,影响分类效率。为了应对这种情况,粗糙集可以对高维文本信息的属性进行压缩,以便于去除多余的属性信息(Qi 等,2021)。

具体流程如下:首先,采用粗糙集模型来描述每个类别的上、下近似区域。如果一个训练样本属于某个类别的下限近似区域,那么这个样本就可以直接判断为属于这个类别的数据。其次,采用基于数量的修正加权 K 近邻算法,得到网络金融风险数据的类别。如果互联网金融风险数据超过了所有类别的上限近似区域,则采用基于各类别互联网金融风险数据数量的修正加权 K 近邻算法,得到上述互联网金融风险的数据类别。类别的下层近似区域是类别的核心区域,反映了类别的位置和形状。此外,边界区域的网络金融风险数据的归属是不确定的,是对互联网金融风险数据类别的补充。

选择 2013 年 8 月至 2015 年 6 月的 25 家样本平台进行核查分析(Qi 等,2021)。首先,对收集到的数据进行排序,得到互联网金融的风险评估结果。其中,得分高的平台风险防控能力较强,得分低的平台风险防控能力较弱。其次,利用营业额、收入、人气、技术、杠杆、流动性、分散度、透明度、品牌等指标作为改进粗糙集网络的输入数据。采用 Matlab 软件,在此基础上给定新客户的指标,通过改进的粗糙集网络,得到新客户的信用等级预测值,为风险评估提供可靠的依据。

通过对 5 个样本平台的测试,各互联网平台的信用等级与上述模型得到的结果基本一致。此外,第 1—4 个平台的信用等级均为 2,使用提出的算法进行预警的结果也是 2,第 5 个样本平台也得到同样的结果。上述结果表明,改进后的粗糙算法在互联网金融风险控制系统中是有用的。

三、半监督生成对抗网络模型

半监督生成对抗网络(Semi-supervised Generative Adversarial Networks,

SSGAN)由生成器网络和判别器网络构成(Goodfellow 等,2020)[1],其设计思路如图 10.9 所示。

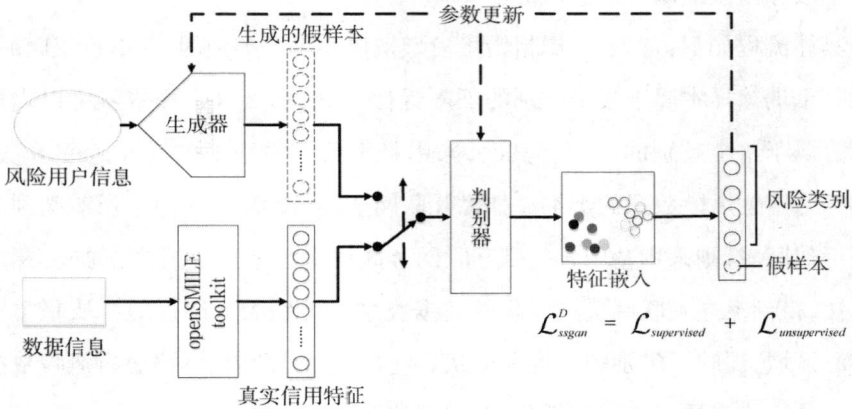

$$\mathcal{L}^D_{ssgan} = \mathcal{L}_{supervised} + \mathcal{L}_{unsupervised}$$

图 10.9 半监督生成对抗网络模型图

资料来源:Goodfellow I. J., Pouget-Abadie J., Mirza M., et al., "Generative Adversarial Nets: Advances in Neural Information Processing Systems", *Communications of the ACM*, Vol. 63, No. 11, 2020, pp. 139-144.

生成器利用服从某种概率分布的随机向量生成类似于真实样本的伪样本,从而使判别器无法分辨真实样本与伪样本;判别器试图判别数据是属于真实样本还是伪样本,这两个网络的权重参数根据极大极小策略进行优化更新,直至判别器不能再进一步区分来源。

$$\mathcal{L}^D_{ssgan} = -\mathbb{E}_{x,y \sim P_{data}(x,y)}[\log \mathcal{P}_{model}(y \mid x)] - \mathbb{E}_{x \sim G(z)}[\log p_{model}(y = K+1 \mid x)]$$

$$= -\mathbb{E}_{x,y \sim P_{data}(x,y)}[\log p_{model}(y \mid x)] - \mathbb{E}_{z \sim p(z)}\log\{1 - D[G(z)]\}$$

$$(10.29)$$

上式为最小化公式,第一项是带标签数据分类概率的期望值,可被当作风险等级情况分类器。判别器 D 的权重参数根据最小化公式原则进行优化更

---

① Goodfellow I. J., Pouget-Abadie J., Mirza M., et al., "Generative Adversarial Nets: Advances in Neural Information Processing Systems", *Communications of the ACM*, Vol. 63, No. 11, 2020, pp. 139-144.

新,生成器 G 则根据最大化公式来进行优化更新。通过半监督生成对抗网络可以缓解深度学习模型对标签数据的依赖,使所构建的金融安全风险分级模型更加精准。

利用对抗训练(Adversarial Training,AT)对半监督生成对抗网络学习到的数据分布的对抗方向进行平滑,得出基于平滑化的半监督生成对抗网络(Smooth Semi-supervised Generative Adversarial Networks,SSSGAN),其中带标签数据的对抗训练损失误差被添加到半监督生成对抗网络的损失函数中,充当正则化项。

为了减少平滑过程对标签信息的依赖,通常使用虚拟平滑半监督生成对抗网络(Virtual Smooth Semi-supervised Generative Adversarial Networks,VSSSGAN),其融合了虚拟对抗训练(Virtual Adversarial Training,VAT)和基于平滑化的半监督生成对抗网络的优势,利用标签数据训练出弱分类器,利用弱分类器对无标签数据进行自动标注,再生成"虚拟"类别标签,用于寻找对抗方向。

寻找分布平滑度的核心思想是探索并平滑扰动敏感的对抗方向。对抗训练的目标函数定义为:

$$\mathcal{L}_{\text{qadv}}(x_*) = \text{Div}[q(y \mid x_*), p_{\text{model}}(y \mid x_* + r_{\text{qadv}})] \tag{10.30}$$

其中,

$$r_{\text{qadv}} = \underset{r;\,\|r\| < \varepsilon}{\text{argmax}}\,\text{Div}[q(y \mid x_*), p_{\text{model}}(y \mid x_* + r)] \tag{10.31}$$

然而,模型中没有相关的类别信息来学习无标签数据的分类概率 $q(y \mid x_{\text{ul}})$,因此采用一种近似策略来解决这个问题。假设存在与无标签数据相对应的"虚拟"标签,通过当前的估计模型 $\hat{p}_{\text{model}}(y \mid x)$ 计算"虚拟"标签,这些标签可以替换未知的情感标签且被用来计算对抗方向。将 $\hat{p}_{\text{model}}(y \mid x)$ 替换上式中的 $q(y \mid x_*)$,并将其改写为:

$$\mathcal{L}_{\text{vadv}}(x_*) = \text{Div}[p(y \mid x_*, \hat{\theta}), p(y \mid x_* + r_{\text{vadv}}, \theta)] \tag{10.32}$$

该式定义了每个样本 x 的局部平滑度。假设给定 N 个带风险等级标签

的数据样本和 M 个不带风险等级标签的数据样本,则虚拟平滑半监督生成对抗网络的目标函数可以表示为:

$$\mathcal{L}^D_{\text{vsssgan}} = \mathcal{L}^D_{\text{ssgan}} + \beta \frac{1}{N+M} \sum_{x \in D_l, D_{ul}} \mathcal{L}_{\text{vadv}}(x_*) \tag{10.33}$$

其中,β 为平衡因子,用于控制半监督生成对抗网络和局部平滑度的贡献度。与对抗训练相似,上述式中的 r_{vadv} 难以计算,因而关于 r 的 $\mathcal{L}_{\text{vadv}}$ 的线性逼近被用于近似最佳 r_{vadv}。假设范数是 L_2,最佳对抗值 r_{vadv} 可以表示成:

$$r_{\text{vadv}} \approx \varepsilon \frac{g}{\|g\|_2}, g = \nabla_{x_*} \mathcal{L}_{\text{vadv}}(x_*) \tag{10.34}$$

其中,g 可以在训练阶段通过反向传播计算。因此,虚拟平滑半监督生成对抗网络模型可以利用虚拟标签进行数据平滑,减少对标签数据的依赖,有助于提高其所构建的金融安全风险分级模型的鲁棒性。虚拟平滑半监督生成对抗网络的设计思路如图 10.10 所示。

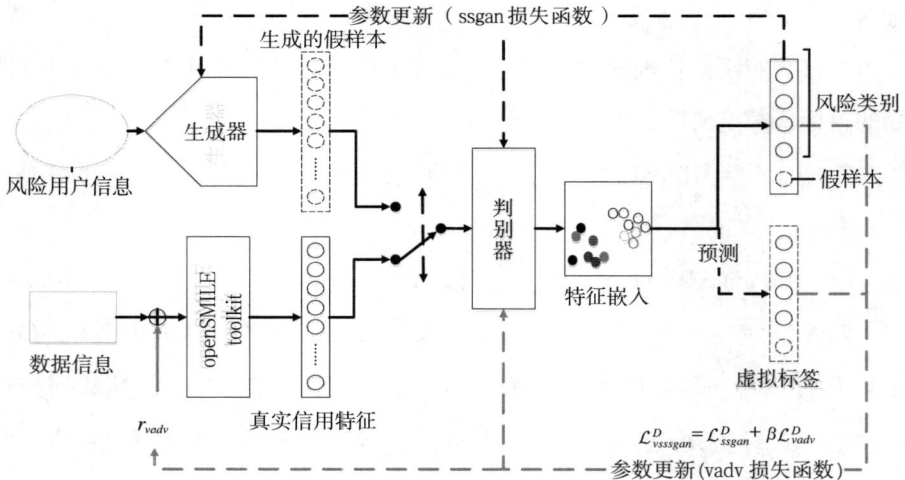

图 10.10　虚拟平滑化半监督生成对抗网络模型图

资料来源:Goodfellow I. J., Pouget-Abadie J., Mirza M., et al., "Generative Adversarial Nets: Advances in Neural Information Processing Systems", *Communications of the ACM*, Vol. 63, No. 11, 2020, pp. 139-144.

第十一章　金融安全风险预警控制能力建设

第一节　人工智能加持的金融安全风险预警控制评估

一、预警评估

在金融创新与金融科技快速发展的背景下,人工智能加持的金融安全风险预警控制是实现经济稳增长与防风险统一的关键所在。运用人工智能加持风险预警,可以提高监管部门科学决策能力,在风险防范和化解过程中把握政策节奏和力度,适时预调微调,防范"处置风险的风险",有效保障金融机构和金融市场的健康运转和平稳运行。金融安全风险预警评估主要包括评估准则、指标选择、稳健性检验、特征重要性排序和评估结论等几个方面内容。

(一)预警评估准则

实现金融安全风险的智能预警评估是金融安全风险预警控制能力建设的首要。针对之前讨论的预警模型,现在要解决的一个重要问题是在金融风险预警和控制中如何对此进行选择。本部分选取以下指标对模型的预警和控制精度进行评价,并确定性能最佳的风险预警和控制模型,以此构建金融安全风险预警和控制模型库。

标准的预警和控制性能评价指标包括平均准确度(Average Accuracy)、一类错误(Type Ⅰ Error)、二类错误(Type Ⅱ Error)、精度(Precision Rate)、召回率/敏感度(Recall Rate/Sensitivity)和 F 测度率(F-Measure),这些指标的定义可以用表 11.1 所示的混淆矩阵来表述。

表 11.1　混淆矩阵

测试结果	实际情况	
	积极	消极
积极	真阳性(True Positives,TP)	假阴性(False Negatives,FN)
消极	假阳性(False Positives,FP)	真阴性(True Negatives,TN)

资料来源:Xie C., Zhang J. L., Zhu Y., et al., "How to Improve the Success of Bank Telemarketing? Prediction and Interpretability Analysis Based on Machine Learning", *Computers & Industrial Engineering*, Vol. 175, 2023, p. 108874.

表中,TP(真阳性)是被正确分类的正例;FN(假阴性)是被错误分类的正例;TN(真阴性)是被正确分类的反例;FP(假阳性)是被错误分类的反例。

具体而言,预警和控制性能评价指标的定义分别为:

$$Type\ Ⅰ\ Error = \frac{FN}{TP + FN} \tag{11.1}$$

$$Type\ Ⅱ\ Error = \frac{FP}{TN + FF} \tag{11.2}$$

$$Precision\ Rate = \frac{TP}{TP + FP} \tag{11.3}$$

$$Recall\ Rate = \frac{TP}{TP + FN} \tag{11.4}$$

$$Sensitivity = \frac{TP}{TP + FN} \tag{11.5}$$

$$F - Measure = \frac{2 \times TP}{2 \times TP + FP + FN} \qquad (11.6)$$

一般来说,一个优秀的机器学习预测方法有望实现高的平均准确率和低的 I 类和 II 类错误。I 类错误和 II 类错误也被称为假阴性率和假阳性率,通常被用于评估二元分类模型的预测性能。前者表示模型错误地将阳性样本分类为阴性样本,而后者表示模型错误地将阴性样本分类为阳性样本;精确率是通过正确的真实阳性案例的数量除以预测的阳性案例的数量而得到的。为了降低机器学习方法的假阳性率,需要获得更高的精确率;召回率是通过正确的预测阳性案例数除以真实的阳性案例数来计算的。随着召回率的提高,机器学习方法的真实阳性率也会增加;F 测度率是准确率和召回率的算术平均值,因此其值如果高则说明机器学习方法的预测性能是优秀的。

然而,由于正例数与反例数的不平衡性,有些预警和控制性能指标在某些场景中并不合适。例如,在样本中反例所占比例远小于正例所占比例,那么将所有样本都归为正例的天真策略将导致平均准确度很大。不过,这种看似高性能的预警和控制模型在这些场景中没有多大价值,因为人们的主要目标是尽可能准确地检测出多个反例,而不会对太多反例进行错误分类。也就是说,研究者关心的是真阴性率,即特异性(Specificity)和真阳性率,即敏感度,其计算方法为:

$$Specificity = \frac{TN}{TN + FP} \qquad (11.7)$$

$$Average\ Accuracy = \frac{TP + TN}{TP + FP + FN + TN} \qquad (11.8)$$

为了正确衡量预警和控制模型的性能,可以使用平衡准确度(Balanced Accuracy,BAC)作为替代效能评估指标。平衡准确度定义为,反例观察中反例预测准确度和正例观察中正例预测准确度的平均值,即有:

$$BAC = \frac{1}{2}(Specificity + Recall\ Rate) \qquad (11.9)$$

拉克和扎科柳基纳(Larcker 和 Zakolyukina,2012)[1]指出,采用平衡准确度作为预警和控制效能评估指标可能遇到两个重要局限性。一方面,平衡准确度是基于给定分类器的特定预测概率阈值构建的,而该阈值通常由分类器自动确定,以使平衡准确度最大化。换句话说,通过设置不同的分类器阈值,可以使平衡准确度值也不同。在不了解误判假阳性的成本和误判假阴性的成本的情况下,人们无法确定最佳的预测欺诈概率阈值,以便对欺诈和非欺诈进行分类。另一方面,敏感度等指标对样本中正例和反例的相对频率非常敏感(即数据不平衡)。

为了解决上述问题,这里遵循拉克和扎科柳基纳(2012)的约定,使用接收者操作特征(Receiver Operating Characteristic,ROC)曲线下面积(Area Under Curve,AUC)作为预警和控制效能评估指标。接收者操作特征曲线是分类器性能的二维描述,结合了真阳性率和假阳性率,其中假阳性率=1-特异性,即Ⅱ类错误,前面提到的平衡准确度仅仅代表接收者操作特征曲线上的一个点。霍斯梅(Hosmer 等,2013)[2]认为,接收者操作特征曲线下面积越大,说明分类器的分类能力越强意味着预警和控制效果越好。这条曲线是由信号检测理论推导出来的,显示了接收者如何在存在噪声的情况下检测信号的存在。

通过计算曲线下面积,可以将风险预测模型的性能降低到单个标量。因为曲线下面积是单位平方面积的一部分,所以其值处于[0,1]中。由于随机猜测会产生单位平方的对角线,其面积为 0.5,因此任何分类器的曲线下面积值都应大于 0.5。当随机挑选的一个正例及一个反例通过分类器打分时,正例分值大于反例分值的概率即为曲线下面积。曲线下面积的一般规则如表11.2 所示(Hosmer 等,2013)。

---

① Larcker D. F.,Zakolyukina A. A.,"Detecting Deceptive Discussions in Conference Calls",*Journal of Accounting Research*,Vol. 50,No. 2,2012.

② Hosmer J. D. W.,Lemeshow S.,Sturdivant R. X.,*Applied Logistic Regression*,John Wiley & Sons,2013.

表 11.2　曲线下面积的一般规则

曲线下面积（AUC）	结果解读
AUC=0.5	差
0.5<AUC<0.7	较差
0.7<AUC<0.8	一般
0.8<AUC<0.9	优秀
AUC≥0.9	特别优秀

资料来源：Xie C., Zhang J. L., Zhu Y., et al., "How to Improve the Success of Bank Telemarketing? Prediction and Interpretability Analysis Based on Machine Learning", *Computers & Industrial Engineering*, Vol. 175, 2023, p. 108874.

汉德（Hand, 2009）[①]认为，采用曲线下面积作为预警和控制效能评估指标也存在局限性，即对分类器使用不同的误分类代价分布。为此，他提出一个简单有效的替代指标，即 H-measure，这是一种基于期望最小误分类损失的归一化分类器评估的度量，可以在不平衡分类中对分类器进行有效的比较，弥补了曲线下面积衡量不同分类器的不一致性缺陷。H-measure 的值在 0 到 1 之间，值越小说明拟合程度越低，识别效果就越差。

H-measure 的计算式为：

$$\hat{H} = 1 - \frac{\hat{L}_\beta \cdot B(1;\alpha,\beta)}{\pi_0 B(\pi_1;1+\alpha,\beta) + \pi_1 B(1;\alpha,1+\beta) - \pi_1 B(\pi_1;\alpha,1+\beta)}$$

（11.10）

其中，$\hat{L}_\beta$ 代表总体期望最小损失，即有：

$$\hat{L}_\beta = \sum_{i=0}^{m} \frac{\pi_0(1-r_{0i})\{B(c_{i+1};1+\alpha,\beta) - B(c_i;1+\alpha,\beta)\}}{B(1;\alpha,\beta)} +$$

[①] Hand D.J., "Measuring Classifier Performance: A Coherent Alternative to the Area under the ROC Curve", *Machine Learning*, Vol. 77, 2009, pp. 103–123.

$$\frac{\pi_1 r_{1i}\{B(c_{i+1};\alpha,1+\beta) - B(c_i;\alpha,1+\beta)\}}{B(1;\alpha,\beta)} \quad\quad (11.11)$$

$$c_{j+1} = \frac{\pi_1(r_{1(j+1)} - r_{1j})}{\pi_0(r_{0(j+1)} - r_{0j}) + \pi_1(r_{1(j+1)} - r_{1j})} \quad\quad (11.12)$$

(r_{1i}, r_{0i}) 是接收者操作特征曲线的坐标,π_0 是属于类 0 的实例的比例,π_1 是属于类 1 的实例的比例,m 是上凸包中的分段数。

其中,$B(x;\alpha,\beta)$ 表示不完全 β 函数归一化常数:

$$B(x;\alpha,\beta) = \int_0^x u^{\alpha-1}(1-u)^{\beta-1}\mathrm{d}u \quad\quad (11.13)$$

（二）数据说明

下面的预警性能评估以企业财务困境预测为背景,考察股东网络中心性对模型性能的影响。具体的研究思路是,首先构建股东网络,对样本数据进行描述和说明,了解数据的特征,以此选择相关变量（控制变量与网络中心性）和预警性能评估指标；然后运用极端梯度提升（eXtreme Gradient Boosting,XGBoost）、随机森林、梯度提升决策树（Gradient Boosting Decision Tree,GBDT）、决策树、支持向量机和逻辑回归对公司财务困境进行预警。除了运用多种模型进行财务困境预警研究外,也将考察能否通过股东网络中心性提高财务困境预警性能。

本部分采用的决定企业财务状况的关键指标为"特别处理"（ST）,即当上市公司财务状况连续两年出现亏损时,公司的股票代码中加以 ST 进行标记,并当公司恢复正常状态后即可申请撤销 ST 标签。具体地,将因变量设置为二进制变量"ST",若公司获得 ST 标签则为 1；否则为 0。

财务困境预测样本涵盖 2013 年第一季度至 2023 年第二季度期间中国 A 股市场所有上市公司。相关数据均来自国泰安数据库。在计算网络中心性指标之前,需构建动态的股东网络:在每一个季度,利用上市公司的前十大股东信息,以上市公司为节点,公司之间存在的共同股东关系为连边、公司之间的共同股东数量为权重,构建一个无向加权网络。

由于上市公司获得 ST 标签是其财务状况连续两年出现亏损的结果,存在一定的滞后效应,所以在预测过程中,应使用 2 年以前的解释变量来预测因变量,即用季度$(t-8)$至季度$(t-1)$的数据来预警季度 t 的公司财务状况。随后,随机抽取样本数据的 70% 作为训练集,剩余 30% 的样本作为测试集。

需要说明的是,样本中每年出现财务困境状况的公司占比非常低,不足所有公司的 3%,存在类别不平衡问题。为此,本部分采用合成少数类过采样技术(Synthetic Minority Oversampling Technique,SMOTE)对数据集进行调整,以避免类别不平衡问题对最终结果的影响。

（三）变量和预警效能评估指标选择

从资产负债表、股票数据等项目中选取多个原始指标,再基于它们计算出 12 个比率指标,其中包含 7 个财务指标与 5 个市场变量,将其作为实证模型中的控制变量。相关变量定义见表 11.3。

表 11.3　控制变量的定义与说明

原始指标	比率指标	定义
财务指标	营运资金比率	营运资本与总负债的比率
	流动比率	流动资产与流动负债的比率
	利润资产比	净利润与总资产的比率
	净利润变动	$CHIN = (NI_t - NI_{t-1})/(\mid NI_t \mid + \mid NI_{t-1} \mid)$,其中 NI 指净利润
	留存收益资产比	留存收益与总资产的比率
	市值负债比	股权市值与总负债的比率
	销售资产比	销售收入与总资产的比率

原始指标	比率指标	定义
市场变量	价格对数	公司股票价格的对数
	收益率标准差	公司过去一个季度股票日收益率的标准差
	超额收益	公司收益减上证综合指数收益
	权益市值比	所有者权益与指数市值的比率
	市净率	公司的市净率

资料来源:笔者根据相关知识积累自制。

利用构建好的股东网络计算两个网络中心性指标,即中心性评分(Centrality Score,CS)和 PageRank 中心性,以衡量公司在网络中的重要性,并将其作为解释变量。

1. 中心性评分

中心性评分是衡量节点中心性的综合性评分指标,若它的值越小,则节点的中心性越强。中心性评分通常被定义为:

$$
\begin{cases}
CS = X + Y \\
X = \dfrac{R_{DC}^{w} + R_{DC}^{u} + R_{BC}^{w} + R_{BC}^{u} - 4}{4(N-1)} \\
Y = \dfrac{R_{Ecc}^{w} + R_{Ecc}^{u} + R_{CC}^{w} + R_{CC}^{u} + R_{EC}^{w} + R_{EC}^{u} - 6}{6(N-1)}
\end{cases}
\tag{11.14}
$$

其中,R_{DC}^{w} 和 R_{DC}^{u} 表示在赋权网络和非赋权网络下,节点度中心性的降序排名。类似地,R_{BC}^{w} 和 R_{BC}^{u}、R_{Ecc}^{w} 和 R_{Ecc}^{u}、R_{CC}^{w} 和 R_{CC}^{u}、R_{EC}^{w} 和 R_{EC}^{u} 分别表示在赋权网络和非赋权网络下,节点中介中心性、偏心率、接近中心性、特征向量中心性的降序排名,计算公式分别为:

$$
DC(i) = \frac{\sum_{j=1, j \neq i}^{N} \alpha_{ij}}{N-1}
\tag{11.15}
$$

$$\text{Ecc}(i) = \max_{j \neq i} l_{ij} \tag{11.16}$$

$$\text{CC}(i) = \frac{1}{\sum\limits_{j,j \neq i} l_{ij}} \tag{11.17}$$

$$\text{EC}(i) = \lambda^{-1} \sum_{j,j \neq i} \omega_{ij} \text{EC}(j) \tag{11.18}$$

其中,N 为节点数量。节点 i 与 j 之间存在连边时,有 $a_{ij}=1$;否则为 0。l_{ij} 表示从节点 i 到 j 的最短路径长度,$l_{kj}(i)$ 为从节点 k 到 j 经过 i 的最短路径长度,ω_{ij} 表示邻接矩阵 Ω 中的元素,λ 为邻接矩阵特征值。

2. PageRank 中心性

PageRank 中心性最初应用于网络搜索引擎,用来反映网页的重要性,后来应用于网络科学领域,以刻画个体在网络中的重要程度。PageRank 中心性的计算公式参照式(6.41)。

由于样本中财务困境公司占比低于 3%,这可能使平均准确度过高,所以通常主要采用的预警性能评估指标是曲线下面积和 H-measure。此外,在预警性能评估过程中,还需充分考虑两类误差,即一类错误和二类错误。一类错误表示分类器将陷入财务困境的公司放入正常组的错误分类,二类错误表示分类器将健康公司归入困境组的错误分类。鉴于将陷入财务困境的公司错误分类为健康的公司所导致的负面影响更大,造成的后果更严重,所以相对而言一类错误受到的关注更多。

(四)主要评估结果

除了上述预警效能评估指标外,表 11.4 给出了多个模型的预警结果,并且借此可以比对分析模型中是否包含网络中心性指标的结果差异。

从特征角度分析可知,对于逻辑回归,仅包含 12 个控制变量时曲线下面积为 0.8128、H-measure 为 0.4396、一类错误为 0.2087、二类错误为 0.1657,加入 2 个网络中心性指标之后曲线下面积为 0.8145、H-measure 为 0.4438、

表 11.4 财务困境预测实证结果

模型	特征	曲线下面积	H-measure	一类错误	二类错误
逻辑回归	12 个控制变量	0.8128	0.4396	0.2087	0.1657
	12 个控制变量+ 2 个网络中心性指标	0.8145	0.4438	0.2053	0.1658
支持向量机	12 个控制变量	0.8401	0.5130	0.1804	0.1394
	12 个控制变量+ 2 个网络中心性指标	0.8476	0.5336	0.1720	0.1329
决策树	12 个控制变量	0.7798	0.3673	0.3231	0.1172
	12 个控制变量+ 2 个网络中心性指标	0.7782	0.3652	0.3327	0.1109
梯度提升 决策树	12 个控制变量	0.8425	0.5195	0.1798	0.1353
	12 个控制变量+ 2 个网络中心性指标	0.8464	0.5302	0.1699	0.1374
随机森林	12 个控制变量	0.8287	0.4945	0.2783	0.0644
	12 个控制变量+ 2 个网络中心性指标	0.8344	0.5103	0.2734	0.0578
极端梯度 提升	12 个控制变量	0.8520	0.5467	0.1788	0.1173
	12 个控制变量+ 2 个网络中心性指标	0.8602	0.5701	0.1698	0.1097

资料来源:笔者基于本章节的样本数据开展实证分析,并据此整理生成表格,属笔者自制。

一类错误为 0.2053、二类错误为 0.1658。这表示,不论模型中是否纳入中心性指标,其曲线下面积值远高于随机猜测的曲线下面积临界值 0.5。并且可以发现,对于包含 12 个控制变量和 2 个中心性指标的模型,曲线下面积值增加了 0.0017,H-measure 增加了 0.0042,一类错误降低了 0.0034,说明在模型中纳入 2 个中心性指标可提高预警性能,降低错误率。

类似地,对于极端梯度提升,曲线下面积增加了 0.0082,H-measure 增加了 0.0234,一类错误降低了 0.009,二类错误降低了 0.0076,即 4 个预警效能评估指标均在一定程度有所改善。因此,股东网络中心性能够较好地识别公司的财务困境,可以将其与财务特征和市场变量相结合,以提高财务困境预警性能。

从不同模型来看,对于仅包含 12 个控制变量的样本,逻辑回归的曲线下面积为 0.8128,SVM 模型的曲线下面积为 0.8401,而极端梯度提升的效能最好(曲线下面积为 0.8520);对于包含控制变量和网络中心性指标的样本,极端梯度提升的预警效能评估指标也最高(曲线下面积为 0.8602)。并且对于其余三个评估指标而言,极端梯度提升在所有样本与所有模型中也是性能最优的。

此外,在极端梯度提升中加入网络特征之后,预警性能相较其他模型而言改善最多,如曲线下面积值增加了 0.0082,而逻辑回归的曲线下面积只增加了 0.0017。从表中可以得到,12 个控制变量和 2 个网络中心性数据加上集成学习极端梯度提升时,对公司财务困境的预警性能最优。

(五)稳健性检验

1. 替换样本

在表 11.4 中,随机选取 70% 的数据作为训练集,忽略了数据中隐含的时间信息。为了显示主要结果的稳健性,使用 2013 年第一季度至 2021 年第四季度的数据作为训练集,以 2022 年第一季度至 2023 年第二季度的数据为测试集,结果如表 11.5 所示。

表 11.5 替换训练集与测试集的实证结果

模型	特征	曲线下面积	H-measure	一类错误	二类错误
逻辑回归	12 个控制变量	0.8712	0.6006	0.1205	0.1371
	12 个控制变量+ 2 个网络中心性指标	0.8771	0.6181	0.1124	0.1334
支持向量机	12 个控制变量	0.8836	0.6370	0.1189	0.1138
	12 个控制变量+ 2 个网络中心性指标	0.8881	0.6503	0.1208	0.1031

模型	特征	曲线下面积	H-measure	一类错误	二类错误
决策树	12 个控制变量	0.8272	0.4846	0.2521	0.0935
	12 个控制变量+ 2 个网络中心性指标	0.8329	0.5013	0.2524	0.0818
梯度提升 决策树	12 个控制变量	0.8880	0.6503	0.0955	0.1285
	12 个控制变量+ 2 个网络中心性指标	0.8928	0.6646	0.0942	0.1202
随机森林	12 个控制变量	0.8759	0.6176	0.1781	0.0702
	12 个控制变量+ 2 个网络中心性指标	0.8803	0.6323	0.1855	0.0539
极端梯度 提升	12 个控制变量	0.8879	0.6498	0.1209	0.1033
	12 个控制变量+ 2 个网络中心性指标	0.8988	0.6824	0.1076	0.0949

资料来源:笔者基于本章节的样本数据开展实证分析,并据此整理生成表格,属笔者自制。

首先,对于所有模型,对比分析仅包含 12 个控制变量的样本和加入 2 个网络中心性指标的样本的预警性能,后者的 4 个预警性能评估指标基本上优于前者,说明网络中心性指标可以改善公司财务困境的预警性能,表明了结果的稳健性。其次,对比分析表 11.4 与表 11.5 可以发现,后者中的预警性能显著高于前者中的结果,这充分说明考虑时间信息的必要性。最后,对于所有样本,极端梯度提升的曲线下面积和 H-measure 均最高,一类错误和二类错误均最低,与表 11.4 中的实证结果一致,证明该模型的鲁棒性较强。

2.类别不平衡处理问题

以上报告中采用合成少数类过采样技术解决样本中财务困境公司比例严重不足的问题,为了避免类别不平衡问题处理方式的差异对最终结果造成影响,本部分采用随机欠采样方法重新处理数据集,结果见表 11.6。

由表可知,在这 6 个预测模型中加入网络中心性指标均可以改善模型预警效果,降低将财务困境公司错误分类为健康公司的一类错误发生的概率。同

表 11.6　随机欠采样处理类别不平衡问题的实证结果

模型	特征	曲线下面积	H-measure	一类错误	二类错误
逻辑回归	12 个控制变量	0.7840	0.3677	0.2483	0.1837
	12 个控制变量+ 2 个网络中心性指标	0.7855	0.3713	0.2465	0.1826
支持向量机	12 个控制变量	0.7991	0.4057	0.2407	0.1611
	12 个控制变量+ 2 个网络中心性指标	0.8005	0.4087	0.2304	0.1686
决策树	12 个控制变量	0.7339	0.2536	0.2621	0.2700
	12 个控制变量+ 2 个网络中心性指标	0.7349	0.2559	0.2619	0.2683
梯度提升 决策树	12 个控制变量	0.8025	0.4130	0.2133	0.1816
	12 个控制变量+ 2 个网络中心性指标	0.8067	0.4235	0.2068	0.1798
随机森林	12 个控制变量	0.8132	0.4404	0.1989	0.1747
	12 个控制变量+ 2 个网络中心性指标	0.8155	0.4464	0.1942	0.1748
极端梯度 提升	12 个控制变量	0.8735	0.4736	0.2083	0.1922
	12 个控制变量+ 2 个网络中心性指标	0.8776	0.4847	0.2026	0.1908

资料来源:笔者基于本章节的样本数据开展实证分析,并据此整理生成表格,属笔者自制。

样,这时极端梯度提升的整体性能最好,明显优于其他模型。这些结论与前文所述一致,说明结果是稳健的,即网络指标对企业未来的财务健康状况具有重要预警作用。

（六）特征重要性排序

由以上的实证结果与分析可知,集成学习极端梯度提升的预警效能评估结果最优。因此,基于极端梯度提升对选择的 14 个指标的重要性进行评估,见表 11.7。

表 11.7　极端梯度提升中 12 个控制变量和 2 个网络指标的重要性

排序	12 个控制变量+2 个网络中心性指标	特征重要性
1	利润资产比	0.394
2	留存收益资产比	0.146
3	净利润变动	0.056
4	中心性评分	0.053
5	价格对数	0.053
6	流动比率	0.037
7	营运资金比率	0.037
8	市值负债比	0.036
9	权益市值比	0.034
10	收益率标准差	0.033
11	超额收益	0.032
12	销售资产比	0.031
13	市净率	0.031
14	PageRank 中心性	0.027

资料来源:笔者基于本章节的样本数据开展实证分析,并据此整理生成表格,属笔者自制。

　　表中报告了集成学习极端梯度提升 14 个(12 个控制变量和 2 个网络中心性)数据项的重要性统计数据。将这些数据项根据它们的特征重要性从高到低排序后可知,发现前 5 个有助于集成学习极端梯度提升提高预测性能的重要特征依次为:利润资产比;留存收益资产比;净利润变动;中心性评分;价格对数。值得注意的是,"中心性评分"包含在前 5 大关键特征之中,再次说明了网络中心性指标的重要性.因而上市公司可以重点关注这类网络指标,以提高财务困境预警效能。此外.从表中还可以发现,最重要的特征依然是财务指标,即利润资产比,说明在关注股东网络指标的同时也不能忽视财务指标对预警结果的影响。

(七)预警评估结论

从主要财务困境预测结果和稳健性检验实证结果可以看出,相较于仅包含财务指标和市场信息的样本,加入网络中心性指标的样本更有利于提升公司财务困境预警效能,同时极端梯度提升的预警性能在 4 个预警效能评估指标上都是最优的。从特征重要性排序结果可以看出,利润资产比、留存收益资产比、净利润变动、中心性评分和价格对数具有较重要的公司财务困境预警影响作用。

二、控制评估

除了预警评估,实现金融安全风险精准控制也十分关键。人工智能算法在预测方面看似非常强大,但同时也存在不透明性问题,即很难深入理解其内在的工作机理。而在金融安全风险控制中,将重要的决策依赖于一个科学无法解释的复杂系统将是十分危险的。在此情况下,可解释的人工智能便显得尤为重要。因此,有效评估金融安全风险分级变量的重要性,分析金融安全风险分级变量对预测响应的依赖关系,无疑是金融安全风险控制效能评估的重点。

(一)数据说明

这里将控制效能评估的背景设定为供应链融资需求问题。供应链融资作为一种新型的融资方式,在国内的应用前景应该是较好的。众所周知,实际中基于企业财务报表的完整数据很难获得,尤其是对非上市企业而言,而供应链融资的应用也恰好主要涉及一些上市公司,因此在寻找合适的数据集时,主要关注相关上市公司。

样本选择标准一般包括三个因素。首先,中小企业应在深圳证券交易所的中小企业板上市。这些上市公司是中小企业的代表,这些企业存在业绩不显著、信誉度偏低、财务压力较大等问题;其次,核心企业从上海证券交易所和深圳证券交易所主板选择。这些上市公司基本是龙头企业,具有行业领军、信誉优异、资金实力强劲等优势;最后,所有被引用的中小企业必须与其中一个被引用的核心企业具有真正的贸易关系,是供应链的一部分。也就是说,在选定的样本中,中小企业是核心企业的供应商或买家。因此,当中小企业有融资需求时,在核心企业的参与下,供应链融资就可以发生。

基于上述样本选取准则,这里选取 46 家来自深交所中小板的上市中小企业,以及 7 家来自上交所和深交所主板的上市核心企业。在删除不可用的数据后,仍然保留下一个有效的季度观测数据集。

(二)变量选择

46 家上市中小企业由 6 家被进行退市风险警示(Star-special Treatments, *ST),即风险中小企业(信用状况为负),以及 40 家财务指标正常的上市公司,即无风险中小企业(信用状况为正)共同构成。

表 11.8 定义了解释变量及其类别。根据中小企业的信用状况,将被解释变量分为两组,分别将被解释变量赋值为 0 或 1,表示一个季度的风险公司和非风险公司的观测数据集。选取了 18 个原始解释变量,并将其细分为 5 类:杠杆、流动性、盈利能力、活动和非金融类。

表 11.8 控制模型的解释变量

自变量	定义	类别
中小企业流动比率	流动资产除以流动负债	非金融类
中小企业速动比率	流动资产减去库存,再除以流动负债	流动性
中小企业现金比率	现金及现金等价物期末余额除以流动负债	流动性
中小企业营运资金周转情况	营运收入除以平均营运资金	流动性

426

续表

自变量	定义	类别
中小企业净资产收益率	净利润率除以股东权益平均余额	流动性
中小企业销售利润率	净利润率除以营业收入	杠杆
中小企业总资产收益率	净利润率除以总资产平均余额	盈利能力
中小企业总资产增长率	期末总资产减去上年末总资产,再除以后者	杠杆
核心企业的信用等级	对核心企业的信誉度进行评价,分为7个等级	活动
核心企业速动比率	流动资产减去存货,再除以流动负债	非金融类
核心企业总资本周转率	营业收入除以平均总资产	流动性
核心企业的销售利润率	净利润率除以营业收入	流动性
中小企业与核心企业贸易商品特征	贸易商品的特征(如价格刚性、清算、脆弱等)的程度分为7个等级	盈利能力
中小企业应收账款回款周期	回款周期除以应收账款周转率	非金融类
中小企业应收账款周转率	营业收入除以平均应收账款占用	杠杆
产业趋势	一个行业内发生的模式或趋势分为7个等级	杠杆
中小企业与核心企业合作度	交易频率分为7个等级	非金融类
中小企业信用评级	中小企业信用评级分为7个等级	非金融类

资料来源:Zhu Y.,Xie C.,Wang G. J.,et al.,"Forecasting SMEs' Credit Risk in Supply Chain Finance with an Enhanced Hybrid Ensemble Machine Learning Approach",*International Journal of Production Economics*,Vol. 211,2019,pp. 22-33.

此外,需要从上述变量中选择最重要的解释变量。所选择的解释变量可以告知监管部门哪些因素对中小企业供应链融资信用风险控制重要,可以让中小企业管理者明晰哪些因素对提高融资能力重要,以及告知核心企业管理者哪些因素对降低连带责任信用风险重要。

通过决策树 C5.0 算法筛选出 12 个重要指标,如表 11.9 所示。

表 11.9　筛选后的解释变量

因素	解释变量	得分	排名
传统融资因素	中小企业流动比率	0.0985	1
	中小企业销售利润率	0.0825	5
	中小企业速动比率	0.0825	5
	中小企业总资产收益率	0.0816	7
	中小企业总资产增长率	0.0816	7
	中小企业现金比率	0.0800	10
供应链金融因素	中小企业与核心企业贸易商品的特征	0.0867	2
	核心企业的信用等级	0.0850	3
	核心企业的销售利润率	0.0833	4
	产业趋势	0.0808	9
	核心企业速动比率	0.0800	10
	中小企业应收账款回款周期	0.0774	12

资料来源:Zhu Y.,Xie C.,Wang G. J.,et al.,"Forecasting SMEs' Credit Risk in Supply Chain Finance with an Enhanced Hybrid Ensemble Machine Learning Approach",*International Journal of Production Economics*,Vol. 211,2019,pp. 22-33.

（三）风险分级变量重要性评估

在实践中,应该尽量减少获得结果所需的变量数量,以提高效率。通过变量选择,可以根据重要性或准确性等统计学特征来确定最佳因素。使用变量选择控制开发模型可以减少数据运行的负担,提高实践中分类的效率。由于许多现代数据集有成百上千个可能的预测因子,变量选择往往是控制模型开发的一个必要部分,其中随机森林、逻辑回归、决策树 C5.0 常用于指标筛选。

1. 随机森林

应用随机森林进行属性选择主要是为了找到少量的变量以很好地和简约地预测响应变量。随机森林是由布雷曼（2001）提出的一个集成学习方法,它组合了多个树预测器,使每棵树只基于独立采样的随机向量的数据,并且森林中的所有树都有着同样的分布。

随机森林的原理是,将多个二叉决策树组合在一起,它们都使用来自学习样本 L 的一系列自助抽样样本,并从各个节点上随机选取解释变量 x 的一个子集。其中,学习样本 $L = \{(X_1, Y_1), \cdots, (X_n, Y_n)\}$,由随机向量 (X, Y) 的 n 个独立的观测值组成。

2. 逻辑回归

逻辑回归如同线性回归一样,是一种常用的、属于定性变量的回归分析。现实生活中的许多现象都可以分为两种可能性,或还原为两种状态,它们可以分别用 0 和 1 来表示。一般来说,在线性回归模型中,被解释变量的分布和数值都是不受限制的,那么由被解释变量的各种线性组合的数值便是连续的、无限的。因此,当被解释变量不是服从正态分布的连续数值变量时,不能直接使用一般的线性回归方法。

为了解决这个问题,学者们对被解释变量进行一些变换,最终形成了逻辑回归分析理论。逻辑回归最普遍的使用场景是预测概率,不过它的结果并非数学定义中的概率值,也不能直接作为概率值来使用,而是往往被用于对其他特征值进行加权求和,不是直接相乘。

在社会科学中,最广泛的情况是使用逻辑回归来处理被解释变量。对于不同的财务指标 $(x_0, x_1, \cdots, x_d)$,用逻辑回归计算的风险分数为:

$$s = \sum_{i=0}^{d} w^i x^i \tag{11.19}$$

该得分越高,意味着金融风险越大;反之亦然。s 的数值在区间 $[-\infty, +\infty]$ 内,但为了让其获得 $[0,1]$ 之间的值,必须有一个转换函数将这个分数进行转换,此即逻辑函数,它是一个 S 型函数,又被称作 sigmoid 函数,可以将其映射到 $[0,1]$。函数的具体形式为:

$$\theta(s) = \frac{e^s}{1 + e^s} = \frac{1}{1 + e^{-s}} \tag{11.20}$$

其中，e 是自然常数。因此，整个逻辑回归的函数形式为：

$$h(\overline{X}) = \frac{1}{1 + e^{-w^T x}}$$ （11.21）

为了提高财政状况指标衡量财政紧缩程度、金融市场状况和系统性金融风险的有效性和准确性，可以采用逻辑方法对指标的目标变量进行筛选。最终选择 18 个备选指标来衡量财政紧缩程度、金融市场状况和系统性金融风险，并建立金融状况指数。

3. 决策树 C5.0

决策树包括两个类型：分类树和回归树。决策树 C5.0 属于分类树，其输入可以是离散的或连续的变量，输出是离散变量。C5.0 是一种有监督的机器学习算法，它必须使用输出值已知的数据来学习。由此产生的树通过一系列的规则对输入进行分类。C5.0 算法主要用于海量数据库分类，常常被用于分析实际数据库。

与其他决策树算法相比，C5.0 具有优越的内存需求性能。此外，C5.0 可以产生更准确的规则。然而，采用该算法容易过度拟合，导致形成过多的树状结构。过度拟合是指生成出来的树包括了训练集的噪声和随机误差，导致虽然训练和测试集的结果很好，但实际应用中会产生很大的误差。决策树的构建包括生长和修剪两个关键步骤：生长过程是将训练数据重复分组为后续的小集，分支标准是决定何时应停止生长的核心算法；通过修剪技术能减少模型过拟合风险。

本部分应用决策树 C5.0 算法，从选取的 18 个预测中小企业信用风险的变量中选择最重要的解释变量。所选择的解释变量可以将中小企业供应链融资信用风险控制中重要的影响因素进行有效的甄别，帮助决策者在风险控制的过程中高效精准地对风险进行管控和处置，从而大大提升了金融安全风险防控的能力。

结果显示，中小企业的流动比例、贸易商品的特征和核心企业的信用评级的相对重要性得分依次排在前 3 位。值得注意的是,在筛选出的 12 个指标中,有 6 个变量是中小企业自身的相关因素。这一发现表明,与传统融资方式相比,中小企业自身的情况仍然是评估中小企业在供应链融资中的信用风险的主要影响因素。同时,其他 6 个变量是核心企业情况或供应链相关因素,它们是中小企业在供应链融资信用风险评估中区别于传统融资的新的要素。

(四)风险分级变量对预测响应的依赖关系评估

在实践中,决策者在风险控制的过程中通常不仅想知道最重要的解释变量及预测的表现,还想知道它们是如何影响预测的。通过可解释模型,可以分析金融安全风险分级变量对预测响应的依赖关系。

1. 基础的可解释模型

最常见的可解释模型包括表 11.10 所示的线性回归、逻辑回归和决策树。

由于前面已经具体阐述了随机森林和逻辑回归的具体内容,这里不再赘述,这里主要讨论线性回归。

表 11.10　可解释算法比较

算法	是否线性	任务
线性回归	是	回归
逻辑回归	否	分类
决策树	否	分类和回归

资料来源:笔者根据相关知识积累自制。

线性回归模型可以将目标预测作为特征输入的加权和。通过学习,得到的线性关系可以使解释变得更加简单。线性模型也可用来构建回归目标 y 对特征 x 的依赖性关系,且所学习到的关系是线性的。针对某个实例的线性模型,一般可写成以下形式:

$$y = \beta_0 + \beta_1 x_1 + \cdots + \beta_p x_p + \varepsilon \tag{11.22}$$

相应的预测结果是其 p 个特征预测结果的加权和。式中,β_j 代表学习到的特征权重或系数。和中的第一个权重 β_0 为截距,不与特征相乘;ε 是仍然存在的误差,即预测和实际结果之间的差异,它被假定为遵循高斯(Gauss)分布,意味着在消极和积极的方向上都会出现误差,并且有许多小误差和少数大误差。通常来说,可以采用各种方法来估计最佳权重。一般通过普通最小二乘法来寻找最小化实际结果和估计结果之间平方差的权重:

$$\hat{\beta} = \underset{\beta_0,\dots,\beta_p}{\mathrm{argmin}} \sum_{i=1}^{n} \left(y^{(i)} - \left(\beta_0 + \sum_{j=1}^{p} \beta_j x_j^{(i)} \right) \right)^2 \tag{11.23}$$

总的来说,线性回归模型的最大优势是线性,它使估计过程变得简单明了。最重要的是,这些线性方程在模块层面上有一个容易理解的解释(即权重)。这是线性模型和所有类似模型在学术领域,如金融学、医学、社会学、心理学以及许多其他定量研究中如此广泛被使用的主要原因。

2. 部分依赖图

弗里德曼(Friedman,2001)[①]首先提出部分依赖图(Partial Dependence Plot,PDP)分析方法,通过使用图形可视化来分析解释变量是如何影响预测的。部分依赖图将解释变量之间的非线性或线性关系可视化,并通过训练回归模型(如回归树模型)来预测反应。部分依赖图可以创建针对单一特征的预测反应的线图,同时对其他独立变量进行边缘化处理。具体而言,一般是通过 R 语言的 iml、pdp 和 DALEX 包,Python 的 Skater 包,以及 Matlab 来生成部分依赖图。

部分依赖图可以显示目标对象与特征之间的线性、单调或者更加复杂的其他关系。举例来说,当应用一线性回归模型时,部分依赖图常常呈现为线性关系。回归的部分依赖函数可以被定义为:

$$\hat{f}_{xs}(xs) = E_{xc}[\hat{f}(xs,xc)] = \int \hat{f}(xs,xc)\,\mathrm{d}p(xc) \tag{11.24}$$

---

① Friedman J. H., "Greedy Function Approximation: A Gradient Boosting Machine", *Annals of Statistics*, Vol. 29, No. 5, 2001, pp. 1189–1232.

其中, xs 是应该绘制部分依赖函数的特征,而 xc 则是机器学习模型 f 中所使用的其他特征。一般情形下,在集合 S 中只有一个或者两个特征。S 中的特征也是人们想要了解的对预测有影响的那些特征。特征向量 xs 则与 xc 结合在一起,形成总的特征空间 x。

部分依赖图的主要工作机理是将机器学习模型的输出数据在集合 C 中的特征分布上进行边际化,这样函数就展示出了集合 S 中的特征与预测结果之间的关系。通过边际化处理其他特征,所得到的函数只依赖于 S 中的特征,其中包括与其他特征的相互作用。部分函数可以告诉使用者,对于给定的特征 S 的取值,其对预测的平均边际影响是什么。

以上是对数字特征的部分依赖性计算。对于分类特征,部分依赖性是非常容易计算得到的。针对每个类别,可以通过设定所有的数据实例都具有相同的类别,并对结果取平均值,最后得到部分依赖图的估计值。

图 11.1 包括 6 个子图,分别展示了中小企业流动比率、中小企业营业利润率、中小企业速动比率、中小企业总资产净利润率、中小企业总资产增长率、中小企业现金比率等中小企业信用风险预测指标(可视为特征变量)与中小企业守约概率(可视为预测响应变量)之间的部分依赖关系。

图 11.1(a)显示了中小企业流动比率越高,中小企业守约概率越高。图中显示,当中小企业流动比率处于 2 附近时,图中显示在 1.81 至 2.25 区间内时(图中右侧分割线与居中分割线之间的位置),中小企业的守约概率达到了第一个平台位置,即 0.97。当中小企业流动比率大于 2.25 时,中小企业的守约概率下降到了 0.96(图中居中分割线的位置)。当中小企业流动比率大于 3.92 时(图中右侧分割线的位置),中小企业守约概率又从 0.96 下降到 0.92 的位置。这一现象与流动比率的财务特征刚好吻合。学界和业界通常认为当企业流动比率为 2∶1 时,该企业短期偿债能力最强。因此,当中小企业流动比率值为 2 时,中小企业守约概率最高。同时,研究人员和从业人员又指出:当企业流动比率远大于 2∶1 时,意味着企业现金或者库存过剩。现金过剩表

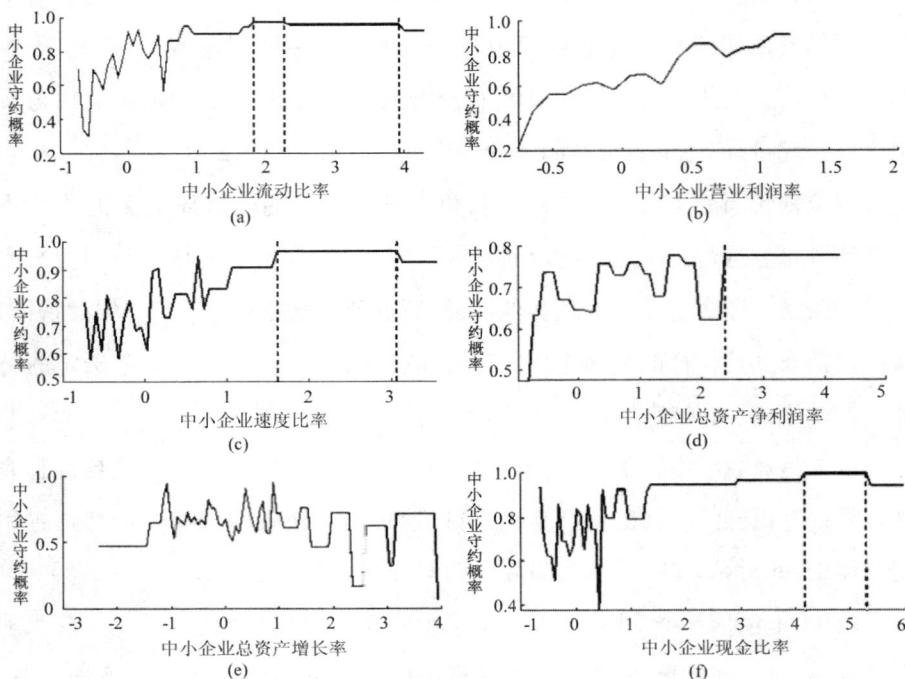

图 11.1 传统融资模式下预测模型部分依赖图

资料来源：Xie C., Zhang J. L., Zhu Y., et al., "How to Improve the Success of Bank Telemarketing? Prediction and Interpretability Analysis Based on Machine Learning", *Computers & Industrial Engineering*, Vol. 175, 2023, p. 108874.

示企业的资金利用率较低，而企业库存较高说明企业管理模式落后。因此，中小企业流动比率过高时，中小企业的守约概率可能存在下滑。总的来说，中小企业为了提升融资能力，必须将流动比率控制在 2∶1 的合理范围。

图 11.1(b)说明中小企业营业利润率越高，中小企业守约概率越高。不难理解，企业营业利润率越高意味着企业的盈利能力越强。因此，中小企业为了提升融资能力，必须有效提高营业利润率。

图 11.1(c)表明中小企业速动比率越高，中小企业守约概率越高。但是，我们从图中可以发现当中小企业速动比率处于 1.61 到 3.01 之间时（图中两根分割线之间），中小企业守约概率达到了顶部平台，即 0.97 的位置。然而，

当中小企业速动比率大于 3.01 时,中小企业的守约概率从 0.97 快速下降至 0.93 的位置。这一现象与速动比率的财务特征刚好吻合。学者和财务管理者通常认为一个企业的速动比率低于 1 时,企业的短期偿债能力较差且还款风险较高。同时,学者和财务管理者还指出企业速动比率过高意味着企业生产能力有限。因此,中小企业为了有效提升融资能力需要将速动比率控制在合理范围内。

图 11.1(d)展示了中小企业总资产净利润率越高,中小企业守约概率越高。同时,该图还显示当中小企业总资产净利润率大于 2.38 时(图中分割线位置),中小企业守约概率达到了顶部平台,即 0.78 的位置。因此,中小企业为了提升融资能力,应该尽力提升总资产净利润率。

图 11.1(e)未显示中小企业总资产增长率与中小企业守约概率部分依赖关系的显著趋势。通常情况下,企业总资产增长率越高,一定时期内企业资产管理规模的扩张速度越快。但是,中小企业往往在短时间内面临盲目扩张的问题,这可能产生经营风险,并最终导致信用风险。

图 11.1(f)表明中小企业现金比率越高,中小企业守约概率越高。通常情况下,企业现金比率越高意味着企业偿债能力越强。但是,企业现金比率越高也意味着企业的盈利能力越差。因此,图中显示当中小企业现金比率处于 4.16 至 5.19 时(图中两根分割线之间),中小企业守约概率达到顶部平台 0.99 的位置。当中小企业现金比率高于 5.19 时,中小企业守约概率从 0.99 这个顶部平台向 0.95 平台转移。因此,为了有效提升中小企业融资能力,应该将企业现金比率控制在合理范围内。

图 11.2 包括 6 个子图,分别展示了交易质物特征、核心企业原有守信度、核心企业营业利润率、行业发展趋势、核心企业速动比率、中小企业应收款周期等中小企业信用风险预测指标(特征变量)与中小企业守约概率(预测响应变量)之间的部分依赖关系。

图 11.2(a)展现了一个有趣的现象:当交易质物特征处于 -0.5 至 0.72

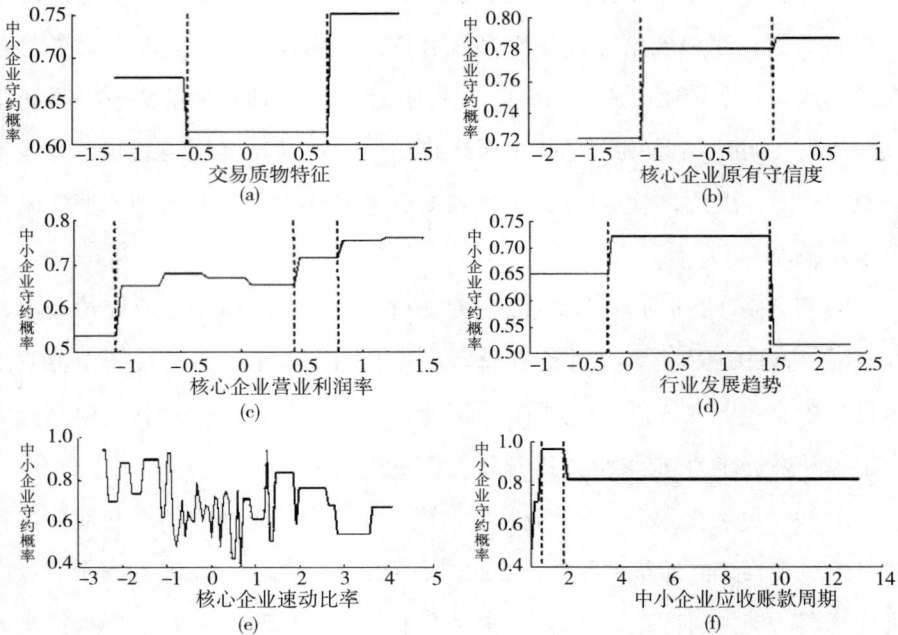

图 11. 2　供应链金融模式下预测模型部分依赖图

资料来源：Xie C., Zhang J. L., Zhu Y. et al., "How to Improve the Success of Bank Telemarketing? Prediction and Interpretability Analysis Based on Machine Learning", *Computers & Industrial Engineering*, Vol. 175, 2023, p. 108874.

区间时（图中两根分割线之间），中小企业守约概率处于最低平台，即 0. 61 的位置。通常情况下，交易质物特征属性越好（即交易质物特征值越高）意味着中小企业违约成本越高，因此中小企业守约概率越高。但是，供应链金融模式下的交易质物特征涉及质物的价格波动性、流通性、易损度等因素，且其中一些因素无法量化处理或趋势起伏不定，从而导致了图 11. 2(a) 中一些不可预见的趋势出现。

图 11. 2(b) 显示了核心企业原有守信度越高，中小企业守约概率越高。这一趋势符合供应链金融模式的特征，由于供应链金融模式下中小企业的融资是通过与核心企业信用捆绑获得的，因此核心企业的守信度越高，所能提供的信用担保就越高，从而中小企业的守约概率越高。此外，在图中显示了三个

平台,即靠左侧平台、居中平台和靠右侧平台(三个平台由两条分界线分割而成)。值得关注的是,中小企业守约概率从左侧平台到居中平台有显著提升,但是从居中平台到右侧平台的提升却微乎其微。因此,我们可以认为核心企业原有守信度对中小企业守约概率影响的边际效益呈递减趋势。但是,总体而言,中小企业为了提升融资能力,应该选择原有守信度较高的核心企业。

图11.2(c)说明核心企业营业利润率越高,中小企业守约概率越高。在图中,我们可以找到4个平台,这些平台由三根分界线划分而成。在各个平台区间内,无论核心企业营业利润率如何提升,中小企业守约概率都不会随之变化。这一发现有助于中小企业准确选取核心企业作为融资伙伴申请供应链金融业务,同时也有助于金融机构作出更精准的融资决策。

图11.2(d)显示当行业发展趋势取值为-0.15至1.5时,中小企业守约概率最高,但取值大于1.5时,中小企业守约概率出现迅速下降。其中,行业发展趋势取值越高意味着行业的发展速度越快。因此,行业发展趋势对中小企业守约概率的影响趋势反映了一个实际情况,即传统行业中的中小企业相比于新兴发展行业中的中小企业,其获利稳定性较高,违约风险较低,例如:传统汽车销售行业相比于共享汽车行业。因此,为了有效降低供应链金融模式下的中小企业信用风险,金融机构管理者应该对行业发展趋势进行系统的研究。

图11.2(e)未显示核心企业速动比率与中小企业守约概率部分依赖关系的显著趋势。企业速动比率反映了企业短期偿债能力,因此当速动比率过低时,企业违约风险较高。但是,这也并不意味着速动比率越高越好,当企业速动比率过高时,意味着企业生产能力有限。

图11.2(f)表明当中小企业应收账款周期在1.06和1.89之间时,中小企业守约概率达到了顶部平台,即0.97的位置。当中小企业应收账款周期大于1.89时,中小企业守约概率从顶部平台转移到较低的平台,即0.83的位置。通常情况下,企业应收账款周期越短意味着企业营业资金使用效率越高。但

是,应收账款周期太长导致了中小企业资金周转困难,也正是中小企业申请融资的主要原因之一。相反,如果中小企业应收账款周期太短,其申请融资的动机便受到了金融机构的质疑。因此,为了降低供应链金融模式下的中小企业信用风险,金融机构管理者应该进一步关注中小企业应收账款周期。

3. Shapley 模型

Shapley Additive exPlanations(简称 SHAP)模型是基于博弈论中最优 Shapley 值来提升机器学习可解释性的一种模型。Shapley 值背后的含义是,根据各个利益相关者的贡献,在他们之间进行公平的利润分配。Shapley 值的定义如下:

$$\varphi(x_i) = \sum_{S \subseteq \{1,2,\cdots,K\} \setminus \{i\}} \frac{|S|! \ (K-|S|-1)!}{K!} [f_x(S \cup \{i\}) - f_x(S)]$$

(11.25)

其中,K 是利益相关者的数量。$[f_x(S \cup \{i\}) - f_x(S)]$ 代表实体 i 的边际贡献,即仅 S 组成员获得的利润 $f_x(S)$ 与实体 i 和 S 组成员共同获得的利润 $f_x(S \cup \{i\})$ 之差。

值得注意的是,Shapley 值可以用于个体预测解释和变量重要性排序,或者分析一个单一的特征如何影响模型的输出。在特征重要性排序方面,Shapley 方法是通过计算每个特征 Shapley 值的绝对值并求其平均值来评估该特征的重要性。这一方法能够生成标准的条形图来直观地展示特征的重要性排序,而在处理多类别数据时,则通过生成堆叠的条形图来反映不同类别间的特征重要性分布。

此外,Shapley 值不仅关注特征的重要性,还能深入探究特征对结果的具体影响。为此,它结合特征的重要性和影响,为每个样本绘制了一个综合描述图,这一图表能够清晰地展现特征值与结果之间的初步关系迹象,有助于更好地理解整体模式,并发现异常值。

然而,要精确洞察这种关系的形式,还需要利用 Shapley 依赖图。当想要探究某一特定特征如何影响模型输出时,可以绘制该特征的 Shapley 值与其在数据集中所有样本的特征值之间的比较图。为了揭示这些特征间的相互作用,还可以根据另一个特征来着色。若将整个解释张量作为参数传递,散点图将自动选择最佳的着色特征。

Shapley 依赖图相较于部分依赖图和累积局部效应图具有独特优势。部分依赖图主要显示的是平均效应,而 Shapley 依赖图则能够展示 Y 轴上的差异,特别是在特征间存在相互作用时,其在 Y 轴上的分散度更为明显,从而提供了更为细致和深入的洞察。

第二节　人工智能加持的金融安全风险预警控制机制

一、预警机制

建立有效配套的金融安全风险预警机制,是金融安全风险预警控制能力建设的要点。在大数据和金融安全风险预警理论的支持下,可以通过构建完善的预警指标库和预警模型库,实现从数据到预警指标,再到预警模型,最后产生预警结果的过程。而基于预警结果,监管机构可以提前对金融安全风险产生客观系统的认知,避免由于主观判断带来的误差,真正做到对金融安全风险主动防范、科学防范,早发现、早处置。

本部分探讨基于智能预警结果的风险防范机制,如当预警模型得出未来金融市场的收益下降、波动增加或公司、用户存在信用风险问题的结论时,政策制定者和市场参与者可以通过哪些措施防止风险发生,从而达到金融安全风险预警的目的。此外,根据风险管理机制的差别,还可以纵向上分为特殊专用风险预警机制和常态风险预警机制。对常态金融安全风险预警机制,应当是贯穿于日常风险防控工作的全过程。而特殊专用风险预警机制则是在金融机构以及政府部门提出重大决策的关键时候,根据其提供的额外信息和决策目标,有针对性地进行风险预警。常态风险预警机制和特殊专用风险预警机制都是建立在大数据平台实时产生的风险预警机制信息的基础之上的,同时根据风险预警的效果反馈以及预警信息的可信程度作出相应的改进和优化。考虑到适用范围,这里主要讨论金融安全风险预警平台中的常态风险预警机制。

(一)风险预警系统分类

基于金融安全风险智能化预警平台的预警机制构建需要从多个维度展开,依照不同的维度对金融安全风险进行分类,将金融安全风险划分为若干独立、具体、有限的类别,然后对不同的分类构建不同的预警机制。

在金融安全风险预警平台中,主要将风险预警分为宏观风险预警、中观风险预警、微观风险预警等三大类。而根据不同的分类,应当注重不同的侧重点:对宏观方面的风险预警,主要是对国家和社会层面的风险进行操作;对中观方面的风险预警,主要是对各个金融市场的风险进行操作;对微观方面的风险预警,主要是对单个金融机构的风险进行操作。就每个方面的预警机制研究的具体内容而言,都主要集中于预警监测范围、预警监测方法、预警监测周期、预警监测内容等4个部分。

预警平台中的宏观风险就是平常所说的系统性金融风险,宏观风险不单单指一个市场,也不是几个金融市场简单地叠加,更不是对微观金融机构风险的简单汇总。宏观风险指整个金融部门的金融风险,其应当具有整体性和严重性特征:整体性指其影响的应当是整个金融系统;严重性指其风险的暴露更兼具复杂性,一旦发生暴露影响后果较为严重。而中观风险则指各个金融市场暴露的风险,具体地,中观金融安全风险可以分为股票市场风险、债券市场风险、黄金市场风险、外汇市场风险以及其他市场风险等。

（二）宏观金融安全风险监测体系

1.监测范围

宏观风险的监测范围包括两个内容：一个是国内宏观风险的预警监测；另一个是跨国（区域）的宏观风险预警监测。

对于国内宏观风险预警监测，结合宏观风险本身的特征以及当前金融部门的风险演变特征，综合考量宏观经济系统、中观金融市场、微观金融机构对金融系统整体风险的影响。参考张宗新和陈莹（2022）[①]等相关文献，本部分从宏观经济、货币市场、股票市场、债券市场、外汇市场、房地产市场、黄金市场、金融机构等 8 个维度来确定对宏观风险的监测范围。也就是说，在金融安全风险预警平台的宏观风险预警体系中，包含对以上 8 个维度的监测。

对跨区域宏观风险预警监测，根据世界主要金融市场的重要性以及相关理论研究，结合国内金融安全风险以及国外主要经济体对金融市场的影响，确定二十国集团区域金融安全风险预警、金砖五国区域金融安全风险预警、区域全面经济伙伴关系协定（Regional Comprehensive Economic Partnership，RCEP）、亚太经合组织等部分跨区域宏观风险预警监测系统。

2.监测周期、方法和内容

监测周期一般根据大数据平台的数据更新情况以及计算机的算力情况，分别设置为每天、每月、每年等。

监测方法确定包括两个内容：一个为预警模型的选择，即从预警模型库中提取模型，主要运用传统机器学习、深度学习等方法对宏观金融安全风险进行预警研究；另一部分为风险阈值的设定：对各个时期的金融安全风险进行一个动态的阈值确定，以求能够定期地根据环境与局势及时调整对风险的容忍度。

在对不同的宏观风险进行预警监测时，需完成以下步骤：

---

① 张宗新、陈莹：《系统性金融风险动态测度与跨部门网络溢出效应研究》，《国际金融研究》2022 年第 1 期。

一是从前文构建的预警指标库中提取筛选指标,其中应当包含宏观经济、货币市场、股票市场、债券市场、外汇市场、房地产市场、黄金市场、金融机构等8个维度下的指标。例如,在宏观经济维度下,可以提取 GDP 同比增速、工业增加值同比增速、货币政策及商业银行发展状况(胡利琴等,2016)[①]等指标。

二是基于大数据平台,从中调取相关指标的数据。

三是为避免在后期计算过程中出现"维度灾难"问题,运用决策树 C5.0 等模型,对选取的指标作进一步的提取、筛选和重要性排序。

四是风险预警机制必须提前对宏观风险进行预警分级,这将直接决定预警平台是否需要作出风险预警提示,是金融安全风险预警机制中最重要的阶段之一。

五是对各个部分的预警级别内容进行阈值确定,确定一个风险警报阈值,当预测的风险超出阈值后,预警平台随机发出警报。

(三)中观金融安全风险预警机制

1. 监测范围

预警平台中的中观金融安全风险预警系统主要包括货币市场、股票市场、债券市场、外汇市场、房地产市场、黄金市场 6 个方面。这些子市场都是一国金融市场的重要组成部分,也是金融系统性风险发生的重点领域。在对每个市场进行风险预警监测的过程中,都需要根据其风险特征以及市场之间的风险传染特征,设置相关的监测指标和监测内容。

2. 监测周期、方法和内容

同前面一样,监测周期一般根据情况设置为每日、每月和每年。监测方法也是分为两部分:一部分为预警模型的选择;另一部分为风险阈值的设定。

在对不同的中观风险进行预警监测的过程中仍然涉及指标选取、数据提

---

① 胡利琴、陈锐、班若愚:《货币政策、影子银行发展与风险承担渠道的非对称效应分析》,《金融研究》2016 年第 2 期。

取、指标筛选、模型选取、风险预警等工作。但值得注意的是,在进行金融市场的风险预警过程中,指标选取阶段不能仅仅局限于本市场的相关指标,还应当基于风险传染网络、制度等其他外在影响因素来选取相关指标。

例如,在对货币市场进行风险预警的过程中,不仅要从指标库中提取 7 天回购利率、上海银行间同业拆放利率(Shanghai Interbank Offered Rate,SHIBOR)期限利差(1 年 SHIBOR 与 1 周 SHIBOR 之差)、SHIBOR 与 LIBOR 利差(1 周 SHIBOR 与 1 周 LIBOR 之差)等与货币市场直接相关的指标,还应基于复杂网络传染性分析结果,从股票市场、债券市场等其他市场中提取与货币市场风险存在紧密传染关系的度量指标。

再如,在对股票市场进行风险预警过程中,不仅要关注上市公司特征(Jiang 等,2018)[1]、股市成交额增长率、沪深 300 指数涨跌幅、沪深 300 指数平均换手率等,基于相关研究,还应当考虑股权分置改革、卖空机制、异常波动停牌制度等证券市场交易制度对风险的影响。

(四)微观金融安全风险预警机制

1. 监测范围

微观金融安全风险预警机制主要针对微观的金融机构个体。在风险预警平台中,对金融机构的风险预警包含信用风险、操作风险、市场风险等部分,所涉及的金融机构包含银行、证券公司、基金公司、房地产公司等多种类型的机构。

在对不同类型的机构进行风险预警监测的过程中,应当结合其类型特点和相关研究,从宏观、中观、微观多个层面选取其监测指标。例如,对房地产公司,根据已有文献,将企业规模、资产负债率、不同经济周期等多个指标纳入其风险预警监测系统,以确保对金融机构安全画像的精准度。

---

[1] Jiang F., Tang G., Zhou G., " Firm Characteristics and Chinese Stocks ", *Journal of Management Science and Engineering*, Vol. 3, No. 4, 2018, pp. 259−283.

而在对国内银行机构进行风险预警监测时,应当对银行机构之间的风险传染进行有效的刻画。根据胡利琴等(2018)①的研究可以发现,在描述银行金融安全风险的过程中,银行资产的高度同质性以及创新关联交易致使风险敞口相当容易增加。同时,网络集中度会加剧风险在银行之间的传染,而央行的扩表行为将提升银行机构的风险偏好程度,从而诱发系统性风险的上升。此外,在监测中,不仅仅基于结构化的数据,还可以挖掘文本内容中的非结构化数据,使用词汇分类字典法、文本词汇加权、基于机器学习的朴素贝叶斯法等,对公司业绩披露、媒体新闻报道、社交论坛讨论等文本信息进行挖掘,从而更加深刻地刻画相关风险。

2. 监测周期、方法和内容

还是与前面相同,监测周期一般根据情况设置为每日、每月和每年。而在微观金融风险预警监测的方法使用上,可以考虑个体机器学习方法、集成机器学习(Ensemble Machine Learning, EML)方法,如袋装、提升以及随机子空间等,或者整合集成机器学习(Integrating EML, IEML)方法,如随机空间—提升和多重提升。还可以在传统机器学习的方法上关注基于逻辑回归和人工神经网络(Artificial Neural Network, ANN),构建逻辑回归、人工神经网络,以及通过逻辑回归和人工神经网络集成的两级混合模型(Zhu 等,2016)。例如,在对供应链金融等领域进行信用预测的过程中,可以采用一种增强的混合集成机器学习方法,称为随机子空间—提升,该模型通过结合随机子空间和多重提升两种经典的集成机器学习方法,使其在处理小样本量方面具有良好的性能(Zhu 等,2019)。

而在监测内容上,对微观层面的金融安全风险预警,主要是对各个金融机构等微观个体的信用风险、操作风险、市场风险、流动性风险的动态监测。在对不同微观风险进行预警监测时,也是遵循以下程序:从前文构建的预警指标

---

① 胡利琴、胡蝶、彭红枫:《机构关联、网络结构与银行业系统性风险传染——基于 VAR-NETWORK 模型的实证分析》,《国际金融研究》2018 年第 6 期。

库中提取筛选指标;基于大数据平台,从中调取相关指标的数据;对选取的指标进行进一步的提取、筛选和排序;对微观风险进行预警分级;设置风险警报阈值并及时预警。

同时,应当根据市场的变化,及时对预警的模型、指标作出调整,充分把握风险的时变特征。例如,陈艳和王宣承(2015)[①]提出的实时更新遗传网络编程(Red-lime Uploading GNP, RTU-GNP),将其与 Sarsa(State-Action-Reward-State-Action)学习算法结合在一起,让程序实时适应股价的变化。总的来说,通过实施更新预警监测系统模拟策略,可以有效提升金融安全风险预警准确性。

(五)预警机制优化

综合以上分析可知,基于金融安全风险预警平台,可以为金融系统风险提供较为精准的画像和监测。其功能不仅可以运用于对全国范围系统性风险的预警,还能够对各个金融子市场、各大金融机构的风险进行有效的监控,有助于及时发现金融系统中的风险敞口,为后续风险控制的"精准拆弹"提供判断,避免风险的隐匿和累积。

具体而言,相关监督管理部门应该基于金融安全风险智能预警平台至少做好以下 4 个方面的工作:

1. 运用智能预警平台,加强防范的前瞻性和针对性

监管部门应充分根据预警平台的输出结果,依据防范机制,生成排查方向建议。围绕预测结果排查,抽丝剥茧,顺藤摸瓜,精准施策,切实做到防患于未然。

2. 深化预警机制改革,提升全面风险管理效率

根据基于智能预警平台的风险预警机制,监管部门应当充分建立"识

---

① 陈艳、王宣承:《基于变量选择和遗传网络规划的期货高频交易策略研究》,《中国管理科学》2015 年第 10 期。

别—预警—排查—化解—反馈—优化"的闭环风险管理流程标准。通过新增正负样本及调整模型参数,使系统自动进行迭代优化,并将优化模型进一步应用到下一次预测当中,从而形成风险闭环管理。

3. 执行分类预警、分类处置的防范机制

根据智能预警平台,将金融安全风险进行分块预警、分类预警。监管部门应当根据不同类别的预警信息,结合相应的预警机制,采取不同的处置措施:对微观类别的风险,应首先通过客观分析和现场调查等手段对其预警提示开展研判,并根据相关摸排结果进行预警压力测试,形成具有层次性、差异性的风险防范预案;对中观类别的风险,应当首先确认潜在风险的来源、波及范围及发展程度等,深化风险摸排频度和深度;对宏观类别的风险,应当谨慎根据不同标签的不同权重,对将暴露的风险敞口实行甄别,并采取相应的政策调整。

4. 反馈结果,持续优化

监管部门必须做到每次预警结果都有所反馈,将预警结果、模型乃至特征标签置于风险管理的整个链条当中加以利用,从而使智能风险预警平台能够发挥更大的价值。同时,借助特征标签库进一步完善识别目标的风险画像,更加精准地量化风险等级,提高风险预警的决策质量。

二、控制机制

本部分主要探讨基于金融安全风险智能控制平台的风险控制机制。这项工作也应当从多个视角展开,通过对具体暴露的金融风险特征进行分析,从局部与全局、短期与长期、强冲击与弱冲击、强传染性与弱传染性等多个关系出发,根据合理的标准,对暴露的金融风险分级分类,对各种类型的风险构建不同的风险控制机制。一方面,结合相关管理部门拥有的风险控制手段开展控制机制分析,探究智能控制平台兼顾的影响范围、处置效果的风险控制路径,剖析如何根据智能分级结果有效化解风险。

另一方面,依据以上分析结果探究基于不同分级结果的干预措施及程度。例如,对金融安全区域风险,可选取局部蜂拥控制方法;对整体风险,可以采用全局视角控制方法。对级别较高的金融安全风险,可以采用抢先式方法通过高强度的手段实现控制;对级别较低的风险,可以考虑不采取行政干预或者采取弱化管制的方式参与风险控制。同时,具体针对构成风险影响的不同因素,可以实施分块化解:对金融安全舆情风险,可以采取设计移除连边技术,使图形脆弱性最小化;对多点爆发风险,可以采用逆向工程技术,识别网络中风险的初始发生节点,以及时对风险源头进行控制。

（一）风险控制系统分类

在金融安全风险智能控制平台中,根据金融安全风险可能造成的危害程度、波及的范围以及影响的大小,将所发生的金融风险敞口分为局部安全风险和全局安全风险。

其中,局部安全风险可以依据其传染性质和危害程度,分为一般金融突发事件和重要金融突发事件。而对全局金融安全风险,因为其通常影响较广,危害也较大,有较大可能引发系统性金融风险,因此将其划分为重大金融突发事件和特别重大金融突发事件。

（二）风险监测周期与监测内容

对于金融风险应急管理,应该由牵头部门协同其他相关部门,推动形成新兴数字技术支持的、与国情和实际相符合的风险应急管理处置治理机制。

一方面,应急管理牵头部门应该建立矩阵式管理的金融风险政策架构,根据对金融安全风险的分类,按照局部风险、全局风险、特定系统性金融风险等,组建由金融风险应急管理牵头部门和相关部门组成的跨部门专项工作组等方式,基于风险智能应急管理平台,跟踪监测、评估系统性金融风险。

另一方面,金融监管部门应当结合人工智能加持的金融安全风险防控体系以及其运行指标,建立相应的金融突发事件应急处置机制,明确突发事件分类标准,对各类金融突发事件进行科学评估、及时处置、动态跟踪。在进行风险控制的过程中,智能决策平台依照评估的风险所涉及的领域,从工具箱中匹配相应的宏观审慎政策工具,并对工具的使用进行校准和调整。

对于控制的监测周期仍然是根据大数据平台的数据更新情况设定为每日、每周、每年以及其他时间区段的监测周期。在对风险进行智能应急响应的过程中,主要包括两个层级和两个步骤。

1. 两个层级

其中,一个层级是对已经发生的风险敞口进行精准分级。这个分级应当是基于风险的波及范围,对风险是全局性的还是区域性的进行一个智能的匹配。对全局风险,应急管理平台可以有效地对风险敞口与宏观审慎监管手段进行匹配,就不同的风险敞口,对其开展有效的匹配,以防出现处置手段与风险等级不匹配的现象。另一个层级是结合人工智能加持的风险控制体系运行指标与风险控制,选择最适合的处置范围、处置方法和处置力度。

2. 两个步骤

第一步,对金融安全风险智能应急处置决策,要根据应急管理平台对金融风险特征的分析,判断风险的等级、波及的范围、持续的时间、暴露的程度等多角度特征;第二步,结合国内实际情况和国际经验,从审慎政策工具箱中匹配出适当的政策工具,以求实现审慎政策目标。而审慎政策工具对不同实施对象的约束力大小不同,根据其大小,应急管理处置工具箱中的政策工具可以分为强约束力工具和引导类工具。对强约束力工具而言,政策实施的对象必须根据相关的法律法规作出相应的调整;而对引导类工具而言,一般表现为研究报告、信息发布、评级公告、风险提示等方式。

(三)风险分级处置措施

监管部门在对金融安全风险进行处置时,应该结合人工智能风险控制体系运行指标,精准研判风险事件严重程度,并对控制体系推荐的处置工具结合控制机制开展讨论,最后作出决策。各个级别的金融安全风险由相应级别的组织机构负责协调与支持。随着金融安全风险及处置工作的开展,决策部门要依据智能控制体系指标对处置方案作出及时调整,具体内容是:

1. Ⅳ级应急响应措施

(1)风险事件所在地县(区)政府和事件所涉部门的派出机构应启动相应的应急响应处置。

(2)上级部门应急指挥部以及金融监管部门应当对事件进行适当的关注,必要时候可以作出指导。

(3)启用引导类处置手段,可以选择通过研究报告、信息发布、评级公告、风险提示等方式,提出对系统性金融风险状况的看法和风险处置的建议。

2. Ⅲ级应急响应措施

(1)响应程序。① 当出现金融安全风险事件后,风险事件所在地县(区)政府立即与金融监管部门联合,确定职责,启动应急响应措施;② 尽快根据金融安全风险智能控制平台对风险等级作出准确研判,确认风险等级;③ 依托其风险等级与传染性,选择合适的处置工具,作出风险处置方案,并报方案与上级地方政府,上级主管部门根据对风险的判断,作出相应的指导;④ 在处置约束力上,偏向于选择强约束类处置手段,对于局部较大弱传染性的风险事件,可以选择流动性工具,政策工具可以选择偏向微观审慎工具和宏观审慎工具相结合。

(2)决策及应急措施。① 各个部门在确认应急响应预案后,根据具体内容与自身职责实施处置工作,及时对风险进行控制,对于具有传染性的风险,及时切断风险传播途径,防止风险进一步外溢;② 应急处置方案的内容包含金融风险事件的基本情况、风险等级、风险传染性、风险的影响范围、成员单位会议意见、协调处置方案等方面;③ 应急响应指挥部门根据具体情况,设立协调组、风险处置组、信息调控组、专家指导组、治安维稳组等相应的应急处置小组。

（3）落实措施。① 处置方案经过上级政府部门批准后，由应急响应指挥领导小组督促相关责任单位尽快落实；② 经过风险智能控制平台评估，确实需要进行托底、再贷款等资金支持的，需要由上级人民银行根据相关规定办理再贷款发放等手续，并对资金使用进行严格监督；③ 经过风险智能控制平台评估，确实需要采用关闭（撤销）等形式对风险金融机构、金融组织进行处置的，由相关部门按照法定程序进行公告和清算。

3. Ⅱ和Ⅰ级应急响应措施

（1）金融风险事件的属地应急响应指导小组根据应急响应预案及时启动风险处置程序，并及时切断风险传播途径，避免风险出现进一步的外溢。

（2）风险事件的预案报请省级政府，并由省级政府作出处置决定。

（3）必要时，属地应急响应指导小组报请省级、国务院处置方案进行方案部署，并协同相关部门积极开展应急处置工作，保证金融风险可以得到妥善处置，不会进一步扩大造成系统性金融风险。

（四）风险分级处置机制

局部金融安全风险指发生在局部区域内的金融安全风险，此类风险不涉及跨县（区）的风险传染，针对发生的风险，其所在区域的监管机构能够独立处理。对局部风险，可以根据其危害程度以及传染性的强弱进一步划分为一般金融突发事件、较大金融突发事件、重大金融突发事件和特别重大金融突发事件。

1. 局部一般金融突发事件（BⅣ级）

对局部一般金融突发事件，一般较少选择宏观审慎的监管工具，而偏向于使用微观审慎的监管工具。根据风险的外溢可能性的高低将其进一步划分为强传染性风险和弱传染性风险。

（1）一般弱传染性风险事件。对弱传染性的一般金融突发事件，在处置的约束力上,一般偏向于选择引导类处置手段,可以选择通过研究报告等引导类工具,提出对系统性金融风险状况的看法和风险处置的建议。一般对应Ⅳ级应急响应措施或不启用应急响应程序。

(2)一般强传染性风险事件。对强传染性事件,在处置的约束力上,一般偏向于选择强约束类处置手段,可以采取"恢复与处置计划"等风险阻隔类政策工具。一般对应Ⅳ级应急响应措施。

2. 局部较大金融突发事件(BⅢ级)

对局部较大金融突发事件,也进一步划分为强传染性和弱传染性风险。

(1)较大弱传染性风险事件。对弱传染性的较大金融突发事件,偏向于选择强约束类处置手段。对局部较大弱传染性的风险事件,可以选择流动性工具,政策工具可以选择偏向于微观审慎工具和宏观审慎工具相结合。一般对应Ⅳ级应急响应措施。

(2)较大强传染性风险事件。对强传染性的较大金融突发事件,偏向于选择强约束类处置手段。对局部较大强传染性的风险事件,可以选择政府注资、牵头重组等方式,进行风险的阻断,防止风险外溢传播。政策工具可以选择偏向于微观审慎工具和宏观审慎工具相结合。一般对应Ⅳ级或Ⅲ级应急响应措施。

3. 全局重大金融突发事件(AⅡ级)和全局特大金融突发事件(AⅠ级)

此类风险一般具有较强的传染性,同时影响的不仅仅是某一个地域的金融系统,也并非对某一个特定金融市场的冲击,而是对全国金融系统、多个金融市场同时存在较大的冲击。对这一类金融突发事件,偏向于选择强约束类处置手段,政策工具选择偏向于宏观审慎工具。一般对应Ⅱ级或者Ⅰ级应急响应措施。

(五)扩大响应和应急终止

如果在处置过程中事态没有得到有效的控制,有持续扩大的趋势,使现在启动的应急响应措施与风险的预期等级并不匹配,或者该事件可能存在严重的风险外溢情况,此时应当尽快报请上级部门,扩大响应。

在金融安全风险智能控制平台中,可以对处置中的风险事件进行实时的评估,当平台的评估结果显示事件风险已经得到有效控制,符合终止响应的条件时,应当及时终止应急响应程序。

第三节 人工智能加持的金融安全 风险预警控制平台

一、预警平台

金融安全风险智能预警平台是可以对各种金融风险第一时间作出反应,对警情、警源以及变动趋势作出即时应答的一种智能平台,它的建设是为了满足当前国家金融安全实际预测监控管理的需要。因此,在设计金融安全风险智能预警平台前,需要对使用需求展开全面、深入的调查和分析,从而保证系统与实际需求相吻合,确保其价值的实现。该平台分为基础设施层、数据层、预警分析层和应用层等4个部分,实现金融数据获取、金融风险特征提取、金融安全风险预警指标库构建、金融安全风险预警模型库构建、实证分析和试点应用检验等各项功能。

(一)平台需求分析

1. 基础设施层

基础设施层包括大数据平台、存储系统和服务器等三部分。这一层由可相互连接的硬件系统和连接硬件系统的网络构成,是负责具体工作的实体。基础设施层是金融安全智能预警平台运行的基础,其发展质量和运行效率的高低,在很大程度上决定了金融安全风险预警的水平和质量。

2. 数据层

数据层包括金融数据的获取,在进行金融安全风险预警时,要针对不同的预警需求从大数据平台获取相应的数据。当前,大数据平台中的数据可简单分为三种:宏观金融数据、中观金融数据和微观金融数据。

3. 预警分析层

预警分析层包括金融风险特征提取、金融安全风险预警指标库构建和金融安全风险预警模型库构建。

(1)金融风险特征提取。指运用机器学习、自然语言处理等方式从不同来源的异构数据中提取特定信息,它是构建金融安全风险指标库的基础。针对结构化数据,现有的风险特征提取方法主要有过滤式算法、包裹式算法、嵌入式算法和混合式特征选择算法等。针对非结构化数据,目前的风险特征提取算法主要有信息提取和信息融合。

(2)金融安全风险指标库构建。指利用人工智能技术,在传统金融安全风险预警指标基础上增添新提取的金融风险特征,以实现预警金融安全风险的全面性。本部分通过领域知识和深度学习分别构建宏观预警指标库、中观预警指标库和微观预警指标库,三者结合构成平台的金融安全风险预警指标库。

(3)金融安全风险预警模型库的构建。指基于被解释变量和解释变量的设定,构建不同的金融安全风险预警模型,并根据模型效能评估指标,对模型的精确度、鲁棒性和泛化能力进行选择评价。被解释变量包括有风险和无风险两类,解释变量从金融安全风险预警指标库中选取,再根据解释变量筛选方法来选择最终解释变量。本部分金融安全风险预警模型库中的模型,主要分为金融安全风险预测模型和金融安全风险监控模型,随着现有模型的不断优化和改进、数据和指标的更新,现有金融安全风险预警模型库也将持续更新。

4. 应用层

在应用层,通过实证研究和试点应用检验,分析金融安全风险预警结果,以提供风险预防的具体实施方案。对金融安全风险信息进行及时、全面、准确的监测,从而实时掌握金融安全风险的动态变化情况,风险预警的结果可以为制定预控对策提供信息参考。

(二)非功能需求分析

在本部分,首先搭建一个金融风险安全预警平台总体框架,如图 11.3 所示。

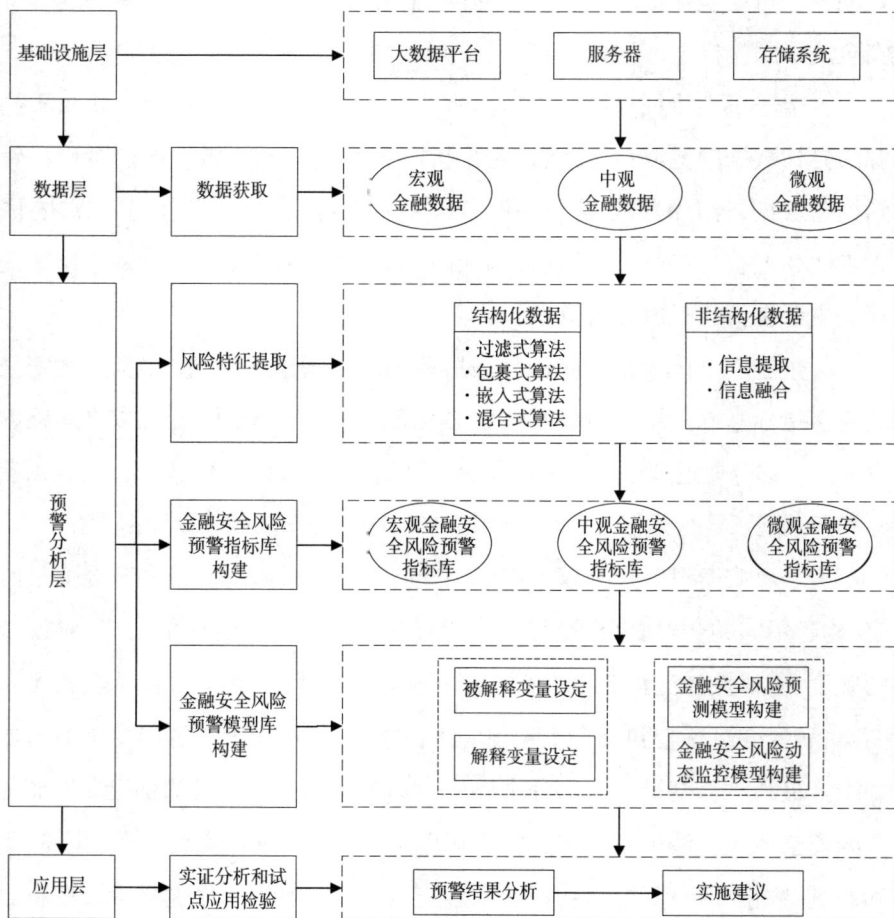

图 11.3　金融安全风险预警平台搭建

资料来源:笔者根据相关知识积累自绘。

金融安全风险预警平台的非功能需求主要有以下几个方面：

1. 安全性

这里设计的金融安全风险预警平台中包含了各种各样的数据，对国家政务、市场经济和企业财务等都有详细的记录。所以，该平台必须保证其安全性，对所有的用户都要开展身份验证，避免被入侵破坏。

2. 可操作性

金融安全风险预警平台的操作环境要足够简单，需保证平台在多个环境下具有较好的兼容性，具有较好的用户体验。使用平台的用户可能是非专业的计算机人士，因此为了使平台的价值更好地体现、更方便地操作，整个设计不可过于复杂，操作也要有相应的指引，确保使用的顺畅性。

3. 可维护性

所搭建的金融安全风险预警平台需具有较强的可维护性，保证开发者可以快速地处理一些故障或者是错误。

4. 可扩展性

信息化方面的相关技术发展十分迅速，金融安全预警平台后续建设中的各项功能还要持续性地升级，以提供更准确的预警结果和实施建议，即要保证系统后期可以便捷地进行扩展。

5. 稳定性

系统要确保大量用户使用的情形下，金融安全风险预警平台可以实现良好的负载，保证系统不会频繁地崩溃。

通过以上分析，明晰了金融风险安全预警平台是包含多个子系统的金融数据处理支撑平台。通过需求分析，对平台子系统的深入设计，再加上科学的系统分工，将实现各部分功能的有序、有效衔接，为金融安全风险防控提供参考和建议。

二、控制平台

基于大数据、金融安全风险智能分级指标库和模型库、金融安全风险智能控制机制搭建金融安全风险智能控制平台,可以为金融监管部门完善风险智能分级响应机制、精准施策,为避免风险进一步传染和演化提供基础,为政府处置金融安全风险突发事件提供科学的决策建议。

(一)需求分析

1.宏观需求分析

当前,全球经济形势动荡反复,金融市场受到剧烈冲击,经济个体面临的不确定性增加,金融风险事件的频发严重冲击金融市场的安全稳定,使国家和人民的财产遭受损失,这警示更要进一步健全金融安全风险防控机制。"防止发生系统性金融风险是金融工作的永恒主题。要把主动防范化解系统性金融风险放在更加重要的位置,科学防范,早识别、早预警、早发现、早处置,着力防范化解重点领域风险,着力完善金融安全防线和风险应急处置机制。"[①]习近平总书记多次对维护金融安全作出重要指示,充分体现了解决这一问题的重要性和迫切性。针对防范金融风险,监管部门锚定以下要求:

一是对财务风险未来趋势的要求。在金融科技影响下,相关业务模式越来越虚拟、经营界限越来越模糊、经营平台越来越开放,因而财务风险管理的趋势越来越复杂。

二是破解监管瓶颈的需要。应该利用监管科技通过技术手段对金融机构实施主动监督,从而促使传统监管模式从事后监督向事中监督过渡。

三是减少对金融机构合规投入的必要性。金融机构迫切希望通过数字化、自动化等技术提高合规水平,从而降低对合规项目的资源费用。

四是顺应科技发展的需要。监管科技正在促进风险管理观念的转变和风险感知意识的提升,促进财务风险早认知、早预警、早识别、早应对。应该利用互联网信息技术、区块链信息技术和人工智能技术(自然语言文本信息处理、

---

① 《习近平谈治国理政》第二卷,外文出版社 2017 年版,第 280 页。

认知图像、生物辨识)等信息技术,通过增强与金融监管信息系统各种数据的交互和集成、信息数据检测、大数据分析、风险警示、风险评估管理等,搭建大数据分析智慧风控网络平台,以突破金融创新、金融技术管控以及金融风险管控中的科技难点。针对当前"严金融监管常态化"的政策环境,金融机构须从严履行金融监管政策规定,弥补风险管控短板,以免发生系统性风险。

2.技术需求分析

伴随着新一代计算机科学的快速进步和大数据分析技术的发展,数据信息收集中的隐私权保护,如对大数据分析的管理;统计信息资源共享、信息传播中的隐私权保护,如对统计信息进行匿名的方式管理、人工加扰等;大数据挖掘中的个人隐私权维护;数据生命周期的信息安全保障;秘密的可信销毁;数据的安全性保障等问题更加突出。

智能控制平台将建立一个体系化的金融风险管控平台构建管理和服务系统。依托现有数据共享交互系统和实际数据共享平台,系统搭建链上信息目录管理系统,使之符合区块链的各方共同认知、抗篡改、抗抵靠、可追溯原则。同时,依托现有的大信息中心和数据治理体系,整合现有人口单位基本数据库、法人单位基本数据库、信息与时空信息数据库、宏观经济库等基础信息,使已规范化的信息系统整合链上信息目录,未规范化的基础数据使用同样的信息规范,进一步建立链上信息目录。最后形成一个可供各部门根据需要交流和资源共享的大数据资源中网络平台,以及基于大数据分析技术的智能控制平台和大数据分析的网络平台。

(二)总体框架设计

金融风险安全预警的大数据智能控制平台的总体框架设计包括以下程序。

1.理论分析

采用混合集成学习、深度学习等前沿理论作为金融风险智能预测和防范机制的支撑依据。

2. 数据收集整理

多方收集越来越丰富的金融机构数据和网络信息数据、第三方机构信贷数据、个人消费行为数据和好朋友人脉关系数据等，进行各方面的多维度数据分析。

3. 模型构建

金融风险安全预警平台的风险控制模型的建立主要包含下列工作：

一是建立客户画像模型。将知识图谱与深度强化学习技术的优势加以融合，实施自主学习，通过使用先验知识，有效减少模型对大规模标注数据的依赖性。同时，建立深度神经网络图对网络客户画像，描绘出全方位多角度企业与企业之间的关联图谱。

二是构建深度强化学习信用反欺诈风控模型。该模型通过由多种数据源、专业技术与犯罪特征所集成的反诈骗模型，发现新诈骗行为，并形成对异常行为的主动辨识能力，以及智能的反诈骗监测体系，从而实现主动、即时识别新诈骗模型的功能，如用户犯罪行为不准确与异常识别、失联客户管理等。

三是建立深度学习信用风险预测算法。根据深度学习自动评估结果，向信贷企业和客户提供贷款，实现贷前风险评估、预测与防范，贷中及贷后监控。

四是构建人机协同可视化金融智能风险评估预测系统。利用智能控制模块识别异常账户、异常交易，建立智能信用评价、智能实时决策系统，有效提升金融风险管理水平。

（三）智能控制平台的功能实现

大数据分析风控服务的发展主要依托于智能控制平台，而智能控制平台的科技基石便是大数据技术。

智能控制平台的技术结构大致包括接入层、显示层、操作系统底层、大数据平台4个部分。统一的大数据平台虽然只是智能控制平台技术架构中的持续层,但它作为一块基石,将进一步丰富技术的应用。需要说明的是,持续层也叫数据访问层,指将数据信息持久地保留在存储设备中,并直接与数据库保持通信。

智能控制平台将技术框架的各大数据管理平台区分为连接层、冲洗层、数据管理层三个主要组成部分,本节在此处详细说明连接层、冲洗层、数据层的应用。

1. 连接层

主要负责智能控制平台的内部连接,也包括与大数据平台以及系统级别产品的内部数据连接,而一般接口的数据类型大致有结构化和非结构化数据两种。

2. 冲洗层

为大数据分析清洗管理层,主要承担智能控制平台接入数据分析的清除管理。清洗处理后的数据先被分析再被传递到算法层、系统层和数据层。常见在大数据分析平台中清洗层应用的技术应用有 Apache Kafka 和 ETL。

3. 数据层

为大数据分析的载体层,而大数据处理技术的基础便是大数据分析,所以大数据处理平台的科技基础便是数据挖掘层。大数据网络平台的数据分析层主要为智慧风控网络平台产品提供控制系统生产使用的图数据层,由智能控制平台操作系统产品生产形成的图数据会回传给大数据网络平台的图数据层,两个网络平台的图数据互相轮回替换,信息量进一步扩大。数据分析层实际是数据库系统,图资料库按照数据存放方法还可以分成关联性信息库、非关联性信息库,由于知识图谱科学技术的进展和广泛应用,图资料库也被用于智慧风控网络平台。

在智能控制平台技术框架中,使用者先透过浏览层产生浏览邀请指令,由展示层承担浏览邀请指令以及传送邀请指令至整个系统层,之后再从整个系统层透过邀请指令获得大数据平台上的数据分析,之后再将数据分析传递到统计层面完成分析计算,将计算结果反馈到整个系统层面并完成功能逻辑处理,最后再传递整个系统层面的服务结果至展示层,或者以接口的形式提交结果给外部服务系统。整个智能控制平台必须借助智慧风控体系的技术有效管理、平稳运行,大数据分析也在整个智能控制平台中循环周转、迭代。而智能控制平台的核心是大数据分析风控科技,因此智能控制体系科技框架的设计必须以大数据分析平台为基石,并全面整合大数据系统的科技框架。

第四篇

区块链赋能的金融安全风险协同监管

4

第十二章 金融安全风险协同
监管原理与基础

第一节 金融协同监管体系及其演变与问题

一、协同监管体系内涵及发展

（一）金融安全风险协同监管体系内涵

近年来，受到新冠疫情、乌克兰危机、地缘政治等超预期因素的影响，国际发展和安全形势受到极大威胁，各国经济发展面临的下行风险继续加大，全球贸易和投资萎缩，大宗商品市场动荡和供应链中断导致价格出现剧烈起伏。从国内来看，房地产行业受到较大影响，居民消费总额、投资和出口均有下滑。在此背景下，企业的生产经营受到影响，就业情况不容乐观。与此同时，国际金融市场继续受到金融危机后各种消极因素的作用，风险不断累积，尽管到目前为止尚未出现全面冲击金融机构或市场的全球系统性金融危机，但在外部环境更趋复杂多变和不确定性增加的形势下，国内金融市场面临的安全风险和监管难度明显加大。为了保证金融市场的健康发展，党中央和国务院高度重视金融安全风险防范和化解工作，提出进一步完善金融安全风险监管体系，为保证金融安全系统平稳运行、促进经济高质量发展提供了条件。

当前,在世界百年未有之大变局下取得良好成绩的时候,也应当清醒地看到国内外金融环境中隐藏的安全风险。国际市场上,随着全球化进程的推进,金融创新的节奏逐渐加快,市场竞争不断加剧,各国现有金融体系的脆弱性日益凸显。尤其是20世纪90年代以来,金融危机巨大的破坏性和多发性使金融监管问题成为各界关注的焦点。在金融市场竞争持续激化、混业经营趋势逐步加强的背景下,个体理性与整体理性之间动态博弈,金融安全风险在不同国家(地区)之间的传染进一步扩大,这无疑对金融监管提出了更高的要求。

由于金融系统还未完全脱离国际危机带来经济萧条的影响,新冠疫情反复无常且有长期化发展的趋势,经济复苏的同时通胀水平也在上升……诸多因素对金融系统的平稳运行构成了严峻挑战。从国内市场来看,虽然对疫情蔓延的及时防控取得了优异成绩,但由于受到外界各种不确定因素的影响,宏观经济发展一方面仍然处于恢复阶段,另一方面改革正处在转型提升的攻关阶段,不仅仅要追求经济的快速增长,还要注重"双碳"目标下的高质量发展,这同时也对金融行业提出了更高的要求。此外,就微观层面而言,由于受到疫情的冲击,一些企业在各种金融业务中的违约风险加大,金融安全风险发生的可能性由此陡增,从而极大地不利于金融系统的稳定运行。

不难理解,每个国家(地区)的金融市场都面临着源自内部的和来自外部的威胁,金融的安全为国民经济的健康发展奠定了重要基础,是保证国家安全的重要条件之一。早在2016年,中央银行发布的金融稳定报告就强调了金融安全的重要意义:"金融安全在国家安全中处于重要地位"。实现金融安全有助于促进国民经济的发展,保护国家的经济安全,乃至整体安全。一方面,金融体系的平稳运行和发展要以服务经济发展为宗旨;另一方面,经济与金融安全的背景和目标要高度一致,两者互为因果,休戚与共。可以说,金融安全维系着国家安全,因此对国家金融安全的监管开展研究十分必要。

虽然在复杂多变的局面中金融安全受到了威胁,但金融创新为保证国家金融安全提供了新的途径。金融创新指改变现有的金融体制或金融工具,以降低金融活动成本、提高利润的过程。从金融创新的内容来看,主要包括法律等制度的创新、金融系统运行机制创新以及金融产品(如金融衍生品)等方面的创新。金融创新可以提高金融基础设施等资源的配置效率,从根源上满足人们经济活动的需求。在人类文明发展的漫长历程中,技术进步使生产突破时间、空间等方面的约束,不停歇地改进各个行业原有的运行模式。由于金融活动的根本目标是服务实体经济,因此金融体系也需要随着经济发展而变化,以实时满足其客观需求。

此外,从金融机构的角度看,它们为了适应外部环境的变化或规避金融监管,也会开展金融创新。例如,1970年前后,金融市场上汇率、通胀率等大幅波动,使投资风险急剧加大,为了降低其面临的金融风险,生产企业、金融机构以及投资者特别需要规避风险,便在原有金融产品的基础上创新了如期货、期权等在内的各种金融衍生工具。值得注意的是,金融安全风险监管在一定程度上将提高被监管者的金融活动成本,而金融创新可以针对原有的政策规避一部分监管。由此可见,金融体系在演化过程中往往伴随着不同形式的金融创新。

(二)金融安全风险协同监管体系发展背景

近年来,随着科学技术在金融市场上广泛而深入地应用,产生了以技术驱动为主体的金融创新——金融科技。金融科技的迅速发展为金融创新提供了新的途径,底层技术的革新促使金融服务的方式发生重大变革,改变了传统金融产品及其定价方式,降低了金融活动的成本,提高了金融市场效率,促进了经济发展。根据安永金融科技的统计数据,中国近90%的数字活跃人群在日常生活中至少使用一种金融科技服务(移动支付、网上银行、保险、借贷等)。据国际清算银行统计,目前中国已经是世界上科技服务公司规模最大的市场,其产值约占GDP的20%。而排在第二的美国,上述百分比可能不到1%。由此可见,中国现在具备了促进金融科技发展的良好生态。

快速增长的金融科技在更广泛的金融服务领域扮演着越来越重要的角

色,从支付到贷款、清算和结算,新的虚拟资产和货币不断涌现,这些新的技术对金融安全孕育了一系列的机遇和威胁。一方面,大型科技公司进入金融领域,使服务更加便捷、创造了更多的产品,迸发出了巨大的创新力。特别是移动支付的广泛应用,以及鼓励创新的监管环境的营造,使相关科技公司迅速扩张,促进了金融科技的进步。另一方面,金融科技的创新也带来了一些问题和挑战:一是金融科技发展迅速,使金融业务更容易受到网络黑客的攻击;二是随着金融科技应用场景的延展,衍生出的金融安全风险也更加隐蔽和复杂,方便了跨国金融业务的开展,同时也扩大了金融安全风险传染的范围,使单个金融机构发生的风险可能迅速传染到与之相关的金融系统中;三是金融科技同时也为洗钱等犯罪活动提供了便利;等等。这些因素的出现都对金融监管机构提出了新的更高的要求。

金融业的监管规范经历了重大变革,监管环境也出现了多重变化,各个国家(地区)的监管机构普遍加强金融安全风险监管力度,扩大监管范围,致力于金融发展与金融监管的协调匹配。随着形势的变化,在金融合规和风控的人员、流程等方面的成本越来越高,且高度人工化的流程不利于满足越来越高的透明度要求和维持预期的监管水平。对监管机构而言,金融风险复杂性的增加、监管对象综合化及多元化经营等使监管难度日益加大。传统监管方式和数据处理手段难以满足新的要求,而新兴技术的崛起又为监管科技的深层次发展创造了条件,融入了诸多技术元素的监管科技应运而生。针对金融安全风险的监管科技涉及的主体除了传统监管体系中的监管部门、金融机构以及金融活动参与者外,主要还包括监管科技公司,它一方面作为被监管的对象,另一方面又为监管提供技术。

随着新兴科技发展对金融安全风险影响持续扩大,其对金融业的平稳运行形成了巨大的威胁。中国得益于庞大的消费群体,在金融科技基础设施方面无疑拥有明显的优势,但也面临更大的风险,因此关键信息基础设施防护和金融信息安全尤为重要。传统金融监管体系已不能满足金融科技给金融市场带来的变化,监管部门必须寻求新的监管机制,保证科技公司发展的同时,最大限度地降低金融科技活动带来的金融风险,做到"用技术监管技术",提高监管的效率,促进金融体系的平稳运行以及可持续发展。2019 年 3 月,中国人民银行金融科技(FinTech)委员会召开第一次会议,针对金融市场发展现状,提出要积极探索监管科技手段,积极运用新兴技术提高科技监管的能力。2020 年 10 月,在"十四五"规划纲要中,明确了数字经济在中国经济和社会发展中的战略地位。毫无疑问,在数字经济飞速发展的背景下,新兴数字技术为新时期金融安全风险防范与能力建设提供了新的思路和新的方法,为金融科技助力防范化解金融风险、维护经济金融安全开拓了新的空间。

(三)金融安全风险协同监管体系发展的历程

20 世纪 80 年代至今,金融监管模式经历了"混业—分业—协同"的变化,即从开始的低效率混业监管到明晰责权的分业监管,再到统筹协调的混业监管。长期以来,金融监管体系的演化和经济发展态势紧密相连,而且由政府所主导。中国金融监管体系的演变主要经历了 5 个阶段。

1. 计划经济主导的萌芽阶段(1948—1978 年)

在这一时期,中国金融体系经历了从无到有的漫长过程。为了适应计划经济体制,1948 年 12 月,中国人民银行在原有的一些银行(如华北银行)的基础上,作为中央银行的雏形成立起来,开始履行金融监管职责。1949 年 2 月,中国人民银行的办公地点从河北省迁入北京(当时的北平)。中国人民银行主要负责整顿私人钱庄以及其他涉及金融事务的机构,发行人民币等职能。而一些基础的金融监管职能(如资金的使用情况监控等),则主要由中国人民银行下属的检查处负责。

当时的金融服务一般只涉及银行业,主要业务是存款和贷款。全国的金融体系主要由中国人民银行和财政部构成,国有银行、商业银行等机构是后来逐渐独立或成立的。在银行体系建设的过程中,中国农业银行多次组建,随即又被撤销,最后其业务主要由中国人民银行负责。其他的一些国有银行(如工商银行、建设银行、交通银行等)在当时归属于财政部以及中国人民银行,它们的职能监督和业务领导主要由财政部完成。随着金融活动的开展,中国人民银行的职能越来越完善,包括货币政策制定、金融系统经营和管理、基本金融秩序建立等,工作重点是改革信贷体系、加强中央宏观调控。这时金融系统的管理工作还是计划和行政性质。也就是说,在计划经济的背景下,还没有出现"现代金融监管"的概念。总体上看,在这一阶段,中国人民银行主导的国内金融市场并没有发挥真正意义上的金融监管的功能,但建立起了新中国金融体系的初步结构,为日后监管工作的开展打下了坚实的基础。

2. 金融监管体系初步建立的过渡阶段(1979—1992年)

改革开放启动以后,经济体制改革开始实施。为了进一步完善金融市场,同时也为其他行业的发展提供条件,金融系统的改革被提上了日程,原有的中国人民银行混业经营局面逐渐向分业经营的格局过渡。1979年起,原来归属于财政部和中国人民银行的国有银行先后独立运行。1979年1月,中国农业银行再一次成立,以促进农业经济的专项建设。同时,外汇市场作为金融市场改革开放的重要渠道得到重视,1979年3月,中国银行开始承担外汇业务,国家外汇管理局设立。同年10月,国内第一家信托公司——中国国际信托公司成立,成为信托业在改革开放后的又一个新起点。此外,金融业中出现了一部分保险业务,由中国人民保险公司从财产险起步,逐步在全国范围内开展。1981年,政府开始发行国债,证券市场逐渐出现。

伴随着金融机构和金融业务多样化发展,对金融市场进行监管的必要性越来越显著。1983年9月,随着各大银行逐渐将其主要负责的业务剥离出来,中国人民银行开始专门履行中央银行职能,即其职责逐渐由原来的身兼数职转化成为专门的货币管理。1984年1月,国有大型银行之一的中国工商银行成立,主要承担融资、支持企业发展、工商信贷和储蓄等相关的业务。而这时,中国人民银行开始专门负责货币政策制定和一些与监管相关的工作。从金融监管的角度看,形成了以中国人民银行为主导的集中监管的模式。但在这一阶段,中国人民银行的监管工作还不成熟,并且伴随着各种金融体制的改革,国务院经常参与重要问题的决策。所以,严格意义上来说,这个时期的金融集中监管应该是国务院和中国人民银行共同进行的。

3. "一行三会"分业监管的发展阶段(1993—2003 年)

随着金融体系业务的不断完善和发展,中国 1984 年发行了改革开放之后的第一只股票,启动了证券业的发展,此时证券业务主要由银行来负责操作。1987 年,出现了国内最早的证券交易公司:深圳特区证券公司。此后,越来越多的证券交易公司纷纷成立。1990 年 10 月,上海证券交易所(简称"上交所")成立,并于同年 12 月 19 日正式开展证券交易业务。随后,1990 年 12 月深圳证券交易所(简称"深交所")开始试营业,并于 1991 年 7 月正式开业。随着证券市场的迅速发展,中国人民银行的一统兼顾的弊端逐渐暴露出来,证券市场出现了混乱的迹象。在此背景下,为了保证证券业的安全平稳运营,1992 年 10 月,国务院证券委员会成立,其主要职责是对证券市场进行宏观监管统筹。与此同时,中国证券监督管理委员会成立,其主要职责是依法执行监管决策。也就是说,证券行业监管工作开始由这两个独立的监管部门执行,但它们仅负责股票市场的监管活动。证券市场中债券、基金的监管职责并未从央行分离出来。"一行三会"的监管格局标志着金融监管体系开始从中国人民银行负责的集中监管(也就是混业监管)向多部门的分业监管转变。

1994 年,金融体系为适应社会主义市场经济的发展开始了一系列的改革。为进一步完善中国人民银行的金融监管地位,将专业性银行逐步转变为商业银行,让其只承担相关的政策性业务,并进行金融业分业监管的改革。1997 年 11 月,亚洲金融危机过后,全国金融工作会议针对金融体系改革明确规范金融市场秩序,并表示争取在三年内大致确立金融调控监管体系。1998 年 6 月,中国人民银行转变为国务院组成部门,职责调整为在国务院领导下实施金融监管。与此同时,证券委员会并入证监会,证券机构的监管工作主要由证监会负责。同年11月,中国保险监督管理委员会成立,负责保险业监管工作。自此开始,中国人民银行专门负责货币政策制定执行和对银行业的监管。2003年4月,中国银行业监督管理委员会成立,主要负责银行业的监督管理工作。至此,以分业监管模式为主导的"一行三会"监管体制基本形成。

4. 分业监管体制的进一步完善阶段(2004—2017年)

2003年后,随着经济的发展以及金融市场的国际化,金融行业出现了混业经营的情况,已有的监管机制已无法满足金融市场的需求。因此,除了"一行三会"的分业监管架构外,实施了其他方面的进一步巩固与完善措施。例如,对多部相关法律(《中华人民共和国证券法》《中华人民共和国公司法》等)进行修订,各监管部门越来越重视审慎监管以及分业监管的理念,监管工作向协调监管方面发展,同时加快监管国际化的进程。此外,由于地方金融业务不断扩大,针对银行监管开始出现供需失衡的问题,中央监管部门逐渐下放金融监管权限,地方各级政府陆续成立金融办。将一定的具体金融监管权限下放至地方政府,标志着央地协同监管格局的正式形成。

2003年12月,经修订的《中国人民银行法》提出,在全国范围内建立由国务院、证监会、银监会和保监会组成的金融监管协调机制。2004年,为弥补监管过程中出现的监管空白等问题,"三会"各方监管主体建立共同合作备忘录,明确了分业监管的前提下信息交流的合作原则。同时,针对重大监管、跨行业监管等复杂监管事件,加强共同监管。2013年,"金融监管协调部际联席会议"(以下简称"联席会议")制度建立,参与部门除了"三会"外,还纳入了国家外汇管理局。此外,根据会议的具体议题要求,财政部、国家发展改革委等有关部门也可以参会。联席会议的主要职责是协调各部门之间的金融监管工作,不改变、削弱原有各监管部门的具体工作,不代替国务院进行决策。2017年11月,为了进一步加强金融安全风险监管的统筹协调,成立专门的机构——国务院金融稳定发展委员会(以下简称"金融委"),主要负责各个监管主体之间的统筹以及协调工作,至此,金融监管格局也逐渐从分业监管进入协调监管的阶段。

5.“一委一行两会”到“一行一局一会”的加强协同监管阶段（2018 年至今）

为进一步完善金融安全风险监管体系,解决现行金融监管机制中监管机构之间职权范围模糊、监管重复或空缺等问题,2018 年 3 月,银监会、保监会合并,成立了银保监会。原有的“一行三会”金融安全风险监管体系在金融委的加入以及银保监会的成立后,变成了“一委一行两会”。这一时期,金融委主要负责统筹协同金融工作;中国人民银行则扮演“双支柱”的角色,负责货币、外汇市场的监管工作;银保监会主要负责银行业和保险业的监督管理工作;证监会主要负责证券行业监管。2023 年 3 月 7 日,中国金融监管架构由之前的“一委一行两会”变为“一行一局一会”(人民银行、国家金融监督管理总局、证监会)的架构。随着这一架构的建立,监管能力得到了进一步的提升,但是金融风险协调监管体系的完善仍任重道远。

结合中国金融体系演化的历史以及经济发展的现状来看,“协同监管”已经成为金融安全风险监管体系发展的主要趋势。党中央高度重视金融风险的协同监管:党的十九大明确要求,深化金融体制改革,健全金融监管体系,完善监管协调机制,守住不发生系统性金融风险的底线。党的十九届五中全会提出,完善现代金融监管体系,提高金融监管透明度和法治化水平。建立中央和地方金融监管协调机制作为一项重要的金融供给侧结构性改革,是现代金融体系的组成部分,需要在实践中不断探索和健全。

（四）金融安全风险协同监管体系的现状

目前金融安全风险协同监管,指一个国家(地区)为了保证自身金融安全、促进经济发展,各金融监管主体相互促进、相互影响,实现资源共享,从而对金融机构和其他金融活动的参与主体进行全面高效监管的过程。金融安全风险协同监管主体按包含范围的大小可以分为狭义和广义两种:狭义的金融安全风险协同监管主体包括一个国家(地区)的三个部分,第一个部分是中央银行,如中国人民银行;第二个部分是专门的金融监管部门,如证监会、银保监会;第三个部分是政府有关部门,如国家发展改革委、审计署、财政部等。广义的金融安全风险协同监管主体也包括三个部分,第一个部分是上述狭义监管主体;第二个部分是金融行业工会,如金融工会等;第三个部分是其他专门提供金融服务的机构,如会计师事务所、资信评估机构、相关咨询公司等。

由于狭义监管主体承担了绝大多数的监管工作,因此本部分研究的对象主要是狭义上的金融安全风险协同监管主体。狭义协同监管体系又可以进一步分为横向协同监管体系和纵向协同监管体系:横向协同监管体系指的是独立的、不附属于其他职能机构、专门承担金融监管责任的模式,目前国内的横向协同体系主要是"一行一局一会"的金融安全风险协同监管体系;纵向协同监管体系主要指的是中央和地方或其他有隶属关系的金融监管机构组成的监管模式。2002年以来,为化解地方金融风险,弥补地方金融体系中的监管空白,进行了进一步的改革。具体而言,就是在中央金融监管体系的基础上,地方各级政府陆续承担了一些金融监管的职责,逐渐形成了中央与地方金融安全风险监管部门之间的协同。

协同化发展是适应中国新时代发展的产物,在金融市场日新月异的环境下,有必要对金融监管体制进行及时的改革和完善,监管机构之间的协同合作有利于明晰不同监管机构的职责范围。同时,通过监管机构之间的协调机制也能够减少重复监管带来的矛盾,降低金融安全风险的监管成本,提高监管效率,实现金融安全风险协同监管体系的长期可持续发展,从而有利于保障国家的金融安全。

二、协同监管体系存在的问题

(一)问题产生的背景

全球化的进程促进了资本流动,金融机构的跨国经营、金融市场的相互联系日益增加,形成了各国金融主体之间复杂的金融网络,在不同的情况下扩大了金融安全风险传播的范围,加快了传染的速度,对国际金融安全造成了越来越大的威胁。金融安全风险的协同监管已经成为目前金融监管的一个重要趋势,其必要性主要表现在以下两个方面:一是保证不同金融市场的安全风险监管交流沟通顺畅,尽可能减少其中的障碍;二是信息共享的前提是保证共享信息(如金融数据等)的安全,避免数据泄露导致的金融安全风险事件。

然而,由于各个国家(地区)在发展历史、经济水平、文化背景等方面的不同,它们的会计规则、税收条款、银行结构和法律制度等都存在比较大的差异,尤其是在发达国家与发展中国家之间这种差别更加明显。目前,金融监管国际合作大多由发达国家所主导,其制定的标准和规则主要反映它们自身的利益,适用性也可能仅仅存在于发达国家的范畴内。因而从全球范围来看,现有的金融监管国际合作机制缺乏实质有效的内容。例如,巴塞尔委员会作为主要的银行业监管国际组织,其制定的标准和规则依据的是发达国家的银行业结构,对于发展中国家来说就很难在实际中执行,导致在发展中国家其监管效率大打折扣。

尽管如此,国际金融安全风险协同监管对促进金融体系的全球化还是具有很大的帮助。保证各个金融市场在一个开放式的金融环境中开展业务,对国际金融市场的协同监管有效性的发挥有着十分关键的作用,这将有利于保证国际金融市场的稳定,在此基础上对国际经济的稳定和发展也会产生积极的促进作用。目前,国际金融协同监管组织主要有两种类型:一种是通过签署协议来促进成员之间的合作,构建国际金融安全风险协同监管的标准,如1974年银行业中由国际清算银行发起的巴塞尔委员会、1983年在美洲地区成立的证券委员会国际组织、1994年在美国成立后又归属于国际清算银行的国际保险监管官联合会等;另一种是通过法律进行强制执行的监管组织,如针对欧盟成员金融市场监管的欧盟金融监管体系、1992年美国、加拿大和墨西哥三个国家联合成立的国际范围内营利性组织——北美自由贸易组织等。

金融安全风险协同监管在国际间统筹协调的形式也是多样的,主要有多方谅解备忘录的签订、国际组织的协调、以统一的监管标准为基础的协调等。虽然国际金融协同监管在许多国家(地区)已普遍达成共识,但目前的协同机制还不尽完善,存在一些不足。例如,国际金融协同监管过程中往往涉及一些国际关系方面的问题,可能会导致利益上的冲突,从而使各方协同监管的态度不一致,出现不合作甚至是违约的情况;金融发展水平不一致,发展目标也不一样,特别是在经济差异比较大的国家(地区)之间,金融协同监管的一致目标要达成会遇到一定的困难;各国(地区)经济社会发展水平不平衡引起监管法规参差不齐;协同监管的过程中由于发达国家往往具有更大的话语权,在规则制定时容易出现更加有利于这些国家的情况,从而产生不公平;目前的金融协同监管措施大多是着重于金融风险的事后风险化解,还缺乏预警机制;等等。

(二)存在的主要问题

作为世界上最大的发展中国家,中国近年来积极参与国际金融活动,面对国际金融市场上协调监管的变化趋势,以及国内金融科技快速进步的深刻影响,金融安全风险的协同监管正在被提上议事日程。"一行一局一会"金融安全风险协同监管新格局的形成,无疑将加强监管体系的透明度,促进监管部门之间的交流和沟通,完成机构监管向功能监管的转变。在新冠疫情冲击的背景下,金融安全风险协同监管体系的各个组成部门积极履行其金融安全风险协同监管的职能,确保了金融体系的平稳发展。中国得益于蓬勃发展的金融科技和庞大活跃的消费群体,数智技术应用范围扩大以及金融市场的混业经营趋势演变,金融监管与金融业务之间的逻辑正在一步步得到重构,这些都加大了监管部门风险防控的难度,给金融安全风险协同监管和治理带来了全新的挑战。应该说,中国金融监管体系框架是基本合理的,监管实践也是卓有成效的,但随着金融体系中参与主体的不断丰富,金融创新的迅速发展,金融市场也变得日益复杂。资产管理和财富管理行业快速发展,混业经营规模不断扩大,都对当前的金融安全风险协同监管体系建设提出了更高的要求。针对现有金融安全风险协同监管体系仍然存在的问题,必须予以正确的认识和应对。

1. 监管部门之间协调不够

金融安全风险协同监管体系的改革一直在不断推进,但改革过程中对整体性考虑依然不足,无法达到监管机构之间及时协调的状态。

现代金融体系的运行伴随着大量信息的产生、传递和处理,目前的金融安全风险协同监管的相关信息很难达到高效传递、实时共享,主要体现在以下三个方面。第一,在时效性上,传统的金融安全风险协同监管体系中,相关数据获取方式比较被动,存在滞后性,如主要是依赖金融市场上被监管部门所提供的相关数据以及报告等。第二,在统一性上,缺乏全国统一的金融安全风险协同监管体系的风险预警平台及信息共享平台,金融活动参与者,特别是金融机构中负责数据报送的人员由于对经营范围、报送标准、投资者保护等方面的准则存在一定程度上的理解偏差,使金融安全风险协同监管的标准难以统一,进一步加大了协同监管的难度。第三,在透明度上,分业监管的形式一定程度上满足了不同金融市场中金融监管的需求,但在监管过程中由于职责范围界定不清,复杂金融安全风险事件涉及多个金融监管部门,可能出现不同监管主体的重复监管,造成资源浪费,也可能使监管职责缺失。

2. 监管所需配套制度缺乏

金融安全风险协同监管体系的监管配套制度主要包括社会信用环境和相关市场监管机制两个方面。

社会信用环境方面的缺失主要是征信系统不完善:一是金融安全风险协同监管所需法律体系的建设相对缓慢。征信系统的建立和运营需要法律法规支持,但目前国家层面还未出台相关的文件;二是行业标准不统一。由于不同行业各异的特点,在采集信息时标准不同,不利于信息共享;三是信用环境较差。金融科技使金融市场的门槛降低,新加入的部分主体原本在传统金融市场上由于征信问题无法参与金融活动,其信用度依然是不高的。

在市场监管机制方面,主要是缺乏行业自律机制。金融市场的自律机制是使用市场的力量约束金融活动,它本来可以对金融监管部门的金融安全风险协同监管起到补充作用,特别是能够在很大程度上解决监管空白的问题。但近年来,随着金融领域应用的科学技术迅速发展,以及国家对金融科技改革的重视,科技的快速变革使有关的行业自律机制显得更加不完善,而已有的自律组织规模相对太小,无法满足全行业的自律要求,如2000年成立的期货业协会、2007年成立的银行间市场交易商协会、2014年成立的P2P行业协会等。

3.监管模式相对落后

传统监管模式主要以静态监管为主,加上分业监管本身就存在一些问题,使传统监管模式远远落后于时代的要求。

首先,金融安全风险的静态监管指通过"命令—控制"型监管来规制市场。金融科技的发展使金融市场的数据量呈指数级急速增加,传统静态监管无疑会造成监管介入滞后的情况。一方面,金融安全风险的静态监管因为流程复杂等,不利于金融创新活动的开展。特别是传统静态监管的模式对金融科技企业的经营十分不利,严格的项目审批流程会大大降低金融创新的效率。另一方面,静态监管对金融安全风险的协同监管不具备及时性。监管部门往往是被动获取相关金融机构的信息,实时变化的金融数据无法被传统的报送方式所覆盖,使数据的报送存在严重的滞后性,不能掌握市场上实时变化产生的大量数据。这样一来就可能产生严重的信息不对称,使金融安全风险的协同监管存在时滞而难以及时发现金融安全风险。

其次,传统金融监管模式最大的特点是分业监管。随着金融科技的迅速发展和广泛应用,金融机构的业务范围分界逐渐模糊,金融机构之间、市场之间、区域之间的联系不断加强,形成金融科技发展下的业务跨市场、机构跨行业的局面。在此情况下,采用分业监管可以提高监管成本、降低监管效率。

最后,金融创新的涌现和金融科技的发展使传统金融市场的很多业务存在交叉重叠的现象,分业监管的模式不利于对这种类型业务的监管,监管信息在不同监管部门之间的可得性、有效性被弱化,从而无法及时获取监管所需的数据,造成监管的滞后。

4.监管能力和工具遭遇局限

金融科技的发展需要技术支持,包括大数据、区块链和云计算,以及人工智能驱动的智慧金融手段等。

伴随着金融科技发展而产生的数据隐私、信息安全等问题在金融监管的过程中重要性逐渐凸显出来,对数据存储、容灾备份机制等技术的要求也不断提高。但是,目前相关的金融监管水平还相对落后,特别是金融安全风险协同监管过程中科技的应用还处于探索阶段,监管能力和监管工具方面存在一定的局限。例如,对金融活动中资金流向,包括一些信托贷款在内的非标准债权资产的动态,即便是使用大量监管资源通常也很难查证。监管科技在一定程度上能解决这种问题,但其发展还比较缓慢,无法满足现实中的需求。近一段时间以来,已经颁布了一些相关的金融安全风险协同监管的科技政策,但还是比较依赖金融活动参与者(特别是金融科技公司)提供的相关交易数据和资料。

监管能力的滞后大多是因为金融安全风险监管的相关技术还不成熟,相较于金融科技的业务发展还很缓慢。例如,由于金融科技业务不同于原有的传统金融业务,非现场监管、现场检查和市场准入等三大传统金融监管方式的有效性在不同程度上都有所下降。具体来看,新兴的金融科技公司在金融活动的过程中产生大量金融数据,因此非现场监管的传统的金融数据报送方式几乎无法实现,退一步而言,即使实现了数据报送的环节,监管部门对数据的分析也是一个难题。而从现场检测的角度看,非现场数据处理不当也给现场检查造成了很大的困扰。由于金融科技业务隐蔽的一些特质,监管部门对其金融活动合规性的检查需要花费成倍的监管资源,特别是监管时效性得不到保证的情况下,又为违规活动提供了条件,从而使监管难度进一步加大。在市场准入方面,针对新的金融发展情况,如何建立规范的市场准入门槛也是一个新的挑战,除了与现场以及非现场的监管结合,还要考虑配套的监管人才。总体来说,目前金融安全风险协同监管体系在监管工具方面需要进一步完善,监管能力方面还亟待提高。

5.监管空白方面存在风险

首先,从横向协同监管体系的角度来看,现有的"一行一局一会"的监管格局一定程度上解决了分业监管导致的监管空白问题,但是在金融科技发展极大促进金融机构混业经营的情况下,金融市场之间和金融产品之间的边界逐渐模糊。同时,随着人工智能技术在金融市场上的应用,部分金融机构从业人员被虚拟技术所替代。此外,新兴技术在金融业务的活动中也会遇到算法的复杂性问题,以及可能会被人为操纵的情况,从而可能在金融科技活动过程中形成"算法黑箱",加大了遭到黑客攻击的可能性。

如此等等,使相关的金融科技业务存在安全隐患和欺诈风险。虽然金融科技监管的应用在各界已基本达成共识,但是具体到金融监管的落地上还并没有形成完全的共识,绘制出明确的路线图。其次,从纵向协同监管体系的角度来看,中央和地方金融监管部门的金融监管责权范围的划分在金融安全风险协同监管体系中需要进一步统筹协调。目前,中央监管部门和地方监管部门在权责范围上还存在一些没有全覆盖的地方,地方监管部门主要存在的问题还是制度缺乏系统性和完整性。在具体的监管过程中,中央、地方监管部门和政府其他相关部门的统筹协同监管也需要进一步提高。最后,从金融监管相关法律体系的角度看,虽然金融法律体系相对已经比较齐全,但在金融市场的具体环节,如金融机构市场退出机制、互联网金融、私募基金、产业基金等方面的法律法规还需要继续完善。

6. 监管有效性有待加强

历史上各国金融监管体系的实践中,主要有混业监管、分业监管、"双峰"监管以及"伞式+功能"监管等模式,不同的监管模式有各自的优势和不足。

关于各国(地区)选择什么样的监管模式问题,需要结合实际情况加以考虑。国内目前的金融"一行一局一会"的协同监管体系在百年未有之大变局下,维护了国家的金融安全,取得了良好的成绩,但对金融控股、金融创新等方面监管的有效性还有一些提升的空间。

金融控股公司一般至少经营两种类型的金融业务,不同的业务由不同的法人经营,其金融活动复杂多样,给监管必然会造成一定的困难。例如,金融控股公司下属的子公司进行关联交易会加剧信息不对称,不利于投资者获取信息,也不利于监管部门对金融安全风险的防范和监管,可能造成监管真空的情况。此外,由于金融控股公司的业务种类多,涉及跨部门的业务时需要多个监管部门共同监督,但不同行业的监管存在一定的区别,这样金融控股公司就有机会采取措施规避监管,如通过金融创新的方式构建某种新的组织模式、金融衍生品等。

对金融创新活动进行有效监管困难的原因主要是,有的金融机构为了规避严格的金融监管极力推动各种类型金融创新的产生。如前所述,金融创新往往会带来新的金融产品和工具,一方面促进了金融体系的发展和完善,同时也为经济发展提供了重要力量,但另一方面也加大了金融监管的难度。新的金融产品和工具往往需要市场的检验,其优势和风险才会逐渐显现出来,因此在保护金融创新、促进经济发展的条件下,现行的金融监管制度很难在事前化解金融风险。

7. 地方监管需要继续完善

与中央金融监管不同,地方监管具有自身独特的生长路径。金融监管的职责传统上是中央的管辖范围,但现在地方政府为发展经济,经常会从自身的利益出发突出强调金融的枢纽和引导作用。

目前来看,地方金融监管工作问题的核心是资源匮乏。一方面是缺乏高位阶法律赋权,顶层设计仍有待完善。另一方面是地方金融监管部门操作上的束手束脚。例如,人员不足,特别是优质高效的金融监管执法队伍不足;没有明确的执法权限,在监管职责实际落地上存在很大挑战。不过需要注意的是,正是由于一系列资源的约束,使监管科技在地方金融监管的迅速展开成为内在必需。

近年来,地方政府在参与金融监管过程中取得了积极进展,但也暴露出一些主要问题:一是监管目标偏离。金融监管的首要目标是防范金融风险、保护存款人和投资者的合法权益,但一些地方更多聚焦于促进区域经济金融发展,侧重于引进金融机构,为地方企业获得信贷、债券发行和股票上市资源等工作,而对地方金融监管和金融风险的处置,由于人力不足等原因存在薄弱环节甚至漏洞。二是监管权限边界不清。过去一段时间内,部分跨部门的金融活动所属监管部门不明确,使一些交易行为没有受到有效监管。三是监管能力不匹配。地方金融监管专业人力不足,监管能力与风险形势的适配性较弱。四是风险处置责任落实不到位。受制于对金融风险认识不足、财务资源有限等主客观约束,部分地方对风险处置的主动作为不够,一些金融风险往往难以及时遏制和化解,最后导致不得不付出较高的经济金融和社会稳定成本。

第二节　区块链赋能金融安全风险
协同监管实施基础

一、区块链技术特征

在一条区块链中,数据存储在分布式账本中,以保障其完整性和可用性,并允许区块链网络上的参与者写入、读取和验证分布式账本中记录的交易。

相应地,区块链技术不支持删除和修改存储在其分类账上的交易和其他存储信息,区块链系统受到加密原语和协议[如数字签名、哈希(Hash)函数等]的支持和保护,后者保证了记录到分类账中的交易的完整性、真实性和不可否认性。此外,作为分布式网络,区块链技术需要一个共识协议,其本质上是一套规则,每个参与者都要求遵循该协议,以使整个系统中的参与者达成一致。

在没有第三方提供信任保障的环境中,区块链为用户提供了去中心化、自治性、完整性、不变性、验证、容错等理想特性。凭借这些先进的特质,近年来区块链技术引起了学术界和工业界的极大关注,其技术特征具体包括:

（一）去中心化

去中心化是区块链最重要的一个特征。区块链账本存在于多台计算机上,它们通常称为节点。这些节点形成了一个区块链网络,其中一些节点以P2P的方式工作,在没有集中权限的情况下验证对信息的访问(Xie 等,2019)[1]。区块链系统采用分布式结构,用于记录、存储、更新、传输、验证、维护与区块链网络中的信息相关的其他几个过程(Li 等,2020)[2]。以上去中心化特性消除了对中央机构的需求,将控制权转移给个人用户,使系统更加公平与安全。在区块链节点之间通常使用一组称为“共识协议”的规则和算法来执行信息记录并验证交易,以确保信息的一致性和不可破坏性(Xie 等,2019)。当足够多的设备就记录到区块链上的内容达成一致意见时,就会形成“共识”。链节点可以使用纯数学方法(非对称密码学)在彼此之间建立信任关系,而无须任何中央机构或监管机构单方面操纵数据。上述网络中的每个分布式节点相对独立,具有平等的权利和义务,如果出现节点级别的损坏不

---

① Xie J., Tang H., Huang T., et al., "A Survey of Blockchain Technology Applied to Smart Cities: Research Issues and Challenges", *IEEE Communications Surveys & Tutorials*, Vol. 21, No. 3, 2019, pp. 2794–2830.

② Li X., Jiang P., Chen T., et al., "A Survey on the Security of Blockchain Systems", *Future Generation Computer Systems*, Vol. 107, 2020, pp. 841–853.

会影响整个网络,从而保证了区块链系统的可靠性和鲁棒性。编辑或操作记录在区块链上的多个信息副本需要复杂的共识机制,如此便可以有效保证信息的真实性。区块链上分布式信息存在多个副本,可以防止由于依赖于集中位置而使信息丢失或破坏的风险。此外,取消收集、记录、维护以及通常不受限制地访问信息的集中机构,也可以改善用户的隐私性,并消除信息的滥用风险。最后,不依赖中央机构来执行和验证交易,能够显著降低中介成本并改善中央服务器的性能。

(二)透明性

区块链账本上的交易是完全透明的,任何人都可以看到任何交易的细节和历史记录。这种透明性是区块链技术所独有的,可以为信息提供高度的问责制和完整性,确保没有任何内容被不当更改、添加或删除,这一应用技术是前所未有的,在大型金融系统中更是如此。区块链技术之所以透明度高,是因为区块链网络有多个验证对等节点,而没有集中的权限(Yang等,2019)[①],并且每个公共地址的持有和交易都可以访问并对任何人开放,便于查看(Xie等,2019),能提供可追溯和透明的交易记录。区块链的技术基础是开源的,任何节点都可以通过开放的接口开发适当的应用程序来查询区块链的数据,这样便保证了整个系统的数据内容和运行规则高度公开透明。相同的透明度规则适用于区块链中的所有数据与数据的更新,因此区块链技术可以提升交易的可见性,使其易于被跟踪和验证,对大型企业的财务审计、供应链管理、金融安全等关键业务具有重要价值。

---

① Yang R., Yu F., Si P., et al., "Integrated Blockchain and Edge Computing Systems: A Survey, Some Research Issues and Cha lenges", *IEEE Communications Surveys & Tutorials*, Vol. 21, No. 2, 2019, pp. 1508-1532.

(三)自治性

众所周知,所有交易通常建立在信任的基础上,而区块链技术可以提供一个不以双方信用为基础进行交易的系统。这种"无信任"的系统意味着区块链系统可以以 P2P 方式运行,而无须可靠的第三方来确保信任(Xie 等,2019)。区块链使用密码学,完全取代了第三方作为信任的管理者,利用非对称密码学的隐私和不可伪造性保护消息内容并验证发送者身份,确保区块链系统中交易的可靠性。区块链网络上的参与节点使用复杂的分布式共识算法,从而可以一致地、安全地向区块链的分布式账本添加或更新数据,同时解决交易过程中的所有权确认问题,维护系统完整性。区块链交易是在没有第三方的情况下完成的,使用了为信任提供基础的故障安全共识协议,这样将可以降低交易的总成本。

(四)安全性

区块链系统本质上是安全的,因为它使用的是由任何人可见的一组"公钥"和一组仅由所有者可见的"私钥"所组成的非对称密码,这些密钥可以确保交易的所有权以及交易不可篡改的特性(Ferrag 等,2019)①。区块链系统中的安全性与交易的完整性、机密性和授权有关(Xie 等,2019)。区块链系统的分布式特性消除了数据单点故障的可能性(Xie 等,2019),即解决了由于集中存储而更容易受到损害的数据存储形式问题。

(五)不变性

不变性也可以被称为不可篡改性、持久性和不可伪造性。区块链的不变

---

① Ferrag M.A., Derdour M., Mukherjee M., et al., "Blockchain Technologies for the Internet of Things: Research Issues and Challenges", *IEEE Internet of Things Journal*, Vol.6, No.2, 2019, pp.2188-2204.

性意味着,一旦将数据添加到区块链就不能被随意地更改或篡改(Ferrag 等, 2019;Xie 等,2019;Yang 等,2019)。区块链结构中的数据块带有时间戳,每个块都采用哈希算法加密,它保证了数据的输入永久且不可篡改。任何人都可以随时查看这些交易记录,一旦交易被验证并添加到区块链中,就不能更改或删除,实现了不可逆转和不可改变。共享账本中所发生的任何变化,都会产生不同的哈希值,并且它可以被立即检测到,从而使共享账本不可变(Xie 等, 2019)。这个特性对金融安全、财务交易和财务审计具有重大意义,因为无论是作为数据的提供者还是接收者,都可以证明数据没有被更改,如此便显著提升了区块链技术的信任度。

(六)可追踪性

数据可追踪性指区块链技术可以跟踪数据在节点之间的来源、目的和路径。基于数据完整性和对信息的更高级别的信任,通过区块链可追踪的特性可以进一步优化数据治理,加强数据合规,提高数据质量。数据可追踪性来源于在区块链系统中添加或更新的信息所带有的时间戳,这一技术可以为每个数据块添加时间维度。数据可追踪性可以在金融交易、金融安全、金融监管和供应链管理等领域发挥重大作用。

(七)匿名性

所谓匿名性指在不透露交易参与方任何个人信息的情况下验证交易。区块链匿名的特性可以有效保护用户的隐私性,防止未经授权的入侵行为。数据可以使用所定义的算法在节点之间交互并建立信任,从而使到达节点的信息不需要经过额外的验证过程,实现匿名信息传输。区块链系统中的用户通过生成区块链地址进行数据交互,这种地址可以有效隐藏他们的真实身份(Zheng 等,2017)。然而,由于存在于分布式的公共环境中,所以区块链并不能保证百分之百的隐秘。任何人都可以创建区块链地址,如果没有来自区块链系统以外的补充信息,几乎不可能通过该区块链地址直接追溯到创建者。

(八)民主性

在区块链系统中,各个节点通过使用 P2P 方法实现"民主决策"(Xie 等, 2019)。所有去中心化节点都使用共识算法,以允许特定节点向现有区块链添加新区块,并确保区块被适当地附加到共享分类账中,而且正确地同步其所有区块链节点的副本信息(Xie 等,2019;Yang 等,2019)。参与决策过程的所有节点都相对独立,拥有平等的权利和义务,具体包括共享数据、共同维护区块链中的信息等,从而降低了区块链系统的运营维护成本。各个节点可以基于计算能力进行投票,投票结果为扩展并接受"有效块"或拒绝并处理"无效块"。

(九)完整性

完整性指区块链中数据在其整个生命周期内可以保持准确和一致(Yang 等,2019)。这个特性是基于区块链网络中分散且稳定的共享分类账来实现的,一旦同意将数据块添加到区块链中,就将无法编辑或修改该块的交易记录。这些数据和记录会永久保存在区块链系统中,并在区块链网络的各个节点产生多个副本,从而有效地保证了数据的可靠性和完整性。

(十)可编程性

区块链技术是开源的,用户可以通过相关的应用程序进行编程,开发应用程序。所有区块链系统都使用编程语言来实现交易逻辑,灵活的脚本编码系统可用于创建高级智能合约或去中心化应用程序。同时,节点的软件定义网络(Software-Defined Networking,SDN)控制器可以为网络管理提供编程接口。一些学者开创了一种基于区块链的数据共享系统,被称为 MeDShare,其主要由用户层、数据查询层、数据结构来源层和现有数据库基础设施层组成,可以被应用于云服务提供业务。

(十一)容错性

需要指出的是,区块链复杂且冗余的机理可以有效提升其容错性。由于区块链网络使用 P2P 架构,因此每个节点被认为与其他所有节点相同,并且每个节点可以充当客户端或服务器,从而为网络节点的进出和网络传输当中可能出现的问题提供了极高的容错空间。区块链被设计为"拜占庭容错",这意味着即使某些节点出现故障或行为不正确,网络也会达成共识。如果共识协议可以从参与共识的节点的故障中恢复,则该共识协议被视为是可容错的。区块链系统一般可以从失效故障(某些节点由于软件或硬件原因而未能参与共识协议),或拜占庭故障(由于软件错误或恶意攻击使节点报错)中修复错误。

二、区块链推动金融领域发展应用现状

(一)区块链在金融领域的应用优势

区块链可以建立分布式结算系统,从而改变现有支付结算体系。现今银行之间的支付通常依赖中介清算公司来完成,涉及簿记、交易对账、余额对账、支付启动等一系列复杂的流程,这大大复杂化了传统的支付流程并且显著提升了成本。例如,在跨境支付中,不同的国家(地区)都有自己的结算流程,跨境汇款从发起至到账,流转周期往往需要若干天。通过利用区块链技术,弱化第三方金融机构的中介作用,将大大提高服务效率,降低银行交易成本,满足快速便捷的支付结算需求(袁康,2020)[①]。

另外,区块链的技术优势还体现在可以实现机构之间安全高效的数据共

---

① 袁康:《社会监管理念下金融科技算法黑箱的制度因应》,《华中科技大学学报(社会科学版)》2020 年第 34 卷第 1 期。

享。通过使用区块链技术,商业银行可以自动记录数据,并且将数据与客户信息以共享加密的形式存储在机构内部,以方便信用数据的提取和使用。当前,区块链在金融机构中的应用已经开始试点实施,银行等机构所使用的实名认证机制(Know Your Customer,KYC)可以有效预防客户洗钱、利用假身份进行盗窃等犯罪活动。在该流程中,银行将客户信息存储在自己的数据库中,然后上传加密后的"摘要"并存储在区块链上。有需求时,可以利用区块链技术通知提供者,执行查询指令,获取原始数据。因此,各方可以在不泄露其核心业务数据的情况下搜索外部数据。

(二)区块链在金融领域的应用现状

区块链具有的技术优势使其在金融领域得到广泛的采用,当前已经取得了长足的进展。2018年以来,全球多个国家陆续出台了一系列鼓励和扶持政策,努力推动区块链技术的大规模应用,金融领域成果尤其明显。以阿里巴巴为代表的国内大型互联网企业相继开发出自己的区块链业务,各类金融机构也在争相进入该领域。区块链技术已成功通过4个主要国家的中央银行和商业银行等共计34家银行机构的测试。

如今,区块链技术在国内金融领域的探索和实践逐步深入,已基本覆盖银行、保险、券商等多个金融机构类型,并应用于多样化业务场景。该项技术已经可以广泛运用在如数字货币、数据验证、数据存储、金融交易、资产管理等多个案例中。根据国家网信办的公开数据,例如自2019年至2022年8月,共计发布9批区块链信息服务备案清单,共批准2159个区块链信息服务备案项目。经梳理,共有255个项目涉及金融领域,按照类型可分为:供应链金融65个(25.5%)、银行服务35个(13.7%)、综合金融服务32个(12.5%)、征信15个(5.9%)、区块链支付15个(5.9%)、保险服务13个(5.1%)、证券服务7个(2.7%)以及其他类型73个(28.7%)。

区块链技术对未来金融领域的发展具有重要意义,不仅可以优化金融系统机制建设,提升安全水平,还可以强化金融体系的运营实力和效率。除了传统金融领域,当前以供应链金融、证券交易、转账支付、金融数字作品鉴定为代表的新兴金融商业模式也正在快速拓展,主要包括以下三个方面的应用:一是股权登记和证券交易。区块链技术可以协助金融行业内部实现点对点直连,节省第三方中介,优化交易支付流程,并最大限度降低成本。二是金融软件开发。通过将金融应用软件中的互联网接口与区块链相结合,可以降低信息传递过程中的运输成本,同时有效提高供应链的生产效率,优化服务质量与客户体验。三是金融数字作品著作权鉴定。数字版权与区块链技术相结合,可以证明和确定作品的文字和视频或音频作品的存在,也可以保证作品在交易过程中的安全性,维护数字版权的生命周期,为司法部门提供技术保证。

就区块链在银行系统中的具体应用而言,其在商业银行的应用主要集中在通过平台和系统的建设提高交易和信息处理效率,但不同的银行对区块链的应用存在一些差异。例如,凭借作为传统零售银行的优势,招商银行对区块链的应用主要体现在消费金融和资产管理领域。2019年,招商银行资管区块链资产证券化(Asset-backed Securities,ABS)系统成功上线,该系统是在招商银行金融科技基金的支持下开发建设的。依托该平台,信托等外部平台可将底层消费金融资产上链,转入招商银行系统,助推"小额债权"资产证券化业务发展升级。由于农业银行在涉农投融资方面具备优势,其区块链的应用方向体现在与农业互联网相关的电商融资体系上。农业银行基于趣链科技底层区块链平台,推出基于区块链的农业互联网电子商务融资系统,首期出品"E贷链",将区块链的技术优势与业务特点深度融合。凭借在国际业务方面的优势,建设银行区块链应用方向主要涉及国际保理和跨境交易业务。2017年9月,建设银行与IBM公司合作,在中国香港开发并推出"区块链银保平台",服务于零售和商业银行。2017年11月,建设银行完成首笔区块链福费廷(Forfaiting)交易。2018年1月,建设银行发布首笔国际保理区块链交易,成为国内首家将区块链技术应用于国际保理业务的银行。工商银行将区块链技术应用于扶贫项目,与贵州省贵民集团合作,依托区块链技术"交易可追溯、不可篡改"的特点和优势,推出扶贫资金区块链管理平台,并通过"工银金服"与贵州省政府扶贫资金审批链上信息互认,实现跨链融合,最终达到政府扶贫资金"透明使用""精准投放""高效管理"的优良效果。

在非银系统中,区块链主要应用于证券和保险领域。其中,证券业务的交易模式是区块链技术应用的又一个重要领域。传统证券交易需要中央结算机构、证券公司、交易所、银行等多方协调,而利用区块链自动化智能合约和可编程特性,可以大大降低成本并提高效率,避免烦琐的集中清算交割流程,实现方便快捷的金融产品交易。同时,通过区块链可以做到即时到账,从而实现比环球同业银行金融电讯协会(Society for Worldwide Interbank Financial Telecommunication,SWIFT)代码系统更经济、更安全、更快捷地跨境转账,这也是各家证券公司、银行等金融机构纷纷加大投入区块链技术研发的重要原因。

在保险领域,利用区块链技术可以建立分布式保险反欺诈数据共享平台。保险机构在保留数据所有权和控制权的前提下,可在行业内共享黑名单、风险保额、身份识别等数据,有效提升整个保险行业在承保阶段识别潜在欺诈对象的效率。例如,在健康险方面,区块链健康险直付平台连接保险机构和医疗机构,以及分布式账本记录保单、医疗费用等信息,通过智能合约实现医疗费用的自动调整和补偿。非对称加密技术的使用提高了数据的安全性,理赔自动化大大提升了保险公司的理赔效率并改善了用户体验。在再保险方面,普华永道的研究结果表明,该行业采用区块链技术可以实现大部分业务流程的自动化,以减少人为错误,节省人力成本,为再保险公司节省15%—20%的运营费用。通过区块链再保险平台与保险公司系统的连接,使用分布式账本记账,避免了保险公司的重复录入和定期人工对账的烦琐工作,将再保险中的对账工作自动化,提高再保险业务效率。

（三）区块链在金融领域的应用风险

值得注意的是,区块链在金融领域的应用可能带来许多新的风险,其中很多是由传统技术问题引起的,包括网络病毒木马的传播、互联网协议(Internet Protocol,IP)地址篡改等。比特币是目前区块链的代表性数字货币,其在交易过程中采用的加密方式是非对称的,数字随机性较强。同时,区块链技术也产生了一些新的技术问题,用户对其安全性能的认知度还不高,犯罪分子很容易从中发现漏洞。对智能合约,黑客也非常容易发现其中的漏洞。此外,由于区块链可以实现交易的匿名性,数字勒索的恶性事件时有发生。其中,最引人注目的是区块链技术下数字货币在金融领域的应用带来的一系列风险,主要包括以下几种:

1.技术风险

新兴金融科技企业很可能存在技术不成熟、算法失灵、算法失控等风险,由于金融科技依托大数据、人工智能、云计算、区块链、物联网、互联网等新技术,当出现不可预测的技术现象,或将使金融服务过程中面临不可控的风险。首先,金融科技并不成熟,意味着技术本身还有提升空间,需要进一步突破以适应更高层次的需求;其次,由于金融系统当中金融机构之间关系密切,基于区块链的金融科技手段一旦出现算法缺陷等系统性错误,将容易导致金融行业内出现大范围的错误,叠加上金融业务本身具有实时性的特点,则极易造成更多无法弥补的损失;最后,金融科技的广泛采用可能导致技术大规模失控。目前,金融市场已经被大数据化、智能化、移动化,一旦数据和应用环境失控,金融科技市场就会失控,甚至产生更加严重的后果,给整个经济和社会带来负面影响。

2.法律风险

适用于纸币的传统的信用管理法律内涵已经不再适用于数字货币环境下的许多要求,因为区块链技术下数字货币与传统纸币之间存在巨大差异。当前虽然已经确立了数字人民币的主体地位,但是现阶段数字货币的发展和运营还缺乏相关的法律制度,导致部分数字货币脱离了监管,一些不法分子可能就此加以利用。总的来说,以纸币为基础的法律框架难以满足数字货币的要求。鉴于相关法律内容薄弱,数字货币风险不断发生,因此有必要加快法律法规建设,完善对整个数字货币行业的监管机制。

3. 数据安全风险

在大数据时代背景下,金融与科技的融合和渗透也会引发更深层次的数据安全问题。在当前信息化时代,金融服务商在提供服务的同时获取了大量的客户数据,因而其可以通过大数据分析深入挖掘消费者在不同场景的金融需求,并通过实名认证流程制定专业化、个性化的金融服务。在这一过程中便存在数据安全风险问题,具体体现在信息完整性破坏、信息泄露、非法使用等方面,这一风险可以将私人客户信息转化为具有巨大潜在商业价值的资产,直接导致用户信息被窃取与滥用。用户数据是金融科技生态系统中最重要的资源,带动了金融科技的蓬勃发展,但是实际中金融科技生态系统中的用户没有安全感和支配感,数据安全已成为金融科技生态系统的一大隐患。

4. 网络信息安全风险

随着金融服务活动变得越来越相互关联,网络安全风险成为一个不容忽视的焦点性话题。所谓网络安全风险,指互联网环境中的网络攻击、渗透、窃听和数据截获、病毒攻击等威胁造成的风险。例如,一旦金融科技公司出现网络安全风险,就可能导致财务风险。网络安全风险主要包括网络通信安全风险、网站平台安全风险、客户安全风险等。首先,用户的登录、查询和交易都是在互联网环境下进行的,一旦客户的账号、密码、交易信息在网络传输过程中泄露或被篡改,金融科技公司将承受巨大的网络信息安全风险;其次,在移动金融服务时代,客户终端成为入侵和攻击的目标;最后,个人用户安全意识的缺失和客户终端系统的脆弱也会加剧网络安全风险。

三、区块链赋能协同监管可行性

(一)区块链赋能金融安全风险协同监管的意义

2008 年,区块链概念首次进入学者与大众的视野。经历十多年的努力,区块链技术被不断完善并趋于成熟,并在多个行业实现了融合发展。区块链技术的本质是数据共享,通过去中心化的途径实现数据流通、传递、交易。当前,国家已经陆续出台一些针对区块链技术的相关政策和法规,引导和推广该技术在证券交易、金融产品、综合金融服务等多个金融领域的应用和实践。为了守住金融安全底线、防范金融风险,金融监管机制同样需要与以区块链为代表的新兴技术融合完善、协同发展,有效识别前沿科技的技术特征和潜在风险,匹配传统金融与创新金融的业务特点,才能真正赋能金融领域的科技创新,拓宽金融业务创新边界,最终支持金融行业长足发展。

1. 推进监管制度化和法治化

区块链技术和金融科技的协同发展将进一步强调制度化和法治化的重要性。监督问题的产生可以归因于监督和法律制度薄弱。在市场经济繁荣发展的过程中,法治经济将从根本上影响法律的治理,起源于法律制度和社会规范的公私合作的社会结构是由技术和市场的融合所塑造的。

一些国家(地区)通过立法和政策实施合作治理和法治治理,改变现有的监督管理体制和框架,解决市场主体和政府主体的违法性或自律性弱化的问题,其目的是弥补区块链技术造成的监督管理能力不足。例如,为在有效防控风险的前提下鼓励金融科技创新,2016 年 5 月,英国金融行为监管局(Financial Conduct Authority, FCA)启动了"监管沙箱"(管弋铭和伍旭川,2020)[1],新加坡、澳大利亚的金融监管机构紧随其后,启动"监管沙箱计划"或

---

[1]　管弋铭、伍旭川:《数字货币发展:典型特征、演化路径与监管导向》,《金融经济学研究》2020 年第 3 期。

提出类似的区块链金融监管治理监管措施。面对不确定的风险情况,探索区块链监管治理的一个重要途径是监管沙箱。

现阶段,中国的监管机构在共享监管信息、协调监管任务和整合监管资源规划等方面相对独立,监管的灵活性还有待提高。在采取任何一种监管规则之前,都要充分认识法治的理念和制度的定位。区块链技术监管应立足中国国情,重点完善相关行政参与制度,适应诱发制度变革的特点。监管参与区块链技术机构决策,提高普通民众的参与度和互动性,充分调动民间部门、运营商、专家和决策者的积极性,完善区块链技术监管体系。

2. 强化综合金融行为监管

区块链技术可以促进金融创新协同发展,金融创新业务重要发展方向之一是金融一体化,即综合金融服务。金融一体化有助于实现资源自主化,平台可以为投资者提供个性化、创新性的金融产品和一站式综合金融服务,如智能投融资、交易、资管、支付等。分支机构的技术监管要从行为监管入手,适应一体化趋势,实现监管功能的融合,适应不同类型金融产品的监管标准。

集团化的跨境技术让跨境金融产品交易和跨境资金流动更加便捷,区域货币一体化进程也在加快,区块链技术监管应以综合协同监管为重点,建立跨境监管协调机制。从区块链技术监管模式来看,不仅要在功能一体化的基础上实现混合监管的一体化,还要实现监管的国际一体化,以满足区块链技术的要求,提高资源配置的效率。

另外,综合监管体系也要适应宏观经济目标,在监管国际化的背景下,一国防范系统性风险、保护消费者利益的目标往往与其他国家的目标,或自身的经济发展目标相冲突。不同国家对不同功能金融产品的不同监管重点也必须有效整合到综合监管中,并加以考虑,从而整合难度更大。同时,还需要进一步探索监管一体化与央行货币政策独立性之间的关系。

3. 推动监管科技深度融合

区块链技术可以适应金融业务多渠道与混业经营的特点,传统金融可以通过引入区块链技术,利用大数据分析挖掘客户的潜在需求,开展个性化金融服务,有效提升行业竞争力。区块链技术强大的信息处理能力,对提升传统金融机构的信息获取能力、精细化风险管控可以起到关键作用。

在获得金融牌照的基础上,区块链技术不仅需要实现信息共享和技术交流,还需要学习传统金融机构的专业风险定价能力和资产期限配置能力。作为最重要的部分,以实现业务转型为目标的传统金融机构应改变虚拟化趋势,关注客户实际需求。作为发展趋势的一部分,区块链技术监管体系的完善应明确这一新兴技术的发展方向,同时加大监管创新力度,规范区块链技术的深度融合。在画定红线的同时,应为业务创新留出空间,加强对行政干预实施的监督引导,重点支持区块链技术创新,同时也需要注重鼓励适应市场发展特点的传统金融创新。

(二)区块链赋能金融安全风险协同监管的优势

提升监管水平的方式之一是将区块链应用于新型嵌入式治理模式中,这样可以解决数据在收集、验证和隐私相关流程上的问题,并且缓解数据可用性和存储、使用数据成本之间的冲突。在传统的监管方式下,金融机构往往需要在合规上花费大量资金成本。对中小型机构更是如此,它们需要在获取所需数据和维护成本之间取得平衡,而新的嵌入式监督可以很好地解决这个问题。在应用新的嵌入式监管时,需要注意两个原则:一方面,新的嵌入式监管需要适当地被监督,监管者应充分了解基于分布式账本技术的交易可以实现什么,不能实现什么;另一方面,当嵌入监控时,监管者需要考虑他们的行为对受监管市场的影响。监管科技经历了多轮更新迭代,从以信息流管理为主要技术的第一代,到融合大数据的第三代技术,进而是叠加人工智能的第四代。当前,监管技术发展的重要方向是利用区块链系统,构建以大数据和云计算为核心的金融风险预警机制,以提升实现金融风险的实时防范能力。

因此,区块链结合大数据是金融监管科技加速落地的直接动力。2008 年国际金融危机后,全球范围内金融监管普遍加强(袁康,2020),出现了更多更高质量的数据报告,存储能力和计算能力也得到了增强。同时,数据科学的进步也为监管技术的应用提供了技术条件。区块链技术正在促进金融监管体系的发展与改变,监管科技在金融监管中的运用主要分为两个分支——运用于监管端的监管技术(Suptech)和运用于金融机构合规端的合规技术(Regtech)。

与巴塞尔银行监管委员会的定义类似,布里德尔斯(Breeders)和普雷米奥(Prenio)将监管技术定义为"监管机构使用创新技术进行金融监管"。与监管技术不同,合规技术意味着支持受监管的金融机构遵守监管和报告所要求的创新技术的应用。监管技术特指监管者自己使用的技术,而此类技术能力的获取既可以自主研发,也可以来自合作。学者们还统计了监管机构在数据分析(如市场监督、不当行为分析、微观审慎监管和宏观审慎监管)和数据收集(如用于自动报告、数据管理和虚拟协助)方面的应用技术,发现区块链在监管技术上的应用相对欠缺,而大数据、机器学习、人工智能、云计算等的应用则相对更为广泛。由于新兴技术目前在金融机构中大受青睐,传统的监管技术手段已经无法及时捕捉相关金融风险,因此需要大力发挥区块链在监管方面的作用。

如前所述,区块链技术具有去中心化、不可篡改、高透明度等特点。不过,虽然这项技术的优势在于解决交易中的安全和信任问题,但是也有可能会削弱货币政策的有效性,从而影响金融体系的稳定性。从全球视角来看,广大监管机构对区块链技术持有积极的态度,并且区块链技术已被各地区的监管机构广泛研究。例如,国际清算银行建立了创新中心,以促进世界各国央行在金融科技领域的合作。2016年,新加坡信贷局在银行间清算领域启动分布式账户技术试点,并与中国香港金融管理局签署合作备忘录,以加强分布式账户在合作跨境贸易和融资领域的应用。美国证券交易委员会于2017年成立了分布式账户组,以识别区块链可能带来的风险。瑞士金融市场监管局、财政部等部门组建联合工作小组,以强化区块链技术的研究。

在区块链被广泛探讨的过程中,其中的分布式账本对金融稳定的影响是一个重要焦点。例如,欧洲央行较早就关注到密码学在资产登记、数字货币等领域的应用,并利用区块链技术记录资产所有权信息,便于资产丢失或被盗找回。欧洲央行国际金融研究所注意到分布式账本技术在金融领域的应用前景,认为智能合约可应用于贷款、保险、债券、物联网等多个领域,如果将智能合约使用到分布式账本上,通过计算机程序可以提高合同关系的效率和经济性,消除人为的直接参与,并减少错误、误解、延误或争议等问题。另外,针对全球监管重点关注洗钱的问题,使用区块链技术跟踪和打击世界各地的非法资金流动,也是监管机构监管改革的方向之一,目前需要采取切实的行动来支持打击洗钱的新技术。

一些国际组织已经在密切关注区块链对传统金融体系的影响,但倾向于继续这样做,而不是直接进行监管干预。例如,2016 年年初,金融稳定委员会召开专题会议,讨论区块链对金融体系的影响,认为应该从技术层面积极关注区块链的发展和应用,没有必要制定监管政策。2017 年年初,国际清算银行指出分布式账户可能会改变资产形态、合同履约、风险管理等,但仍有待进一步观察。欧洲证券和市场管理局(European Securities and Markets Authority,ESMA)主要关注分布式账本技术应用对证券投资的影响,特别是在虚拟货币领域,如基于虚拟货币的集体投资计划或衍生品产出,包括将虚拟货币用于股票、基金、期权等独家交易的分布式货币账本。

虽然全球各个国家(地区)对区块链可以被应用于监管中的观点已经达成了一致,但区块链作为一种技术手段,不应脱离金融监管。例如,虽然美国证监会没有明文禁止区块链在证券业务中的应用,但明确指出使用分布式账户替代传统的中心化记账方式不会改变证券交易的性质,要遵守各种监管法律与规定。英国金融行为监管局表示,金融活动和金融机构为被监管的对象,在技术中立原则下,它不会干预分布式账户在金融中的应用。瑞士金融市场监管局也强调技术中立原则,且违规行为不因使用技术而免责。瑞士金融市场监管局和英国金融行为监管局还讨论了基于分布式账本的融资行为,认为分布式账本技术使资产支持代币的去中心化交易成为可能,也使基于这些代币的去中心化金融服务成为可能,同样也给智能合约的自动执行增添了可行性,但是无论是首次代币发行(Initial Coin Offering,ICO)或是传统的首次公开募股(Initial Public Offering,IPO),都不会改变其具有的潜在风险。

(三)区块链赋能金融安全风险协同监管的机制

1.区块链分布式特性保证金融交易安全

区块链对金融风险的监管可以更加严格,借助数据交易可追溯但不可逆的特性,弱化人为操作,为每笔数据信息交易打上时间戳,保证交易的唯一性,并且透明度高、全网可见,既避免了数据信息的重复交易,又有效地防止了数据信息交易的伪造,保证了数据的可靠性。用户信息存储在分类账数据库中,其交易数据信息既不能删除也不能修改,且每个操作都对应至确定的时刻,也不可篡改。于是,区块链大大降低了支付结算的错误率,同时可以实时监控每一笔资金流向,确保资金安全。

2.区块链技术的信用体系完善金融征信机制

基于此,区块链可以为金融机构防范金融风险提供坚实基础。区块链信用体系将用户分为可信用户、风险用户和第三类用户。金融机构可以为受信任的用户提供高质量的服务,而拒绝为有风险的用户提供服务。区块链征信系统能够采集第三类客户的日常在线活动,分析其在线消费习惯、信用等级等,为金融机构提供有效参考,从而降低金融机构遭受财务损失的风险。

3."大数据+区块链"技术改善金融数据和信息的去中心化

通过这一手段,可以减少金融机构数据缺失、信息不完整的现象。不完整或分散的数据信息会影响金融风险的防范,而区块链技术增加了金融数据信息的可信度,并且各个节点之间有紧密的联系,解决了数据信息不完整的现象。"大数据+区块链"技术的架构模式,无论从理论上、实践上或是监管上,都从金融系统安全的角度保证了数据的真实性和完整性。其基于区块链技术的可信大数据可以充分发挥大数据的特性,解决金融风险中遇到的问题。区块链技术与大数据相得益彰、各有千秋,可以有效提高金融数据的可信度。虽然区块链技术在区块链应用之前无法解决数据信息不完整的问题,但可以通过其他技术来大大降低数据信息不完整的影响。此外,还可以制定相关程序,保证数据信息的可靠性,同时利用区块链的可追溯性来追踪过去的虚假数据信息。区块链技术与大数据技术融合应用,重组金融机构的大数据信息,使每家金融机构成为区块链当中不可分割的一部分,既可以实现数据信息资源的共享,又可以安全地维护数据,同时降低运营成本。区块链很好地解决了金融机构大数据信息不完整的问题,保证了数据信息在链上的同步性,增加了数据信息的可信度,为降低错误信息的治理风险起到了支撑作用。

4.区块链技术的加密算法强化金融数据安全机制

金融机构的安全机制是否完善,风险预测是否及时准确,主要取决于金融风险模型。预测风险建模的前提必须是保证数据质量、信息不分散、数据准确完整。相关技术人员利用区块链制定流程并针对数据缺陷提出解决方案,采用分布式数据技术和去中心化分布特性,使链中的每个节点都能够大规模地发挥监督作用,提高效率。数据的透明性有利于防范金融风险,维护信息和金融数据的安全。在金融机构中,传统模式下的数据传输是从中心节点传输到其他二级节点,中心节点占据核心位置。区块链的点对点传输方式可以让每个节点的数据就其信息的真实性达成"共识"。"智能合约"在金融机构与用户之间达成协议的管理上也起到了制约作用。为保证数据信息传输的安全性,可以采用区块链技术的加密算法来提高数据信息的可靠性。

5.区块链技术提升大数据中金融用户信息真实性

传统模式下数据信息的传输采用复制的方式,从一方到另一方。区块链技术利用不可篡改、分布式管理和可追溯的特性,可以清晰地指出每一方的所有行为。该技术通过上述方式在互联网上传递和流通金融数据信息，并保证它们不被篡改，从而维护了大数据信息的真实性。同时，区块链技术还提高了数据信息的安全性。人们经常会遇到一些机构或平台以向用户提供免费服务或增值服务为借口，签署霸王条款限制用户行为，未经许可挖掘用户信息。在区块链技术中，唯一证明用户身份的私钥完全由用户保管，任何其他人或组织都不能更改数据信息。即使用户信息已经在区块链上公开，也只有用户本人拥有访问和处理权限。并且，只有超过51%的节点认为数据是正确记录，整个链上的每个节点才会认为是真实数据。

由此可见，基于区块链技术的可靠大数据架构是新型金融安全的基础设施，它不再受传统金融数据信息的影响，可以预测和防范金融风险。由于区块链技术的加持，金融安全的基础设施发生了变化，能够充分发挥自身在高精度数据计算和风险预测方面的优势，对金融安全产生了很大的影响。大数据模型是一种动态模型，可以对生成的交易数据进行分析，探索数据之间的因果关系和内在联系。区块链与大数据技术的融合保护了金融数据信息的隐私，实现了数据的流动和治理，使数据可验证、安全可靠，提高了金融系统的稳定性。

总的来说，国内金融机构要加快区块链技术与大数据的融合，加强数据架构的顶层设计，拓展区块链技术在大数据方向的应用，从根本上解决两者的兼容问题，以获得可行的结果。同时，依托优质数据，规范区块链整体标准，促进两者有效融合，积极解决金融领域面临的安全问题，强化国家金融安全保障，进一步推动金融行业有序健康发展。

第十三章　金融安全风险协同
监管体系构建

第一节　金融安全风险协同监管政策

一、金融监管政策现行体系

在以国内大循环为主体、国内国际双循环相互促进的新发展格局下如何提升监管效率，能否在真正意义上跨越金融监管协同障碍，能否充分发挥金融监管统筹协调作用等有待深入探讨。现有金融监管体系仍然存在监管部门之间协同机制不够健全、监管政策体系不够完善、监管模式相对滞后等问题，而区块链技术蕴含的分布式账本、全网广播、时间戳和加密机制等技术内核与协同监管体系内在优化需求存在十分明显的契合点。将区块链技术与金融安全风险协同监管体系相结合，有利于提升新发展格局下的金融监管效能，跨越监管协同障碍。以金融安全风险协同监管的优化需求与区块链技术特征的契合为落脚点，深入考察区块链赋能金融安全风险协同监管体系的构建，从应用前景和应用成效等方面分析其有效性，将有助于实现监管的协同适应性。

为此，需要以目前不同金融子市场内监管政策之间不协调的现状为出发点，考虑不同金融子市场之间的差异性，充分发挥区块链在金融安全风险协同监管中的优势,构建区块链赋能下的金融安全风险协同监管政策体系。目前,在中国经济不断发展和转型升级的同时,金融领域的各个方面也在持续进步,其政策体系表现出以下几个特征:

(1)金融服务实体经济,利润趋于合理。银行发行货币的速度逐渐放缓,货币政策回归稳健,资产泡沫受到打压。各家金融机构更加精准地调控自身的资金需求,提高资金管理水平,银行之间互相拆借的频次降低。国家重点战略,如供给侧结构性改革、共建"一带一路"倡议等都得到金融体系的全力支持。同时,新兴产业和共享经济的快速发展,使金融业回归于服务包括文体娱乐、教育医疗等在内的实体经济,对社会基础设施的投资增多,金融业的利润趋于合理化。

(2)金融市场结构优化,直接融资增多。金融体系中各金融机构之间的业务往来不断增多,融资结构发生改变,过去融资占主要地位的局面逐步转变为融资与资产管理并重的格局。间接融资,即银行作为资金的中间方,将个人及企业存款用于投资的形式逐步减少。直接融资,即发行有价证券的形式逐步增多。从社会融资规模存量和增量结构来看,直接融资的比重都在增加。此外,融资模式以银行为主导正在逐渐转化为以市场为主导。

(3)服务用户需求,鼓励创新金融。近年来,从互联网金融与传统金融的对冲、博弈中可以看出,投资者的投资渠道越发多元化,理财意识和理财需求均有提升。年轻客户基本上摒弃了传统的存款业务,更偏向于数字化渠道的金融服务。值得注意的是,理财产品不断增多,使客户忠诚度和黏性下降,具有创新性的、能解决用户痛点痒点的金融服务将会获得市场更多的青睐,得到可持续发展。

(4)新科技进入金融圈,促成巨大变化。当前大数据、云计算、人工智能以及区块链技术的发展如火如荼,新技术带来了新的发展机遇。金融业利用大数据分析,精准定位客户需求,实现精准营销。同时,低成本的云计算也为财务分析核算提高了效率。不仅如此,基于去中心化思想的区块链技术在金融领域的应用有了不少尝试。随着科学的发展和技术的进步,它们给金融体系带来的变化一定是惊人的。

从以上趋势来看,金融体系逐渐步入一个更为合理的阶段,它要求相关主体跟上时代和科技的发展步伐,以市场需求为导向做好融资业务,推出创新型理财产品,更好地服务于实体经济。

虽然现在金融领域已经渐趋成熟,但仍存在诸多问题,它们可能导致金融市场安全风险的产生,危害金融业的健康发展。首先,金融领域存在跨境支付周期长、费用高的问题。跨境支付由于地理距离遥远,收支双方之间可能存在不信任,通常需要依靠第三方作为中介,这使跨境支付过程中消耗大量的时间成本,造成跨境支付业务效率的低下。其次,中小企业碰到"融资难、融资贵"的问题。在中小企业申请融资贷款时,由于其信息相较于大企业而言不够透明公开,且金融机构对它们往往不够信任,审核流程相对较长,中小企业难以得到足够的融资或贷款。再次,金融领域存在票据市场中心化严重的问题,带来了较大的金融安全风险。票据市场过于依赖处于核心地位的商业银行,一旦中心位置的银行出现安全风险,将马上波及整个票据市场,造成市场的瘫痪,对金融业乃至实体经济造成巨大危害。此外,金融领域的许多底层资产的真实性难以得到保障,由于它们的来源较为多样化和复杂化,且投资者与金融机构之间存在明显的信息不对称关系,使金融领域底层资产的可靠性和透明度不够,极大地影响了债券、基金、股票等行业的健康发展。

二、区块链赋能协同监管政策的优势

基于以上考虑,区块链技术可以有效应用于金融领域,特别是用来构建各个行业之间金融安全风险监管政策的协同。如上所述,由于区块链技术的分布式账本特征,链上的信息基本能做到公开透明,并且不可被篡改,从而能显著提高各金融机构主体之间的信任程度,降低因不信任带来的额外成本。同时,基于区块链技术构建的金融领域信息数据交流平台,可以为金融安全风险

监管提供数据支持和决策依据。具体而言,区块链技术在推进金融安全风险协同监管政策体系的构建中具有以下优势:

（一）区块链技术应用于支付清算领域

现在的支付清算主要还是依靠银行进行的,传统的通过银行方式进行的交易要经过开户行、对手行、清算机构、境外银行等多个组织以及较为烦冗的处理流程。在这种复杂的交易流程中,存在交易成本高、信息不透明、效率低、安全风险大等问题,严重影响金融业的健康发展,不利于国民经济的转型升级,损害了普通消费者和投资者的利益。通过区块链技术构建新型的支付清算模式,实现交易双方的点对点、端对端支付,不再需要通过中介,将大大降低支付清算过程中所消耗的时间和人力成本,提高支付清算的速度,提升金融行业运行的效率。同时,采用区块链技术将各个国家（地区）、不同金融行业的金融机构联系起来,打造联盟链,并依托于区块链技术分布式账本的特点,在跨境支付交易过程中将大幅度削减由于各个国家货币和清算规则不同所导致的交易成本,同时使各个行业内的交易数据公开透明,也有助于跨行业和跨国（境）实施监管,显著提升整体金融行业的运行效率。此外,区块链技术能够保障支付清算过程中交易信息数据的不可篡改,可以极大地提高交易流程的安全性,保护消费者和投资者的权益,为金融系统的健康发展保驾护航。

（二）区块链技术应用于数字票据领域

票据是交易过程中债权债务的表现,是一种信用工具。实际中,票据的承兑可以满足企业的支付结算,促进资金周转和商品流通,并且也是企业短期融资的渠道之一。作为信用背书,票据可以为企业方便快捷地获取部分低成本的资金。目前,国内电子票据的使用仍然没有得到大规模的推广,不仅耗费了高额的人力、物力和时间成本,还大大影响了票据领域的可靠性和安全性,为金融安全风险协同监管政策的构建和实施带来了阻碍。将区块链技术应用于数字票据领域,能够将信息和数据上链,将开票的信息进行全网广播。加上区块链的不可篡改性和可追溯性,各个节点都可以查看和验证开票信息的真伪,确保票据没有被滥用。在数字票据的流转环节,区块链技术的应用可以有效降低信息不对称、不透明的概率,极大程度地降低流转过程中金融安全风险发生的可能性,强化各个金融行业之间的信息流通。在承兑环节,将票据相关信息录入智能合约,实现票据的自动承兑,可以避免逾期事件的发生。同时,区块链技术的不可篡改和公开透明的特征,能够预防"赖账"等现象的发生,大大减少系统中心化带来的运营风险和操作风险,促进金融安全风险协同监管政策体系的实现。

(三)区块链技术应用于证券交易领域

众所周知,证券交易过程中存在环节和手续烦琐、交易效率低下的问题,且底层资产面临真实性难以保障的挑战。同时,由于参与主体和交易环节众多,证券交易中很容易出现信息不对称的现象。不仅如此,与其他领域相似,证券交易领域也存在交易成本高、交易效率低的问题,极大地影响了证券市场的发展,进而阻碍了其他金融行业乃至整个金融领域的进步。区块链技术的应用可以有效替代证券交易中的中介机构,应用智能合约实现交易过程的自动化,大大降低交易结算中的成本,提高交易速度。此外,通过将数据信息上链,保障数据信息的公开透明,能有效降低金融安全风险,促进各行业间的数据信息交流,推动金融安全风险协同监管政策体系构建和运行。

(四)区块链技术应用于保险服务领域

一般认为,目前保险行业仍然较为传统,不仅创新不足,甚至还存在保费欺诈的问题。通过将区块链技术应用于保险行业,可以及时准确地将用户的个人健康信息数据上链,为保险机构提供数据支持和决策依据,进而有效降低保险市场的运行成本,提高保险市场整体的运行效率。同时,区块链技术能够保障保险市场中信息的公开透明,既能降低保险机构与消费者之间信息不对称的程度,大大减少逆向选择风险,也能提高保险行业与其他金融行业之间的信息透明度,推进金融安全风险协同监管。此外,利用区块链技术具有的可追溯特征,能准确识别道德风险,显著降低保险市场管理的成本,提高管理效率。区块链技术信息不可篡改的优点能将骗保的可能性降到很低的水平,保障保险公司和消费者的利益,维护保险市场的健康发展,促进金融安全风险协同监管政策的落实。

三、金融安全风险协同监管政策体系设计

(一)资本市场监管政策

资本市场监管政策的制定必须有利于持续深化市场改革、维护市场平稳运行、助力宏观经济稳定。完善的资本市场监管政策要做到有助于充分发挥资本的正向作用,并引领各类资源要素聚焦于重要领域和薄弱环节,为资本市场的未来发展创造空间。所以,制定资本市场的监管政策时需要关注以下三个方面:

1.强化资本市场内的自律监督

在国家相关法律、法规及政策的指导下,根据资本市场的行业自律规范和职业道德准则,经营者组建自律组织,实行自我管理、自我约束。保障资本市场内的自律性是维持资本市场健康有序发展的重要手段之一,其不仅能防止资本市场内部的过度竞争,还能降低交易和政府监管成本、保障投资者的利益。目前正处于资本市场深化改革的关键时期,市场中参与者众多,包括上市公司、证券机构、基金机构、中介机构等,监管部门很难应对如此众多的金融机构及交易行为。因此,强化资本市场内的自律监管势在必行。市场内部的自律监管部门主要是证券交易所和行业协会,这两者各具特点和优势。一方面,交易所能及时、准确地获取交易行为信息,灵活应对各种突发状况,其处在监

管的第一线。因此,要不断完善交易所在资本市场自律监管中的地位和职能,赋予其明确监管责任,并加强其监管力度。同时,证监会应该与交易所保持信息畅通,这有助于它们及时把控上市公司信息披露和公司股票交易。另一方面,行业协会在国家与公民、政府与市场之间起着不可替代的桥梁作用,要在法律和行政两个方面赋予其一定的监管职能,明确它作为资本市场自律监管主体的地位,在证监会实施监督和一定程度管理的前提下,发挥它作为民间自治组织的监管作用。

2. 赋予资本市场内监管主体明确的定位

一段时间以来,资本市场监管机构在行政和法律等层面的定位不明确,造成了监管部门权限的不足。所以,要保障证监会在资本市场监管过程中足够的权力,明确其主体地位,确保其顺利完成监管任务。在行政方面,应该适当赋予证监会独立监管的权力,保证政府既不能对证监会进行过度的干预,更不能让地方政府成为一些金融机构违法、违规行为的保护伞。此外,也要注意规范对监管主体的监督和约束,既要进行内部风险控制,也要加强外部监督机制,提高监督效率,保证资本市场监督的有效和公正。对于内部控制机制,主要是要制定能有效监督和约束资本市场监管工作人员的规章制度,并激发他们的工作积极性。对于外部监督机制,要做到监管过程公开透明,保证公众能及时了解资本市场的监督工作,并及时提出评价和反馈。

3. 不断完善资本市场中的信息披露制度

首先,要制定能严格执行的强制性信息披露制度,并将其作为资本市场监管政策的长期发展方向之一。强制性信息披露能有效防止上市公司和金融机构可能的造假现象,对它们的行为实行实时监管。其次,要规范上市公司在资本市场中的各种行为。如前所述,关于上市公司的信息不对称是资本市场金融安全风险的主要来源之一,规范上市公司的质量,规避其违规行为,对提高资本市场的监管效率、降低资本市场的金融安全风险、最大化保护投资者的利益具有显著的正面影响。再次,要强化区块链技术在信息披露中的作用。区块链技术的分布式账本和信息不可篡改等特征完美适应于加强资本市场中的信息披露,其既保证了信息在各个机构之间的公开透明,也保障了披露信息的准确性和不可篡改性。

(二)货币市场监管政策

货币市场监管政策的制定要有利于政策之间的相互协调,坚持稳健货币政策原则,保持银行体系流动性合理充裕,有助于充分发挥货币政策在稳增长、调结构方面的作用。货币市场监管政策的制定主要从以下三个方面出发:

1.保证区块链技术应用的有效性和安全性

区块链技术在货币市场监管中的应用可以有效确保数据的可靠性和透明性,有力减少货币市场中"做假账"的问题。但是,区块链技术的应用工作仍有许多可以提高的地方,如区块链技术在保障数据公开透明的同时,可能会导致隐私泄露的问题。如何在确保数据准确、公开、透明的同时保护用户的隐私,需要政府部门出台相关政策,规范区块链技术的使用。因此,在构建基于区块链技术的货币市场监管体制时,不能放松对该技术自身安全风险的警惕,要打造适用于区块链技术的安全保障体系。

2.制定契合区块链技术特点的法律法规

区块链技术在货币市场金融安全风险监管中的应用必须有明确的法律法规提供指导,要规范区块链技术的应用场景和应用范围。针对相关工作人员,必须经过严格的审核,必须持有相关资质。例如,数字货币是区块链技术在货币市场中应用的重要场景之一,对于涉及数字货币的相关企业,必须进行严格的资质审查。针对货币市场设立明确的准入门槛,确保市场的规范运行。

3.明确基于区块链技术监管机构的职责

在货币市场金融安全风险监管中,各个部门要有明确的分工和职责。例如,国家金融监督管理总局、中国人民银行、证监会负责基于区块链技术的货币市场监管准则的执行,公安部门和司法部门配合监管部门对不法分子进行惩罚。部门之间要充分利用好区块链技术在信息交流方面的优势,时刻保持信息共享,要做到不留监管空白,不做重复监管。

(三)外汇市场监管政策

党的十八大以来,国家外汇管理局一直在探索利用区块链技术搭建跨境金融服务平台,助力解决中小微企业融资难题,持续推出多种融资类和便利化应用场景,服务实体经济高质量发展。目前,跨境平台已推出多个融资类应用场景和外汇业务便利化类应用场景,服务企业超过数万家,企业累计融资金额和付汇金额均已达到数千亿美元。所规划的基于区块链技术的外汇市场项目平台能实现对外汇市场业务的实时抽查,对税务发票随时进行核验,有效减少了外汇市场业务造假的问题。所推出的跨境金融区块链服务平台主要包含外汇市场监管部门、各个金融机构、参与外汇市场的企业,它应用区块链技术的分布式存储和非对称加密的特点,还能实现外汇市场相关数据信息的自动录入,并且保障信息的准确性,明显减少了银行登记和审核信息的人力成本、时间成本,极大地提高了外汇市场中的金融安全风险监管效率,同时在一定程度上缓解了跨境中小企业"融资难"的问题。区块链技术应用于外汇市场金融安全风险监管中有两个主要优势:

一方面,在外汇市场的金融安全风险协同监管中,区块链的技术特征使外汇市场中的相关信息和数据准确、可追溯且不可篡改。过去,外汇市场监管用到的信息和数据大多直接来源于金融机构和相关企业,在数据的透明度、准确性和及时性等方面存在不可靠的问题。区块链技术的分布式账本、信息不可篡改等特征十分适应于外汇市场监管中的信息存储和信息运行。通过将区块链技术应用于外汇市场金融安全风险协同监管,信息和数据可以被及时存储,且在各个监管部门之间公开透明,有效防止了数据造假的问题,为外汇市场监管提供了保障。

另一方面,利用区块链技术可以对外汇市场中监管部门与监管对象之间的交流和信任机制实现重建。在过去,外汇市场监管中往往存在监管部门与监管对象互不信任的问题,这既阻碍了外汇市场的发展,也导致了监管的低效率。区块链技术自身的算法和规则,保障了外汇市场监管的流程和数据公开透明,显著提升了监管部门与监管对象之间的信任程度。同时,基于区块链技术构建外汇市场信息交流平台,使监管部门和监管对象都可以及时在平台上传和获取数据信息。这种新型的交流方式进一步加强了两者间的信任,有助于保持外汇市场发展的活力和提高监管的效率。

由此看来,借助于区块链技术能有效提高外汇市场金融安全风险监管的效率,但实际中政府部门仍需要从以下三个方面作出努力,进一步提升应用效能:

1. 完善区块链技术的设施建设

随着新兴技术在金融活动中的重要性不断提高,外汇市场信息数据的准确性和安全性也显得越来越重要,区块链技术在这中间起着至关重要的作用。应该将区块链的相关基础设施建设作为政策落地的核心之一,进一步强化区块链技术在外汇市场金融安全风险监管中的作用。

2. 促进各监管部门机构间的信息共享和协调合作

随着外汇市场的不断发展,跨行业、跨地区的金融活动越来越多,这就要求各级各地监管部门之间必须深化协调与合作。应用区块链技术打造外汇市场的监管网络,依靠区块链去中心化技术特征,支持机构和部门在区块链网络中信息和资源实时共享,实现外汇市场中各个监管主体的协调和合作,提升监管效率。

3. 推进对区块链技术的研究和开发

在建设区块链技术的基础设施和构建区块链网络的同时,还应该强化对区块链前沿技术的研究和开发,并为新兴技术打造合适的外汇市场监管体系应用场景。应该出台相关政策强化科研机构和高校与外汇市场监管机构之间的合作,不断创新基于区块链技术的外汇市场监管体系,并对区块链技术在外汇市场监管中的应用提出前瞻性指导。

(四)黄金市场监管政策

当前,黄金市场监管存在管理制度规范不够完善、多头管理和监管盲区等问题。黄金市场监管政策的制定要朝着健全黄金市场业务管理制度和黄金规范,持续改进市场监管结构并提高监管效率的目标努力,为此需大力推进监管技术的研发和应用,做到对数字化黄金监管能力的不断强化。具体来讲,在制定黄金市场监管政策时应关注以下4个方面重点:

1.强化对黄金市场业务的指导和规范

应该由中国人民银行带头,协调配合各相关部门,制定适应于黄金市场的业务指引规范,明确黄金市场中各金融机构的具体职能和业务范围,针对黄金业务、客户资金存管制度、信息披露等方面作出详细要求。

2.打造并完善黄金市场内部的自律监管机制

黄金市场中暂时还没有形成成熟的自律组织或自律监管机制,仅在矿产产业内设立黄金协会和珠宝玉石首饰行业协会,它们都是以矿产企业为主体成员,并不负责金融领域的自律监管。因此,在黄金市场内部构建自律监管机制势在必行。应该由中国人民银行牵头,学习借鉴其他行业内的自律监管模式,在黄金市场金融安全风险监管、信息披露、业务指导和规范、工作人员管理等方面加大力度,推动黄金市场健康有序发展。

3.建立黄金市场监管部门之间的协同监管机制

一方面,要确立中国人民银行在黄金市场监管中的核心主导地位,明确黄金市场的主要监管工作由其牵头。另一方面,以中国人民银行为基础,建立工信、工商、海关、税务等部门协同监管的模式,各部门各司其职,通力合作。对跨行业的金融行为监管,中国人民银行与国家金融监督管理总局、证监会等监管部门协调合作,保持信息交流通畅,强化黄金市场监管工作的有序高效。

4.推动区块链技术在黄金市场监管中的应用

迄今的实践已经说明,以区块链为代表的新兴科技手段对加强黄金市场监管能力具有显著的效果。下一步,需要基于区块链技术构建黄金市场智能合约条款和审计准则,在区块链上记录参与者的行为,从各个方面详细分析智能合约,并结合大数据和人工智能等技术对市场的风险进行预判和识别。同时,智能合约可以与黄金市场监管的法律法规相结合,在黄金市场业务发生时就依据其对风险作出判断,做到及时预防和控制黄金市场中的金融安全风险。

(五)保险市场监管政策

保险市场监管政策的制定要有助于保护投保人和被保人的利益,维护社会稳定,其有利于维护保险市场秩序,促进公平竞争,提升保险行业形象。通过制定保险市场监管政策不断提高商业保险机构的管理和盈利能力,持续推进商业保险核心竞争力的提升。这里,应主要关注以下4个方面的工作:

1.完善保险市场金融安全风险监管中的法律法规体系

首要的是,同时构建保险市场中的功能监管体系和行为监管体系。近年来,已经形成了较为成熟的管理和规范保险市场的规章制度,保险市场中的金融安全风险监管体系也具有了基本框架。但是,目前的制度大部分是从传统的保险市场金融安全风险监管的角度出发,没能跟上市场发展的节奏。例如,现有的保险市场制度对新兴的互联网保险公司、互联网金融平台、网络相互保险组织等新的机构缺乏明确的规范,导致了监管空白的出现。因此,必须深入研究和不断完善保险市场中对金融安全风险的监管和防范体系,持续加强对保险市场中的新型金融业务的监管能力,完善对保险市场中新型金融机构行为的规范和约束,以保护消费者权益为核心,打造新型的保险市场监管法律法规体系。同时也非常重要的是,在保险市场内部不断完善行业准则,特别是在保险备案制度、社会信用体系等方面,要能跟上保险业务和市场的发展步伐,及时更新完善行业准则,保障保险市场健康发展。在区块链技术的赋能下,满足保险市场监管的新要求。

2. 明确保险市场中监管主体的权利和责任

对保险市场中的监管部门,各方要各司其职,对于保险市场中的所有环节、所有行为,全方面全过程开展监督和管理。不仅如此,监管部门必须要做到依法监督,以法律法规为基准,在法律规定的范围内开展金融安全风险协同监管。另外,还要注意推动法律法规的完善。在保险市场内部,要构建保险行业自律监管体制。其中,保险行业协会要带头承担起保险行业内的资料监管职能,对保险市场内的行为制定明确规定,提升行业协会应对金融安全风险的能力,同时与保监会开展合作,保证与保监会之间信息交流的畅通,确保保险市场的稳定发展。

3. 构建基于区块链技术的保险市场风险防范机制

不言而喻,对保险市场内的监管政策取向和策略需要及时进行完善,要保证保险市场受到严格监管,但也不能因为监管政策的过于严厉而阻碍保险市场的发展。这样就必须找到监管政策与保险市场发展之间的平衡点,防范保险市场金融安全风险的同时确保保险市场的持续发展。在此背景下,就要充分利用区块链技术实时、不断地完善保险市场中的信息披露机制,包含公司的资本信息、管理信息和人员信息等,对未能按照标准及时披露信息的企业和金融机构要有可实施的严格的惩罚措施。同时,还可以利用区块链技术打造保险市场中的信息披露平台,实时汇总和更新保险市场中的各类信息,以方便监管机构及时识别风险。

4. 要完善保险市场金融安全风险监管配套

首先,要构建保险市场大数据库。实时整合保险市场内的各类数据信息,在条件允许的情况下打造跨行业的金融安全风险大数据库。通过数据库和信息平台,将原本孤立的各类信息数据联系起来,为保险市场监管工作提供有力支持。其次,要提高保险市场监管工作人员的综合素质。参与金融安全风险协同监管的工作人员素质对能否准确有效地对保险市场实施监管起着至关重

要的作用,因此应该出台相关政策持续培养高水平的监管人员。同时,要保证
相关人员的能力不是单一的,而是具备多层次、多元化的综合知识结构,不仅
熟悉保险市场监管业务,也要知晓以区块链技术为代表的新兴科技,并精通保
险市场监管的法律法规。为此,可以在一些高校开设保险市场监管的相关专
业和课程,实现监管人才的储备。对已经就业的保险市场监管工作人员,要构
建能力提升机制。此外,在吸引人才方面,制定合理的、可实施的优惠政策,切
实解决保险市场监管人才短缺问题。

第二节　金融安全风险协同监管机构

一、机构职能整合优化

　　长期以来,针对分业经营的特点,金融体系实行的是"一元多头"的分业
监管制度,存在中央银行监管作用弱化、监管盲区和监管重叠的诸多弊端,难
以满足金融创新和混业经营发展趋势的需要(舒心,2019)[①]。在当前数智快
速进步的时代,云计算、大数据、人工智能、物联网等信息技术飞速发展,传统
金融的商业模式正在重塑,金融业务的交叉融合和跨市场行为越来越常态化,
金融业向混业经营方向持续深化(周仲飞和李敬伟,2018)[②]。在这种情况下,
分业监管制度显然将面临更多挑战。金融科技具有去中心化、跨市场、跨行
业、跨地域的特点,其产品通常是多层次、多环节、多连接、多主题的技术融合,
一旦金融科技风险事件出现,就可能导致真正的系统性风险发生。与此同时,
分业监管根据监管对象确定监管主体,其监管行为围绕监管职责展开,在监管
仲裁中易形成监管盲区和监控重叠的问题。针对金融科技颠覆性创新、跨界

---

　　① 舒心:《新时代我国金融监管体制变革:回顾、反思与展望》,《中国地质大学学报:社会
科学版》2019 年第 19 卷第 1 期。
　　② 周仲飞、李敬伟:《金融科技背景下金融监管范式的转变》,《法学研究》2018 年第 40 卷
第 5 期。

经营、多元化主体并存等特点,监管体制应进行适应性变革,建立多机制、多规则、多主体协同的监管体系。不仅"一行一局一会"之间要深度协调,其他政府职能部门、行业协会、金融企业和社会公众也要共同参与。从单向的政府监管到多方面、多层次的协同监管,监管机构相互配合,形成监管网络,充分共享监管信息,最终实现金融安全与金融创新的有效平衡。

区块链技术可以分别从纵向与横向两个维度来强化金融监管部门之间的监管职能。从纵向来看,区块链技术的信息传递机制可以强化中央与地方、省(自治区、直辖市)金融监管部门之间的联系。地方金融监管纵向协调机制分为中央与地方协调监管和省(自治区、直辖市)协调监管两个层次。加强中央与地方金融合作形成监管合力,是金融科技监管体制改革的重点。中央监管部门要在制度建设、政策引导、人员培训、业务指引等方面出发,加强对地方金融监管部门构的指导和支持。在省、市、县纵向协调监管方面,要建立健全省、市、县三级分级监管工作机制,强化基层金融监管权力,填补地方监管盲区(陈斌彬,2020)①。

从横向来看,区块链技术下的信息共享机制可以加强地区金融协同监管效能。地方金融监管横向协调机制包括地方金融监管局与中央派出机构之间的协调、地方金融监管局与其他部门的协调、跨区域监管的协调三个层面。前两级横向协调主要通过国家金融监督管理总局与地方协调机制,在不改变中央和地方权力分配的基础上,加强中央与地方金融监管之间的沟通,建立金融监管部门与司法、金融、网络信息等其他政府相关部门之间的协同和信息交流机制。地方金融监管部门一般只负责本区域的金融监管,但随着跨区域业务发展和金融机构混业经营模式的兴起,跨区域金融风险加剧,容易引发系统性金融风险(刘骏,2019)②,因此必须建立有效的衔接和协调机制,充分利用区

---

① 陈斌彬:《论中央与地方金融监管权配置之优化——以地方性影子银行的监管为视角》,《现代法学》2020年第1期。

② 刘骏:《地方金融监管权真的可行吗》,《现代经济探讨》2019年第1期。

块链技术优势,促进区域之间的信息交流和联防联控。例如,建立全国非法集资监测预警平台和联合清理机制,在全国范围内开展统一监测、统一识别、协同打击(吕铖钢,2019)①。

二、机构之间协调合作

随着金融科技的迅猛发展,越来越多的金融机构采用了跨区域、跨行业的业务模式。传统的"一元多头"监管格局弊端凸显,如成本越来越高、协同效率越来越低等。许多国家已经开始推进金融监管朝协同监管的方向改革,其思路是借助区块链等新兴技术手段,拓宽监管主体范围,联合调动社会资源,形成多主体协同工作的监管体系。区块链技术的去中心化、信任度高、溯源性、不可篡改的特性,可以极大地提高监测数据的真实性和安全性,提升金融审慎监管效率,加强监管部门与被监管主体、政府与社会、部门与民众之间的信任,打造构建金融协同监管架构。总之,金融安全风险协同监管的主体不仅仅包括政府,还包括其他民间主体,更注重企业、市场、社会、国家等多个主体之间的均衡监管。

协同监管的基本原则是坚持政府监管的中心地位,加强政府主要监管机构的内部联动协同,充分利用社会、企业、行业协会等非政府主体的互动协作,促进多方协同、构建金融科技监管框架。在这个监管框架下,社会监管、行业协会、企业和政府监管等相关主体共同形成一个金融安全风险协同治理模式。

区块链技术可以协助监管主体突破当前有限的监管幅度,对被监管对象开展覆盖个体户、企业、社会组织等无死角的全面监管。从纵向视角来看,各个管理层级都可以被添加到区块链的节点上,去中心化的机制使信息可以在纵向管理机构之间逐层传递;从横向视角来看,不同地区、各个职能部门分布在区块链的链条上,分布式主体可以形成多个账本,并在不同部门之间实现资

---

① 吕铖钢:《地方金融权的法律配置》,《现代经济探讨》2019年第4期。

源信息共享,使监管信息可以获得有效整合。区块链技术协助监管机构在监管资源有限的背景下,加强跨行业、跨领域、跨区域的合作,充分整合既有资源,确保金融安全风险监管信息来源的多元化、监管信息的真实性。

区块链技术的链式结构和时间戳的特性可以使不同地区的金融安全风险监管实现时空协同。监管信息以时间顺序组成链状结构分布在系统内,可以记录监管事件发生的主体、时间、空间等所有要素,以保障监管信息在全系统内有迹可循。监管机构可以通过这种技术,充分了解被监管者的历史信息,绘制监管图谱,为精准监管提供重要指引。

在这种背景下,金融科技公司可以成为监管的重要辅助力量,其专业化程度高,具有自身的信息化优势。同时,金融科技公司具备规模小、创新快、行业分散的特点,针对这一现状,政府监管明显滞后。只有各个监管部门通力合作,开展互动学习,共享权利,加强社会、行业协会、企业、政府之间的数据共享,才能有效缓解监管积压。

三、机构监管效能提升

监管部门可以采用区块链技术的新模式来实现贯穿全流程、更顺畅、更彻底的金融安全风险监管,有效识别金融产品形态本质,避免监管失灵。一些金融机构或金融产品利用金融科技的模糊性,试图通过一些复杂的设计来规避金融安全风险监管,传统监管模式对此难以识别。分析传统金融监管模式和流程排序可以发现传统监管的薄弱环节,即分离的事前报备和事后验收,这种监管范式缺乏整体统一性。利用区块链技术的新型驱动监管模式,可以有效避免目前与主体分开监管的弊端。区块链技术可以在事前监管、事中监管和事后监管这三个阶段中发挥重要优势、强化监管部门的监管效能。

(一)事前监管

金融机构在向金融监管部门进行事前报备时,可以利用区块链智能合约技术,按照预先准备好的代码,自行执行符合条件的金融交易。通过使用区块链算法,制定标准化、可编程的测试计划方案,对交易进行预测试。符合条件后,将相关数据和结果上传区块链,通过制定多种金融交易验证手段强化审慎监管。在金融机构进行交易之前,利用区块链算法、共识机制、数字签名等技术将监管政策和合规要求写入数字加密的监管协议中,从源头上增强交易的真实性和可信度。同时,加强金融交易报文的规范化管理,利用预先形成的干预机制,自动拦截可疑交易,有效识别高风险交易,提高金融业务风险识别和化解的准确性,以实现及时准确的事前监管。在区块链打造的事前、事后链中,事前监管重在源头管控,严格控制金融科技创新产品和金融交易的准入。

(二)事中监管

通过使用区块链技术,监管部门可以对金融主体的每一笔交易进行登记和动态跟踪,并进行跟踪管理,有效解决监管部门与被监管主体之间的信息不对称的问题,加强联动协调与共治,促进金融安全风险监管健康发展,维护金融市场健康稳定。利用区块链技术的动态性和实时性,监管部门可以实时了解金融机构的新金融产品和交易信息,及时发现金融机构的市场操纵和欺诈等非法行为。一旦金融机构进行交易,其在任何时候的交易数据将在区块链上的每个节点上一致地传输和存储。基于此技术支持,可以有效保障事件期间监管的全覆盖,让金融机构与监管部门之间的信息顺畅沟通。

(三)事后监管

在智能合约机制下,通过比对监管部门和金融机构之间交易数据是否一致,可以实现异常报告并触发警报。基于区块链技术下全方位、全覆盖的数据集,能够有效保证事件前后数据的真实性与统一性,再通过监管数据模型分析最终数据,进行可视化处理,得到更准确的数据结果,精准确定金融机构的风险等级和金融体系的风险等级,因而监管部门可以在不同监管模式下,在触及风险警戒线的情况下及时对金融机构进行监管。随着技术的不断优化和完善,监管模式的不断优化,以区块链持续的近实时数据交换为技术支撑,实时准确评估金融机构的运营能力和风险将成为现实。监管部门基于提供的交易数据及时改进监管决策,在区块链技术的支持下不断更新监管政策模型,基于金融科技创新,持续进行金融安全风险监管创新。

四、基于区块链技术的监管漏洞和重叠问题规避

区块链技术可以协助监管主体突破当前有限的监管幅度,对被监管对象开展覆盖个体户、企业、社会组织等无死角的全面监管,缓解监管部门的金融安全风险协同监管障碍,改进监管效率、提升监管效能、提高监管实时性,从而规避监管漏洞及监管重叠问题。针对中央银行监管作用弱化、监管盲区和监管重叠的种种弊端,监管体制应进行适应性变革,建立多机制、多规则、多主体协同的监管体系。不仅"一行一局一会"之间要深度协调,其他政府职能部门、行业协会、金融科技公司和公众也要共同参与,从多个方面实现多学科、多层次的协同监管,形成监管网络,充分共享监管信息,最终强化监管部门的监管效能。

(一)保证事前监管数据质量

在事前监管的过程中,重点是在整个数据管道中收集、存储和分析基于区块链的数据。因此,必须首先确保数据的高质量和完整性,以保证后续的动态跟踪和分析的正确性。在传统的监控模式下,在事前报备、事后验收的过程中,存在数据混乱、无效等弊端。而数据预监控就是为了消除这些弊端,实现数据的全覆盖,从数据源头入手,保证数据的可靠性。监管部门制定相关标准并进行现场调查,确保首个数据采集站点对应的软件、硬件、人工操作程序等环节真实有效,确保数据的安全可信,以借助区块链技术对全链、全流程进行数据监控,为事前监管提供重要先决条件。数据事前监控将为事后实时监控、

同步加载、全网一致性、事后数据分析、智能预警机制增强、智能上报等功能奠定坚实的基础。

(二)完善事中监管数据采集机制

中国人民银行印发的《金融科技发展规划(2019—2021年)》中提到,要建立健全数字监管规则基础,完善监管数据采集机制,实时获取风险信息,自动捕捉交易特征数据,以确保监管信息真实性和时效性。区块链技术可以保证跨网络的操作性和连通性,数据传输不存在时间差,能够实时上传和更新有效操作,在哈希函数不可逆的情况下,记录在区块中的交易数据会形成时间戳。已经记录在链上的数据将被备份到全网所有节点,仅通过修改某个节点的数据会无法达到修改数据的目的,区块链的可追溯性保证了金融数据的安全性和透明性。在传统监管模式下,事中监管被弱化,最终数据的真实性无法确定,若采用区块链技术应用在事中监管,便可以打消这种疑虑,使监管者能获得统一、真实的金融数据。

(三)构建事后监管分析机制

使用区块链技术对交易数据生成时间戳,使数据不可篡改,监管机构可以将自己获得的数据与金融机构的数据进行对比验证,判断是否一致,进而为事后监管和治理奠定基础。运用区块链技术进行监管,通过区块链数据和信息的可追溯性,并借用区块下方的算法验证和工具查询,可以完整准确地获取区块链数据信息交易,以及检验数据的真实性和可靠性,提高信息的真实有效性。在事后分析过程中,要整理历史交易数据,智能分析海量交易数据,构建业务风险监控模型。在区块链的帮助下,来自不同实体和机构的数据可以被整合在一起。传统银行也可以充分利用区块链技术,在服务、信息发布、产品销售等方面加大与电商平台、第三方支付公司的合作,扩大自身业务领域的覆盖和推广,通过跨行业合作,构建良好的金融市场布局,加快自身发展。

(四)提高地方金融机构监管能力

地方金融机构数量众多,业务业态复杂且分散。传统的监督方式,如人工监督、现场检查等,难以做到及时、深入、一致地开展监督。在区块链技术与金融科技深度融合的背景下,地方金融监管部门应对传统监管模式进行适应性变革,积极运用监管科技提升监管能力。地方金融监管局要加强与科技公司的合作,加快建设大数据金融平台、地方综合金融监管平台等基础设施,通过大力发展监管科技提升金融风险防控能力。基于建设金融大数据平台,地方金融监管部门一方面可以对"7+4"类型金融机构("7"指的是小额贷款公司、融资担保公司、区域性股权市场、典当行、融资租赁公司、商业保理公司、地方资产管理公司,"4"指的是地方各类交易场所、开展信用互助的农民专业合作社、投资公司、社会众筹机构)进行综合数据采集,另一方面可以打破数据孤岛,与公安、工商、司法等部门建立数据传输机制,强化信息共享。根据地方金融监管局对监管科技的需求,结合大型科技公司在科技方面的比较优势,地方政府可与各大互联网公司、金融科技公司开展政企合作,充分利用区块链、云平台、机器学习等先进技术支撑监管科技,建设地方金融风险预警监测系统和地方金融大数据平台。通过实时信息监测、精准风险预警、有效风险处置,促进地方金融规范有序发展。要加强信息交换机制,各级部门制定监管制度技术标准和统计数据处理规范,建议在省级建设地方金融大数据平台,避免数据过度分散,在数据隐私方面,数据来源、数据所有权和应用限制必须受到法律或法规的约束。

第三节　区块链赋能金融安全风险
协同监管模式

一、分业监管+混业监管模式

从现有国内和国际上金融安全风险协同监管的问题出发,以区块链技术在协同监管模式构建中的优势和意义为依托,本部分探究基于区块链技术的国内和国际金融安全风险协同监管模式。其中,重点考察区块链赋能的金融安全风险协同监管体系如何实现国内行业之间的金融监管模式由分业监管向"分业监管+混业监管"的升级,对金融监管主体业务交叉的领域和从事混业经营的金融组织实施多监管主体联合监管,建立监管主体间的信息交流和共享机制。

(一)现有"分业监管"模式的特征和问题

随着经济一体化的加速推进,关于分业经营与混业经营的优劣之争越来越成为经济发展过程中颇具争议的热门问题。实行哪种制度,不但涉及金融企业的经营管理体制,更会影响政府的金融监管体制。如何应对全球金融市场混业经营这个大趋势,是在发展过程中需要考量的一个重要问题,在监管模式的选择上,核心原则一定是要有利于金融事业的发展。实施金融安全风险协同监管的最终目的是维持金融市场秩序、保证金融市场的可持续健康发展。由此看来,监管模式的选择、监管体系的完善与监管机构的权威性和金融市场的健康息息相关。

目前,国内金融市场的"分业经营、分业监管"模式取得了积极、正面的作用,能严格规范金融行业发展秩序、有效防范以及化解系统性金融风险、有力保障金融的安全平稳发展,为金融业的飞速发展起到了不可或缺的作用,促进了社会经济稳定。

同时,随着金融行业混业经营模式的出现,"分业监管"模式也暴露出不少弊端。首先,是重复监管和监管真空的出现。在分业监管模式下,国家金融监督管理总局、中国人民银行、证监会只在各自权责内负责对应金融活动的监管,但这也导致部分跨行业金融产品以及机构的监管真空的出现。其次,是各个监管机构之间难以协调合作。监管机构之间都是独立的单位,各机构之间信息共享的频率和效率都不高,在监管工作出现交叉的情形时,很容易造成重复监管和监管漏洞,影响监管的效率。此外,分业监管还有可能对金融业的统一发展造成阻碍作用。目前,经济金融一体化、全球化的趋势越来越明显,各个金融机构之间的联系也越来越频繁。同时,当下的金融创新大部分涉及多个金融行业,这也导致了"分业监管"的模式越来越难以适应金融行业的发展,造成金融监管效率低的问题,严重影响金融行业的统一发展。在此情形下,"分业监管"模式也阻碍了与外资金融机构的合作。随着经济全球化的不断推进,越来越多的外资金融机构与国内的金融机构开展合作,跨行业、跨区域的金融活动层出不穷,"分业监管"模式难以适应这样的情况。且国外大部分采用"混业监管"模式,外资金融机构在适应"分业监管"模式时会消耗大量时间和人力成本。

(二)"分业监管+混业监管"模式构建政策性建议

不难看出,面对飞速发展的金融市场,现行的"分业监管"模式已经逐渐难以跟上步伐,"混业监管"模式更加契合现今金融行业的发展。但是,考虑到目前金融行业的发展现状,"混业监管"模式还有许多需要改进的地方,并且国内实行"混业监管"的条件还不够成熟,单一采用"混业监管"模式并不能完美解决金融安全风险协同监管中的问题。

实际上来说,评判一种监管模式的好坏,并不完全取决于是"分业监管"还是"混业监管",最重要的在于哪种模式更符合金融市场发展的需要,在于能否做到及时有效的监管。在这样的背景下,采用"分业监管+混业监管"模式能兼顾"分业监管"和"混业监管"的优点,其更符合金融市场发展的需要。同时,采用区块链技术赋能"分业监管+混业监管"模式能进一步完善金融安全风险协同监管体系,有效解决当下金融安全风险协同监管中的许多问题,为金融市场的健康发展保驾护航。

以上阐述说明,应该构建基于区块链技术的"分业监管+混业监管"的金融安全风险协同监管模式。但在现阶段,国内金融监管模式与其有一定的距

离,要过渡到理想的金融安全风险协同监管模式,应该进行逐步的改革,做好下列工作:

1.制定和完善适应于分业监管+混业监管模式的金融监管法律制度

随着经济社会的不断发展,金融安全风险监管法律制度也逐步完善,但是在金融监管立法方面仍然存在一些弊端,主要体现在金融监管的法律制度滞后于金融业的发展,不能完美适应于基于区块链技术的"分业监管+混业监管"模式。因此,为制定合适的监管政策及模式,需要相关立法部门与监管部门通力合作,同时还要充分考虑现存的金融安全风险协同监管需求以及金融市场开放的程度,不断完善金融安全风险监管法律体系。此外,法律制度的制定要关注区块链技术的特征,既要能与区块链技术在金融安全风险协同监管中的优势配合,也要能对区块链技术可能带来的风险和非法行为进行规范。

2.加强监管部门之间的协调

目前,国家金融监督管理总局、中国人民银行、证监会已经建立起相对成熟的协调机制,不仅对监管主体进行了明确的分工,还构建了用于相互约束的监管制衡机制,这在一定程度上能够改善监管真空和重复监管的问题,提高监管效率。但事实上,目前各监管部门的联合监管仍然是流于形式,不能实现真正意义上的金融安全风险协同监管。为了提高金融监管的效率和协调各监管部门的冲突,有必要充分利用区块链技术的分布式账本等特征,建立上述部门之间的协作监管模式,持续加强它们之间的协调与合作。

3.建立监管信息共享网

国家金融监督管理总局、中国人民银行、证监会已经构建起能在一定程度上进行监管信息交互的工作机制,但是监管部门之间还没能完全实现信息共享,这可能导致监管工作出现难以协调的问题。此外,由于上述部门作为不同的监管主体,各自负责的监管目标不同,从而使各个单独的监管部门缺乏对整体金融市场系统性金融风险的了解,不利于它们制定全面有效的监管决策。利用区块链技术在解决信息不对称问题上的优势,加强信息交流,建立监管部门之间的信息共享机制,能有效解决以上的问题。可以借助区块链核心技术,建立专门负责金融业监管信息交流协调工作的主体机构,促进相关部门之间的有效交流、协商监管。构建监管部门之间的信息交流平台,确保能将各机构收集到的信息,及时准确地上传并分享,为其他监管部门提供帮助的同时,也能避免其重复工作。

4. 加强对协同监管体系下业务人员综合素质的培养

考虑到金融安全风险协同监管是一项岗位性、专业性极强的工作,对从事相关岗位工作的业务人员也要有高标准的要求,其中过硬的业务能力以及高水准的思想道德品质更是缺一不可。特别是当在金融安全风险协同监管体系中引入区块链技术后,面对不断出现的金融业务创新,金融安全风险协同监管人员需要有更强的业务实践操作能力。因此,必须不断提高从事这方面工作的人员的业务水平,了解相关专业的前沿发展趋势,提升金融创新业务能力。此外,还需尽快提高整个金融监管队伍执法的公正性,坚守高水准的道德品质要求。

二、跨境金融监管合作模式

区块链技术中的联盟链和公有链有一套自由的运行机制,基于联盟链和公有链构建跨境金融监管合作机制,可以强化对跨境金融行为的监管能力,应对跨境金融监管中复杂和多变的情况,满足跨境监管的要求。需要通过构建联盟链和公有链,探讨如何积极有效地在国际上加强跨境金融监管合作,与相关国家的金融监管机构开展双达和多边金融安全风险协同监管的最优模式。

可以尝试构建基于联盟链和公有链的跨境金融监管"沙盒"模式。监管"沙盒"最早起源于英国,其主要的目的是通过调整金融安全风险监管的框架,找到合适的监管范围,在为金融业务创新保留活力和空间的同时,对金融安全风险进行有效防范。基于联盟链和公有链打造跨境金融监管"沙盒"模式,让金融机构和开展金融业务的外资机构都"上链",划定一个合适的空间,各部门协调制定监管规则,定期组织监管部门和技术部门的会议,商讨如何同时把控金融安全风险和推进金融创新,实现对现有跨境金融安全风险监管的突破。

同时,基于区块链技术中的联盟链和公有链在信息披露和共享方面的优势,并整合大数据、云计算、人工智能等技术,构建跨境金融安全风险协同监管信息数据平台,保障跨境金融行为相关信息数据的公开化和透明化。联盟链和公有链具有分布式账本和信息不可篡改的特征,充分利用这些优势,能准确及时地记录跨境金融业务的相关信息,并保障各个监管部门和链上的金融机构能实时共享这些信息。通过运用云计算和机器学习等技术对信息平台上的数据进行处理,打造国内和国际都认可的金融安全风险协同监测平台,做到对跨境金融业务的实时监管,在跨境金融安全风险发生之前就技术控制风险的传播,提高跨境金融安全风险监管能力。

三、区块链赋能协同监管模式运行保障

在构建基于区块链技术的协同监管模式时,既要以循序渐进为发展的核心原则,也要持续强化对区块链的前沿技术的研究,进而保障区块链技术赋能金融安全风险协同监管模式的有效运行,并构建以区块链技术为核心的金融安全风险协同监管信息科技体系。将区块链技术高效应用于金融安全风险协同监管模式中,制定合适的政策制度并防止安全问题的发生。

(一)完善区块链技术在金融安全风险协同监管体系中的应用制度

其目的是为金融科技和创新体系提供良好的生态环境。要想让区块链技术能有效地、无阻碍地应用于金融安全风险协同监管,就必须依据区块链的技术特征持续完善相关法律法规。区块链技术具有较高的复杂度,在制定法律法规时很难做到面面俱到,必须把握重点,从核心环节着手。同时,法律法规

的制定要考虑区块链技术的持续发展,既要有前瞻性,也不能脱离实际环境。此外,法律法规的制定不能过于死板,在规范技术应用的同时,不能阻碍和扼杀技术的发展。

(二)加强区块链技术在金融安全风险协同监管中的应用效率

区块链作为新兴技术,具有较高的准入门槛,在将区块链技术应用于金融安全风险协同监管时必然会花费大量的资金、时间和人力成本。因此,监管部门要与高校和研究机构协调合作,切不可只顾埋头盲目使用区块链等新兴技术,必须吸引具有高水平、高素质的技术人员参与到金融安全风险协同监管中来,并加强对原有工作人员的培训,使区块链技术与金融安全风险协同监管有机结合。

(三)解决区块链技术在金融安全风险协同监管中的安全问题

区块链技术在赋能金融安全风险协同监管的同时,由于自身的一些问题也会带来不小的技术风险,这也是目前阻碍区块链技术在金融安全风险协同监管中应用的主要障碍之一。因此,持续加强对区块链底层技术的研究是必要的,不断推进区块链技术的创新是解决区块链技术自身技术风险的主要途径之一。从区块链技术自身出发,探究降低和预防技术风险的手段,通过不断改良区块链技术在金融安全风险协同监管中的应用模式,使其适用范围得到推广,监管效率加以提高。同时,要掌握技术风险发生时能及时阻断风险传播的方法,防止技术风险对金融系统的大规模破坏。此外,不能孤立地使用区块链技术,必须将该技术与大数据、人工智能、云计算等其他新兴技术有机结合,通过多种技术的协同和合作,打造稳定安全的金融安全风险协同监管体系。

第四节　区块链赋能金融安全风险协同监管体系实现

一、需求分析

本部分结合区块链自身的技术架构特征和金融安全风险协同监管体系的内容,设计并构建基于区块链技术的金融安全风险协同监管体系架构和监管联盟链系统,从隐私分级访问机制、金融数据存证据需求、信息高性能存储需求的三个方面分析并构建金融安全风险协同监管体系的功能性需求,并提出对应的解决方案。

区块链技术的问世,有效地提升了信息的公开性和透明性,作为一个分布式账本技术,较之传统记账方式,其核心优势是实现去中心化。基于金融机构的特殊性及部分金融数据的保密性需求,经过数据的预处理、身份认证,金融机构可以存储相关金融数据至区块链中,各种类型的数据生成之后将分布式存储到存储组件当中,数据哈希值和数据地址将分布式存储到区块链文件系统。存储至区块链系统中的数据需要通过身份验证并获得访问权限之后才能进行数据读取,同时相关功能集群将对访问记录进行分布式记账、广播,后续可以实时追溯。

(一)分级访问需求

因为各金融交易前端应用系统存储数据的方式存在差异,金融监管数据集成需要收集各金融机构内部的业务基础结构化数据,以及外部机构 TXT 和 Excel 等形式的非结构化数据,并对异构化数据进行处理,包括数据的抽取、清洗和加载。采集金融数据需要明确目的需要,无必要不扩大收集范围,通过分级管理,严防数据泄密、丢失等金融安全隐患,规范采集数据的标准,以方便数据上链操作,涉及个人隐私安全的金融数据以及可能对国家安全产生影响的宏观金融数据、各机构的金融资产和负债数据,在上链过程中需要合理划分金融数据安全等级。

本部分设计的基于区块链隐私分级访问机制如下:

(1)所有的金融数据都存储在区块链的同一个账本中。

(2)将节点分类,赋予不同权限。

(3)对金融数据分级,赋予不同隐私级别,查询时根据节点权限和金融数据隐私级别进行匹配返回,所有对金融数据的访问记录都会存储在账本中,隐私级别的数据只有上传数据的节点和中心节点可查看。

具体地,网络中包括两类节点:一是金融机构(普通节点);二是监管部门(中心节点)。根据节点权限不同,对网络金融数据的访问权限也不同。此外,金融机构节点还拥有读写权限,将自身运营产生的新数据写入网络。金融数据也分为两类:一是可公开至全部区块链成员的非隐私数据;二是涉及节点隐私信息的金融数据,非隐私数据任意节点都可查看并存储访问记录,隐私数据根据实际需求进行详细分级,被监管部门赋予不同权限的节点可对应查看相匹配的分级隐私数据,并存储访问记录,其中节点对自身的隐私数据拥有全部访问权限。通过节点分类、数据分级,可实现监管部门对异常金融数据的动态监管,并确保隐私数据不被泄露。

(二)数据存证需求

在隐私分级的基础上,本部分提供了一种基于区块链的金融数据存证方法,根据金融数据的具体情形,个性化地实施不同的存证策略,将重要的金融数据与存证信息关联绑定,进行哈希值计算并上传至区块链,应用区块链的防篡改机制,当重要的金融数据被篡改时能够及时发现,避免造成不可挽回的损失。相比较隐私分级制度,其对数据的安全性更有保障。基于区块链的金融数据存证方法具体步骤为:

（1）获取待存证的金融数据。

（2）解析金融数据,确定存证策略。

（3）解析存证策略,确定存证方式以及存证方式的存证信息的获取方式。

（4）基于获取方式,获取存证信息。

（5）当存证方式为上链存储,将存证信息与金融数据关联,形成关联数据;计算关联数据的哈希值,将哈希值存储至区块链网络中;将关联数据存证至分布式存储网络中。

具体来说,当金融数据管理平台的用户(即请求方)通过移动终端将需要存证的金融数据上传至金融数据管理平台;金融数据管理平台对金融数据进行解析,根据金融数据的实际情况确定出具体的存证策略,根据存证策略中的存证信息获取方式获取存证信息;然后根据存证策略中的存证方式进行存证。其中,存证信息包括指纹信息、音频信息、图像信息、签名信息、虹膜信息、手势信息中的一种或多种结合;存证方式主要有上链存储和区块链存储,区块链存储为直接将关联数据存储在区块链系统中,上链存储是将主要数据存储在分布式存储网络中,以分布式存储网络的大容量存储大体量的金融数据与存证信息的关联数据,将关联数据的哈希值存储在区块链系统中,当关联数据被调用时,通过区块链系统中的哈希值对调用的数据进行校验,实现当关联数据被篡改时及时发现。

(三)系统存储需求

考虑到实景需求,本部分的金融安全风险协同监管体系信息存储系统需求主要如下:

（1）监管机构为区块链网络中每个金融机构节点设立账号指纹,该指纹具有唯一性。

（2）对除自身外的节点信息有访问需求的金融机构在获取指纹之后,可以发起非隐私数据的访问,并存储访问记录。

（3）每个节点运营产生的最新数据存储至对应指纹的账号中，并盖上相应的时间戳。

（4）监管机构可以实时查询所有账号的全部数据。

（5）节点可以查询自身非隐私信息及隐私信息的被访问记录。

（6）通过节点权限验证，判断该节点是否具有调用智能合约的功能。

由于本部分涉及金融机构海量数据的存储需求，拟采用集群方式进行部署（马超群等，2021）[①]，以提高整个系统的数据处理、读写、存储效率。同时，系统前后端采用反向集群代理以实现负载均衡，支持高并发场景。

主要包括反向代理集群、应用服务器集群、消息队列集群和数据存储集群。其中，反向代理集群用于接收应用层接口端发送的节点请求，并将其均匀分配至服务器集群，实现负载均衡；应用服务器集群用于处理、回复反向代理集群发来的节点请求，根据节点请求判断数据是否具有高度读写需求，是否需要进行预处理、计算哈希值，若需要则将数据发送至高速缓存池或是数据处理模块进行处理；消息队列集群月于处理应用服务器的请求，并在数据上链之前进行全网广播；数据存储集群包含两类：一是用于存储数据哈希值和地址区块链文件系统；二是用于存储各类数据的存储组件，如序列化数据、数据读写请求、数据索引等，区块链文件系统和存储组件分工合作，共同实现整个区块链网络的数据存储。

具体步骤包括：

（1）应用层接口端发送节点请求及相关金融数据至反向代理集群。

（2）反向代理集群将节点请求分配至服务器集群进行处理。

（3）服务器判断相关数据是否需要使用高速缓存池或是数据存储集群，若需要则将数据发送至相应模块进行处理。

（4）若服务器判断节点请求为数据写入，则数据处理模块将数据序列化，

---

① 马超群、孙霖、米先华等：《高性能的区块链分布式存储系统及方法、设备、存储介质》，湖南省 2021 年，专利号 CN113472864A。

通过哈希算法得到写入数据的哈希值,并将数据写入请求和序列化数据发送至消息队列集群,由消息队列集群将请求和数据发送至存储组件。

（5）存储组件将存储地址发送至数据处理模块。

（6）数据处理模块将数据哈希值和数据地址发送至消息队列集群,由后者进行全网广播并将数据哈希值和数据地址发送至区块链文件系统进行上链。

节点请求一共分为 4 类,分别为写入、读取、修改、删除,以上步骤详述了写入请求的处理流程,其余三类节点请求的具体实现步骤如图 13.1 所示。

二、功能设计

金融安全风险协同监管体系的运行核心在于体系内信息交互的即时性、流畅性和透明性。收集金融数据是构建金融安全风险协同监管体系信息交互的基础,大数据背景下的金融数据具有两个特点:一个是金融交易线上比重越来越大,数据种类不断扩展,数据形态越发多样,导致数据信息化、数字化、网络化程度越来越高;另一个是金融数据的收集和加工机构更加多样化、专业化,除去监管机构、银行、证券等传统金融机构,各类第三方支付机构、第三方征信机构、互联网企业、电商平台等机构也掌握了海量交易信息和消费行为类别的金融数据,应用大数据技术,通过客户画像可以精准预测消费者下一次的消费行为、资金需求、风险偏好等。

众所周知,金融体系由不同金融市场组成,如货币市场、资本市场、黄金市场、外汇市场等,为了能全面地分析和测度金融安全风险,区块链技术赋能下的金融安全风险协同监管体系功能模块需要满足金融大数据集成需求,做到尽可能完整地收集和获得各类金融类相关数据和信息,同时各类金融市场数据需要以同样的数据格式来实现交互。

在金融安全协同监管政策的实施过程中,掌握真实完整的金融市场信息对实施效果有着重要的影响。随着金融行业的不断发展和金融信息的复杂

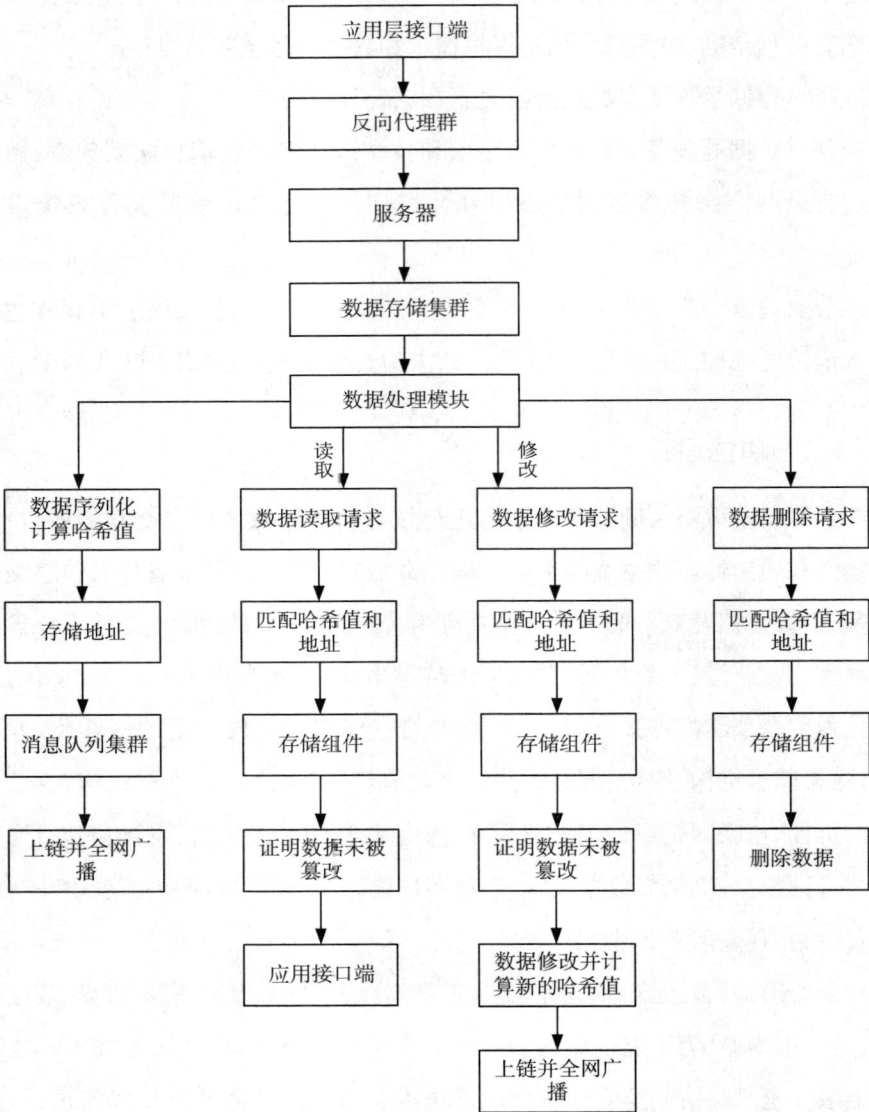

图 13.1　区块链分布式存储系统数据处理步骤图

资料来源:马超群、孙霖、米先华等:《高性能的区块链分布式存储系统及方法、设备、存储介质》,湖南省 2021 年,专利号 CN113472864A。

化,信息不对称可能导致金融安全风险监管效力失灵,甚至引发系统性金融安全风险。促进金融监管部门之间的信息共享,降低信息不对称程度,能有效提升金融安全风险协同监管政策的有效性。

区块链技术赋能下的金融安全风险协同监管体系的功能设计需包含金融信息共享机制的制定,主要目的在于促进金融监管部门以及其他监管部门之间的信息共享效率,定期将各监管主体所拥有的信息、数据以及其他相关金融信息进行共享,有利于监管体系中各监管主体更具体、详细掌握其他部门所负责的金融机构的真实状况,从而为金融行业制定监管政策以及其他宏观政策提供更加完善的信息和依据。

参与金融安全风险协同监管的各金融主体共享的信息主要包括金融产品的信息(尤其是金融衍生产品的信息)、个人金融信息、资本充足性信息、金融机构治理结构评估信息、评估风险信息、评估盈利信息以及金融创新信息等。因此,根据监管体系的实际需求,可以设计信息共享、数据集成、隐私分级、决策实施等 4 个功能模块。

本部分根据功能将监管体系进行拆解和模块化处理,设计了基于区块链技术的金融安全风险协同监管体系功能模块 4 分层,分别是实体层、多源数据层、区块链层和交互层,见图 13.2。

其中,最底部的实体层涵盖了参与金融安全风险协同监管体系的各方主体,如监管机构,银行、证券等金融机构,以及第三方支付机构等。这一部分提供整个监管体系架构所需金融信息的来源,利用区块链的共识机制、去中心化、可追溯性等技术特点,构建一个可信、高效、可追溯的信息交互平台,本层完成了金融信息共享的功能设计。

第二部分多源数据层主要完成多源异构数据的融合,实现金融大数据的集成功能,其目的在于最大限度地对不同参与主体提供的金融数据进行分析、处理,以更好地完成金融安全风险的预警和控制。从样本维度、属性维度以及样本和属性维度等三个方面开展多源信息的融合,又进一步分为三个层次:数据层融合、特征层融合和决策层融合。在金融安全风险协同监管体系中,对各

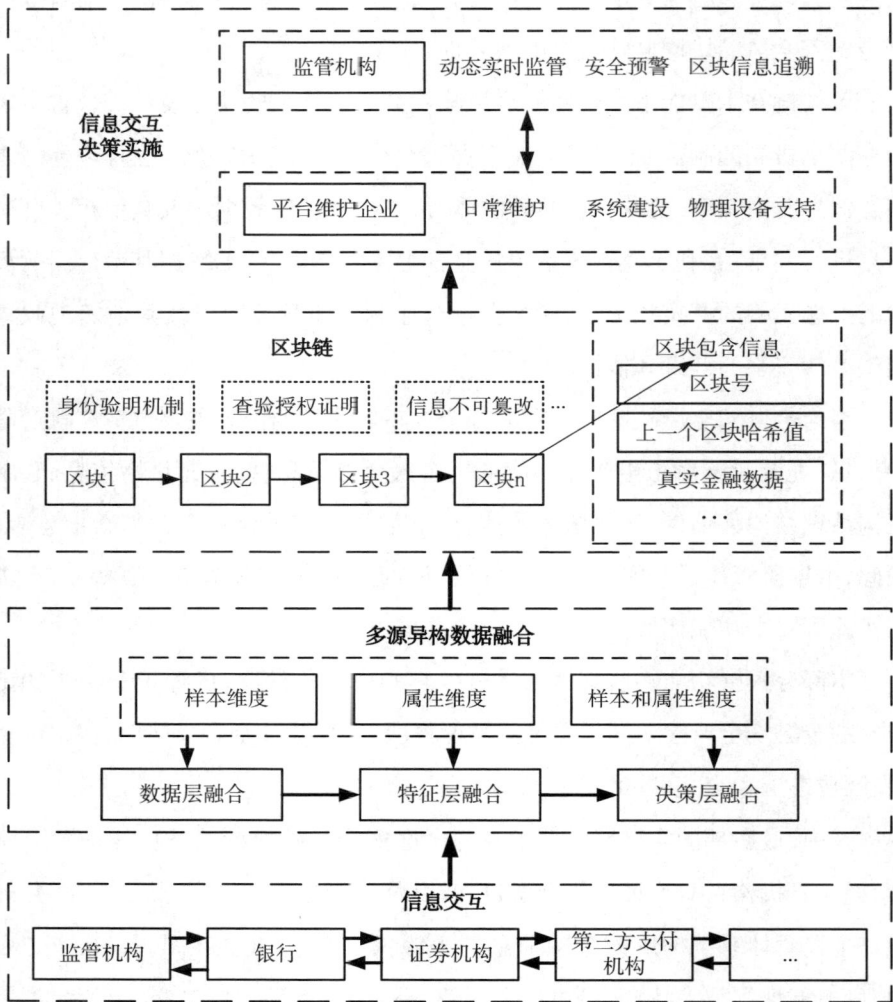

图 13.2　金融安全风险协同监管体系功能设计图

资料来源：笔者根据相关知识积累自绘。

个参与主体来说，金融数据不仅包括自身金融系统运行所产生的内部数据，还有其他主体运行所需的相关金融数据，这其中就包含了一些隐私数据。对于这类隐私数据，各参与主体只有提供数据的权限，而没有访问其余隐私数据的权限。在多源数据层中，通过撰写智能合约的方式由认证中心完成数据隐私级别分类以及认证。

第三部分区块链层是由一系列的区块组成,每个包含时间戳的区块与上一次区块连接在一起,每一个区块都包含上一个区块的哈希值,所有区块在一起形成区块链。每个区块本质都是一个数据结构,保存具有时间先后关系、经过全网广播的、可验证的真实金融数据,并采用密码学原理保障数据的不可篡改性,这一层实现数据隐私分级功能和数据存证功能。

最顶部的交互层主要实现信息的交互与决策的实施功能,参与主体涵盖金融监管机构与平台维护企业。在金融安全风险协同监管体系的功能模块框架里,监管机构可以实现对各金融主体行为动态的实时监管,不仅能及时进行安全预警,也能通过区块信息追溯的方式,准确、高效地找到隐患节点,有力地提高监管效率降低监管成本。同时,区块链平台的运营维护需要专业的技术团队、企业,以实现日常维护、系统建设和物理设备支持等。

此外,在多源数据层和区块链层模块下还包含功能子模块设计:数据采集模块、数据传输模块、数据存储模块、密钥管理分发模块、区块链共享模块。其中,数据采集模块负责采集金融共享数据并通过传输模块发送至数据存储模块;数据存储模块用于接收和存储金融信息采集模块发送的金融信息和金融机构身份信息,并将金融信息和机构信息发送至区块链共享模块;密钥管理分发模块用于对系统中各个部分的数据信息分发安全密钥;区块链共享模块用于接收并分享金融信息。同时,数据采集模块包括用于采集金融信息的多个传感器节点以及用于汇总金融共享信息的基站,基站数据存储模块通信连接,用于实现传感器节点与数据存储模块的信息交互。

三、架构设计

在区块链网络中节点是分布式存储的,并通过时间戳、共识机制、数据加密、代币激励等,实现无须信任的点对点交易,为解决传统的中心化机构普遍存在的高成本、低效率和数据存储不安全等问题提供方案。

哈希算法是区块链的技术本质,保证了区块链交易信息不被篡改的单项密码机制。在具体的交易实现中,使用哈希算法将交易生成数据摘要,当前区块里包含了上一个区块的哈希值,后面一个区块又包含当前区块的哈希值,这样一个区块串联一个区块地连接起来,形成一个哈希指针链表,区块链数据结构由创始区块向后通过区块之间的指针链表进行连接。

区块链网络中每个记账节点都是独立、平等的,节点之间按照块链式结构相互连接并存储完整的数据,由共识机制保障数据存储的可靠性和一致性,由块链式数据结构验证数据真实性,由时间戳技术更新数据,由密码学保证数据的传输和访问的安全、由智能合约实现数据的自动编程和操作。

依托区块链技术中的分布式账本技术、P2P 网络广播技术和哈希算法等技术,将金融安全风险协同监管信息加入区块链网络,推动现有的金融安全风险协同监管体系改革,进一步完善监管体系与监管政策。金融监管信息包括金融机构的经营目标、金融机构管理信息、各种金融衍生品的具体信息、金融机构的运作风险和风险管理政策、对金融业整体性风险和交叉风险的评估信息、金融机构收益的情况以及同业比较、金融业务创新情况及相应的风险管理政策计量与监控等。

对金融安全风险协同监管区块链网络来说,其主体主要包括监管部门,以及金融机构和监管工具、手段等,解决了以往监管体系各环节相互独立的情况。基于区块链技术的金融安全风险协同监管体系架构中,各监管部门、金融机构分别作为独立的认证中心,对链上金融信息的真实性及决策的合理性进行认证,监管数据分布式存储于区块链网络中,消除了中心化机构单独存储数据的风险,网络中所有节点可以通过授权访问存储数据。这样,便大大降低了信息不对称性引发金融风险的可能性,确保了共享信息以及监管信息的真实性和可追溯性,提高了监管系统的运行效率及风险预警响应速度。

如表 13.1 所示,基于区块链技术的金融安全风险协同监管体系架构主要包含以下 5 层。

表 13.1 金融安全风险协同监管体系架构

结构	工作机制	监管任务
数据层	哈希算法、时间戳、默克尔树、数字签名、数据真实性和有效性验证	实现数据存储
网络层	验证协议、组网方式、传播机制	信息交互和网络传播
共识层	共识算法、激励机制、惩罚机制、分配机制	金融数据有效性共识
合约层	各类脚本、算法和智能合约、去中心化共识认证、分布式记账	实时动态监管
应用层	信息确认和分析、监管政策实施	实现监管机构终端决策

资料来源:笔者根据相关知识积累自制。

（1）数据层

负责实现金融数据分布式存储,封装哈希算法、时间戳、默克尔树、数字签名等技术,由于各金融数据对安全性及隐私性的需求不同,在金融数据进行网络传播之前需要在数据层对数据的真实性及有效性进行认证,并且赋予不同级别的隐私访问权限,多源数据层功能模块在这一层实现。

（2）网络层

主要承载分布式金融主体节点之间的金融信息交互点对点网络传播,封装验证协议、组网方式、传播机制等内容,实体层功能模块在这一层实现。

（3）共识层

主要封装各类共识算法以及激励机制、惩罚机制和分配机制等,让分布式节点对金融数据的有效性达成共识,以及各金融机构和监管部门对传播数据开展具体认证。

（4）合约层

负责封装各类脚本、算法和智能合约。智能合约利用自动化脚本代码实现链上金融信息、监管信息的追溯和自动采集等工作,通过共识机制和分布式账本技术完成信息上链工作并进行分布式记账,对可能存在的金融风险进行实时、动态的监管,并提高监管的预见性和有效性,区块链层功能模块在体系架构的第(3)、(4)层共同实现。

(5)应用层

完成监管部门对金融机构发送信息所做的一系列处理,主要包括信息确认、分析以及监管政策实施,交互层功能模块在这一层实现。在基于区块链技术的金融安全风险协同监管体系网络中,各金融机构共享的数据及监管政策在网络中都能通过检索指令被查询,这样便保证了整个监管运行过程中信息的可追溯及不可篡改性,一旦某一监管环节出现问题,可以通过区块链逆向检索的方式发现问题的根源并追责。

四、协同监管体系联盟链实现路径

根据去中心化程度的不同,区块链通常可以分为三种,即私有链、联盟链和公有链:

(1)私有链是去中心化程度最低的一种区块链架构,在网络内部有绝对的中心节点,且网络只对中心节点属下的指定成员开放,其余节点不可任意进入网络。同时,网络中每个节点的权限不一致,只能根据中心节点赋予的权限大小参与读写、共识、记账等流程。

(2)联盟链是部分去中心化的一种区块链架构,网络共属联盟成员所有,只对联盟成员开放,存在部分中心节点。每个节点的权限不一致,根据被赋予的权限大小参与区块链活动流程。它与私有链的区别在于中心化程度更低,可用于构建几个企业或机构之间的商业场景。

(3)公有链是完全去中心化的一种区块链架构。在这种网络模式下,没有中心节点,每个节点在链上拥有一致的权限,任意节点可以自由进入区块链网络并且对链上数据拥有读写、记账、投票等功能。对比联盟链来说,基于证明机制的共识算法通常适用于节点自由进出的公有链,基于投票机制的共识算法则通常适用于节点授权加入的联盟链。

与公有链或私有链相比,联盟链可以满足多场景应用,具有以下几个优点:一是性能优于公有链;二是支持身份证书服务,可以提供更高的安全性和更好的可控性;三是可以独立于代币,具有高扩展性,易于应用到各个领域的扩展。它不仅满足了金融行业的需求,也满足了金融安全风险管理机构的监管需求。在区块链网络中,只有通过证书授权的机构节点才能加入联盟链,保证网络中每个节点的可靠性和交易的安全性。

基于上面提到的这些优势,根据本部分的实际需求,联盟链是目前与金融安全风险协同监管体系最为契合的区块链架构。具体来说,联盟链指由多个行业机构组成的一个区块链网络,在网络内部可以指定多个预选节点为记账人,每个区块的生成由所有的预选节点共同决定,其他接入节点无权参与决策,但可以在网络中进行交易,但只有联盟内成员能够维护区块链数据,其他非授权节点不能接触区块链数据。

超级账本(Hyperledger)是 Linux 基金会于 2015 年发起的开源项目,旨在推进区块链数字技术和实现交易验证,Hyperledger Fabric 作为联盟链的第一个开源项目,引入了权限管理,设计支持可插拔和可扩展,是联盟链的一个优秀代表。

共识机制直接影响区块链网络的性能和安全性。中本聪将工作量证明思想应用于区块链共识过程中,设计了区块链的工作量证明(Proof of Work,PoW)共识算法。基于自适应困难和女巫攻击预防的去中心化共识方案,指构建一个难以验证但易于实现的完全去中心化计算,但由于需要耗费大量算力,工作量证明算法很难得到更广泛的应用。不过,完全基于工作量来作决定,有可能会导致一种作弊行为,如具有工作量证明的概率因素其交易存在不确定性。

持有量证明(Proof of Stake,PoS)算法通过对账户虚拟资产的统计来判断账户是否可以在指定时间创建相应的数据块,很容易造成"卡特尔问题",导致金融寡头垄断。代理持有量证明(Delegated Proof of Stake,DPoS)算法则是通过全民选举代表的方式投票选出超级记账节点,节点按照产生的顺序获取区块数据的记账权,该算法减少了参与验证和记账节点的数量,从而达到快速的共识验证。

传统的拜占庭容错(Byzantine Fault Tolerance,BFT)算法可以有效解决恶意攻击、网络拥堵中断等异常行为,允许不超过 1/3 的宿主节点容错能力。然而,它缺乏时钟同步机制,并且算法复杂性随着节点的增加而呈指数级增长。实用拜占庭容错(Practical Byzantine Fault Tolerance,PBFT)算法可以将这种复杂程度从指数降低到多项式,不需要设计代币奖励机制,以计算为基础,由所有节点参与投票,在满足不高于 1/3 的拜占庭容错性条件下,在网络中选举产生记账节点。实用拜占庭容错算法提高了拜占庭容错算法的效率,降低了需要大量算力的损耗,因而更能适用于实际的系统,如超级账本(Hyperledger)。

考虑到本部分的实景需求,即金融安全风险协同监管体系包含多个金融市场,结合 Fabric 底层架构提出基于实用拜占庭容错算法的分层多域区块链实现方案,系统整体架构包括应用层、上层区块链网络和下层区块链网络。上层区块链网络由高级监督节点组成,每个高级监督节点由下层区块链网络中不同金融市场网络的初级监督节点选举产生,可以支持交易信息、时间戳和区块生成的验证;下层网络根据各金融市场划分为多个区域,每个区域都是独立的区块链网络系统,区域内包括两类节点:初级监督节点和背书节点,初级监督节点通过区域内的实用拜占庭容错算法和节点信誉机制选举产生,负责记录和验证最新的区块,记录完成后在区域内广播区块信息,背书节点是负责验证客户端数字签名并调用智能合约执行的节点,具体见图 13.3。

平台实现采用 Hyperleger Fabric 2.0 版本。在 Fabric 网络中,身份认证由一个或多个证书颁发机构(Certificate Authority,CA)服务器在组织内独立管理,组织内部可以存在多个根证书颁发机构和中间证书颁发机构,从而创建信任链。每个节点提交客户端在其组织中注册,以获得唯一身份和证书并进行

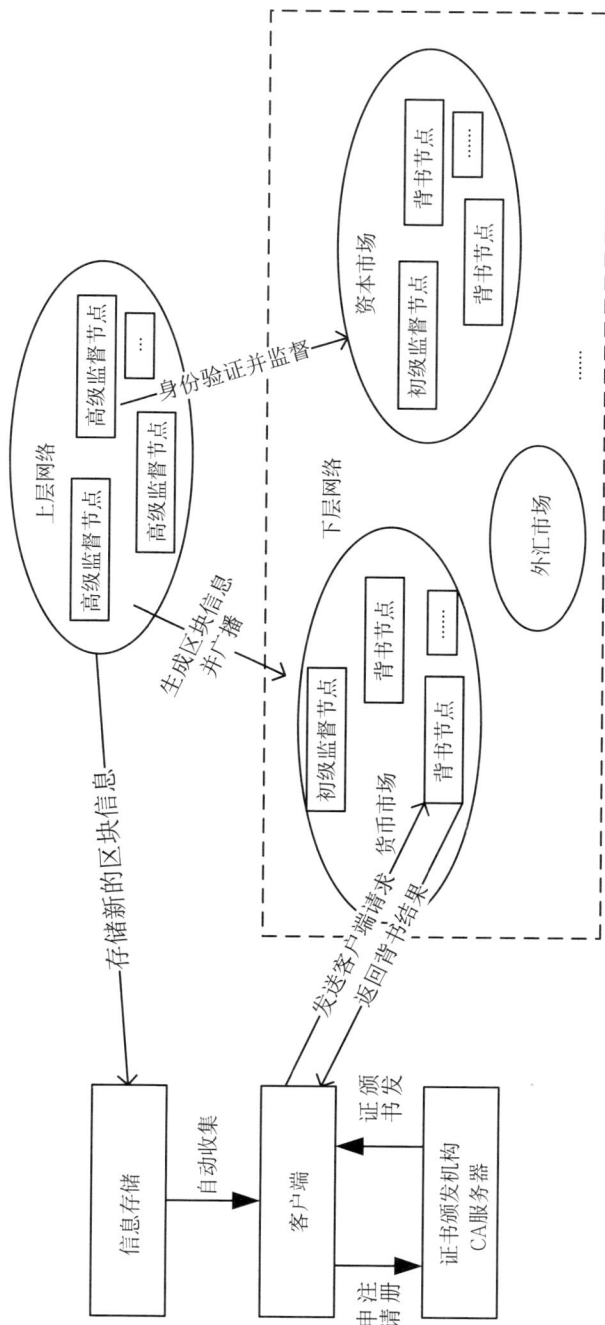

图 13.3　金融安全风险协同监管联盟链系统设计图

资料来源：笔者根据相关知识积累自绘。

签名,当包含各自身份信息的根证书和中间证书颁发机构证书的配置块附加到该通道的区块链时,组织就会在通道上链接在一起,区块中的每个有效交易都必须携带一组满足背书策略的对等签名。

系统的开发环境搭建在一台 Windows 10 操作系统主机上,框架采用 Java 开发工具包、项目管理工具 Maven 和关系型数据库管理系统 MySQL、代码托管和版本控制工具 Gitee、开源区块链框架 Hyperledger Fabric 2.0 版本,应用容器引擎 Docker CE 20.10.0(如表 13.2 所示)。

表 13.2　系统开发运行环境

开发运行环境	具体配置
操作系统	Windows 10
CPU	Intel core i5-8256
服务器内存	8GB
硬盘	512GB
后端框架	Spring Boot 1.5.10. RELEASE
前端框架	Vue.js
关系型数据库	MySQL 5.7.24
持久型 Key-Value 数据库	RocksDB
联盟链框架	Hyperledger Fabric 2.0
应用容器引擎	Docker CE 20.10.0
容器管理服务	Docker-compose 1.25.4
项目依赖管理工具	Maven 3.3.1
版本控制工具	Gitee

资料来源:笔者根据相关知识积累自制。

第十四章　金融安全风险协同监管能力建设

第一节　区块链赋能金融安全风险协同监管能力建设方案

一、技术升级层面

《中共中央关于制定国民经济和社会发展第十四个五年规划和2035年远景目标的建议》指出，要改善现代金融监管体系，提升金融监管透明度和法治化水平，健全金融风险防范、预警、处置和责任追究制度，强化金融监管机构间的协同合作，这是针对金融安全风险监管体系的现状提出的重要要求。区块链作为近年来迅速兴起的新兴数字技术，其与生俱来的分布式账本、加密算法、智能合约、时间戳等技术特征和优势与金融体系的创新升级的需求不谋而合，因而备受青睐。本部分结合区块链技术，制定金融安全风险协同监管能力建设实施方案，结合协同监管能力建设预期效果，在联盟区块链的框架下构建金融安全风险协同监管体系，并对监管效能进行评估，以期更有效地协调金融监管部门之间的合作、完善金融协同监管政策、升级金融协同监管模式。

（一）面临的挑战

由于区块链目前还处于发展前期，在技术层面仍存在很多不足，在应用于金融安全风险协同监管体系构建时可能碰到各个方面的技术壁垒，因而有进一步的优化空间。

1. 区块链底层技术自身存在一些缺陷和漏洞

如前所述，区块链不依赖中心化机构，依靠分布式核算和存储，实现点对点的直接交易，完成信息的自我更新、传递和管理，并且信息传递过程可以直接匿名进行，不需要公开或者验证各区块节点的身份信息。区块链去中心化和隐匿性的特征，尽管可以保护客户隐私信息，减少信息泄露现象，从而提高金融监管效率，但同时也容易被不法分子利用，给反洗钱、反恐怖融资等方面的监管带来挑战。

例如，运用了区块链技术的数字货币不受国界限制，自由地进入网络平台进行交易，且因其具隐匿性特征，交易后无法查清去向。由于区块链数字货币具有隐匿性，部分企业或个人为逃避国家外汇监管，以隐匿数字货币为媒介，采取以币换币方式，将人民币兑换为外币。

尽管一些大数据企业在不断寻找可以抵抗区块链隐匿性的方式，如使用交易图分析法及一些可进行比较的示踪技术进行对抗，但一些新型隐匿方式也随着区块链技术的快速发展不断涌现：零知识证明、换签名等可以隐藏数字货币在交易中的来源、交易量及目标交易者；混币技术可以通过打乱数字货币的交易记录来隐藏客户身份信息；等等。这些混合加密技术能加强区块链数字货币的隐匿性，使追踪其所有者及变更成为一件难事。近年来，国家在不断加大对数字货币的监管，一些交易平台也开启了客户身份认证，但盗用他人信息进行注册和交易，实施传销、诈骗、洗钱、非法集资等违法行为仍层出不穷，监管难度逐渐加大。

2.区块链技术还存在隐含风险

虽然密码学技术是区块链技术的核心,采用它可以充分保护信息数据安全,但由于其加密算法的特质,在对存储好的数据信息进行获取时需要密钥的帮助,这就意味着信息数据并不是绝对安全的。

为确保信息数据加密后的安全,既要保证算法产生的随机数的安全,又要保证密钥的安全。同时,区块链技术的去中心化机制形成了各节点直接点对点交易及共同监管的新监管模式。新监管模式虽然增加了各节点端用户串通难度,但仍存在"51%算力攻击",只要某节点端用户达到51%算力,就能对数据进行篡改。

此外,区块链技术的推广及应用是基于数字及数据挖掘技术的,因而具有一定的网络性质。目前,用于保护网络安全的技术应该说是比较先进的,但仍有可能受到网络病毒攻击,并有可能发生 IP 地址被篡改的现象。因而,为确保协同监管体系能够正常地运行,监管机构必须联合内外部机制对其进行监督和干预。

3.智能合约也存在技术风险

智能合约指可以自动履行既定任务的合约,即在区块链平台中输入用机器语言事先设定好的规则条件,当条件符合时,合约里的既定任务便会自动执行。

为了提高交易效率和监管效率,可以将智能合约自动履行交易的运行模式应用在金融安全风险协同监管中,从而有效避免传统合同条款中的违约事件。但由于自动履行的交易、监管任务既无法被强行中断也无法被撤回,如果出现操作不当行为,将会使用户承受巨大损失,也影响监管者的效能。不仅如此,对不确定性及易变性的事项条款,其中的变量和灵活性很难用智能合约的机器代码表示,这将影响代码描述合同条款、监管规则的准确性。对此,目前并未形成比较完善的处理方案,这无疑增大了对用户合法权益的保护难度。

4.区块链技术在数据保护方面的应用也存在壁垒

由于区块链技术的去中心化机制,链上的任意一个节点都有一个全局账本,记录着所有交易信息。只要攻击者恶意攻破其中一个节点,就能获得所有交易、监管数据,这增加了数据安全性风险。

然而,由于行业和政策的独特性,金融领域对数据隐私的保护、用户权益的保障有极高要求,如何在去中心化的情况下保护数据安全,是一个亟待解决的难题。例如,在区块链技术的一个重要应用场景——供应链金融中,若使用应收账款融资,应收账款信息就为供应链上下游传递时需要高度保护的私密信息,如何防止隐私信息在传递过程中泄露就是仍需解决的难题。

此外,区块链技术在金融监管体系的应用越来越受关注,如何安全有效存储海量数据也成为要面临的挑战。

(二)能力建设方案

为了优化区块链技术在金融安全风险协同监管体系的应用,填补技术漏洞,打破技术壁垒,实现技术升级,可从以下几个方面发力加强金融安全风险协同监管能力建设:

1.完善区块链赋能金融安全风险协同监管体系的基础设施的建设

金融基础设施作为金融市场的枢纽,是保证金融市场稳定、高效运行的基础,是监管过程中落实宏观审慎监管和风险防控的重要抓手。加强基础设施建设,有利于保障金融市场安全高效运行和整体稳定。

这里,金融基础设施指的是为金融市场顺利运行提供硬件设施和制度安排,包括支付、征信、交易、登记托管、清算结算等多个领域。可以通过加快社会信用体系的构建、推动金融市场之间以及监管部门之间基础设施的互联互通等方面来完善相关基础设施的建设:一方面是加快社会信用体系的构建。目前,国内已经建立了相对完善的企业、个人征信系统,但为适应金融科技发展的需要,可以进一步完善征信系统,在央行征信系统的基础上,融合工商、税务以及金融等部门的信息,尽可能降低因信息不对称导致的逆向选择等问题;另一方面是推动金融市场之间以及监管部门之间信息的互联互通。

2. 对区块链赋能的金融安全风险协同监管体系构建采取"干中学"的策略

先选取部分地区进行创新试点,并在试点的过程中,动态调整监管规则,尽可能调动从业人员的积极性,保证适应当地经济社会以及金融市场发展需求的同时,能够为其他地区进行该监管体系建设提供意见和建议。做到"立而不破,有机协同"。除了金融监管方面需要协调机制,试点的项目之间也可以搭建试点协同平台,促进试点之间的交流合作。

具体实施过程可以从以下几个方面着手:第一,试点城市选择方面,鼓励省市各级积极进行项目申报,针对金融科技基础设施比较完善的城市(如北京、上海、深圳和广州等),加大宣传力度,鼓励金融创新,加快推进区块链赋能的金融安全风险协同监管体系的建设。项目落地后,及时向二线城市以及中西部地区推进,实现区块链技术在不同地区的包容性发展。这对构建多层次的区块链赋能的金融安全风险协同监管体系产业梯队,具有重要意义;第二,项目审批方面,加强审核,严厉打击假借试点名义进行区块链挖矿、炒币、洗钱等行为,为区块链的发展创造良好的制度环境;第三,区块链技术发展方面,以区块链赋能的金融安全风险协同监管体系的应用为牵引,在试点地区加强区块链相关技术的进一步研发,推动相关基础设施的建设。

3. 保证区块链赋能的金融安全风险协同监管体系绿色发展

在可持续发展的背景下,科学技术的进步使绿色金融飞速扩张。金融监管更进一步的目标应当是实现人类和自然的可持续发展,而监管机构也正在成为其中的一个关键节点。

区块链技术在验证交易的过程中会消耗大量的能源,如果一直没有政策干预,国内比特币区块链的年能耗在 2024 年达到峰值(296.59 太瓦时),并相应地产生 1.305 亿公吨的碳排放量(Jiang 等,2021)①。在国际上,这一排放输出将超过捷克和卡塔尔两个国家的年化温室气体排放总量。在国内,它在 182 个城市和 42 个工业领域中排名前 10 位。虽然目前还不能估计区块链赋能的金融安全风险协同监管体系会消耗多少能源,但是在"双碳"目标的战略决策面前,不得不考虑区块链的消耗能源问题。

在前期试点的过程中,消耗的能源可能不会被关注,然而中国人口基数巨大,金融市场活跃,试点在全国范围逐渐铺开以后,其消耗的大量能源可能会制约该监管体系的运行。因此,需要尽早考虑并解决区块链技术消耗大量能源的问题。例如,降低区块链对环境带来的负外部性:使用清洁能源;将数据中心、运维中心的服务器等基础设施的建设选址放在年均气温较低的地方,尽量利用自然环境降温;利用地势等条件,如地势产生的瀑布水流连通机房,带走服务器热量,通过瀑布的落差完成散热等。

二、共同治理层面

(一)面临挑战

区块链技术是一种可以跨国界的全球化技术,若各国监管政策不一,会引发监管重复或监管缺失的现象,从而增大全球协同治理的需求。然而,全球监管共同体的构建面临重重困难和挑战:

1. 全球协同治理需求旺

由于区块链中公有链由全球开发者社区组成,一旦出现问题,分辖区的监管模式将不能有效应对。要实现金融安全风险的有效监管,仅以一国之力难以完成,必须构建全球监管共同体协同的治理和监管。例如,大量首次代币发

---

① Jiang S., Li Y., Lu Q., et al., "Policy Assessments for the Carbon Emission Flows and Sustainability of Bitcoin Blockchain Operation in China", *Nature Communications*, Vol. 12, No. 1, 2021, pp. 1–10.

行项目因 2017 年被国家禁止而选择首先进入监管相对松懈的国家,但这些项目的消费者中有相当一部分是国内居民,使一刀切的监管制度效果不佳。然而,在推出 LIBRA 后,主权国家的法币及金融稳定都因 LIBRA 在全球数字钱包的通用性而受到巨大冲击。由于 LIBRA 的应用场景复杂,单一国家无法对其进行有效监管,构建全球协同监管框架变得十分重要。

同时,国际上对区块链金融的合作监管现象也越来越频繁。近年来,金融稳定委员会、世界银行等国际金融组织开始关注区块链产生的风险以及区块链风险的监测与防控。2018 年以来,二十国集团就加密货币监管、征税及风险防控等区块链金融相关事项进行了深入讨论。

此外,由于各国监管制度不一致,会出现监管重复或监管缺失现象,也可能有人为避免严厉监管跨境,到监管较弱的国家进行交易的现象。由于交易跨越国界,被追踪到的支付双方可能面临多国监管而惩罚力度不一致的情况。因而,实现对区块链金融的最优监管需要各国协作,共同构建全球协同治理的监管框架。

2. 全球监管共同体构建难度大

区块链跨境交易双方一般来源于不同国家,由于统一监管制度的缺失,出现纠纷时通常以监管理念作为引导,但各国在监管理念上又存在不一致观点,这无疑增大了全球监管框架的构建难度。

就国际角度而言,区块链金融相关国际条约不具备相应的制定背景条件,有关区块链跨境交易的法律性质仍存在争议,各国对区块链跨境交易监管的当前态度并不一致,这些都是全球区块链金融监管框架构建的巨大障碍。由于面临许多难以消除的掣肘,构建全球区块链金融监管共同体非常困难,各国实现区块链金融协作监管的可能性目前还不高。

(二)能力建设方案

为避免金融安全风险监管重复和监管缺失的现象,满足全球协同治理需

求,实现全球共同治理,构建全球监管共同体,下面提出相关的能力建设方案:

1. 围绕区块链赋能的金融安全风险协同监管体系建设加强交流合作

一方面是国内的交流合作。区块链赋能的金融安全风险协同监管体系从顶层设计到具体实施的整个过程,涉及多个领域、多方主体,因此须促进各个主体之间的交流和合作。监管部门之间的交流合作,有利于完善协同监管机制,减少区块链赋能的金融安全风险协同监管体系重复建设的问题,以及尽可能避免出现空白的监管领域。监管部门与金融机构等被监管方的交流合作有利于促进监管部门对金融机构进行更具有针对性的指导,帮助金融机构、金融科技公司熟悉相关监管政策,同时有利于监管部门了解行业内的最新动态,实时完善监管措施,尽可能降低监管的滞后性。此外,通过一线金融科技公司或金融机构对区块链技术的最新应用,也可以改进已有的监管体系。当前,监管部门对监管科技具有较强需求,因此可通过技术外包的方式将部分研究开发工作交由外部科技公司来承担。

另一方面是对外交流合作。在金融市场国际化趋势以及大型科技公司的金融活动频繁的背景下,金融风险传染范围扩大、速度加快,严重影响着各国的金融稳定,中国在全球金融活动的过程中也避免不了受到影响。因此,必须更加重视参与国际金融安全风险的协同监管。具体而言,可以建立与国际接轨的金融监管制度、以签署跨境监管合作谅解备忘录等方式来与其他国家(地区)金融监管主体保持密切的合作关系;加强对外学术交流,学习好的监管经验,提高相关学术水平,促进金融安全风险协同监管的理论研究,以更好地指导金融安全风险监管的实践活动。此外,积极支持和鼓励各种学术机构发挥其强大的功能,对相关难点问题、前瞻性问题进行广泛和深入的探讨,为维护中国金融安全、化解金融风险提供有益建议。此外,还可以通过自身对区块链赋能的金融安全风险协同体系的实施和改进,积极参与金融监管国际规则的制定,提升金融话语权。长期以来,国际金融监管规则和标准都是在发达国家的主导下制定的,大多反映了它们的利益诉求,而少有包括中国在内的发展中国家的声音。金融监管国际合作需要各国的共同参与,并要考虑不同国家所处的发展阶段,照顾到这些国家的利益,才能实现监管效率的整体提高。对中国来说,积极参与未来国际金融监管规则的制定,努力提高金融监管的话语权更是一个重要选择。

2.完善区块链赋能的金融安全风险协同体系在地方金融监管部门的布局

地方金融监管部门作为纵向金融监管体系的重要组成部分,对防范和化解地方金融风险、维护地方金融市场稳定具有重要作用。因此,在区块链赋能的金融安全风险协同体系的布局过程中,要打通政策落地"最后一公里",将该监管体系在地方各级政府建立,充分发挥地方金融监管部门的协同作用,提高部署的质量和效率,为此需要进一步推进以下工作:

首先,在国家金融监督管理总局的统筹协调下,整合地方金融监管部门,纳入地方区块链赋能的金融安全风险协同体系,对金融监管工作进行系统部署。明确在该体系中地方金融监管部门应承担的职责,界定监管的范围,与中央派出监管部门共同防范和化解金融风险,保护地方金融安全,维护地方金融系统稳定。

其次,在构建区块链赋能的金融安全风险协同体系时,必须坚持服务实体经济的目标,进一步提高金融风险管理水平,完善金融风险处置机制。特别是要关注地方金融机构依托金融科技的发展,由于其业务范围突破了地域等方面的限制,其金融风险外溢的程度加大。此外,宏观基本面虽然长期向好,但是面临疫情冲击和经济增速减缓的压力,不确定、不稳定因素较多,要加强对信用风险和流动性风险的监管。

再次,坚持中央金融监管为主、地方监管为辅的原则。继续加强中央和地方区块链赋能的金融安全风险协同监管协调机制建设,推进监管体系和能力现代化。要保证中央金融政策有效落实,同时也要允许地方监管部门因地制宜,根据当地具体的金融业务积极作为。要在监管过程中及时发现存在监管空白的地方,调整监管范围。地方监管部门可能对金融市场产生重大影响的政策,都应和上级进行讨论决议,以保证金融系统的稳定和一致的预期。与此同时,金融委作为中央主要负责统筹协同工作的部门,要关注地方金融安全风险,对地方金融监管部门进行及时的指导。而地方监管部门在及时传达及落实中央金融政策的同时,通过该金融监管体系关注地方金融监管的动态,及时报告地方政策执行进展、存在的问题以及解决方案,以便中央及时调整相关政策或提供帮助。

最后,坚持促进金融创新以及风险防控并重,将区块链赋能的金融安全风险协同体系作为服务金融创新的一部分,鼓励金融创新的同时必须保持一个动态平衡,在保证金融安全,特别是尽可能保证金融市场平稳运行的前提下,鼓励各种形式的金融创新。而且要注意既不能因防范金融风险过分压制金融创新,也不能为了促进金融创新而放松金融监管。具体而言,要鼓励地方的各种金融创新行为,对符合要求的金融创新给予资金、政策等方面的支持,同时要通过区块链赋能的金融安全风险协同监管体系,及时发现金融安全风险隐患,加强管理,促进地方经济的发展。

3. 促进从金融安全监管协同发展到区域金融体系协同发展

不同地区经济发展不平衡的现状使协同发展战略被提到了一个新的高度。目前,已有的协同发展战略主要以区域协同为主,如长江下游包含上海、苏州等40多个城市的长江三角洲区域,广东中南部包括广州、佛山在内的9个城市的珠江三角洲区域,以及京津冀区域等,金融协同发展作为区域经济协同发展的重要力量,成为区域协同发展的主要内容。

以区块链赋能的金融安全风险协同监管体系在促进横向、纵向金融监管体系发展的同时,对推动金融体系的协同发展也有推动作用。因此,在部署区块链赋能的金融安全风险协同监管体系的同时,可以进一步推动区域金融体系协同发展。具体而言,针对区域金融资源分布不均、行政壁垒、金融发展差距较大、金融市场竞争大于合作等各种问题,可以建设跨地区、跨部门的区块链赋能的金融安全风险协同监管体系。在金融监管合作的基础上,通过进一步推进金融资源共享、建立"银政企"信息共享平台、建立协同统一的资本市场等方式,从促进金融监管的协同发展到区域金融的协同发展,解决部分经济发展不平衡的问题。

三、法律制度层面

(一)面临的挑战

区块链在金融领域及监管体系应用中的相关法律存在一定的空白和缺陷,阻碍了区块链与金融的融合发展,也增大了区块链技术在监管体系中应用的难度。同时,区块链赋能金融安全风险协同监管体系,虽然实现了一些监管制度的创新,但仍处于不健全状态。制度的不完善也会阻碍区块链监管体系的发展,成为区块链赋能金融安全风险协同监管体系建设中面临的主要挑战:

1.区块链协同监管相关法律法规建设滞后

区块链技术是一种去中心化的底层记账技术,需要链上各个节点共同参与账本上交易信息数据的存储。相较于传统监管体系的监管模式,区块链协同监管体系在运行中存在用户、金融机构、金融科技公司、软件开发商、技术服务商、监管部门等多种类型的参与者。但由于区块链协同监管有关的法律法规建设存在一定的滞后性,区块链协同监管链对整个环境的责任机制没有明确,可能在发生金融风险问题时,存在责任承担者不明确的问题。此外,区块链协同监管有关的投资者保护、风险管理等方面的法律法规也没有及时建立起来,当一些恶意攻击事件出现时,投资者无法运用法律来保障自身权益。

2.智能合约存在法律认可性问题

区块链借助智能合约,用机器语言将软件协议输入区块链平台,基于代码的规则自行履行交易,其本身体现了高度的自治性。然而,程序的运行仅仅依赖代码,而不是将法律作为行为准则,可能与国家传统法律体系产生冲突,从而增大相关风险。同时,缺乏准确判别智能合约效力和规范智能合约的专门立法,各主体的行为也逐渐遵循"代码之治",而渐渐脱离了法治。为保证区块链协同监管的有效实现,加速推进智能合约朝着合法合规方向发展成为必要选择。那么,如何进行法治与"代码之治"的结合就成为区块链时代一个亟须解决的重要问题。

3.现有法律法规不适用区块链监管的发展

在推广区块链技术应用于金融领域和监管体系时,相关的法律法规还没有及时作出调整。传统货币的交易和管理机制在区块链数字货币交易中已经不再适用,需要在法律法规方面作出相应调整才能对相关交易进行有效的管理。同时,区块链技术在金融领域的应用范围还不能完全被现有相关法律法规覆盖,具体表现为法律法规没有明确对数字货币进行定位,没有明确对其运营、管理及发展方向进行指导,没有对其使用范围进行限定,没有对其交易进行保护,导致应用过程存在一些风险。例如,一些暗网利用比特币等数字货币支付和结算军火、毒品、药物等非法交易。一些区块链金融主体也利用数字货币没有被法律体系覆盖的漏洞,通过其来避税。此外,一些不法分子非法搭建虚拟的交易平台,利用区块链技术在上面进行数字货币交易,骗取公众钱财。可见,对区块链的监管仍存在一些法律风险,相关部门必须予以高度重视,加强法律法规的建设。

4.法律政策遇到地域性限制

法律政策本身就具有地域性特征,特定的法律政策只在特定的区域实行。然而,区块链存在多种类型的参与者,不由单一主体所支配,往往同时跨越多个法律辖区,于是就产生了当区块链跨越不同国家(地区)时其法律政策是否适用的问题。区块链的公有链各个节点都参与记账将削弱司法辖区概念,对不同国家(地区)的法律政策构成了巨大的挑战。例如,一些非法分子可能因不同国家的资产管制政策的差异,利用数字货币的跨境流动进行洗钱、恐怖融资、欺诈、非法集资及其他非法活动。区块链是否会动摇不同地域的法律政策的现实可行性,是否会削弱政府基于法律去确认基本权利、管理社会活动以及建立市场规则等的能力,仍有待检验。但是,区块链在法律需求上的强化趋势是十分明显的。

5.监管制度不完备

随着区块链金融的快速发展,现有监管制度也被要求不断进行相应改进。然而,由于这一新的金融现象兴起较晚,与其相关的监管制度存在明显的不完备性。例如,在以太坊发展过程中发生过一次重大安全事件,即所谓 The Dao。这是当年区块链业界最大的众筹项目,由于以太坊智能合约存在重大缺陷,遭到黑客攻击,使 300 多万以太币资产被盗。然而,由于虚拟货币并没有相应的法律保护,投资者权益也就不能得到有效维护。The Dao 事件的发生体现了区块链金融相关的监管制度的不完备性。

另外,由于市场上缺乏可以严格监督区块链金融相关产品的权威机构,无法对产品的质量进行有效评价,也无法保障上市产品的品质,因此使区块链技术在金融市场上的应用成果参差不齐。同时,一些区块链金融相关资产不具备清晰的法律有效性界定,如法律上目前没有明确规定区块链的智能合约和链上资产等相关资产的有效性,并且区块链使用全局账本,链上任一节点都参与记账,导致责任认定难度进一步加大。一旦发生经济纠纷,投资者的权益很难得到法律保护,体现了当前区块链金融监管制度在这方面的缺失。

此外,区块链在金融市场的应用一方面促使金融业务跨界融合,另一方面导致金融风险变得更加复杂和隐蔽,加大了金融监管的难度,传统的监管制度已无法实现全面覆盖。研究人员应积极对区块链金融的监管制度进行探索,促进金融安全风险的协同监管。

6.监管标准缺乏全球统一性

区块链技术因其去中心化、隐匿性等特征而在支付上具有一定优势,可以促进跨国交易的实现,推动国际合作,但也可能给跨国犯罪留下了机会。由于对跨境交易的监管缺乏国际统一的制度,一些区块链跨境支付平台借助自身掌握的区块链信息和技术,采用首次代币发行融资等方式进行非法集资。为骗取消费者钱财,一些平台还将有违法风险的币种上线,对区块链的跨境交易监管发起挑战。为避免因全球标准不一致而发生的跨境犯罪,应注重建立统一的监管制度,实现区块链技术应用在预防风险与促进创新之间的平衡。

7.监管未完全实现体系化和法治化

开展区块链协同监管最基本的依据就是法律和制度,出现的最根本的问题也是法律和制度问题,因而监管的关键在于如何协调好各方之间的关系。制定法律、颁布政策等方式可以实现对金融安全风险的依法监管以及加大治理的合作力度,将民众建议纳入监管体系并与监管理念融合可以实现政府与群众的共同监管。但由于法律和制度的不完善,区块链技术在监管体系的应用缺乏安全保障,监管未能实现完全的体系化和法治化。在金融监管工作上,非体系化和非法治化的监管虽然有一定独立性,在完善监管方面存在一定优势,但无法完全适应市场环境和管理状况的变化。

(二)能力建设方案

为促进区块链与金融的融合发展,弥补区块链在应用于金融领域及监管体系时相关法律制度的空白和缺陷,需要做好以下两个方面的工作。

一方面,积极推动区块链赋能金融安全风险协同监管体系的相关法律制度建设。鼓励以区块链为主的金融科技创新,培育良好的金融科技创新生态体系,为区块链赋能金融安全风险协同监管体系的构建、发展和完善提供保障。新制度的建立对监管部门和金融机构都是一个大的挑战,具体可以在政策引导、数据标准制度、法律制度完善等方面做好相关工作:

1.积极出台有利于市场发展的专项政策

审慎出台具有收缩效应的政策,提供良好的金融科技创新环境。特别是对地方监管而言,应落实中央提出的将区块链技术作为产业创新突破口的战略,提供专项资金,支持相关金融机构在区块链方面的开发和应用。国家金融监管部门则可以组织学习培训,统一监管部门内部对区块链赋能金融安全风险协同监管体系的认识,从而推动中央与地方的协调行动,为协同监管做铺垫。

2. 加强金融业数据能力建设

随着金融科技应用场景的扩大,金融数据已经不仅仅是一种信息资产,而逐步成为金融市场最重要的生产要素之一。同时,数据是区块链赋能的金融安全风险协同监管体系运行的基础,但由于人口基数巨大、金融市场上涉及的业务系统多样且关联复杂,数据使用过程中数据产生者、使用者、管理者的角色以及监管职责难以划分,因此在协同监管的过程中制定统一的标准显得尤为重要。

3. 加强区块链相关方面的制度完善

对现有的金融监管法律法规参照国际规则进行适应国内金融市场的改革,以保证监管法规、原则和标准逐步与国际接轨,并进一步将自身的实践经验应用于推动国际金融监管秩序的改革,提高在全球金融市场中的影响力,保证区块链赋能的金融安全风险协同监管体系的顺利运行。首先是完善金融体系中各级金融机构的自律机制,以区块链等技术为主构建更加健全的诚信体系,积极推动金融业区块链相关的公约、安全标准、信用评价的建设,进一步提升行业自律管理的水平和能力;其次是针对目前区块链发展的状况对已有的相关法律法规进行修订完善。例如,国家现行法律体系中区块链匿名化与法律要求网络实名制等条款相冲突,智能合约不可逆的特性不满足合同的撤销权等;最后是制定区块链专门的法律法规,尽可能防范因区块链技术带来的潜在金融安全风险。

另一方面,大力培养区块链赋能的金融安全风险协同体系建设所需的人才。随着区块链逐渐成为全球各个行业一种具有美好前途的技术替代解决方案,社会对区块链人才的需求越来越大。根据《2020年上半年中国区块链企业发展报告》统计,国内区块链技术企业数量不断增加,形成了腾讯计算机系统公司和阿里巴巴网络技术公司为两大龙头、相关企业注册已超过 4 万家的体系。此外,《中国区块链企业发展普查报告 2020》发现,2020 年前两个季度,新成立区块链相关公司 8146 家,同比增长率为 275.31%,而区块链人才缺口则高达 75 万人次。也就是说,科学技术的进步不仅促进了金融科技的发展,也正在促使其他行业逐步转型。

区块链技术由于自身具备的优越性以及一些政策支持的原因,各个行业都在大力推动其开发与应用。区块链赋能的金融安全风险协同监管体系的构建,无论是前期的架构搭建,还是后期的使用和维护,除了需要投入大量资金,还必须有众多的具有相关知识,甚至是交叉学科背景的人才参与。这样一来,人才培养成为目前亟待解决的又一重要问题。

在人才培养的实际操作中,"产学研"的方式同样适用于区块链人才的培养。需要构建金融科技公司、高等院校等组织参与的监管科技创新激励机制,建立健康良好的监管环境,进而构建反哺行业的人才培养体系,形成良性循环。此外,还要加大以区块链为主的监管科技人才团队建设力度,弥补当前人才短缺鸿沟,减少因人才稀缺导致的政策稳定性和连续性的缺失。

第二节　区块链赋能金融安全风险协同监管能力建设预期效果

一、监管效能提升

（一）监管局限减弱

传统监管体系存在监督重叠、监督空白等局限,而区块链技术的应用可以在一定程度上减弱这些局限,实现金融安全风险的协同监管。

1. 区块链技术具有去中心化、分布式记账和不可篡改等特点

我们可以利用区块链作为一种基础底层技术的特征,构建包含监管主体与被监管主体的协同监管链。链上的金融数据、监管数据等信息会被使用密钥加密后存储,且信息被分布式记账,以保证链上任意一点数据丢失都不会给链上其他节点造成影响。链上节点可以进行点对点式的金融服务信息、监管信息等数据的交换,实现数据的共享和同步,进而实现信息的充分交流。

2. 区块链技术可以保证金融信息、监管信息等数据的真实性

运用区块链技术的一些特征能够实现区块链系统中节点之间的信息公开透明,从而防范数据造假,保证数据真实。首先,区块链技术的共识机制保证了区块链参与主体之间信息的公开透明,并且提供了它们行动的自主性和权利义务行使的平等性。链上每个信息数据,只有被超过 50% 的参与主体认为是真实的,才会在链上被传播,从而保证了金融业务信息、监管信息的真实性。其次,区块链技术的密码学技术可以防止链上信息的伪造。密码学技术运用公钥和私钥对参与主体的身份信息进行识别认证,而且一旦生成密钥就不能被改变,这使链上的金融业务信息、监管信息不能伪造,保证链上信息的真实可靠。最后,区块链技术中的哈希算法和时间戳可以用来防止数据信息的篡改。用哈希算法对金融业务数据、监管数据加密,篡改难度会随着参与主体的增多而加大,而且每一部分信息数据都会盖上时间戳,篡改数据也会改变时间记录,这就可以有效避免数据的篡改,从而保证链上信息的可靠性。

3. 区块链技术可以保证金融信息、监管信息等数据的完整性

区块链技术的时间戳可以使构建的金融安全风险协同监管系统具有可追溯性。区块链的时间戳会被盖在协同监管系统的每一个数据区块上,以完整记录产生金融交易、监管数据的时间,因而可以构建可追溯的金融安全风险协同监管系统。同时,区块链技术的时间戳可以用来追溯历史数据,进而保证金融信息、监管信息等数据的完整性。

因此,将区块链技术应用在金融监管体系中,可以保证链上信息的公开透明,并且动态更新信息,实现全网的消息互通,实现监管机构对金融交易信息的实时监测,进而实现金融安全风险的协同监管。金融安全风险协同监管可以避免出现监管缝隙,克服传统监管体系存在的监督重叠、监督空白等不足。

(二)监管成本降低

从金融安全风险协同监管的成本角度来看,监管成本的降低主要体现在以下三个方面:

首先,如果区块链上的监管参与主体越多的话,那么各个主体则有可能通过规模效应实现更低的分摊成本,从而实现价值最大化。基于区块链非中心化的特征,这项技术能够使监管者、被监管者等几方参与主体互联互通、彼此开放,从而降低金融协同监管的边际成本。

其次,金融监管部门想要实现规模经济效应对监管成本的分摊,就需要深化金融市场的开放。开放的主体数量越多,金融监管中能够共享的数据和信息就越多,规模效应对监管成本的降低效果就越明显。

最后,区块链技术具备的数据不可篡改性,能有效降低监管过程中产生的各类风险。例如,机密数据的泄露对金融监管中的金融主体将会产生极大的风险和损害,各个监管部门都会极力避免此类情况的发生。但是,区块链的开放型特征非但不会造成信息泄露,反而会加强监管部门之间的信息保密。区块链本身的信息系统设置了非常严格的访问权限,可以保证多方监管部门放心上链,参与到区块链赋能的金融安全风险协同监管体系中来,从而进一步加大规模效应,降低监管成本。

从区块链技术在金融安全风险协同监管的应用成本角度来看,由于区块链技术跨越多个学科、多个领域,且与密码学、人工智能等前沿技术密切相关,因此前期技术开发的难度极大,且需要投入较高成本,从而使引入初期会耗费较高费用。但是,区块链信息安全、真实、公开的优势非常诱人,可以吸引许多监管部门和被监管主体等利益相关者加入,构成庞大的协同监管链。在一定程度上,多个参与主体一起分摊协同监管应用区块链技术的成本,可以减少平均成本,提高因协同监管规模扩大形成规模经济效应而获得的效益。

（三）监管效率提高

如前所述,区块链技术具有去中心化、自治性、完整性、不变性、验证、容错等理想特性,将区块链技术应用在金融监管体系中,可以在一定程度上提高监管的效率,具体而言:

1. 区块链技术可以减少信息的不对称现象

在传统监管体系中,监管部门与被监管机构之间、各监管部门之间存在信息不对称,各主体之间容易出现信任危机,从而妨碍金融系统的正常运转和协同监管的实现。区块链技术可以保证链上信息的公开透明,实现监管部门与被监管机构等参与主体的动态信息共享。同时,区块链技术的密钥加密和可追溯性等特性可以保证链上信息的真实性、安全性、完整性。将区块链技术应用在监管体系中,可以构建金融安全风险协同监管系统,并实现系统中各参与主体的实时信息共享,同时保证共享信息的公开透明、真实可信、安全可靠、完整可溯,从而减少信息不对称现象,提高监管效率。

2. 区块链技术可以完成帕累托改进

在区块链技术的分布式记账结构中,智能合约可以运用代码程序将监管规则、限制条件等提前设定好,形成自动监管模式,实现点对点的直接交易。一方面,将区块链技术应用到协同监管体系中,可以直接实现监管部门与被监管主体之间金融服务信息、监管信息的共享,完成点对点的直接监管、自动监管,进而优化配置监管资源,实现帕累托改进,提高监管效率。另一方面,将区块链技术与其他前沿技术结合,并应用到协同监管体系中,可以进一步推进监管科技的发展,实现帕累托改进。例如,将区块链技术与大数据结合,将其使用在协同监管体系中,可以促进各参与主体之间金融服务数据、监管数据等信息的有效共享,处理过去容易发生的信息孤岛现象。同时,大数据与区块链技术的结合可以有效地将其信息监测技术应用到区块链系统中,使协同监管系统更加安全与稳定。因此,区块链技术与其他前沿技术的有效结合,可以被运用在金融监管体系中,实现帕累托改进,提高监管效率,促进金融监管的协同发展。

3. 区块链技术可以降低金融业务门槛并扩大监管范围

区块链技术在金融监管体系的运用开辟了金融交易和协同监管的新道路。对金融交易参与者而言,区块链技术的运用降低了金融业务门槛,使可提供和使用的金融服务覆盖范围明显增大,之前无法获取金融服务的对象也可以被服务。例如,一些过去无法获得金融服务的偏远地区主体现在也可以加入区块链系统,获得金融服务,完成价值交换,而且不需要中介机构的参与就可完成交易,大大降低了交易成本。对监管部门而言,区块链技术的运用使金融交易和协同监管同时进行成为可能,则金融业务门槛的降低可以增加被监管主体加入协同监管链的数量,进而直接扩大链上监管部门的监管范围,使监管部门可以支出更少成本去监管更多对象,实现监管效率的提升。

二、监管模式转型

(一)主动式监管形成

传统金融监管体系采取的是被动监管模式,而且与金融服务体系相分离,属于完全独立的监管与被监管关系。然而,金融安全风险协同监管需要联系更加紧密的主动型监管模式。区块链技术在监管体系的应用恰好可以满足协同监管的内在需求,促进主动式监管模式的形成。

1. 区块链技术实现了监管部门与被监管主体之间紧密联系的需求

运用区块链技术能联合监管体系与金融服务体系,构建包含监管部门、被监管主体等利益相关者的整体协同监管链条。这样便可以实现各参与主体之间的金融服务信息、监管信息共享,促进被监管主体行为的自律。同时,完成交易信息的实时监管,达到监管部门监管与被监管主体自律相结合,提高协同监管的监管能力。

2.区块链技术实现了对监管部门主动监管的需求

区块链技术对协同监管主动性的实现主要体现在:一方面,区块链技术可以将监管程序提前,在金融交易发生之前就设定好有关监管措施的智能合约,实现金融行为一旦发生就开始接受监管的可能。也就是说,将监管规则提前内嵌到区块链系统中,以实现对金融业务交易行为的实时监管。另一方面,区块链技术可以让协同监管体系的运行以预防性为主,提前将相关措施写进智能合约,实现对风险交易的有效预防,减少风险金融服务交易行为不可控现象的发生,保障投资者的权益。如此,区块链技术在金融安全风险协同监管体系中就实现了主动式监管模式的形成。

(二)穿透式监管实现

"穿透式监管"的概念于 2016 年被正式提出的,主要指强化对跨行业金融产品的综合监管,实行对各个行业金融产品分界模糊化现象的穿透式监管,解决原有监管模式不适应互联网金融发展的问题。穿透式监管更加注重实质内容,而不只是停留于表面。"穿透"一词的含义在于透过金融服务的表面形式去分析其内在的实质内容,进而判别服务属性,并将服务属性结合服务功能,对监管规则进行改善和重构,进而实现对金融服务的资金来源、服务过程、资金走向等全程信息的掌握,以达到有效监管的效果。因此,穿透式监管可以被理解为一种穿透资产层的表面复杂结构,识别内在实质信息,促进金融创新与金融安全动态平衡的有效监管模式。

随着区块链技术在金融领域的频繁应用,金融发展越来越呈现出"混业"的状态,金融产品之间的边界变得越来越模糊。这时,为促进金融安全风险协同监管的有效进行,就需要落实对金融业务的穿透式监管。

穿透式监管的实行需要从两方面着手:一方面,监管应该覆盖金融领域中所有参与主体,包含传统金融行业、新兴金融领域以及金融科技公司;另一方面,应当开展所有监管主体的合作监管。这就需要所有监管部门之间打破造成信息不畅通的藩篱,实现信息共享,进而有效进行风险的预警或预防。

而区块链技术的分布式记账、智能合约等可以实现链上各个部门之间信息的公开透明,并支持链上预警、预防机制的制定,与穿透式监管的内在需求相吻合,进而促进金融安全风险的协同监管。

(三)全程式监管实现

本质上而言,传统的金融监管体系是一种事后处罚的监管模式,即稽查违反相关法规的行为并对相关对象进行处罚,以达到监管金融风险的目的。然而,金融安全风险的协同监管不仅需要有对违反相关法规实施稽查并处罚的能力,还需要有提前判断即将可能出现风险问题,并实施干预和对金融业务实施实时监测的能力。区块链的技术特点就刚好能满足金融安全风险协同监管的相关需求,可以完成金融安全风险的传统事后监管模式到协同监管的事前、事中、事后模式的转型,实现金融安全风险的全过程监管。

1.区块链技术驱动协同监管体系对金融安全风险的事前监管

利用区块链技术的智能合约,可以提前将制定好的测试规则代码化,输入区块链平台中,实行对金融交易的提前测试,以达到事前监管的效果。由于区块链技术可以实现链上信息的公开透明,因此基于区块链收集和存储数据,可以保证来源数据的真实可靠并且实现数据的全覆盖,同时避免数据混乱现象的出现,保障事前监管数据来源的准确可靠。在金融业务发生之前,就利用智能合约将监管政策代码化,对金融交易进行事前测试,可以从源头上保证金融交易业务的可信性。区块链技术在协同监管体系的应用,能够实现链上监管部门对全程数据的有效分析,达到预警金融安全风险并对其实施有效干预的目的。协同监管链上的监管部门可以根据收集到的链上信息和已有的交易信息,提前设置好金融安全风险的预警线,同时根据规范化的交易管理规则,提前设定好干预机制。于是,就可以对碰到预警线或可能引发其他风险的交易行为实施提前干预,达到对有风险交易的提前预防效果,实现事前监管的有效性。协同监管体系的事前监管可以把控好监管源头,即管好交易的入口,为事中、事后监管的有效进行提供依据。

2.区块链技术实现协同监管体系对金融安全风险的事中监管

在协同监管体系中,运用区块链技术可以对所有金融业务交易信息进行记录并实行监管,增强协同监管的效果。区块链技术可以保证协同监管系统中的信息数据的实时有效、安全透明以及不可逆转,实现真实有效的事中监管。这样,金融安全风险协同监管的监管部门就可以实时监控链上的金融交易信息,并充分运用智能合约技术,将监管规则代码化,编入系统中,一旦发现违反监管原则的金融业务交易就能立刻中断,实现金融业务交易过程的事中全覆盖监管。

3.区块链技术改进协同监管体系对金融安全风险的事后监管

在协同监管体系中,运用区块链技术可以给链上所有交易信息盖上时间戳,保证数据信息的可追溯性,从而实现交易后数据信息的反复比对核查,为事后监管的有效进行提供可靠依据。基于区块链的数据信息可追溯性,可以在交易结束后对历史数据信息进行整理分析,为协同监管体系构建金融安全风险防控模型。基于区块链的智能合约技术,可以利用链上共享的历史数据信息,有针对性地不断改进预警线的设置,实时优化预警模型,进而优化监管模型。此外,可以利用链上的历史交易数据去优化监管政策,促进协同监管的创新。

(四)监管治理一体化实现

区块链技术在金融安全风险协同监管体系的应用,可以促进从传统纯监管模式到监管治理一体化模式的转型。

所谓传统的纯监管模式,指不考虑金融发展而只关注金融安全风险控制的模式。其往往过度依赖监管部门的独立监管作用,从而忽视被监管方之间的互相监督作用。

监管治理一体化模式则关注风险控制与金融发展之间的平衡,更加明确监管的最终目的是让金融更好地为实体经济服务,因而尝试在控制风险的情况下促进金融朝着健康方向发展。

区块链技术在金融安全风险协同监管体系的应用,可以帮助实现包含监管部门、被监管主体等的协同监管链的构建。同时,区块链技术的分布式记账、不可篡改性可以促进除监管部门独立监管作用外的被监管主体自律作用的发挥,实现监管部门监督与被监管主体自律监督的并行,推动监管部门单一监管模式向社会共治模式的转换。同时,提供一种控制风险情况下继续激发金融创新可能,从而达成金融安全风险协同监管体系的监管治理一体化。

三、监管制度创新

(一)金融征信体系制度重建

随着金融的快速发展,作为重要基础的征信体系被社会各界关注的程度也随之上升。当前的互联网征信体系存在数据非公开透明、安全性差、更新查询速度慢等问题,限制着金融的持续发展,因此金融征信体系制度的重建变得越来越关键。区块链技术的分布式记账特点可以保障数据信息的公开透明、安全可靠,同时实现数据的实时更新,加快查询速度,进而促进金融征信体系制度的完善,提高金融安全风险协同监管体系的监管能力,保障金融的健康发展。

基于区块链的金融征信体系可以建立包含监管部门、被监管机构等利益相关者的征信制度,实现这些参与主体的共同监督。例如,证券的发行及交易需受到证券登记机关、资产管理方、证券交易所、证监会等中心化组织的监管。这个冗长和烦琐的业务过程既增加了金融风险又提高了交易成本,进而也降低了证券市场的交易效率,使经济效益受到损害。区块链技术在征信体系的应用,可以减少证券市场交易因中心化监管而产生的额外费用,同时解决场外交易市场中因股权的区域性而形成的交易分散、市场分割等现象。再如在保险业,由于投保人骗保或者保险公司员工协助他人骗保等违法现象的存在,保险诈骗犯罪在金融犯罪行为中的比例长期处于极高的状态。因此,可以将区块链技术运用到其中,实现从以往特定理赔管理人员审核模式到所有保险行业相关人员共同监管模式的转型。通过分布式记账将保险所有环节记录在区块链上,实现保险流程的高度透明,从而降低道德和法律风险。

区块链征信体系可以将信用积分制度代码化,并输入系统中,实现信用共享机制的建立。在区块链系统中,分布式记账技术被用来存储信用记录和信用积分,密钥被用来设置信用信息数据的访问权限。基于信用积分制度,信用记录的优劣将影响信用积分的积累,信用记录优良将使信用积分增加,反之亦然。在区块链征信体系中,金融消费者、金融机构等利益相关者被列入征信的黑、白名单,并且所有金融机构被区分为"白名单""中间未上榜"和"黑名单"等三类。对不同的机构类别,将采取不同的监管方式。白名单机构被认为金融创新风险小,因而对其实行宽松的监管。黑名单机构被认为金融创新风险高,因而需对其实行相对严格的监管。

金融消费者、金融机构作为区块链征信体系中的成员,担任着参与者兼监督者的角色,共同保证征信体系的运作更加公开透明、安全可靠、公平公正。

(二)合规性审查制度重设

在传统的金融监管体系中,有专门的合规审查人员对金融交易实行合规性检查,这当然需要耗费一定的人力成本,而且容易产生道德风险。而区块链赋能金融安全风险协同体系运用智能合约,重新设立合规性审查制度,将法律规则输入区块链平台,实现合规审查的自动化,在保证整个合规审查过程公开透明的同时,实现了合规审查效率和公平性的提高。

以银行业为例,各个监管部门在2008年国际金融危机后对涉事机构施以高额处罚,理由是银行业未履行合规性审查的义务。于是,银行业不断加大对自身业务审查的资金投入,但目前来看效果并不佳。例如,汇丰银行在金融危机后,总部的合规审查人员迅速增加,业务合规性审查的力度也明显加强,但仍被处以高额罚金,导致其运营成本迅速上升,收益急速下降。将区块链技术应用到其中进行共同监管,可以避免合规审查人员可能发生的遗漏,帮助银行审查业务的合规性,同时降低人工成本支出,优化社会资源的配置。像"淘宝"上的客户信息,就需要客户本人同意后才可以被其收集征用,因此它要想获得客户信息,就需要引入智能合约技术,实现淘宝收集信息的合规审查自动化。

运用智能合约实现合规审查自动化的两个主要步骤为:第一,在智能合约中,将相关机构需要收集的用户信息及信息用途等代码化,同时将用户允许收集的信息范围、用户对使用途径的限定等信息使用要求代码化。第二,利用大数据技术对客户信息进行及时收集,智能合约中需要收集的用户信息及信息用途会与用户允许收集的信息范围、用户对使用途径的限定等信息使用要求进行匹配。若匹配成功,即智能合约的合规审查通过,大数据技术会自动收集数据;反之,大数据技术不会实行数据的收集。但是在这个过程中也容易出现双方对信息理解的差异。为防止信息使用出现混乱,应实现有关信息的规范统一。

总体而言,在金融安全风险协同监管体系中,运用智能合约实现金融业务等的合规性审查,可以降低金融风险,促进金融稳定发展。

(三)财务信息披露制度重构

近年来,各个金融机构的财务报告在金融市场上的信任关系受到严重挑战。公司财务报告提供的会计信息的可靠性、相关性和及时性明显不足,金融市场的财务监管效率大大降低。在数字经济时代,传统的复式会计和财务会计报告已经不能满足金融监管的需要,重构会计信息披露体系势在必行。构建基于区块链技术的会计信息披露体系,能够在政府干预较少的背景下,各主体基于自利原则,自动实现分布式账本的维护和财务会计信息的披露。除了法律上的限制外,对不值得信任的金融主体,其参与分布式账本将会更加困难。为此,可以增加这类主体的经济成本,实现对其的"零容忍"。

目前,金融机构会计人员提供的财务报告包括 4 张表和一条注释。这是一种综合性的财务信息服务,是货币性的,不区分服务对象。除了数据的真实性,在许多普通投资机构甚至负责人根本不了解或看不到自己需要的信息,财务报告成为一个应对监管的过程。数字经济时代的商业模式发生了根本性的变化:以前,完成企业销售就是一场胜利;而现在,销售只是开端,增值服务才是关键。在国际贸易时代,复式记账已足以应付;在大工业时代,制造企业需要成本核算、财务报表、预算管理和内部控制;在知识和服务经济时代,企业创新促使财务创新为经济服务,金融监管模式需得到重塑。

在此背景下,新兴金融科技有助于重构财务报告中的信任关系。其中,"财务共享"可以为金融安全风险协同监管体系提供数据支持。在数字经济环境中,金融的功能不应该仅仅是会计和监管,同时也要服务于实体经济,创造社会价值,这也正是"金融"存在和发展的初衷。好的金融监管体系必须从推动商业进步的角度出发,而金融机构的财务共享业务目标集中在设计的开始阶段。通过表格精简和财务信息化,可以实现会计凭证、账簿、报表、分析预警、预算的自动化控制,甚至实现内容完整、业务深度整合的金融业财务共享。基于财务共享模式,通过对系统数据的分析和诊断,金融监管部门可以查询企业的战略和经营问题,企业也可及时调整自身的经营战略,形成动态的数据循环,及时反映财务状况,驱动业务和战略调整。通过"实时上报,一键合并"和财务共享单层业务信息,可以形成一个以金融为中心的实时数据仓库。数据仓库的建立要求企业是精益管理的,并且能够为自身内部的智能化审计和可持续发展提供有效的数据支持。

区块链技术能够最大化地实现金融机构的财务审计自动化和财务共享制度。例如,2018 年 3 月,普华永道(Price Waterhouse Coopers,PwC)为北方信托的私募股权业务采用了基于区块链的审计服务;2018年5月,美国专利商标局批准了两项IBM区块链专利审核以确保基于区块链的交易和认证满足合规要求。区块链可能是解决信息不对称、实现协作信任的好方法。多个金融主体之间的协调行动是重建信任关系所必要的环节,人们已经充分认识到区块链技术所蕴含的数据不可篡改性和高度信任机制在财务报告方面的巨大优势。具体而言,一是区块链技术可以有序记录与业务逻辑一致的实时财务数据;二是一旦交易成为分布式账户的永久部分并被区块链网络中的所有参与者接受,将不会被篡改,从根本上避免了重要金融机构可能的操纵或者如果其崩溃信息被篡改的风险;三是区块链技术可以实现高程度的标准化,使大多数数据自动验证财务报表。随着区块链技术的发展,财务审计将摆脱完全依赖于专业人士境地,变得更加自动化。

众所周知,A股上市公司中确实存在"一股独大"的集中式股权结构。大股东与管理层的合谋有其利益基础和治理结构基础,这种情况在民营上市公司尤为明显。上述现象将直接导致财务报告倾向于反映大股东意愿,不利于建立良好的信任关系。更严重的是,这时财务信息的及时性、相关性和效率都会受到信任危机的影响。随着数字经济时代的到来,区块链技术的日趋成熟以及它赋能金融安全风险协同监管体系试点的测试和建设,财务报告的创新得到极大的促进,重建财务报告的信任关系也有了很大的改善。不过,要利用区块链技术创新财务报告范式,实现财务审计在整个经济体系中的自动化和普及化,仍然任重道远。

(四)证据留存及收集制度创立

随着信息技术的迅速进步,金融业务、监管活动等相关信息都逐渐被电子化存档。监管部门在实施监管措施时,需要收集相关证据。由于相关信息被转换为电子数据,监管部门就只能使用电子数据。

然而,电子数据需要被严格认证后才能作为证据使用。在电子数据的认证过程中,合法性可以体现在运用正当手段对电子数据进行收集,关联性体现在电子数据反映内容与证据所需内容是否匹配上,而由于电子数据存在易被复制、易被篡改、隐蔽等问题并且容易受数据服务商内部管理机制的健全性、相关人员职业操守的可靠性等影响,真实性的鉴定需要进行得更加专业,也会耗费更多时间。因此,目前来看电子数据的真实性成为最难以证明的部分。正是因为电子数据的真实性鉴定难度高,很多金融机构可能利用这一点逃避法律监管。这些侵犯消费者权益的金融机构,对不利于自身的相关交易数据进行篡改或删除,以此阻碍消费者的取证维权,给金融监管体系的运行造成威胁。

区块链技术的分布式记账、不可篡改性等特点可以保证链上数据的公开透明、真实可靠、安全稳定,因而能够证明电子数据的真实性,从而创立金融安全风险协同监管体系中的证据留存及收集制度。

此协同监管制度主要包括两个方面。一方面,建立包含监管部门、被监管主体等利益相关者的协同监管链,实现金融业务交易信息、监管信息等数据的实时共享和永久存储。基于区块链的证据留存和收集原理主要为:原始电子数据的存储其实就是对其哈希值进行存储,而且电子数据被存储后会被高级加密,在需要调取时申请出证就可得到真实可靠的电子数据信息报告。另一方面,需要保证链上电子数据的合法化,即对链上电子数据收集的范围、种类、程序等作出相关的法律规定。同时,使链上电子数据的留存和收集规范化、标准化,从而实现证据的规范化、标准化。

第三节　区块链赋能金融安全风险协同监管能力建设成效评价

一、建设成效评价方法

要了解金融安全风险协同监管能力建设是否真正有效,以及回答如何提高监管效能,需要对其进行成效评价。现有文献大多从宏观或微观单一监管视角评估金融监管的实施效果,鲜有研究者将两者结合起来开展综合评估。因此,鉴于目前建设成效评价方法的固有缺陷,本部分结合理论分析与实证研究,提出金融监管成效评价的一个新方法:金融监管指数分析方法,并利用熵值法、因子分析法及双重差分模型(Differences-in-Differences,DID)构建金融安全风险协同监管能力建设成效评价模型。该方法从不同的监管视角选取合适指标,力图对金融安全风险协同监管能力建设作出全方位的评价。

（一）成效评价理论分析方法

对金融监管的成效评价研究首先基于理论分析模型来展开,其中最主要的两类模型为金融监管成本—收益模型和成本有效性分析模型。

金融监管成本—收益模型首先主要阐述金融监管的有效边界概念,从而界定金融监管的成效(秦宛顺等,1999)①。政府在进行金融监管时会牵涉金融监管有效边界问题,当政府的金融监管接近有效边界时或者位于边界之上时,就说明其监管是有效的;反之,当政府的金融监管远离边界(未达到或者超出很多)时,则说明其监管成效不足。因此,金融监管成本—收益模型本质上是一个金融效率最大化实现的问题,它试图通过监管过程中具体监管效率与有效边界的距离来量化金融监管成效,但问题的关键是有效边界的判定和具体量化。如今,金融监管成本—收益模型既是理论界研究金融监管成效的基本工具,也是诸多国家进行金融监管决策的基本手段。

除此之外,金融监管成本—收益模型也被用于政府审查各类政策法规的成效方面。金融监管成本—收益模型的诸多优势让其成为各国广泛接受的金融监管成效理论分析工具,这些优势主要包括两个方面:第一,成本—收益模型能够促进更理性的决策和更有效的金融监管行为;第二,成本效益分析作为

---

① 秦宛顺、靳云汇、刘明志:《金融监管的收益成本分析》,《金融研究》1999 年第 1 期。

一种透明、公平和负责任的金融监管成效评估方法,能够促进良好的公共治理。不过,成本—收益模型也往往遇到一定的现实问题:无论是未采取金融监管的损失,还是采取金融监管的收益,都是在人为设定标准下进行计算的,这样的损失和收益只存在理论研究的价值,但量化难度较大,是否符合实际情况难以确定。同时,试图计算的损失和收益并非全部来自政府金融监管的因素,很大程度上也来自其他因素,如国际市场环境、全球经济周期性波动等。因此,金融监管的成本、效益分析在成效评价的实际运用中,还缺乏足够的可操作性。

为了解决成本—收益模型存在的以上问题,成本有效性分析模型随即产生(刘宇飞,1999)[①]。这个模型一定程度上解决了金融监管政策的具体实施中收益无法量化的问题,它将这一收益具体表现为相应监管目标的完成程度,并且将该完成程度与监管过程中所付出的成本进行比较,以确定金融监管的成效,从而使金融监管成效的量化变得具有可操作性。但与此同时,成本有效性分析模型也存在一个问题,即金融监管政策的目标相对多样且复杂,它对多个监管目标的完成程度进行测定时也往往遇到较大困难。

(二)成效评价实证研究方法

已有文献对金融监管体系成效评价的实证研究,从监管对象上来看主要分为宏观和微观两个视角。

1. 宏观层面

可以将金融体系视为一个有机整体,其旨在维护金融稳定、防范和化解系统性风险。金融监管体系的成效一般可以定义为,金融监管部门能否以及在多大程度上通过政策工具实现其监管目标(胡海峰和代松,2012)[②]。而在通

[①] 刘宇飞:《VaR 模型及其在金融监管中的应用》,《经济科学》1999 年第 1 期。

[②] 胡海峰、代松:《后金融危机时代系统性风险及其测度评述》,《经济学动态》2012 年第 4 期。

过监管目标实现情况来评估金融监管有效性的过程中,测度系统性风险较之测度金融稳定更加具有可操作性(李妍,2009①;黄聪和贾彦东,2010)。

因此,一部分学者认为金融监管体系成效分析在宏观层面的实现主要借助于系统性风险的识别和监测,选取系统性风险指标并运用计量经济模型将其加以量化(Bisias 等,2012)②。

同时,也有学者将金融监管目标和金融监管效果有机结合起来,构建实时、动态的金融监管综合指标体系,用以分析金融监管体系的成效。叶永刚和张培(2009)③首先提出"金融监管成效评价指标体系"的概念,选取宏观金融稳定、微观金融稳定、消费者保护和金融市场效率等 4 个层面指标,构建金融监管成效的评价指标体系,并运用主成分分析法评估和分析中国金融监管体系的实际成效。张鹏和解玉平(2012)④选取金融安全和金融效率指标,运用金融监管指数分析方法和主成分分析法对美国金融监管体系的成效进行评估,发现其金融监管质量在 2000—2009 年逐渐下滑。王勋等(2020)⑤根据宏观金融、微观金融、金融消费者保护等三方面的指标数据构建金融监管指数,发现中国自 2012 年以来金融监管成效降低,而实施"双峰"监管模式的英国和澳大利亚在次贷危机后监管成效增强。巴尔和谢里丹(Ball 和 Sheridan,2005)⑥通过测度通货膨胀、产出和利率指标,并采用双重差分模型分析通胀目标制对经济合作与发展组织(OECD)的 7 个国家和 13 个非通胀目标制国

①　李妍:《宏观审慎监管与金融稳定》,《金融研究》2009 年第 8 期。

②　Bisias D., Flood M., Lo A.W., et al., "A Survey of Systemic Risk Analytics", *Annual Review of Financial Economics*, Vol. 4, No. 1, 2012, pp. 255-296.

③　叶永刚、张培:《中国金融监管指标体系构建》,《金融研究》2009 年第 4 期。

④　张鹏、解玉平:《美国金融监管有效性的衡量(2000—2009 年)——基于金融监管指数的分析方法》,《金融理论与实践》2012 年第 2 期。

⑤　王勋、黄益平、陶坤玉:《金融监管有效性及国际比较》,《国际经济评论》2020 年第 1 期。

⑥　Ball L., Sheridan N., "Does Inflation Targeting Matter", In: *NBER Conference on Inflation Targeting*, Bel Harbour, FL, 2005, pp. 249-282.

家的金融监管成效,发现通胀目标制在工业化国家并没有显著的表现。刘东华(2011)①选择通货膨胀率、通货膨胀波动率、GDP 增长率、GDP 波动率等 4 个指标,刻画通货膨胀目标制政策工具对一国宏观经济运行态势的金融监管成效,并利用双重差分模型进行实证研究,证明通货膨胀目标制在新兴经济体中有着更为突出的金融监管效果,而该政策在工业国效果并不明显。

　　另外,为衡量特定政策工具对国家宏观金融层面的监管效果,学者们采用新凯恩斯动态随机一般均衡模型(Dynamic Stochastic General Equilibrium, DSGE),对金融监管体系中特定政策工具的成效进行评估。贝利乌和张亚红(Bailliu 和 Zhang,2015)②利用包括金融摩擦的动态随机一般均衡模型评估宏观审慎政策工具的监管成效,发现针对金融失衡使用宏观审慎政策工具可以大大提升福利水平,尤其在金融冲击的情况下更是如此。马勇和陈雨露(2013)③基于纳入内生性金融体系的动态随机一般均衡模型框架,分析不同监管政策组合下的金融监管成效,发现货币政策、信贷政策和监管政策的合理搭配能够大大增强金融监管政策的实施效率。黄益平等(2019)④通过构建动态随机一般均衡模型对多个金融监管工具的成效进行研究,发现货币政策工具在金融冲击之下具有更强的金融监管成效。赵胜民和张瀚文(2020)⑤基于纳入小国开放经济的动态随机一般均衡模型框架,分析资本流动工具的金融监管成效,结果表明,完善资本流动的金融监管体系可以有效抵御国外加息所

　　①　刘东华:《通货膨胀目标制宏观经济效应之"非对称性"的验证》,《金融研究》2011 年第 1 期。
　　②　Bailliu J. N., Zhang Y. H., "Macroprudential Rules and Monetary Policy When Financial Frictions Matter", *Economic Modelling*, Vol. 20,2015,pp. 148-161.
　　③　马勇、陈雨露:《宏观审慎政策的协调与搭配:基于中国的模拟分析》,《金融研究》2013 年第 8 期。
　　④　黄益平、曹裕静、陶坤玉等:《货币政策与宏观审慎政策共同支持宏观经济稳定》,《金融研究》2019 年第 12 期。
　　⑤　赵胜民、张瀚文:《资本流动宏观审慎政策有效性研究——基于包含国内外金融机构的 DSGE 分析》,《财经研究》2020 年第 46 卷第 8 期。

带来的冲击并保持资本流动的柜对稳定,从而降低国内企业的融资压力。

2. 微观层面

金融监管体系对金融行业、机构的监管成效得到众多研究者的重视。由于金融监管体系要通过具体政策工具来实施,因此其成效评价可以从评估单个或组合政策工具对金融行业及机构的监管效果展开(方意,2016b)[①]。

目前,相关的实证研究大多聚焦于房地产、金融行业。王德全等(Wong 等,2011)[②]运用 GARCH 模型对中国香港房地产金融监管体系的成效进行评估,发现贷款价值比作为政策工具对房产持有者交易量和债务量指标均有显著影响,但其对房地产价格的影响效果不够显著,且具有滞后性。卡南(Kannan 等,2012)[③]则将研究视角放在房地产行业的金融监管成效上,他们运用动态随机一般均衡模型发现宏观审慎政策工具可以有效抵御金融冲击和住房偏好冲击,从而提升整体的社会福利。冯克和佩茨(Funke 和 Paetz,2012)[④]通过动态随机一般均衡模型对香港房地产行业的监管成效进行评估,发现非线性的贷款价值比可以限制房地产价格周期对宏观经济的影响。徐(Suh,2012)[⑤]运用带有金融加速器的动态随机一般均衡模型开展研究,发现逆周期资本缓冲能够稳定信贷周期,而针对特定部门的贷款价值比宏观审慎政策工具将导致监管套利,信贷资金从监管强度高的房地产市场转移到监管

---

① 方意:《系统性风险的传染渠道与度量研究——兼论宏观审慎政策实施》,《管理世界》2016 年(b)第 8 期。

② Wong T. C.,Fong T.,Li K.,et al.,"Loan-to-Value Ratio as a Macroprudential Tool-Hong Kong's Experience and Cross-Country Evidence", Hong Kong Monetary Authority Working Paper, 2011,p. 1101.

③ Kannan P.,Rabanal P.,Scott A.M.,"Monetary and Macroprudential Policy Rules in a Model with House Price Booms",*The B. E. Journal of Macroeconomics*,Vol. 12,No. 1,2012,pp. 1–44.

④ Funke M.,Paetz M.,"A DSGE-Based Assessment of Nonlinear Loan-to-Value Policies: Evidence from Hong Kong", BOFIT Discussion Papers,2012.

⑤ Suh H.,"Macroprudential Policy: Its Effects and Relationship to Monetary Policy", FRBP Working Paper,2012,p. 28.

强度低的商业部门。盖兰(Gelain等,2013)①使用非标准的动态随机一般均衡模型(部分代理人使用简单的移动平均预测规则)来估计房地产金融监管体系的成效,结果表明,如果央行的利率规则直接反映对房地产价格增长或信贷增长,将严重放大通货膨胀的波动性,从而降低监管成效。方意(2016b)将研究视角侧重于中国金融监管政策的分类及成效,发现盯住存贷比和房屋贷款价值比的金融监管工具对特定监管对象有效性显著。

综上所述,宏观层面的金融监管能力建设成效评价主要是通过构建风险指标体系或是监管指标体系,并运用主成分分析法、双重差分模型和动态随机一般均衡模型进行量化分析,以评估金融监管在国家层面的实施效果;微观层面的金融监管能力建设成效评价主要是运用GARCH模型、动态随机一般均衡模型在特定的金融行业或机构进行监管效果评估。因此,为准确度量金融安全风险协同监管能力建设成效,需要分别从不同的监管视角,选取合适的指标以及数理模型作出全方位的评估。

(三)成效评价量化分析模型

综合宏观层面和微观层面的金融监管能力建设成效评价,可以发现现有的金融监管能力建设成效实证研究中主要的量化分析模型包括动态随机一般均衡等模型。

学者们通常使用金融行业系统性风险的大小,来测度金融监管目标的完成程度从而衡量监管成效。政府的金融监管政策将作用于单个金融机构(如一家银行)的风险控制,从而对银行业乃至整个金融行业系统性风险的控制程度产生效果。为了度量并分析政府金融安全风险协同监管体系对宏观经济波动的放大效应,一些研究通过构建一个包含微观银行部门和银行间市场的

---

① Gelain P.,Lansing K.J.,Mendicino C.,"House Prices,Credit Growth,and Excess Volatility: Implications for Monetary and Macroprudential Policy",*International Journal of Central Banking*, Vol. 9, No. 2, 2013, pp. 219-276.

动态随机一般均衡模型,考察各项具体监管政策通过影响个体金融机构、行业,进而影响整个金融体系的传导机制。

量化金融安全风险协同监管体制成效所构建的基准模型包括居民、银行、企业和广义政府等4个"部门"。居民部门按资金状况可分为借款居民和储蓄居民:借款居民是因资金不足而需要借款的居民,储蓄居民是因资金充裕而可以放款的居民。其中,单个金融机构(以银行为例)是模型的核心。

根据单个银行的借贷情况,银行业包括资金净拆出银行(资本充足)和资金净拆入银行(资本紧缺),这样的划分可以更好地反映中国金融行业的多元化。资金净拆借银行主要指自有资金充裕的大型国有商业银行,如四大国有银行,它们可以依靠雄厚的资金实力实现资金净拆出(也就是资金拆出大于资金拆入);资金净拆入银行主要指资金短缺匮乏的中小型商业银行,如资金运营较为激进的城市商业银行,它们由于资金缺口和资金高需求量表现为资金净拆入(也就是资金拆入大于资金拆出)。银行业是金融系统的核心所在,也是系统性风险产生的主要源头,而银行间市场则是驱动系统性风险传播的主要通道。因此,将银行业进一步细分为上述两类,并将银行间市场违约风险设置为内生,可以更好地刻画银行业的金融监管动态并量化其效果。

总的来说,上述4个"部门"实际上是由两类居民、两类银行、一类企业和广义政府共6个子部门组成的。

二、建设成效评价指标

基于区块链技术内核与监管部门内在需求的契合点,改进现有金融安全风险协同监管体系存在的问题,优化协同监管效能,提升监管实时性,并对区块链赋能金融安全风险协同监管能力建设的成效加以定量分析是本部分的研究重点。

金融安全风险协同监管能力建设需要建立在其成效评价定量分析框架基础之上,而建设成效评价指标的构建是整个成效评价定量分析的核心。这里,基于金融安全风险协同监管体系的总体目标,构建金融监管指标体系,为下一步定量分析奠定基础。

在金融安全风险协同监管能力建设成效评价指标体系的构建上,本部分主要依据监管体系的目标进行指标选取。首先考虑的是,金融市场具有顺周期特性,在这个理论假设基础上若要维护国家金融稳定,实现金融安全风险协同监管体系的总体目标,须通过逆周期调控来防范化解金融安全风险。除此之外,对政府、企业和居民等金融消费者的投资利益进行保护,维持金融资源在各个"部门"的有效配置也是金融安全风险协同监管体系的实施目标。

因此,本部分拟选取反映宏观金融稳定、中观金融稳定、微观金融稳定、金融消费者保护和金融效率5个指标。

(一)宏观金融指标

用消费者价格指数波动率、生产者价格指数(Producer Price Index,PPI)波动率、通货膨胀率、股价波动率和人民币实际有效汇率波动率(用样本数据的标准差衡量)5个指标来概括国内宏观金融稳定状况。其中,前三个指标反映了实体经济中生产、消费的价格及国内货币价值的变化情况,后两个则体现了资产价格和货币价格的波动水平,用以衡量宏观金融稳定性。

(二)中观金融指标

用股票市场交易额占GDP比重、A股总市值增长率、平均市盈率、上证综指波动率、人民币美元中间价、人民币美元波动率等6个指标来反映中观金融稳定程度。这些指标分别衡量资本市场和外汇市场的风险抵御能力和稳定性,对反映中观金融稳定性有着很强的代表性。

(三)微观金融指标

用经济杠杆率、金融体系向非私有部门贷款比例、商业银行资本充足率、商业银行账目资产负债率和银行不良贷款率 5 个指标衡量金融体系的微观基础,反映微观金融稳定指标。微观金融稳定意指各个金融机构运转良好、运行稳定,不存在债务危机甚至破产的危险。其中,商业银行是金融机构体系中最为核心的部门,它的相应指标对微观金融稳定性分析有着重要的价值。此外,经济杠杆率能够衡量企业的负债风险和还款能力,也体现了金融体系的微观基础。因此,选取以上指标来衡量微观金融稳定性。

（四）金融消费指标

用存贷款利率与社会资本收益率之差、投资者收益率与社会资本收益率之差、金融消费者获得信贷的便利度、对中小投资者的保护程度、小微企业融资便利度、民营企业融资便利度、制造业企业便利度 7 个指标来衡量对金融消费者的保护程度。金融消费者保护被定义为保护公共部门、企业部门和家庭部门在各类金融活动中的利益,其中所保护的利益主要为投资收益。此外,获得信贷的便利度和对中小投资者的保护程度也是保障金融消费者,尤其是中小投资者投资收益的基础。另外,国家对小微企业、民营企业和制造业企业的融资问题给予高度关注,其融资便利度问题也深刻影响金融监管的格局和效果。因此,选取以上指标来反映金融消费者保护。

（五）金融效率指标

用银行存贷比、银行净资产收益率、金融部门储蓄投资转化率、赫芬达（Herfindahl）指数 4 个指标来代表金融业效率。金融业效率指总的金融资源在各个金融部门之间的有效配置。金融机构中的核心部门——银行和国民经济的晴雨表——股票市场的相应效率指标,将被作为微观金融效率度量指标的主体。在宏观金融效率的度量中,金融部门储蓄投资转化率被作为主要的测量指标。此外,金融部门结构效率可侧重于市场的聚集程度,用 Herfindahl 指数来对货币市场、资本市场、外汇市场、黄金市场及其他市场的效率加以度量。因此,选取以上指标衡量金融业效率。

三、建立成效评价模型

基于所构建的指标体系,本部分拟对所选取的指标进行指标分级和
Kaiser-Meyer-Olkin(KMO)检验法、巴特利特球形检验,并采用熵值法、因子
分析法及双重差分模型构建金融安全风险协同监管能力建设成效评价指标体
系模型。

(一)指标分级

将前面所构建指标体系中的指标分为两个级别的指标:

第一级为宏观金融稳定、中观金融稳定、微观金融稳定、金融消费者保护
和金融效率保护5个指标。

第二级指标为消费者价格指数波动率、生产者价格指数波动率、通货膨胀
率、股价波动率、人民币实际有效汇率波动率、股票市场交易额占 GDP 比重、
A 股总市值增长率、平均市盈率、上证综指波动率、人民币美元中间价、人民币
美元波动率、经济杠杆率、金融体系向非私有部门贷款比例、商业银行资本充
足率、商业银行账目资产负债率、银行不良贷款率、存贷款利率与社会资本收
益率之差、投资者收益率与社会资本收益率之差、金融消费者获得信贷的便利
度、对中小投资者的保护程度、小微企业融资便利度、民营企业融资便利度、制
造业企业便利度、银行存贷比、银行净资产收益率、金融部门储蓄投资转化率、
赫芬达尔—赫希曼指数 27 个指标。

(二)因子分析及熵值法合成金融监管综合指数

本部分选取宏观金融稳定、中观金融稳定、微观金融稳定、金融消费者保
护和金融效率保护5个层面的一级指标,以及各层面下的数个二级指标来构
建金融安全风险协同监管能力建设成效综合指数。在成效评价中,拟对实施

区块链赋能金融安全风险协同监管体系之前与之后的金融监管综合指数进行比较,以度量监管成效。

(1)指标之间具有一定的相关程度是进行因子分析的前提和基础,因此首先采用KMO检验法并结合巴特利特球形检验进行因子分析之前的检验。学者们常常用KMO指标来量化时间序列(在这里为指标之间)的相关性,当KMO值大于0.6,进行相应指标之间的因子检验才有意义。

(2)进行巴特利特球形检验,这一步通过计算巴特利特球形检验的卡方值来评估显著性水平,运用此项检验就能够判别出各个指标(因子)之间是否含有公共因子,并据此判定指标之间因子分析的合理性。

(3)在检验通过的基础上进行降维处理并开展因子分析,所使用的工具是SPSS 26.0软件,通过运算得出的主成分的特征根以及方差贡献率,最终得出公共因子得分矩阵。

(4)使用熵值法得出5个公共因子的指标权重,并将其代入若干个公共因子得分,计算得到样本时间区间内金融监管综合指数(Composite Index of Financial Supervision,CIFS)。

上面的过程用数学语言表述为:对这两级指标进行因子分析,样本容量设置为n,假设获取m个公共因子,F_{ij}代表第i年第j个因子的得分,其中$i=1,2,\cdots,n$; $j=1,2,\cdots,m$。这里,采用熵值法对m个公共因子进行赋权,首先对样本数据进行非负处理:

$$F_{ij}^* = \frac{F_{ij} - \min(F_{1j}, F_{2j}, \cdots, F_{nj})}{\max(F_{1j}, F_{2j}, \cdots, F_{nj}) - \min(F_{1j}, F_{2j}, \cdots, F_{nj})} \tag{14.1}$$

其次,计算指标值比重A_{ij}和各个指标的熵值e_j:

$$A_{ij} = \frac{F_{ij}^*}{\sum_{i=1}^{n} F_{ij}^*} \tag{14.2}$$

$$e_j = -\frac{1}{\ln n} \sum A_{ij} \ln A_{ij} \tag{14.3}$$

接着,计算指标差异性系数公式:

$$g_j = 1 - e_j \qquad (14.4)$$

其中,g_j 越大越重要。再计算各个指标的权重:

$$W_j = \frac{g_j}{\sum\limits_{j=1}^{m} g_j}, \ j = 1, 2, \cdots, m \qquad (14.5)$$

最后,根据熵值法,确定各个公共因子所占的比重和最终合成金融监管综合指数 CIFS:

$$\text{CIFS}_j = \sum\limits_{j=1}^{m} W_j F_{ij}, \ i = 1, 2, \cdots, n \qquad (14.6)$$

其中,n 为样本总量,m 为公共因子个数,W_j 表示第 j 个指标的权重,F_{ij} 表示第 i 年第 j 个因子的得分。

四、建设成效评价结果

评价金融安全风险协同监管能力建设成效,需要构建量化研究框架。本部分从这一思想出发,构建建设成效评价指标体系和模型,并从宏观、中观、微观等三个层面开展综合指数对比,得出建设成效评价结果。准确评价区块链技术赋能金融安全风险协同监管能力建设成效,对测度并评估监管机构间的协调能力、监管政策的制定水平有着重要意义,可以为金融安全风险协同监管体系的不断完善提供数据支撑。

(一)数据获取及处理

囿于相关数据的获取性,现有研究大多缺乏对区块链赋能金融安全风险协同监管能力建设的成效评价,且缺乏定量分析。基于此,本部分采用以下方法进行数据获取。

(1)通过对所搭建的区块链平台进行业务场景及性能测试,以验证区块链赋能金融安全风险协同监管体系的技术可行性及适用性。同时,基于测试结果不断完善和优化区块链平台的运算能力、算法及其他配套设施。

（2）通过资金投入、奖励机制、政策制定等措施突破技术障碍和上链意愿问题，积极开展区块链赋能金融安全风险协同监管体系试点建设，先行先试，探索区域性区块链赋能金融安全协同监管基础设施和政策模式的发展方向，为该体系的实施落地奠定基础，以保障国家金融安全。

（3）基于试点建设的推进，通过试点建设中的协同监管政策、模式探索与试点地区各金融监管部门及金融机构深化合作，获取区块链赋能金融安全风险协同监管体系下相应试点地区及行业的相应数据以构建指标体系，为成效评价的定量分析奠定坚实的数据基础。

（二）区块链赋能金融安全风险协同监管能力建设成效检验

在检验区块链赋能金融安全风险协同监管能力建设成效时，本部分拟采用双重差分模型进行实证研究。

双重差分模型由阿什费尔特和卡德（Ashenfelter 和 Card，1985）[①]在评估综合就业训练法（Comprehensive Employment and Training Act，CETA）对学员收入的影响时首次提出，后在自然实验中评估政策的因果关系已被广泛运用。由于政策影响的外部性和监管政策对象的限制，受政策影响的样本（处理组）和未受到政策影响的样本（对照组）会由于政策效应而产生差异。双重差分模型能够运用对比实验前后的差异来控制处理组和对照组的系统性差异，从而检验某项政策的实施效果。

政策实施对某一变量的净影响将通过政策实施前后该变量的变化反映出来。基本的双重差分模型如下：

$$\mathrm{CIFS}_{it} = \alpha_0 + \alpha_1 policy_i \times post_t + \alpha_2 x_{it} + \eta_i + \mu_t + \varepsilon_{it} \tag{14.7}$$

其中，CIFS_{it} 为被解释变量，表示第 i 个城市在时刻 t 的区块链赋能效应，

---

① Ashenfelter O. , Card D. , "Using the Longitudinal Structure of Earnings to Estimate the Effect of Training Programs" , *The Review of Economics and Statistics* , Vol. 67 , No. 4 , 1985 , p. 648.

对区块链赋能金融监管效应的量化,本部分采用的是金融监管综合指数。

此外,区块链赋能金融监管试点建设的开启,以及区块链赋能金融监管的逐步改进完善,为本部分使用双重差分模型检验并定量分析区块链赋能金融安全风险协同监管能力建设成效提供了很好的条件。一方面,区块链赋能金融监管试点开启和区块链监管平台改进完善的时间具有外生性。另一方面,试点建设的逐步推进为相关研究创造了天然的实验组和控制组。

具体来说,使用已经实施区块链赋能的地区及时间作为处理组,其余未实施区块链赋能的地区及时间为对照组,$policy_i$ 为是否实施区块链赋能的虚拟变量,实施了区块链赋能的地区为处理组,赋值为 1,其余没有赋能的地区为对照组,赋值为 0;$post_t$ 代表在时间上是否实施区块链赋能,实施之前赋值为 0,实施之后赋值为 1;α_1 是核心估计参数,代表区块链赋能的净效应,如果 α_1 为正,说明区块链赋能金融安全风险协同监管体系是有效的,如果 α_1 为负,则存在负向作用,如果 α_1 为零,则赋能效应不显著;x_{it} 为一组控制变量;η_i 为地区固定效应,控制地区层面不随时间变化的因素对金融监管综合指数的影响;μ_t 为时间固定效应,控制时间趋势的影响;ε_{it} 为误差随机项。α_1 刻画了区块链赋能对金融安全风险协同监管体系的净效应,是本部分主要关注的对象。

由于区块链赋能金融安全风险协同监管体系的平台搭建及逐步完善是一个渐进的过程,需要若干个步骤来逐步实现,因此可以使用多个相应的双重差分模型来检验区块链赋能成效,以便对区块链平台搭建及政策实施进行评估及改进。

(三)金融监管综合指数对比分析

1.基于宏观层面

区块链技术具有与金融监管天然融合的特点,通过其可以增进监管各方的信任合作,实现全方位实时穿透式监管。这样的监管模式能够对整个宏观层面的监管主体及客体产生深刻的影响。基于区块链赋能的金融安全风险协同监管体系试点地区及相应时间的面板数据,分析该地区宏观层面的金融监管综合指数变化趋势,并按照实施该体系的时间先后进行对比检验。本部分将采用双向固定效应的双重差分模型,以定量方式分析并检验区块链赋能的金融安全风险协同监管能力建设成效。

2. 基于中观层面

基于当前金融安全风险协同监管的相关背景和区块链分布式监管的优势,以中观层面各个金融市场的监管特征、运行规律和存在问题为导向,选取区块链赋能金融安全风险协同监管体系下的中观金融监管成效指标(如资本市场的上证综指波动率、外汇市场的人民币美元波动率等),对区块链技术赋能金融安全风险协同监管体系的前后进行对比分析,以定量方式分析并检验在货币市场、资本市场、金融衍生品市场、外汇市场、保险市场和黄金及其他投资品市场等金融市场中该体系的成效。

3. 基于微观层面

区块链技术可以完整存储每一笔交易记录,既保证了数据的安全合规,又方便监管部门追溯历史交易记录,能够实现监管部门和个人用户的数据共享机制,改善多方信任合作问题。同时,也改变了原有信息不对称、中心化的监管模式。因此,在微观层面,区块链技术在支付结算、反洗钱等多个领域都能够发挥重要的作用。针对区块链技术的特点,本部分采用金融监管综合指数中的若干个微观行业指标,对区块链技术赋能金融安全风险协同监管体系的前后进行对比,以准确量化并检验区块链技术对某些金融行业、领域、机构的金融监管成效。例如,对试点地区银行不良贷款率指标在区块链赋能前后的变化进行对比,以评估区块链赋能金融安全风险协同监管体系对银行业信贷资产安全状况实施监管的成效。

第五篇

数智技术驱动的金融安全风险防控政策建议

第十五章　金融安全风险数字化防控政策建议

第一节　金融领域数据安全治理

一、金融数据安全治理形势

随着大数据、人工智能、云计算、区块链等新兴数字技术在金融领域的广泛应用,数据正在逐步实现从信息资产到生产要素的转变,其重要性日益显现。但随之而来的是,数据安全风险威胁的范围开始从金融机构内部扩大至整个金融行业,进而可能给金融市场、公众利益、社会秩序乃至国家安全造成不良影响甚至严重危害。

普华永道、中国信息通信研究院和平安金融安全研究院联合发布的《2018—2019 年度金融科技安全分析报告》显示,被调研金融机构在 2018 年至 2019 年所发生的网络安全事件中,有 44% 属于数据安全事件,因此 71% 的机构表示"数据安全及隐私保护"是金融行业目前及未来最需要加强的领域。此外,据 FreeBuf 咨询与公安部第三研究所联合发布《2020—2021 年金融行业网络安全研究报告》显示,19% 的金融企业在 2020 年至 2021 年出现过重大安全事故,其中数据安全问题为金融行业安全重灾区,且每年发生的金融数据安全事件以大约 35% 的速度增长,其造成的社会恶劣影响和经济损失不可估量。

人们也因此深刻地认识到,维护金融数据安全,是关系国家经济社会发展全局的一件具有战略性、根本性的大事。当前,金融数据安全治理的总体形势可以从以下 4 个方面来描述:

(一)金融数据产量与市场规模激增

数据作为当今数字时代最核心、最具价值的生产要素之一,正在迅速成为经济金融发展的新引擎。据著名咨询机构国际数据公司(International Data Corporation,IDC)发布的《数据时代 2025》显示,2018 年全球数据产量总计约 33ZB(Zettabyte,即 10 万亿亿字节)。中国的数据产量大致为 7.6ZB,居世界首位。其中,金融数据产量约 0.5ZB,在各行业中位列第二。到 2025 年,全球数据总产量将高达 175ZB,中国数据产量将增至 48.6ZB,其中包括 3.0ZB 的金融数据。同时,上述机构发表的《全球大数据支出指南》(2021)指出,2020 年全球数据市场总规模约为 1819 亿美元,而中国数据市场目前的规模估计已超过 100 亿美元,且有望在 2024 年超过 200 亿美元,增速全球第一。其中,金融数据约占 13.4%,位列各行业之首。

(二)金融数据安全相关法律制度建立健全

一是《中华人民共和国数据安全法》与《中华人民共和国国家安全法》《中华人民共和国网络安全法》以及《中华人民共和国个人信息保护法》等法律法规逐步构建成一套完备的体系,为维护国家金融数据资源和个人金融隐私数据安全提供了法律保障;二是《中华人民共和国数据安全法》强调金融主管部门在金融数据安全监管中的重要地位,为将来进一步明确其数据安全监管职责和权限提供了法律依据;三是《中华人民共和国数据安全法》的颁布以及《金融数据安全——数据安全分级指南》《金融业数据能力建设指引》《金融数据安全——数据生命周期安全规范》等相关法规的陆续出台,促使金融数据安全问题得到全社会更加广泛的重视,并将促使监管部门加快研究制定《金融数据安全保护条例》,建立起更加具有针对性的法律制度。

（三）金融数据安全标准体系持续完善

一是界定数据战略、数据治理、数据架构、数据规范、数据保护、数据质量、数据应用、数据生命周期管理能力域,明确相关能力项,提出每个能力项的建设目标和思路;二是确定数据保护对象和数据生命周期各阶段保护要求,指导金融机构合理分配数据保护资源和成本,建立完善的金融数据生命周期保护框架和规则,有的放矢地实施安全分级管理;三是强化风险识别和监控,建立健全风险事件处理、自律自查、违规约束、投诉处理等机制,在最大程度上保障金融数据主体的合法权益。

（四）金融数据安全共享理念深入贯彻

一是鼓励金融数据依法合理有效共享,确保数据依法有序自由流动,并坚持促进数据开发利用与维护数据安全并重,从而推动以数据为关键要素的新型金融产业发展;二是已成立统一规范、互联互通、安全可控、具有权威性的金融数据机构,如金融基础数据中心、人民数据金融数据中心、国家金融信息中心等,不仅为加强金融数据共享提供了安全保障,还推动了数据开放利用,提升了数据安全运营效率,进而增强了金融产业的服务能力;三是依靠技术不断打通金融数据孤岛,构筑开放、公正、安全、合作的数据价值流转环境,解决数据开放共享链条上各方的安全顾虑,促进金融数据产业健康发展。

二、金融数据安全治理中的不足及原因

金融安全是国家安全的重要组成内容,实施金融数据安全治理是保证金融安全的重要前提。经过一段时间的努力,当前中国金融数据安全状况得到

明显改善,但仍然存在一些亟待解决的问题,如数据共享与隐私保护间矛盾突出、数据要素市场化配置不够完善、数据安全产业基础有待夯实、数据违规跨境流动风险凸显等。具体情况如下:

(一)金融数据共享与隐私保护间矛盾突出

随着金融大数据时代的到来,以经济和民生为导向的金融数据开放共享与隐私保护都受到与日俱增的关注。然而,金融数据资源开放共享目前还缺乏统筹管理和安全保障,同时金融数据需求方希望数据能够实现最大化共享,而供给方则因担心隐私泄露而心怀顾忌,从而导致开放共享与隐私保护成为长期存在的一对矛盾。因此,如何拆除"数据烟囱"、打破"信息孤岛",在实现相互独立的金融业务系统之间的数据无障碍传输共享的同时,确保隐私数据不泄露、可溯源、产权明晰、价值不流失,是目前金融数据安全治理亟须解决的问题。

(二)金融数据要素市场化配置不够完善

金融数据要素市场化配置目前尚处于起步阶段,仍存在诸多制约因素:一是现行相关法律对数据要素所有权及相应的使用权、收益权均没有明确界定,不能有效保障收益权利得到合理体现;二是金融数据要素市场交易机制不健全,数据资产估值和定价困难,金融数字产业基础设施建设不均衡、不充分等严重影响区域金融的协调发展,导致"数字鸿沟"形成;三是政府数据开放程度不够,金融机构之间数据共享和再利用较少,导致金融数据交易规模小、成长速度慢;四是金融数据丢失泄露,滥采滥用,非法交易禁而不止,导致金融数据流动和交易安全风险频发。

(三)金融数据安全产业基础有待夯实

金融行业数字化转型正处于快速推进阶段,对进一步夯实金融数据安全产业基础提出了新的要求：一是随着互联网、大数据、人工智能等技术的应用，海量、多源和异构性已成为金融数据的新常态，因此金融数据安全产业在数据存储、管理及使用等方面的基础能力亟须提升；二是随着数字技术的发展，金融机构运行效率不断提高，对金融数据安全产业在数据实时风险防控方面的基础技术提出了更高标准；三是随着金融大数据的喷涌，金融数据安全产业基础设施在应用更安全、高效、稳定的新兴数字技术方面面临着更大的挑战。

（四）金融数据违规跨境流动风险凸显

迄今，金融数据安全治理的国际化进程受到阻碍，主要存在以下两个方面的问题：一个是金融数据产业对其他国家关键技术有着较强的依赖，而这些技术受到国际金融科技寡头的垄断。同时，某些国家掌控着金融数据安全规则和密码标准制定话语权，使金融数据这一国家重要基础性和战略性资源频繁受到侵害和非法使用；另一个是随着金融机构业务的国际化，相关软件和应用程序在全球范围被普遍使用，但目前缺乏统一的数据跨境监管国际标准，通过软件或应用程序流转到境外的数据极易被其他国家捕获。上述现象使金融数据违规跨境流动风险加大，并可能导致国家经济战略性动作随之泄露，从而陷入政策被动。

三、金融数据安全治理能力提升措施

为了有效提升金融数据安全治理能力，特提出以下建议：

（一）以技术推广保障金融数据安全共享

一是制定金融数据安全共享技术推广策略。在保障"数据价值不流失、数据可用不可见、客户隐私不侵犯"的前提下，规范开展金融数据共享与融合技术的应用和推广，保证数据跨机构、跨行业的使用合法合规、范围可控。通过共享技术有效保护客户金融数据隐私，确保数据所有权不因共享共用而发生让渡；二是设立金融数据安全共享技术推广应用标准。在数据采集、数据融合、数据挖掘和数据呈现等全生命周期内，根据不同类别金融数据的安全级别，设计、执行、复查、改进金融机构在各种计算环境下的数据共享标准；三是坚持供给侧结构性改革，以需求牵引，实现技术创新和推广。积极推动数据安全技术研发机构深入开展研究，全面探索和理解金融机构在共享数据服务领域的具体需求。

（二）以产权明晰完善金融数据要素配置

一是将金融数据产权保护纳入法律框架。构建以产权为核心的金融数据相关法律体系，明确金融数据产权的权属构成及包括所有权、占有权、使用权、支配权、收益权、处置权、知情权、撤销权等在内的各种权属在金融活动主体之间的分配；二是确立"谁生产，谁拥有"和"隐私保护优先，兼顾安全共享"的金融数据产权归属原则，即原始数据或个人隐私数据归数据生产者所有，加工处理后的增值数据或衍生数据归金融机构所有。在确保个人隐私不受侵犯的前提下，更有效地发挥产权的激励作用，促进金融数据的有效流动和利用；三是利用区块链技术构建金融数据产权溯源体系，降低数据追本寻源及产权保护的难度。同时，借鉴区块链激励机制建立金融数据隐私保护和安全共享绩效评价机制。

（三）以研发创新发展金融数据安全产业

一是研发创新全闪存存储、高密度互连等高效、节能技术，并将其广泛应用于金融数据安全产业中。一方面可以提升金融数据安全产业的整体性能、服务响应速度和并发处理能力，另一方面有利于降低金融数据安全产业能耗，助力实现"碳达峰""碳中和"；二是研发创新权限控制、追踪溯源、跨境数据监测等金融数据安全风险防控技术，从而实时保护金融数据在不同应用场景下，从采集、整理、使用到流转全过程中的安全，防止数据价值流失，以此提升金融数据安全产业的价值变现能力;三是研发创新金融数据安全产业基础硬件设备和软件技术,鼓励国内计算机硬件和数据软件厂商通过自主研发努力实现数据安全关键设备和核心技术自立自强,推动金融数据安全硬件和软件产业高质量发展。

(四)以国际合作加强金融数据跨境监管

一是依托中国人民银行和全国金融标准化技术委员会,组建国内核心金融数据跨境监管标准化机构,会同重点金融机构深度参与国际金融数据跨境监管标准制、修订工作,积极贡献相关监管标准方案;二是支持国内金融数据安全专家在国际金融数据跨境监管组织中担任重要职务,承办金融数据跨境监管国际论坛、全球展会等跨国性的活动,加强中国金融标准化技术委员会与国际组织的交流、合作;三是通过国际合作促进金融领域密码及隐私保护技术基础研究,积极开展技术创新,促进成果转化,不断增强国家金融数据跨境监管能力,为维护国家金融数据主权提供技术保障。

第二节　金融领域人工智能安全治理

一、金融领域人工智能应用与安全治理现状

近年来,机器学习、知识图谱、自然语言处理、人机交互、计算机视觉、生物特征识别、增强现实与虚拟现实等人工智能技术已经在金融领域中得到越来越普遍的使用。人工智能作为推动金融数智化转型的核心技术,在防控金融风险、维护金融安全方面发挥的作用至关重要。

上述《2018—2019 年度金融科技安全分析报告》显示,超过 7 成的金融企业在其业务中采用了人工智能技术。从艾瑞咨询集团发布的《2021 年中国数字银行白皮书》来看,中国银行业前沿科技外部采购总支出约为 128.6 亿元,

其中人工智能与大数据支出占比 50% 左右。人工智能在金融领域的广泛应用，带来了行业整体效能的提升和服务模式的创新发展。

与此同时，以人工智能为核心技术所编织的金融安全网，在打击非法集资、反洗钱、反欺诈等方面发挥着重要作用，有效强化系统性金融风险防控能力，为维护国家金融安全保驾护航。

为大力提升人工智能技术在金融领域应用和管理水平，推动金融与科技深度融合、协调发展，中国人民银行于 2021 年发布《人工智能算法金融应用评价规范》。该文件针对人工智能应用中存在的算法黑箱、算法同质化、模型缺陷等潜在风险，建立起人工智能金融应用算法评价框架，从目标函数安全性、算法攻击防范能力、算法依赖库安全性、算法可追溯性、算法内控等方面提出基本要求、评价方法和判定准则。

二、金融领域人工智能安全治理中的不足及原因

但值得注意的是，在人工智能发展阶段、制度体系、法律法规、伦理观念等方面，世界各国（地区）之间存在一定差异，它们各自提出的人工智能安全保障方案互相冲突，全球范围内缺乏统一完备的金融领域人工智能安全治理体制机制。不仅如此，治理能力不平衡、秩序不规范等问题不断凸显，"治理赤字"日益加剧，金融安全体系和多边机制受到强烈冲击，金融危机因此可能被引发。目前，在金融领域人工智能安全治理方面存在以下一些共性问题：

（一）人工智能算法缺陷亟须弥补

人工智能因具有独特的技术特性和广泛的应用场景，已成为新兴数字技术的核心组成以及推动全球金融数字化转型的动力来源。但是，面对不可控、难预测的复杂金融系统，人工智能算法存在的一些缺陷逐步显现出来，这无疑加大了安全治理的难度。

一是人工智能算法"黑箱"问题。金融数据普遍具有多源异构特征，深度

学习作为人工智能的先进代表和核心算法,在处理该类数据时表现出明显优势,因此被普遍采用;但是,深度学习算法存在自适应、自学习的特征,且深度学习网络结构中存在多个"隐含层",造成输入数据和输出结果之间的因果关系难以解释;金融机构往往只能被动接受由算法产生的结果而无法洞悉其运行机理,从而导致"黑箱"的形成。

二是人工智能算法"偏见"问题。金融数据是金融领域构建、训练、优化人工智能模型的"燃料",其规模和质量是决定人工智能算法能否作出准确、公平、合理决策的基本保障;然而,金融数据所蕴含的信息和知识可能存在"偏见",而它往往会在人工智能算法结果中得到映射,甚至被放大,从而引发种族、性别、年龄和学历歧视以及"大数据杀熟"等一系列社会问题。

三是人工智能算法"脆弱"问题。说人工智能算法脆弱,主要指其泛化能力差,当遇到突发事件无法应对处理时,可能带来无意识的"误用"。同时,算法的脆弱性还使人工智能系统易受攻击,如算法中被掺杂进人类意识,导致金融安全风险事件发生,甚至引发系统性金融风险。

（二）人工智能数据安全保障不力

数据作为促进人工智能应用和发展的重要驱动力,其安全状况已成为影响人工智能安全的关键之所在。与此同时,人工智能在金融领域的广泛使用也给相关数据安全带来严峻挑战。如何实现人工智能与数据安全的良性互动,首先要做的就是恰当应对人工智能在金融应用场景下的若干数据安全风险。

一是人工智能自身面临金融数据安全风险。例如,模型采用的训练数据受到"干扰"导致金融决策错误;算法运行阶段的数据异常导致智能金融系统运行不畅;模型被窃取后可能将数据进行逆向还原,以及联邦学习等开源框架在共享模型时导致金融数据泄露。

二是人工智能在使用过程中产生金融数据安全风险。例如,金融数据被无序、越权、过度采集,导致用户个人隐私泄露;模型运行过程中被数据误导形成偏见歧视,导致金融市场的公平正义受到威胁,甚至触碰到道德和法律底线;数据挖掘和分析的无止境深化,造成金融数据资源被滥用;网络攻击的智能化水平提升,使金融数据更容易被盗窃;可能出现的"机器"自主伪造、篡改数据行为,引起金融数据资源受到严重"污染"。

三是人工智能逐渐普及加大金融数据安全治理难度。例如,为了提升原始金融数据资源的价值致使数据权属更加难以确认;金融数据违规跨境不仅侵犯个人合法权益,也侵犯国家的信息主权。

(三)人工智能应用风险有待防范

作为防范系统性金融风险的战略性武器,人工智能在打造金融发展新引擎、推动金融数字化转型的同时,也引发了社会、行业和个人等多个维度的应用风险。

一是人工智能的应用可能影响社会稳定。金融领域的人工智能技术革命已经冲击行业内外的就业格局,更关键的是导致社会财富向资本一方倾斜,而低收入人群在新一轮金融资源分配中处于更加不利的地位,严重违背了"共同富裕"这一社会主义根本原则;金融舆情系统正在反复遭受海外敌对势力的"机器人水军"高频次、大规模、有针对性的干扰,严重影响政府金融政策的有效实施和民众对国家金融安全的信心。

二是人工智能的应用加大金融行业及企业合规的难度。由于缺失、错误、劣质数据频现,且金融机构数据审核能力不足,使决策支持系统产生歧视性决策;智能金融产品普遍存在不可解释问题,现行立法也未明确界定相关产品在设计、发布、推广、应用等环节中各方的主体责任和义务,给安全事故责任的认定和追究带来严峻挑战;智能金融产品知识产权保护相关法律滞后,导致版权认定困难。

三是人工智能的应用可能侵犯个人基本权益。算法偏见以及数据本身存在噪声、算法设计者掺杂个人情感和不同国家(地区)的政治立场和文化差异等因素,使金融客户难以获得公平公正的对待;随着人脸识别、虹膜识别、语音识别等技术的推广,人工智能正在以金融行业为切入点从各行各业中海量地、持续地采集和使用个人敏感信息,隐私泄露风险由此可能剧增。

三、金融领域人工智能安全治理能力提升措施

为提升金融领域人工智能安全治理能力,筑牢防范系统性金融风险安全底线,牢固树立总体国家金融安全观,本部分特提出相关建议如下:

(一)提升人工智能算法安全治理能力

一是把握人工智能算法的知识、数据、算力三个核心关联要素,建立安全、可信、可靠、可扩展的人工智能技术框架,从中获取解释性强、鲁棒性高、泛化能力强、准确性高的人工智能算法,以此提高对金融领域人工智能应用风险的监测、预警和处置能力。二是夯实人工智能算法的基础理论,掌握算法的底层逻辑和运行机理,实现从数学模型到算法设计,再到模型训练的一脉相承,拒绝简单直接借用"开源代码",确保算法有据可查、有源可溯,为金融领域在应用和研发人工智能算法时提供坚实的理论依据,从而在面临关键性金融安全问题时,不会因为算法问题被"卡脖子"。三是优化人工智能算法安全治理团队的组织结构,构建起涵盖计算机科学、数学、金融学、法学等的专业化团队,针对金融细分行业,不断完善人工智能算法安全治理标准。

(二)提升人工智能数据安全治理能力

一是建立符合国情的金融数据安全共享机制,逐步推进多方数据安全共享,培育规范金融数据交易市场。二是完善人工智能金融数据安全标准,加快制定金融科技、数字金融、绿色金融、供应链金融等重点行业标准,优化人工智

能金融数据安全标准化组织建设,积极参与国际人工智能金融数据安全标准化工作。三是强化人工智能金融数据安全保护基础理论研究和应用技术研发,建设完善金融领域人工智能开源共享框架,提供保障金融数据安全的人工智能基础研发平台。

(三)提升人工智能伦理法律安全治理能力

一是遵守国家新一代人工智能治理专业委员会发布的《新一代人工智能治理原则——发展负责任的人工智能》中所达成的 8 项共识,即人工智能不取代人、不伤害人、不分化人、不歧视人、不操纵人、不打扰人、不责难人、不局限人。顺应人工智能立法趋势,即明确人工智能法律主体以及相关权利、义务和责任,加快制定细分领域的相关安全管理法规。二是将伦理原则和法律法规同时"植入"金融领域人工智能风险防控体系中,力图解决隐私泄露、算法偏见、非法内容审核等瓶颈问题。三是加强金融行业参与主体在设计、研发、使用、治理人工智能过程中的潜在道德观念和法律意识,积极参与国际金融领域人工智能伦理与法律法规制定和国际合作交流,从而推进国家金融领域人工智能伦理与法律安全治理框架构建和立法工作,完善相关部门规章,开展安全检测评估、监督惩戒和执法工作。

(四)完善金融领域人工智能安全治理体制机制

一是明确治理目标,充分释放人工智能所带来的技术红利,并精准防范、积极应对金融领域应用人工智能技术时所存在的风险,持续平衡金融创新发展与人工智能安全治理的关系,努力完善算法规则和加强数据安全保障,为人工智能技术在金融领域的应用构建规范有序、可持续发展的生态环境提供有力支撑。二是丰富治理手段,持续完善人工智能伦理规范,并将其"嵌入"金融领域人工智能应用中,以规范机器、人、金融的行为及其关系,并通过人工智能技术手段来解决人工智能给金融领域所带来的风险,达到"科技向善"的目的,从而弥补现行法律的空白,为建立健全行业公约和技术指南,以及开展相关立法工作积累经验,以此促进全球金融领域达成人工智能安全治理共识。

第三节　区块链技术赋能资本外逃风险防范

一、资本外逃风险现状

资本外逃风险指国内资金基于安全原因、投资动机或其他目的,为逃避正常的监管制度,在未经相关部门批准的情况下,以各种违法违规方式转移到国外,从而冲击国家经济金融安全的可能性。资本外逃风险将对国民经济产生极大的负面影响:一是影响经济的稳定性和政策的有效性;二是损害信用等级,动摇社会稳定;三是减小财政税基;四是降低外汇储备。

当前,外汇储备下降、资本账户逆差引发了人们对资本外逃问题的担忧和关注。2020 年,新冠疫情骤然暴发,全球经济遭受沉重打击。到目前为止,大多数国家未能有效控制住疫情,为刺激经济,一些欧美国家随即推出规模巨大的货币宽松政策。反观我国,疫情防控形势持续向好,复工复产加快推进,关系国计民生的基础行业和重要产业稳步增长,经济社会发展大局保持稳定。在上述背景下,国际热钱快速涌入国内。按照以往经验,相关国家疫情一旦稳定,其货币宽松政策也将结束,随之而来的便可能是抛售所持资产,形成资本回流。这无疑将对国家经济金融安全造成巨大冲击,并可能引发大规模的资本外逃。

同时,资本外逃风险随着中国经济的开放和市场化的推进而日趋严重。早在 2017 年,有学者发表专门探讨中国资本外逃问题的研究报告,指出 2015 年至 2016 年的短短两年时间内,中国国际收支平衡表上记录的跨境资本外流达到 1.28 万亿美元(非储备性质金融账户余额+误差与遗漏账户),年均跨境资本净流出相当于 GDP 总量的 6%。此外,一些跨境资本虽是通过正规渠道合法流出的,但是在海外的资金可能以各种形式逃避监管,从而并没有纳入跨境资本外流累计。例如,中国的误差与遗漏账户与其他发达国家相比,不仅基数庞大,而且与汇率预期密切相关,也能够很大程度上反映资本外逃的规模和方向。有关报道指出,目前中国已经成为继委内瑞拉、墨西哥、阿根廷之后的世界第四大资本外逃国。

总体来说,资本外逃问题的有效解决还必须依赖于金融体系改革的进一步深化。伴随着新兴数字技术的飞速发展,金融体系成为技术创新的积极实践者和受益者,它高度依赖信息和数据价值,与技术发展特性密切贴合。正是如此,金融体系在实现全面数字化改革浪潮中始终处于前列,如何运用区块链技术防范资本外逃风险也成为备受关注的议题。

二、区块链技术落地资本外逃风险防范面临的问题

随着国际形势日趋复杂、资本外逃途径愈加隐蔽,相关部门应该充分利用新兴数字技术所带来的变革红利,全面深化金融体系数字化改革,从而有效提升资本外逃风险防范能力。所谓"工欲善其事,必先利其器",区块链技术所具有的"不可伪造""可以追溯""集体维护"等特性,使其成为达成这一目标的不二选择。然而,如何实现区块链技术落地资本外逃风险防范,仍然面临诸多问题,亟待得到解决。

(一)专业人才准备不足

随着新兴数字技术的迅猛发展,它们在科学技术领域和国家经济社会各行各业得到快速普遍应用,导致相关专业人才严重紧缺。特别是区块链专业人才准备不足的问题尤为凸显,世界各个国家包括中国在内,对区块链的认识和了解非常有限,区块链的人才储备极为不足。领英等一些网站发布的报告显示,在过去几年中,尤其是 2018 年,很多国家对区块链人才的需求,呈井喷式增长。企业招聘区块链人才的职务,出现了 2000%、最高时达 3500% 的增

长。尽管招聘职位增长这么多,但能满足要求的区块链人才却非常少。国研智库有关报告指出,中国真正具备区块链开发和相关技能的人才非常稀缺,约占总需求量的7%。专业人才不足也使区块链技术在资本外逃风险防范领域的应用和发展受到冲击。

(二)法律法规有待完善

区块链技术本身提供了一种可以创建和保存用于存储信息的不可篡改且透明的分布式共享账本技术,其存储了第一次交易开始至今的所有历史数据,并且形成的数据记录不可撤销、不可篡改。这样的特性可以实现通过互联网操作的行为被追溯和查询,这将使电子证据更容易保全,并且更加完整和真实,与法律对证据要求的客观性高度契合。但由于区块链相关的法律法规建设严重滞后,区块链相关的经济活动缺乏法律保护,无形中加大了参与方的法律风险。区块链这种分布式记账的去中心化系统,对任何一个国家的金融管制都是巨大的挑战。以比特币为代表的加密数字货币交易的匿名化,且方便快捷的跨境资本流通,为洗钱、恐怖主义融资及逃税提供了便利,另外还减弱了中央银行对货币政策的宏观调控。因此,相关法律法规的不健全严重阻碍了区块链技术在资本外逃风险防范中的应用和推广。

(三)技术瓶颈有待突破

区块链技术采用分布式记录存储,对终端硬件存储空间的要求较高,实际使用中存在区块链存储空间膨胀与终端硬件存储空间不够的矛盾。此外,区块链系统信息一旦写入,更改成本较高,致使交易事后追回的难度增加,产品交易系统需要提前设置追索编码和例外编码。因此,区块链存储空间与存储内容修改的灵活性不大。此外,区块链"去中心化"的特性使之不适宜处理大量并行交易,存在抗压能力较差等问题。同时,区块链去信任、不可篡改的机制使区块链系统每个区块节点确认交易的时间较长,因此容易引发交易时间延迟的问题。因此,区块链网络处理大规模交易的能力不足。再次,虽然区块链技术的去中心化特点有效规避了当下中心化网络的安全风险,但是去中心化赋权给予用户的公钥和私钥密码安全问题则凸显出来,用户信息可能在终端设备或第三方平台遭遇攻击窃取。因此,区块链用户信息安全缺乏保障。不难看出,区块链技术瓶颈也严重阻碍了其应用于资本外逃风险防范。

(四)央行数字货币暂未发行

近年来,一些国家和地区央行或货币当局均对发行央行数字货币开展研究。2020年2月21日,瑞典央行宣布开始电子克朗(e-krona)测试,用户可在测试环境中通过电子钱包应用程序(Application,APP)对数字货币进行存款、取款、支付等操作,它有望成为世界最早实现全面流通的数字货币。中国人民银行也正在组织进行积极探索,并于2019年8月21日首次公开提出了有关央行数字货币发行安排的一些具体细节。中国早在2017年时,央行就禁止从银行系统向加密货币交易所进行资金转移,为的就是尽可能地打击金融犯罪,特别是防止资本外逃。但是,如果央行作为数字货币发行方,且其发行的数字货币有望成为国际化货币,其拥有的数字化、透明化,以及可追溯到每个单独交易细节等特点,将有利于提升监管部门在反洗钱、反恐怖融资、反逃税中功能的强化,这也是运用区块链技术防范资本外逃的基石。但是,央行数字货币发行尚在初步阶段,面对趋于严重的资本外逃风险,运用区块链技术解决相关问题已迫在眉睫。

(五)外逃途径复杂多样

资本外逃的主要方式仅有三类,即经常项目下的资本外逃、资本项下的资本外逃和通过其他地下渠道的资本外逃。但是,具体途径却复杂多样,诸如贸易渠道、非贸易渠道、地下钱庄、在对境外投资中转移资本、借助境外融资实现资本外逃等。此外,需要特别关注的是,中国已出现通过加密货币途径进行跨境资本转移,从而导致资本外逃风险愈演愈烈,因为比特币和其他加密货币交易的重要驱动因素之一就是人们设法将资金转移到境外。对于那些不信任政府也不信任黄金的人而言,比特币是他们青睐的替代法定货币的选择。2020年1月8日,总部位于中国的区块链安全公司派盾(Peckshield)发布了《2019年全球数字资产反洗钱研究报告》,该报告指出,2017年、2018年和2019年中国基于加密货币的资本外逃分别为101亿美元、179亿美元和114亿美元。由此可见,资本外逃不仅途径多,而且支付方式越来越隐秘和高效,这也大大增加了运用区块链技术防范资本外逃风险的难度。

三、区块链技术落地资本外逃风险防范措施

运用区块链技术防范资本外逃风险,指以区块链为核心技术,并借助大数据、人工智能、物联网、云计算、5G网络等新兴数字技术,提升对资本外逃现象的识别效率和测量准度,有针对性地检测和控制不同方式下的资本外逃行为,从而遏制不法分子通过资本跨境转移进行洗钱、恐怖融资、逃税等非法活动,维护资本市场秩序和国家经济金融安全。为做好此项工作,特提出以下具体建议:

(一)专业人才培养

区块链技术发展前景广阔,但领军人才、尖子人才尤为稀缺,专业技术人才培养与创新发展实践存在脱节的现象,需要加大力度实施"人才优先"战略。

一是准确把握区块链技术发展的现状和趋势,科学分析区块链技术应用于资本外逃风险防范中技术融合、功能拓展、职能细分等方面存在的人才短板问题,系统梳理区块链技术和资本外逃风险防范从量的积累向质的飞跃、点的突破向系统能力提升的重要时期的人才需求,厘清区块链技术结合资本外逃风险防范过程中存在的人才数量、结构、培养、储备与发展需求不匹配、不适应

的问题。

二是结合实际国情,研究出台相关政策,细化具体措施,加强人才队伍建设,建立健全人才培养体系。构建多种形式的高层次人才培养平台,依托在高校、科研院所自主培养区块链技术开发领域学术型人才和专业技术精英、高端技术研发、行业系统应用以及管理、法律等方面的复合型人才。

三是以更加开放的态度推动国际科技交流,选准优先方向、重点领域、重大项目,吸引海外优秀专家学者参与到区块链技术应用于资本外逃风险防范的工作中来。用好国内国外两种科技资源,增加急需紧缺和骨干专业人才有效供给,培育一批领军人物和高水平创新团队,打造区块链技术与资本外逃风险防范融合发展的人才高地。

（二）法律法规完善

区块链技术的应用不是法外之地,新兴数字技术不是违法的挡箭牌。现阶段区块链相关法律法规存在欠缺。为了去除这一障碍,应该健全相应的法治建设,帮助业务的顺利拓展。法律法规是维护市场稳定与安全的保护伞,只有保证有法可依、有法必依、执法必严、违法必究,才能使区块链技术在实际应用时保证用户权益。从法律层面对区块链的底层技术和应用层面加以引导和约束,结合区块链技术整体系统运行的特征,从软件安全、存储安全、业务安全等多个方面出台法律法规,防范新兴数字技术带来的潜在风险。充分利用区块链技术的优势,并及时洞察技术潜在的弱点与漏洞,改进监管方式、完善监管手段。

针对区块链技术目前存在的法律相关问题,可以从以下几个方面逐步完善法律法规:一是明确区块链技术应用于资本外逃风险防范的法律权利及义务,并细化相关规定;二是明确区块链技术应用于资本外逃风险防范参与者的法律责任,主要涉及政府监管部门、投融资平台、区块链平台等;三是完善资本外逃风险防范中区块链平台的准入制度,建立区块链平台的准入制度有利于实现区块链平台的安全健康发展,有效阻止区块链平台自身的违法活动。

(三)运行模式中心化管理

突破区块链技术应用于资本外逃风险防范中的瓶颈,其关键因素在于确保国家对跨境资本流动信息的绝对掌控权,实现监管政策和宏观审慎管理目标。因此,运用区块链技术防范资本外逃风险不再采用去中心化的运行模式,而应采用中心化的运行模式。

如何实现运行模式中心化管理,具体包括以下几点建议:第一,充分利用国家超级计算中心的存储能力、计算能力,突破区块链技术应用瓶颈,全面提升相关部门在资本外逃风险防范中的数字化进程。第二,因为跨境资本流动信息仍然由政府为主导代为社会公众进行监管,其监管与被监管关系并未随着区块链技术的引入而改变,因而仍必须保证政府在跨境资本流动信息监管体系中的主导地位。第三,需要保证并加强政府的宏观审慎和跨境资本监管政策调控职能,避免个人信息泄露,实现政府对个人信息流向的追踪和监管。

(四)新兴数字技术有机结合

目前,资本外逃风险较为严重,运用区块链技术防范资本外逃已经刻不容缓。由于还未构建完整的区块链运行模式和技术体系,现阶段应该以区块链为核心技术,综合运用大数据、人工智能、物联网、云计算、5G 等新兴数字技术防范资本外逃风险。但是,各类新兴数字技术功能属性的不同决定了它们在实现资本外逃风险防范过程中所分配的主要任务各异,而且在整个过程中还需要多种数字技术的综合应用。

因此,要实现各类技术的有机结合需要从以下两个方面着手:一方面深入考虑各种新兴数字技术在资本外逃风险防范中的协调作用;另一方面仔细处置新兴数字技术的融合障碍,并提出切实可行的解决办法。

（五）政府和市场力量集中采用

资本外逃途径纷繁复杂,特别是近年来部分组织和个人通过加密货币将资本转移境外,如果仅凭政府力量对资本外逃行为进行监管难见成效。集中政府和市场力量有利于充分利用商业机构现有资源、人才、技术等优势,通过市场驱动,促进创新,鼓励竞争,具体而言:

一是商业银行、金融科技企业、电商平台等机构的 IT 基础设施应用和服务体系已比较成熟,系统的处理能力较强,在区块链技术应用方面已经积累了一定的经验,人才储备较为充分。因此,在商业银行、金融科技公司、电商平台等机构现有的基础设施、人力资源及成熟的应用和服务体系的基础上,开展资本外逃风险防范工作。

二是在安全、可靠的前提下,政府部门与商业银行、金融科技企业、电商平台等机构可以密切合作,不预设技术路线,充分调动市场力量,通过竞争模式来实现资本外逃风险防范系统优化,共同开发、共同运行。这样,既有利于整合资源、发挥合力,也有利于促进创新。

三是大众已习惯通过商业银行、金融科技企业、电商平台等商业机构处理金融业务,调用市场力量也有助于加快社会公众对区块链技术的认知,增强资本外逃风险防范意识,提升对资本外逃风险防范的参与积极性。

第四节　金融监管科技助力风险防范化解

一、金融监管科技高端智力汇聚

第五次全国金融工作会议曾明确指出,防范化解金融风险,特别是防止发生系统性金融风险,是金融工作的根本性任务,也是金融工作的永恒主题。2022 年中央经济工作会议也要求,防范化解金融风险,压实各方责任,防止形成区域性、系统性金融风险。在数字经济的时代大背景下,全面提升金融监管科技水平,是打好防范化解金融风险攻坚战的制胜法宝。金融监管科技水平的提升首先依赖于高端智力的支撑,为此提出以下建议:

(一)培养"1+N"金融监管科技创新复合型人才

由国内"双一流"高校主导推进金融监管科技人才培养模式改革创新,支持金融学("1")与管理学、信息与计算科学、心理学、物理学、生物学等学科("N")的交叉融合。加大金融行业与新兴数字技术跨界复合型人才培养力度,健全"产学研用"一体化、"政校企"协同化人才培养机制,建立金融监管科技创新拔尖人才培养基地。

(二)推广"金融监管科技创新飞地"模式

通过政府主导、企业运作、高校协同方式,在上海、北京、深圳等国内金融中心建设"金融监管科技创新飞地"跨区孵化基地、重点实验室、院士工作站、人才共享平台等,适时推进伦敦、新加坡、纽约"金融监管科技创新飞地"国际平台建设。以项目为纽带、以产业为导向,突破地域限制,开展金融监管机构与互联网科技、互联网金融、互联网零售之间的金融监管科技创新合作,力争破解金融监管科技"卡脖子"难题,促推关键技术在全球各地研发、成果向国内转移、项目在国内孵化、产业在国内落地。

(三)构建金融监管科技新型智库体系

建立国家金融监管科技专家咨询委员会,为制定金融监管科技产业发展的相关战略规划、重大方针政策和关键改革举措提供智力支持。充分发挥国家金融与发展实验室等研发机构,以及金融创新特色产业园、金融科技生态联盟等创新平台引领作用,推动国家金融监督管理总局联合腾讯、华为等头部数字科技企业,以及高校等成员之间的长期、全面、深度合作,进一步实现资源共享、优势互补,以此构建完备、有力的金融监管科技新型智库体系。

二、金融监管科技关键技术研发

金融监管科技水平的提升离不开数字技术的应用,而数字技术的应用是以关键技术研发为基础的,为此需要从以下几个方面实施行动:

(一)夯实金融监管科技关键技术基础设施

持续提升全国 5G 网络覆盖范围,提前规划和布局 6G 网络,加快推进千、万兆网络进户入企,加强金融监管科技应用场景网络支撑能力。依托中国数字资产交易平台,开展合规金融数字化服务和金融数字资产确权交易业务,实现从金融数据归集、加工、交易到应用的闭环监管。利用国家超级计算充沛的算力资源,加强与全国一体化算力网络国家枢纽节点的衔接,支持中小型数据中心提供算力补充。借助国家人工智能创新应用先导区先发优势,打造全球一流人工智能基础设施,面向金融监管科技领域提供开放式、低成本人工智能技术和产品。针对金融监管科技数字内容和数据资产的安全使用需求,统筹区块链公链和私链建设,构建标准统一、安全可靠的区块链基础设施。

(二)建设高效可靠的金融监管科技研发平台

鼓励全国高校院所会同金融机构、科技企业、金融科技企业等,联合成立金融监管科技国家级重点实验室、工程研究中心等。依托国家超级计算中心构建金融数据监管中心和云服务平台,实现大数据标签、人工智能自然语言处理、区块链智能合约等技术在金融风险防控方面的应用,更好地适应高并发、多频次、大流量等新型金融风险的防控需求。

(三)加快金融监管科技中新兴数字技术的应用推广

支持数字科技企业面向金融监管科技开展场景应用和关键技术突破。推动拥有自主知识产权的核心技术、前沿技术的研发和应用,带动金融监管科技领域关键技术创新。鼓励服务于金融风险防控的智能合约、分布式存储、生物识别等技术研发,推进金融监管"天眼"系统建设。通过大数据、人工智能等技术完善企业信贷流程和信用评价模型,探索运用区块链技术重构社会信用体系。

三、金融监管科技风控能力强化

金融监管科技水平决定了金融监管部门防范化解金融风险的能力,为了进一步加强金融监管科技风控能力建设,提出以下几点建议:

(一)提升金融监管科技中数据安全治理能力

建立符合中国国情的金融数据安全共享机制,逐步推进企业经营数据、金融行业数据、政府公共数据等多方安全共享,鼓励不同市场主体进行安全、有序的数据交换,构建支持金融监管科技发展的优质数据资源库。鼓励金融监管科技研发机构深入探索金融机构对共享数据服务的需求,确保金融机构在数据共享的准备、交换、使用等各阶段的安全实施。

(二)增强金融监管科技中人工智能安全治理能力

强化金融监管科技参与主体在设计、研发、使用、治理人工智能过程中的道德观念和法律意识,并逐步完善相关监管制度。构建一种多元主体参与、各方协同共治模式,即以国家金融监督管理总局为制定和执行治理规则的核心主体,以金融监管科技组织为治理方向的引导主力,以金融行业组织为多方治理的推动者,以金融机构为践行行业自律自治的中坚力量,以金融客户为监督治理的重要参与者。

（三）提高金融监管科技跨区域协同监管能力

落实金融风险防控属地管理职责，健全金融风险防范协同处置机制，通过金融监管科技不断提升金融风险监测、评估、预警和处置能力。充分利用金融监管科学技术，逐步统一跨地区金融监管标准、研究建立金融监管协作机制，推动区域协作常态化、制度化。促进各地区的金融监管信息共享，提高金融监管科技对跨地域金融风险的联合监管和协同处置能力。

参 考 文 献

[1] 巴曙松、王璟怡、杜婧:《从微观审慎到宏观审慎:危机下的银行监管启示》,《国际金融研究》2010 年第 5 期。

[2] 曾宇、王洁、凝晖:《曙光 5000A 高效能计算节点的设计与实现》,《计算机工程》2009 年第 6 期。

[3] 陈斌彬:《论中央与地方金融监管权配置之优化——以地方性影子银行的监管为视角》,《现代法学》2020 年第 1 期。

[4] 陈艳、王宣承:《基于变量选择和遗传网络规划的期货高频交易策略研究》,《中国管理科学》2015 年第 10 期。

[5] 杜在超、Escanciano J. C.:《期望损失的后验分析》,《财经研究》2017 年第 12 期。

[6] 方意:《宏观审慎政策有效性研究》,《世界经济》2016 年(a)第 8 期。

[7] 方意:《系统性风险的传染渠道与度量研究——兼论宏观审慎政策实施》,《管理世界》2016 年(b)第 8 期。

[8] 高惺惟:《传统金融风险与互联网金融风险的共振机理及应对》,《现代经济探讨》2022 年第 4 期。

[9] 管弋铭、伍旭川:《数字货币发展:典型特征、演化路径与监管导向》,《金融经济学研究》2020 年第 3 期。

[10] 郭娜、祁帆、张宁:《我国系统性金融风险指数的度量与监测》,《财经科学》2018 年第 2 期。

[11] 何德旭、史晓琳:《互联网时代的金融风险及其防范措施研究》,《中国社会

科学院研究生院学报》2018 年第 2 期。

[12] 何建雄：《建立金融安全预警系统：指标框架与运作机制》，《金融研究》2001年第 1 期。

[13] 胡海峰、代松：《后金融危机时代系统性风险及其测度评述》，《经济学动态》2012 年第 4 期。

[14] 胡利琴、陈锐、班若愚：《货币政策、影子银行发展与风险承担渠道的非对称效应分析》，《金融研究》2016 年第 2 期。

[15] 胡利琴、胡蝶、彭红枫：《机构关联、网络结构与银行业系统性风险传染——基于 VAR-NETWORK 模型的实证分析》，《国际金融研究》2018 年第 6 期。

[16] 黄聪、贾彦东：《金融网络视角下的宏观审慎管理——基于银行间支付结算数据的实证分析》，《金融研究》2010 年第 4 期。

[17] 黄益平、曹裕静、陶坤玉等：《货币政策与宏观审慎政策共同支持宏观经济稳定》，《金融研究》2019 年第 12 期。

[18] 鞠颂：《美国金融危机国际传导研究》，南京大学 2013 年博士学位论文。

[19] 李翀：《国家金融风险论——对国际资本投机性冲击的分析和思考》，商务印书馆 2000 年版。

[20] 李红权：《金融市场的复杂性与金融风险管理——一个基于非线性动力学视角的分析原理》，《财经科学》2006 年第 10 期。

[21] 李守伟、王虎、刘晓星：《基于银行动态多层网络的系统性风险防控政策效果研究》，《管理工程学报》2022 年第 36 卷第 4 期。

[22] 李守伟、文世航、王磊等：《多层网络视角下金融机构关联性的演化特征研究》，《中国管理科学》2020 年第 28 卷第 12 期。

[23] 李妍：《宏观审慎监管与金融稳定》，《金融研究》2009 年第 8 期。

[24] 李艳丽：《宏观经济金融风险预警指标体系构建》，《金融经济》2019 年第 10 期。

[25] 梁勇：《开放的难题：发展中国家的金融安全》，高等教育出版社 1999 年版。

[26] 马理、彭承亮、何启志等：《互联网金融业对传统金融业风险溢出效应研究》，《证券市场导报》2019 年第 5 期。

[27] 廖湘科、谭郁松、卢宇彤等：《面向大数据应用挑战的超级计算机设计》，《上海大学学报（自然科学版）》2016 年第 22 卷第 1 期。

[28] 刘东华：《通货膨胀目标制宏观经济效应之"非对称性"的验证》，《金融研

究》2011 年第 1 期。

　　［29］刘骏:《地方金融监管权真的可行吗》,《现代经济探讨》2019 年第 1 期。

　　［30］刘沛、卢文刚:《金融安全的概念及金融安全网的建立》,《国际金融研究》2001 年第 11 期。

　　［31］刘松林、王晓娟、王赛:《经济新常态下商业银行风险预警指标体系构建》,《统计与决策》2018 年第 34 卷第 23 期。

　　［32］刘玚、李政、刘浩杰:《中国金融市场间极端风险溢出的监测预警研究——基于 MVMQ-CAViaR 方法的实现》,《经济与管理研究》2020 年第 41 卷第 2 期。

　　［33］刘宇飞:《VaR 模型及其在金融监管中的应用》,《经济科学》1999 年第 1 期。

　　［34］吕铖钢:《地方金融权的法律配置》,《现代经济探讨》2019 年第 4 期。

　　［35］马超群、孙霖、米先华等:《高性能的区块链分布式存储系统及方法、设备、存储介质》,湖南省 2021 年,专利号 CN113472864A。

　　［36］马勇、陈雨露:《宏观审慎政策的协调与搭配:基于中国的模拟分析》,《金融研究》2013 年第 8 期。

　　［37］秦宛顺、靳云汇、刘明志:《金融监管的收益成本分析》,《金融研究》1999 年第 1 期。

　　［38］沈悦、谢勇、田嫄:《基于 FSI 的中国金融安全实证分析》,《金融论坛》2007 年第 10 期。

　　［39］舒心:《新时代我国金融监管体制变革:回顾、反思与展望》,《中国地质大学学报:社会科学版》2019 年第 19 卷第 1 期。

　　［40］孙大为、张广艳、郑纬民:《大数据流式计算:关键技术及系统实例》,《软件学报》2014 年第 25 卷第 4 期。

　　［41］王勋、黄益平、陶坤玉:《金融监管有效性及国际比较》,《国际经济评论》2020 年第 1 期。

　　［42］王元龙:《关于金融安全的若干理论问题》,《国际金融研究》2004 年第 5 期。

　　［43］王元龙:《我国对外开放中的金融安全问题研究》,《国际金融研究》1998 年第 5 期。

　　［44］王周伟、吕思聪、茆训诚:《基于风险溢出关联特征的 CoVaR 计算方法有效性比较及应用》,《经济评论》2014 年第 4 期。

　　［45］《习近平谈治国理政》第二卷,外文出版社 2017 年版,第 280 页。

　　［46］谢赤、贺慧敏、王纲金等:《基于复杂网络的泛金融市场极端风险溢出效应

及其演变研究》,《系统工程理论与实践》2021年(a)第41卷第8期。

[47] 谢赤、胡雪晶、王纲金:《金融危机10年来中国股市动态演化与市场稳健研究——一个基于复杂网络视角的实证》,《中国管理科学》2020年第28卷第6期。

[48] 谢赤、莫廷程、李可隆:《重大突发事件背景下金融行业间极端风险相依和风险溢出研究》,《财经理论与实践》2021年(b)第42卷第3期。

[49] 熊婉婷:《宏观审慎与微观审慎协调的国际经验及启示》,《国际经济评论》2021年第5期。

[50] 许启发、李辉艳、蒋翠侠等:《基于QRNN+GARCH方法的供应链金融多期价格风险度量及防范》,《数理统计与管理》2018年第37卷第4期。

[51] 叶永刚、张培:《中国金融监管指标体系构建》,《金融研究》2009年第4期。

[52] 俞乔、赵昌文:《政治控制、财政补贴与道德风险:国有银行不良资产的理论模型》,《经济研究》2009年第44卷第6期。

[53] 袁康:《社会监管理念下金融科技算法黑箱的制度因应》,《华中科技大学学报(社会科学版)》2020年第34卷第1期。

[54] 张晨、丁洋、汪文隽:《国际碳市场风险价值度量的新方法——基于EVT-CAViaR模型》,《中国管理科学》2015年第23卷第11期。

[55] 张鹏、解玉平:《美国金融监管有效性的衡量(2000—2009年)——基于金融监管指数的分析方法》,《金融理论与实践》2012年第2期。

[56] 张晓朴:《系统性金融风险研究:演进、成因与监管》,《国际金融研究》2010年第7期。

[57] 张志英:《金融风险传导机理研究》,中国市场出版社2009年版。

[58] 张宗新、陈莹:《系统性金融风险动态测度与跨部门网络溢出效应研究》,《国际金融研究》2022年第1期。

[59] 章明、刘培:《基于大数据的智能风险防控平台设计与实现》,《中国工程科学》2020年第22卷第6期。

[60] 赵胜民、张瀚文:《资本流动宏观审慎政策有效性研究——基于包含国内外金融机构的DSGE分析》,《财经研究》2020年第46卷第8期。

[61] 赵晓菊:《信息不对称与金融风险的控制管理》,《国际金融研究》1999年第5期。

[62] 周爱民、韩菲:《股票市场和外汇市场间风险溢出效应研究——基于GARCH-时变Copula-CoVaR模型的分析》,《国际金融研究》2017年第11期。

〔63〕周朝晋:《国家金融安全研究:一个文献综述》,《中国商论》2020 年第 7 期。

〔64〕周仲飞、李敬伟:《金融科技背景下金融监管范式的转变》,《法学研究》2018 年第 40 卷第 5 期。

〔65〕朱宏淼、靳祯、齐佳音等:《线上线下双层耦合网络上的知识传播动力学研究》,《系统工程理论与实践》2020 年第 40 卷第 2 期。

〔66〕朱慧明、董丹、郭鹏:《基于 Copula 函数的国际原油价格与股票市场收益的相关性研究》,《财经理论与实践》2016 年第 37 卷第 2 期。

〔67〕Abedifar P., Bouslah K., Neumann C., et al., "Resilience of Environmental and Social Stocks Under Stress: Lessons from the COVID-19 Pandemic", *Financial Markets, Institutions & Instruments*, Vol. 32, No. 2, 2023.

〔68〕Abernathy W. J., Clark K. B., "Innovation: Mapping the Winds of Creative Destruction", *Research Policy*, Vol. 14, No. 2, 1985.

〔69〕Adrian T., Brunnermeier M. K., "CoVaR", *American Economic Review*, Vol. 106, No. 7, 2016.

〔70〕Ahn H., Moon H., Fazzari M. J., et al., "Classification by Ensembles from Random Partitions of High-Dimensional Data", *Computational Statistics & Data Analysis*, Vol. 51, No. 12, 2007.

〔71〕Akerlof G. A., *The Market for "Lemons": Quality Uncertainty and the Market Mechanism, Uncertainty in Economics*, London: Academic Press, 1978.

〔72〕Aldasoro I., Alves I., "Multiplex Interbank Networks and Systemic Importance: An application to European data", *Journal of Financial Stability*, Vol. 35, 2018.

〔73〕Aleta A., Moreno Y., "Multilayer Networks in a Nutshell", *Annual Review of Condensed Matter Physics*, Vol. 10, No. 1, 2019.

〔74〕Allen F., Gale D., "Financial Contagion", *Journal of Political Economy*, Vol. 108, No. 1, 2000.

〔75〕Ashenfelter O., Card D., "Using the Longitudinal Structure of Earnings to Estimate the Effect of Training Programs", *The Review of Economics and Statistics*, Vol. 67, No. 4, 1985.

〔76〕Bailliu J. N., Zhang Y. H., "Macroprudential Rules and Monetary Policy When Financial Frictions Matter", *Economic Modelling*, Vol. 20, 2015.

〔77〕Ball L., Sheridan N., "Does Inflation Targeting Matter", In: *NBER Conference on Inflation Targeting*, Bel Harbour, FL, 2005.

[78] Bardoscia M., Bianconi G., Ferrara G., "Multiplex Network Analysis of the UK Over-the-Counter Derivatives Market", *International Journal of Finance & Economics*, Vol. 24, No. 4, 2019.

[79] Bargigli L., Di I. G., Infante L., et al., "The Multiplex Structure of Interbank Networks", *Quantitative Finance*, Vol. 15, No. 4, 2015.

[80] Barnett N. P., Ott M. Q., Rogers M. L., et al., "Peer Associations for Substance Use and Exercise in a College Student Social Network", *Health Psychology*, Vol. 33, No. 10, 2014.

[81] Battiston S., Martinez-Jaramillo S., "Financial Networks and Stress Testing: Challenges and New Research Avenues for Systemic Risk Analysis and Financial Stability Implications", *Journal of Financial Stability*, Vol. 35, 2018.

[82] Benoit S., Colliard J. E., Hurlin C., et al., "Where the Risks Lie: A Survey on Systemic Risk", *Review of Finance*, Vol. 21, No. 1, 2017.

[83] Berkowitz J., "Testing Density Forecasts, with Applications to Risk Management", *Journal of Business & Economic Statistics*, Vol. 19, No. 4, 2001.

[84] Billah M., Karim S., Naeem M. A., et al., "Return and Volatility Spillovers between Energy and BRIC Markets: Evidence from Quantile Connectedness", *Research in International Business and Finance*, Vol. 62, 2022.

[85] Billio M., Getmansky M., Lo A. W., et al., "Econometric Measures of Connectedness and Systemic Risk in the Finance and Insurance Sectors", *Journal of Financial Economics*, Vol. 104, No. 3, 2012.

[86] Bisias D., Flood M., Lo A. W., et al., "A Survey of Systemic Risk Analytics", *Annual Review of Financial Economics*, Vol. 4, No. 1, 2012.

[87] Boginski V., Butenko S., Pardalos P. M., "Statistical Analysis of Financial Networks", *Computational Statistics & Data Analysis*, Vol. 48, No. 2, 2005.

[88] Bordes A., Usunier N., Garcia-Duran A., et al., "Translating Embeddings for Modeling Multi-Relational Data", In: *Advances in Neural Information Processing Systems*, Lake Tahoe, Nevada, United States, 2013.

[89] Boss M., Elsinger H., Summer M., et al., "Network Topology of the Interbank Market", *Quantitative Finance*, Vol. 4, No. 6, 2004.

［90］Bratis T., Laopodis N. T., Kouretas G. P., "CDS and Equity Markets' Volatility Linkages: Lessons from the EMU Crisis", *Review of Quantitative Finance and Accounting*, Vol. 60, No. 3, 2023.

［91］Breiman L., "Bagging Predictors", *Machine Learning*, Vol. 24, No. 2, 1996.

［92］Breiman L., *Classification and Regression Trees*, Routledge, 2017.

［93］Breiman L., "Random Forests", *Machine Learning*, Vol. 45, No. 1, 2001.

［94］Brin S., Page L., "The Anatomy of a Large-Scale Hypertextual Web Search Engine", *Computer Networks and ISDN Systems*, Vol. 30, No. 1-7, 1998.

［95］Brummitt C. D., Kobayashi T., "Cascades in Multiplex Financial Networks with Debts of Different Seniority", *Physical Review E*, Vol. 91, No. 6, 2015.

［96］Buldyrev S. V., Parshani R., Paul G., et al., "Catastrophic Cascade of Failures in Interdependent Networks", *Nature*, Vol. 464, No. 7291, 2010.

［97］Burkholz R., Leduc M. V., Garas A., et al., "Systemic Risk in Multiplex Networks with Asymmetric Coupling and Threshold Feedback", *Physica D*, Vol. 323, 2016.

［98］Capponi A., Dooley J. M., Oet M. V., et al., "Capital and Resolution Policies: The US Interbank Market", *Journal of Financial Stability*, Vol. 30, 2017.

［99］Carbone P., Katsifodimos A., Ewen S., et al., "Apache Flink: Stream and Batch Processing in a Single Engine", *Bulletin of the IEEE Computer Society Technical Committee on Data Engineering*, Vol. 36, No. 4, 2015.

［100］Cerchiello P., Giudici P., Nicola G., "Twitter Data Models for Bank Risk Contagion", *Neurocomputing*, Vol. 264, 2017.

［101］Chen M. H., Tian Y. T., Chang K. W., et al., "Co-Training Embeddings of Knowledge Graphs and Entity Descriptions for Cross-lingual Entity Alignment", In: *Proceedings of the 27th International Joint Conference on Artificial Intelligence*, Stockholm, 2018.

［102］Chen W., Qu S., Jiang M. R., et al., "The Construction of Multilayer Stock Network Model", *Physica A*, Vol. 565, 2021.

［103］Christidis A., Gregory A., *Some New Models for Financial Distress Prediction in the UK*, Dordrecht: Springer, 2010.

［104］Christoffersen P., Pelletier D., "Backtesting Value-at-risk: A Duration-Based Approach", *Journal of Financial Econometrics*, Vol. 2, No. 1, 2004.

［105］Christoffersen P., "Evaluating Interval Forecasts", *International Economic Review*, Vol. 39, No. 4, 1998.

［106］Clement P., "The Term 'Macroprudential': Origins and Evolution", *BIS Quarterly Review*, March, 2010.

［107］Cortes C., Vapnik V., "Support-Vector Networks", *Machine Learning*, Vol. 20, No. 3, 1995.

［108］Cover T., Hart P., "Nearest Neighbor Pattern Classification", *IEEE Transactions on Information Theory*, Vol. 13, No. 1, 1967.

［109］Craig B., Ma Y., "Intermediation in the Interbank Lending Market", *Journal of Financial Economics*, Vol. 145, No. 2, 2022.

［110］Crnkovic C., Drachman J., "Quality Control", *Risk*, Vol. 9, No. 9, 1997.

［111］Das R., Neelakantan A., Belanger D., "Chains of Reasoning over Entities, Relations, & Text Using Recurrent Neural Networks", In: *Prcceedings of the 15th Conference of the European Chapter of the Association for Computational Linguistics*, Valencia, 2017.

［112］De B. K. W., Coussement K., Van D. P. D., "Ensemble Classification Based on Generalized Additive Models", *Computational Statistics & Data Analysis*, Vol. 54, No. 6, 2010.

［113］Dean J., Ghemawat S., "MapReduce: Simplified Data Processing on Large Clusters", *Communications of the ACM*, Vol. 51, No. 1, 2008.

［114］Demirer R., Demos G., Gupta R., et al., "On the Predictability of Stock Market Bubbles: Evidence from LPPLS Confidence Multi-Scale Indicators", *Quantitative Finance*, Vol. 19, No. 5, 2019.

［115］Diebold F. X., Yilmaz K., "Better to Give Than to Receive: Predictive Directional Measurement of Volatility Spillovers", *International Journal of Forecasting*, Vol. 28, No. 1, 2012.

［116］Diebold F. X., Yilmaz K., "Measuring Financial Asset Return and Volatility Spillovers, with Application to Global Equity Markets", *The Economic Journal*, Vol. 119, No. 534, 2009.

［117］Diebold F. X., Yilmaz K., "On the Network Topology of Variance Decompositions: Measuring the Connectedness of Financial Firms", *Journal of Econometrics*, Vol. 182, No. 1, 2014.

［118］Diebold F., Gunther T., Tay A., "Evaluating Density Forecasts with Applications to Financial Risk Management", *International Economic Review*, Vol. 39, No. 4, 1998.

［119］Ding Y., Kambouroudis D., McMillan D. G., "Forecasting Realised Volatility: Does the LASSO Approach Outperform HAR?", *Journal of International Financial Markets, Institutions & Money*, Vol. 74, 2021.

［120］Dungey M., Islam R., Volkov V., "Crisis Transmission: Visualizing Vulnerability", *Pacific-Basin Finance Journal*, Vol. 59, 2020.

［121］Embrechts P., Kaufmann R., Patie P., "Strategic Long-Term Financial Risks: Single Risk Factors", *Computational Optimization and Applications*, Vol. 32, No. 1, 2005.

［122］Engle R., Manganelli S., "CAViaR: Conditional Autoregressive Value at Risk by Regression Quantiles", *Journal of Business & Economic Statistics*, Vol. 22, No. 4, 2004.

［123］Feng Y., Wang G. J., Zhu Y., et al., "Systemic Risk Spillovers and the Determinants in the Stock Markets of the Belt and Road Countries", *Emerging Markets Review*, Vol. 55, 2023.

［124］Fernando C. S., May A. D., Megginson W. L., "The Value of Investment Banking Relationships: Evidence from the Collapse of Lehman Brothers", *Journal of Finance*, Vol. 67, No. 1, 2012.

［125］Ferrag M. A., Derdour M., Mukherjee M., et al., "Blockchain Technologies for the Internet of Things: Research Issues and Challenges", *IEEE Internet of Things Journal*, Vol. 6, No. 2, 2019.

［126］Ferrara G., Langfield S., Liu Z., et al., "Systemic Illiquidity in the Interbank Network", *Quantitative Finance*, Vol. 19, No. 11, 2019.

［127］Foglia M., Di T. C., Wang G. J., et al., "Interconnectedness between Stock and Credit Markets: The Role of European G-SIBs in a Multilayer Perspective", *Journal of International Financial Markets, Institutions and Money*, Vol. 91, 2024.

［128］Frankel J., Rose A., "Currency Crashes in Emerging Markets: an Empirical Treatment", *Journal of International Economics*, Vol. 98, No. 4, 1996.

［129］Freund Y., Schapire R. E., "A Decision-Theoretic Generalization of On-line Learning and an Application to Boosting", *Journal of Computer and System Sciences*, Vol. 55, No. 1, 1997.

［130］Freund Y., "Boosting a Weak Learning Algorithm by Majority", *Information and*

Computation, Vol. 121, No. 2, 1995.

[131] Fricke D., Lux T., "Ccre-Periphery Structure in the Overnight Money Market: Evidence from the E-MID Trading Platform", *Computational Economics*, Vol. 45, No. 3, 2015.

[132] Friedman J. H., "Greedy Function Approximation: a Gradient Boosting Machine", *Annals of Statistics*, Vol. 29, No. 5, 2001.

[133] Funke M., Paetz M., "A DSGE-Based Assessment of Nonlinear Loan-to-Value Policies: Evidence from Hong Kong", BOFIT Discussion Papers, 2012.

[134] Gan S. L., Djauhari M. A., "New York Stock Exchange Performance: Evidence from the Forest of Multidimensional Minimum Spanning Trees", *Journal of Statistical Mechanics: Theory and Experiment*, Vol. 2015, No. 12, 2015.

[135] Gao J., Zheng F., Qi F., et al., "Sunway Supercomputer Architecture towards Exascale Computing: Analysis and Practice", *Science China-Information Sciences*, Vol. 64, No. 4, 2021.

[136] Gelain P., Lansing K. J., Mendicino C., "House Prices, Credit Growth, and Excess Volatility: Implications for Monetary and Macroprudential Policy", *International Journal of Central Banking*, Vol. 9, No. 2, 2013.

[137] Girardi G., Ergün A., "Systemic Risk Measurement: Multivariate GARCH Estimation of CoVaR", *Journal of Banking & Finance*, Vol. 37, No. 8, 2013.

[138] Goddard J., Kita A., Wang Q., "Investor Attention and FX Market Volatility", *Journal of International Financial Markets, Institutions and Money*, Vol. 38, 2015.

[139] Goodfellow I. J., Pouget-Abadie J., Mirza M., et al., "Generative Adversarial Nets: Advances in Neural Information Processing Systems", *Communications of the ACM*, Vol. 63, No. 11, 2020.

[140] Granger C. W., "Investigating Causal Relations by Econometric Models and Cross-Spectral Methods", *Econometrica*, Vol. 37, No. 3, 1969.

[141] Granger C. W., "Testing for Causality: A Personal Viewpoint", *Journal of Economic Dynamics and Control*, Vol. 2, 1980.

[142] Greenwood-Nimmo M., Nguyen V. H., Shin Y., "Measuring the Connectedness of the Global Economy", *International Journal of Forecasting*, Vol. 37, No. 2, 2021.

[143] Guo S., Ding B. Y., Wang Q., et al., "Knowledge Base Completion via

Rule-Enhanced Relational Learning", In: *China Conference on Knowledge Graph and Semantic Computing*, Beijing, 2016.

[144] Guo Y. L., He F., Liang C., et al., "Oil Price Volatility Predictability: New Evidence from a Scaled PCA Approach", *Energy Economics*, Vol. 105, 2021.

[145] Guyon I., Elisseeff A., "An Introduction to Variable and Feature Selection", *Journal of Machine Learning Research*, Vol. 3, 2003.

[146] Haas M., "Improved Duration-Based Backtesting of Value-at-Risk", *The Journal of Risk*, Vol. 8, No. 2, 2005.

[147] Hand D. J., "Measuring Classifier Performance: A Coherent Alternative to the Area under the ROC Curve", *Machine Learning*, Vol. 77, 2009.

[148] Härdle W. K., Wang W., Yu L., "TENET: Tail-Event Driven Network Risk", *Journal of Econometrics*, Vol. 192, No. 2, 2016.

[149] Haury A. C., Gestraud P., Vert J. P., "The Influence of Feature Selection Methods on Accuracy, Stability and Interpretability of Molecular Signatures", *PLoS ONE*, Vol. 6, No. 12, 2011.

[150] Hautsch N., Schaumburg J., Schienle M., "Financial Network Systemic Risk Contributions", *Review of Finance*, Vol. 19, No. 2, 2015.

[151] Hinton G. E., Osindero S., Teh Y. W., "A Fast Learning Algorithm for Deep Belief Nets", *Neural Computation*, Vol. 18, No. 7, 2006.

[152] Ho T. K., "The Random Subspace Method for Constructing Decision Forests", *IEEE Transactions on Pattern Analysis and Machine Intelligence*, Vol. 20, No. 8, 1998.

[153] Hochreiter S., Schmidhuber J., "Long Short-Term Memory", *Neural Computation*, Vol. 9, No. 8, 1997.

[154] Hoffman S., *Apache Flume: Distributed Log Collection for Hadoop*, Birmingham: Packt Publishing Ltd., 2013.

[155] Hong Y. M., Liu Y., Wang S., "Granger Causality in Risk and Detection of Extreme Risk Spillover Between Financial Markets", *Journal of Econometrics*, Vol. 150, No. 2, 2009.

[156] Hosmer J. D. W., Lemeshow S., Sturdivant R. X., *Applied Logistic Regression*, John Wiley & Sons, 2013.

[157] Hsu W. H., "Genetic Wrappers for Feature Selection in Decision Tree Induction

and Variable Ordering in Bayesian Network Structure Learning", *Information Sciences*, Vol. 163, No. 1-3, 2004.

[158] Huang A. E., Qiu L., Li Z., "Applying Deep Learning Method in TVP-VAR Model under Systematic Financial Risk Monitoring and Early Warning", *Journal of Computational and Applied Mathematics*, Vol. 382, 2021a.

[159] Huang D. S., Jiang F. W., Li K. P., et al., "Scaled PCA: A New Approach to Dimension Reduction", *Management Science*, Vol. 68, No. 3, 2021b.

[160] Jiang F., Tang G., Zhou G., "Firm Characteristics and Chinese Stocks", *Journal of Management Science and Engineering*, Vol. 3, No. 4, 2018.

[161] Jiang S., Li Y., Lu Q., et al., "Policy Assessments for the Carbon Emission Flows and Sustainability of Bitcoin Blockchain Operation in China", *Nature Communications*, Vol. 12, No. 1, 2021.

[162] Jorion P., *Value at Risk: The New Benchmark for Controlling Market Risk*, New York: The McGrawHill Companies, 1997.

[163] Kaminsky G., Lizondo S., Reinhart C., "Leading Indicators of Currency Crises", *IMF Economic Review*, Vol. 45, 1998.

[164] Kannan P., Rabanal P., Scott A. M., "Monetary and Macroprudential Policy Rules in a Model with House Price Booms", *The B. E. Journal of Macroeconomics*, Vol. 12, No. 1, 2012.

[165] Kapadia N., Pu X., "Limited Arbitrage between Equity and Credit Markets", *Journal of Financial Economics*, Vol. 105, No. 3, 2012.

[166] Karkowska R., Urjasz S., "Connectedness Structures of Sovereign Bond Markets in Central and Eastern Europe", *International Review of Financial Analysis*, Vol. 74, 2021.

[167] Kenett D. Y., Tumminello M., Madi A., et al., "Dominating Clasp of the Financial Sector Revealed by Partial Correlation Analysis of the Stock Market", *PLoS ONE*, Vol. 5, No. 12, 2010.

[168] Klimek P., Thurner S., "Triadic Closure Dynamics Drives Scaling Laws in Social Multiplex Networks", *New Journal of Physics*, Vol. 15, No. 6, 2013.

[169] Konstantinova N., "Review of Relation Extraction Methods: What Is New Out There", In: *International Conference on Analysis of Images, Social Networks and Texts*, Yekaterinburg, Russia, 2014.

［170］Krämer W., Wied D., "A Simple and Focused Backtest of Value at Risk", *Economics Letters*, Vol. 137, 2015.

［171］Kreps J., Narkhede N., Rao J., "Kafka: A Distributed Messaging System for Log Processing", In: *Proceedings of the NetDB*, Athens, Greece, 2011.

［172］Kumeka T. T., Uzoma-Nwosu D. C., David-Wayas M. O., "The Effects of COVID-19 on the Interrelationship among Oil Prices, Stock Prices and Exchange Rates in Selected Oil Exporting Economies", *Resources Policy*, Vol. 77, 2022.

［173］Kupiec P., "Techniques for Verifying the Accuracy of Risk Measurement Models", *Finance & Economics Discussion*, Vol. 3, No. 2, 1995.

［174］Laeven M. L., Ratnovski M. L., Tong M. H., *Bank Size and Systemic Risk*, International Monetary Fund, 2014.

［175］Lane P. R., Milesi-Ferretti G. M., "The External Wealth of Nations Revisited: International Financial Integration in the Aftermath of the Global Financial Crisis", *IMF Economic Review*, Vol. 66, No. 1, 2018.

［176］Langfield S., Liu Z., Ota T., "Mapping the UK Interbank System", *Journal of Banking & Finance*, Vol. 45, 2014.

［177］Lao N., Cohen W. W., "Relational Retrieval Using a Combination of Path-Constrained Random Walks", *Machine Learning*, Vol. 81, No. 1, 2010.

［178］Law M. H. C., Figueiredo M. A. T., Jain A. K., "Simultaneous Feature Selection and Clustering Using Mixture Models", *IEEE Transactions on Pattern Analysis and Machine Intelligence*, Vol. 26, No. 9, 2004.

［179］Lee J. H., Youn J., Chang W., "Intraday Volatility and Network Topological Properties in the Korean Stock Market", *Physica A*, Vol. 391, No. 4, 2012.

［180］Li S. W., Liu M., Wang L., et al., "Bank Multiplex Networks and Systemic Risk", *Physica A*, Vol. 533, 2019.

［181］Li X. F., Liang C., Chen Z. L., et al., "Forecasting Crude Oil Volatility with Uncertainty Indicators: New Evidence", *Energy Economics*, Vol. 108, 2022.

［182］Li X., Jiang P., Chen T., et al., "A Survey on the Security of Blockchain Systems", *Future Generation Computer Systems*, Vol. 107, 2020.

［183］Liang C., Tang L. C., Li Y., et al., "Which Sentiment Index Is More Informative to Forecast Stock Market Volatility? Evidence from China", *International Review* of *Financial Analysis*, Vol. 71, 2020.

[184] Liang C., Xu Y. A., Wang J. Q., et al., "Whether Dimensionality Reduction Techniques Can Improve the Ability of Sentiment Proxies to Predict Stock Market Returns", *International Review of Financial Analysis*, Vol. 82, 2022.

[185] Lin B., Su T., "Does COVID-19 Open a Pandora's Box of Changing the Connectedness in Energy Commodities?", *Research in International Business and Finance*, Vol. 56, 2021.

[186] Lin F., Phoa F., "Runtime Estimation and Scheduling on Parallel Processing Super Computers via Instance-Based Learning and Swarm Intelligence", *International Journal of Machine Learning Computing*, Vol 9, No. 5, 2019.

[187] Liu G., Guo X., "Forecasting Stock Market Volatility Using Commodity Futures Volatility Information", *Resources Policy*, Vol. 75, 2022.

[188] Liu L., Wang Y. D., ' Forecasting Aggregate Market Volatility: The Role of Good and Bad Uncertainties", *Journal of Forecasting*, Vol. 40, No. 1, 2020.

[189] Liu X., Zhang S. D., Wei F., et al., "Recognizing Named Entities in Tweets", In: *Proceedings of the 49th Annual Meeting of the Association for Computational Linguistics: Human Language Technologies*, Portland, Oregon, USA, 2011.

[190] Lopez J., "Methods for Evaluating Value at Risk Estimates", *Economic Policy Review*, Vol. 4, No. 3, 1998.

[191] Lyócsa Š., Výrost T., Baumöhl E., "Stock Market Networks: The Dynamic Conditional Correlation Approach", *Physica A*, Vol. 391, No. 16, 2012.

[192] Mantegna R. N., "Hierarchical Structure in Financial Markets", *The European Physical Journal B-Condensed Matter and Complex Systems*, Vol. 11, No. 1, 1999.

[193] Mateev M., "Volatility Relation between Credit Default Swap and Stock Market: New Empirical Tests", *Journal of Economics and Finance*, Vol. 43, No. 4, 2019.

[194] McNeil A., Frey R. "Estimation of Tail-Related Risk Measures for Heteroscedastic Financial Time Series: An Extreme Value Approach", *Journal of Empirical Finance*, Vol. 7, No. 3, 2000.

[195] Memmel C., Sachs A., "Contagion in the Interbank Market and Its Determinants", *Journal of Financial Stability*, Vol. 9, No. 1, 2013.

[196] Mirrlees J. A., "Information and Incentives: The Economics of Carrots and

Sticks", *The Economic Journal*, Vol. 107, No. 444, 1997.

[197] Mistrulli P. E., "Assessing Financial Contagion in the Interbank Market: Maximum Entropy Versus Observed Interbank Lending Patterns", *Journal of Banking & Finance*, Vol. 35, No. 5, 2011.

[198] Mo W. S., Yang J. J., Chen Y. L., "Exchange Rate Spillover, Carry Trades, and the COVID-19 Pandemic", *Economic Modelling*, Vol. 121, 2023.

[199] Musmeci N., Nicosia V., Aste T., et al., "The Multiplex Dependency Structure of Financial Markets", *Complexity*, Vol. 2017, 2017.

[200] Nakajima J., "Time-Varying Parameter VAR Model with Stochastic Volatility: An Overview of Methodology and Empirical Applications", *Monetary and Economic Studies*, Vol. 29, No. 5, 2011.

[201] Nicholson W. B., Matteson D. S., Bien J., "VARX-L: Structured Regularization for Large Vector Autoregressions with Exogenous Variables", *International Journal of Forecasting*, Vol. 33, No. 3, 2017.

[202] Nobi A., Lee S., Kim D. H., et al., "Correlation and Network Topologies in Global and Local Stock Indices", *Physics Letters A*, Vol. 378, No. 34, 2014.

[203] Nonejad N., "Forecasting Aggregate Stock Market Volatility Using Financial and Macroeconomic Predictors: Which Models Forecast Best, When and Why?", *Journal of Empirical Finance*, Vol. 42, 2017.

[204] Nonejad N., "Forecasting Aggregate Equity Return Volatility Using Crude Oil Price Volatility: The Role of Nonlinearities and Asymmetries", *North American Journal of Economics and Finance*, Vol. 50, 2019.

[205] Omrane W. B., Tao Y., Welch R., "Scheduled Macro-News Effects on a Euro/US Dollar Limit Order Book around the 2008 Financial Crisis", *Research in International Business and Finance*, Vol. 42, 2017.

[206] Onnela J. P., Chakraborti A., Kaski K., et al., "Dynamics of Market Correlations: Taxonomy and Portfolio Analysis", *Physical Review E*, Vol. 68, No. 5, 2003.

[207] Papanikolaou N. I., Wolff C. C. P., "The Role of On-and Off-Balance-Sheet Leverage of Banks in the Late 2000s Crisis", *Journal of Financial Stability*, Vol. 14, 2014.

[208] Pellegrini C. B., Cincinelli P., Meoli M., et al., "The Role of Shadow Banking in Systemic Risk in the European Financial System", *Journal of Banking & Finance*,

Vol. 138, 2022.

[209] Poledna S., Molina-Borboa J. L., Martínez-Jaramillo S., et al., "The Multi-Layer Network Nature of Systemic Risk and Its Implications for the Costs of Financial Crisesz", *Journal of Financial Stability*, Vol. 20, 2015.

[210] Pope P. F., "Information Asymmetries in Participative Budgeting: A Bargaining Approach", *Journal of Business Finance & Accounting*, Vol. 11, No. 1, 1984.

[211] Procasky W. J., "Price Discovery in CDS and Equity Markets: Default Riesk-Based Heterogeneity in the Systematic Investment Grade and High Yield Sectors", *Journal of Financial Markets*, Vol. 54, 2021.

[212] Qi M., Gu Y., Wang Q., "Internet Financial Risk Management and Control Based on Improved Rough Set Algorithm", *Journal of Computational and Applied Mathematics*, Vol. 384, 2021.

[213] Qian B. Y., Wang G. J., Feng Y. S., et al., "Partial Cross-Quantilogram Networks: Measuring Quantile Connectedness of Financial Institutions", *North American Journal of Economics and Finance*, Vol. 60, 2022.

[214] Qin X., Zhou C., "Financial Structure and Determinants of Systemic Risk Contribution", *Pacific-Basin Finance Journal*, Vol. 57, 2019.

[215] Quinlan R., "C4.5: Programs for Machine Learning", *Machine Learning*, Vol. 16, 1994.

[216] Reboredo J. C., Ugolini A., Aiube F. A. L., "Network Connectedness of Green Bonds and Asset Classes", *Energy Economics*, Vol. 86, 2020.

[217] Reboredo J., Ugolini A., "Quantile Dependence of Oil Price Movements and Stock Returns", *Energy Economics*, Vol. 54, 2016.

[218] Roukny T., Battiston S., Stiglitz J. E., "Interconnectedness as a Source of Uncertainty in Systemic Risk", *Journal of Financial Stability*, Vol. 35, 2018.

[219] Rosenblatt M., "Remarks on a Multivariate Transformation", *The Annals of Mathematical Statistics*, Vol. 23, No. 3, 1952.

[220] Sachs J., Tornell A., Velasco A., *Financial Crises in Emerging Markets the Lessons from 1995*, Washington D. C.: Brookings Institution Press, 1996.

[221] Saumell-Mendiola A., Serrano M. Á., Boguná M., "Epidemic Spreading on Interconnected Networks", *Physical Review E*, Vol. 86, No. 2, 2012.

[222] Schapire R. E., "The Strength of Weak Learnability", *Machine learnirng*, Vol. 5,1990.

[223] Schreiber S., Agne S., Wolf I., et al., "Deepdesrt: Deep Learning for Detection and Structure Recognition of Tables in Document Lmages", In: 2017 14*th IAPR International Conference on Document Analysis and Recognition (ICDAR)*, Kyoto, Japan, 2017.

[224] Seiffert C., Khoshgoftaar T. M., Van H. J., et al., "RUSBoost: A Hybrid Approach to Alleviating Class Imbalance", *IEEE Transactions on Systems*, *Man*, *and Cybernetics−Part A: Systems and Humans*, Vol. 40, No. 1, 2009.

[225] Setiono R., Liu H., "Neural−Network Feature Selector", *IEEE Transactions on Neural Networks*, Vol. 8, No. 3, 1997.

[226] Shvachko K., Kuang H., Radia S., et al., "The Hadoop Distributed File System", In: *2010 IEEE 26th Symposium on Mass Storage Systems and Technologies*, Incline Village, NV, USA, 2010.

[227] Spence M., *Job Market Signaling*, *Uncertainty in Economics*, London: Academic Press, 1978.

[228] Stiglitz J. E., Weiss A., "Credit Rationing in Markets with Imperfect Information", *The American Economic Review*, Vol. 71, No. 3, 1981.

[229] Suchanek F., Weikum G., "Knowledge Harvesting in the Big−ata Era", In: *Proceedings of the* 2013 *ACM SIGMOD International Conference on Management of Data*, New York, USA, 2013.

[230] Suh H., "Macroprudential Policy: Its Effects and Relationship to Monetary Policy", FRBP Working Paper, 2012.

[231] Téllez−León I. E., Martínez−Jaramillo S., Escobar−Farfán L. O. L., et al., "How Are Network Centrality Metrics Related to Interest Rates in the Mexican Secured and Unsecured Interbank Markets?", *Journal of Financial Stability*, Vol. 55, 2021.

[232] Tinoco M., Wilson H., "Financial Distress and Bankruptcy Prediction among Listed Companies Using Accounting, Market and Macroeconomic Variables", *International Review of Financial Analysis*, Vol. 30, 2013.

[233] Tonzer L., "Cross−Border Interbank Networks, Banking Risk and Contagion", *Journal of Financial Stability*, Vol. 18, 2015.

［234］Toshniwal A., Taneja S., Shukla A., et al., "Storm @ Twitter", In: *Proceedings of the* 2014 *ACM SIGMOD International Conference on Management of Data*, 2014.

［235］Tumminello M., Aste T., Di M. T., et al., "A Tool for Filtering Information in Complex Systems", *Proceedings of the National Academy of Sciences*, Vol. 102, No. 30, 2005.

［236］Upper C., "Simulation Methods to Assess the Danger of Contagion in Interbank Markets", *Journal of Financial Stability*, Vol. 7, No. 3, 2011.

［237］Wamba S., Akter S., Edwards A., et al., "How 'Big Data' Can Make Big Impact: Findings from a Systematic Review and a Longitudinal Case Study", *International Journal of Production Economics*, Vol. 165, 2015.

［238］Wang G. J., Chen Y. Y., Si H. B., et al., "Multilayer Information Spillover Networks Analysis of China's Financial Institutions Based on Variance Decompositions", *International Review of Economics & Finance*, Vol. 73, 2021a.

［239］Wang G. J., Feng Y. S., Xiao Y. F., et al., "Connectedness and Systemic Risk of the Banking Industry along the Belt and Road", *Journal of Management Science and Engineering*, Vol. 7, No. 2, 2022.

［240］Wang G. J., Jiang Z. Q., Lin M., et al., "Interconnectedness and Systemic Risk of China's Financial Institutions", *Emerging Markets Review*, Vol. 35, 2018.

［241］Wang G. J., Si H. B., Chen Y. Y., et al., "Time Domain and Frequency Domain Granger Causality Networks: Application to China's Financial Institutions", *Finance Research Letters*, Vol. 39, 2021b.

［242］Wang G. J., Xie C., Chen Y. J., et al., "Statistical Properties of the rForeign Exchange Network at Different Time Scales: Evidence from Detrended Cross－Correlation Coefficient and Minimum Spanning Tree", *Entropy*, Vol. 15, No. 5, 2013.

［243］Wang G. J., Xie C., Han F., et al., "Similarity Measure and Topology Evolution of Foreign Exchange Markets Using Dynamic Time Warping Method: Evidence from Minimal Spanning Tree", *Physica A*, Vol. 391, No. 16, 2012.

［244］Wang G. J., Xie C., He K. J., et al., "Extreme Risk Spillover Network: Application to Financial Institutions", *Quantitative Finance*, Vol. 17, No. 9, 2017.

［245］Wang G. J., Xie C., Stanley H. E., "Correlation Structure and Evolution of World Stock Markets: Evidence from Pearson and Partial Correlation－Based Networks",

Computational Economics, Vol. 51, No. 3, 2018.

［246］Wang G., Ma J., "A Hybrid Ensemble Approach for Enterprise Credit Risk Assessment Based on Support Vector Machine", *Expert Systems with Applications*, Vol. 39, No. 5, 2012.

［247］Wang G. J., Wan L., Feng Y., et al., "Interconnected Multilayer Networks: Quantifying Connectedness among Global Stock and Foreign Exchange Markets", *International Review of Financial Analysis*, Vol. 86, 2023.

［248］Wang J. Q., Lu X. J., He F., et al., "Which Popular Predictor Is More Useful to Forecast International Stock Markets during the Coronavirus Pandemic: VIX Vs EPU?", *International Review of Financial Analysis*, Vol. 72, 2020.

［249］Wang P. W., Zong L., Ma Y., "An Integrated Early Warning System for Stock Market Turbulence", *Expert Systems with Applications*, 2020.

［250］Wang Y. D., Ma F., Wei Y., et al., "Forecasting Realized Volatility in a Changing World: A Dynamic Model Averaging Approach", *Journal of Banking and Finance*, Vol. 64, 2016.

［251］Wang Y. D., Pan Z. Y., Liu L., et al., "Oil Price Increases and the Predictability of Equity Premium", *Journal of Banking & Finance*, Vol. 102, 2019a.

［252］Wang Y. L., Li H. J., Guan J. H., et al., "Similarities between Stock Price Correlation Networks and Co－Main Product Networks: Threshold Scenarios", *Physica A*, Vol. 516, 2019b.

［253］Webb G. I., "Multiboosting: A Technique for Combining Boosting and Wagging", *Machine Learning*, Vol. 40, No. 2, 2000.

［254］Wei N., Xie W. J., Zhou W. X., "The Performance of Cooperation Strategies for Enhancing the Efficiency of International Oil Trade Networks", *Journal of Complex Networks*, Vol. 10, No. 1, 2022.

［255］Welch I., Goyal A., "A Comprehensive Look at the Empirical Performance of Equity Premium Prediction", *Review of Financial Studies*, Vol. 21, No. 4, 2008.

［256］Werbos P. J., "Applications of Advances in Nonlinear Sensitivity Analysis", In: *Proceedings of the 10th IFIP Conference*, New York, USA, 1981.

［257］Wong T. C., Fong T., Li K., et al., "Loan-to-Value Ratio as a Macroprudential Tool-Hong Kong's Experience and Cross-country Evidence", Hong Kong

Monetary Authority Working Paper, 2011.

[258] Xie J., Tang H., Huang T., et al., "A Survey of Blockchain Technology Applied to Smart Cities: Research Issues and Challenges", *IEEE Communications Surveys & Tutorials*, Vol. 21, No. 3, 2019.

[259] Xie W. J., Wei N., Zhou W. X., "Evolving Efficiency and Robustness of the International Oil Trade Network", *Journal of Statistical Mechanics: Theory and Experiment*, Vol. 2021, No. 10, 2021.

[260] Xu T., He J., Li S., "A Dynamic Network Model for Interbank Market", *Physica A*, Vol. 463, 2016.

[261] Xue B., Zhang M., Browne W. N., "Particle Swarm Optimisation for Feature Selection in Classification: Novel Initialisation and Updating Mechanisms", *Applied Soft Computing*, Vol. 18, 2014.

[262] Yan X. G., Xie C., Wang G. J., "Stock Market Network's Topological Stability: Evidence from Planar Maximally Filtered Graph and Minimal Spanning Tree", *International Journal of Modern Physics B*, Vol. 29, No. 22, 2015.

[263] Yang R., Yu F., Si P., et al., "Integrated Blockchain and Edge Computing Systems: A Survey, Some Research Issues and Challenges", *IEEE Communications Surveys & Tutorials*, Vol. 21, No. 2, 2019.

[264] Yao T., Zhang Y. J., Ma C. Q., "How Does Investor Attention Affect International Crude Oil Prices?", *Applied Energy*, Vol. 205, 2017.

[265] Yaqoob I., Hashem I., Gani A., et al., "Big Data: From Beginning to Future", *International Journal of Information Management*, Vol. 36, No. 6B, 2016.

[266] Yi S., Xu Z., Wang G. J., "Volatility Connectedness in the Cryptocurrency Market: Is Bitcoin a Dominant Cryptocurrency?", *International Review of Financial Analysis*, Vol. 60, 2018.

[267] Yu H. H., Li X. D., Geng Z. Y., "Investor Sentiment, Disagreement and IPO Puzzle in China's Stock Market", *Journal of Management Sciences in China*, Vol. 18, No. 3, 2015.

[268] Yu L. A., Zhao Y. Q., Tang L., et al., "Online Big Data-Driven Oil Consumption Forecasting with Google Trends", *International Journal of Forecasting*, Vol. 35, 2019.

［269］Zaharia M., Das T., Li H., et al., "Discretized Streams: An Efficient and Fault-Tolerant Model for Stream Processing on Large Clusters", In: *Proceedings of the 4th USENIX Conference on Hot Topics in Cloud Ccomputing*, Boston, USA, 2012.

［270］Zhang S. D., Elhadad N., "Unsupervised Biomedical Named Entity Recognition: Experiments with Clinical and Biological Texts", *Journal of Biomedical Informatics*, Vol. 46, No. 6, 2013.

［271］Zhang W., Zhuang X., Wang J., et al., "Connectedness and Systemic Risk Spillovers Analysis of Chinese Sectors Based on Tail Risk Network", *North American Journal of Economics and Finance*, Vol. 54, 2020a.

［272］Zhang Y. J., Ma F., Liao Y., "Forecasting Global Equity Market Volatilities", *International Journal of Forecasting*, Vol. 36, No. 4, 2020b.

［273］Zhang Y. J., Ma F., Wang Y. D., "Forecasting Crude Oil Prices with a Large Set of Predictors: Can LASSO Select Powerful Predictors?", *Journal of Empirical Finance*, Vol. 54, 2019.

［274］Zhang Y. J., Wahab M. I. M., Wang Y. D., "Forecasting Crude Oil Market Volatility Using Variable Selection and Common Factor", *International Journal of Forecasting*, Vol. 39, No. 1, 2023.

［275］Zhao L. F., Wang G. J., Wang M. G., et al., "Stock Market as Temporal Network", *Physica A*, Vol. 506, 2018.

［276］Zhu Y., Xie C., Sun B., et al., "Predicting China's SME Credit Risk in Supply Chain Financing by Logistic Regression, Artificial Neural Network and Hybrid Models", *Sustainability*, Vol. 8, No. 5, 2016.

［277］Zhu Y., Xie C., Wang G. J., et al., "Forecasting SMEs' Credit Risk in Supply Chain Finance with an Enhanced Hybrid Ensemble Machine Learning Approach", *International Journal of Production Economics*, Vol. 211, 2019.

后　记

　　2021年,谢赤教授作为首席专家,联合王纲金教授、祝由副教授等核心成员,申请并获批阐释党的十九届五中全会精神国家社会科学基金重大项目"新兴数字技术驱动下金融安全风险防控体系构建与能力建设研究"(21ZDA114)。自项目启动以来,研究团队成员紧密围绕全国哲学社会科学工作办公室下达的任务要求,齐心协力、集思广益、攻坚克难,与相关部门机构的专家开展合作交流,全面推进高质量的研究工作。经过两年的不懈努力,取得了丰硕的研究成果,圆满完成预期的研究任务,并于2023年年底通过全国哲学社会科学工作办公室组织的专家鉴定。我们基于该重大项目研究的核心成果,进行系统梳理与深入拓展,最终形成了本书。它凝聚了团队成员的集体智慧,充分体现了大家的合作精神。

　　本书紧扣金融高质量发展这一核心主题,全面贯彻落实中央金融工作会议精神,做好科技金融、绿色金融、普惠金融、养老金融、数字金融五篇大文章的重要部署,依托大数据、复杂网络、人工智能、区块链等前沿数智技术开展系统深入的探索,以期为金融科技助力防范化解金融风险、维护国家经济金融安全提供全新的视角与观点。需要说明的是,由于研究时间和数据来源的限制,部分结论可能还需要得到更长周期的实际验证。此外,当前金融科技快速发展,一些新兴技术及最新实践尚未完全纳入讨论当中。研究团队成员将虚心接受批评与建议,在后续的工作中继续努力,争取不断进步。

　　衷心感谢陈收教授、李斌教授、乔海曙教授、周炜星教授、周忠宝教授、朱慧明教授、曾志坚副教授、赵龙峰副教授、马特奥·福利亚(Matteo Foglia)助理教授等的通力协作!感谢黄震教授、文凤华教授、欧阳资生教授、杨胜刚教授、张亚斌教授等不辞辛苦参加论证研讨,并提供宝贵建议与指导!感谢博士后肖宇峰、张婷,博士研究生李可隆、莫廷程、李京、凌毓秀、彭乔盛、欧阳英博、陈燕、李兆东、王震、周旸、龚珏、李兆琛、曹进辉、冯羽森、槐花卉、胡运超、许嘉伟,硕士研究生钱碧娱、熊路、林香梅、王敏、张佳乐、裴金成、彭小雪等积极参与和辅助本项目的研究与本书的撰写工作!

　　感谢人民出版社对本书出版的大力帮助与辛勤付出!

　　敬请相关领域专家学者和广大读者批评指正。

作　者
2024 年 12 月 13 日